HISTOIRE
DU
GOUVERNEMENT
PARLEMENTAIRE
EN FRANCE

PARIS. — IMP. SIMON RAÇON ET COMP., RUE D'ERFURTH, 1.

HISTOIRE

DU

GOUVERNEMENT

PARLEMENTAIRE

EN FRANCE

— 1814-1848 —

PRÉCÉDÉE D'UNE INTRODUCTION

PAR

M. DUVERGIER DE HAURANNE

TOME TROISIÈME

PARIS
MICHEL LÉVY FRÈRES, LIBRAIRES-ÉDITEURS
RUE VIVIENNE, 2 BIS
—
1859

Reproduction et traduction réservées.

La bienveillance avec laquelle les deux premiers volumes de ce livre ont été accueillis, même par des personnes qui sont loin de partager mes opinions politiques, m'a imposé le devoir de ne rien négliger pour m'en rendre digne, et c'est ce qui explique le retard que j'ai mis à publier ce troisième volume. De nouvelles et importantes communications m'ont d'ailleurs été faites. Grâce à l'obligeance de M. Forgues, j'ai pu consulter non-seulement les mémoires, mais encore les papiers de M. de Vitrolles. Mon ancien collègue, M. le comte de Neuville, gendre de M. de Villèle, a bien voulu me permettre de lire quelques lettres et d'examiner quelques documents d'un grand intérêt, et je dois d'autant plus l'en remercier qu'il n'ignore pas que mon opinion sur la Chambre de 1815 diffère de la sienne. Il m'a aussi été possible de parcourir plusieurs correspondances privées et diplomatiques qui m'ont montré quelquefois sous un jour nouveau les hommes et les choses de cette époque. Mais, de toutes ces communications, les plus précieuses pour moi sont, sans contredit, celles dont je suis redevable à M. le duc Decazes, qui, sans aucune réserve, m'a ouvert ses cartons, en m'autorisant à y chercher moi-même tout ce qui pouvait m'éclairer sur les événements auxquels il a pris une part si considérable. Sans doute M. Decazes savait que j'étais disposé d'avance à défendre contre d'absurdes accusations les deux ministères dont il a été le membre le plus influent; mais il savait aussi que tout en rendant pleine justice aux intentions de ces deux ministères, je conservais l'entière liberté de mon jugement sur leurs actes, et il eût pu, comme cela se fait souvent, ne me faire qu'une communication partielle et partiale. Il a eu plus de confiance en moi, et il doit m'être permis de lui en témoigner ici toute ma reconnaissance.

Mais plus j'avance dans mon travail, plus je vois les difficultés de toute nature que présente l'histoire contemporaine. Chaque événement met en scène des hommes qui agissent, qui parlent, qui écrivent. Quand ces hommes sont séparés de l'historien par un long intervalle, il est fort à son aise pour raconter leurs actes et pour les juger. Il en est tout autrement quand ils ont vécu de son temps, quand quelques-uns vivent encore, et quand ceux qui ne vivent plus ont laissé derrière eux une famille naturellement jalouse de leur considération. Ainsi, dans le volume que je publie, je n'ai pu décrire la réaction royaliste de 1815 sans porter un jugement sévère sur des hommes que j'ai connus personnellement, et qui, lorsque la passion politique ne les égarait pas, étaient pleins de nobles qualités. Bientôt, quand j'arriverai au triste épisode des conspirations de 1820 à 1824, je rencontrerai d'autres hommes avec qui j'ai été souvent en communauté d'idées et de sentiments, qui, dans ma jeunesse, m'ont honoré de leur bienveillance, et dont je respecte profondément la mémoire. Et pourtant il me sera tout à fait impossible d'approuver la conduite qu'ils ont tenue à cette époque!

Ce sont là les difficultés inévitables de l'histoire contemporaine, et, lorsqu'on veut écrire cette histoire, il faut les accepter résolûment. L'histoire se compose, en effet, de récits et de jugements, et, même quand il s'agit des contemporains, il n'est pas plus permis de mutiler les uns que de supprimer les autres au gré des convenances personnelles. Si l'historien plaçait ses convenances personnelles au-dessus de la vérité générale, il en viendrait bientôt à ne plus oser blâmer ni ses amis politiques, de peur d'encourir le reproche d'infidélité, ni ses adversaires, de peur de s'exposer à l'accusation de nourrir de vieilles rancunes. Mieux vaudrait ne rien écrire.

Une exactitude scrupuleuse dans les récits, beaucoup de modération et d'impartialité dans les jugements, voilà, ce me semble, tout ce que l'on peut exiger de l'historien. Si, dans le cours de cette histoire, j'ai manqué à ce double devoir, c'est à mon insu et contre ma volonté. Quelque soin, d'ailleurs, que l'on ait mis à écarter les faits faux ou douteux, surtout quand ces faits sont de nature à affliger d'honorables familles, on ne peut être certain d'y avoir toujours réussi. Si j'ai commis quelque erreur qui puisse être préjudiciable à d'autres qu'à moi-même, je demande qu'on me la signale, et je m'empresserai de la réparer dès qu'elle me sera démontrée. Quant à mes jugements, chacun est maître de les juger à son tour. Tout ce que je puis dire, c'est que je n'ai aucun effort à faire pour qu'ils ne soient pas faussés par nos anciennes querelles, et que je me sens naturellement attiré vers tous les hommes qui, dans des camps divers, ont concouru à la formation du gouvernement parlementaire. C'est, en effet, un grand et beau spectacle que celui d'une nation vaincue, envahie, ruinée, qui, par l'heureux effort d'un peuple libre et d'un roi sage, se relève, se redresse et parvient, en moins de quatre années, à réparer ses malheurs, à retrouver dans les luttes de la tribune l'ascendant qu'elle avait perdu sur les champs de bataille, et à reprendre sa place à la tête de la civilisation européenne. En présence d'un tel résultat, on est plus porté à l'indulgence qu'à la sévérité, et l'éloge est plus facile que le blâme. Néanmoins la justice a ses droits; et, dans l'intérêt même d'un avenir plus ou moins prochain, il importe que les fautes du passé soient signalées.

Je sens combien une telle publication peut sembler inopportune dans un moment où la France entière attend avec anxiété la décision suprême qui doit lui donner la paix ou la guerre. Et pourtant, peut-être à raison même des circonstances actuelles, l'image d'un temps où nulle résolution importante ne pouvait être prise sans qu'elle eût été longuement et librement discutée dans les Chambres, n'est-elle pas sans intérêt? M'est-il permis d'ajouter que le nombre de ceux qui regrettent le gouvernement parlementaire n'a pas diminué depuis deux ans, et que l'idée d'écrire l'histoire de ce gouvernement a chance de paraître moins bizarre en 1859 qu'en 1857? Quoi qu'il en soit, je continue mon travail, et j'espère pouvoir bientôt mettre sous les yeux de mes lecteurs les sessions de 1816, 1817 et 1818, qui, par la loi des élections, par la loi du recrutement, par la loi de la presse, avaient véritablement fondé en France la liberté politique. Ceux qui, comme moi, étaient jeunes à cette époque, n'ont certes point oublié les nobles et vives émotions que ces grands débats leur faisaient éprouver. Ce sont ces émotions dont je voudrais pouvoir communiquer quelque chose à ceux qui nous ont remplacés. Si j'obtenais, même à un faible degré, cet heureux résultat, je croirais que mon livre n'a pas été inutile.

Paris, 28 février 1859.

HISTOIRE
DU
GOUVERNEMENT
PARLEMENTAIRE

CHAPITRE IX

LA CHAMBRE DES REPRÉSENTANTS

Composition et organisation de la Chambre des représentants. — M. Lanjuinais président. — Débat sur le serment. — Chambre des pairs. — Séance impériale et discours de Napoléon. — Adresse des deux Chambres. — Départ de Napoléon. — Rapports des ministres de l'intérieur, des affaires étrangères et de la police. — Proposition Leguevel. — Motion de MM. Dupin et Mourgues. — Nomination d'une commission chargée de reviser les constitutions de l'Empire. — Retour précipité de Napoléon après la bataille de Waterloo. — Consternation générale et vœu pour l'abdication. — Motion de M. de la Fayette unanimement adoptée par les deux Chambres. — Napoléon à l'Élysée. — Ses espérances et ses incertitudes. — Conseil des ministres interrompu par le message de la Chambre des représentants. — Communication aux deux Chambres. — Comité secret. — Discours de Lucien Bonaparte, de M. Jay et de M. de la Fayette. — Nomination d'une commission par les deux Chambres. — Hésitations de Napoléon. — Attitude de la population. — Résolution de la Commission et rapport du général Grenier. — Demande formelle d'abdication et dernière sommation à Napoléon. — Acte d'abdication. — Napoléon II et Louis XVIII. — Formation d'une commission de gouvernement. — Discours du maréchal Ney et protestation du général Labédoyère. — Lucien Bonaparte à la Chambre des pairs. — Violente allocution de Labédoyère. — Tentative en faveur de Napoléon II à la Chambre des représentants. — Discours de Manuel et résolution évasive. — Actes de la Commission de gouvernement. — Suspension de la liberté individuelle. — Départ de Napoléon pour la Malmaison. — Vues probables de Fouché.

Ainsi qu'on l'a dit plus haut, l'Acte additionnel avait maintenu les colléges électoraux à vie de l'an X, ces colléges électoraux qui, pendant dix années, s'étaient montrés si respectueux, si dignes de la bienveillance impériale. Seulement, au lieu de présenter des candidats, les colléges de département étaient appelés à élire directement deux cent trente-huit députés, et les colléges d'arrondissement à élire un député par arrondissement, en tout trois cent soixante-huit[1]. De plus, la France était partagée en treize grands arrondissements qui, sur présentation des chambres de commerce et des chambres consultatives des manufactures, nommaient vingt-trois députés, dont onze pris parmi les négociants, armateurs ou banquiers, et douze pris parmi les manufacturiers ou fabricants. Conformément à l'article xcix de l'acte du 28 floréal an XII, vingt-cinq membres de la Légion d'honneur restaient d'ailleurs attribués à chaque collége de département, et trente à chaque collége d'arrondissement; et, comme le nombre des membres de ces colléges était en moyenne de deux cents pour les premiers, et de deux cent cinquante pour les seconds, l'adjonction n'était pas sans importance.

Avec des colléges électoraux ainsi constitués, Napoléon pouvait espérer que l'arbre porterait ses fruits, et que des députés, sinon dévoués, du moins dociles, viendraient prendre place dans la Chambre. Il le pouvait d'autant mieux que, soit par scrupule de conscience, soit par calcul, soit par timidité, soit par indifférence, beaucoup d'électeurs s'étaient abstenus, et que rarement le chiffre des votants avait atteint la moitié du nombre total des électeurs. Dans quelques départements du Midi, l'abstention avait même été presque complète, et l'on citait un département, celui des Bouches-du-Rhône,

---

[1] On ne doit pas oublier que les colléges de département et les colléges d'arrondissement, auxquels la nomination des représentants était ainsi attribuée, avaient été nommés eux-mêmes, en l'an X, par les assemblées primaires cantonales. L'unique différence entre les uns et les autres était que les premiers étaient moins nombreux que les seconds, et qu'ils devaient être nécessairement pris parmi les six cents plus imposés du département. (Voir l'Introduction, t. I, p. 508.)

où six députés avaient été nommés par treize électeurs.

Mais, si le corps électoral de 1804 existait encore, un esprit nouveau, l'esprit de 1814, y avait pénétré, et ce fut cet esprit qui, presque partout, inspira ses choix. Dans le corps électoral, comme ailleurs, les Bourbons rencontraient de vives répugnances; mais Napoléon y trouvait peu d'adhésions sincères, et l'on n'y redoutait guère moins la restauration du régime impérial que celle de l'ancien régime. La Chambre des représentants se trouva donc composée, en grande majorité, d'hommes qui n'aimaient pas les Bourbons, mais qui craignaient Napoléon, et qui, sans être républicains, commençaient à se demander s'il était absolument nécessaire que la France fût gouvernée par l'une ou par l'autre dynastie? Dans tous les cas, ils arrivaient avec la résolution bien arrêtée, quelle que fût la dynastie, de lui imposer des conditions, et de défendre, autant qu'il serait en eux, les libertés publiques contre ses entreprises.

La composition de cette Chambre, la première que la France eût nommée depuis qu'elle avait recouvré la liberté, était d'ailleurs fort remarquable. A côté des hauts fonctionnaires impériaux, MM. Boulay, Merlin, Regnault, Defermon, on y voyait quelques glorieux vétérans de nos premières assemblées, MM. de la Fayette et Lanjuinais notamment, toujours si purs et si fermes; plusieurs conventionnels qui, depuis le 18 brumaire, avaient disparu de la scène politique, MM. Garnier (de Saintes), Garreau, Cambon, et jusqu'au lâche Barrère, à qui le département des Hautes-Pyrénées venait de donner une nouvelle preuve de son inexplicable fidélité; cinq ou six ex-sénateurs, tels que Garat, le récent apologiste de Moreau; plusieurs généraux dont les opinions passaient pour indépendantes, les généraux Sébastiani, Sorbier, Mouton-Duvernet, Becker, Grenier; puis les députés qui, dans la session de 1814, s'étaient signalés par leur opposition libérale et patriotique, MM. Flaugergues, Dumolard, Durbach, Bedoch, Dupont (de l'Eure); quelques membres de l'ancienne aristocratie, tels que M. de la Rochefoucauld-Liancourt; un ancien préfet, M. Voyer-d'Argenson, connu surtout pour avoir, en 1815, honorablement refusé d'exécuter un ordre inique du gouvernement impérial; enfin, des hommes, avocats ou industriels, alors peu connus, mais qui devaient figurer avec honneur dans nos assemblées délibérantes, MM. Manuel, Dupin, Roy, Benjamin Delessert, Laffitte; sans antécédents marqués, pour la plupart, sans parti pris, et qui, par cette raison même, exprimaient mieux que d'autres la véritable opinion nationale. Et ce qu'on pouvait considérer comme un signe du temps, c'était surtout à cette dernière fraction de l'assemblée que les colléges électoraux de Paris avaient donné leurs suffrages.

Telle était, dans son ensemble, la Chambre qui, au milieu du bruit des armes, se réunit, le 3 juin, dans le lieu ordinaire de ses séances; et, dès le premier jour, il fut aisé d'apercevoir qu'elle n'entendait point être l'instrument servile de la politique impériale. Par une aberration singulière, Napoléon s'était imaginé un moment que la Chambre nouvelle serait assez complaisante pour appeler à sa présidence le président du 18 brumaire, Lucien Bonaparte, et on attribuait à cette circonstance le retard singulier qu'il mettait à publier la liste des pairs. On demanda donc, au moment de la vérification des pouvoirs, que la liste des pairs fût communiquée à la Chambre avant la nomination de son président, afin, dit-on, que les suffrages ne pussent pas s'égarer sur des personnes appelées, par leur position ou par le choix de l'Empereur, à siéger dans l'autre Chambre. Le lendemain, le président provisoire lut une lettre du ministre de l'intérieur qui, au nom de l'Empereur, l'informait que la liste des pairs ne serait arrêtée et publiée qu'après l'ouverture de la session. A cette déclaration fort inattendue, la Chambre répondit par des murmures, et M. Dupin, qui paraissait pour la première fois à la tribune, proposa à la Chambre de ne procéder à sa constitution définitive qu'après avoir eu connaissance de la liste ainsi refusée. Comme de nouvelles réflexions avaient fait abandonner la candidature de Lucien Bonaparte, pour y substituer celle de Merlin (de Douai), la Chambre passa outre ; mais son attitude était prise, et il était facile de prévoir que le ministre du 18 fructidor n'obtiendrait, pas plus que le président du 18 brumaire, l'honneur d'être placé à sa tête.

Aux choix de Napoléon, la Chambre d'ailleurs opposait les siens, qui, dans un autre sens, n'étaient pas moins significatifs. Ainsi ses préférences se partageaient entre deux hommes également odieux à Napoléon : MM. de la Fayette et Lanjuinais. Napoléon se souvint alors de la conduite qu'il avait tenue en l'an IX, lorsqu'il était question de porter Daunou au Sénat, et il fit déclarer par ses familiers que, plutôt que de donner son approbation à la nomination de la Fayette ou de Lanjuinais, il dissoudrait la Chambre ; mais les temps étaient changés. En l'an IX, la Chambre eût été intimidée ; en 1815, elle fut irritée, et, au premier tour de scrutin, M. Lanjuinais obtint cent quatre-vingt-neuf voix ; M. Flaugergues, soixante-quatorze ; M. de la Fayette, soixante-huit ; M. Dupont (de l'Eure), vingt-neuf ; tandis que le candidat de l'Empereur, Merlin (de Douai), en obtenait quarante-huit seulement. Au second tour, ce dernier candidat disparut, et M. Lanjuinais fut nommé par deux cent soixante-dix-sept voix contre soixante-quinze données au général la Fayette, et cinquante-neuf à M. Flaugergues. Il restait à savoir quelle serait la détermination de Napoléon, et ce fut avec une grande surprise que, le lendemain, à l'ouverture de la séance, on entendit le président provisoire raconter naïvement que Sa Majesté lui avait promis d'en faire instruire la Chambre par le chambellan de service. A cette déclaration, en vieux style impérial, de telles réclamations s'élevèrent, que M. Regnault de Saint-Jean-d'Angély fut obligé d'intervenir et d'affirmer « que certainement les paroles de l'Empereur avaient été mal comprises. » La Chambre n'en suspendit pas moins sa séance, jusqu'au moment où M. Regnault de Saint-Jean-d'Angély, en sa qualité de ministre d'État, rapporta le procès-verbal même de la nomination de M. Lanjuinais, avec ces mots écrits de la main de l'Empereur : « J'approuve. » M. Lanjuinais prit alors place au fauteuil, au milieu des applaudissements de l'Assemblée. « Je n'ai, dit-il, à changer ni de principe ni de conduite. Vous me verrez *uni* à l'Empereur, et tout *dévoué* à la patrie, à la justice, à la liberté, à la prospérité de la France, à son indépendance, à la paix du monde et au bonheur du genre humain. » Après cette allocution, où chacun remarqua comment étaient placés les mots *uni* et *dévoué*, la Chambre compléta son bureau dans le même esprit, en appelant à la vice-présidence M. Flaugergues, M. Dupont (de l'Eure), M. de la Fayette et le général Grenier. M. Bedoch, M. Dumolard, le général Carnot, frère du ministre de l'intérieur, M. Clément (du Doubs), enfin, furent nommés secrétaires, et la Chambre se trouva constituée.

Ce n'est pas sans peine que l'Empereur, revenant sur ses premières paroles, avait approuvé la nomination de M. Lanjuinais, et, pour l'y déterminer, il n'avait fallu rien moins que les instances de ses plus sages conseillers. Avant d'envoyer son adhésion, il avait même voulu voir M. Lanjuinais. « Eh bien, monsieur, lui avait-il dit, il ne s'agit plus de tergiverser. Êtes-vous à moi ? — Sire, je n'ai jamais été à personne ; je n'ai appartenu qu'à mon devoir. — Vous éludez : me servirez-vous ? — Oui, Sire, dans la ligne du devoir ; *vous avez la visibilité*[1]. » Napoléon se tint pour satisfait, embrassa M. Lanjuinais, et envoya son acceptation.

Avant même que l'élection des vice-présidents fût achevée,

---

[1] *Notice sur J. D. Lanjuinais*, par son fils Victor Lanjuinais. — Par ces mots : *Vous avez la visibilité*, M. Lanjuinais, chrétien érudit et austère, faisait allusion à la doctrine de l'Église qui ordonne aux fidèles de se soumettre au souverain *de fait*, lorsque son pouvoir est *visiblement* et publiquement établi.

un incident curieux et inattendu était venu éclairer d'un nouveau jour les sentiments d'une portion de la Chambre. Le décret du 27 mai, contenant les mesures pour l'installation des deux Chambres, avait stipulé, conformément aux précédents, que les pairs et les représentants prêteraient, successivement et individuellement, le serment d'obéissance aux Constitutions de l'Empire et de fidélité à l'Empereur. Or, avant même la réunion de la Chambre, cette formule avait éveillé les scrupules de plusieurs représentants qui se promettaient de reviser les constitutions de l'Empire, et qui, comme le président Lanjuinais, voulaient être fidèles à la patrie plutôt qu'à un homme. Ces représentants avaient, par l'intermédiaire de M. de la Fayette, communiqué leurs hésitations au prince Joseph, qui, dans la crainte d'une protestation publique, avait obtenu de l'Empereur qu'il ne fût point fait d'appel nominal et que le serment fût prêté en masse, au lieu de l'être individuellement [1]; mais un des nouveaux députés, M. Dupin, frappé de ce que Napoléon, « par un simple acte de sa volonté, et comme si c'était une affaire de cérémonial, avait assujetti les membres des deux Chambres à lui jurer fidélité[2], » crut devoir, après s'être concerté avec MM. Roy et Benjamin Delessert, porter la question à la tribune. On le vit donc non pas combattre le serment en lui-même, mais soutenir que, pour être légitime, obligatoire, constitutionnel, ce serment ne devait pas être prêté en vertu d'un décret émané du prince, mais en vertu d'une loi exprimant le vœu de la nation. M. Dupin demandait aussi qu'il fût bien entendu que le serment, ainsi prêté, ne préjudicierait en rien au droit d'améliorer la Constitution.

La proposition de M. Dupin, quel qu'en fût le but réel, tendait évidemment à ajourner la prestation de serment, et la séance impériale devait avoir lieu le lendemain. Il y eut donc

[1] *Mémoires du général la Fayette.* — *Esquisse historique sur les Cent-Jours.*
[2] *Mémoires de M. Dupin.*

grande rumeur, non-seulement sur les bancs des bonapartistes purs, mais encore sur ceux des représentants beaucoup plus nombreux qui, sans se croire liés à Napoléon par un lien indissoluble, pensaient que, dans les circonstances où se trouvait la France, ils ne devaient point se séparer de lui. M. Bedoch, M. Dumolard, soutinrent avec vivacité, d'une part, qu'en vertu de l'article LVI non abrogé du sénatus-consulte de l'an XII, le serment était légalement dû; de l'autre, que refuser de prêter serment, ce serait dénaturer l'objet de la séance impériale, et donner à l'ennemi l'idée d'une rupture déplorable entre l'Empereur et le Corps législatif. « S'il fallait choisir, s'écria M. Dumolard, entre un homme et la nation, je n'hésiterais pas; mais je crois que la nation doit se sauver avec et par l'Empereur. » Et il ajouta quelques paroles sensées sur la position de la France en face de l'Europe, et sur la nécessité de prouver que la nation et l'armée ne faisaient qu'un. Bien que médiocrement dévoué à l'Empereur, le général Sébastiani l'appuya et demanda qu'une déclaration solennelle vînt mettre fin à toutes les incertitudes, et consacrer l'union désirée.

M. Roy parla dans le même sens que M. Dupin; mais, évidemment, le sentiment de la Chambre n'était point favorable à la proposition, et M. Boulay (de la Meurthe) en profita avec habileté. Il ne niait point que l'Acte additionnel ne pût être modifié et amélioré; mais on n'en devait pas moins, selon lui, prêter serment aux constitutions existantes. Quant au serment de fidélité à l'Empereur, en le prêtant, on jurait fidélité à la nation elle-même, dont l'Empereur était le représentant. « Il faut ici, ajouta-t-il, parler avec franchise et dire la vérité : il existe en France deux partis, l'un qui est national, l'autre qu'on peut appeler la faction de l'étranger. » Puis, pour répondre à quelques murmures, il se hâta d'ajouter que cette dernière faction n'avait certes pas un seul représentant dans la Chambre, mais qu'elle s'agitait au dehors, et qu'il importait de se prononcer fortement contre elle.

Après ce discours, la Chambre, à la presque unanimité, décida que le serment serait prêté ; mais ce résultat avait été préparé par une conférence qui avait eu lieu, avant la séance, entre le ministre de l'intérieur, le président de la Chambre et M. Dupin. Dans cette conférence, tout en reconnaissant qu'en principe M. Dupin avait raison, Carnot avait insisté sur la nécessité d'éviter même l'apparence d'un dissentiment entre le gouvernement et la Chambre ; puis il avait ajouté que le serment était de pure forme, que le prêterait qui voudrait, et que, lors de l'appel nominal, on ne coterait ni les noms des absents, ni les noms de ceux qui resteraient sur leurs bancs. Ces paroles, répétées parmi les membres de l'Assemblée, y avaient mis plus d'une conscience à l'aise, et M. Dupin affirme que, le lendemain, lors de la séance impériale, bon nombre de représentants s'abstinrent, en fait, de prêter serment, sans que personne parût s'en apercevoir[1].

Ce vote de la Chambre n'en était pas moins un succès pour les amis de l'Empereur, et le général Carnot, frère du ministre de l'intérieur, essaya d'en obtenir un second, en faisant décréter que l'armée avait bien mérité de la patrie. Mais, bien que dans son discours il eût assez bizarrement introduit les Spartiates et les Thermopyles, la Chambre parut peu disposée, soit à glorifier le mouvement militaire du 20 mars, soit à célébrer par avance des victoires encore douteuses, et la motion, combattue par M. Duchesne, et abandonnée, sous un prétexte réglementaire, par M. Regnault de Saint-Jean-d'Angély, fut définitivement ajournée.

C'était seulement le 5 juin que la liste officielle des nouveaux pairs avait été communiquée à la Chambre des représentants, et cette liste n'avait point plu. On ne pouvait dire qu'elle eût été faite dans un esprit exclusivement bonapartiste, puisqu'on y remarquait, d'une part, vingt-cinq ou trente

---

[1] *Mémoires de M. Dupin.*

anciens sénateurs, ayant concouru ou adhéré à l'acte de déchéance ; d'autre part, vingt-trois pairs de la Chambre de Louis XVIII. Mais, sur cent dix-huit membres dont la Chambre des pairs se composait, la moitié appartenait à l'armée; et cette prépondérance de l'élément militaire ne laissait pas d'inquiéter. Les quatre frères de l'Empereur, le cardinal Fesch, le prince Eugène, cinq conventionnels ayant voté la mort de Louis XVI, quatre archevêques, de hauts fonctionnaires et dignitaires de l'Empire, enfin, un certain nombre d'hommes qui avaient figuré avec honneur dans les anciennes assemblées législatives : M. Alexandre de Lameth, M. Boissy d'Anglas, M. Dedelay d'Agier, M. de Pontécoulant, M. Rœderer, formaient l'autre moitié, et offraient une réunion de notabilités qui, sous le premier Empire, eût certainement paru fort imposante. Mais on sentait que de ces notabilités aucune n'apportait à Napoléon une force nouvelle, et que c'était simplement l'ancien équipage impérial réduit et affaibli.

Napoléon lui-même partageait ce sentiment, et n'était point satisfait de sa pairie. « Comment voulez-vous, disait-il, que ma Chambre des pairs défende la couronne? c'est moi qui serai forcé de la défendre contre la Chambre des représentants[1]! » Aussi avait-il désiré y introduire des hommes nouveaux, et avait-il chargé ses ministres de lui présenter chacun une liste de candidats. Les ministres n'y avaient pas manqué, et les listes, ainsi préparées, offraient, dit Fleury de Chaboulon, « un assortiment complet d'anciens nobles, de sénateurs, de généraux, de propriétaires, de négociants, d'industriels. » Mais, dans cet assortiment, la qualité était inférieure à la quantité, et, parmi ceux qui eussent accepté avec reconnaissance la pairie impériale, beaucoup ne paraissaient pas propres à donner à ce corps plus d'éclat ou de force. Napoléon, d'ailleurs, bien que résigné à beaucoup de choses, gar-

---

[1] Thibaudeau, *Histoire de l'Empire*.

dait rancune à quelques anciens sénateurs, surtout à certains savants comblés jadis de ses faveurs, et à toutes les instances de MM. Laplace et Berthollet pour faire partie de la Chambre des pairs, il avait opposé un froid refus [1]. En revanche, non-seulement dans les nouvelles catégories, mais encore dans les anciennes, Napoléon rencontra des résistances auxquelles il ne s'attendait pas, celle entre autres du maréchal Macdonald, fidèle à son dernier serment comme il l'avait été au premier. Quant au général la Fayette, à qui Napoléon fit offrir la pairie par son frère Joseph, on peut douter que l'offre fût sincère. Il est probable, dans tous les cas, que l'acceptation du général la Fayette eût, plus que son refus, étonné Napoléon.

Quoi qu'il en soit, la Chambre des pairs, présidée par l'archichancelier Cambacérès, tint, le 3 juin, sa première séance, et, après avoir choisi pour secrétaires MM. Thibaudeau et de Valence, elle nomma une commission de cinq membres, chargée de rédiger son règlement intérieur. Le 5 juin, elle reçut communication d'un décret qui appelait le comte de Lacépède à la vice-présidence, et entendit, comme la Chambre des représentants, la lecture de la liste des nouveaux pairs. A peine cette lecture était-elle terminée, qu'un des frères de l'Empereur, Joseph, protesta contre l'espèce d'investiture qu'on prétendait lui conférer. Comme premier prince du sang impérial, il n'avait, dit-il fièrement, besoin d'aucune permission pour siéger parmi les pairs. A la Chambre des représentants, cette réminiscence de l'an XII n'eût pas passé sans contradiction. A la Chambre des pairs, on se contenta de sourire et de laisser le président Cambacérès ordonner gravement que l'observation du prince Joseph serait mentionnée au procès-verbal.

Une Chambre des représentants où le parti bonapartiste pur comptait une soixantaine de voix tout au plus, mais dont la grande majorité, sans vouloir se livrer à l'Empereur, vou-

---

[1] *Mémoires de Miot*, comte de Melito.

lait se servir de son bras pour défendre l'indépendance nationale ; une Chambre des pairs où s'étalaient, presque sans mélange, les uniformes des généraux et les habits brodés des hauts fonctionnaires de l'Empire, voilà devant quelles assemblées l'empereur Napoléon, à la veille de partir pour livrer bataille, devait venir, le 7 juin, exprimer ses sentiments, manifester sa pensée, et solliciter le concours de la représentation nationale. Ce n'est pas que, pour arrêter ses plans et préparer sa première campagne, Napoléon eût attendu ce concours. Des historiens qui ont pris à tâche de représenter Napoléon, non-seulement comme infaillible, mais encore comme invincible, à moins de trahison, ont prétendu que sa pensée première était d'attendre l'ennemi, au lieu de prendre l'offensive ; mais que le besoin de déconcerter, par un grand succès, l'hostilité manifeste de la Chambre des représentants, avait pesé sur lui et changé sa résolution. Or, d'après un témoignage irrécusable, celui de Napoléon lui-même[1], c'est au mois de mai, plusieurs jours avant la réunion des Chambres, que, mettant en présence, dans ses méditations profondes, les divers plans de campagne, il avait, par des raisons absolument étrangères à l'opinion présumée des représentants, donné la préférence au plan qui l'a conduit à Waterloo ; c'est en outre le 1ᵉʳ et le 2 juin, au moment même du champ de mai, que les ordres avaient été expédiés, et que les divers corps de l'armée s'étaient mis en mouvement.

Ainsi, pour la première bataille que Napoléon devait livrer peu de jours après la séance impériale, la Chambre des représentants ne pouvait ni le servir ni lui nuire, et il n'avait rien à espérer ni à redouter d'elle ; mais, s'il gagnait cette bataille, comme il le croyait, et comme on le croyait généralement, il savait que la guerre ne serait pas terminée, et que de nouveaux efforts deviendraient nécessaires. Il savait de plus que

---

[1] *Mémoires de Napoléon*, Montholon, t. II.

peu de jours auparavant, dans sa séance du 23 mai, le conseil d'État n'avait pas voulu donner sa sanction à un décret proposé par la section de la guerre pour appeler sous les drapeaux une nouvelle conscription, « parce que les levées d'hommes étaient, selon le conseil d'État, du domaine du pouvoir législatif[1]. » Le concours des Chambres devenait donc indispensable, et il importait beaucoup à Napoléon de leur inspirer confiance et de leur plaire. Néanmoins, ce fut, comme au champ de mai, l'Empereur, non le général, qui se montra; et l'on put contempler une seconde fois sa toque et son manteau, la tunique blanche de ses frères et la robe parsemée d'abeilles de son archichancelier. La Chambre ne l'en accueillit pas moins aux cris répétés de *Vive l'Empereur!* auxquels se mêlaient ceux de *Vive la nation! Vive la liberté!* et le serment fut individuellement prêté par les pairs et par les députés. Au nom trop connu de Bertrand Barrère, une sorte de frisson parcourut tous les bancs et témoigna du sentiment presque unanime de l'Assemblée. Le nom de M. de la Fayette produisit un effet tout différent, et, quand cet homme illustre se leva, les yeux d'un grand nombre de ses collègues et ceux de l'Empereur lui-même se fixèrent sur lui avec un intérêt visible. On savait en effet que M. de la Fayette et quelques-uns de ses amis hésitaient à prêter serment, et on ignorait qu'après le rejet de la proposition de M. Dupin ils s'étaient déterminés à le faire, à la seule condition d'une explication promise par le président, et qui fut en effet donnée à la séance suivante.

Cette formalité accomplie, Napoléon prit la parole, et, d'une voix claire et distincte, bien qu'un peu faible, prononça un discours habilement composé, mais où se trahissaient les agitations de son âme. « Messieurs, dit-il, depuis trois mois, les circonstances et la confiance du peuple m'ont revêtu d'un pouvoir illimité. Aujourd'hui s'accomplit le besoin le plus

---

[1] *Mémoires de Miot.*

pressant de mon cœur ; je viens commencer la monarchie constitutionnelle. Les hommes sont impuissants pour assurer l'avenir ; les institutions seules fixent les destinées des nations. »

Après cet aveu qui dut lui coûter, Napoléon reconnaissait la nécessité de réunir dans un seul cadre les constitutions éparses, et de les coordonner dans une seule pensée. « J'ambitionne, ajouta-t-il, de voir la France jouir de toute la liberté possible. Je dis possible, parce que l'anarchie ramène toujours au gouvernement absolu. » Abordant la question qui préoccupait tout le monde, Napoléon alors annonça qu'une frégate française avait été attaquée et prise, après un combat sanglant, par un vaisseau anglais, et que le sang français avait coulé pendant la paix. Puis il se plaignit des communications factieuses qu'on avait liées avec Gand, comme, en 1792, avec Coblentz, et il invoqua, contre ces coupables manœuvres, des mesures législatives efficaces. « La liberté de la presse, dit-il, est inhérente à la constitution actuelle ; on n'y peut rien changer sans altérer tout notre ordre politique ; mais il faut des lois répressives, surtout dans l'état actuel de la nation. » Il promit enfin que les ministres feraient incessamment connaître aux Chambres la situation des affaires. « Il est possible, dit-il en terminant, que le premier devoir du prince m'appelle bientôt à la tête des enfants de la nation pour combattre pour la patrie. L'armée et moi nous ferons notre devoir. Vous, pairs et représentants, donnez à la nation l'exemple de la confiance, de l'énergie et du patriotisme, et, comme le sénat du grand peuple de l'antiquité, soyez décidés à mourir plutôt que de survivre au déshonneur et à la dégradation de la France. La cause sainte de la patrie triomphera ! »

Pendant ce discours, dit M. de la Fayette, on remarquait sur la figure et dans l'accent de Napoléon une contraction violente, expression visible d'une grande souffrance intérieure. Quand il parla de l'ennemi et de l'armée, son regard pourtant s'éclaircit, sa voix s'affermit, et des acclamations réitérées saluèrent en lui, non pas le fondateur de la quatrième dynastie, mais le champion nécessaire de l'indépendance nationale. Napoléon, que la motion de M. Dupin avait fort irrité, et qui, la veille, disait bien haut que les avocats et les factieux ne feraient pas de lui un second Louis XVI [1], quitta le palais du Corps législatif un peu plus tranquille sur les dispositions des représentants et sur celles de la France.

Mais, dès le lendemain, un incident inattendu vint détruire cette impression favorable et renouveler son mécontentement. Un ancien conventionnel, Garnier (de Saintes), avait proposé que le procès-verbal constatât que la Chambre s'était prononcée à l'unanimité en faveur du serment, et plusieurs représentants, en se levant contre cette proposition, l'avaient infirmée, quand un des hommes que Napoléon avait proscrits jadis, comme terroristes, Félix Lepelletier, vint, dans son zèle récent pour l'Empire, demander que le titre de *Sauveur de la patrie* fût décerné à Napoléon. « Attendez donc, s'écria vivement M. Dupin, qu'il l'ait sauvée ! » et, sur ce seul mot, l'ordre du jour fut voté au milieu d'un tumulte improbateur.

Cependant, selon l'usage, les deux Chambres avaient nommé chacune une commission chargée de préparer une réponse au discours de l'Empereur. Celle de la Chambre des représentants se composait du président, M. Lanjuinais, des quatre vice-présidents, MM. de la Fayette, Flaugergues, Dupont (de l'Eure), Grenier, et de cinq commissaires, MM. Garat, Ramon, Durbach, Laforest et Durand. Bien que les cinq commissaires fussent plus favorables à l'Empereur que les membres du bureau, la commission, dans son ensemble, n'était point bonapartiste, et quand, dès sa première réunion, M. de la Fayette posa la question en disant « que la conduite de l'Assemblée allait décider si elle serait appelée

---

[1] Fleury de Chaboulon, *Mémoires sur les Cent-Jours*.

la *représentation nationale* ou le *club Napoléon* [1], » plus d'une voix fit écho à la sienne. Néanmoins la plupart des projets affectaient le style ordinaire et reproduisaient les vieilles formules. Le républicain Garat, que son exclusion du Sénat ne paraissait pas refroidir, en avait notamment présenté un dans lequel il essayait de racheter l'éloge de Moreau par un éloge de Napoléon, plus emphatique encore ; mais M. de la Fayette, appuyé par M. Lanjuinais, combattit ce projet et en fit rejeter les deux tiers. Le lendemain, M. Durand, ancien diplomate, apporta une nouvelle rédaction, beaucoup meilleure, et qui fut admise avec quelques modifications. Ainsi M. de la Fayette en fit retrancher de vulgaires injures contre les Bourbons, et le président Lanjuinais obtint que la qualification de *grand homme*, appliquée à Napoléon, fût remplacée par celle de *héros*, « vu, dit-il avec une franchise naïve, que l'expression de grand homme suppose des vertus morales dont celle de héros peut plus aisément se passer [2]. »

Discutée en comité secret, cette adresse donna encore lieu à de longs débats et subit de nouvelles modifications, pour la plupart libérales et pacifiques. Mais, au dernier moment, M. Regnault de Saint-Jean-d'Angély obtint que la Chambre revînt sur ses votes, et, le 12, l'adresse fut présentée à peu près telle que la commission l'avait rédigée. Elle insistait un peu longuement peut-être sur les premières paroles de l'Empereur et sur la nécessité de rectifier le plus tôt possible « ce que l'urgence des circonstances avait produit de défectueux et laissé d'imparfait dans l'ensemble de nos constitutions, » et, à cette occasion, elle renouvelait contre « la charte royale émanée du pouvoir absolu » une attaque un peu banale, mais qui, dans la pensée des rédacteurs, pouvait bien ne pas porter uniquement sur Louis XVIII. Elle s'éton-

---

[1] *Mémoires de M. de la Fayette.*
[2] *Mémoires de M. de la Fayette.* — *Notice sur Lanjuinais,* par son fils.

naît ensuite que la France eût à défendre contre des souverains en armes le *héros* que sa confiance avait investi de nouveau du gouvernement de l'État : « Attaquer le monarque de son choix, disaient les représentants, c'est attaquer l'indépendance de la nation. Elle est armée tout entière pour défendre cette indépendance et pour repousser, sans exception, toute famille et tout prince qu'on voudrait lui imposer. Aucun projet ambitieux n'entre dans la pensée du peuple français. La volonté même du prince victorieux serait impuissante pour entraîner la nation hors des limites de sa propre défense; mais aussi, pour maintenir sa liberté, son honneur, sa dignité, elle est prête à tous les sacrifices. »

Après ces paroles qui, certes, n'avaient rien de faible ni de douteux, la Chambre des représentants faisait quelques vœux pour la paix et promettait de concourir de tout son pouvoir aux mesures qu'exigerait le succès d'une guerre aussi légitime. « Et, disait-elle, tandis que Votre Majesté, opposant à la plus injuste agression la valeur des armées nationales et la force de son génie, ne cherchera dans la victoire qu'un moyen d'arriver à une paix durable, la Chambre des représentants croira marcher vers le même but en travaillant sans relâche au pacte dont le perfectionnement doit cimenter encore l'union du peuple et du trône, et fortifier aux yeux de l'Europe, par l'amélioration de nos institutions, la garantie de nos engagements. »

Si l'Empereur eût été sincère dans ses protestations constitutionnelles, une telle adresse, émanée d'une telle Chambre, l'eût pleinement satisfait ; mais il y vit surtout l'annonce d'une discussion publique sur l'Acte additionnel, et il voulut, par quelques paroles sévères et dédaigneuses, couper court à cette discussion. Il déclara donc qu'il verrait avec plaisir « une commission, nommée par chaque Chambre, *méditer* sur les constitutions de l'Empire; » mais que toute discussion publique sur une telle question serait un malheur pour l'État : « La crise où nous sommes engagés est forte, ajouta-t-il ; n'imitons pas l'exemple du Bas-Empire qui, pressé de tous côtés par les barbares, se rendit la risée de la postérité en s'occupant de discussions abstraites au moment où le bélier brisait les portes de la ville. »

Napoléon remerciait d'ailleurs la Chambre des représentants des sentiments d'attachement à sa personne et du dévouement patriotique qu'elle lui avait exprimés : « Aidez-moi, lui disait-il, à sauver la patrie. Premier représentant du peuple, j'ai contracté l'obligation que je renouvelle d'employer, dans des temps plus tranquilles, toutes les prérogatives de la couronne, et le peu d'expérience que j'ai acquis, à vous seconder dans l'amélioration de nos institutions. »

A ces injonctions altières, la Chambre des représentants n'avait qu'une réponse à faire : elle la fit, dès le lendemain, en prenant en considération deux propositions relatives à la révision de la constitution, et en décidant que ces propositions seraient développées en séance publique.

L'adresse de la Chambre des représentants, libérale et patriotique à la fois, ne contenait pas un mot qui pût blesser l'Empereur, et on devait croire que l'adresse de la Chambre des pairs lui serait encore plus favorable. Mais les pairs, tout récemment nommés par Napoléon, savaient que la France voyait dans leur Chambre une sorte de dépendance du palais des Tuileries, et ce qui, dix ans auparavant, leur eût paru un honneur, leur paraissait une tache dont ils aspiraient à se laver. La commission proposa donc, et la Chambre adopta en comité général une adresse qui, comme celle de la Chambre des représentants, commençait par remercier l'Empereur de ses protestations constitutionnelles, et promettait le concours zélé de la Chambre des pairs à toutes les mesures nécessaires « pour forcer l'étranger à reconnaître l'indépendance nationale, et pour faire triompher dans l'intérieur les principes consacrés par la volonté du peuple. » Mais, à la suite de ces remercîments et de ces promesses, on lisait la phrase suivante : « Si le succès répond à la justice de notre cause et aux espérances que nous sommes accoutumés à concevoir de votre génie et de la bravoure de nos armées, *la nation n'a plus à craindre que l'entraînement de la prospérité et la séduction de la victoire*[1]. »

Avant que cette phrase fût lue publiquement, l'archichancelier Cambacérès crut devoir la communiquer à l'Empereur qui, non sans raison, s'en montra fort surpris, fort irrité, et qui demanda expressément qu'elle fût changée. La commission s'y prêta et proposa de remplacer les derniers mots par ceux-ci : *Nos institutions garantissent à l'Europe que jamais le gouvernement français ne peut être entraîné par les séductions de la victoire*; et la nouvelle rédaction fut adoptée, malgré l'opposition de MM. de Pontécoulant et de Latour-Maubourg à qui il paraissait fâcheux de revenir, par déférence pour l'Empereur, sur une délibération déjà prise. Mais, même ainsi modifiée, l'adresse parut à Napoléon sévère, inopportune, et son mécontentement perça dans sa réponse. « La lutte dans laquelle nous sommes engagés, dit-il, est sérieuse. L'entraînement de la prospérité n'est pas le danger qui nous menace aujourd'hui ; c'est sous les fourches caudines que les étrangers veulent nous faire passer. » Et comme la Chambre des pairs, prévoyant des revers, disait « que ces revers, loin d'affaiblir sa persévérance, redoubleraient son attachement pour l'Empereur, » Napoléon, sans paraître bien convaincu que tel dût être le résultat d'une défaite, prit sèchement acte des paroles de la Chambre : « La justice de notre cause, l'esprit public de la nation et le courage de l'armée sont, dit-il, de puissants motifs pour espérer des succès. Mais, si nous avions des revers, c'est alors surtout que j'aimerais à voir se déployer toute l'énergie de ce grand peuple ; c'est alors que je trouve-

[1] Thibaudeau, *Histoire de l'Empire*.

rais dans la Chambre des pairs des preuves d'attachement à la patrie et à moi. C'est dans les temps difficiles que les grandes nations, comme les grands hommes, déploient toute l'énergie de leur caractère, et deviennent un objet d'admiration pour la postérité. »

Après avoir reçu les adieux des deux Chambres, le 11 juin, Napoléon réunit ses ministres et organisa un grand conseil qui, pendant son absence, devait diriger les affaires. Ce conseil se composait du prince Joseph, président ; du prince Lucien, des huit ministres Cambacérès, Davoust, Caulaincourt, Decrès, Fouché, Mollien, Carnot, Gaudin, et des quatre ministres d'État Boulay (de la Meurthe), Regnault de Saint-Jean-d'Angély, Defermon, Merlin, chargés spécialement de représenter le gouvernement dans les débats de la Chambre. Cette adjonction de quatre ministres non responsables aux huit ministres responsables paraissait peu constitutionnelle, et, dès les premiers jours de la session, M. Scipion Mourgues avait embarrassé M. Regnault de Saint-Jean-d'Angély en lui demandant s'il parlait comme ministre ou comme représentant. Mais l'Empereur croyait justement l'éducation de ses ministres à portefeuille fort incomplète, et désirait qu'ils parussent le moins possible à la tribune[1]. Si l'on en croit son secrétaire, M. Fleury de Chaboulon, il avait encore un autre motif : la défiance que lui inspirait Fouché. Il était donc bien aise de placer à côté de lui, dans le conseil, des hommes dont le dévouement à sa dynastie et à sa personne n'avait rien de douteux. C'est par le même motif qu'il refusa au duc de Vicence la faveur de le suivre à la guerre : « Si je ne vous laissais pas à Paris, lui dit-il, sur qui pourrais-je compter ? » Le lendemain, Napoléon partait pour rejoindre l'armée, comprenant plus qu'il ne voulait le dire tous les dangers de sa situation, et bien convaincu que, si pour se sauver il avait

---

[1] Fleury de Chaboulon, *Mémoires sur* 1815.

besoin de plus d'une victoire, une seule défaite suffirait pour le perdre.

Les représentants et les pairs le savaient comme lui, et, jusqu'au jour prochain de la première bataille, une grande incertitude devait peser sur les esprits et les tenir en suspens. Ainsi que nous l'avons déjà dit, la plupart des représentants, M. de la Fayette lui-même, croyaient à un grand succès pour le début de la campagne ; mais, si quelques-uns espéraient que ce succès dissoudrait la coalition et amènerait une paix honorable, presque tous étaient convaincus qu'il ne terminerait rien, et que, d'une part, la haine persistante de la coalition, d'autre part, l'ambition renaissante de l'Empereur, prolongeraient indéfiniment la lutte. De là, pour les hommes vraiment libéraux et patriotes, une position fausse et triste, une position que le général la Fayette décrivait, ainsi qu'il suit, dans une lettre, en date du 9 juin : « On éprouve, disait-il, une vive douleur en pensant que, sans Napoléon, peut-être on pourrait éviter la guerre, et que, lui étant là, on ne peut se dispenser de lui prêter secours sans amener le démembrement ou au moins l'asservissement de la France qu'il asservirait pour son propre compte, s'il en avait le moyen. » Résister à Napoléon toutes les fois qu'il voulait les entraîner à un acte de dévouement personnel, et le seconder toutes les fois qu'il leur demandait leur concours pour défendre l'indépendance nationale, voilà donc la ligne de conduite que M. de la Fayette et ses amis jugèrent la plus propre à concilier tous leurs devoirs, et cette ligne de conduite, malgré quelques déviations accidentelles, fut, en définitive, celle que la Chambre suivit. On va en juger par un court résumé de ses débats, pendant l'intervalle qui s'écoula entre le départ de l'Empereur et son retour.

Le lendemain même du départ de Napoléon et les jours qui suivirent, trois rapports sur la situation intérieure et extérieure de l'Empire furent présentés aux Chambres par le ministre de l'intérieur, par le ministre des affaires étrangères et par le ministre de la police. Le premier rapport, signé Carnot, se partageait, du commencement à la fin, entre une récrimination banale et passionnée contre la Restauration, et un programme chimérique des biens que l'Empire devait verser à flots sur la France. Tout cela avait pour but de démontrer que les royalistes étaient incapables de ressaisir ce qu'ils n'avaient pas su conserver, et que, désabusés par une longue expérience, les républicains, quelle qu'eût été jadis *leur exaltation philanthropique*, étaient devenus les défenseurs les plus zélés de la nouvelle dynastie. Tous les bons citoyens n'avaient donc rien de mieux à faire que de se rallier au héros que ses malheurs avaient instruit, et qui seul pouvait réparer les maux de la France.

Après ce préambule qui, du moins, touchait au vif de la situation, les Chambres furent assez surprises de voir Carnot passer en revue, dans le style ordinaire, toutes les parties de l'administration, les communes, les hospices, les travaux publics, les usines, les manufactures, le commerce, l'instruction publique, les cultes, l'ordre judiciaire; elles ne furent pas moins surprises de l'entendre soutenir que deux années de l'administration du baron Louis auraient perdu les finances de la France, mais qu'*heureusement* l'Empire était venu à temps pour porter remède au mal. A une époque récente, nous avons entendu quelques propos semblables, et nous pouvons tous nous souvenir qu'en 1848 le même reproche a été adressé, avec la même vérité, à la monarchie constitutionnelle de 1830, et que le même compliment a été fait à la République.

Quoi qu'il en soit, deux chapitres du rapport avaient seuls une véritable importance : celui qui se rapportait aux forces militaires de la France et à ses moyens de défense, celui qui faisait pressentir les mesures législatives qui devaient être proposées, conformément aux paroles de Napoléon, pour prévenir les complots à l'intérieur. Sur le premier point, Carnot établissait, par des calculs plus habiles qu'exacts, qu'en deux mois l'Empereur avait élevé l'armée de ligne du chiffre de 175,000, au chiffre de 350,000 hommes, que bientôt elle atteindrait le chiffre de 500,000 hommes, et qu'alors en y faisant entrer 350.000 gardes nationaux Napoléon pourrait opposer à la coalition une force effective de 850,000 Français. Sur le second point, le rapport contenait deux phrases assez significatives :

« Au milieu des touchantes acclamations qui l'accueillirent à son retour, Sa Majesté, disait-il, s'était flattée qu'un tel peuple pouvait, *pour ainsi dire*, être livré à lui-même, et qu'il n'avait, *en quelque sorte*, besoin d'aucune police ; elle s'empressa de publier la liberté de la presse. Mais Sa Majesté n'avait pas pensé qu'au sein de cette masse du peuple, toujours excellente, il se trouvait une multitude d'ennemis cachés qui, d'abord stupéfaits et silencieux, n'en méditaient pas moins le désordre dans l'intérieur et la guerre au dehors. »

En conséquence, l'Empereur, *bien à regret*, se voyait obligé de recourir, dans plusieurs départements, au régime militaire, et de demander des lois répressives de la liberté de la presse.

Il faut en convenir, ce rapport était peu digne de Carnot. Carnot savait fort bien, en effet, que les gardes nationaux, dont il promettait le concours, n'existaient que sur le papier, et refusaient presque tous de quitter leurs familles ; il savait que l'armée active elle-même se recrutait avec peine, et qu'après avoir interdit d'abord toute mesure de rigueur contre les soldats rappelés sous les drapeaux, afin qu'ils parussent n'obéir qu'à leur enthousiasme guerrier et qu'à leur amour pour Napoléon, le ministre de la guerre avait dû revenir aux moyens coercitifs ordinaires ; il savait que, ces moyens mêmes étant devenus impuissants, il avait fallu employer, sans beaucoup de succès, les colonnes mobiles et les garnisaires [1]. Mais,

---

[1] *Mémoires inédits du maréchal Davoust.* — Le colonel Charras, dans son livre sur la campagne de 1815, affirme, d'après des documents authenti-

en disant la vérité, Carnot eût craint d'augmenter le découragement, déjà si grand, de la Chambre et de la France, et il croyait, en les trompant l'une et l'autre, faire acte de patriotisme.

Au rapport de Carnot, succéda le rapport beaucoup plus sérieux du ministre des affaires étrangères. C'était un exposé simple et sincère de toutes les démarches faites par l'Empereur, depuis son retour, pour obtenir le maintien de la paix, et de tous les actes par lesquels les puissances étrangères s'étaient engagées irrévocablement contre la France. A la vérité, la coalition prétendait séparer la France de l'Empereur, et faire la guerre à l'un sans la faire à l'autre; mais c'était, selon le rapport, une subtilité inventée pour diviser les Français et pour rendre ainsi la victoire plus facile. De là, cette conclusion que tout espoir de conciliation s'était évanoui, et que la paix ne pouvait plus être conquise que sur le champ de bataille. « La lutte qui va s'engager, ajoutait le duc de Vicence, ne sera pas une lutte d'un jour. Peut-être voudra-t-elle de longs efforts, une longue patience; il est important que la nation en soit convaincue. »

Si les rapports de Carnot et de Caulaincourt n'apprenaient rien à la France, ils étaient du moins fort clairs et ils ne laissaient aucun doute sur la pensée de leurs auteurs. Il en fut autrement du rapport de Fouché, dont aujourd'hui encore on cherche le vrai sens. Fouché commençait par dire avec emphase qu'à l'Empereur prêt à se mettre à la tête de ses armées il devait toute la vérité; et aussitôt, d'une main impitoyable, il traçait le sombre tableau de tous les dangers qui, selon lui, menaçaient l'Empire et l'Empereur : une vaste conspiration s'étendant de la Manche à la Méditerranée et embrassant une grande partie du territoire; des ennemis nombreux,

---

ques, que le rappel des anciens militaires qui aurait dû donner deux cent cinquante mille hommes en donna tout au plus soixante mille.

actifs, audacieux, ayant des intelligences au dehors et des appuis au dedans; l'insurrection permanente en Bretagne, se propageant en Normandie, et, d'un autre côté, s'appuyant sur les Cévennes pour s'étendre jusqu'aux bords du Rhône; Bordeaux, centre d'un mouvement royaliste; Marseille animé de l'esprit de sédition jusque dans les dernières classes de sa population; Toulouse sous l'influence des comités contre-révolutionnaires; Dieppe, le Havre, Caen, agités par le souffle de la révolte; la guerre civile désolant tous les départements voisins de la basse Loire, et des bandes armées pillant les caisses publiques, anéantissant les instruments de l'administration, menaçant les fonctionnaires, arrêtant les diligences, saisissant les courriers, interceptant les communications; enfin, la France entière inondée impunément d'écrits coupables et dangereux : voilà les traits principaux de ce tableau présenté d'abord à l'Empereur, puis mis presque aussitôt sous les yeux des Chambres et de la France. Comment prévenir tous ces périls? quels remèdes apporter à tous ces maux? c'est ce que Fouché examinait ensuite, avec un sang-froid remarquable et une modération un peu suspecte. Et d'abord, il ne pouvait plus être question de confiscations et de proscriptions en masse : c'étaient là des procédés usés, inefficaces, inapplicables. A ce sujet, Fouché, faisant un retour sur le passé, établissait que, si la Révolution avait mis son ouvrage sous la garde de la multitude, elle y avait été contrainte par les fureurs d'une opposition insensée. « Alors, disait-il, le but fut manqué, la Révolution dévia de ses principes; aucune force humaine n'était capable d'arrêter ce torrent : *il fut de la sagesse d'en suivre et d'en adoucir la marche.* » Fouché, on le sait, était un de ceux qui avaient pratiqué cette sagesse, et, bien que sa renommée lui pesât peu, il profitait de l'occasion pour réhabiliter aux yeux de la France ses vertus trop longtemps méconnues.

Mais aujourd'hui, disait Fouché, « on ne s'arrête plus à de

vaines abstractions ; on veut une liberté positive et pratique. »
Aucune des mesures employées jadis par l'anarchie contre
l'anarchie ne pouvait donc convenir. Néanmoins tous les peuples libres avaient reconnu l'impuissance des lois ordinaires
dans les temps agités, et la nécessité de rendre chaque citoyen
un peu plus accessible à la force publique. De là, quelquefois,
en Angleterre, la suspension de la liberté individuelle et de
la liberté de la presse. Il appartenait aux Chambres de rechercher jusqu'à quel point, dans les circonstances graves
où se trouvait la France, cet exemple de l'Angleterre pouvait
être imité. Le ministre de la police engageait donc spécialement les Chambres à examiner dans leur sagesse s'il ne serait
pas utile :

« 1° De modifier la législation en ce qui concerne l'emprisonnement, le délai fixé pour dénoncer le prévenu aux tribunaux, et le jugement d'accusation ;

« 2° De porter des lois sévères contre les libelles et contre
les écrits séditieux, sans toutefois les soumettre à aucune
mesure préventive ;

« 3° Enfin, de déterminer clairement les conséquences civiles, judiciaires et militaires de l'état de siége. »

Jusqu'à ce que la puissance législative eût prononcé sur
tous ces points, le ministre se conformerait aux lois, sauf, s'il
était forcé de s'en écarter, à venir, comme en Angleterre,
exposer ses motifs et solliciter un bill d'indemnité.

Quel était le dessein de Fouché lorsqu'il publia ce rapport ?
D'un côté, les représentants, qui savaient, par leurs correspondances particulières, à quel point il avait grossi les faits et
chargé les couleurs du tableau, pensèrent que l'Empereur,
en quittant Paris, lui avait ordonné d'exagérer les dangers de
l'Empire, afin de rendre les Chambres plus dociles à ses volontés[1], et leur défiance s'en accrut ; d'un autre côté, les

[1] Fleury de Chaboulon, *Mémoires sur* 1815.

ennemis de l'Empire virent, dans ce lugubre exposé, l'indication d'une chute prochaine, et ils y trouvèrent un nouveau sujet de confiance. Par ces deux motifs, l'effet fut tout à fait défavorable à Napoléon. Si, comme beaucoup le pensent, c'était là l'intention de Fouché, il obtint un succès complet. Mais il est juste de remarquer que le rapport avait été approuvé par l'unanimité du conseil, et que M. Regnault de Saint-Jean-d'Angély, en le lisant devant la Chambre, avait déclaré « que l'intention première des ministres avait été de demander le comité secret ; mais qu'après en avoir délibéré ils avaient regardé comme important de dire à la France toute la vérité. » Si donc, le rapport était, dans la pensée de son auteur, fait pour nuire à l'Empereur, il faut supposer autant d'imprévoyance chez M. Regnault et chez ses collègues que de perfidie chez Fouché. N'est-il pas plus probable que cette fois encore Fouché parlait à toutes fins, se réservant de conclure selon l'événement, et que l'effet du rapport dépassa son intention ?

Quoi qu'il en soit, en signalant le mal sans proposer le remède, les rapports de Carnot, de Caulaincourt, de Fouché, mettaient les Chambres en demeure d'aviser, et ouvraient la porte à toutes les idées personnelles. Le premier à se présenter dans la lice fut M. de Malleville qui, aussitôt après le rapport de Carnot, proposa une loi répressive des provocations séditieuses et des abus de la liberté de la presse. D'après ce projet, les cris de *Vive le roi!* et *Vivent les Bourbons!* étaient réputés séditieux, aussi bien que les discours ou écrits tendant au renversement du gouvernement ; mais, s'ils n'avaient été suivis d'aucun effet, leurs auteurs étaient seulement punis d'un emprisonnement de six jours à un an. De plus, l'article premier établissait formellement qu'il était permis à tout individu de manifester, par la voie de la presse, son opinion sur les lois et actes du gouvernement, pourvu que ses écrits ou ses discours ne continssent ni excitation directe au crime, ni calomnie, ni injure, ni provocation séditieuse. Pour un temps de guerre civile et de guerre étrangère, il n'y avait, dans un tel projet, rien de bien sévère, et l'on comprend que, plus tard, M. de Malleville, redevenu fonctionnaire de Louis XVIII, ne s'en soit pas montré fort embarrassé.

Mais, dans la même séance, une tout autre proposition fut faite et repoussée par un mouvement unanime qui fit le plus grand honneur à la Chambre. Un député du Morbihan, jusqu'alors inconnu, M. Leguevel, monta à la tribune et proposa, non-seulement de rendre tous les révoltés solidairement responsables des préjudices et dommages occasionnés par les bandes royales, mais de placer provisoirement sous le séquestre tous leurs biens meubles et immeubles, afin d'arriver ultérieurement à les confisquer au profit de l'État. Quant aux personnes des révoltés eux-mêmes, leur sort était brièvement réglé par un article ainsi conçu : « Tous les révoltés, leurs ascendants et descendants, sont mis hors la loi. »

Jusqu'à cet effroyable article, la Chambre s'était contenue, bien qu'avec peine. Ici, son indignation déborda, et M. Leguevel, malgré son obstination, fut forcé de descendre de la tribune, au milieu des cris et des huées. Dans cette circonstance, comme dans plusieurs autres, on remarqua que les partisans les plus connus du système de la Terreur furent les premiers et les plus ardents à en proscrire le retour[1]. Que ce fût remords ou calcul, ils n'en donnaient pas moins ainsi une utile leçon aux hommes qui, plus jeunes et moins compromis, pouvaient être tentés de suivre leur exemple.

Plusieurs autres propositions contre les royalistes furent encore faites, mais sans résultat. Quand le rapport de Fouché vint inviter la Chambre à prendre l'initiative, la question était donc entière, et il s'éleva un débat à la fois politique et constitutionnel. Le rapport, dirent les uns, expose l'état de la

---

[1] *Mémoires de M. de la Fayette.—Esquisse historique sur les Cent Jours.*

France et les malheurs qu'entraîne l'esprit de révolte ; rien de plus important sans doute ; mais c'est surtout au gouvernement que l'Acte additionnel confère l'initiative des lois : convient-il à la Chambre de s'emparer de cette initiative, non pour étendre la liberté des citoyens, mais pour la restreindre ; non pour contenir le pouvoir exécutif, mais pour accroître ses attributions ; non pour améliorer la Constitution, mais pour la suspendre? Que le gouvernement propose les mesures qu'il croit nécessaires, la Chambre les examinera et les jugera, comme c'est son devoir. Ainsi parlaient M. Desmousseaux, M. Mourgues, M. Merlin (de l'Aveyron) et un député nouveau, M. Tripier, déjà célèbre au barreau.

Ne serait-il pas absurde, répondaient M. Garnier (de Saintes), MM. Durbach et Barrère, d'établir une sorte de lutte avec le gouvernement, et de discuter la question de savoir, non ce qu'il convient de faire, mais à qui, dans le danger public, appartient l'initiative? L'ennemi n'attend ni ne délibère, et le sang français coule. La Chambre, dans cette situation critique, aura-t-elle la faiblesse de reculer devant l'initiative que le gouvernement lui offre, et de décliner ainsi l'occasion de consacrer son droit par un précédent imposant? Que la Chambre s'élève donc à la hauteur des circonstances, et qu'elle nomme une commission spéciale, chargée de s'entendre avec les ministres ou de proposer elle-même des moyens de salut.

A la voix de Garnier (de Saintes) et de Bertrand Barrère, insistant pour la création de cette commission, l'idée du vieux Comité de salut public était entrée dans beaucoup d'esprits, et l'attitude de la Chambre indiquait suffisamment quel allait être son vote. Un des ministres d'État, M. Boulay, appuyé par M. Félix Desportes, essaya alors de donner à la commission proposée un caractère moins effrayant, en la présentant comme un centre où les ministres et les députés viendraient échanger leurs renseignements respectifs et leurs idées ; mais il ne parvint point à dissiper les appréhensions de la Chambre qui, après l'avoir entendu, adopta l'ordre du jour pur et simple.

A vrai dire, il faut le répéter, la Chambre sentait, comme tout le monde, qu'à ce moment même le sort de la France se décidait, sans qu'elle y pût rien faire, dans les champs de la Belgique, et qu'elle devait réserver toute la liberté de son jugement pour la situation inconnue où, sous peu de jours peut-être, elle se trouverait jetée. Que l'Empereur fût vainqueur ou vaincu dans cette première épreuve, une seule chose lui paraissait indispensable : créer des institutions assez fortes pour survivre à l'Empereur, s'il succombait ; pour le contenir, s'il revenait victorieux. On a signalé depuis ce dessein comme intempestif et ridicule ; il n'en était pas moins le seul bon, le seul qui mît l'intérêt de la France au-dessus de tous les intérêts de parti, et, s'il est aisé de dire que la défense du territoire en était affaiblie, il est moins aisé de le prouver.

C'est dans la séance du 15 juin que M. Dupin et M. Mourgues avaient proposé la formation d'une commission spéciale, chargée de réunir, de coordonner et d'améliorer les constitutions de l'Empire, et cette proposition avait été prise en considération. Elle fut discutée, le 20, en séance publique, la veille même du jour où une funeste nouvelle devait surprendre si douloureusement les Chambres et la France. Un député de l'Isère, élu comme suppléant de Lucien Bonaparte, M. Duchesne, fut le premier à supplier la Chambre d'obéir, sans plus de retard, au sentiment unanime du pays, en soumettant l'Acte additionnel à une sévère révision. Puis vint l'ancien précepteur des enfants de Fouché, M. Jay, qui passait pour l'organe des opinions personnelles du ministre de la police, et dont, par conséquent, la voix devait être fort écoutée. Dans un discours très-net, très-franc, très-libéral, M. Jay aborda de front toutes les questions ; il rappela d'abord les promesses faites par l'Empereur, le 11 mars, promesses mémorables et qui avaient inspiré une confiance générale. Un moment, cette confiance avait été ébranlée par la publication de l'Acte additionnel, et le peuple avait pu craindre que la liberté promise ne fût le moyen, non le but. La proposition de M. Dupin offrait une occasion toute naturelle de resserrer les liens du peuple et du gouvernement, et de déjouer ainsi les projets de l'ennemi.

Et, disait M. Jay, répondant à la dernière allocution de l'Empereur, « ne craignez pas ici de tomber dans la discussion de ces questions abstraites qui divisaient les Grecs, lorsque les musulmans étaient à leur porte. Ces discussions étaient de vains débats sur des doctrines scolastiques, de vaines subtilités qui détournèrent l'attention des dangers que courait l'Empire. Les Grecs auraient mérité des éloges, si leurs discussions eussent eu pour but de fixer par des lois sages les destinées de leur patrie. C'est de ces lois qu'il faut s'occuper. On rendra ainsi prompts et faciles tous les sacrifices que l'on demande à la nation pour sa défense, et l'armée nationale ne craindra plus que sa victoire ne serve de transition au gouvernement absolu. En même temps, on prouvera à l'Europe que le peuple et le gouvernement ne font plus qu'un... Si, au contraire, l'Europe vous voit prosternés devant le pouvoir, toutes ses craintes seront de nouveau justifiées. »

Après ce discours habile et sensé, la Chambre décida que chaque députation départementale nommerait un de ses membres, et que les quatre-vingt-sept membres, ainsi nommés, se diviseraient en neuf bureaux, lesquels nommeraient eux-mêmes une commission centrale de neuf membres; cette commission devait ensuite recevoir et comparer les divers projets des bureaux et faire rapport à la Chambre.

Cependant plusieurs questions constitutionnelles avaient été accidentellement soulevées, celle notamment de savoir quelle était réellement, dans la Chambre, la position des ministres d'État, adjoints aux ministres à portefeuille. « Dans un pays voisin, dirent MM. Jay et Manuel, les ministres siégent dans la Chambre des communes, et répondent à toutes les interpellations : pourquoi en serait-il autrement en France?

Quant aux ministres d'État, qui viennent lire en présence de la Chambre des messages et des rapports qu'ils n'ont ni rédigés ni signés, il serait bon de savoir s'ils sont responsables, et si l'Empereur les a autorisés à donner tous les renseignements qu'on peut leur demander ? » MM. Jay et Manuel se plaignirent, en même temps, que les rapports, dont lecture avait été donnée, eussent été adressés à l'Empereur, au lieu de l'être à la Chambre.

A ces observations vivement présentées, MM. Boulay (de la Meurthe) et Regnault de Saint-Jean-d'Angély répondirent avec embarras : ils promirent que les ministres responsables, si la Chambre en témoignait le désir, viendraient eux-mêmes, en costume, donner des explications. Mais, au lieu d'adopter l'ordre du jour que les ministres d'État demandaient, la Chambre, séance tenante, renvoya la question à une commission spéciale, afin qu'elle fût mûrement examinée, et témoigna ainsi de son mécontentement.

Bien que fort jalouse de ses prérogatives, la Chambre n'était d'ailleurs nullement disposée à empiéter sur celles de l'Empereur, et elle le prouva, en rejetant à l'unanimité une proposition qui tendait à décider que toute déclaration de guerre serait discutée, décrétée et promulguée comme une loi. Le général Sébastiani fit remarquer tout ce qu'un pareil débat pouvait avoir d'inopportun, et demanda l'ordre du jour, au nom de l'honneur national et du salut de l'État. Pas un de ses collègues ne le contredit, et, la proposition n'étant pas appuyée, la Chambre n'eut point à en délibérer.

Ce fut aussi par un mouvement presque unanime qu'elle écarta quelques propositions ridicules, celle entre autres par laquelle les représentants titrés étaient engagés à faire le sacrifice de leurs titres, imitant ainsi « les rois de Sparte et d'Athènes qui, lorsqu'ils entraient dans l'assemblée des amphictyons, se dépouillaient du prestige de leurs noms et du faste de la pompe royale. » D'un autre côté, elle prit unanimement en considération une proposition de l'ancien préfet de police, M. Dubois, tendante à l'abolition de la confiscation, et une autre proposition qui soumettait à la nécessité d'une réélection tout député promu à une fonction publique. Enfin, des arrestations arbitraires lui ayant été signalées, elle s'en émut, et fit mettre en liberté quelques personnes illégalement détenues. En revanche, elle s'associa vivement à la dénonciation éloquente de M. Regnault de Saint-Jean-d'Angély contre un journal, le *Journal général*, qui avait annoncé que le général Travot venait d'être défait par les Vendéens, et qu'il était prisonnier. Et quand M. Regnault, décrivant avec émotion les calamités qu'un tel abus de la liberté de la presse pouvait entraîner, demanda à la Chambre d'aider le gouvernement à y mettre un terme, une adhésion marquée prouva que la Chambre, tout en respectant la liberté, n'entendait point laisser ses écarts impunis.

Ce résumé des principaux actes de la Chambre des représentants, pendant la première période de sa courte existence, suffit, ce nous semble, pour prouver qu'elle n'était ni servile ni factieuse, et qu'elle était prête, dans la mesure de la justice et du droit, à concourir aux efforts du gouvernement contre l'invasion étrangère. Quelques-uns de ses membres, sans doute, désespéraient du salut de l'Empire, et cherchaient, dans le secret de leur conscience, comment il conviendrait de le remplacer; mais c'était le petit nombre, et, pourvu que l'Empereur repoussât l'ennemi et n'opprimât pas la liberté, la grande majorité acceptait son second règne, sans enthousiasme, mais sans hostilité systématique. C'est ainsi, au reste, que semblaient en juger les nombreux spectateurs qui, dès le matin, se pressaient aux portes de ses tribunes, et les gardes nationaux qui, spontanément, s'offraient à faire le service auprès d'elle et à répondre de sa sûreté[1]. Les journaux royalistes eux-

---

[1] *Esquisse historique sur les Cent-Jours.*

mêmes, si injurieux depuis, la louaient de son respect pour les droits des citoyens.

Bien que la Chambre des pairs eût une tout autre origine, ses dispositions n'étaient pas sensiblement différentes ; mais elle sentait qu'elle n'avait aucune racine dans l'opinion, et, pour éviter de se compromettre, elle attendait l'impulsion de la Chambre des représentants[1]. Dès les premiers jours, il s'y était formé une sorte d'opposition à la tête de laquelle se plaçaient M. de Pontécoulant, M. de Latour-Maubourg et M. Boissy-d'Anglas ; mais tout aliment manquait à cette opposition, et les séances, presque exclusivement consacrées à la discussion d'un nouveau règlement, étaient calmes et ternes. Des questions, importantes en elles-mêmes, et qui, à d'autres époques, auraient pu agiter la Chambre, la question des votes d'urgence, par exemple, et celle du vote public, se discutaient au milieu de préoccupations trop fortes pour qu'on y prêtât beaucoup d'attention. Le 17, à l'occasion du rapport du ministre de la police, la Chambre des pairs parut pourtant s'animer, quand M. de Ségur vint solliciter, comme on le faisait au même moment dans l'autre Chambre, la nomination d'une commission chargée d'examiner ce rapport, et de proposer les mesures que les circonstances pourraient rendre nécessaires. MM. de Pontécoulant, Boissy-d'Anglas et de Valence s'opposèrent vivement à cette demande. Nommer une commission était facile; mais, quand on l'aurait nommée, quelle serait sa mission ? D'après les termes de la Constitution, l'initiative appartenait au gouvernement ou aux membres des deux Chambres individuellement : on ne pouvait pas la déléguer à une commission. M. de Pontécoulant ajouta que la forme de communication, adoptée par le gouvernement jusqu'à ce jour, n'était pas très-convenable. « Ce n'est pas, dit-il, par un rapport à l'Empereur, mais par un message direct, que la Chambre devrait

[1] Thibaudeau, *Histoire de l'Empire.*

être instruite de la situation des affaires et des projets du gouvernement. » Sous le coup de ces observations, la proposition de M. de Ségur fut écartée.

Trois jours après, le 20, M. de Latour-Maubourg appela l'attention sévère de la Chambre sur les exils et sur les détentions que les ministres et leurs délégués prononçaient arbitrairement et sous les prétextes les plus frivoles. Cependant, depuis deux mois, l'Empereur avait annoncé que la monarchie constitutionnelle allait commencer! Pouvait-on qualifier de monarchie constitutionnelle un régime où de tels actes se commettaient impunément? Thibaudeau, sincèrement libéral, mais passionnément révolutionnaire; Thibaudeau, chez qui la haine du despotisme et la haine des Bourbons se faisaient équilibre, n'osa ni appuyer ni combattre la proposition de M. de Latour-Maubourg, et demanda qu'elle suivît la marche indiquée par le règlement. La discussion se trouva ainsi ajournée, et les événements empêchèrent qu'elle ne fût reprise.

Au moment où la Chambre des représentants, contrairement au vœu de Napoléon, nommait une grande commission avec le mandat de réviser les constitutions de l'Empire, et où la Chambre des pairs s'inquiétait des arrestations arbitraires, on croyait l'armée française victorieuse, et Napoléon maître de Bruxelles. Malheureusement, à un premier succès avait succédé un affreux revers, et, pendant qu'à Paris la joie publique accueillait la nouvelle d'une bataille gagnée, l'armée française, vaincue et débandée, se retirait en désordre, sans que l'homme dont le retour lui coûtait si cher fît le moindre effort pour en rallier les débris. C'est dans la soirée du 20, qu'une lettre écrite d'Avesnes, par l'Empereur à son frère Joseph, vint annoncer la catastrophe de Waterloo. Cette lettre, aussitôt communiquée par Joseph à Lucien, ainsi qu'aux ministres et aux présidents des deux Chambres, jeta dans les cœurs une consternation bien naturelle. Au même instant, par quelqu'une des voies souterraines et inconnues, qui ne manquent jamais de transmettre les mauvaises nouvelles, le bruit d'une grande catastrophe commença à se répandre dans Paris. Le lendemain matin, on apprenait que Napoléon avait quitté l'armée, et que pendant la nuit il était arrivé, vaincu et fugitif, à l'Élysée.

Il est aisé de deviner les sentiments divers qu'un tel événement fit naître dans le cœur de tous les bons citoyens, de ceux que n'égarait pas l'amour exclusif d'un homme ou d'une dynastie. Le premier de ces sentiments fut celui d'une douleur profonde ; le second, celui d'un ressentiment, certes bien légitime, contre l'homme qui, pour la seconde fois en quinze mois, mettait à la discrétion de l'ennemi la France abattue et humiliée. Mais d'autres pensées encore obsédaient les esprits. Pourquoi Napoléon avait-il quitté son armée, et que venait-il faire à Paris ? Venait-il, par une abdication spontanée, réparer, autant qu'il était en lui, le mal qu'il avait fait, écarter l'obstacle à toute négociation, et permettre aux Chambres de traiter avec les puissances étrangères, en s'appuyant sur leurs déclarations ? ou bien venait-il, comme un joueur obstiné, chercher le moyen de prendre une revanche impossible, et imposer à la France épuisée un dernier effort, un effort dont l'unique résultat devait être la ruine et le démembrement ? Si tel était son projet, comme il y avait lieu de le craindre, nul doute qu'il ne commençât par s'emparer de la dictature, et par faire taire les voix indépendantes qui voudraient exprimer la véritable opinion du pays.

Au premier rang de ceux que ces pensées agitaient, il faut placer tout naturellement les membres de la Chambre des représentants ; aussi, pendant la matinée du 21, avant l'heure de la séance, les voyait-on courir de ministère en ministère, cherchant à s'éclairer soit sur l'étendue du désastre, soit sur les projets de Napoléon. Or quand, vers dix heures du matin, la séance s'ouvrit, la conviction que le désastre était irrépa-

'rable et que Napoléon voulait prendre la dictature avait pénétré dans tous les esprits et produit sur tous les bancs une grande fermentation. Mais, comme il arrive souvent dans les assemblées délibérantes, cette fermentation s'évaporait en vaines conversations, et l'on pouvait croire que, cette fois encore, le pouvoir législatif se laisserait surprendre, quand un personnage historique, bien connu de tous, M. de la Fayette, parut à la tribune, et commanda le silence.

« Messieurs, dit-il du ton digne et calme qui lui était propre, lorsque pour la première fois, depuis bien des années, j'élève une voix que les vieux amis de la liberté reconnaîtront encore, je me sens appelé à vous parler des dangers de la patrie que vous seuls avez, à présent, le pouvoir de sauver.

« Des bruits sinistres s'étaient répandus ; ils sont malheureusement confirmés. Voici le moment de nous rallier autour du vieux étendard tricolore, celui de 89, celui de la liberté, de l'égalité, de l'ordre public ; c'est celui-là seul que nous avons à défendre contre les prétentions étrangères et contre les tentatives intérieures. Permettez à un vétéran de cette cause sacrée, qui fut toujours étranger à l'esprit de faction, de vous soumettre quelques résolutions préalables dont vous apprécierez, j'espère, la nécessité :

« ARTICLE PREMIER. La Chambre des représentants déclare que l'indépendance de la nation est menacée ;

« Art. II. La Chambre se déclare en permanence ; toute tentative pour la dissoudre est un acte de haute trahison ; quiconque se rendrait coupable de cette tentative sera traître à la patrie, et sur-le-champ jugé comme tel ;

« Art. III. L'armée de ligne et la garde nationale, qui ont combattu et qui combattent encore pour la défense de la liberté et de l'indépendance de la France, ont bien mérité de la patrie ;

« Art. IV. Le ministre de l'intérieur est invité à réunir

l'état-major général, les commandants et majors des légions de la garde nationale parisienne, afin d'aviser aux moyens de lui donner des armes et de porter au plus grand complet cette garde citoyenne, dont le patriotisme et le zèle éprouvés, depuis vingt-six ans, offrent une sûre garantie à la liberté, aux propriétés, à la tranquillité de la capitale et à l'inviolabilité des représentants de la nation ;

« Art. V. Les ministres de la guerre, des relations extérieures, de la police et de l'intérieur, sont invités à se rendre, sur-le-champ, dans le sein de l'Assemblée. »

On a dit beaucoup que cette résolution, si grave, si décisive, avait été concertée, la veille, chez Fouché, dans une réunion à laquelle assistaient plusieurs représentants. C'est une erreur : ce fut le matin même que, par des ministres opposés au coup d'État, et notamment par M. Regnault de Saint-Jean-d'Angély, M. de la Fayette apprit les projets de Napoléon, et qu'il résolut de les prévenir [1]: « Il faut, avait dit Lucien Bonaparte, que, dans vingt-quatre heures, l'autorité de l'Empereur ou celle de l'Assemblée ait cessé d'exister [2]. » M. de la Fayette était du même avis, et il agissait en conséquence.

Certes, il n'était pas un article de la résolution qui ne pût donner lieu à une controverse sérieuse, et le second surtout contenait un empiétement manifeste sur les droits constitutionnels de l'Empereur. Et pourtant dans cette Chambre, où siégeaient un grand nombre de fonctionnaires publics et quelques hommes personnellement attachés à l'Empire, pas une contradiction ne s'éleva ! Merlin demanda seulement et obtint que le quatrième article, le moins important de tous, fût ajourné jusqu'à ce que les ministres eussent été entendus. Quant à l'article qui mandait les ministres, il fut adopté à l'unanimité, et, à l'unanimité aussi, la Chambre ordonna que

---

[1] *Mémoires de M. de la Fayette. — Esquisse historique sur les Cent-Jours.*
[2] *La Vérité sur les Cent-Jours*, par Lucien Bonaparte.

sa résolution serait imprimée, affichée et communiquée par un message aux deux autres branches de l'autorité représentative.

Une telle unanimité serait inexplicable si, dans ce moment suprême, le général la Fayette n'avait pas été l'organe fidèle de l'opinion, ou, pour mieux dire, de la raison publique ; mais il l'était, et, pour le prouver, les témoignages abondent. C'est d'abord celui de Thibeaudeau qui, sans aimer Napoléon, fut, à cette époque, comme Carnot, un de ses dévoués défenseurs. « Il serait difficile, dit-il[1], d'exprimer l'agitation des esprits, les divisions, les défiances, les accusations, le découragement, le désespoir. Que pouvait-on espérer ? que ne devait-on pas craindre ? Quelles forces à opposer à l'ennemi ? A qui se rallier ? à Napoléon ? C'était la troisième fois qu'il revenait dans la capitale sans armée. Pourquoi n'était-il pas resté au milieu de ses débris pour les rallier ? Que venait-il faire à Paris ? Prendre la dictature ? se mettre à la merci des Chambres ? imposer ou faire faire de nouveaux sacrifices à la France ? Il ne pouvait plus rien pour la patrie : il n'était plus qu'un embarras ! »

« A peine, dit Benjamin Constant[2], la nouvelle de son désastre avait-elle atteint la barrière de la capitale, que l'idée de l'abandonner traversa tous les esprits. Soutenir la guerre contre toute l'Europe, pour ne pas sacrifier un homme, paraissait absurde ou coupable. » Benjamin Constant ajoute que l'entraînement était universel, non-seulement parmi les adversaires, mais parmi les amis de Napoléon. « Quelques instants avant l'arrivée de Bonaparte à Paris, je vis, dit-il, entrer chez moi plusieurs des personnes que je croyais lui être le plus dévouées ; *leur premier mot fut que l'Empereur devait abdiquer.* » Et ces personnes parurent fort étonnées quand Benjamin Constant exprima une opinion contraire. La vérité, selon

[1] Thibaudeau, *Histoire de l'Empire.*
[2] *Mémoires sur les Cent-Jours.*

lui, c'est que la nation, surprise, fatiguée, mécontente, voyait dans l'arrivée de Napoléon la prolongation d'une lutte impossible et les inconvénients d'une défense obstinée. C'était là une disposition blâmable, aux yeux de Benjamin Constant, mais générale.

« Son retour subit, dit le comte Miot de Melito, en consternant toutes les âmes, acheva de lui ravir les derniers restes de l'affection publique. »

M. de Lavalette, dont la fidélité avait pour appui et pour garant une affection sincère et désintéressée, passa, dit-il, une journée à interroger les gens de sa connaissance et ses amis, et ne trouva chez eux que le plus profond abattement.

Enfin, deux des plus fidèles serviteurs de Napoléon, M. Fleury de Chaboulon et le duc de Rovigo, avouent que la consternation était universelle, et que, même dans le parti bonapartiste, beaucoup croyaient se sauver personnellement en se séparant de l'Empereur. Ce qu'il ne leur convient pas d'ajouter, c'est que beaucoup d'autres croyaient sauver la France, et que si, dans le silence des passions, on veut examiner sérieusement la question, il est impossible de dire qu'ils avaient tort.

Cependant, que se passait-il dans le palais que Napoléon avait choisi pour y donner le triste spectacle de son agonie? Il y était arrivé pendant la nuit, accompagné du duc de Bassano, de son secrétaire, M. Fleury de Chaboulon, et de quelques officiers. Parmi ces officiers, plusieurs le regardaient déjà comme perdu, et un des plus dévoués à sa personne, M. de Flahaut, avait, près de Rocroy, exprimé l'opinion que, s'il revenait à Paris, jamais on ne lui pardonnerait d'avoir encore une fois abandonné son armée. « Il ne reste, ajoutait-il, qu'un moyen de se sauver, lui et la France, c'est de céder la couronne à son fils, et de traiter avec les alliés, si cela lui est possible[1]. » Mais Napoléon espérait encore, et ses premières

---

[1] Fleury de Chaboulon, *Mémoires sur* 1815.

paroles à M. de Caulaincourt, en descendant de voiture, furent qu'il voulait réunir les deux Chambres en séance impériale, leur peindre les malheurs de l'armée, leur demander les moyens de sauver la patrie, puis repartir. Comme M. de Caulaincourt, mieux instruit que lui des dispositions des Chambres et de la population, lui faisait craindre de ne point trouver l'appui sur lequel il paraissait compter, et lui exprimait le regret qu'il eût quitté son armée. « Je n'ai plus d'armée, reprit l'Empereur ; je n'ai plus que des fuyards. Je retrouverai des hommes ; mais comment les armer ? Je n'ai plus de fusils [1]. » Et, s'apercevant sans doute que cet aveu arraché à son orgueil par la force de la vérité ruinait ses nouveaux plans et donnait pleinement raison à ceux qui refusaient de prolonger la lutte : « Cependant, se hâta-t-il d'ajouter, avec l'union tout peut se réparer. J'espère que les députés me seconderont.... Je n'ai contre moi que la Fayette, Lanjuinais, Flaugergues et quelques autres.... Je ne les laisserai pas faire ; ma présence ici les contiendra. »

A cet instant de la conversation, entrèrent les princes Joseph et Lucien qui confirmèrent l'opinion du duc de Vicence, et qui conseillèrent à l'Empereur de différer la séance impériale. Cependant l'Empereur, dont l'extrême fatigue se manifestait par un langage convulsif et par un rire épileptique [2], se retira pour prendre un bain. Pendant qu'il cherchait ainsi à réparer les forces épuisées de son corps et de son esprit, on vit arriver successivement ses ministres, ses hauts fonctionnaires, ses conseillers, qui, frappés de stupeur pour la plupart, interrogeaient les officiers témoins du désastre de Waterloo, déploraient le retour de Napoléon, et échangeaient, à voix basse, leurs tristes pressentiments. Dans ce salon de l'Élysée, à deux pas de Napoléon, quelques heures seulement après son arrivée,

---

[1] Fleury de Chaboulon, *Mémoires sur 1815*.
[2] *Mémoires de Lavalette*.

l'idée qu'il devait abdiquer était, comme au palais Bourbon, l'idée dominante[1], et c'est à peine si l'opinion contraire pouvait se manifester.

Bientôt l'Empereur reparut, maître de lui-même, et ceux qui ne faisaient pas partie du conseil se retirèrent, fort inquiets de savoir si leur dévouement serait ou non mis à l'épreuve. Après avoir fait donner lecture, par le duc de Bassano, du bulletin de la bataille perdue, Napoléon annonça que, pour sauver la patrie, il avait besoin d'être revêtu d'un grand pouvoir, *d'une dictature temporaire*. « Je pourrais, ajouta-t-il, me saisir de ce pouvoir ; mais il serait utile et plus national qu'il me fût donné par la Chambre. » A ces mots qui indiquaient chez l'Empereur la plus étrange illusion, les ministres baissèrent la tête sans répondre ; interrogés par lui, il fallut pourtant bien qu'ils s'expliquassent, et ici apparut clairement la différence des caractères et des combinaisons personnelles. Le ministre de l'intérieur, Carnot, plein des souvenirs d'une autre époque, proposa de déclarer la patrie en danger, d'appeler aux armes les fédérés et les gardes nationales, de mettre Paris en état de siège, de le défendre, et, au besoin, de se retirer derrière la Loire. Le duc de Vicence, plus positif, soutint que l'Empire ne pouvait pas survivre à l'occupation de Paris, et que, s'il restait quelque moyen de salut, il était dans l'union des Chambres et de l'Empereur, combattant ensemble pour l'indépendance nationale. Fouché, qui, depuis la veille, observait les événements, parlait peu, et se contentait d'agir dans les Chambres par ses amis, dans la population par ses agents, Fouché s'empressa de se ranger à cet avis et de donner, sur les dispositions actuelles des Chambres, quelques espérances dont il connaissait parfaitement la fausseté, et plusieurs autres ministres, satisfaits de n'avoir point à choisir entre Napoléon et les Chambres, parlèrent comme Fouché. Le ministre de la

---

[1] Fleury de Chaboulon, *Mémoires sur* 1815.

marine, Decrès, avec sa franchise un peu brutale, déclara alors qu'on avait tort de compter sur les Chambres, et qu'elles étaient résolues à se séparer de l'Empereur; mais il n'osa ou ne voulut point conclure.

Deux hommes, dont le dévouement à l'Empereur et surtout à l'Empire ne pouvait être mis en doute, M. Regnault de Saint-Jean-d'Angély et le prince Lucien, conclurent pour M. Decrès, mais en sens divers. M. Regnault déclara que les représentants paraissaient, en effet, persuadés que l'Empereur ne pouvait plus sauver la patrie, et il ajouta que, dans cette situation, un grand sacrifice pouvait devenir nécessaire. « Parlez nettement, dit alors l'Empereur; c'est mon abdication qu'ils veulent?—Je le crois, Sire, » répliqua M. Regnault; et il ajouta que, si l'Empereur n'offrait pas son abdication, la Chambre, peut-être, oserait la demander.

A ces mots, le président du 18 brumaire, le prince Lucien, prit vivement la parole, non pour nier les mauvaises dispositions de la Chambre, mais pour conseiller à l'Empereur de n'en tenir aucun compte : « Puisque la Chambre, dit-il, ne paraît point disposée à se joindre à l'Empereur pour sauver la France, il faut qu'il la sauve seul; il faut qu'il se déclare dictateur; qu'il mette la France en état de siége, et qu'il appelle à sa défense tous les patriotes et tous les bons Français. »

M. Regnault et ceux qui partageaient son opinion auraient pu demander au prince Lucien quels moyens l'Empereur avait de sauver la France, et à quoi servirait sa dictature; mais la présence de Napoléon leur imposait encore, et ils laissèrent la parole à Carnot, qui se contenta d'émettre l'avis que l'Empereur fût revêtu d'une grande autorité pendant la durée de la crise, mais sans se prononcer sur la question de savoir à quel titre il exercerait cette autorité, et s'il briserait ou non les Chambres.

Un des ministres présents à cette conférence suprême, le maréchal Davoust, avait vu l'Empereur au bain, où il l'avait trouvé, selon ses propres expressions, le corps brisé par la fatigue, et l'âme abattue par le malheur. Là, il lui avait conseillé, non de dissoudre les Chambres, mais de les proroger, et ce conseil, il le renouvela, en s'efforçant de prouver que Napoléon ne ferait ainsi qu'user d'un droit constitutionnel. Mais c'était une subtilité qui ne pouvait tromper personne. Si Napoléon prorogeait les Chambres, ce n'était point, en effet, pour gouverner selon la Constitution et les lois : c'était pour prendre la dictature, temporaire ou définitive, que les Chambres ne voulaient point lui accorder. Il s'agissait donc d'un véritable coup d'État, et Lucien Bonaparte avait du moins le mérite de ne point le dissimuler.

Jusqu'à ce moment, Napoléon avait écouté silencieusement l'opinion de ses conseillers, et la faiblesse des uns, l'embarras des autres ne lui avaient point échappé. Quant à Fouché, il savait à quoi s'en tenir sur son compte ; et, plutôt que de s'imputer à lui-même le mouvement d'opinion qui tendait à la chute de l'Empire, il aimait mieux s'en prendre aux manœuvres de Fouché, et lui attribuer ainsi une influence fort exagérée. Napoléon, d'ailleurs, avait l'esprit trop juste et trop ferme pour ne pas comprendre que le projet de se faire décerner un pouvoir illimité par les Chambres était un projet chimérique, et qu'il fallait, comme le disait Lucien, prendre la dictature ou déposer la couronne ; mais, en même temps, un instinct secret l'avertissait que, pour faire un nouveau 18 brumaire, le vaincu de 1815 n'était pas dans la même position que le vainqueur de 1799, et qu'à peine, parmi ceux-là même qui l'entouraient, trouverait-il un bras assez ferme pour attenter à la représentation nationale. Il cherchait donc encore à se faire illusion, et, dans une allocution vive, éloquente et qui donnait à Fouché les plus grandes inquiétudes, il venait d'exposer les moyens de salut qui, selon lui, restaient à la France, et d'exprimer l'espoir que les députés entendraient sa voix et s'uniraient à lui, quand arriva un message de la Chambre des représentants : c'était la résolution proposée par M. de la Fayette, et votée à l'unanimité par les membres présents.

« Je ne crains point les députés, disait, un moment auparavant, Napoléon ; quelque chose qu'ils fassent, je serai toujours l'idole du peuple et de l'armée. Si je disais un mot, ils seraient tous assommés[1]. » Et pourtant, à peine avait-il lu le message de la Chambre, qu'il en mesura d'un coup d'œil toutes les conséquences, et que son orgueil tomba soudainement. « Je vois, dit-il, que j'ai eu tort de ne pas congédier ces gens-là avant mon départ : ils vont perdre la France... Regnault ne m'a pas trompé. *J'abdiquerai s'il le faut.* » Puis voyant la satisfaction mal déguisée que produisait cette parole, il essaya de la reprendre, en ajoutant « qu'avant de prendre un parti définitif, il fallait pourtant savoir *ce que cela deviendrait.* » Au lieu de se résoudre, il prescrivit donc à Carnot et à Regnault de se rendre, le premier à la Chambre des pairs, le second à la Chambre des représentants, pour y annoncer officiellement son retour, et pour y faire savoir qu'il s'occupait avec ses ministres des mesures de salut public exigées par les circonstances[2].

Plusieurs de ses ministres voulaient qu'il fît mieux et que sans pompe, sans escorte, en soldat plutôt qu'en Empereur, il se rendît lui-même à l'Assemblée pour y parler des dangers de la patrie, pour y convier tous les bons Français à se rallier contre l'ennemi commun ; mais il s'y refusa, non par peur,

[1] Fleury de Chaboulon, *Mémoires sur 1815.*

[2] Plusieurs récits de cette séance importante ont été publiés. Le plus exact et le plus authentique est, sans contredit, celui de M. Fleury de Chaboulon qui y assistait, et à qui sa prédilection passionnée pour l'Empereur n'a point fait omettre les faits et les paroles d'où une conclusion toute contraire à la sienne peut être tirée. C'est ce récit que j'ai suivi presque littéralement en l'abrégeant et en le complétant au moyen de l'*Histoire de l'Empire*, par Thibaudeau, de la brochure de Lucien Bonaparte sur les Cent-Jours, et des Mémoires inédits du maréchal Davoust.

comme on l'a dit, mais parce que sa dignité, comme il l'entendait, ne lui permettait pas une pareille démarche[1]. Se présenter en suppliant devant une assemblée était au-dessus de ses forces. Ainsi, dans cette crise suprême de sa vie, Napoléon n'admettait pas que la puissance impériale pût cesser un instant de résider en lui, et il aimait mieux tomber que descendre.

Quelques instants après, M. Regnault de Saint-Jean-d'Angély montait à la tribune de la Chambre des représentants, au milieu d'un morne silence, et lisait une note portant « que l'Empereur était arrivé à Paris ; qu'une grande bataille avait été livrée, à quatre lieues de Bruxelles ; que l'armée anglaise, battue toute la journée, avait été obligée de céder le champ de bataille ; que la journée était ainsi décidée, lorsque des malveillants avaient répandu l'alarme et occasionné un désordre que la présence de Sa Majesté n'avait pu rétablir, à cause de la nuit ; que de graves désastres en avaient été la suite ; mais que Sa Majesté, venue à Paris pour conférer avec ses ministres, sur les moyens de rétablir le matériel de l'armée, avait aussi l'intention de se concerter avec les Chambres sur les mesures législatives exigées par les circonstances. »

Cette incroyable note était-elle l'œuvre personnelle de Regnault de Saint-Jean-d'Angély et de Carnot, ou bien Napoléon la leur avait-il dictée ? Quoi qu'il en soit, parler aux Chambres un langage aussi dérisoire, et, pour tout dire, aussi mensonger, c'était se faire une étrange idée de l'esprit qui les animait, et confondre des hommes et des époques fort dissemblables. Quand, en revenant de Moscou, l'Empereur parlait ainsi au Corps législatif, le Corps législatif s'inclinait et se taisait, non sans de secrets frémissements qui pouvaient faire pressentir l'explosion de 1814. La Chambre des représentants, en la supposant même toute bonapartiste, devait en

[1] *La Vérité sur les Cent Jours*, par Lucien Bonaparte.

être profondément offensée ; aussi prit-elle le parti de n'y attacher aucune importance, et de s'occuper, comme si M. Regnault n'eût pas été présent, des questions qu'elle adresserait aux ministres et de la manière dont elle les interrogerait. Puis elle suspendit sa séance jusqu'au moment où les ministres obéiraient à ses injonctions.

Comme M. Regnault l'avait dit, l'Empereur n'avait donc rien à attendre de la Chambre des représentants ; mais la fortune de la Chambre des pairs, nommée par lui, et composée presque en totalité de généraux et de hauts fonctionnaires, paraissait plus étroitement liée à la sienne, et peut-être allait-il trouver là le point d'appui qui lui manquait ailleurs. Quelques amis de l'Empereur, M. de Lavalette notamment, l'espéraient, et firent tous leurs efforts pour démontrer aux pairs qu'ils étaient dans une toute autre situation que les représentants. Quand Napoléon les avait choisis, il ne les avait pas forcés à accepter la pairie, et ils ne pouvaient se séparer de lui sans honte et sans danger. Mais, dans le fait de leur nomination par l'Empereur, beaucoup de pairs voyaient, non pas une raison de le soutenir, mais une raison de ne pas se compromettre, et cherchaient, dit M. de Lavalette, « à se tirer d'affaire le moins mal possible[1]. » La communication de Carnot y fut donc reçue dans le silence, et quand, presque aussitôt, un messager d'État apporta la résolution de la Chambre des représentants, de légers signes d'étonnement et d'hésitation furent, en quelque sorte, le dernier hommage que la Chambre des pairs rendit à son créateur. Thibaudeau lui-même, qui, plus tard, se montra si fort indigné contre la Chambre des représentants, Thibaudeau loua cette Chambre du bel exemple qu'elle donnait, et engagea la Chambre des pairs à manifester des sentiments analogues. Ce fut, au contraire, par un des membres de l'opposition, par M. de Pontécoulant,

---

[1] *Mémoires de Lavalette.*

qu'un court ajournement fut sollicité ; mais son ami et collègue, Boissy-d'Anglas, au nom des dangers de la patrie, demanda qu'on passât sur les formes et qu'on prît tout de suite le message en considération, et la Chambre presque entière, y compris M. de Pontécoulant, se rangea à cet avis.

Des quatre articles dont se composait la résolution des représentants, un seul, l'article qui mandait les ministres, fut rejeté ; les trois autres, très-légèrement modifiés par Thibaudeau, furent adoptés, après un court débat qui porta uniquement sur l'espèce de clause pénale que contenait le troisième article. Le comte de Valence et le comte de Montesquiou protestèrent, non contre la permanence du pouvoir législatif, mais contre la peine appliquée à quiconque tenterait de le dissoudre. Il y avait là, selon eux, une question légale qui devait être renvoyée à une commission. Mais Quinette, Thibaudeau, Pontécoulant surtout, traitèrent avec un grand dédain le scrupule de leurs collègues. Quand les Chambres se déclaraient en permanence, nul doute, dirent-ils, qu'elles ne dérogeassent à l'Acte constitutionnel ; mais le salut de la patrie était à ce prix. Pourquoi, dès lors, hésiterait-on à déclarer traître à la patrie quiconque attenterait à la représentation nationale ? La résolution d'ailleurs avait été votée par la Chambre des représentants : ne pas y adhérer, c'était diviser la représentation nationale, abdiquer la portion de pouvoir qui appartenait à la Chambre des pairs, et forcer la Chambre des représentants à se proclamer Assemblée nationale ou Convention. La Chambre des pairs ne devait donc point rester en arrière ; la résolution était sage, bonne, patriotique : on ne pouvait mieux faire que de s'y associer.

Ces arguments, présentés avec chaleur, prévalurent facilement, et la Chambre, ne s'écartant en rien de la voie tracée, décida que sa déclaration serait transmise par un message à l'Empereur et à la Chambre des représentants.

Cependant Napoléon, autour de qui, comme à Fontainebleau, se faisait déjà la solitude, recevait dans son palais quelques serviteurs fidèles, le duc de Rovigo, M. de Lavalette, d'autres encore qui, malgré leur désir de lui plaire, ne lui laissaient point ignorer le véritable état de l'opinion publique. Il apprenait aussi, par M. Regnault de Saint-Jean-d'Angély et par MM. Flaugergues et Bedoch, que sa communication n'avait point réussi, et que l'on commençait à s'étonner et à s'irriter de l'absence des ministres; mais il croyait que céder sur ce point, c'était céder sur tous les autres, et il défendait à ses ministres d'obtempérer aux injonctions de la Chambre. Plusieurs d'entre eux, Fouché notamment, sans oser enfreindre la défense, s'en montraient fort mécontents, et ne dissimulaient pas leur mécontentement. Quant à la Chambre elle-même, elle prenait, de minute en minute, une attitude plus menaçante : des bataillons de la garde nationale, spontanément réunis, se développaient autour du palais Bourbon, et particulièrement en face du pont de la Concorde. Enfin, les mots de déchéance et même d'arrestation se faisaient entendre dans quelques parties de la salle[1]. Quand donc, vers trois heures et demie, les représentants virent M. Regnault de Saint-Jean-d'Angély reparaître sans que les ministres l'accompagnassent, un grand murmure s'éleva. Le confident le plus intime de Fouché, M. Jay, monta alors à la tribune, et se plaignit, en termes très-amers, de l'insulte que les conseillers de la couronne osaient faire à l'Assemblée des représentants de la nation. Dans cette situation, il convenait de les appeler par un second message, et de mettre l'exécution de cet ordre sous leur responsabilité personnelle. A cette proposition, fortement appuyée, Manuel ajouta celle de former une commission spéciale pour l'examen des mesures à prendre; mais la Chambre crut que le moment de voter une telle résolution n'était pas encore venu. Elle n'écouta pas avec plus de faveur plusieurs mem-

---

[1] *Esquisse historique sur les Cent-Jours.*

brés qui lui conseillaient d'assurer son inviolabilité par de sages dispositions, telles que la nomination du commandant de la garde nationale. En revanche, ce fut à l'unanimité qu'elle vota l'envoi de nouvelles lettres aux ministres pour les sommer de venir sur-le-champ rendre compte de leurs actes. Il était alors quatre heures à peu près, et la Chambre des pairs venait d'annoncer, par un message, à la Chambre des représentants qu'elle avait adhéré aux trois premiers articles de sa résolution.

Quand Napoléon fut instruit de ce nouveau vote de la Chambre des représentants, l'adhésion de la Chambre des pairs lui était connue, et il savait que, du Luxembourg pas plus que du palais Bourbon, il n'avait aucun secours à attendre ; il céda donc, et il autorisa les ministres à paraître devant la Chambre, mais en leur adjoignant, comme commissaire impérial extraordinaire, le prince Lucien, dont l'esprit résolu et le caractère hardi lui inspiraient une juste confiance. En conséquence, à six heures, le prince Lucien, en habit de garde national, et suivi des ministres Carnot, Caulaincourt, Fouché et Davoust, fut introduit dans la salle des séances, où l'obscurité commençait à se répandre. « Messieurs, dit-il, nommé commissaire extraordinaire de Sa Majesté près des représentants du peuple, je viens leur proposer les moyens de sauver la patrie. Sa Majesté désire que vous veuillez bien m'entendre en comité secret. »

La Chambre se forma aussitôt en comité secret[1], et Lucien Bonaparte donna lecture du message impérial. Ce message, parfaitement insignifiant, annonçait itérativement à la Chambre que l'Empereur, après avoir pourvu au ralliement de l'ar-

---

[1] Plusieurs versions de ce comité secret ont circulé, à cette époque et depuis. Les deux plus dignes de foi sont, si je ne me trompe, celle que le prince Lucien Bonaparte a publiée dans sa brochure sur les Cent-Jours, et celle que contient l'*Esquisse historique*, rédigée, on le sait, sur les notes de M. Lanjuinais et de M. de la Fayette : c'est à ces deux versions que je me suis attaché.

mée, était venu concerter avec ses ministres les mesures de la défense nationale, et s'entendre avec les Chambres sur tout ce qu'exigeait le salut de la patrie. Il annonçait en même temps qu'il avait formé un comité, composé du duc de Vicence, de Carnot et de Fouché, pour renouveler et suivre des négociations avec les puissances étrangères, afin de connaître leurs intentions et de mettre un terme à la guerre. « Mais, ajoutait le message, la plus grande union est nécessaire, et je compte sur la coopération et le patriotisme des Chambres, *et sur leur attachement à ma personne.* »

En prononçant le mot de paix, Napoléon faisait une concession, peut-être nécessaire à l'opinion publique; mais, en même temps, il fournissait à ceux qui voulaient l'abdication un argument irrésistible. Chacun savait, en effet, que jamais la coalition ne traiterait avec Napoléon, et, dès lors, la conséquence était facile à déduire. Des bruits alarmants circulaient d'ailleurs dans la salle, et la présence du président du 18 brumaire n'était pas propre à les faire taire. Néanmoins la lecture du message fut écoutée avec calme; mais, dès qu'elle fut terminée, une vive agitation se manifesta, et des interpellations bruyantes, confuses, partirent de tous les bancs. Enfin, après quelques vagues explications données par le ministre des affaires étrangères, le ministre de l'intérieur et le ministre de la guerre, M. Jay monta à la tribune, et fit comprendre, dès ses premières paroles, qu'il avait une grave proposition à faire; mais il pria d'abord les ministres de déclarer avec franchise s'ils pensaient que la France, dans l'état où se trouvaient ses affaires, pût résister aux armées combinées de l'Europe, et si la présence de Napoléon n'était pas un obstacle invincible aux négociations et à la paix.

C'était aborder résolument la question du jour; et, pendant que les autres ministres hésitaient et se consultaient entre eux, Fouché, qui, sans doute, connaissait d'avance la demande, se hâta de répondre « que les ministres n'avaient rien à ajouter à leurs rapports antérieurs. » M. Jay reprit alors la parole, et, s'autorisant de ces rapports mêmes, montra la France divisée, mécontente et désormais convaincue que, sous un chef militaire, la liberté ne pouvait pas s'établir ; puis, passant à l'état de l'armée, il prouva que, malgré son héroïque valeur, elle ne pouvait opposer une résistance efficace à un ennemi dont les forces se multiplieraient chaque jour. L'armée succomberait sans doute avec gloire ; mais la France, épuisée par de si longues guerres, déchirée par les factions, serait perdue et deviendrait la proie de l'étranger.

A ces mots, l'Assemblée, jusqu'alors silencieuse, manifesta visiblement son approbation, et M. Jay en profita : « Vous, prince, dit-il, s'adressant directement à Lucien Bonaparte, vous qui avez montré un noble caractère dans l'une et l'autre fortune, souvenez-vous que vous êtes Français ; souvenez-vous que, dans des circonstances aussi graves, tout doit céder à l'amour de la patrie. Retournez vers votre frère ; dites-lui que l'Assemblée des représentants du peuple attend de lui une résolution qui lui fera plus d'honneur dans l'avenir que ses nombreuses victoires ; dites-lui qu'en abdiquant le pouvoir, il peut sauver la France, qui a fait pour lui de si grands et de si pénibles sacrifices ; dites-lui enfin que sa destinée le presse ; que peut-être dans un jour, dans une heure, il ne sera plus temps ! » Et M. Jay conclut en proposant la nomination d'une commission chargée d'aller demander à Napoléon son abdication.

A ce discours, qui, sans contredit, exprimait l'opinion de l'Assemblée presque entière, le prince Lucien Bonaparte répondit avec beaucoup de talent et d'à-propos ; il essaya d'abord d'affaiblir l'impression produite sur la Chambre par les premières paroles de M. Jay, en leur opposant le tableau des ressources du gouvernement. On avait fort exagéré, selon lui, le désastre de l'armée et les divisions de l'intérieur. Quant à l'étranger, quelle confiance pouvait-on avoir dans des déclarations constamment démenties par les faits? Les coalisés ne combattent, disent-ils, que contre l'Empereur. Quelle dérision et quel piége! C'est pour envahir la France, c'est pour partager les provinces que les coalisés se sont armés; et, s'ils séparent aujourd'hui l'Empereur de la France, c'est pour la vaincre plus facilement et pour la replonger dans l'abaissement et dans l'esclavage! Les coalisés espèrent que la France manquera de persévérance, et qu'elle ne trouvera pas dans ses propres entrailles cette énergie, ce patriotisme dont la Russie et l'Espagne lui ont fourni de mémorables exemples contre elle-même. Mais ils seront déçus dans leur attente. Si malheureusement ils ne l'étaient pas, la France, en abandonnant son empereur, ferait preuve d'une étrange légèreté et compromettrait gravement son honneur.

L'injustice de ce dernier reproche était flagrante, et, soutenu par le mouvement de l'Assemblée, M. de la Fayette le releva avec à-propos et bonheur : « Vous osez, dit-il, accuser la France d'inconstance et de légèreté! Avez-vous donc oublié qu'elle a suivi Napoléon sur cinquante champs de bataille, dans les sables de l'Égypte et dans les déserts de la Russie, sur les rives de la Vistule et sur celles du Guadalquivir et du Tage, dans les revers, comme dans les succès? C'est pour l'avoir ainsi suivi que la France a perdu trois millions de ses enfants sacrifiés à l'ambition d'un seul homme. Mais c'en est assez, et notre devoir est maintenant de sauver la patrie. »

De nombreux applaudissements couvrirent cette vive allocution de M. de la Fayette, et, bientôt répétée dans les groupes inquiets et passionnés qui entouraient la Chambre, elle y produisit une émotion considérable. Le prince Lucien n'y répliqua point, et plusieurs autres représentants, MM. Manuel, Dupin, Lacoste, Girod (de l'Ain), insistèrent, comme M. Jay, sur la nécessité d'une prompte abdication. « On parle, dirent-ils, d'indépendance nationale et de paix! mais quelle nouvelle base compte-t-on donner aux négociations? Personne n'ignore que l'Europe est résolue à ne point traiter avec Napoléon. Il n'y a donc qu'un homme entre la paix et la France. Que cet homme se dévoue, et la patrie peut encore être sauvée ! »

Quand le frère de l'Empereur indiquait lui-même, par son silence, qu'il n'espérait plus ramener la Chambre, les ministres ne pouvaient pas être plus confiants ou plus hardis ; ils se bornèrent donc à protester, avec une grande vivacité, contre les bruits calomnieux qui attribuaient à l'Empereur le dessein coupable de porter atteinte à l'indépendance de la représentation nationale. Mais les députés savaient, par expérience, que ces sortes de protestations sont d'autant plus chaleureuses qu'elles sont moins sincères ; et, s'ils avaient ignoré ce qui se méditait à l'Élysée, Fouché eût été là pour les en informer.

La Chambre n'alla pourtant pas aussi loin que MM. Jay et Manuel l'auraient voulu ; elle se borna à décider provisoirement que cinq membres de chaque Chambre iraient se concerter avec les ministres et les ministres d'État sur les moyens de sauver la patrie ; puis, rentrée en séance publique, elle arrêta, à une grande majorité, que ses cinq délégués seraient : son président et ses quatre vice-présidents.

Une demi-heure après, le prince Lucien faisait à la Chambre des pairs, en comité secret, la même communication qu'à la Chambre des représentants, et cette Chambre nommait, pour faire partie de la commission proposée, MM. Boissy-d'Anglas et Thibaudeau, ainsi que les généraux Dejean, Drouot et Andréossy.

Pendant que le prince Lucien Bonaparte, avec plus de courage que de succès, s'efforçait ainsi d'identifier la cause de la France avec celle de Napoléon, celui-ci, abattu, incertain, flottait entre plusieurs résolutions contradictoires, et appelait, pour s'appuyer de leurs conseils, les hommes qu'il savait contraires à l'abdication. Poursuivi par le souvenir de sa dernière défection, Benjamin Constant était un de ces hommes, et Napoléon eut avec lui, vers sept heures du soir, une longue conversation dans laquelle il répéta tout ce qu'il avait dit le matin : « On faisait une faute énorme en exigeant l'abdication du seul homme qui pût rallier l'armée et la conduire à la victoire.... Croyait-on que des axiomes métaphysiques, des déclarations de droits, des discours de tribune, arrêteraient la débandade?... La Chambre, d'ailleurs, sortait de sa sphère légale; elle n'avait plus de mission ; le droit, le devoir de l'Empereur était de la dissoudre. » Et, pendant que Napoléon parlait ainsi, des cris furibonds de *Vive l'Empereur!* poussés dans l'avenue Marigny par une multitude passionnée, retentirent à son oreille. « Vous le voyez, dit-il, si je le permets, dans une heure, cette Chambre rebelle n'existera plus; mais non, je ne suis pas revenu de l'île d'Elbe pour ajouter la guerre civile à la guerre étrangère[1]. » Scrupule tardif et qui était en contradiction manifeste avec toute sa conduite depuis quatre mois !

Mais, aux yeux de Benjamin Constant, comme aux yeux du duc de Rovigo, présent à cette conversation, la question de l'abdication avait complètement changé de face depuis la résolution de la Chambre des représentants. « La Chambre, dit le duc de Rovigo à Napoléon, a prévu le coup, et s'est saisie du pouvoir. Aujourd'hui, vous trouveriez à peine quelqu'un qui voulût marcher contre elle[2]. » — « En supposant même, ajouta Benjamin Constant, que, par un coup de main hardi, vous puissiez recouvrer le pouvoir, vous ne le garderez pas quatre jours[3]. » Dans tous les cas, si l'Empereur voulait dissoudre la Chambre, il fallait qu'il se jetât dans les bras de cette multitude dont les cris le charmaient et l'effrayaient tout à la fois; et il y répugnait profondément. Comme, d'ail-

[1] Benjamin Constant, *Mémoires sur les Cent-Jours*.
[2] *Mémoires de Rovigo*.
[3] *Lettre de Benjamin Constant au conseil des ministres* (juillet 1815).

leurs, il arrive souvent à la suite de grandes émotions, une sorte de lassitude physique et morale paralysait sa volonté. Quand donc le prince Lucien revint du Luxembourg et annonça à l'Empereur qu'il était désormais impossible de ramener la Chambre des représentants, et qu'il fallait ou la briser sur-le-champ, ou se résigner à abdiquer, il écouta d'une part le prince Lucien, de l'autre le duc de Bassano et le duc de Vicence, qui conseillaient l'abdication immédiate, sans rien promettre, sans rien refuser, et en se bornant à répondre que la Chambre n'oserait pas [1]. Au fond, Napoléon ne croyait pas, avec son frère Lucien, que le coup d'État pût réussir; il ne croyait pas, avec le duc de Vicence et le duc de Bassano, que son abdication pût mettre la couronne sur la tête de son fils. Ni dans le coup d'État ni dans l'abdication, il ne voyait donc un moyen de salut pour lui-même ou pour sa dynastie, et il attendait toujours, dans l'espoir que quelque événement imprévu pourrait lui apporter une meilleure chance.

A onze heures du soir, les deux commissions nommées par les deux Chambres se réunirent, aux Tuileries, dans la grande salle du Conseil, avec les ministres et les ministres d'État, sous la présidence de l'archichancelier Cambacérès. La grande majorité des membres de cette réunion s'était déjà, soit aux Chambres, soit à l'Élysée, prononcée pour l'abdication; mais le refus de Napoléon imposait naturellement à ses ministres et à ses ministres d'État un langage fort réservé; ils commencèrent donc, sans prononcer le nom de l'Empereur et sans faire allusion aux derniers événements, par proposer paisiblement quelques mesures, qui furent unanimement adoptées, sur les finances, sur le recrutement de l'armée et sur la police générale de l'Empire. Mais M. de la Fayette et ses collègues avaient reçu de la Chambre des représentants une tout autre mission,

[1] Fleury de Chaboulon, *Mémoires sur 1815.*

et ils s'en acquittèrent en posant nettement la question de savoir si, sans cesser de prendre des mesures de défense, il ne convenait pas d'entamer une négociation avec les puissances étrangères, et si Napoléon n'était pas un obstacle insurmontable à cette négocation. Ils étaient d'avis, quant à eux, que, pour le salut de la patrie, tout devait être sacrifié, excepté l'intégrité du territoire et la liberté constitutionnelle. Dans cette formule, se trouvait implicitement contenue l'abdication de Napoléon ; mais le mot n'était point prononcé, et la formule fut acceptée, après une allocution très-énergique de Thibaudeau. M. de la Fayette crut alors pouvoir faire un pas de plus, et, avec l'assentiment visible de Fouché, il rappela les discours de Manuel, et surtout de M. Jay, en faveur d'une prompte abdication. Comme, à ce mot, les amis de l'Empereur se récriaient, objectant que, s'ils avaient cru l'abdication nécessaire au salut de la France, ils auraient été les premiers à la conseiller à l'Empereur : « C'est parler en vrais Français, » dit M. de la Fayette ; et il proposa que la commission se rendît en masse chez Napoléon pour lui faire comprendre que son abdication était devenue nécessaire au salut de la France [1].

MM. Lanjuinais et Flaugergues appuyèrent la proposition ; mais les impérialistes la combattirent, et Cambacérès refusa de la mettre aux voix. Enfin, après de longs débats, où les représentants et quelques pairs osèrent seuls dire toute leur pensée, on décida, de guerre lasse, à trois heures du matin, que les Chambres, avec le consentement de Napoléon, nommeraient des plénipotentiaires, chargés de négocier directement la paix, à la condition que les puissances étrangères respecteraient l'intégrité du territoire, l'indépendance nationale et le droit qu'a tout peuple de se donner les institutions qu'il juge les plus propres à assurer son bonheur. Enfin, le général Grenier fut chargé de rendre compte à la Chambre des représentants

---

[1] M. de la Fayette et Thibaudeau assistaient à cette séance et l'ont racontée, le premier, dans ses *Mémoires*, le second, dans son *Histoire de l'Empire*.

du résultat de cette conférence, mais sans que les représentants dissimulassent leur intention formelle de combattre les mesures adoptées et d'en proposer de plus opportunes et de plus efficaces.

Pendant toute cette journée, l'attitude de la population avait été fort indécise. Autour de l'Élysée, ainsi que nous l'avons dit, quelques groupes d'ouvriers et de fédérés avaient crié *Vive l'Empereur!* Autour de la Chambre des représentants, d'autres groupes s'étaient, au contraire, associés à toutes les manifestations hostiles à l'Empire et à l'Empereur. Dans la garde nationale aussi, on était, en général, bien disposé pour la Chambre, et, quand un des députés de Paris, M. Benjamin Delessert, fit appel à la légion qu'il commandait, et lui demanda de venir protéger, contre toute tentative violente, la représentation nationale, son appel fut facilement entendu. Quant aux masses populaires, tout entières à la douleur que leur causait la catastrophe de Waterloo, elles n'étaient disposées à prendre parti ni pour Napoléon ni pour la représentation nationale, et rien en elles n'annonçait l'élan énergique et unanime qui seul aurait pu arrêter l'ennemi victorieux. « La population, dit M. de Lavalette, avait repris son attitude habituelle, l'inertie la plus complète ; *car on ne peut tenir compte de la trentième partie de la population qui demandait des armes*[1]. » — « Ballotté de gouvernement en gouvernement, dit le comte Miot de Mélito, le peuple n'avait d'affection ni pour celui qu'il perdait ni pour celui qu'on allait lui rendre. Il dormait, en attendant qu'à son réveil on lui dît s'il devait obéir à Napoléon II ou à Louis XVIII[2]. » L'armée elle-même était mécontente[3], et pardonnait difficilement à l'Empereur de

---

[1] *Mémoires de Lavalette.*

[2] *Mémoires de Miot.*

[3] La preuve en est dans une lettre du duc de Dalmatie à l'Empereur, écrite de Laon, en date du 22 juin.

« Sire, j'ai prié M. le général Dejean de se rendre immédiatement auprès

l'avoir abandonnée. La Chambre des représentants se sentait donc soutenue, et n'était point disposée à reculer. A l'Élysée, au contraire, l'Empereur savait qu'il était trahi par un de ses ministres, abandonné par plusieurs, et faiblement appuyé par ceux qui lui restaient fidèles. Tout annonçait donc que la journée du 22 serait décisive et qu'elle ne se terminerait pas sans que, selon l'expression de Fouché, on eût fait place nette.

Le 22, à neuf heures et demie du matin, la Chambre des représentants était réunie pour recevoir le rapport de sa commission; mais, à ce moment même, quelques-uns de ses membres étaient à l'Élysée, et insistaient auprès de Napoléon pour obtenir de lui, sinon l'abdication, au moins certaines concessions de nature à désarmer la Chambre. Enfin, après une heure d'attente et d'impatience, la Chambre apprit, par la bouche du général Grenier, la résolution qui avait été adoptée; mais, pour la rendre plus acceptable, le général Grenier annonça, en même temps, que bientôt on recevrait un message de l'Empereur, déclarant que, s'il résultait des négociations qu'il fût le seul obstacle à la paix, il serait prêt à faire tous les sacrifices nécessaires. C'était la seule concession que l'on eût arrachée à l'Empereur. En réalité, cette concession était grande; elle fut pourtant loin de paraître suffisante, et plusieurs membres, M. Duchesne notamment, nièrent qu'on pût engager aucune négociation avec les puissances étrangères

---

de Votre Majesté pour l'instruire de la fermentation qui règne à l'armée, surtout parmi les chefs et les généraux. Elle est telle, qu'un éclat semble prochain, et l'on ne dissimule plus les projets anarchiques qu'on a conçus. Le général Piré me disait aujourd'hui qu'avant quinze jours le gouvernement serait changé; cette opinion paraît générale, et je suis persuadé que, sur vingt généraux, il y en a dix-huit qui la partagent. »

Le maréchal Soult ajoutait que les généraux quittaient l'armée, sans autorisation, pour se rendre à Paris, que tout le monde discutait sur l'intérêt public, que jamais les troupes n'avaient été si mal disposées, et que le nom d'*Orléans* était dans la bouche de la plupart des généraux et des chefs. (*Bibliothèque historique*, t. XII, p. 32. — *Mémoires inédits du maréchal Davoust.*)

tant que l'Empereur serait à la tête du gouvernement, et demandèrent l'abdication immédiate. Quelques voix recommencèrent même à prononcer le mot de *déchéance*, et, comme le président, pour calmer l'agitation de la Chambre, promettait un message prochain de l'Empereur, le général Solignac, au nom du respect dû à Napoléon, proposa d'attendre ce message pendant une heure : « Si je demandais, dit-il, d'attendre à ce soir ou à demain, on pourrait m'opposer quelques considérations ; mais une heure ! » Oui, oui ! s'écria tout d'une voix la Chambre ; et, comme par grâce, une heure fut donnée à Napoléon !

Il est aisé de se figurer la colère de Napoléon, quand M. Regnault de Saint-Jean-d'Angély, d'abord, puis plusieurs ministres, plusieurs pairs, plusieurs représentants, vinrent lui annoncer cette décision outrageante, et le supplier de prévenir, par l'abdication, une déchéance désormais certaine ! Jamais son orgueil n'avait été mis à une telle épreuve. En 1814, quand il était arrivé à Fontainebleau, Paris était déjà occupé et le gouvernement provisoire constitué ; en 1815, c'est à Paris même, et dans son palais, qu'il lui fallait recevoir la loi des avocats et des idéologues ! Aussi se révolta-t-il d'abord contre la sommation à court terme qui lui était faite, et s'écria-t-il, tout en se promenant à grands pas dans son cabinet, qu'il n'abdiquerait pas devant une troupe de jacobins, de cerveaux brûlés et d'ambitieux. « J'aurais dû, dit-il, les dénoncer à la nation et les chasser ; mais le temps perdu peut se réparer[1]. »

Malheureusement, dans les grandes crises politiques, le temps perdu ne se répare pas, et il dut le comprendre, quand le prince Lucien et le prince Joseph eux-mêmes lui déclarèrent que le moment d'agir était passé, et qu'il ne lui restait plus qu'à se soumettre. Il est probable qu'en faisant cette déclaration les frères de Napoléon espéraient sauver la dynastie aux dépens de son fondateur, et rester, comme régents provi-

[1] Fleury de Chaboulon, *Mémoires sur 1815.*

soires, à la tête du gouvernement qui allait se constituer. Quoi qu'il en soit, lorsqu'il entendit Lucien lui-même conseiller l'abdication, Napoléon se sentit vaincu : « Écrivez, dit-il au duc d'Otrante, avec un sourire ironique; écrivez à ces messieurs de se tenir tranquilles; ils vont être satisfaits. » Et, tandis que Fouché, sans se déconcerter, écrivait en effet à Manuel, il dicta à Lucien Bonaparte l'acte de sa seconde abdication.

« Français, » disait-il, dans cet acte qui doit être reproduit littéralement, » en commençant la guerre pour soutenir l'indépendance nationale, je comptais sur la réunion de tous les efforts, de toutes les volontés et sur le concours de toutes les autorités nationales; j'étais fondé à en espérer le succès, et j'avais bravé les déclarations de toutes les puissances contre moi : les circonstances paraissant changées, je m'offre en sacrifice à la haine des ennemis de la France. Puissent-ils être sincères dans leurs déclarations, et n'en avoir jamais voulu qu'à ma personne! Ma vie politique est terminée, et je proclame mon fils, sous le titre de Napoléon II, empereur des Français. Les ministres actuels formeront provisoirement le conseil de gouvernement. L'intérêt que je porte à mon fils m'engage à inviter les Chambres à organiser, sans délai, la régence par une loi. Unissez-vous tous pour le salut public et pour rester une nation indépendante. »

L'acte d'abdication, tel que Napoléon l'avait d'abord dicté, ne faisait point mention de Napoléon II. Dans son bon sens, Napoléon comprenait que la destinée du fils devait suivre celle du père, et que la France, divisée et vaincue, n'avait plus de ressource que dans le rappel des Bourbons. Mais Lucien Bonaparte et Carnot, par des motifs divers, insistèrent pour que son abdication fût conditionnelle, et il y consentit, tout en souriant de l'importance qu'ils attachaient à ce que Napoléon II fût nommé [1].

[1] La *Vérité sur les Cent-Jours,* par Lucien Bonaparte.

Pendant que cette grande scène se jouait à l'Élysée, la Chambre avait repris sa séance, et écoutait à peine le ministre de la guerre, qui lui communiquait des nouvelles récentes de l'armée. L'heure, en effet, était écoulée, et la déchéance allait être formellement proposée, quand les ministres de la police et des affaires étrangères furent introduits, et remirent au président, qui en donna lecture, l'acte d'abdication. La Chambre l'écouta dans un profond silence, et ce ne fut pas sans un sentiment pénible qu'elle entendit Fouché solliciter d'elle, avec une modération hypocrite, les égards dus à l'homme qui, pendant quinze ans, avait gouverné la France. Fouché demanda ensuite que, séance tenante, une commission de cinq membres fût nommée pour aller auprès des puissances étrangères traiter des intérêts de la France, et cette proposition parut réunir l'unanimité des suffrages.

Mais cette unanimité ne pouvait pas durer. Sur la question d'abdication, tout le monde, au fond, était du même avis, ceux qui se taisaient et ceux qui parlaient. Cette question résolue, il s'en présentait d'autres qui devaient nécessairement mettre fin à cet accord. Les puissances étrangères, on le sait, après avoir, tout au début, demandé l'adhésion du roi Louis XVIII à leur pacte d'alliance, étaient revenues sur leurs pas, à la suggestion de l'Angleterre, et avaient, par une suite d'actes officiels, déclaré formellement qu'elles faisaient la guerre à Napoléon seulement, et que, Napoléon une fois hors d'état de nuire, elles n'entendaient point intervenir dans le choix du gouvernement qu'il plairait à la France de se donner. Les correspondances diplomatiques publiées depuis cette époque ont appris, ainsi que nous l'avons dit, que cette concession était plus apparente que réelle, et que l'Angleterre surtout regardait comme nécessaire au repos de l'Europe le rétablissement de l'ancienne dynastie; mais, quand ces correspondances n'étaient pas connues, il était permis d'en croire les actes et les discours officiels, et de se fier à des promesses si souvent et si solennellement répétées. Du moment où l'acte d'abdication eut été lu, on vit donc apparaître diverses tendances, divers desseins, plus ou moins avoués, mais dont le choc jeta la Chambre dans une grande confusion. De ces desseins, le plus apparent était celui des impérialistes, qui voulaient simplement substituer Napoléon II à Napoléon Ier, et continuer l'Empire sous un nouvel empereur. Le plus caché, au contraire, était celui des partisans de Louis XVIII, que leur inclination ou leur raison portait à penser que, Napoléon tombé, le retour des Bourbons était inévitable, et que, dès lors, il était meilleur et plus honorable pour la France de les rappeler elle-même que de les recevoir de la main de l'étranger. Mais, entre ces deux groupes, dont le premier paraissait plus nombreux et le second moins nombreux qu'ils ne l'étaient réellement, se plaçaient beaucoup d'hommes, dont les uns préféraient Napoléon II à Louis XVIII, les autres, Louis XVIII à Napoléon II, mais qui tous auraient bien voulu se passer de l'un et de l'autre. De ces hommes, quelques-uns tournaient encore les yeux vers le duc d'Orléans, tandis que les autres se demandaient si, à défaut du duc d'Orléans, on ne trouverait pas, dans quelque coin de l'Allemagne, une nouvelle maison de Hanovre à opposer aux nouveaux Stuarts. Les plus sages, enfin, pensaient que, dans la situation critique où Waterloo avait placé la France, la question de dynastie n'était pas la question principale, et qu'avant de prendre aucun parti il pouvait être utile d'entrer en négociations avec les puissances étrangères, de les sonder, et de savoir quelles étaient leurs intentions véritables.

Dans cette confusion des opinions et cette incertitude de l'avenir, il semble que le meilleur parti à prendre par la Chambre des représentants fût d'accepter, au nom du peuple français, l'abdication de Napoléon, de se déclarer, jusqu'à la paix, Assemblée nationale, et d'exercer en cette qualité tous les pouvoirs. C'est ce que proposa M. Dupin, en ajoutant, à la vérité, qu'il serait formé une commission exécutive de cinq membres, dont trois nommés par la Chambre des représentants et deux par la Chambre des pairs, ce qui modifiait sensiblement la proposition. M. Dupin demandait, en même temps, qu'une commission spéciale fût chargée de déterminer les bases du pacte auquel serait astreint le prince que le peuple choisirait pour le mettre sur le trône.

Les deux légitimités qui aspiraient à se faire reconnaître, celle de Napoléon II et celle de Louis XVIII, se trouvaient également écartées par cette proposition, qui, faiblement développée par M. Dupin, parut à l'Assemblée excessive et inopportune. En y joignant celle de supprimer provisoirement la Chambre des pairs, et de nommer provisoirement aussi le maréchal Macdonald généralissime des armées de terre et de mer, et le général la Fayette général en chef des gardes nationales, M. Scipion Mourgues ne fit qu'ajouter à cette impression. Le conventionnel Garreau, à qui le fantôme de Louis XVIII apparaissait derrière les discours de ses deux collègues, s'en prévalut pour demander purement et simplement la lecture de l'article LXVII de l'Acte additionnel, de cet article étrange qui prétendait enlever au peuple français, même unanime, le droit de rappeler les Bourbons. « L'article est bien connu, » dit froidement le président ; ce qui n'empêcha pas M. Garreau de le lire ; mais l'attitude de la Chambre dut lui prouver que, si elle avait peu d'inclination pour les Bourbons, elle n'avait point contre eux de parti pris, et qu'une des branches au moins de la vieille dynastie pourrait y rencontrer d'assez nombreux partisans.

Si M. Regnault de Saint-Jean-d'Angély eût voulu combattre, au nom de Napoléon II, les propositions de MM. Dupin et Mourgues, peut-être n'eût-il pas réussi ; mais il s'y prit plus habilement : il parla avec émotion, avec éloquence, de Napoléon et des sacrifices qu'il faisait à la patrie ; il s'honora de lui avoir, un des premiers, conseillé l'abdication ; puis il fit ressortir ce qu'il y avait d'illogique dans la proposition de M. Dupin, qui maintenait la Chambre des pairs tout en déclarant la Chambre des représentants Assemblée nationale, et ce qu'il y avait de radical dans la proposition de M. Mourgues, qui faisait table rase ; il conclut, enfin, à ce que la Chambre passât à l'ordre du jour sur les propositions, par ce motif, « que le premier intérêt du peuple français est le maintien des lois qui assurent l'organisation de tous les pouvoirs ; » il conclut, en outre, à ce que la Chambre, après avoir envoyé une députation à l'Empereur pour le remercier de son sacrifice, nommât une commission de cinq membres, dont deux choisis dans la Chambre des pairs, et trois dans la Chambre des représentants, pour exercer provisoirement les fonctions du gouvernement.

Après quelques débats sans importance, la Chambre adopta la proposition de M. Regnault, en chargeant son bureau d'être l'organe de ses remerciments à l'Empereur, et en décidant que les membres de la commission exécutive ne pourraient, pendant la durée de leur mission, exercer aucune fonction législative.

La résolution portait, dans sa rédaction primitive, que la commission exécutive se composerait de cinq membres, dont trois choisis *dans* la Chambre des représentants, et deux *dans* la Chambre des pairs, et l'on pensait assez généralement que les trois représentants seraient : le général la Fayette, le président Lanjuinais et peut-être M. Flaugergues ; et les deux pairs : Carnot et Fouché. Mais cette combinaison ne plaisait ni à Fouché, ni aux bonapartistes, ni même aux royalistes ; et, quand la résolution fut mise aux voix, la préposition *par* fut habilement substituée à la préposition *dans*. Il résulta de là que chaque Chambre resta maîtresse absolue de ses choix. La coalition des amis de Fouché et des bonapartistes parvint ainsi à écarter le général la Fayette et le président Lanjuinais, aussi bien que le maréchal Macdonald à qui beaucoup de députés avaient songé. Sur cinq cent onze votants, Carnot obtint trois cent vingt-quatre voix, au premier tour de scrutin, et Fouché deux cent quatre vingt-treize, tandis que le général la Fayette en réunissait seulement cent quarante-deux, et le maréchal Macdonald, cent trente-sept. Au second tour de scrutin, le général Grenier fut élu par trois cent cinquante voix, sur cinq cent quatre.

Il fut d'ailleurs résolu que la commission exercerait toutes les fonctions exécutives, et que la Chambre lui confierait le soin de nommer les plénipotentiaires, chargés d'aller porter aux souverains alliés des paroles de paix, au nom de la nation. Par le même motif, la Chambre rejeta la proposition de M. Girod (de l'Ain), qui voulait qu'elle fît une adresse au peuple et à l'armée. « Ceci, dit M. Flaugergues, est encore contraire à la division des pouvoirs : faites des adresses aujourd'hui ; demain, vous exécuterez, et il n'y aura pas de gouvernement. » Elle déclara, en revanche, sur la proposition du ministre de la guerre, « que la guerre était nationale, et que tous les Français étaient appelés à la défense commune. »

Le nom de Napoléon II n'était point prononcé dans la résolution adoptée par la Chambre, et chacun comprenait que, si l'on eût réellement voulu « maintenir les lois qui assuraient l'organisation des pouvoirs établis, » on eût, au lieu de former une commission exécutive, constitué une régence. Néanmoins, quand la députation des représentants se présenta dans son palais, déjà presque désert, Napoléon garda une attitude calme et digne : « Je vous remercie, dit-il, des sentiments que vous m'exprimez ; je désire que mon abdication puisse faire le bonheur de la France ; mais je ne l'espère point. » Il engagea ensuite la Chambre à renforcer promptement les armées, et à se défier des promesses de l'étranger. Puis, arrivant à la question la plus délicate : « Je recommande, ajouta-t-il, mon fils à la Chambre ; j'espère qu'elle n'oubliera point que je n'ai abdiqué que pour lui. » Alors le président Lanjuinais fit observer respectueusement que la Chambre n'avait point délibéré sur cette dernière partie du message. Il annonça d'ailleurs qu'il se ferait un devoir de rendre compte à l'Assemblée du vœu de l'Empereur. C'était dire assez clairement que, si la dynastie impériale continuait à régner, ce ne serait point par la force des constitutions de l'Empire, mais en vertu d'un nouveau pacte conclu entre elle et la nation.

Ce langage, dans la bouche de M. Lanjuinais, n'avait rien qui pût blesser personnellement Napoléon ; mais il éprouva un sentiment plus pénible, quand, à la tête de la députation de la Chambre des pairs, il vit paraître un des hommes qui, au temps de sa puissance, l'avaient le plus humblement adulé, M. le comte de Lacépède ; ce fut donc avec une aigreur mal déguisée[1] qu'il rappela à la Chambre des pairs, comme à la Chambre des représentants, qu'il avait abdiqué, non pas purement et simplement, mais en faveur de son fils, et que son abdication serait nulle si les Chambres ne proclamaient pas Napoléon II. « Dans ce cas, ajouta-t-il du ton d'un maître irrité, je reprendrais tous mes droits. » Il lui restait seulement à expliquer comment, n'ayant pu conserver ses droits, il pourrait les reprendre, et devant quel tribunal il les ferait valoir.

Le mécontentement de Napoléon contre la Chambre des pairs était sans doute augmenté par une scène étrange et dramatique qui venait d'avoir lieu dans cette Chambre, et par le refus formel qu'elle avait fait d'insérer, dans une de ses résolutions, le nom de Napoléon II. Après avoir donné lecture de l'acte d'abdication, le ministre de l'intérieur Carnot avait cru devoir communiquer à la Chambre des pairs, comme le ministre de la guerre Davoust l'avait communiquée à la Chambre des représentants, une note de laquelle il résultait que les désastres de l'armée étaient moins considérables qu'on ne l'avait pensé d'abord, et qu'il restait à la frontière du Nord

---

[1] Thibaudeau, *Histoire de l'Empire*.

une armée de soixante mille hommes, capable de résister à l'ennemi[1]. A ces mots, un maréchal dont le visage et l'attitude indiquaient une grande souffrance physique, et une souffrance morale plus grande encore, le maréchal Ney, se leva subitement et, d'une voix sourde d'abord, puis fortement accentuée : « Cela est faux ! s'écria-t-il ; on vous trompe en tout et partout.... L'ennemi est victorieux sur tous les points !... Tout est perdu !... Il n'y a plus que le temps de négocier et de faire la paix. » Et, rappelant qu'il commandait lui-même à Waterloo, sous les ordres de l'Empereur, il donna, sur les péripéties de ce grand drame et sur la situation de l'armée française, des détails saisissants, navrants, exagérés peut-être, mais qui se rapprochaient beaucoup plus de la vérité que la note lue par Carnot. Comme Carnot affirmait faiblement, et le général Flahaut impétueusement l'exactitude des faits consignés dans la note ministérielle, le maréchal Ney insista avec une véhémence toujours croissante, et amena M. de Pontécoulant à la tribune, non pour le contredire, mais pour défendre le maréchal Grouchy qui lui paraissait attaqué. A vrai dire, le récit de Ney inculpait Napoléon tout autant que Grouchy ; mais la Chambre ne voulut pas s'en apercevoir et passa outre.

Il était pourtant impossible que ce langage d'un des généraux qui commandaient à Waterloo, d'un général à qui sa valeur héroïque avait fait donner le surnom du *Brave des braves*, ne produisît pas sur la Chambre une forte impression. Cette impression durait encore au moment où elle reçut la résolution de la Chambre des représentants, tendant à ac-

---

[1] Le compte rendu de cette séance et des séances suivantes de la Chambre des pairs est très-écourté dans le *Moniteur*. Si on veut connaître les discours du maréchal Ney, du général Labédoyère, de M. de Pontécoulant, c'est dans l'excellent livre de M. Villemain sur les Cent-Jours qu'il faut les lire. M. Villemain assistait à ces séances, et n'a rien omis de ce qui pouvait en marquer la vraie physionomie. Si le plan de cette Histoire me le permettait, je reproduirais purement et simplement le récit de M. Villemain ; mais je suis forcé d'abréger.

cepter l'abdication de l'Empereur, à le remercier, et à former une commission provisoire de gouvernement. La résolution, ainsi conçue, convenait parfaitement au tempérament de la Chambre des pairs, et elle allait la voter en silence, quand un jeune général, le général Labédoyère, las du rôle auquel ses collègues semblaient se condamner eux-mêmes, et irrité du soin avec lequel on écartait de tous les discours, de tous les actes le nom de Napoléon II, voulut poser enfin la question, et mettre la Chambre en demeure de se prononcer : « Je demande, s'écria-t-il, que nous disions, enfin, si c'est Napoléon II que nous proclamons, ou bien si c'est un nouveau gouvernement que nous voulons établir? » Et avec une passion encore contenue, mais qui devait bientôt déborder, il rappela que Napoléon avait abdiqué en faveur de son fils, et que son abdication était nulle de plein droit, si Napoléon II n'était pas proclamé.

Il faut le dire, cette vive et franche attaque du général Labédoyère n'était, à ce moment, du goût de personne ; elle dérangeait les savantes combinaisons des impérialistes prudents, comme M. Regnault de Saint-Jean-d'Angély, et elle forçait les antiimpérialistes à démasquer leurs batteries un peu plus tôt qu'ils ne l'eussent voulu. Elle ne fut donc ni sincèrement appuyée ni franchement combattue. D'une part, M. Boissy-d'Anglas, en quelques mots tristes et graves, objecta que la proposition du général Labédoyère était inopportune et impolitique ; que le fils de Napoléon ne se trouvait pas sur le sol français, et que, s'il portait en lui le gage de la paix, il appartenait à ceux qui détenaient ce gage de le rendre à la France. D'une autre part, M. de Ségur demanda, non que la proposition fût adoptée, mais qu'elle fût examinée.

Thibaudeau, dont l'abdication avait fixé les incertitudes, et qui appartenait désormais tout entier à sa haine pour les Bourbons, Thibaudeau ne crut pourtant pas le principe de la légitimité napoléonienne assez fortement établi pour que le fils de l'Empereur, même absent et captif, pût succéder tout simplement à son père. Sans rien préjuger sur l'indivisibilité prétendue de l'abdication de Napoléon, et tout en protestant contre l'idée de ramener « le gouvernement oppressif et avilissant sous lequel la France avait gémi pendant une année, » il demanda que la France ne se liât pas les mains, et qu'elle conservât la liberté de pourvoir, comme elle l'entendrait, à son salut et à ses intérêts. En conséquence, il s'unit à M. de Pontécoulant pour adhérer à la résolution des représentants, et c'est cette résolution, portée à l'Élysée par M. de Lacépède, qui, bien plus que celle de l'autre Chambre, provoqua le mécontentement de l'Empereur.

Mais la sage réserve, conseillée par Thibaudeau, ne pouvait plaire à ceux qui regardaient leur destinée comme inséparable de la destinée de l'Empereur, et ils résolurent de faire un effort décisif sur les deux Chambres, en commençant par celle où ils espéraient trouver les plus nombreuses sympathies. Vers neuf heures et demie du soir, quand la séance fut reprise, la Chambre des pairs vit donc entrer, avec une solennité peu ordinaire, les princes Lucien, Joseph et Jérôme, le cardinal Fesch et plusieurs grands dignitaires de l'Empire, au nombre de dix-huit, tous revêtus de leurs décorations. Amis ou ennemis, chacun savait ce qu'ils venaient demander, et chacun s'était préparé soit à les combattre, soit à les appuyer. Après avoir reçu un message de la Chambre des représentants, annonçant la nomination de Carnot et de Fouché comme membres de la commission exécutive, le président Lacépède rendit compte de sa visite à l'Élysée et des paroles de Napoléon en faveur de son fils. A ces mots, Lucien monta à la tribune et demanda formellement qu'en vertu des constitutions de l'Empire Napoléon II fût reconnu et proclamé. « *L'Empereur est mort, vive l'Empereur!* Telle est, dit-il, la maxime sur laquelle repose la monarchie constitutionnelle.... En dehors de cette maxime, il n'y a qu'anarchie. » Et il ajouta que, s'il existait quelque part des traîtres prêts à violer leurs serments, ce n'était certes pas dans la Chambre des pairs.

En supposant que les constitutions de l'Empire eussent survécu à l'Empereur, Lucien avait raison; mais ces constitutions étaient mortes avec celui qui seul leur donnait la vie, et un des membres les plus courageux et les plus respectés de la Chambre, M. de Pontécoulant, proscrit au 31 mai 1793 avec son collègue Lanjuinais, se chargea de le faire comprendre à Lucien. « Il m'est pénible, dit-il, d'avoir à soutenir une opinion contraire à celle du préopinant. Je dois beaucoup à Napoléon, et je lui suis resté fidèle jusqu'au jour où il m'a délié de mes serments. Mais que nous demande-t-on ? On nous demande de proclamer sur-le-champ, sans réflexion, en nous affranchissant des règles ordinaires, un enfant qui réside à l'étranger ? Et qui nous demande un acte aussi exorbitant ? un prince qui s'est fait naturaliser Romain ! un prince qui n'est pas même Français ! »

Le collège électoral de la Seine avait élevé, six semaines auparavant, la même objection contre le prince Lucien, et l'avait en conséquence privé du droit de voter, sans qu'il daignât réclamer ou se plaindre. Mais ici l'attaque était directe, et Lucien interrompit vivement l'orateur : « Vous répondrez après, prince, reprit avec calme M. de Pontécoulant ; respectez aujourd'hui la légalité comme vous l'avez respectée dans d'autres circonstances. » M. de Pontécoulant déclara d'ailleurs qu'il ne se prononçait ni pour ni contre Napoléon II ; mais qu'il ne voulait pas, par une proclamation intempestive, ajouter la guerre civile à la guerre étrangère. Si d'ailleurs Napoléon II était proclamé, on saurait bien exhumer des archives de l'Empire quelque vieux sénatus-consulte au moyen duquel, à défaut de la régente, absente ou captive, on installerait provisoirement une autre régence de famille. La Chambre, dans cette position, n'avait que deux choses à faire : passer d'abord à l'ordre du jour sur la proposition du prince Lucien; puis exécuter, en nommant deux commissaires, la résolution qu'elle avait prise le matin.

Le prince Lucien, dont le discours avait été froidement écouté, essaya, sans plus de succès, de remuer la Chambre, et, après une courte réponse de M. Boissy-d'Anglas, tout paraissait terminé, quand, pour la seconde fois dans la même journée, et pour la même cause, le général Labédoyère s'élança à la tribune. « Rarement, dit M. Villemain, témoin de cette scène[1], on a vu les traits d'une physionomie plus régulière et plus noble altérés, bouleversés par une passion plus véhémente que celle qui agitait en ce moment le jeune général de Labédoyère. » — « Je veux, s'écria-t-il avec une véhémence convulsive, répéter ce que j'ai dit ce matin. Napoléon a abdiqué en faveur de son fils ; son abdication est nulle, de toute nullité, si l'on ne proclame pas Napoléon II.... Et qui s'oppose à cette résolution? Ceux qui rampaient à ses pieds durant sa prospérité et qui l'abandonnent dans le malheur ; ceux aussi qui sont pressés de recevoir la loi des étrangers à qui ils donnent déjà le titre d'alliés ! » Et, s'animant au son de sa propre voix et au bruit des murmures qui déjà s'élevaient de tous les bancs : « Oui, s'écria-t-il, si Napoléon II n'est pas proclamé à l'instant, l'Empereur doit tirer l'épée et faire appel à ses braves soldats. Malheur alors aux vils généraux qui l'ont déjà trahi et qui peut-être méditent de nouvelles trahisons ! » Et comme les murmures redoublaient : « Portons, dit-il, des lois en vertu desquelles le nom du traître soit déclaré infâme, sa maison rasée, sa famille proscrite ; alors, plus de traîtres, plus de ces lâches manœuvres qui ont amené la dernière catastrophe, et dont peut-être les complices ou même les auteurs siègent ici! »

A ces paroles inouïes, la Chambre, indignée, se leva presque tout entière, et les cris *A l'ordre ! à l'ordre !* retentirent sur

---

[1] *Souvenirs contemporains*, t. II.

tous les bancs. « Écoutez-moi, s'écria Labédoyère. — Je n'écoute plus rien, dit le comte de Valence. — Jeune homme, dit en se levant gravement le maréchal Masséna, vous vous oubliez. — Vous croyez encore être au corps de garde, » dit M. de Lameth. Et Labédoyère, épuisé par les efforts qu'il faisait pour surmonter le tumulte, se rassit en adressant à la Chambre, qui refusait de l'entendre, une dernière injure : « Il est donc décidé, grand Dieu ! qu'on n'entendra jamais dans cette enceinte que des voix serviles et basses ! » Puis la discussion continua.

Si le vote de l'Assemblée eût été douteux, il eût suffi d'une telle scène pour faire pencher la balance ; mais, après le discours de M. de Pontécoulant, la Chambre avait pris son parti, et ce fut pour la forme qu'elle laissa M. de Ségur, le duc de Bassano et M. Rœderer disserter, chacun selon la nature de son esprit, sur le principe fondamental de la monarchie représentative et sur la nécessité de constituer le gouvernement provisoire au nom de Napoléon II. A leurs arguments, M. Cornudet, M. de Lameth, M. Quinette, répondirent, en premier lieu, que la réclamation du prince Lucien serait constatée par le procès-verbal, et suffirait pour conserver les droits du fils de Napoléon ; en second lieu, que la Chambre des représentants avait déjà exécuté, pour sa part, la résolution commune aux deux Chambres, et que la Chambre des pairs ne pouvait pas, sans revenir sur cette résolution et sans se séparer des représentants, donner au gouvernement un nouveau caractère ou un nouveau titre. Enfin un pair, dont l'esprit ferme et net touchait toujours le vrai point de la question, Thibaudeau, termina le débat en demandant que la Chambre s'occupât simplement de compléter la commission exécutive. « J'étais d'abord, dit-il, disposé à voter en faveur de la proposition ; car nous n'avons pas à choisir entre beaucoup de partis, et nous risquons fort, si nous repoussons la dynastie impériale, de frayer le chemin à la dynastie dite légitime. Mais comment adopter une telle proposition après la délibération par laquelle la formation d'une commission exécutive a été décrétée? Cette délibération viole formellement les constitutions de l'Empire, ces constitutions sur lesquelles on argumente si longuement. On aurait beau appeler régence la commission de gouvernement, on ne parviendrait jamais à en faire une régence constitutionnelle. Il est également dangereux de rejeter la proposition, et dangereux de l'adopter. » A cette argumentation, M. de Flahaut voulut opposer encore une fois l'indivisibilité de l'abdication ; mais il fut vivement interrompu par un des ministres de Napoléon, le duc Decrès, qui se plaignit avec véhémence qu'on oubliât les dangers de la patrie pour s'occuper des personnes. La Chambre, sans autre débat, procéda donc au scrutin, et nomma le duc de Vicence et M. Quinette membres de la commission exécutive, à la majorité de cinquante-neuf suffrages sur soixante-dix, et de quarante-huit sur soixante-huit, tandis que le prince Lucien en obtenait seulement dix-huit Ainsi, sur cinq membres, cette commission en comptait trois : Carnot, Fouché, Quinette, qui avaient voté la mort de Louis XVI. C'était une garantie que les adversaires des Bourbons avaient voulu se donner contre leur retour, garantie aussi vaine que triste, comme l'événement l'a prouvé !

Ce qu'il n'avait pu obtenir de la Chambre des pairs, il paraissait difficile de croire que le parti bonapartiste pût l'obtenir de la Chambre des représentants qui, la première, avait donné le signal de la résistance. Ce n'est pas que dans cette Chambre même, la peur, à chaque instant croissante, d'une seconde Restauration n'eût augmenté le nombre des partisans de Napoléon II. Ainsi, dès le 22, à la suite du rapport du président Lanjuinais sur son entrevue avec l'Empereur, on avait entendu M. Durbach arguer de la loi d'hérédité pour demander que la Chambre constituât un conseil de régence, au lieu d'une commission exécutive; mais cette première tentative avait échoué, et la séance, après la nomination des trois commissaires, avait été renvoyée au lendemain. Cependant la nouvelle de l'abdication de l'Empereur, bien accueillie par la grande majorité de la population, avait jeté, non-seulement parmi les bonapartistes, mais encore parmi les ennemis plus nombreux de la maison de Bourbon, les plus vives inquiétudes; les plus ardents d'entre eux passèrent donc la soirée et une partie de la nuit à répéter, dans tous les groupes d'ouvriers, dans toutes les casernes, que le nom de Napoléon II pouvait seul préserver la France du retour de Louis XVIII, sous la protection de l'étranger, et de ces paroles, activement colportées, il résulta une assez grande effervescence dans les rangs des fédérés et des soldats. Au même moment, Napoléon irrité reprochait amèrement à ses ministres, à M. Regnault notamment, de n'avoir pas suffisamment défendu les droits de son fils, et menaçait, si ces droits n'étaient point promptement reconnus, de se jeter, son épée à la main, dans les bras du peuple et de l'armée. Dans une conférence secrète, qui eut lieu pendant la nuit, chez le ministre de la police, entre plusieurs députés influents, il fut donc résolu que l'on ne pousserait pas les bonapartistes à bout, et qu'on consentirait à leur faire une concession, au moins apparente [1]. C'est dans ces circonstances que s'ouvrit, le 23 juin, à onze heures et demie du matin, la séance de la Chambre des représentants.

Après une attaque violente de M. Félix Lepelletier contre les journaux qui, selon lui, falsifiaient les séances de la Chambre, un jeune avocat de Valence, dont l'allure un peu indécise avait jusqu'alors donné des espérances et des craintes à tous les partis, M. Bérenger, vint, sous prétexte de résoudre une grave question de droit constitutionnel, demander que la commission exécutive fût collectivement responsable envers la nation. Bien qu'en développant cette proposition, M. Bérenger eût cru devoir célébrer l'abdication, comme le plus beau trait

---

[1] Fleury de Chaboulon, *Mémoires sur 1815*.

des siècles modernes, comme un trait qui placerait dans l'histoire le nom de Napoléon à côté de ceux des Titus et des Marc-Aurèle, les amis, comme les adversaires de l'Empereur, n'en comprirent pas moins qu'une telle résolution, si la Chambre l'adoptait, était un nouveau coup porté à l'Empire. Aussi, M. Dupin, avec la promptitude ordinaire de son esprit, appuya-t-il M. Bérenger, en demandant, en outre, que la commission fût tenue de prêter serment d'*obéissance aux lois et fidélité à la nation*. Alors parut à la tribune un des ministres d'État, M. Defermon, qui, en quelques paroles simples et claires, mit la Chambre en demeure de se prononcer pour ou contre Napoléon II, pour ou contre la constitution. « On propose, dit-il, que la commission exécutive prête serment « d'o- « béissance aux lois et de fidélité à la nation ; » mais, de par la constitution, qui est la première des lois, la nation n'a-t-elle pas un Empereur dans la personne de Napoléon II? et dès lors comment pourrait-on le passer sous silence ? » Et comme, malgré quelques faibles protestations, une portion considérable de la Chambre paraissait approuver M. Defermon, « Napoléon II, ajouta-t-il, est, en vertu de nos lois fondamentales, notre légitime souverain : proclamons-le, et l'on ne pourra plus aller dire à la garde nationale et à l'armée que les représentants de la France attendent Louis XVIII. »

En prononçant ainsi le nom de Louis XVIII, M. Defermon touchait la corde sensible, et un vif mouvement d'enthousiasme se manifesta aussitôt dans la Chambre et dans les tribunes. En vain, M. Bérenger voulut-il ramener la discussion à la question de doctrine constitutionnelle qu'il avait soulevée, chacun sentait qu'une autre question bien plus grave venait d'être posée, et qu'il devenait presque impossible d'en ajourner la solution. M. Boulay (de la Meurthe), en pressant l'argumentation de M. Defermon, porta au comble l'agitation de l'Assemblée : « Je crois, dit-il, qu'il n'est aucun de nous qui ne reconnaisse Napoléon II comme notre Empereur; mais hors de cette enceinte, il y a des journalistes qui affectent de regarder le trône comme vacant. C'en serait fait de cette Assemblée et de la France, si cette opinion venait à prévaloir. L'Empereur mort, l'Empereur vit : vous ne pouvez pas même délibérer. Par une conséquence irrésistible de l'abdication, Napoléon II est Empereur des Français. »

Puis, au milieu des interruptions et des acclamations de la Chambre, M. Boulay dénonça, dans les termes les plus acerbes, les factieux, les intrigants qui voulaient faire déclarer le trône vacant pour y placer les Bourbons. Il dénonça aussi une faction d'Orléans, secrètement occupée à entretenir des intelligences avec les patriotes : « Au surplus, ajouta-t-il, il est douteux que le duc d'Orléans voulût accepter la couronne, et, s'il l'acceptait, ce ne serait que pour la restituer à Louis XVIII. » M. Boulay termina en proposant que l'Assemblée, par un acte formel, proclamât Napoléon II, et des *oui* nombreux accueillirent sa proposition.

Jusqu'à ce moment, les bonapartistes avaient tout l'avantage, et c'est à peine si l'on écoutait M. Pénières et M. de Malleville, demandant timidement que la Chambre ne prît pas une résolution aussi grave, par improvisation, et qu'elle attendît pour se décider le retour des négociateurs qui allaient traiter de la paix avec les puissances étrangères. Mais, dans la chaleur du débat, les bonapartistes commirent quelques imprudences de langage dont leurs adversaires profitèrent. « Je ne suis pas orateur, dit le général Mouton-Duvernet, mais je vous dis : Proclamez Napoléon II; et les armées seront à la disposition de la nation *pour le service de Napoléon II*. — Tous les militaires, l'Empereur et vous, répliqua vivement M. Flaugergues, vous êtes au service de la nation. — Si vous ne proclamez pas Napoléon II, dit M. Regnault de Saint-Jean-d'Angély, l'armée ne sait plus à qui elle obéit, sous quels drapeaux elle combat, pour qui elle verse son sang. — Pour la nation, lui répondit-on tout d'une voix. — Je sais, reprit alors

M. Regnault, qu'une armée nationale, comme l'armée française, se bat pour son pays, non pour un homme; mais ce pays a une constitution, et cette constitution veut un chef, au nom duquel les lois se rendent, au nom duquel l'armée se bat pour l'indépendance du territoire et le maintien de la liberté; à défaut de ce chef, au nom de qui parleront les négociateurs?
— Au nom de la nation, » répondit encore la Chambre.

Néanmoins le discours de M. Regnault de Saint-Jean-d'Angély, fortement déduit et habilement conduit, avait, comme les discours de MM. Defermon et Boulay, produit un effet que M. Dupin, malgré deux ou trois phrases sonores sur la grande âme de Napoléon, ne parvint pas à détruire. En demandant à la Chambre s'il ne serait pas insensé d'abandonner ce qu'on pouvait encore espérer d'un héros, pour l'attendre d'un enfant, M. Dupin était pourtant dans le vrai ; il y était encore quand, au nom de la patrie en danger, il priait qu'on écartât toute question personnelle, et qu'on se battît, qu'on gouvernât, qu'on négociât au nom de la nation. Mais il avait tort, quand, à cette interpellation : « Que ne proposez-vous la République, » il répondait par un geste de dédain. Ce qu'il avait proposé le 22, ce qu'il proposait encore le 23, c'était bien réellement la République ; une République provisoire, si l'on veut, et dont le terme pouvait être prochain, mais dont provisoirement il était puéril de repousser le nom.

Deux représentants, vraiment libéraux et patriotes, M. Bigonnet et M. Duchesne, essayèrent aussi de lutter contre l'entraînement de l'Assemblée, en rappelant que Napoléon II était en Autriche, que sa mère y était aussi, et que, si les Chambres se croyaient liées par l'acte d'abdication et par les constitutions de l'Empire, les étrangers ne l'étaient pas ; mais, si M. Dupin, M. Bigonnet, M. Duchesne, avaient pour eux la politique et peut-être le sentiment d'un grand nombre de représentants, les défenseurs de l'hérédité napoléonienne, en revanche, avaient pour eux la logique et les répugnances bruyamment exprimées de l'armée et d'une partie notable de la population pour la maison de Bourbon. Ces répugnances, d'ailleurs, la majorité de la Chambre, ainsi que nous l'avons déjà dit, les partageait pleinement; et si, d'une part, elle hésitait à s'enlever, en reconnaissant formellement Napoléon II, toute chance de traiter sur une autre base avec les puissances étrangères, d'autre part, elle craignait, en le repoussant, d'ouvrir la porte à Louis XVIII. Il est probable que cette dernière crainte l'eût emporté, et la proposition des ministres d'État allait être votée, quand un discours célèbre vint donner une nouvelle face à la discussion.

Parmi les députés nouveaux, on avait remarqué, dès le début, un jeune avocat d'Aix, M. Manuel, dont la figure intelligente et calme, l'élocution facile et lucide, promettaient à la France, sinon un orateur puissant et passionné, du moins ce que les Anglais appellent un *debater* de premier ordre. Quand, en 1811, le duc d'Otrante avait été exilé à Aix dont la sénatorerie lui appartenait, M. Manuel l'y avait connu, s'était attaché à lui, et c'est chez lui qu'il demeurait à Paris. Il assistait donc à la conférence qui, pendant la dernière nuit, s'était tenue chez Fouché, et c'est le mot de cette conférence qu'il apportait à la tribune.

Mais il se garda bien de le dire tout de suite, et ce fut avec une extrême habileté qu'il commença par exposer, sans blesser personne, les opinions et les propositions diverses qui venaient de se produire. « Les alliés, dit-il, ont déjà manifesté la résolution de ne point traiter avec Napoléon, et l'on craint que son fils n'éprouve de leur part la même opposition. Mais s'agit-il d'un homme ou d'une famille? Non; il s'agit de la patrie, il s'agit de ne rien compromettre, de ne point proscrire l'héritier constitutionnel du trône, de ne point renoncer *à l'espérance* que les alliés distingueront le fils du père. » Puis, après avoir ainsi établi la base de la discussion, Manuel traita la question successivement au point de vue de la Constitution et au point de vue des circonstances. Au point de vue de la Constitution, nul doute, selon lui, que Napoléon II ne fût l'héritier constitutionnel du trône ; nul doute, au point de vue des circonstances, qu'il ne fût difficile et dangereux, si ce n'est impossible, de substituer en ce moment un autre nom au sien. Si la nation était unanime, rien ne serait plus simple que de se battre, que de négocier, que de gouverner pour la nation, au nom de la nation ; mais cette unanimité était loin d'exister. « A la vérité, ajouta Manuel, les partis ne sont ni si nombreux ni si forts qu'on le suppose. Quel parti pourrait-on craindre en effet ? Est-ce le parti républicain ? rien ne donne lieu de penser que ce parti existe encore soit dans des têtes dépourvues d'expérience, soit dans celles que l'expérience a mûries. Est-ce le parti d'Orléans ? Ce parti sans doute, par la garantie qu'il offre aux principes et aux hommes de la Révolution, paraît offrir plus de chances qu'un autre pour la liberté et pour le bonheur du peuple ; mais on sait qu'il ne réunit pas beaucoup d'opinions. Est-ce enfin le parti royaliste ? Tout le monde le repousse dans la Chambre, et l'on est généralement d'accord sur les destinées qu'il promet à la France. Néanmoins, on ne peut se dissimuler que, surtout parmi les hommes qui ne savent pas s'élever au-dessus de leurs intérêts particuliers, il n'ait de nombreux sectateurs qui s'y sont attachés, les uns par souvenir, par sentiment, par habitude ; les autres, par amour de la paix, du bien-être et des jouissances paisibles. »

Après cette récapitulation dont aucun parti, pas même le parti royaliste, ne pouvait se plaindre et qui, dans l'avenir, laissait la porte ouverte à toutes les combinaisons, Manuel arrivait à cette conclusion que, chacun voulant sauver la patrie, mais par des moyens contraires et par des voies différentes, on ne pouvait laisser toutes les prétentions et tous les drapeaux se poser les uns en face des autres : de là, la nécessité de reconnaître Napoléon II. « A quoi bon différer ? ajoutait-il, est-ce pour voir si les ouvertures de négociation lui seront favorables ?

On doit espérer qu'elles le seront ; mais, si elles ne l'étaient pas, puisque vous êtes décidés à ne pas placer les intérêts d'un homme au-dessus des intérêts de la patrie, vous restez toujours maîtres, quelque attachés que vous soyez à Napoléon II, de sacrifier votre vœu le plus cher au salut de l'État. *Jusque-là*, il faut rallier la France entière, il faut rallier les amis de la patrie à une opinion fixe et déterminée. »

C'était dire assez clairement qu'il n'y avait nul inconvénient à proclamer Napoléon II, pourvu qu'on se réservât la faculté d'en proclamer un autre, plus tard, si cela devenait nécessaire.

Mais, comme M. de Pontécoulant, à la Chambre des pairs, Manuel prévoyait que, si le fils de Napoléon était proclamé en vertu de la Constitution, ses frères, en vertu de la même Constitution, pourraient réclamer la régence, et il n'entendait pas qu'il en fût ainsi ; il eut donc soin de rappeler qu'en confiant le pouvoir à des hommes éprouvés et capables de siéger dans un conseil, organe de la souveraineté nationale, la Chambre avait subordonné quelques formes constitutionnelles à l'intérêt de la patrie, et mis le gouvernement à l'abri de toute fâcheuse influence. Il importait de maintenir cette sage résolution, et d'empêcher ainsi l'intervention de tel ou tel prince dans les affaires de l'État. « Je n'accuse et ne désigne personne, dit-il, mais je demande une garantie ; et, quand la nation consent à faire de nouveaux efforts et à s'imposer de nouveaux sacrifices pour le maintien de sa Constitution et de la dynastie de Napoléon, il faut du moins qu'elle ait toute sécurité sur la manière dont, sous ce nom, ses destinées seront réglées. »

Manuel proposa enfin de passer à l'ordre du jour motivé,

« 1° Sur ce que Napoléon II est devenu Empereur des Français par le fait de l'abdication de Napoléon Ier et par la force des constitutions de l'Empire ;

« 2° Sur ce que les deux Chambres ont voulu et entendu, par leur arrêté, à la date du 22, portant nomination d'une commission de gouvernement provisoire, assurer à la nation, dans les circonstances extraordinaires où elle se trouve, les garanties dont elle a besoin pour sa liberté et son repos, au moyen d'une administration investie de toute la confiance du peuple. »

C'est en interrogeant les souvenirs des contemporains, bien mieux qu'en lisant le compte rendu décoloré du *Moniteur* et des autres journaux, qu'on peut se faire une idée de l'effet prodigieux que produisit ce discours. Même dans l'analyse sèche et écourtée qu'on vient de lire, il est aisé d'en suivre la trame et d'en deviner la pensée. On ne pouvait pas empêcher qu'en vertu des constitutions de l'Empire, tant que ces constitutions existaient, Napoléon II n'eût succédé à Napoléon Ier : mais, d'une part, ces constitutions n'étaient pas immuables et pouvaient être modifiées; d'autre part, les Chambres, si la paix était à ce prix, demeuraient maîtresses de faire à l'intérêt de la patrie le sacrifice pénible, mais nécessaire, du nouvel empereur. Enfin, les frères de Napoléon devaient être exclus du gouvernement qui restait entre les mains de la commission exécutive. Assurément, il n'y avait rien là qui, raisonnablement, dût exciter l'enthousiasme des bonapartistes; mais la modération du langage et l'élégance de la forme dissimulaient assez bien ce qu'il y avait au fond de péremptoire et de rude. Le discours venait d'ailleurs dans un de ces moments où les assemblées, fatiguées, agitées, perplexes, sont prêtes à recevoir comme un bienfait inespéré toute solution qui les tire d'embarras. Aux uns, Manuel accordait la reconnaissance implicite de Napoléon II; aux autres le pouvoir de le détrôner quand le salut de la France l'exigerait, et provisoirement l'exclusion de tous les princes de la famille impériale. Tous donc applaudirent, tous acclamèrent, et pour la première fois, depuis la séance impériale, le cri de : Vive l'Empereur! éclata dans la Chambre et dans les tribunes; il éclata de nouveau, quand, après avoir donné lecture de la proposition, le président dit qu'elle était adoptée à l'unanimité; unanimité dérisoire et qui cachait des diversités bien profondes, mais à laquelle, pour le moment, tous les partis feignirent d'ajouter foi.

A peine, d'ailleurs, l'émotion causée par ce vote était-elle apaisée, que la Chambre, sur la proposition de M. Jay, décida que la commission de neuf membres, à laquelle devait être confié le soin de préparer un nouveau projet de constitution se réunirait sur-le-champ et entrerait en activité. Le sort de Napoléon II, qui, quelques minutes auparavant, paraissait fixé, se trouvait ainsi indirectement remis en question.

Pendant que, par ses deux organes les plus fidèles, Fouché dirigeait les délibérations de la Chambre des représentants, le général Drouot, dans une réponse calme et grave à l'allocution du maréchal Ney, s'efforçait de relever le courage de la Chambre des pairs, et la suppliait, au nom de la patrie menacée, d'imiter le Sénat romain votant, après la bataille de Cannes, des remerciments au général vaincu, pour n'avoir pas désespéré du salut de la République. La Chambre, pas plus que le général Drouot lui-même, ne parut se douter que cette comparaison du consul Varron avec l'empereur Napoléon serait peu agréable à ce dernier, et, sans vouloir entendre le maréchal Ney, qui demandait à s'expliquer, elle ordonna l'impression du discours à six exemplaires; puis elle prit connaissance de l'ordre du jour motivé qui venait d'être voté par la Chambre des représentants. M. de Lameth et M. Boissy-d'Anglas déclarèrent qu'à cet ordre du jour ils n'avaient rien à objecter, mais que la Chambre des pairs, n'ayant été saisie d'aucune proposition, n'avait point à s'en occuper. Thibaudeau, revenant sur la séance de la veille, demanda néanmoins que la Chambre vidât l'ajournement qu'elle avait voté, et adoptât solennellement une résolution semblable à celle des représentants. Mise aux voix dans ces termes, la proposition de Thibaudeau fut adoptée à l'unanimité, comme à la Chambre des représentants, et ceux qui se contentent de l'apparence purent croire que le débat sur la question de dynastie était clos quand, à vrai dire, il ne faisait que s'ouvrir.

Cependant la commission de gouvernement s'était constituée, en nommant Fouché pour son président, à la majorité de trois voix contre deux données à Carnot, et en choisissant le conventionnel Berlier pour son secrétaire. Les deux voix dissidentes étaient, dit-on, celles du duc de Vicence et du général Grenier, et la majorité se composait de Carnot, de Quinette et de Fouché lui-même. Le premier soin de la commission fut de confier provisoirement les trois portefeuilles vacants (les affaires étrangères, l'intérieur et la police) à M. Bignon, au général Carnot de Feulins, frère de Carnot, et au baron Pelet (de la Lozère), en leur adjoignant M. Boulay (de la Meurthe) comme ministre de la justice, après la démission de l'archichancelier Cambacérès. Contrairement à l'opinion générale, qui désignait le général la Fayette comme commandant en chef de la garde nationale de Paris, la commission chargea de cette importante fonction le maréchal Masséna, et en même temps, pour écarter le général la Fayette, dont la marche toujours ferme et droite pouvait gêner celle de Fouché, elle le désigna, avec le général Sébastiani, M. de Pontécoulant, M. d'Argenson et M. de Laforest, pour aller au quartier général des souverains alliés annoncer officiellement l'abdication de Napoléon et négocier la paix. Bien que peu satisfait d'avoir été éloigné de deux postes où il croyait pouvoir servir plus utilement que sur la frontière la cause de l'indépendance nationale et de la liberté, M. de la Fayette ne refusa point la mission qui lui était confiée par la méfiance de Fouché, et l'Assemblée perdit ainsi, au moment suprême, un des hommes à qui ses antécédents et son caractère assuraient le plus d'influence et d'autorité.

Enfin, la commission arrêta qu'une proclamation serait adressée par elle au peuple français, et le secrétaire Berlier fut chargé de la préparer; mais Berlier, plus bonapartiste que la commission, y avait exprimé un peu trop positivement la reconnaissance de Napoléon II, et Fouché la remplaça par une autre, dans laquelle, après avoir annoncé que l'abdication de Napoléon était le terme de sa vie politique, il ajoutait seulement : « Son fils est proclamé. » La proclamation était, d'ailleurs, vivement et franchement libérale :

« Il n'existe plus, disait-elle, de pouvoirs jaloux l'un de l'autre ; l'espace est libre au patriotisme éclairé de vos représentants, et les pairs sentent, pensent et votent comme vos mandataires. Après vingt-cinq années de tempêtes politiques, voici le moment où tout ce qui a été conçu de sage, de sublime sur les institutions sociales, peut être perfectionné encore dans les vôtres. »

Et pressentant la réflexion qui viendrait à tous les esprits, à la lecture de ces promesses, plus pompeuses qu'opportunes, la proclamation s'empressait d'ajouter que des plénipotentiaires partaient pour négocier avec les puissances étrangères la paix qu'elles avaient promise à une condition qui, désormais, était remplie. « Le monde entier, disait-elle, va être attentif, comme vous, à leur réponse ; leur réponse fera connaître si la justice et les promesses sont quelque chose sur la terre. » A la suite de la proclamation, la commission, comme pour en bien indiquer le sens, appelait à la défense de la patrie tous les jeunes gens dont le décret du 9 octobre avait ordonné la levée, et chargeait le maréchal Davoust de prendre les dispositions relatives à la défense de Paris.

Les deux jours suivants furent, en quelque sorte, deux jours de trêve, et la plus grande partie des séances se passa à recevoir des communications de la commission exécutive, à entendre la lecture d'adresses présentées par les élèves des écoles, par des députations de la garde nationale et par les fédérés, à rectifier le procès-verbal, à enjoindre aux commissions, à la commission de constitution notamment, de hâter leur travail, enfin, à s'enquérir des nouvelles que l'on recevait de l'armée, et des moyens de résistance dont la France pouvait encore disposer, si la paix lui était refusée ; néanmoins deux projets de loi, présentés par la commission exécutive, donnèrent lieu à de graves discussions. L'un de ces projets autorisait le gouvernement à assurer par voie de réquisition les subsistances des armées et les transports militaires, sauf à rembourser ultérieurement les prêteurs par estimation, sur le produit de l'emprunt proposé au budget ; le second projet attribuait au gouvernement, pendant trois mois, le pouvoir d'ordonner contre les agitateurs et les factieux, soit la mise en surveillance dans un lieu autre que celui de leur résidence, soit même l'arrestation, sans qu'il fût obligatoire de traduire les personnes arrêtées devant les tribunaux dans les délais légalement fixés.

Sur le premier projet, celui des réquisitions, le débat ne fut ni très-long ni très-vif. On reconnut généralement qu'en temps ordinaire les principes conservateurs de la propriété s'opposaient aux réquisitions ; mais, quand la guerre avait envahi diverses parties du territoire, quand l'État était menacé dans son indépendance et dans ses libertés, il fallait bien assurer la subsistance des défenseurs de la patrie. Il restait seulement à faire en sorte que le citoyen de qui on exigeait un sacrifice fût assuré d'un juste dédommagement. C'est sur ce dernier point que Cambon, le grand financier de la Convention, et M. Roy, le futur ministre des finances de la Restauration, présentèrent quelques observations et quelques amendements ; mais, dans une Chambre comme dans l'autre, on avait hâte d'en finir, et la loi fut adoptée par la Chambre des représentants, à la majorité de quatre cent dix-neuf voix contre soixante et une, par la Chambre des pairs à l'unanimité.

La nécessité du second projet de loi était beaucoup moins bien démontrée, et, comme le dit justement M. Flaugergues, il y avait une grande différence entre quelques sacrifices pécuniaires et le sacrifice de la liberté. La Chambre voulut que les

formes ordinaires fussent observées, et le projet fut renvoyé
à une commission qui en proposa l'adoption, avec plusieurs
modifications favorables à la liberté individuelle; mais le projet
n'en fut pas moins combattu par les uns, comme radicalement
mauvais, par les autres, comme excessif. Ainsi M. Bérenger,
M. Tripier, M. Duchesne, M. Girod (de l'Ain), demandèrent
que le pouvoir discrétionnaire sollicité par le gouvernement
lui fût accordé pour deux mois seulement; que l'arrêté prononçant, soit une mise en surveillance, soit une arrestation,
fût motivé et communiqué à la partie intéressée ; que les dispositions de la loi ne fussent applicables qu'aux faits inter-
venus depuis sa publication ; que les agents secondaires de
l'autorité ne pussent agir sans le concours des préfets ou sous-
préfets ; que le délit de fausses nouvelles fût limité aux nouvelles alarmantes et débitées sciemment; enfin que des commissions locales assistassent les préfets et prissent connaissance
des réclamations présentées par les personnes incriminées.
Mais M. Dumolard, M. Leyraud, d'autres encore, défendirent
la loi, non comme bonne en elle-même, mais comme indispensable, dans les circonstances où se trouvait la France, et
M. Flaugergues lui-même, après s'être écrié « qu'il eût fallu
désespérer de la liberté publique, si le projet n'eût pas trouvé
de contradicteurs, » conseilla à la Chambre de le voter, en lui
donnant, au moyen des amendements proposés, un caractère
rassurant d'impartialité et de modération. De ces amendements trois prévalurent, celui qui limitait à deux mois, au
lieu de trois, les pouvoirs discrétionnaires accordés au gouvernement, celui qui exigeait que les mandats de mise en surveillance ou d'arrestation fussent motivés, enfin, celui qui
instituait dans les deux Chambres une commission chargée de
recevoir toutes les réclamations. La loi fut ensuite adoptée par
deux cent quatre-vingt dix-neuf voix contre soixante; ce
chiffre de soixante paraissant être celui de la véritable opposition, de celle qui regardait le retour de Louis XVIII comme

inévitable, et qui ne voulait point y apporter d'obstacle.

A la Chambre des pairs, la loi rencontra une résistance beaucoup plus sérieuse, et M. Boissy d'Anglas, M. de Latour-Maubourg, M. Dedelay d'Agier, M. de Lameth, M. Bigot de Préameneu, M. de Ségur lui-même, la combattirent avec persévérance et succès. L'article qui donnait au gouvernement le droit d'emprisonner toute personne prévenue d'avoir répandu des nouvelles *fausses et alarmantes* fut surtout le sujet de vives et nombreuses critiques. « Veut-on, s'écria M. Boissy d'Anglas, renouveler l'époque où l'on sévissait contre les alarmistes? — Si la loi était votée sans amendement, dit M. d'Aubusson, je demanderais un passe-port pour Constantinople. » M. Boissy d'Anglas et plusieurs de ses collègues insistèrent aussi pour que le pouvoir d'incarcérer n'appartînt qu'aux ministres et aux préfets.

La Chambre fit droit à ces diverses observations, et la loi, profondément modifiée, dut être renvoyée à la Chambre des représentants; mais, à l'exception d'un amendement qui incriminait les nouvelles fausses et alarmantes, dans le cas seulement où elles auraient été publiées, *soit par discours tenus dans des lieux ou réunions publics, soit par placards-affiches, soit par des écrits imprimés*, la Chambre des représentants rejeta toutes les atténuations de la Chambre des pairs, et celle-ci n'insista pas. Seulement, M. de Latour-Maubourg, qui, à plusieurs reprises déjà, avait demandé la suppression des commissions de haute police, antérieurement créées, proposa un projet de loi en dix-sept articles, sur les mesures à prendre pour garantir la liberté individuelle; mais les événements ne lui permirent pas de développer sa proposition, et l'exclusion dont il fut ensuite l'objet l'empêcha de renouveler dans une autre Chambre, et contre d'autres hommes, la lutte qu'il avait, pendant les Cent Jours, si honorablement soutenue.

Enfin, avant d'examiner la loi des finances que le ministre d'État, Defermon, avait présentée à la Chambre, presque à la veille de l'abdication, les deux Chambres ouvrirent aux ministres un crédit provisoire de 1,500,000 francs de rentes pour le payement des créanciers de la guerre, et, sur la proposition du gouvernement, elles mirent la ville de Paris en état de siége. Assurément, dans une telle conduite, il n'y a rien qui justifie le reproche d'inactivité et de mauvais vouloir systématique si souvent adressé aux deux Chambres de cette époque.

Il est aisé de comprendre les sentiments qui agitaient l'âme altière de Napoléon, relégué pendant ce temps dans son palais de l'Élysée, et déjà presque oublié[1]. Il n'ignorait pas que son existence politique était terminée, et, dès le 25, il consultait M. de Lavalette sur la question de savoir s'il devait prendre l'Angleterre ou l'Amérique pour asile. Mais, bien qu'il fût étourdi « par la force et la rapidité des coups que lui portaient ses ennemis[2], » de violentes passions n'en grondaient pas moins dans son sein, et quelques mots qui lui échappaient faisaient craindre de temps en temps un terrible réveil. Sa présence à Paris servait d'ailleurs de cause ou de prétexte à des rassemblements, et tous les jours encore le cri de : Vive l'Empereur! retentissait autour de l'Élysée. Lucien, enfin, qui, même avant Waterloo, songeait à la régence[3], Lucien, voyant avec désespoir sa dernière chance près de s'évanouir, conseillait ouvertement à Napoléon de faire appel au peuple et à l'armée contre les Chambres. Or cette situation, inquiétante pour l'ordre intérieur, l'était encore davantage pour le succès de la négociation récemment entreprise : com-

---

[1] « Napoléon est tombé pour jamais, et quelque incroyable que cela vous paraisse, il est presque oublié... Il n'y a ici qu'une opinion sur son arrivée à Paris et sur l'abandon de son armée... Dans l'armée même, il a perdu ses plus chauds partisans, et les braves qui l'ont vu déserter leurs rangs, au premier désastre, ne lui pardonneront jamais. » (Hobhouse, *Lettres sur Napoléon*, 28 juin 1815.)

[2] Fleury de Chaboulon, *Mémoires sur 1815*.

[3] *Mémoires de M. de la Fayette*.

ment, tant qu'elle durait, les puissances coalisées pouvaient-elles regarder l'abdication de Napoléon comme définitive? et comment, dès lors, pouvaient-elles traiter sérieusement de la paix?

Le danger était trop évident pour que la commission tout entière n'en fût pas frappée. Ce fut donc d'accord avec elle que son président, Fouché, essaya, par divers moyens, de déterminer l'Empereur à s'éloigner de Paris. Il l'y fit d'abord inviter, à la tribune de la Chambre, par un représentant de Grenoble, M. Duchesne; puis il lui fit donner avis que l'Élysée, où sa garde était réduite à quelques vieux grenadiers, risquait d'être attaqué pendant la nuit[1]. Bien que cet avis, venu de plusieurs côtés, lui inspirât une secrète inquiétude, Napoléon hésitait encore, quand, le 25 au matin, le maréchal Davoust alla le trouver au palais de l'Élysée. Ce palais, abandonné par la plupart des hauts fonctionnaires de l'Empire, était alors encombré d'officiers à demi-solde, de soldats qui avaient quitté l'armée, et de ces gens que l'on rencontre dans toutes les grandes crises, faisant étalage de leurs beaux sentiments[2]. Napoléon parut au maréchal fort irrité contre les représentants, mais en même temps fort las du rôle qu'il jouait dans ce Paris, jadis témoin de sa grandeur et courbé sous son caprice! Il ne refusa donc point de partir, et le jour même, à midi, après avoir brûlé une partie de ses correspondances, il se rendit à la Malmaison, où l'attendait la reine Hortense; mais, en partant, il dit adieu à ses soldats dans une proclamation froide, terne, embarrassée, où l'on remarquait avec surprise la phrase suivante, si cruellement contraire à la vérité: « Soldats! encore quelques efforts, et la coalition est dissoute. » Avertie aussitôt, la commission mit son *veto* sur ce testament du maître du monde, et Napoléon, qui, à plu-

---

[1] Fleury de Chaboulon, *Mémoires sur 1815.*
[2] *Mémoires du maréchal Davoust.*

sieurs reprises, avait témoigné son mépris pour le *nouveau Directoire*, put s'apercevoir que ce Directoire était du moins assez fort pour venger les injures de l'ancien.

Presque au même moment, le maréchal Masséna, nommé commandant en chef de la garde nationale, publiait une proclamation dans laquelle le nom de Napoléon II n'était pas même prononcé, et, le lendemain, Fouché obtenait de la commission exécutive un arrêté déclarant que les arrêts et jugements des cours et tribunaux seraient provisoirement intitulés : *Au nom du peuple français*. Fouché, deux jours après, racontait gaiement que, la question de savoir au nom de qui les actes publics seraient intitulés s'étant élevée dans le conseil, Carnot avait dit : « Mais c'est tout simple, au nom de Napoléon II. — Fi donc! lui ai-je répondu; ce n'est pas cela : il faut qu'ils soient portés au nom du peuple français. Et l'imbécile a applaudi [1]. »

Ni Carnot, ni Caulaincourt, ni le général Grenier, ni Quinette, n'étaient des *imbéciles*, et Fouché, dans cette circonstance, comme dans plusieurs autres, les croyait ses dupes bien plus qu'ils ne l'étaient réellement. Carnot, par patriotisme et par haine des Bourbons, Caulaincourt, par dévouement à l'Empereur, désiraient sincèrement le maintien de la dynastie impériale; mais, au moment même où ils y travaillaient, deux pensées qu'ils cherchaient en vain à écarter agissaient, à leur insu, sur leur détermination, la pensée que la France n'était point en état de résister aux puissances étrangères, et celle que Napoléon II était, tout aussi bien que Napoléon Iᵉʳ, exclu du trône par les traités de Paris et de Vienne. Ils acceptaient donc volontiers tout expédient qui éloignait de la scène publique un souverain impossible, et qui leur permettait ainsi de négocier avec plus d'avantage.

Fouché avait réussi dans son premier projet, celui de faire

---

[1] *Mémoires de M. de Vitrolles.*

place nette. Napoléon Ier avait abdiqué et était à peu près prisonnier à la Malmaison : Napoléon II n'avait pas été explicitement proclamé, et son nom ne figurait point dans les actes publics ; Fouché, enfin, président de la commission exécutive, se croyait assuré d'y faire prévaloir sa volonté. Jusque-là, tout marchait au gré de Fouché; mais, dans cette première partie de sa tâche, le flot l'avait porté, et il avait eu très-peu d'efforts à faire. Il restait à conclure, ce qui était beaucoup plus difficile. Et d'abord, au moment où ce récit est parvenu, Fouché savait-il exactement ce qu'il voulait? Il avait trop d'expérience, trop de connaissance des hommes et des choses, pour supposer que, vainqueurs à Waterloo, les alliés qui, en 1814, s'étaient engagés réciproquement à ne traiter ni avec Napoléon ni avec aucun membre de sa famille, et qui, par le traité du 25 mars, avaient renouvelé cet engagement, seraient plus conciliants après qu'avant la victoire, et placeraient le fils sur le trône, en même temps qu'ils feraient le père prisonnier d'État. Ainsi que nous l'avons dit, et qu'il le répéta lui-même, quelques mois plus tard, dans sa lettre du 1er février 1816, au duc de Wellington, le duc d'Orléans lui eût convenu, et il se trouvait en France, dans les Chambres, dans l'armée même, non pas un parti organisé, mais beaucoup d'hommes qui eussent accepté avec joie cette combinaison ; mais le duc d'Orléans, immobile et silencieux en Angleterre, n'y aidait point; l'Angleterre y était radicalement opposée; l'Autriche et la Prusse n'y paraissaient point favorables; l'empereur de Russie, enfin, qui avait d'abord semblé y incliner, en était détourné par son entourage. Quant à l'idée d'un prince étranger, c'était une idée chimérique qui, ni au dehors, ni au dedans, ne pouvait être comprise.

Restait donc Louis XVIII, et tout annonce que, dès le premier jour, Fouché avait compris que là seulement était le salut. Mais pour replacer les Bourbons sur le trône, en face d'une armée qui leur était manifestement hostile, et de deux

Chambres qui voyaient dans une seconde restauration le second triomphe de l'étranger et de la coalition, il fallait surmonter de grandes difficultés. Fouché, d'ailleurs, par intérêt autant que par opinion, n'entendait pas que les Bourbons remontassent sur le trône purement et simplement, sans conditions, en maîtres, et, tout en leur frayant le chemin, il trouvait bon de laisser ou même de placer sur leur route assez d'obstacles pour qu'ils ne se crussent pas en état de les franchir sans le secours de sa tête et de sa main.

Mais, si le drame devait se dénouer à Paris par la main de Fouché, ce n'était pas à Paris seulement que le dénoûment se préparait, c'était aussi à Mons et à Cambrai, où Louis XVIII était venu s'installer avec sa cour et avec ses ministres ; c'était à Haguenau, où les plénipotentiaires français devaient s'aboucher avec les plénipotentiaires étrangers ; c'était au quartier général des corps d'armée du duc de Wellington et du maréchal Blucher, qui s'avançaient vers Paris à marches inégales et avec des intentions différentes. Pour bien comprendre ce qui se passa à Paris du 26 juin au 8 juillet, il est donc nécessaire de se transporter dans ces divers lieux, et d'y surprendre les pensées secrètes de ceux à qui Dieu, dans un jour de colère, avait livré les destinées de la France.

CHAPITRE X

SECONDE RESTAURATION.

État des esprits à Gand. — Mons et Cambrai. — Le comte d'Artois et M. de Talleyrand. — Proclamation de Cambrai. — Les plénipotentiaires français à Laon et à Haguenau. — Fâcheux malentendu. — Wellington et Blucher. — Intrigues de Fouché. — M. de Vitrolles et le maréchal Davoust. — Grand conseil de gouvernement. — Proposition de rappeler Louis XVIII. — Ajournement. — Napoléon à la Malmaison. — Négociation secrète de Fouché avec le duc de Wellington. — Fausses espérances de la Chambre des représentants. — Acte constitutionnel. — Adresse à l'armée. — Lettre du maréchal Davoust. — Napoléon offre de se mettre à la tête de l'armée. — Refus. — Départ de Napoléon pour Rochefort. — Mission de M. de Vitrolles au quartier général du maréchal Davoust. — Scène violente. — Fouché imperturbable. — Inquiétude et méfiance de la Chambre des représentants. — Brochure de M. de Malleville. — Adresse aux Français. — Exaspération de l'armée. — Indifférence de la population. — Entrevue des commissaires français avec le duc de Wellington. — Grand conseil de guerre. — Capitulation de Paris. — Louis XVIII à Roye et à Saint-Denis. — Entrevue de Fouché avec le duc de Wellington. — Fouché ministre de Louis XVIII. — Déclaration de principes de la Chambre des représentants. — Démission de la Commission exécutive. — Entrée des alliés à Paris. — Dissolution des deux Chambres. — Entrée de Louis XVIII à Paris. — Embarquement de Napoléon à Rochefort.

Le 18 juin, au moment même où, dans les champs de Waterloo, se décidait le sort de Napoléon, de Louis XVIII et de la France, l'émigration française, tristement dispersée dans les rues de Gand, faisait ses préparatifs de fuite, et se demandait à quelles nouvelles épreuves elle allait être soumise [1]. Le bruit

---

[1] *Mémoires de M. de la Maisonfort.* — *Mémoires de M. de Chateaubriand.* — *Mémoires de M. Beugnot.*

venait, en effet, de se répandre qu'à la suite de la bataille de Ligny l'armée française était entrée, le 17, à Bruxelles, et le comte d'Artois, par son retour précipité de cette dernière ville, donnait à ce bruit une grande consistance; déjà il était décidé que le roi partirait à minuit pour Anvers, où ses fidèles serviteurs devaient le rejoindre. Dans la soirée, on se rassura un peu, et on résolut d'attendre au lendemain, 19; mais, le 19 au matin, la nouvelle d'une grande bataille, livrée et perdue par le duc de Wellington, commença à circuler, et l'on ne douta plus de la vérité de cette nouvelle, quand, à sept heures du matin, on vit arriver en toute hâte, sur la place d'Armes, un royaliste bien connu, M. de Sémalé, qui entra chez le roi d'un air consterné, après avoir traversé sans mot dire un groupe où MM. de Fagel, Stuart et de Goltz se trouvaient, en compagnie de quelques émigrés français. Quelques minutes après, M. de Grammont sortait du cabinet de Louis XVIII, une lettre de M. Pozzo di Borgo à la main, et annonçait à haute voix le résultat de la bataille de Waterloo.

Pour des hommes qui, quelques minutes auparavant, se croyaient condamnés à un long exil, et peut-être à une ruine complète, c'était une parole de délivrance, et on ne peut s'étonner du vif mouvement de joie qu'elle suscita parmi les royalistes : triste joie! délivrance chèrement achetée, et dont le souvenir devait être un des plus grands obstacles à la réconciliation de la France et de la maison de Bourbon! Au milieu des cris de : Vive le roi! des sérénades, des illuminations, des carillons qui, pendant toute la journée, manifestèrent l'allégresse publique, on remarqua pourtant l'attitude convenable du roi et de Monsieur, qui, plus que leur entourage, parurent se souvenir que le sang français venait de couler à flots, et que la France était vaincue.

Quelques jours avant la catastrophe, le roi avait désigné quatre commissaires : le général Beurnonville, M. de Lally-Tollendal, M. Capelle, M. de Vaublanc, qui, dans le cas où les armées alliées pénétreraient en France, devaient les accompagner ou les précéder au nom du roi, et prévenir ainsi, autant que possible, les excès de la victoire. Mais on sut bientôt qu'à Bruxelles, où ils s'étaient rendus, les commissaires royaux avaient été mal accueillis, et que le dessein d'humilier et d'écraser la France était publiquement annoncé par les vainqueurs [1]. On sut aussi, par le baron Louis, que M. de Talleyrand, arrivé à Bruxelles le lendemain de la bataille, y disait très-haut que le retour de Bonaparte devait être imputé à la mauvaise administration de quelques ministres de Louis XVIII et aux extravagances du parti des émigrés, dont Monsieur était le représentant auguste et éclatant [2]. On sut enfin qu'il s'était formé à Vienne une sorte de coalition contre M. de Blacas, et que le retour du favori en France paraissait généralement impossible. L'ensemble de ces nouvelles, qui parvenaient à Gand par plusieurs voies, fit succéder l'inquiétude à la joie, et, sur un avis du duc de Wellington, le roi se décida à partir pour Mons, où, quelques heures après lui, arriva M. de Talleyrand.

Mais M. de Talleyrand, fier de ses succès à Vienne, et fort de la confiance presque unanime du corps diplomatique, venait à Mons, comme un maître dont les conseils étaient des ordres, plutôt que comme un sujet obéissant et fidèle. Or, mécontent de n'avoir point été appelé à Gand, il paraissait résolu à ne pas céder sur les trois points que voici : le roi, d'abord, ne devait point se presser de rentrer en France, et, s'il y rentrait, il devait, au lieu de se mettre à la suite des armées étrangères, faire un détour et, par exemple, se rendre à Lyon ou dans le Midi ; en second lieu, le roi devait, avant de mettre le pied sur le sol français, se séparer de M. de Blacas ; enfin, il fallait que le roi constituât, sous la présidence de M. de Tal-

---

[1] *Mémoires de M. Beugnot.*
[2] *Ibid.*

leyrand, le ministère efficace, responsable, solidaire, dont on avait tant parlé, et que ce ministère, au moyen d'une proclamation, acceptée par le roi, promit un pardon général et garantit contre toute vengeance, contre toute attaque, les hommes et les choses de la révolution. Si un de ces trois points était refusé, M. de Talleyrand annonçait hautement l'intention de se retirer.

Ainsi que nous l'avons dit, Louis XVIII n'aimait pas M. de Talleyrand; mais il voyait en lui le représentant éminent de la diplomatie européenne, et il le craignait. Il fut donc surpris et blessé d'apprendre que son ministre des affaires étrangères, logé loin de lui, avait, peu d'instants après son arrivée, ouvert son salon à ses amis et aux ministres étrangers, et que là, comme au milieu d'une cour, il distribuait le blâme et l'éloge, promulguait ses volontés, et répondait à ceux qui l'engageaient à voir le roi : « Je ne suis point pressé; il sera bien temps demain [1]. » Cependant le cri qui s'élevait de toutes parts contre M. de Blacas était trop fort pour que Louis XVIII pût y résister. Non-seulement M. de Talleyrand et la diplomatie étrangère demandaient impérieusement son renvoi, mais *Monsieur*, qui préférait, en ce moment, un ministère dont M. de Vaublanc et M. Capelle eussent été les personnages principaux, s'associait à cette demande et déclarait également qu'entrer en France avec M. de Blacas serait un acte de folie. Le roi se résigna donc à sacrifier son favori, et celui-ci, fier et froid dans la disgrâce comme dans la prospérité, offrit sa démission, aussitôt acceptée par le roi, avec des larmes que devait bientôt sécher une nouvelle affection. M. de Blacas, à qui Louis XVIII était connu, fut, de toute la cour, l'homme qui s'y trompa le moins : « Je lui manquerai, dit-il à M. Beu-

---

[1] J'ai emprunté les principales circonstances de ce curieux récit aux *Mémoires de M. de Chateaubriand*, aux *Mémoires de M. Beugnot* et aux *Mémoires de M. de la Maisonfort*, tous trois présents à Mons.

gnot, pendant les premiers jours ; mais il s'habituera vite à se passer de moi, et bientôt un autre me remplacera. — M. de Talleyrand, ajouta-t-il, a fait un mauvais calcul ; je ne lui étais nuisible en rien ; je le croyais même indispensable aux affaires du roi. Nous pouvions nous entendre, et tout le monde y eût gagné [1]. »

M. de Talleyrand, sans paraître dans le salon du roi, avait donc obtenu une des choses qu'il se croyait en droit d'exiger ; mais, sur les deux autres, le roi paraissait moins abordable, et M. de Talleyrand, convaincu qu'en se tenant fièrement à l'écart il le vaincrait plutôt qu'en allant lui faire sa cour, persistait, malgré les prières de M. de Chateaubriand, de M. Beugnot, de M. Pozzo di Borgo, à rester sous sa tente. Quand on l'avertissait que le roi, irrité contre lui, pourrait fort bien partir pour la France sans attendre sa visite, il souriait d'un air de dédain, comme si la chose eût été absolument impossible.

Néanmoins l'avertissement venait fort à propos, et le parti du roi était pris. Quand donc, au milieu de la nuit, M. Beugnot, M. de Jaucourt, M. Laborie, éveillèrent M. de Talleyrand et lui annoncèrent que le roi avait commandé ses chevaux pour quatre heures du matin, il sentit qu'il fallait changer de conduite, et, à demi habillé, il se rendit précipitamment chez le roi, qu'il trouva prêt à monter en voiture, et qui le reçut avec beaucoup de hauteur. Le roi pourtant consentit à rentrer dans son appartement pour lui donner audience ; mais l'audience fut courte, et l'on apprit bientôt, par le roi lui-même, que M. de Talleyrand avait demandé la permission de se rendre aux eaux de Carlsbad, et que cette permission lui avait été gracieusement accordée : « Ces eaux sont excellentes, dit le roi d'un ton doucement ironique ; elles vous feront du bien... Au revoir, monsieur de Talleyrand. » Puis la voiture partit,

---

[1] *Mémoires de M. Beugnot*

laissant M. de Talleyrand reprendre le chemin de son hôtel, plein de ressentiment et de surprise [1].

Après avoir fait part à son cercle intime de ce qui venait de lui arriver, et après s'être emporté contre l'extravagance et l'ingratitude du roi, M. de Talleyrand recouvra tout son sang-froid, et, d'un air presque indifférent, invita ses anciens collègues à se retirer avec lui. M. de Jaucourt y consentit volontiers, ainsi que le baron Louis; mais M. Beugnot, à qui le roi, en partant, avait dit : « Vous me suivrez, » annonça que son intention était de suivre le roi. Le lendemain, 25, au moment où M. Beugnot, se préparant à partir pour Cambrai, allait dire adieu à M. de Talleyrand, il apprit, non sans étonnement, qu'un courrier était arrivé, porteur de nouveaux ordres du roi, et que tous les ministres, M. de Talleyrand compris, étaient convoqués à un conseil prochain. M. de Talleyrand, bien que fort satisfait de cet ordre, affecta d'abord peu de penchant à s'y rendre, et, pour l'y déterminer, il ne fallut rien moins, en apparence, que l'intervention de son oncle, M. de Périgord, archevêque de Reims [2].

Si M. de Talleyrand eût véritablement hésité, une intervention moins ostensible que celle de M. de Périgord, mais plus puissante, l'intervention du duc de Wellington, eût suffi pour le décider. En même temps qu'il recevait l'ordre du roi, il recevait, en effet, une lettre du duc de Wellington, écrite le 24, à Câteau-Cambrésis. Dans cette lettre [3], le duc de Wellington annonçait à M. de Talleyrand que le roi était arrivé à Câteau, et qu'il y avait été parfaitement reçu. « Je regrette seulement, disait-il, que Votre Altesse n'ait pas accompagné Sa Majesté. C'est moi qui ai recommandé au roi d'entrer maintenant en France, parce que je connaissais l'étendue de

---

[1] *Mémoires de M. Beugnot.* — *Mémoires de M. de Chateaubriand.*
[2] *Mémoires de M. Beugnot.*
[3] *Dépêches du duc de Wellington*, n° 959.

notre succès dans la bataille du 18, et parce que je désirais user de l'influence du nom de Sa Majesté pour donner à ce succès toute sa portée. — Si je vous avais vu, ajoutait-il, ou si vous aviez connu l'état exact des affaires, quand vous avez conseillé au roi, à Mons, de ne pas entrer en France, je me flatte que vous lui auriez donné un avis différent, et que vous l'auriez suivi. » Après quelques mots sur la situation de Paris et sur l'abdication de Napoléon, le duc de Wellington priait instamment M. de Talleyrand et les autres membres du conseil de rejoindre le roi le plus tôt possible ; et, par un *post-scriptum* de deux lignes, il affirmait n'avoir pas dit au roi un seul mot du sujet mentionné dans sa lettre.

En admettant l'exactitude de cette affirmation, la démarche si importante du duc de Wellington doit suffire pour faire comprendre la cause du changement subit et inattendu qui, d'un jour à l'autre, s'était opéré dans l'esprit du roi. Le roi avait quitté Mons, content d'avoir vengé sur M. de Talleyrand, tout à la fois, sa dignité royale offensée et ses affections froissées ; mais, arrivé à Câteau-Cambrésis, au milieu d'hommes fort honorables, mais peu populaires, le chancelier Dambray, M. de Lévis, M. de Duras, il s'y était heurté contre le bon sens, sévère et froid, du duc de Wellington, à qui toutes les petites susceptibilités de l'antichambre royale étaient fort indifférentes, et qui ne croyait pas que des courtisans, vieux ou jeunes, rassemblés par le hasard, pussent gouverner la France. En conséquence, le duc de Wellington avait rappelé au roi qu'il s'était engagé à former un vrai ministère, et ce mot avait suffi pour décider le rappel de M. de Talleyrand.

On a donc raison de dire que M. de Talleyrand dut son rappel à l'influence du duc de Wellington. On a tort de croire que cette influence fut sollicitée par lui, et que le duc n'agit et ne parla qu'à son instigation. La lettre authentique du 24 est à cet égard péremptoire.

Cependant, en entrant dans le département du Nord, où,

pendant toute la durée des Cent-Jours, les opinions royalistes avaient conservé beaucoup de partisans avoués ou cachés, Louis XVIII avait été reçu par les populations avec de grands témoignages de joie et d'affection. Arrivé à Câteau-Cambrésis, il y tint un premier conseil auquel assistèrent seulement deux ministres, le chancelier Dambray et le duc de Feltre, et dans ce conseil, pour déférer aux avis qui lui venaient de de toutes parts, il résolut de faire une proclamation qui garantit à la France le rétablissement de la Charte. Mais cette proclamation, aussi dure au fond que malhabile dans la forme, n'avait rien de ce qui pouvait ramener et concilier. Ainsi ce n'est pas sans surprise que, dans un document, contre-signé par le duc de Feltre, on voyait les Anglais et les Prussiens désignés comme les *alliés du roi*, et les soldats français qualifiés de *satellites du tyran*. Ce n'est pas sans effroi non plus qu'on entendait Louis XVIII, au lieu de promettre un pardon général, promettre seulement de *récompenser les bons, et de mettre à exécution les lois existantes contre les coupables*. C'était dire clairement à tous ceux qui avaient pris part au mouvement des Cent-Jours qu'ils n'avaient point de grâce à attendre.

Mais, à Cambrai, la scène changea. Le roi y était entré le 26, et, convoqués par lui, M. de Talleyrand, M. de Jaucourt, le baron Louis, M. Beugnot, n'avaient pas tardé à le joindre. Le roi reçut les ministres, M. de Talleyrand compris, avec affabilité, et ne dit point un mot de ce qui s'était passé à Mons; puis il indiqua un conseil pour le lendemain, 27, à dix heures du matin[1]. Mais, averti, par la scène de Mons et par la proclamation de Câteau-Cambrésis, des dispositions qu'il allait rencontrer, M. de Talleyrand ne voulut

---

[1] J'ai emprunté presque littéralement ce récit aux *Mémoires inédits de M. Beugnot*. La proclamation de Cambrai tient une place très-grande dans les documents officiels de cette époque, et a exercé une influence considérable sur les événements. Il est donc important de savoir comment elle a été faite.

pas aborder ce conseil sans s'y être préparé, et il invita ses collègues à se réunir préalablement dans son hôtel. Là, sans se donner la peine d'entrer en discussion, il établit comme chose incontestable et déjà convenue que, depuis son départ pour le congrès de Vienne, le gouvernement avait marché de faute en faute ; d'où cette conclusion : que le roi devait faire une proclamation pour reconnaître les torts de son gouvernement et pour promettre de les réparer. M. de Talleyrand proposa aussi qu'en attendant l'organisation du ministère, il fût nommé une commission provisoire de gouvernement à laquelle serait confié le soin de diriger les affaires de l'État. Il chargea enfin M. Beugnot de préparer la proclamation et l'ordonnance instituant la commission.

M. Beugnot s'acquitta de cette double tâche, et, le lendemain, 27, avant l'heure du conseil, il soumettait son travail à M. de Talleyrand et à ses collègues. Mais M. de Talleyrand, et surtout le baron Louis, trouvèrent la proclamation beaucoup trop douce, et, malgré la résistance de M. Beugnot, on y introduisit quelques passages plus vifs et qui tranchaient avec le reste. En revanche, nulle objection ne fut faite contre les considérants de l'ordonnance instituant la commission de gouvernement. M. Beugnot, dans ces considérants, avait surtout insisté sur la nécessité de constituer un ministère, un, solidaire, responsable, et c'était alors l'avis de tout le monde.

A dix heures, le conseil s'assembla ; il se composait, sans compter le roi, du comte d'Artois et du duc de Berry, de M. de Talleyrand, du chancelier Dambray, du duc de Feltre, de M. de Jaucourt, du baron Louis, du général Beurnonville et de M. Beugnot. Après quelques mots insignifiants de M. de Talleyrand, M. Beugnot commença la lecture du projet de proclamation, que le roi écouta silencieusement jusqu'au bout, et dont il demanda une seconde lecture, non sans une émotion visible. Cette seconde lecture finie, Monsieur prit la parole, et, d'une voix altérée, se plaignit avec amertume de l'esprit et du style de la proclamation. « On fait, dit-il, demander pardon au roi des fautes qu'il a commises ; on lui fait dire qu'il s'est laissé entraîner à ses affections ; on lui fait promettre qu'il aura dans l'avenir une conduite toute différente. De telles expressions n'ont qu'un effet, celui d'avilir la royauté. Du reste, elles disent trop, ou ne disent rien du tout. — Monsieur pardonnera, répondit froidement M. de Talleyrand, si je diffère de sentiments avec lui. Je trouve ces expressions nécessaires et partant bien placées. Le roi a fait des fautes ; ses affections l'ont égaré. Il n'y a rien de trop. — Est-ce moi, reprit aussitôt Monsieur, qu'on veut indirectement désigner ? — Oui. Puisque Monsieur a placé la discussion sur ce terrain : Monsieur a fait beaucoup de mal. — Le prince de Talleyrand s'oublie ! — Je le crains, mais la vérité l'emporte. »

A cette fière réplique de M. de Talleyrand, le duc de Berry éclata et déclara, avec l'accent d'une colère difficilement contenue, qu'il ne fallait rien moins que la présence du roi pour qu'il permît à qui que ce fût de traiter ainsi son père devant lui. « Assez, mon neveu, dit alors le roi en l'interrompant ; c'est à moi seul de faire justice de ce qui se dit en ma présence et dans mon conseil. Messieurs, je ne puis approuver ni les termes de la proclamation ni la discussion dont elle a été l'objet. Le rédacteur retouchera son ouvrage et ne perdra pas de vue les hautes convenances qu'il faut savoir garder quand on me fait parler. » Et, comme le duc de Berry, par un geste significatif, montrait dans M. de Talleyrand l'auteur véritable des phrases blessantes pour Monsieur : « Je répète, messieurs, ajouta vivement le roi, que j'ai entendu la discussion avec beaucoup de regret. Passons à un autre sujet. »

En conséquence, la proclamation, en partie refaite, fut remise par M. Beugnot à M. de Talleyrand, qui la corrigea de nouveau et qui, en définitive, la fit signer par le roi. Quant au projet d'ordonnance établissant une commission provisoire de gouvernement, il avait passé dans le conseil sans difficulté, et déjà M. de Talleyrand avait arrêté une liste où figuraient, sous sa présidence, les noms du baron Louis, de M. de Jaucourt, de M. de Chateaubriand, du duc de Feltre, de M. de Richelieu, de M. Pasquier ; mais, par un motif inconnu, l'ordonnance ne fut jamais signée. Il est probable que ni M. de Talleyrand ni le roi n'y attachaient beaucoup d'importance, et qu'elle disparut dans la lutte à laquelle donna lieu la proclamation. Telle que l'avaient faite toutes ces corrections, tous ces remaniements successifs, la proclamation de Cambrai restait encore très-supérieure à celle du Câteau. Le roi n'y triomphait plus de la victoire remportée *par ses alliés sur les satellites du tyran ;* mais, après avoir interdit aux princes de sa famille et à ses fidèles serviteurs « de paraître dans les rangs des étrangers, » il venait se placer « entre les armées alliées et les Français, afin d'adoucir des maux qu'il n'avait pu prévenir. » Il reconnaissait que, rétabli dans des temps agités et difficiles, « son gouvernement pouvait avoir fait des fautes ; » et il promettait « que l'expérience ne serait pas perdue. » Il mettait la légitimité sous la protection de la Charte, « à laquelle il prétendait ajouter toutes les garanties qui pouvaient en assurer le bienfait, » et, au premier rang de ces garanties, il plaçait « l'unité du ministère. » Il repoussait avec mépris toutes les allégations relatives à la dîme, aux droits féodaux, aux biens nationaux de toute origine. Il annonçait, enfin, qu'il aimerait « à choisir dans toutes les classes ceux qui devaient approcher de sa personne et de sa famille. »

Sur une seule question, celle de l'oubli du passé, la proclamation était équivoque, ou, pour mieux dire, trop significative. « Je ne veux, disait le roi, exclure de ma présence que ces hommes dont la renommée est un sujet de douleur pour la France et d'effroi pour l'Europe ; » il s'engageait, d'ailleurs, à pardonner aux Français égarés, mais il exceptait du pardon « les instigateurs et les auteurs de la trame horrible dont la France avait été la victime, » et il annonçait « qu'ils seraient désignés à la vengeance des lois par les deux Chambres, dont la convocation était prochaine. » C'est la concession que le roi avait dû faire aux passions ardentes qui grondaient autour de lui et qui animaient la presque totalité du parti royaliste; concession malheureuse et qui devait jeter bientôt la seconde Restauration dans la voie funeste des réactions politiques et des sanglantes exécutions.

Ainsi se termina, à Cambrai, tout à l'avantage de M. de Talleyrand, la lutte qui, pendant ces trois mois d'exil, avait divisé la cour, les ministres et l'émigration tout entière. M. de Blacas se préparait à se rendre à Naples, encore aimé du roi et emportant un témoignage éclatant de sa munificence[1], mais éloigné de sa personne, et prévoyant les effets prochains de l'éloignement. Monsieur, personnellement dénoncé, en présence du roi, comme le chef d'un parti irréconciliable avec la France, était vaincu et voyait ses amis écartés, comme lui, du pouvoir. M. de Talleyrand, enfin, guidait le roi, dans sa marche vers Paris, plus qu'il ne le suivait, et était à peu près maître de composer le ministère à son gré. Pour la seconde fois, M. de Talleyrand tenait dans sa main la destinée politique de la Restauration et sa propre destinée. On verra bientôt s'il sut, en 1815, mieux qu'en 1814, conserver ce grand pouvoir et s'en servir dans l'intérêt de la France.

Pendant que ces scènes se passaient à Mons et à Cambrai, les cinq plénipotentiaires choisis par la commission exécutive, M. de la Fayette, M. de Pontécoulant, le général Sébastiani, M. Voyer d'Argenson, M. de Laforest, quittaient Paris, le

---

[1] Le roi, en se séparant de M. de Blacas, à Mons, lui avait abandonné le restant des sommes déposées pour son compte chez un banquier de Londres, et qui, dit-on, ne montaient pas à moins de cinq à six millions. D'après une lettre écrite par les fils de M. de Blacas à l'éditeur des *Mémoires du duc de Raguse*, M. de Blacas présentait, chaque année, au roi Louis XVIII un rapport sur le revenu et sur l'emploi de ce dépôt, et, après la mort de Louis XVIII, il en remit les titres au roi Charles X qui, en 1830, y trouva sa principale ressource.

24 juin, après s'être adjoint M. Benjamin Constant comme secrétaire, et s'acheminaient vers le quartier général des alliés. Leurs instructions, détaillées et diffuses, rappelaient l'engagement pris à plusieurs reprises, par les cabinets étrangers, de terminer la guerre aussitôt après la chute de Napoléon, et de n'imposer à la France aucun gouvernement particulier ; puis elles établissaient que les souverains étrangers ne pouvaient, sans compromettre dans un prochain avenir la paix du monde, soit exiger le rétablissement sur le trône de la maison de Bourbon, soit enlever à la France une portion quelconque du territoire que le traité de Paris lui avait assuré ; elles insistaient aussi, d'une part, sur la reconnaissance du principe d'hérédité dans la personne de Napoléon II ; d'autre part, sur la convenance d'assigner à l'empereur Napoléon Ier une résidence dont il pût être satisfait. Mais il était évident que, sur ces deux points, la commission exécutive prévoyait de graves difficultés, et qu'elle laissait aux négociateurs une très-grande latitude.

Arrivés à Laon le 25, les commissaires s'empressèrent d'adresser au duc de Wellington et au maréchal Blücher deux demandes, celle d'une suspension d'armes et celle des passe-ports qui leur étaient nécessaires pour continuer leur route ; mais la suspension d'armes fut refusée, ou du moins subordonnée à des conditions qui équivalaient à un refus, et les passe-ports n'arrivèrent que le 26. Deux aides de camp du maréchal Blücher déclarèrent d'ailleurs itérativement aux plénipotentiaires « que les alliés ne tenaient, en aucune manière, au rétablissement des Bourbons, et que la France ne serait point gênée dans le choix de son gouvernement. » En revanche, ils ne cachèrent pas que les puissances étaient décidées « à exiger les précautions et les garanties les plus sévères pour que Napoléon ne pût pas reparaître sur la scène du monde. » « *Il n'a été question dans aucune conversation du prince impérial,* » ajoutaient les plénipotentiaires, en rendant compte au ministre des affaires étrangères de cette conférence[1]. Dès les premiers mots, Napoléon II était donc abandonné, et l'Empereur n'avait point tort de dire à M. Fleury de Chaboulon que ni M. de la Fayette, ni le général Sébastiani, ni M. de Pontécoulant, ni Benjamin Constant lui-même ne défendraient sa dynastie. L'erreur était de croire que d'autres l'eussent mieux défendue ; mais cette erreur était celle de sa famille plus que la sienne, et on a vu que, dès le premier moment, il avait paru comprendre que la chute de Napoléon Ier entraînait nécessairement celle de Napoléon II.

Quant à la liberté qu'on prétendait laisser à la France de choisir son gouvernement, une seule famille exceptée, il y avait entre les plénipotentiaires français et les étrangers un malentendu qui dura pendant tout le cours de la mission, et qui eut l'inconvénient grave de donner aux adversaires des Bourbons, dans les Chambres et au dehors, de très-fausses espérances. Après avoir écrit et dit plusieurs fois qu'ils ne faisaient pas la guerre pour rétablir les Bourbons, les alliés ne pouvaient pas se dédire ouvertement, surtout en Angleterre, en présence d'une opposition qui leur eût fait expier chèrement leur mensonge. Ils répétaient donc avec affectation que la France était maîtresse de repousser les Bourbons, mais ils ajoutaient aussitôt que, si le gouvernement choisi par la France ne leur donnait pas toutes les garanties qu'ils pouvaient désirer, ils seraient forcés de les prendre eux-mêmes. Or ces garanties, sur lesquelles ils ne s'expliquaient pas clairement, quelles étaient-elles, si ce n'est le démembrement du territoire, l'occupation ou la démolition des places fortes, et d'énormes contributions[2] ?

---

[1] Dépêche des plénipotentiaires au baron Bignon. Laon, 26 juin.

[2] Un *memorandum* sans date, publié dans la collection des dépêches de lord Castlereagh, ne laisse aucun doute à cet égard. Les alliés, selon ce *memorandum*, ont trois hypothèses à examiner : 1° celle où, Louis XVIII étant rétabli, Bonaparte serait mort ou prisonnier ; 2° celle où, Louis XVIII étant rétabli, Bonaparte serait vivant et se serait évadé en Amérique ou ailleurs ; 3° celle enfin où la France aurait proclamé un autre gouvernement que

Quelques mois plus tard, le chef du cabinet anglais, lord Liverpool, avouait à la tribune de la Chambre des lords que, « si Louis XVIII n'eût pas été rétabli, les alliés auraient pu étendre le principe de conquête et de démembrement du territoire français aussi loin qu'ils l'eussent jugé à propos. » N'eût-il pas été plus digne, plus honnête, plus politique même, de le dire tout de suite, et d'éviter ainsi à la France de pénibles incertitudes et plus d'une fausse démarche ?

Quoi qu'il en soit, à Haguenau, où les souverains alliés étaient déjà réunis, il fut impossible aux plénipotentiaires de voir aucun d'entre eux, et M. de la Fayette, que l'empereur Alexandre avait traité, en 1814, avec beaucoup de bonté, lui écrivit en vain pour obtenir une entrevue. Tout se borna donc à quelques conférences entre les plénipotentiaires et quatre personnes investies, disait-on, de la confiance des puissances, mais qui déclinaient formellement tout titre officiel : lord Stewart, le général Walmoden, le comte Capo d'Istria et le général Knesebeck. Dans cette conférence, les plénipotentiaires alléguèrent que Napoléon avait cessé de régner, que rien n'était préjugé quant à son successeur, et que dès lors aucun motif sérieux ne pouvait s'opposer à la paix. Et comme, le *Moniteur* à la main, lord Stewart montrait, dans la proclamation du gouvernement provisoire, le nom de Napoléon II, les

---

Louis XVIII. Dans la première hypothèse, les alliés auraient à examiner si les déclarations et engagements précédents les forçaient à considérer la question territoriale comme définitivement résolue ; dans la seconde hypothèse, il n'était point douteux que les alliés n'eussent le droit de prendre des garanties supplémentaires, de garder, par exemple, Lille et quelques autres forteresses, au moins jusqu'à la mort de Bonaparte ; dans la troisième hypothèse, les alliés étaient certainement libres d'agir comme il leur plairait, et de réduire, selon leurs convenances, la puissance et le territoire de la France.

C'est cette liberté que les Prussiens désiraient surtout conserver ! Quand on a lu ce *memorandum*, on comprend le sens des assurances qu'ils donnèrent aux plénipotentiaires français ; on comprend aussi le mécontentement de Fouché, qui savait le fond des choses, quand le rapport des plénipotentiaires lui parvint.

plénipotentiaires firent observer que, si la France était peu favorable au rétablissement de la maison de Bourbon, elle n'avait, pour le maintien de la famille Bonaparte, aucun penchant marqué, et que la Chambre, par ses votes du 22 et du 23, avait clairement prouvé qu'entre Napoléon II et la paix, elle n'hésiterait pas un instant[1]. Ce sont sans doute ces insinuations et quelques autres semblables qui ont fait dire et croire que les plénipotentiaires avaient voulu placer la couronne de France sur la tête d'un prince étranger. Les plénipotentiaires, rien n'est plus certain, étaient convaincus que, si la France, dans les circonstances où elle se trouvait alors, était maîtresse de choisir le chef de son gouvernement, son choix ne tomberait ni sur Louis XVIII ni sur Napoléon II; mais ils n'entendaient nullement subordonner le vœu de la France au désirs de puissances étrangères, et, si un nouveau choix devait intervenir, c'est à la France elle-même qu'ils voulaient le réserver.

Le tort qu'on peut justement leur reprocher, c'est de n'avoir pas compris suffisamment que tout était dérisoire dans cette conférence, et que les souverains alliés voulaient, avant tout, conduire jusqu'à Paris leurs armées victorieuses. Les chicanes puériles de lord Stewart, qui, presque seul du côté des alliés, prenait part à la discussion, auraient dû les en avertir. « Je dois vous prévenir, messieurs, dit lord Stewart à M. de la Fayette, qu'il n'y a pas de paix possible, si vous ne nous livrez pas Bonaparte; » à quoi M. de la Fayette répliqua noblement « qu'il était fort surpris que, pour proposer une semblable lâcheté au peuple français, on s'adressât au prisonnier d'Olmutz. » Puis lord Stewart demanda « de quel droit la Chambre des représentants pouvait se permettre de déposer et de choisir des rois? » et se fit répondre, par Benjamin Constant, que « ce droit était précisément celui que le parlement anglais avait

---

[1] *Mémoires de la Fayette.* — *Mémoires de Benjamin Constant.*

invoqué, en 1688, pour déposer le roi Jacques et proclamer le roi Guillaume[1]. » Enfin, quand cet échange, plus ou moins courtois, de théories constitutionnelles et de souvenirs historiques eut duré assez longtemps, au gré de lord Stewart, il se dispensa de reparaître à la conférence, alléguant qu'il n'avait point de pouvoirs ; sur quoi, ses trois collègues déclarèrent gravement « que, les traités d'alliance portant que l'une des parties ne négocierait jamais séparément, et ne ferait ni paix ni trêve que d'un commun accord, les trois seules cours présentes ne pouvaient entrer en négociation ; mais, ajoutèrent-ils, les cabinets vont s'entendre dans un bref délai, et la conférence pourra être reprise. » Les plénipotentiaires n'avaient plus alors qu'à retourner à Paris, ce qu'ils firent, après des difficultés et des retards dont ils purent plus tard comprendre la cause.

Cependant le duc de Wellington et le maréchal Blücher avançaient, sans obstacle, vers la grande ville dont la chute devait couronner leur victoire, mais sans que leur conduite et leur langage fussent les mêmes. « J'annonce aux Français, avait dit Wellington le 24 juin, que j'entre dans leur pays, à la tête d'une armée déjà victorieuse, non comme ennemi (excepté de l'ennemi du genre humain, avec lequel on ne peut avoir ni paix ni trêve), mais pour les aider à secouer le joug de fer sous lequel ils sont opprimés[2] ; » et il faisait tous ses efforts pour que ses soldats se conformassent à ses intentions. Le maréchal Blücher, au contraire, ivre de joie et de colère, laissait à ses soldats le champ libre, et manifestait les plus sinistres desseins contre la France. Quant à l'empereur Napoléon, Blücher jurait « que s'il pouvait le prendre, il le tuerait, sans attendre que les puissances alliées en eussent délibéré. » Le duc de Wellington, qui connaissait Blücher, le croyait

---

[1] *Mémoires de la Fayette ;* — *Esquisse historique sur les Cent-Jours.*
[2] *Proclamation du duc de Wellington ;* — Malplaquet, 24 juin.

très-capable de tenir sa parole, et se préoccupait fort de son projet. « J'ai averti Blücher, écrivait-il, le 28 juin, à sir Charles Stuart, que j'insisterais pour que le sort de Napoléon fût réglé en commun ; et, comme ami, je lui ai conseillé de ne point commettre un acte aussi criminel. Nous avons, lui et moi, joué un rôle trop distingué dans les derniers événements, pour nous abaisser au rôle de bourreau[1]. » Le maréchal Blücher n'en persistait pas moins, et, comme il avait vingt-quatre heures d'avance sur le duc de Wellington, un coup de main hardi, suivi, comme à Vincennes, en 1804, d'une exécution à petit bruit, n'était point impossible.

A Cambrai, un roi sage, mais faible, tiraillé en sens contraire par de puissantes influences, et signant, à deux jours d'intervalle, deux proclamations inspirées par deux politiques opposées ; à Haguenau, des souverains et des diplomates, dont ni les sentiments ni les tendances n'étaient les mêmes, mais que l'intérêt du moment unissait, et qui, bien résolus à ne rien céder, dissimulaient leur résolution tout juste assez pour donner à leurs armées le temps d'arriver à Paris ; sur la route de Bruxelles à Paris, deux corps d'armée, commandés par deux chefs de caractère et d'esprit dissemblables, d'accord pour compléter la victoire de Waterloo, en désaccord sur le parti qu'il fallait en tirer ; à Paris, enfin, deux Empereurs, l'un présent et détrôné, l'autre absent et proclamé, sans que les actes publics fussent rendus au nom de l'un ou de l'autre ; deux Chambres unanimes pour faire prévaloir la cause de l'indépendance nationale et la liberté politique, mais incertaines dans leur allure, paralysées dans leur action, et profondément divisées quant au choix d'un souverain ou d'un gouvernement ; une armée désorganisée, dont les débris mécontents et turbulents paraissaient plus propres à troubler l'intérieur qu'à faire tête à l'ennemi ; une population, enfin,

---

[1] Dépêches du duc de Wellington, n° 965.

inerte et inquiète tout à la fois, accusant des désastres de la France Louis XVIII et Napoléon, les députés et les généraux : voilà le chaos d'idées, de sentiments, de desseins d'où la commission exécutive devait faire sortir une solution acceptable par la France et par l'étranger.

Cette solution, le président de la commission croyait la voir, ainsi que nous l'avons dit précédemment, dans le rétablissement de Louis XVIII, contractant avec la Révolution une nouvelle alliance, acceptant le drapeau national, et signant un pacte rédigé par les Chambres, au nom de la nation. Mais, pour en venir à ses fins, Fouché avait besoin d'auxiliaires auprès du roi, aussi bien qu'auprès des Chambres. Or, depuis les premiers jours d'avril, le donjon de Vincennes renfermait un homme actif, résolu, qui devait la vie à Fouché, et qui jouissait d'un grand crédit dans le parti royaliste, M. de Vitrolles. Dès le 22 juin, M. de Vitrolles fut mis en liberté, par ordre de Fouché, qui, le 23, au matin, lui donna audience. « Vous allez, lui dit-il, trouver le roi ; dites-lui que nous travaillons pour son service. Alors même que nous n'irions pas tout droit, nous finirons bien par arriver à lui. Peut-être nous faudra-t-il passer par Napoléon II et par le duc d'Orléans.... » Et, comme M. de Vitrolles exprimait sa surprise ; « Ce n'est pas, ajouta Fouché, ce que je voudrais ; mais c'est ce que je prévois [1]. »

M. de Vitrolles, la veille au soir, s'était déjà mis en rapport avec le général Dessoles, avec le maréchal Gouvion-Saint-Cyr et avec M. Dubouchage, qui, plein de confiance, portait soigneusement dans sa poche les contrôles des forces royalistes, et comptait, pour opérer une seconde restauration, sur les faubourgs et sur les fédérés ; il désirait donc ne pas s'éloigner de Paris, et il proposa à Fouché d'y rester pour servir d'intermédiaire entre le roi et lui ; il demandait seulement :

---

[1] *Mémoires de M. de Vitrolles.*

1° Que sa tête lui fût garantie ; 2° qu'on lui donnât le moyen d'expédier au roi des courriers ; 3° qu'il pût voir Fouché, au moins une fois par jour. « Voilà, dit Fouché, une idée dont ces pauvres petits royalistes vont être enchantés : vous serez pour eux comme un drapeau blanc sur la place Vendôme... Et, pour répondre à vos conditions, je vous dirai que votre tête sera placée au même crochet que la mienne ; mais je vous préviens que la mienne est passablement menacée. Tous les forcenés de l'armée ont juré de me faire un mauvais parti. Quant aux passe-ports, je vais vous en faire délivrer cinquante dont vous ferez l'usage qu'il vous plaira ; et, pour vous voir, ce n'est pas une fois, c'est deux et trois fois par jour, en tout temps, à toute heure, quand vous voudrez. »

Dans cette conversation, racontée par M. de Vitrolles lui-même, il y a deux choses à remarquer : l'assurance donnée par Fouché, qu'il travaillait pour le service du roi ; le soin avec lequel il annonçait qu'avant d'arriver à Louis XVIII il devrait peut-être passer par Napoléon II et par le duc d'Orléans. En supposant qu'il lui convînt de s'arrêter en chemin, il s'était mis en règle. Fouché ne manqua pas, d'ailleurs, d'envoyer au roi, dès ses premiers pas en France, des agents chargés de lui présenter la situation comme plus compliquée encore qu'elle ne l'était ; et, par un tour de force dont lui seul était capable, à Câteau, à Cambrai, à Roye, aussi bien qu'à Gand, ce n'était pas le parti constitutionnel qu'il avait surtout pour complice, mais le parti royaliste pur, le parti de Monsieur, celui qui venait d'introduire, dans la proclamation royale, une phrase si menaçante contre les régicides.

S'il était dans le désir et dans l'intérêt de Fouché de retarder l'arrivée du roi à Paris, les royalistes, au contraire, voulaient la hâter le plus possible ; ils avaient même imaginé de faire, sans le secours des Chambres ou du gouvernement, proclamer Louis XVIII avant l'entrée des alliés, et ils passaient, à cet effet, sur la place du palais Bourbon, des revues secrètes où défilaient des affiliés peu nombreux. En même temps, par l'intermédiaire du directeur général des ponts et chaussées, M. Molé qui, avec un des plus hauts fonctionnaires de l'Empire, avait, un mois auparavant, chargé M. Guizot, partant pour Gand, de présenter au roi l'assurance de ses sentiments [1], le maréchal Oudinot, M. Royer-Collard, M. Pasquier, M. de Vitrolles, cherchaient à obtenir du conseil municipal une manifestation semblable à celle de 1814. Mais, sans contrarier en rien ces manœuvres dont il tenait tous les fils, Fouché ne s'y prêtait point, et, abandonnées à elles-mêmes, elles échouaient devant l'indifférence de la population.

Cependant, bien qu'il eût l'art de donner des espérances à tous les partis, Fouché, dans les Chambres mêmes, commençait à être suspect, et quand parut l'arrêté en vertu duquel les actes publics devaient être rendus au nom du peuple français, M. Félix Desportes le dénonça avec beaucoup de véhémence. Dans l'autre Chambre, Thibaudeau s'inquiétait aussi, et se plaignait qu'en présence de l'ennemi on se traînât servilement dans l'ornière du règlement. Le moment d'agir paraissait donc venu, et Fouché en cherchait le moyen, quand un auxiliaire important lui survint dans la personne du maréchal Davoust, ministre de la guerre.

Des pairs, des représentants, des généraux même, pouvaient se tromper sur l'état de l'armée ; le maréchal Davoust ne le pouvait pas, et, d'après ce qu'il voyait, d'après les rapports qu'il recevait de toutes parts, il était profondément convaincu que, si la guerre continuait, l'occupation de Paris par les armées étrangères ne pouvait être évitée. Or il est pour un général en chef d'autres devoirs que pour un simple officier. Qu'à la vue de l'ennemi, celui-ci ne songe qu'à combattre,

---

[1] *Mémoires de M. Guizot.* — M. Guizot désigne M. Molé sans le nommer ; mais celui-ci, dans la note apologétique qu'il fit mettre sous les yeux du roi en 1817, parle lui-même des rapports qu'il eut avec Gand pendant les Cent-Jours.

sans s'inquiéter du résultat, c'est son devoir et son honneur; mais celui-là doit en outre se demander, si le sang qui, par son ordre, va couler, ne coulera pas en pure perte, ou même au détriment de la cause pour laquelle il sera versé. Dans ce cas, son devoir rigoureux, quoi qu'il lui en coûte, n'est-il pas de s'arrêter, de traiter à des conditions honorables, et d'épargner ainsi à son armée et à son pays de nouveaux désastres?

Telles sont les graves pensées qui préoccupaient le maréchal Davoust, quand, le 26, il reçut la visite du maréchal Oudinot qui, après s'être concerté avec M. de Vitrolles, se présenta chez lui comme autorisé par le roi à lui faire une première ouverture et à lui demander si, pour mettre un terme aux maux de la France, il ne serait pas possible de s'entendre. Sous la première Restauration, violemment accusé pour sa conduite à Hambourg, le maréchal Davoust n'avait point cessé d'être en disgrâce. A la vérité, dans les rigueurs qu'on lui reprochait, il était resté fort en deçà des ordres de Napoléon, qui lui avait tout simplement enjoint de faire fusiller les chefs civils et militaires de ceux qu'il appelait des rebelles, parce qu'ils voulaient affranchir leur patrie, et de confisquer indistinctement les biens des cinq cents principaux négociants, afin, disait-il, de *déplacer la propriété*[1]; mais on ignorait sa résistance à ces ordres abominables, ou on ne lui en tenait aucun compte, et le maréchal Davoust, blessé dans son honneur, avait, comme on le sait, consenti un moment à devenir le chef du complot ourdi par Fouché et par les frères Lallemand. L'idée du retour des Bourbons ne pouvait donc pas lui être agréable; mais avec tous ceux que la passion n'égarait pas, avec Napoléon lui-même, il voyait en eux la dernière ressource de la France, et il ne repoussa pas l'ouverture du maréchal Oudinot. Loin de là, à la prière du maréchal, il rédigea une série de demandes,

---

[1] Thiers, *Histoire du Consulat et de l'Empire.*

déclarant que, si ces demandes étaient accordées, il s'engageait à faire connaître au gouvernement et aux Chambres que dans le rappel de Louis XVIII était, selon lui, le seul moyen de sauver à la fois la liberté publique et l'intégrité du territoire [1].

Quelques heures après, le maréchal Oudinot revint avec M. de Vitrolles, qui n'avait pas, dit-il, de pouvoirs suffisants pour accepter ni même pour discuter les conditions proposées, mais qui promit d'en faire part au roi, dont la sagesse était bien connue. Or, au moment même où ces ouvertures étaient faites au maréchal Davoust, il apprenait par le télégraphe qu'à la nouvelle de la défaite de Waterloo plusieurs départements du Midi s'insurgeaient; que la guerre civile se rallumait dans l'Ouest; que dans le Nord et dans le Pas-de-Calais, l'opinion publique inclinait vers les Bourbons, et que la désertion continuait dans les bataillons de la garde nationale; qu'à Lyon l'organisation de la garde nationale et des fédérés ne marchait pas; que dans les départements de l'Est eux-mêmes, bien qu'animés d'un ardent patriotisme, les gardes nationaux commençaient à déserter, et que l'ennemi, presque sans rencontrer de résistance, s'avançait comme une inondation [2].

Ce fut donc d'accord avec le maréchal Davoust que Fouché convoqua, pour le 27, un grand conseil auquel furent appelés les présidents, vice-présidents et secrétaires des deux Chambres, et que, dans ce conseil, il établit, d'après les rapports des maréchaux Soult et Grouchy, que l'armée était désorganisée, découragée, hors d'état de résister aux forces de la coalition; puis il invita chacun à exprimer librement son opinion.

Comme cela arrive souvent dans les crises graves, quand la raison et la passion sont en lutte, aucun des pairs et des re-

---

[1] *Mémoires du maréchal Davoust. — Mémoires de M. de Vitrolles.*
[2] Dépêches télégraphiques officielles.

présentants, ainsi consultés, ne voulait s'avouer à lui-même l'imminence du danger, et plusieurs, en ouvrant un avis quelconque, craignaient de se compromettre. Au lieu de répondre, ils demandèrent donc des éclaircissements que chacun des membres de la commission exécutive leur donna selon son inclination. Le maréchal Davoust prit alors la parole, et, d'un ton pénétré, déclara que, d'après les nouvelles qui lui étaient parvenues de Soissons, de Compiègne et des armées de la Moselle et du Rhin, il regardait la France comme perdue si elle ne se hâtait pas de traiter avec Louis XVIII. Il ne cacha rien ensuite des ouvertures qui lui avaient été faites ni de sa réponse à ces ouvertures, et il termina en disant que, si l'on voulait sauver la France, on devait, sans perdre un moment, proposer au roi Louis XVIII : 1° d'entrer à Paris, sans garde étrangère ; 2° de prendre les couleurs nationales ; 3° de garantir la sûreté de toutes les personnes et de toutes les propriétés ; 4° de garder les deux Chambres existantes ; 5° d'assurer aux fonctionnaires publics la conservation de leurs places, et à l'armée la conservation de ses grades, pensions, honneurs et prérogatives ; 6° de maintenir la Légion d'honneur et son institution comme premier ordre de l'État[1].

On comprend l'effet que produisit cette proposition nette et franche, dans une réunion où siégeaient, sans compter Fouché, quatre conventionnels régicides : Carnot, Quinette, Cambacérès, Thibaudeau. Plusieurs membres de la conférence la combattirent vivement, et demandèrent qu'on attendit au moins le résultat des négociations entamées. « Cependant, dit Thibaudeau, la majorité découragée semblait se résigner; sans qu'il y eût délibération, Fouché, comme si la question eût été décidée, invita les présidents Cambacérès et Lanjuinais, qui ne s'en défendirent pas, à préparer les Cham-

---

[1] Thibaudeau, *Histoire de l'Empire*. — Procès-verbaux des séances de la commission du gouvernement. — *Mémoires du maréchal Davoust*.

bres au rappel des Bourbons, » et, le principe du message proposé par Davoust étant ainsi adopté, on commença à en discuter les termes¹.

Il était midi, la séance venait d'être levée, et Fouché avait déjà quitté la salle, quand le ministre des affaires étrangères, M. Bignon, accourut avec la dépêche des plénipotentiaires, datée de Laon, dont nous avons parlé plus haut. On sait que, dans cette dépêche, les plénipotentiaires racontaient leur conversation avec deux aides de camp de Blücher, et affirmaient, sur la foi de cette conversation, que les alliés ne tenaient point au rétablissement des Bourbons. Aussitôt les adversaires du message reprirent courage, et Fouché, d'un air embarrassé, reconnut qu'en effet « cela changeait bien la face des choses. » Il fut donc entendu qu'on se tairait provisoirement, et que les présidents des Chambres se dispenseraient de leur faire aucune communication. Comme les plénipotentiaires, au moment de partir pour Haguenau, insistaient sur la nécessité d'obtenir du duc de Wellington et du maréchal Blücher une trêve de quelques jours, et déclaraient « que la personne de Napoléon était une des grandes difficultés de la négociation, et que son évasion pourrait compromettre essentiellement le salut de la France, » il fut seulement résolu qu'on enverrait à Blücher et à Wellington de nouveaux commissaires, et qu'on exercerait sur la personne de Napoléon une surveillance plus rigoureuse. Les commissaires choisis par la commission exécutive furent : le général de Valence, M. Flaugergues, le général Andréossy, M. Boissy-d'Anglas, M. de la Besnardière, et on leur donna des instructions qui ne différaient pas sensiblement des précédentes. Néanmoins le nom de Napoléon II n'y était point prononcé, et elles se terminaient par la phrase suivante : « Sur les questions relatives à la forme du gouvernement de la France,

¹ Thibaudeau, *Histoire de l'Empire*.— *Mémoires du maréchal Davoust*.

provisoirement MM. les commissaires se borneront à entendre les ouvertures qui leur seront faites, et ils auront soin d'en rendre compte, *afin que, d'après la nature de leurs rapports, le gouvernement puisse prendre la détermination que prescrira le salut de la patrie.* » C'était dire assez clairement que, si les alliés le désiraient, on était prêt à leur faire le sacrifice de Napoléon.

Quant à Napoléon Ier, son âme engourdie s'était, dit M. Fleury de Chaboulon, réveillée à la Malmaison ; il y avait retrouvé son activité, son énergie, et, tout en s'entretenant avec les rares amis qui lui restaient de son projet de retraite, soit en Angleterre, soit en Amérique, il ne se pressait pas de partir, dans l'espoir sans cesse renaissant qu'un événement imprévu ou la force des choses le replacerait à la tête de l'armée. C'est pourquoi, sans doute, il avait refusé l'offre qui lui avait été faite par le ministre de la marine, d'un bâtiment américain tout prêt à le transporter secrètement à New-York. C'était, disait-il, à la France à le protéger, et il ne s'embarquerait pas avant qu'on eût mis deux frégates à sa disposition. Mais, pour traverser ostensiblement l'Atlantique, un sauf-conduit anglais était nécessaire, et, en attendant ce sauf-conduit, Napoléon restait à la Malmaison. A la vérité, il n'y était pas tout à fait libre, et, dès le 25, la commission exécutive avait commis à sa garde le général Becker, chargé, disaient ses instructions, « de veiller à la conservation de la personne de Napoléon et au respect qui lui est dû, et d'empêcher les malveillants de se servir de son nom pour exciter des troubles. » Enfin, le 26 au soir, inquiète et impatiente, la commission avait pris la résolution de le faire partir pour l'île d'Aix, sans attendre le sauf-conduit demandé, et des ordres conformes à cette résolution avaient été donnés au duc Decrès et au général Becker[1]. Mais, Napoléon ayant absolument re-

[1] *Relation de la mission du lieutenant général Becker.* Clermont-Ferrand, 1841.

fusé de partir avant l'arrivée des passe-ports, la commission enjoignit au général Becker de le *surveiller* de près, et d'empêcher à tout prix son évasion. En même temps, les officiers et les serviteurs sur lesquels il pouvait compter reçurent, les uns des missions, les autres des commandements, et il se trouva plus isolé que jamais.

Il convient de s'arrêter ici, et de se demander si le sort de la France eût été le même, dans le cas où la dépêche de Laon ne serait pas arrivée à l'issue de la délibération du 27. Un grand conseil de gouvernement, où se trouvaient réunis la commission exécutive, les présidents, vice-présidents et secrétaires des deux Chambres, avait été d'avis, sur la proposition formelle du ministre de la guerre, que la défense de Paris n'était pas possible, et que le seul moyen de salut pour la France était d'entrer immédiatement en négociation avec Louis XVIII; il avait décidé également que les deux Chambres seraient instruites de cette opinion par l'organe de leurs présidents, et invitées à s'y associer. Ainsi mises en demeure, il est difficile de croire que les Chambres eussent résisté, et, dès lors, n'y avait-il pas de grandes chances pour que le plan de Fouché s'exécutât complétement? Or ce plan, qui ne doit pas partager la juste réprobation dont son auteur reste frappé, consistait, on le sait, à conclure, entre la Révolution et la vieille royauté, un nouveau pacte d'alliance, et à replacer les Bourbons sur le trône, non par la force des baïonnettes étrangères, mais par le vote d'une assemblée populaire. Ce qui s'est passé plus tard à Roye et à Arnouville prouve que ce plan eût trouvé un appui plutôt qu'un obstacle dans le duc de Wellington, et il n'est point douteux que M. de Talleyrand ne l'eût favorisé. Quelque respect que l'on ait pour les caractères de M. de la Fayette et de M. de Pontécoulant, et quels que soient les services que, pendant le cours d'une longue vie, ils ont rendus à la cause de la liberté, il est donc impossible de ne pas regretter profondément l'erreur où ils tombèrent, à Laon, et qui eut de si fâcheuses conséquences. Peut-être, dans tous les cas, la résolution du 27 eût-elle échoué contre l'obstination des Chambres ou contre celle de Louis XVIII. Ce n'en était pas moins une résolution vraiment politique, vraiment patriotique, et à laquelle, pour échapper au reproche si souvent articulé d'intrigue et de trahison, il n'a manqué que de s'être produite au grand jour de la tribune.

Fouché d'ailleurs, qui, mieux que les plénipotentiaires, connaissait le véritable état des choses, Fouché ne se découragea pas, et, au sortir de la séance du 27, il écrivit au duc de Wellington, avec l'assentiment de ses collègues, une lettre dont les termes étaient assez bien calculés pour indiquer son intention, sans la manifester trop clairement. « La nation française, disait-il dans cette lettre, veut vivre sous un monarque ; elle veut aussi que ce monarque règne sous l'empire des lois. La République nous a fait connaître tout ce qu'ont de funeste les excès de la liberté ; l'Empire, tout ce qu'a de funeste l'excès du pouvoir. Notre vœu, et il est immuable, est de trouver, à égale distance de ces excès, l'indépendance, l'ordre et la paix de l'Europe. Tous les regards, en France, sont fixés sur la constitution de l'Angleterre : nous ne prétendons pas à être plus libres, nous ne consentirons pas à l'être moins. Les représentants du peuple français travaillent à son pacte social... *Dès que ce traité aura reçu la signature du souverain qui sera appelé à gouverner la France, ce souverain recevra le sceptre et la couronne des mains de la nation.* »

A moins de nommer Louis XVIII, il était impossible d'aller plus loin. Et pourtant quand le lendemain, 28, quelques représentants, M. Regnault, M. Félix Desportes, M. Durbach, inquiets des bruits qui couraient sur les projets de Fouché, allèrent le trouver et lui dirent que, de toutes parts, on l'accusait de trahison, Fouché, pour preuve de son innocence, eut l'audace de leur donner lecture et copie de sa lettre au duc de Wellington; et ce qu'il y a de plus extraordinaire, c'est qu'ils se retirèrent satisfaits. M. Durbach fit plus ; pour répondre à quelques insinuations lancées contre Fouché par Garnier (de Saintes), il lut la lettre à la tribune, et la Chambre fut au moment d'en ordonner l'impression.

Au reste, ce n'est pas seulement par les représentants que Fouché était soupçonné ; et, tandis qu'il accusait justement Carnot d'aveuglement, Carnot, non moins justement, l'accusait de trahison ; mais le découragement de Caulaincourt et l'indécision de Quinette et du général Grenier lui laissaient le champ libre. Excepté dans les grandes occasions, il était donc à lui seul la commission exécutive tout entière, et c'est de lui qu'émanaient les ordres et les instructions de toute espèce. Ainsi il faisait fermer le café Montansier ; il faisait disparaître des étalages les caricatures outrageantes pour les Bourbons ; il expédiait des agents publics ou secrets dans toutes les directions. C'est aussi autour de lui que se groupaient les hommes qui avaient de l'ambition ou de la prévoyance ; de sorte qu'en définitive, royalistes, patriotes, impérialistes même, le regardaient comme l'arbitre des destinées de la France, et craignaient, en le blessant, d'incliner d'un autre côté sa volonté prépondérante. De là la confiance que lui témoignaient beaucoup de ceux qui se méfiaient de lui, et la facilité avec laquelle, lorsqu'il était pris en faute, ils se contentaient de l'explication la plus insignifiante.

Que faisait cependant la Chambre des représentants ? Si, comme Fouché et Davoust le voulaient, cette Chambre eût été instruite, le 27, du véritable état de l'armée et des intentions réelles des puissances étrangères, nul doute que, se formant en comité général, elle n'eût examiné, débattu les divers partis à prendre, et qu'elle n'eût été conduite à opter entre la négociation proposée et la résistance à outrance et à tout risque ; mais, en la tenant dans l'ignorance, on la tenait dans l'incertitude, et, au milieu des pensées diverses qui l'agitaient, la direction politique lui échappait nécessairement. Par un sentiment patriotique facile à comprendre, elle acceptait d'ailleurs avec avidité tous les récits qui lui représentaient l'armée comme réorganisée, et les puissances étrangères comme disposées à laisser la France maîtresse de choisir son gouvernement, Napoléon excepté. Elle espérait donc qu'en sacrifiant peut-être Napoléon II, elle pourrait donner la couronne et imposer au prince à qui elle la donnerait des conditions expresses. C'est pourquoi, après avoir accordé au gouvernement tous les moyens demandés de défense extérieure et de protection intérieure, sa préoccupation principale était de faire une constitution. Elle avait, dans la séance du 27, décidé, sur la proposition motivée de Manuel, qu'elle ajournerait toute proposition qui n'aurait pas pour objet la loi de finances ou la constitution. Le 28, le président annonça, à l'ouverture de la séance, que les membres nommés par les bureaux, pour faire partie de la commission de constitution, étaient MM. Ramond, Vimar, Manuel, Poulain Grandpré, Bruneau de Beaumets, Lefebvre Gineau, Lanjuinais, Delessart. Un ancien membre de la Législative et de la Convention, Gamon, proscrit comme girondin au 31 mai, saisit alors cette occasion de prononcer un discours qui, pour le fond et pour la forme, reportait la Chambre à vingt-cinq années en arrière. On ne pouvait pas, disait-il, en si peu de temps, revoir et coordonner les constitutions éparses de la France, ces constitutions dont la collection présentait à la mémoire attristée tant de monuments du despotisme le plus impudent et de la servitude la plus honteuse. Il proposait donc d'adopter, avec quelques modifications dont l'expérience avait démontré la nécessité, la constitution de 1791. « La constitution de 1791, ajouta-t-il, veut un roi ; mais je ne me charge pas de le désigner. Je sais que Napoléon II, que Louis XVIII, que le duc d'Orléans, que d'autres encore ont leurs partisans, mais je suis, moi, étranger à tous les partis. Ce que je veux, ce que je demande au nom du peuple français, c'est une constitution libre, une constitution qu'un roi constitutionnel, juste et bon, et Français au moins par les sentiments, fasse exécuter religieusement, en même temps qu'il terminera la guerre. »

Le discours de M. Gamon fut vivement applaudi, et on en demanda l'impression ; mais, dans le *roi juste et bon*, plusieurs membres avaient cru reconnaître Louis XVIII, et M. Pénières rappela qu'en 1814 l'empereur Alexandre avait invité le Sénat à se réunir pour choisir librement le souverain de la France. Pourquoi, dit-il, l'empereur Alexandre agirait-il autrement aujourd'hui? M. Dupin ajouta que la constitution de 1791 n'était peut-être pas la meilleure possible, et qu'il convenait de laisser toute liberté à la commission. La proposition de M. Gamon fut donc purement et simplement renvoyée à la commission de constitution.

Le lendemain, cette commission présentait à la Chambre un projet d'acte constitutionnel dont les dispositions principales étaient empruntées à la Charte et à l'Acte additionnel. On y remarquait pourtant quelques changements importants. Ainsi l'article Ier plaçait parmi les droits garantis à tous les Français l'égalité civile et *politique*; l'article VIII abolissait la noblesse ancienne et nouvelle ; les articles XV, XVIII et XIX interdisaient au monarque : 1° d'introduire des troupes étrangères, sans le consentement des Chambres ; 2° de sortir du territoire national sans le même consentement ; 3° de commander personnellement les armées. L'article XXII stipulait que les déclarations de guerre et les traités de paix seraient présentés à l'approbation des Chambres. L'article XXXI donnait à la Chambre des représentants le droit d'accuser, outre les ministres, tout commandant d'armée de terre et de mer, pour avoir compromis la sûreté ou l'honneur de la nation. L'article XLIV accordait indistinctement l'initiative aux deux Chambres et au gouvernement. L'article LXV déclarait tout citoyen français éligible. L'article LXXI décidait que la Chambre des députés se renouvellerait intégralement tous les cinq ans. Les articles LXXII et LXXIII établissaient des assemblées primaires dans lesquelles tout citoyen français aurait droit de voter, et des colléges électoraux, nécessairement réélus tous les cinq ans. L'article LXXXIII stipulait que tout délit civil, commis en France, par un militaire, ailleurs que dans un camp ou en campagne, devait être jugé par les tribunaux civils.

La pairie, comme dans l'Acte additionnel, était héréditaire et au choix du monarque. La confiscation, comme dans la Charte, était abolie et ne pouvait pas être rétablie. La responsabilité des ministres était organisée sévèrement, mais confusément. Quant aux agents secondaires, ils pouvaient être poursuivis, sans l'autorisation préalable du conseil d'État, devant les tribunaux ordinaires. Tel est l'acte que la Chambre des représentants de 1815 comptait présenter à l'acceptation du monarque quelconque qui serait appelé à régner sur la France ; sans en approuver toutes les prescriptions, on ne peut nier qu'elles ne fussent, en général, sages et modérées.

Cependant plusieurs corps d'armée, celui du maréchal Grouchy notamment, refoulés par la marche des armées étrangères, venaient, couverts de poussière et brisés par la fatigue, prendre position dans les environs de Paris. En même temps, on voyait chaque jour arriver, par petites bandes ou isolément, des soldats qui avaient abandonné leurs corps, avec ou sans leurs armes, et qui demandaient, en arrivant, ce qu'ils avaient à faire. De ces soldats, les uns chantaient la *Marseillaise*, les autres criaient *Vive Napoléon II !* et, à mesure que leur nombre augmentait, la fermentation allait croissant. De là, d'assez vives inquiétudes parmi ceux qui ne croyaient ni à la possibilité de la défense ni au règne futur de Napoléon II ; et, au contraire, des espérances renaissantes parmi les bonapartistes et surtout à la Malmaison. Ce double sentiment se manifesta au palais Bourbon dans la séance du 28. Après quelques messages du gouvernement, sur l'état de l'armée, et des discours plus patriotiques que rassurants du général Raymond et du général Mouton-Duvernet, la Chambre paraissait livrée à une anxiété pénible, quand M. Henri Lacoste et M. Jay proposèrent de faire une adresse à l'armée. M. Dumolard, M. Garat, M. Durbach, demandèrent en outre qu'un vote de l'Assemblée déclarât que les braves, tués à Fleurus et à Mont-Saint-Jean, avaient bien mérité de la patrie, et les deux propositions furent renvoyées à une commission, composée séance tenante ; mais un bonapartiste ardent, le général Sorbier, crut l'occasion favorable pour faire faire un pas de plus à la Chambre : « Collègues, dit-il, vous avez rempli le vœu des amis de la patrie en déclarant que les braves qui ont combattu, que ceux qui sont morts pour la défense commune, ont droit à la reconnaissance nationale ; mais il est un objet plus important pour l'armée, c'est de lui donner la garantie qu'elle réclame, c'est de lui dire quel est le souverain qui peut être un jour appelé à nous gouverner. » A ces mots, de violents murmures interrompirent le général. « La garantie, s'écria M. Pénières, est dans la patrie et la liberté. » Et la Chambre passa à l'ordre du jour.

Quelques heures après, un projet d'adresse à l'armée, conçu en termes simples et dignes, fut lu par un des membres de la commission, et adopté à l'unanimité. Napoléon II n'y était ni nommé ni désigné. En revanche, l'armée y était invitée à se rallier à la voix de ses dignes chefs, du gouvernement et des représentants qui, s'il le fallait, iraient partager ses dangers. « Nous prouverons, disait l'adresse en terminant, qu'un peuple qui veut être libre garde sa liberté. » La Chambre décida en outre qu'il serait donné communication de l'adresse à la Chambre des pairs et au gouvernement, et qu'elle serait portée à l'armée par cinq commissaires : le général Dumoutiers, le général Pouget, M. de Laguette-Mornay, M. Jay et M. Arnaud.

Communiquée le soir même à la Chambre des pairs, la résolution de la Chambre des représentants y fut bien accueillie, et Thibaudeau obtint facilement que la Chambre s'y associât à l'unanimité ; mais, témoin irrité de ce qui s'était passé la veille dans le grand conseil de gouvernement, il saisit cette occasion de laisser déborder les sentiments dont son âme était pleine. Il s'étonna que, jusqu'à ce moment, le gouvernement et les Chambres n'eussent point songé à se mettre en rapport avec l'armée. « Je dirai, ajouta-t-il, parce que je n'ai rien de caché, parce qu'à présent on peut tout dire, que jusqu'ici les ennemis de la patrie ont cherché à faire prendre, soit dans les Chambres, soit dans les conseils du gouvernement, des résolutions pusillanimes. » Puis il demanda pourquoi la coalition attaquait la capitale. Pour un homme ? Eh bien, cet homme s'était sacrifié, et la coalition était désintéressée. Que voulait-on de plus ? Thibaudeau, en termes amers, dénonça alors à l'indignation publique ceux qui travaillaient secrètement pour les Bourbons, pour cette famille expulsée par le peuple, réprouvée par le vœu national et par la constitution. « Quant à moi, dit-il, je ne transigerai pas avec mon serment. Si ce sont les Bourbons qu'on veut nous imposer, je déclare que jamais je ne consentirai à les reconnaitre ; je le dis à la face de l'ennemi qui assiège la capitale, je le dirais à la face des Bourbons eux-mêmes. »

Pendant que Fouché, sans abandonner son dessein, louvoyait ainsi au milieu de la tempête, la rude franchise du maréchal Davoust s'accommodait mal de cette marche tortueuse, et allait droit au dénoûment. Le maréchal Davoust (il l'a depuis expliqué lui-même) avait compris que les paroles dites aux plénipotentiaires et répétées par eux étaient un leurre de l'ennemi qui voulait devancer le roi, afin d'entrer à Paris sans condition ; d'un autre côté, il croyait qu'en rassemblant les débris épars de l'armée française il pouvait gagner une bataille aux portes de Paris, mais que cette bataille gagnée ne changerait rien à la situation, et que huit jours après, quand les contingents autrichiens et russes arriveraient, Paris n'en serait pas moins forcé de se rendre. La bataille d'ailleurs pouvait être perdue, et, dans ce cas, le sac de Paris devenait inévitable¹ ; dès lors, comme général et comme citoyen, il lui répugnait de verser inutilement des flots de sang et de livrer Paris, pour un faux point d'honneur, à toutes les horreurs du pillage.

Dans cette conviction, qui n'était pas seulement la sienne, le maréchal Davoust, revenant à la charge, écrivit, le 28 au soir, au président de la commission exécutive, une lettre dans laquelle il affirmait que, d'après les dernières nouvelles, il n'y avait pas un moment à perdre. « Nous devons, disait-il, « proclamer Louis XVIII ; nous devons le prier de faire son en- « trée dans la capitale sans les troupes étrangères, qui n'y doi- « vent jamais mettre le pied. Louis XVIII doit régner avec « l'appui de la nation. — J'ai vaincu mes préjugés, ajoutait-il ; « la plus irrésistible nécessité et la plus entière conviction « m'ont déterminé à croire qu'il n'y a pas d'autre moyen de « sauver notre patrie². » Et le général Becker étant venu quelques minutes après prendre les ordres du ministre, celui-ci, avec une honnête franchise, lui répéta tout ce qu'il venait d'écrire, et lui annonça formellement sa résolution de monter le lendemain à la tribune, si ses propositions étaient agréées, pour y exposer le tableau de la situation de la France et pour y demander la proclamation de Louis XVIII³.

Fouché était bien de cet avis ; mais, d'une part, en butte aux soupçons de ses collègues et des représentants, de l'autre, peu jaloux de voir une autre main que la sienne ouvrir à Louis XVIII les portes de Paris, il n'était pas d'humeur à rien brusquer. Il répondit donc sur-le-champ à Davoust qu'il l'au-

---

¹ *Mémoires du maréchal Davoust.* — *Souvenirs de Mathieu Dumas.*

² Procès-verbaux des séances de la commission. — *Mémoires du maréchal Davoust.*

³ *Relation de la mission du lieutenant général Becker*, 1841.

torisait à conclure un armistice en faisant tous les sacrifices compatibles avec les devoirs et avec la dignité du gouvernement; « mais, ajouta-t-il, il faut savoir ce que veut l'ennemi. Une conduite mal calculée produirait trois maux : 1° d'avoir reconnu Louis XVIII avant tout engagement de sa part ; 2° de n'en être pas moins forcé de recevoir les ennemis à Paris ; 3° de n'obtenir aucune condition de Louis XVIII. »

Le lendemain, Fouché communiqua la lettre de Davoust et sa réponse à la commission exécutive ; mais, toujours confiante dans les promesses des souverains étrangers, celle-ci pensa que cette réponse, toute réservée qu'elle était, ne l'était pas encore suffisamment, et qu'elle contenait, en quelque sorte, un engagement conditionnel de reconnaître Louis XVIII ; elle s'empressa donc d'écrire à Davoust que l'armistice devait être purement militaire, et le nom de Louis XVIII, bien qu'il fût sur toutes les lèvres, ne fut pas encore prononcé.

Le jour même où la commission exécutive prenait connaissance des lettres de Davoust et de Fouché, elle recevait une autre communication fort inattendue, et qui la jeta dans un grand trouble. A la demande d'un sauf-conduit pour Napoléon, le duc de Wellington avait répondu « qu'il n'était point autorisé par son gouvernement à accueillir une demande semblable; » et Fouché s'était décidé, pour la seconde fois, à faire annoncer à Napoléon, par le ministre de la marine, que, l'ennemi étant aux portes de Paris, sa sûreté était compromise, et qu'il devait partir immédiatement pour Rochefort. Quand cet avis fut donné à Napoléon, le vide s'était fait autour de lui, à la Malmaison, et la solitude du château n'était plus troublée que par l'arrivée ou le départ de quelques officiers venant du champ de bataille [1]. Encore, parmi ceux qui lui apportaient leurs derniers hommages, plusieurs venaient-ils, non pour soutenir dans l'infortune celui qu'ils avaient flatté dans la prospé-

---

[1] *Relation de la mission du général Becker.*

rité, mais pour lui arracher, sous divers prétextes, quelques sommes d'argent [1]. Enfin, à la pensée qui souvent ressaisissait son esprit de se jeter dans les bras de ses soldats et de se passer, pour sauver la France, du consentement des Chambres et de ceux qu'il appelait *les cinq empereurs*, ses plus dévoués serviteurs, le duc de Bassano notamment, opposaient des raisons sensées, mais où il croyait apercevoir une légère pointe d'égoïsme. Il était donc, à juste titre, indigné, dégoûté, et, au premier moment, il promit de déférer à l'invitation, ou, pour mieux dire, à l'ordre que lui apportèrent, le 29, à cinq heures du matin, M. Decrès, ministre de la marine, et M. Boulay (de la Meurthe), ministre de la justice. Mais bientôt, pendant qu'il faisait ses préparatifs de départ, une inspiration soudaine lui vint, et il fit appeler le général Becker, qui le trouva l'épée au côté, le chapeau sous le bras, entouré de Madame mère, du cardinal Fesch, du duc de Bassano et de quelques autres personnes : « Général, lui dit-il, allez à Paris, et demandez au gouvernement provisoire de me donner le commandement de l'armée. Je ne veux point reprendre le pouvoir : je veux battre l'ennemi, l'écraser, et le forcer, par la victoire, à donner un cours favorable aux négociations. Cela fait, je promets de reprendre tranquillement ma route. » Une heure après, le général Becker entrait aux Tuileries, et présentait au gouvernement une lettre de Napoléon exprimant la même intention et prenant le même engagement.

La commission exécutive, à laquelle les ministres de la marine et de la justice avaient rendu compte de leur mission, croyait Napoléon déjà parti. On peut donc juger de la surprise que lui fit éprouver une offre aussi étrange. « Est-ce qu'il se

---

[1] Fleury de Chaboulon, *Mémoires sur 1815*. — Parmi ceux que nomme M. Fleury de Chaboulon, il est un général que M. de Vitrolles nomme aussi dans ses *Mémoires*, et qui, en même temps qu'il se faisait donner quelques mille francs par Napoléon, offrait de tenir les agents de Louis XVIII au courant de tout ce qui se passait à la Malmaison.

moque de nous? » dit Fouché, rompant le premier le silence. Et, comme quelques-uns de ses collègues, Carnot entre autres, paraissaient indécis, il démontra, en quelques mots, qu'accepter l'offre de Napoléon, c'était mettre immédiatement un terme aux négociations entamées et rendre la paix impossible. Il n'était d'ailleurs pas douteux que, si Napoléon remportait le moindre avantage, il voudrait remonter sur le trône, et, dans ce cas, le 18 fructidor et le 18 brumaire n'étaient pas loin.

En définitive, la réponse unanime de la commission fut : « que ses devoirs envers la patrie et les engagements pris par les plénipotentiaires envers les puissances étrangères ne permettaient point d'accepter les offres de Napoléon. » Elle chargea en outre Carnot de se rendre à la Malmaison, pour éclairer l'Empereur sur sa position et sur celle de la France, et pour le conjurer de partir sur-le-champ. Comme le général Becker, à qui Napoléon avait communiqué son enthousiasme, sortait tristement de la salle du conseil, il se vit assailli dans les salons d'attente par une foule de généraux et de hauts fonctionnaires, naguère aux pieds de Napoléon. « Eh quoi! s'écriaient-ils tous à la vue du général, il n'est pas parti?... mais dites-lui donc qu'il se hâte ; tant qu'il sera là, nous ne pourrons rien, ni pour son avantage personnel ni pour l'intérêt du pays[1]. »

Quelques instants après, dans la même salle, il se passait une scène qui devait achever d'éclairer Napoléon. Un de ses aides de camp. M. de Flahaut, avait été envoyé par lui, dès le matin, auprès du gouvernement provisoire, pour prendre quelques arrangements relatifs à son embarquement ; et, comme il s'acquittait de sa mission, le maréchal Davoust, craignant d'y voir un nouveau subterfuge, l'interrompit brusquement : « Votre Bonaparte, lui dit-il avec le ton de la co-

---

[1] Fleury de Chaboulon, *Mémoires sur 1815.— Relation de la mission du général Becker.*

lère et du mépris, ne veut pas partir; mais il faudra bien qu'il nous débarrasse de lui; sa présence nous gêne, nous importune: elle nuit au succès des négociations; s'il espère que nous le reprendrons, il se trompe : nous ne voulons plus de lui. Dites-lui de ma part qu'il faut qu'il s'en aille, et, s'il ne part à l'instant, je le ferai arrêter, je l'arrêterai moi-même! »

De la part d'un maréchal qui, peu de jours auparavant, était ministre de Napoléon, l'allocution était d'une dureté singulière, et l'on comprend l'indignation qu'elle fit naître dans un cœur tout dévoué à l'Empereur. Mais M. de Flahaut eut beau rendre outrage pour outrage, et déclarer au maréchal qu'il donnait sa démission, ne pouvant plus servir sous ses ordres sans déshonorer ses épaulettes[1], il n'en emporta pas moins à la Malmaison une preuve nouvelle du sentiment que l'Empereur déchu inspirait à la plupart de ses anciens serviteurs, et de l'impossibilité absolue qu'il redevînt, avec leur consentement, le chef de l'armée.

Quand le général Becker revint, il trouva la cour de la Malmaison pleine de chevaux et d'officiers en uniforme, et Napoléon dans son cabinet, debout, en culottes blanches, en bottes à l'écuyère, tout prêt à monter à cheval. Le récit du général dissipa soudainement les fumées dont il s'enivrait, et, une demi-heure plus tard, accompagné des généraux Bertrand, Becker, Gourgaud, et du duc de Rovigo, il partait pour Rochefort, onze jours après la bataille de Waterloo, trois mois et neuf jours après son entrée triomphale aux Tuileries!

Le départ de Napoléon, non moins précipité, non moins étrange que son retour, délivrait la commission exécutive d'une grande inquiétude et mettait un terme à une surveillance incommode; mais la question politique restait indécise, et pourtant les troupes étrangères étaient déjà aux portes de Paris. Si les impérialistes reprochaient à Fouché ses ménage-

---

[1] Fleury de Chaboulon, *Mémoires sur* 1815.

ments pour les royalistes, les royalistes, à leur tour, lui reprochaient ses ménagements pour les bonapartistes, et le pressaient d'en finir. Mais il ne recevait aucune dépêche des commissaires envoyés soit à Haguenau, soit au quartier général des troupes alliées, et ses agents secrets à la petite cour de Louis XVIII ne lui donnaient pas signe de vie. D'un autre côté, tous les rapports sur les dispositions de l'armée la représentaient comme très-hostile aux Bourbons, et le maréchal Grouchy, sondé par M. de Tromelin, déclarait qu'il regardait Louis XVIII et la cocarde blanche comme impossibles. « Si l'on veut, ajoutait-il, le duc d'Orléans et la cocarde tricolore, je puis le faire proclamer demain[1]. » Aux instances des royalistes, et notamment de M. de Vitrolles, Fouché opposait donc sans cesse de nouvelles fins de non-recevoir; il laissait d'ailleurs les royalistes s'organiser, se remuer, comploter autant qu'il leur plaisait, et il fournissait lui-même à M. de Vitrolles le moyen d'échapper à la surveillance du préfet de police. Les royalistes, toujours pleins du désir de faire prendre aux faubourgs l'initiative du mouvement, et de donner ainsi à la seconde Restauration une sorte d'investiture populaire, n'étaient pas très-scrupuleux dans le choix de leurs auxiliaires, et M. de Vitrolles eut, en leur nom, une entrevue secrète avec Merlin (de Thionville), que madame de Coigny disait rallié à la cause royale. Merlin, dans un discours âpre, lourd et froid, offrit le concours de vingt mille fédérés, dont sans doute il ne disposait pas, mais à condition qu'il serait donné aux hommes et aux choses de la Révolution de sérieuses garanties. Sur ce point, M. de Vitrolles ne voulait et ne pouvait prendre aucun engagement. « Mais enfin, dit-il à Merlin, si le cours des événements amenait dans les conseils du roi un personnage compromis dans la Révolution au même titre que vous, cela vous suffirait-il? » — Après quelques moments de silence : « C'est

---

[1] *Mémoires de M. de Vitrolles.*

de Fouché que vous voulez parler, répondit Merlin avec une contraction prononcée des muscles de son visage. Ah! Fouché! » Et, dans son accent, comme dans l'expression de sa figure, la haine et la rage éclataient[1].

On voit, par cette anecdote, que, dès ce moment, l'entrée de Fouché au ministère était, à Paris comme à la cour de Louis XVIII, chose à peu près convenue dans la portion ardente du parti royaliste.

Cependant, dans la nuit du 28 au 29, au moment où Fouché écrivait au maréchal Davoust la lettre officielle dont nous avons parlé, il jugea que l'occasion était venue d'employer plus ostensiblement le dévouement actif de M. de Vitrolles, et il le manda aux Tuileries. Là, il lui dit que rien n'était possible, si les armées alliées ne s'engageaient pas à arrêter leur marche sur Paris, à la seule condition que le roi y fût proclamé. Il le priait donc d'accompagner les maréchaux Grouchy et Oudinot au quartier général des alliés, où ses sentiments royalistes bien connus lui donneraient autorité; mais, pour qu'il ne fût pas arrêté aux avant-postes français, il fallait d'abord qu'il se rendit à la Villette, au quartier général du maréchal Davoust, qui lui fournirait les passe-ports et les ordres nécessaires.

M. de Vitrolles accepta la mission, et partit avec le maréchal Oudinot, muni d'une lettre de Fouché, qui lui parut *un pur amphigouri*, mais dont il devait être, selon Fouché, le commentaire vivant. « Que veut-il que je fasse de cette lettre, dit Davoust, après l'avoir lue et relue? Elle ne signifie rien. » Mais M. de Vitrolles se fit reconnaître, et le maréchal Davoust entamait avec lui une conversation sérieuse, quand ils furent soudainement interrompus par l'arrivée fort intempestive des députations de la Chambre des pairs et de la Chambre des représentants, qui apportaient l'adresse à l'armée. M. de

---

[1] *Mémoires de M. de Vitrolles.*

Vitrolles n'était point connu des membres de ces députations, et, dans tous les cas, il lui était facile de se dérober à leurs regards. Mais le maréchal Davoust, avec une imprudence qui prouve à quel point il était sincère, se chargea lui-même de leur faire connaître le délégué royaliste de Fouché : « Voilà, dit-il, M. le baron de Vitrolles, que le duc d'Otrante envoie pour nous faciliter un traité avec les alliés. »

On peut se faire une idée de la scène qui suivit. On cria de toutes parts à la trahison, et M. de Vitrolles, pressé, menacé, eut toutes les peines du monde à se défendre. M. de Laguette-Mornay, un des représentants délégués, le général Freissinet, le général Dejean, d'autres encore éclatèrent en injures contre les Bourbons, et déclarèrent qu'ils étaient prêts à mourir plutôt que de tolérer leur rappel. Enfin, la fermentation se calma dans le salon du maréchal Davoust, mais pour se répandre au dehors et pour parcourir tous les rangs de l'armée [1].

Pendant cette scène étrange, les maréchaux Grouchy et Oudinot avaient disparu, et le but était manqué. Le maréchal Davoust, fort troublé, n'en conseilla pas moins à M. de Vitrolles de poursuivre son chemin : « Vous irez, lui dit-il, trouver le roi ; vous nous rapporterez de bonnes paroles, et nous pourrons tout arranger. » Mais M. de Vitrolles, inquiet pour Fouché, avait hâte de l'avertir, avant le retour des députations, de ce qui venait de se passer, et il partit immédiatement pour Paris. Malheureusement les députations l'avaient devancé, et il trouva leurs voitures à la porte des Tuileries ; ce fut donc le soir seulement qu'il put voir Fouché, qui, calme et impassible, comme à son ordinaire, le reçut, un sourire ironique sur les lèvres : « Eh bien, dit-il à M. de Vitrolles, après son récit, c'est à merveille ! vous là, tout seul, au milieu de ce quartier général ! C'est comme si on y avait planté un dra-

---

[1] *Mémoires de M. de Vitrolles.*

peau blanc! Que voulez-vous de mieux? Vous avez rompu la glace! » Il ajouta que déjà des explications lui avaient été demandées par les membres des députations; mais qu'il s'en était bien tiré; et, à ce sujet, il répéta ce qu'il disait si souvent de ceux qu'il trompait : « Ils sont si bêtes! »

Si Fouché pensait réellement que ses explications avaient paru satisfaisantes, il ne faisait pas preuve de son esprit ordinaire. Ainsi que nous l'avons déjà dit, on craignait de se brouiller avec un homme aussi habile, aussi puissant, et on se contentait de peu; mais on n'en conservait pas moins contre lui les soupçons les plus violents, et le lendemain, ces soupçons se manifestèrent, non-seulement dans les Chambres, mais au sein même de la commission exécutive. Interpellé par Carnot, Fouché se défendit avec audace, et mit son accusateur au défi de l'accuser devant la Chambre. Quant au maréchal Davoust, sur qui portaient aussi les soupçons, « il n'était peut-être pas, dit Fouché, très-facile de le faire arrêter au milieu de son armée. » Les trois membres de la commission qui, sans rien dire, assistaient à cette scène, et Carnot lui-même, ne songeaient certes pas plus à faire arrêter Davoust que Fouché; mais M. de Vitrolles était moins inviolable, et l'ordre de le remettre en prison fut écrit séance tenante. En même temps qu'on envoyait cet ordre au préfet de police, Fouché en faisait donner avis à M. de Vitrolles, qui ne manqua pas de se mettre en sûreté.

A la Chambre des représentants, le nom de Fouché ne fut pas prononcé; mais la méfiance qu'il inspirait apparut dans tous les discours. La veille au soir, et le matin même, les délégués des représentants et plusieurs généraux, membres de la Chambre, avaient parcouru les lignes de l'armée, et presque partout les cris de *Point de Bourbons!* et de *Vive Napoléon II!* avaient retenti à leurs oreilles. Naturellement, ces manifestations de l'armée relevaient le courage un peu abattu des impérialistes, et au commencement de la séance du 30, ils vinrent successivement raconter ce qu'ils avaient vu et entendu. « Je dois le dire, dit M. Laguette-Mornay, les soldats répondent avec enthousiasme au nom de liberté; mais cet enthousiasme redouble quand le nom de Napoléon II est prononcé. » — « Les soldats, dit le général Mouton-Duvernet, jurent tous de mourir avant de recevoir un monarque amené par les Anglais et les Prussiens. » Garat, qui passait pour avoir rédigé la lettre de Fouché au duc de Wellington, fut moins explicite, et parla seulement des « émotions héroïques que faisaient éprouver à nos braves les mots de nation, de patrie et de représentants du peuple; » mais, interrompu par un membre qui lui demanda s'il n'était pas vrai « qu'aux idées de liberté et de patrie les soldats rattachaient le nom de Napoléon II, » Garat répliqua qu'il s'était particulièrement attaché à prononcer devant les soldats le nom de liberté, de patrie, de constitution; « mais, ajouta-t-il, il est vrai de dire que le nom de Napoléon II était dans toutes les bouches. — Eh bien, s'écria un membre, disons donc comme l'armée: *Vive Napoléon II! — Oui, oui,* » répondirent des voix nombreuses, et une partie de l'Assemblée se leva aux cris de *Vive Napoléon II!* Quelques instants après, elle votait, à une grande majorité, l'impression et l'envoi aux départements d'une déclamation violente et banale de M. Durbach, qui, à propos de la constitution, passait en revue tous les actes de la Chambre, depuis le Champ-de-Mai, et lançait l'anathème national contre les Bourbons, contre cette famille « trop justement proscrite par les vœux et par les intérêts de la grande majorité de la nation. » M. Durbach était en général un homme modéré et de bon sens; mais, dans le retour des Bourbons, il voyait, avec beaucoup d'autres, le déshonneur de la France et la contre-révolution.

Une circonstance particulière vint encore précipiter ce mouvement de l'Assemblée. Un représentant, M. de Malleville, celui-là même qui, peu de jours auparavant, proposait de déclarer coupable quiconque proférerait le cri séditieux de *Vivent les Bourbons!* avait publié, le 27, une brochure dans laquelle il établissait, par de très-bonnes raisons, que le seul moyen d'empêcher que la France ne fût humiliée, pressurée, peut-être démembrée, c'était de proclamer immédiatement Louis XVIII, et de lui porter directement les vœux des Chambres et de la nation ; et le journal qui s'appelait encore *Journal de l'Empire*, bien qu'il fût déjà revenu à ses opinions véritables, avait inséré, dans son numéro du 30, un long extrait de cette brochure. Un conventionnel qui ne pouvait entendre prononcer le nom des Bourbons sans un violent accès de rage, Garreau, demanda que la Chambre manifestât hautement son indignation contre l'écrit qu'un de ses membres avait eu l'infamie de signer, et qui, déjà, terrifiait le peuple et les soldats. « Puisque M. Malleville, comme représentant du peuple, est inviolable, et que tout a été perdu, dans la Révolution, quand on a attenté à l'inviolabilité des représentants du peuple, je propose qu'on le déclare aliéné ; je propose, en outre, que l'on fasse imprimer, sur deux colonnes juxtaposées, son discours d'il y a huit jours et son écrit d'aujourd'hui. »

M. Girod (de l'Ain), M. Dupin, M. Tripier, essayèrent d'obtenir l'ordre du jour pur et simple ; mais M. Defermon, M. Dumolard, s'y opposèrent ; et la Chambre, à une grande majorité, finit par adopter un ordre du jour motivé sur l'inviolabilité de M. de Malleville.

C'est au milieu de l'agitation produite par cet incident, par le discours de M. Durbach et par les rapports des représentants et des généraux sur l'état de l'armée, que Manuel monta à la tribune pour lire un projet d'adresse aux Français, dont le principe avait été arrêté la veille. Cette adresse, évidemment concertée avec Fouché, était habilement rédigée ; elle rappelait d'abord, en termes graves et dignes, les promesses des puissances étrangères, et elle s'étonnait que deux des généraux de ces puissances, après l'abdication de Napoléon, se fussent refusés à une suspension d'armes. « Bientôt, disait-elle, nos plénipotentiaires nous diront s'il faut renoncer à la paix ; mais, en attendant, la résistance est aussi nécessaire que légitime ; et, si l'humanité demande compte du sang inutilement versé, elle ne s'adressera point aux braves qui ne se battent que pour repousser de leurs foyers le meurtre et le pillage, pour défendre, avec leur vie, la cause de la liberté et de cette indépendance dont le droit imprescriptible leur a été garanti par les manifestes mêmes de leurs ennemis. »

L'adresse s'attachait ensuite à prouver que, pendant les négociations, les représentants du peuple n'avaient rien de plus utile à faire que de recueillir et de fixer les règles d'un gouvernement représentatif et monarchique, destiné à garantir aux citoyens les droits achetés par tant de sacrifices, et de les rallier tous sous les couleurs nationales. « Maintenant, ajoutait l'adresse, la Chambre croit de son devoir et de sa dignité de déclarer QU'ELLE NE SAURAIT AVOUER POUR CHEF LÉGITIME DE L'ÉTAT CELUI QUI, EN MONTANT SUR LE TRÔNE, REFUSERAIT DE RECONNAÎTRE LES DROITS DE LA NATION ET DE LES CONSACRER PAR UN PACTE SOLENNEL ; et, si la force des armes parvenait à nous imposer momentanément un maître, si les destins d'une grande nation devaient encore être livrés au caprice d'un petit nombre de privilégiés, alors, cédant à la force, la Chambre des députés protestera, à la face du monde entier, des droits de la nation française opprimée. »

Ce qu'il y avait de fier et d'énergique dans ce langage ne pouvait pas dissimuler, aux yeux des impérialistes, l'omission absolue du nom de Napoléon II. M. Bérenger fut le premier à protester contre cette omission, et à reproduire à cette occasion, tous les arguments qui avaient été produits précédemment. « On vous propose, dit-il, de dire que nous sommes prêts à recevoir une constitution libérale. Mais qui sommes-nous ? à quel titre siégeons-nous ici ? La constitution que nous avons jurée repose sur deux bases : l'exclusion des Bourbons, la possession du trône à Napoléon et à sa famille ; le père a abdiqué, le fils règne ; vous l'avez déclaré, et il serait humiliant de ne pas soutenir votre déclaration. » Et à ces arguments, il ajouta l'argument plus pressant et plus opportun de l'esprit de l'armée, et du mécontentement qu'elle éprouverait si l'on paraissait écarter du trône le fils de Napoléon.

Là était la force des impérialistes, et cette force, M. Regnault de Saint-Jean-d'Angély ne manqua pas de s'en servir. « Quand l'adresse a été rédigée, dit-il, vous ne connaissiez pas les vrais sentiments du peuple et de l'armée ; vous les connaissez maintenant ; » et il en conclut que l'adresse devait être refaite. Manuel la défendit timidement et faiblement. Si on lui eût opposé seulement les sentiments du peuple, il eût facilement établi que rien ne prouvait qu'ils fussent exclusivement favorables à Napoléon II ; mais le même doute n'existait pas sur les sentiments de l'armée, et Manuel en était embarrassé. Il se borna donc à relire l'adresse, fragment par fragment, en s'attachant à prouver qu'elle n'avait pas le sens qu'on lui attribuait. Il n'était, quant à lui, ni l'ami de Louis XVIII ni l'ennemi de Napoléon II ; mais on ne pouvait pas s'isoler des circonstances qui environnaient la Chambre, et le véritable courage consistait à envisager de sang-froid toute la vérité. Manuel ajouta qu'il ne refusait pourtant pas de modifier l'adresse dans le sens qui conviendrait à l'Assemblée.

Le renvoi de l'adresse à la commission fut alors demandé par plusieurs membres, et appuyé par Garat, qui parla contre les Bourbons, sans dire un mot de Napoléon II : « Quel serait, dit-il, le cas possible où les Bourbons pourraient remonter sur le trône ? Ce serait le cas seulement où ils prendraient l'engagement de reconnaître et de respecter le principe des lois nationales ; mais, *au moment où vous délibérez*, rien n'en donne la moindre espérance. Des hommes revêtus de la confiance des Bourbons mettent encore en doute s'ils reconnaîtront les couleurs nationales, ou s'ils reparaîtront avec les couleurs blanches des rois. *Je le sais, ils l'ont dit devant moi.* Je les ai réfutés avec la vigueur dont je suis capable ; mais leur doute ne porte pas sur ce signe seul ; il porte sur les principes pour lesquels nous versons notre sang depuis vingt-cinq ans. Ils prétendent ne point accepter le trône de la nation, mais le reprendre par droit héréditaire. Nul de vous, messieurs, ne peut reconnaître un pareil droit. »

Tout en s'associant à la passion de la Chambre contre les Bourbons, Garat, dans ce discours, y posait des limites, et servait habilement la politique de Fouché. Quant à l'adresse, elle fut adoptée le lendemain à l'unanimité, avec l'addition d'une seule phrase : « Napoléon est éloigné de nous ; *son fils est appelé à l'empire par les constitutions de l'État.* » C'était la répétition exacte de ce qui s'était passé le 23 : la constitution appelait Napoléon II à l'empire ; et, comme on se préparait à refaire la constitution, la Chambre, en définitive, restait libre; mais la phrase suffisait pour satisfaire l'armée, qui, dans une grande revue passée le 30, avait de nouveau manifesté ses sentiments.

Ce fut un bonapartiste obstiné, le colonel Bory Saint-Vincent, qui rendit compte de cette revue à la Chambre, et tout naturellement il insista fortement sur l'ardeur de l'armée, sur l'enthousiasme de la population, et sur les cris de *Vive l'indépendance ! Vive la liberté ! Vive Napoléon II !* qu'il avait, dit-il, partout entendus; mais il alla plus loin, et, parlant au nom de l'armée, qui, selon lui, avait conçu quelques ombrages même contre les représentants : « Il n'est pas douteux, dit-il, qu'une main invisible, une main parricide cherche à influencer les négociations de nos ambassadeurs et à nous mettre dans l'impossibilité d'en attendre le résultat. » Et, après un tableau animé des calamités de toute espèce qui se répandraient sur la France, si on parvenait à lui imposer la branche aînée des Bourbons, il supplia la Chambre de se mettre en garde contre ceux qui voulaient entrainer Paris dans la plus funeste des démarches.

Comme en même temps le colonel Bory Saint-Vincent comblait d'éloges le maréchal Davoust et approuvait la lettre que ce maréchal venait d'écrire au duc de Wellington pour obtenir un armistice, chacun comprit que la *main invisible et parricide* était celle de Fouché ; mais personne n'osa ou ne voulut dire ou demander le mot de l'énigne; on ne le voulut pas davantage, dans la séance du soir, quand un secrétaire donna lecture d'une lettre adressée à la Chambre par dix-huit généraux de l'armée, parmi lesquels on remarquait le maréchal Davoust et les généraux Pajol, Freissinet, d'Erlon, Roguet, Vandamme. C'était un énergique *veto*, prononcé l'épée à la main, contre le retour des Bourbons, dont la rentrée, disait-on, serait le testament de l'armée et le déshonneur de la France. De grands applaudissements accueillirent cette lettre ; mais, dès qu'on vit quelques représentants vouloir s'en servir contre la commission exécutive, l'enthousiasme se refroidit. « Je demande, dit un représentant peu connu, M. Saussey, que nous soyons instruits jour par jour, et, s'il se peut, heure par heure, de la situation des affaires. J'aurais bien une motion plus grave que le salut public me dicterait, mais je la garde pour un autre moment. — Non, non, s'écrièrent quelques membres, parlez ! » Mais beaucoup d'autres membres intervinrent, et la Chambre passa à l'ordre du jour à l'unanimité.

Par un contraste singulier, le jour même où le nom du maréchal Davoust figurait au bas d'une lettre si contraire à son opinion véritable[1], l'archichancelier Cambacérès invitait quel-

---

[1] Le maréchal Davoust affirme, dans ses *Mémoires*, que la lettre à laquelle il avait consenti à donner sa signature n'était point celle qui fut envoyée à la Chambre, et qu'elle ne contenait pas un seul mot de politique. En conséquence, instruit de ce qui s'était passé, il écrivit le jour même au président par l'intermédiaire de M. de Bondy et de M. Marchand, pour demander qu'on biffât sa signature ; et, sa lettre étant arrivée tardivement, il y suppléa par une

ques pairs à se réunir dans son salon, afin, disait-il, de s'éclairer réciproquement, dans une conférence amicale, sur la situation des choses. Là, les maréchaux Soult, Grouchy, Mortier, Ney et plusieurs généraux déclaraient que la défense était impossible, et que, pour empêcher les soldats de Blücher et de Wellington d'entrer dans Paris de vive force, une *prompte démarche* était nécessaire. Cet avis fut combattu, dans une certaine mesure, par le maréchal Lefebvre et par les généraux Gazan, Delaborde et Dejean ; mais, la discussion menaçant de devenir orageuse, le ministre de la marine y mit un terme en engageant chacun à rentrer dans la salle des séances[1], et la conversation provoquée par Cambacérès n'aboutit point.

De ces faits, empruntés presque tous à des documents officiels et à des *Mémoires* pour la plupart fort hostiles aux Bourbons, il y a, ce nous semble, plusieurs conséquences à tirer : la première, c'est que, dans l'armée comme dans l'ordre civil, les hommes les plus considérables, les plus éclairés, regardaient la question militaire comme définitivement résolue, et la question politique comme à peu près insoluble, si l'on s'obstinait à repousser Louis XVIII ; la seconde, c'est que la Chambre des représentants et la Chambre des pairs ne croyaient point à Napoléon II, et n'inscrivaient de temps en temps son nom dans leurs actes que pour éviter d'en prononcer un autre. Quant à l'armée, elle détestait franchement les Bourbons, qu'elle regardait comme les ennemis de sa gloire, et le cri de *Vive Napoléon II !* lui plaisait, surtout parce qu'il excluait le cri de *Vive le roi !* La population, enfin, incertaine, partagée, redoutait surtout l'occupation de Paris à force ouverte,

---

protestation dans laquelle il déclarait qu'il n'appartenait point à l'armée de choisir le chef de l'État, et que, dans aucun cas, elle ne devait se séparer de la patrie. Mais on était peut-être à la veille d'une bataille, et le maréchal hésita à publier cette protestation, qui pouvait jeter une fâcheuse désunion dans l'armée.

[1] Thibaudeau, *Histoire de l'Empire*.

et était prête à accepter tout gouvernement qui lui donnerait la paix et la liberté. En adressant, le 29, aux habitants de Paris une proclamation dans laquelle il leur recommandait d'attendre et de se défier de tous ceux qui cherchaient à leur faire prendre parti dans un sens ou dans l'autre, le conseil municipal parlait à la population le langage qui lui convenait le mieux.

Il faut maintenant se transporter au quartier général du duc de Wellington, où se passaient des choses fort importantes.

Le duc de Wellington, même à l'époque où les empereurs de Russie et d'Autriche semblaient pencher vers d'autres combinaisons, avait toujours soutenu que le rétablissement de Louis XVIII était essentiel au repos de l'Europe, et il avait eu la satisfaction de voir tous les souverains coalisés revenir à son avis. Mais le duc de Wellington pensait en même temps que Louis XVIII ne remonterait sur le trône que pour en être une seconde fois précipité, s'il ne contractait pas une alliance étroite avec la France nouvelle, et s'il ne devenait pas un monarque constitutionnel. Sans connaître et sans estimer personnellement Fouché, il était donc disposé à l'aider dans ses projets et à accepter ses offres de service. Quand les cinq commissaires, qui avaient quitté Paris le 27, le rejoignirent à Étrées, et lui remirent la lettre de Fouché, ils le trouvèrent fort disposé à les écouter[1] ; néanmoins il commença par leur déclarer qu'il ne pouvait considérer l'abdication que comme un jeu, et qu'il ne se croirait pas autorisé à suspendre ses opérations avant que Napoléon fût livré aux alliés, avant que l'armée eût quitté Paris, et surtout avant qu'il y eût un gou-

---

[1] Le récit de cette importante entrevue a été puisé dans trois documents authentiques : 1° une dépêche du duc de Wellington au comte Bathurst, en date du 2 juillet ; 2° une lettre du duc de Wellington à lord Castlereagh, en date du 29 juin ; 3° le rapport des commissaires français au gouvernement provisoire, en date du 1ᵉʳ juillet.

vernement capable de gagner la confiance de l'Europe aussi bien que celle de la France. Puis, pressé de dire toute sa pensée, il déclara, en son nom particulier, qu'un seul gouvernement, celui de Louis XVIII, lui paraissait offrir des garanties de sécurité suffisantes pour que l'Europe n'en exigeât pas d'autres; et il laissa entrevoir que ces autres garanties consisteraient dans de nouvelles cessions de territoire. Ce que la France pouvait faire de plus sage et de plus digne était donc, selon lui, de rappeler le roi, sans retard et sans conditions, en se fiant, pour les réformes nécessaires, à l'énergie vitale de la constitution et à la bonne volonté de Louis XVIII.

Les commissaires, collectivement et individuellement, protestèrent de la satisfaction que leur ferait éprouver la restauration de Louis XVIII, et dirent que le gouvernement provisoire partageait leur sentiment; mais M. Flaugergues déclara nettement et fortement qu'il ne serait pas possible de déterminer les Chambres à rappeler le roi, sans conditions ; et, parmi les réformes désirables, il cita la formation d'un ministère solidaire et responsable, et le partage de l'initiative entre le roi et les Chambres. A ces réformes et à d'autres encore, le duc ne pouvait opposer aucune objection, puisqu'il les avait lui-même plus d'une fois conseillées ; mais il persistait à soutenir qu'on devait les obtenir du roi, sans prétendre les lui imposer, quand une dépêche de sir Charles Stuart lui apporta la proclamation de Cambrai. Il la communiqua aussitôt aux commissaires pour leur prouver les bonnes intentions du roi, et ils s'en montrèrent assez satisfaits; néanmoins ils protestèrent vivement contre les deux paragraphes qui prononçaient certaines exclusions et qui menaçaient certaines personnes des vengeances de la loi ; ils protestèrent aussi contre le paragraphe qui annonçait la convocation prochaine des Chambres : c'était, selon eux, dissoudre par avance les Chambres existantes ; et, dès lors, comment obtenir d'elles qu'elles consentissent à rappeler Louis XVIII ?

Le duc de Wellington trouva les observations des commissaires justes et importantes, et promit de les transmettre immédiatement à M. de Talleyrand, en les appuyant. Il ne chercha point, d'ailleurs, à dissimuler les fautes du gouvernement de Louis XVIII, et, au premier rang de ces fautes, il plaça l'admission des princes dans le conseil, la création de la maison militaire, la préférence donnée pour les hauts emplois aux ennemis de la Charte.

Les commissaires, tout en déclarant que les Chambres n'avaient proclamé le fils de Napoléon que pour se concilier l'armée et pour éviter la guerre civile, crurent pourtant, avant de quitter le duc de Wellington, devoir lui demander si les alliés voudraient traiter avec une régence, instituée au nom de Napoléon II, et la réponse fut négative; elle fut moins formelle quand ils posèrent la question de savoir ce que feraient les alliés, dans le cas où un autre prince de la maison de Bourbon serait appelé au trône ; mais le duc ne leur cacha pas que son opinion personnelle était contraire à cette combinaison [1].

Aussitôt après cette conversation, le duc de Wellington tint sa promesse, en écrivant à M. de Talleyrand une lettre dans laquelle il l'engageait à faire disparaître de la proclamation de Cambrai les trois passages qui avaient déplu. Deux de ces passages indiquaient des projets de sévérité qui pouvaient nuire au roi; quant au troisième, il était tout à fait impoliti-

[1] Béranger raconte, dans ses *Mémoires*, que la députation avait demandé qu'on lui adjoignît Manuel, devenu l'orateur le plus influent de la Chambre des représentants, et que, par une ruse digne de la comédie, Fouché fit partir à la place de Manuel, et sous son nom, un de ses secrétaires nommé Fabry, membre aussi de la Chambre. M. Fabry, selon Béranger, joua habilement son rôle, et fut pris par tout le monde pour Manuel. Quelques années après, un des plénipotentiaires, le comte de Valence, venant consulter Manuel comme avocat, fut surpris de ne pas retrouver en lui l'homme avec qui il croyait avoir passé plusieurs heures en conférence politique : « Ah ! monsieur Manuel, lui dit-il, quand la supercherie lui fut connue, je ne m'étonne plus du silence que gardait

que. « Le roi, disait-il, ne peut pas reconnaître *à priori* que les assemblées sont légales; mais il n'a nul besoin de leur dire qu'il les mettra à la porte : il restera toujours maître d'appeler de nouvelles Chambres ou de continuer celles-ci. Le point important est que le roi soit restauré d'abord sans conditions, ensuite sans que la force des armées alliées paraisse le remettre sur le trône. Un tel résultat vaut bien la peine de faire quelques sacrifices. »

Le duc de Wellington s'engageait en outre à faire tous ses efforts auprès du maréchal Blücher pour le faire consentir à l'armistice, et il invitait le roi à quitter Cambrai pour venir à Roye.

Le lendemain, dans une nouvelle entrevue avec les commissaires, le duc leur répéta que, *dans son opinion personnelle*, tout autre que Louis XVIII, quels que fussent son nom et son rang, serait considéré et se considérerait lui-même comme un usurpateur, et chercherait à valider son titre par la conquête et la guerre. Si tout autre que Louis XVIII était choisi, il insisterait donc auprès des souverains alliés pour qu'ils prissent des sécurités. Les commissaires ne le contredirent point; mais, le 1ᵉʳ juillet, ayant reçu la nouvelle du départ de Napoléon, ils s'empressèrent de l'en instruire. Le duc reconnut alors que le grand obstacle à l'armistice était écarté, et qu'il ne restait plus qu'à en débattre les termes ; mais il les avertit

---

celui que je prenais pour vous quand j'insistais auprès des généraux alliés pour les décider à forcer les Bourbons à accepter la cocarde tricolore. »

On ne peut mettre en doute la bonne foi de Béranger ; mais l'anecdote est absolument invraisemblable. Manuel (Béranger le dit lui-même) était devenu l'orateur le plus influent de la Chambre des représentants, et Fabry était le secrétaire de Fouché. Comment croire que le comte de Valence, membre de la Chambre des pairs, ne connût ni l'un ni l'autre? Mais la députation ne se composait pas seulement de pairs; elle comptait aussi un représentant, M. Flaugergues. Il faut donc supposer que M. Flaugergues ne connaissait pas non plus ses deux collègues, chose impossible. Enfin, personne plus que Fouché ne désirait, à cette époque, que les Bourbons acceptassent la cocarde tricolore.

qu'avant tout l'armée devait se retirer derrière la Loire et laisser à la garde nationale le soin de garder Paris : « Si le roi rentrait dans Paris, ajouta-t-il, sans que l'armée s'en fût éloignée, il serait tout à fait dans la main de l'armée et des Chambres : tant qu'il y aura un soldat dans Paris, je ne suspendrai pas les hostilités. »

C'était parler avec une grande franchise, et la droiture du duc de Wellington dédaignait, dans cette circonstance comme toujours, les finesses diplomatiques. Il eût été heureux pour la France qu'à Haguenau le ministre d'Angleterre et ses collègues eussent tenu un langage aussi clair, et n'eussent pas encouragé de déplorables illusions chez les plénipotentiaires. Quoi qu'il en soit, dès le 29, Fouché avait été instruit par un de ses agents secrets de la détermination du duc de Wellington ; la dépêche de MM. Boissy-d'Anglas, Flaugergues, de Valence, Andréossy et la Benardière ne lui apprit donc rien ; mais elle consterna ses collègues, qui étaient moins bien informés. Évidemment, le moment était venu de décider si on livrerait bataille ou si on se résignerait à une capitulation. Tandis que le ministre des affaires étrangères, M. Bignon, écrivait aux commissaires une longue dépêche, à l'effet de démontrer au duc de Wellington que, dans l'intérêt même de la paix européenne, les puissances ne devaient pas insister sur le rétablissement des Bourbons en France, la commission de gouvernement convoquait les bureaux des deux Chambres, les quatre ministres d'État, les maréchaux Masséna, Soult, Lefebvre, les généraux Gazan, Mouton-Duvernet, Évain, Deponthon, et leur posait la question de savoir si les approches de Paris pouvaient être défendues.

Si les conseils du duc de Wellington eussent été écoutés par le maréchal Blücher, la question n'eût paru douteuse à personne. Le duc de Wellington, dix dépêches en témoignent, regardait la victoire de Waterloo comme une victoire décisive, et se croyait sûr d'entrer à Paris ; mais, pour y entrer à coup sûr et sans combat, il lui paraissait prudent d'attendre, pendant sept à huit jours, l'arrivée des contingents alliés, et de ne point précipiter la marche de son armée. Le duc de Wellington, dans une sage pensée politique, désirait d'ailleurs que Louis XVIII devançât les armées étrangères, et fût remis sur son trône par les Chambres et par la population parisienne, plutôt que par les Anglais et les Prussiens. Passionné, audacieux, indomptable, le maréchal Blücher, que ses soldats nommaient *le maréchal en avant*, était, au contraire, dévoré du désir d'entrer dans Paris le premier, en vainqueur, en maître, et d'y exercer de terribles représailles ; dans son ardeur imprudente, il avait donc devancé le duc de Wellington, et pris, tout près de Paris, une position qui paraissait offrir aux débris ralliés de l'armée française l'occasion d'une revanche partielle ; mais cette revanche, en la supposant certaine, pouvait-elle changer le sort de la guerre, ou du moins permettre de traiter à de meilleures conditions ?

A vrai dire, cette question était subordonnée à une autre, celle de la force défensive que l'armée, les fortifications de Paris et l'esprit des populations mettaient entre les mains des généraux chargés de livrer bataille. Interrogé sur cette question par le duc d'Otrante, le conseil parut d'abord hésiter. Le maréchal Masséna, rompant le silence, fut le premier à déclarer que la défense lui paraissait impossible, et le maréchal Soult appuya fortement son avis. Le maréchal Davoust, ainsi que le prouvent ses lettres du 27 et du 29, ne croyait pas plus que ses collègues, Masséna et Soult, à la possibilité d'une résistance prolongée ; mais il croyait que Blücher, par son imprudence, offrait à l'armée française l'occasion d'une revanche brillante, et, sans garantir le succès, il dit qu'il était prêt à livrer bataille. Les yeux se tournèrent alors vers Carnot, qui venait de parcourir, avec le général Grenier, toute la ligne des fortifications, et qui était encore tout couvert de poussière. Au nom de son collègue comme au sien propre, Carnot prit la parole et fit un exposé duquel il résultait clairement que Paris était hors d'état de se défendre : « Mes sentiments, dit-il, ne peuvent être douteux ; j'ai voté, comme conventionnel, la mort de Louis XVI, et je ne dois m'attendre à aucune grâce de la part des Bourbons, qui, peut-être, vont rentrer demain dans Paris. Mais, comme Français, je crois qu'il serait coupable d'exposer cette grande cité aux chances d'un dernier combat et aux horreurs d'un siège[1]. » Cette déclaration de Carnot fit tomber toutes les incertitudes, et personne n'exprima plus un avis opposé. Fouché, qui présidait la commission, put donc constater que, sur la question militaire, l'accord était presque complet.

Sur la question politique, au contraire, l'accord était loin d'exister, et, le nom des Bourbons ayant été prononcé, quelques paroles fort vives furent échangées[2]. En définitive, le conseil, pour se tirer d'embarras, se déclara incompétent, et la commission exécutive ordonna que, le soir même, 1er juillet, le maréchal Davoust réunirait à la Villette un conseil de guerre, composé des officiers généraux sous ses ordres, qu'il croirait propres à éclairer la délibération, de tous les maréchaux présents à Paris, et du général Gazan ; puis elle arrêta la liste des questions, toutes relatives à la défense de Paris, qui devaient être posées à ce conseil.

Selon la version du maréchal Davoust, la délibération fut

---

[1] J'emprunte cette allocution de Carnot à une note inédite de M. Clément (du Doubs), un des secrétaires de la Chambre, qui, en cette qualité, assistait à la réunion. Entre son récit, celui de Thibaudeau et celui du maréchal Davoust, on peut signaler quelques divergences. Ainsi, d'après Thibaudeau et d'après le maréchal Davoust lui-même, celui-ci aurait été beaucoup moins disposé à livrer une dernière bataille que ne le dit M. Clément. Mais ces divergences n'ont rien de fondamental, et il reste établi par tous les récits que, dans la conférence du 1er juillet, la défense de Paris fut, en définitive, et d'un commun accord, jugée impossible.

[2] Thibaudeau, *Histoire de l'Empire*. — Extrait des procès-verbaux des séances de la Commission du gouvernement.

calme, grave, et porta uniquement sur les opérations militaires. Selon la version de Thibaudeau, on y parla politique autant que guerre, et les maréchaux, Soult et Davoust en tête, se prononcèrent en faveur du rappel immédiat de Louis XVIII. Ce qu'il y a de certain, c'est que la très-grande majorité du conseil répondit aux six questions posées par la commission exécutive de manière à prouver que, si l'on pouvait livrer un premier combat avec avantage, la défense ne pouvait pas être prolongée. C'était conclure, sans le dire, à la reddition de Paris.

Est-il vrai que les questions fussent posées d'une manière captieuse, et que la délibération n'ait pas exprimé la véritable opinion des maréchaux et des généraux présents au conseil de guerre? Le récit qui précède prouve que cette opinion était formée bien avant la réunion du conseil, et qu'elle était péremptoire. Aux maréchaux et aux généraux appelés à résoudre cette grave question, il faut d'ailleurs ajouter Carnot, qui fit le rapport, et qui, dans un écrit publié quelques mois plus tard [1], démontra, par des raisons techniques et décisives, que la défense de Paris avait été poussée aussi loin qu'elle devait et qu'elle pouvait aller. Et pourtant Carnot ne peut être accusé ni d'avoir désiré le retour des Bourbons, ni d'avoir accepté l'asservissement de la France, plutôt que de faire appel, comme en 1792 et 1793, à l'enthousiasme populaire. Mais l'ancien membre du comité de salut public savait que l'enthousiasme de 1792 et 1793 était éteint, et qu'une Convention était, encore moins que Napoléon, en état de vaincre la coalition et de sauver la France [2].

---

[1] *Exposé de la conduite politique de M. Carnot.*

[2] A cette masse de témoignages, on oppose une lettre que le duc de Wellington écrivit à Blücher, le 2 juillet, pour lui dire « qu'attaquer Paris sans attendre l'arrivée des contingents étrangers serait risquer beaucoup; » et une dépêche du même jour au comte Bathurst, dans laquelle il blâme Blücher de sa marche aventureuse. Mais que signifient cette lettre et cette dépêche? Tout simplement, ainsi que nous l'avons dit, que le duc de Wellington, calme, prudent, ménager du sang de ses soldats, comme à l'ordinaire, trou-

Par une précaution singulière, au moment même où Fouché obtenait ce vote décisif, il adressait au duc de Wellington et au maréchal Blücher une lettre ostensible, dans laquelle il paraissait défendre les droits constitutionnels de Napoléon II. Néanmoins, en y regardant de près, il était aisé de découvrir l'intention réelle de cette lettre : « Notre état légal, disait-elle à plusieurs reprises, est celui d'un gouvernement où le petit-fils de l'empereur d'Autriche est le chef de l'État. » Et il insistait sur ce point, que cet état légal subsisterait tant que les puissances n'auraient pas fait savoir clairement à la France qu'elles le considéraient comme incompatible avec la paix et qu'elles refusaient absolument de le reconnaître. Quant à Louis XVIII, la force étrangère pouvait le placer sur le trône, mais non l'y maintenir. Il était donc *de l'intérêt du roi* qu'avant d'occuper Paris les puissances fissent connaître leur refus formel de laisser subsister le gouvernement actuel; alors, mais alors seulement, la nation et les Chambres auraient à voir s'il leur convenait de soutenir une lutte terrible pour conserver Napoléon II, ou s'il ne valait pas mieux choisir un autre gouvernement. De là la nécessité d'un armistice.

Malgré les instances du duc de Wellington, Blücher n'avait point consenti à l'armistice demandé par les plénipotentiaires, et, dans la journée du 2, quelques combats partiels s'étaient livrés autour de Paris sans avantages marqués de part ni d'autre. Le 2 au soir, Davoust écrivit au général prussien, commandant l'avant-garde, pour proposer une suspension d'hostilités, à l'effet de traiter de la reddition de Paris, et celui-ci répondit qu'il n'osait pas même communiquer cette demande au maré-

---

vait absurde de se jeter sur Paris pour y subir peut-être un échec, quand huit jours plus tard, il y avait certitude d'y entrer sans coup férir. Cette opinion, loin de contredire celle du maréchal Davoust, la confirme de point en point. A ce moment d'ailleurs, le duc de Wellington s'efforçait d'obtenir du maréchal Blücher qu'il consentît à un armistice, et il employait naturellement les arguments propres à l'y décider.

chal Blücher. Sans se préoccuper de l'insolence de la réponse, Fouché s'empressa alors d'adresser aux deux généraux ennemis une note pressante, dans laquelle il promettait que, si on voulait employer la persuasion, au lieu de la force, on amènerait l'armée à se retirer, et les Chambres à tout sanctionner. On voit qu'à ce moment même de la crise Fouché ne désespérait point de convertir les Chambres à sa politique.

Mais les Chambres, sans pilote, sans boussole, flottaient au gré de tous les vents, sans savoir vers quel port ou vers quel écueil elles seraient poussées par les événements. Ainsi, au moment même où les hommes compétents déclaraient la défense impossible, et où le gouvernement recevait la nouvelle que le rappel des Bourbons pouvait seul épargner à la France de grands sacrifices territoriaux, elles s'enivraient de sentiments belliqueux, et donnaient libre carrière à leur répugnance pour les Bourbons. A la Chambre des pairs, Thibaudeau, dans un rapport sur l'adresse au peuple français, après avoir rappelé les engagements solennels, pris et violés par les puissances étrangères, dirigeait contre les Bourbons et contre ceux qui songeaient à les rappeler une attaque vigoureuse, éloquente, mais fort inopportune. A la Chambre des représentants, on applaudissait des adresses de fédérés, et on lisait des lettres de généraux attestant que l'armée était pleine d'ardeur et d'espoir ; néanmoins on refusait systématiquement d'entendre aucune dénonciation contre la commission exécutive, et M. Félix Desportes, offrant de faire de grandes révélations, était arrêté par un vote à peu près unanime. A vrai dire, par sa faute, ou par celle du gouvernement, la Chambre des représentants, si active deux jours auparavant, semblait être tombée du rôle d'une Assemblée puissante au rôle d'un simple club ; et ce qui rendait ce rôle plus étrange, c'est qu'excepté l'enceinte où siégeait la Chambre, la tranquillité régnait partout dans Paris.

Certes, quand le canon grondait, quand on se battait à Versailles, à Saint-Cloud, à Saint-Denis, quand des convois de blessés et les charrettes des paysans, chassés par l'ennemi, traversaient lentement les rues de la ville, il était étonnant et affligeant de voir les boulevards et les jardins publics se peupler, comme à l'ordinaire, de promeneurs indifférents[1], les fonds publics monter de dix francs en dix jours, les théâtres représenter, devant un auditoire encore nombreux, le *Ci-devant jeune Homme* et le *Chien de Montargis*, les journaux faire l'éloge du duc de Wellington, et la population des faubourgs elle-même montrer plus de curiosité que d'animation. Mais, quelque triste que fût ce spectacle, il y avait là un signe qu'on ne pouvait méconnaître, un symptôme qu'on ne devait pas négliger.

Au surplus, la Chambre des représentants était moins confiante, moins belliqueuse qu'elle ne voulait le paraître, et elle en donna la preuve évidente le 3 juillet, quand la capitulation de Paris lui fut communiquée. Cette capitulation, conclue à Saint-Cloud, d'une part, par M. de Muffling et le colonel Hervey, munis des pleins pouvoirs du maréchal Blücher et du duc de Wellington, d'autre part, par M. Bignon, le général Guilleminot et M. de Bondy, munis des pleins pouvoirs du maréchal Davoust, mettait Paris à l'abri d'un assaut, et assurait le respect des personnes et des propriétés particulières ; mais elle donnait trois jours seulement à l'armée française pour évacuer la ville, et elle stipulait que le troisième jour les barrières seraient livrées aux troupes anglaises et prussiennes. Quant aux autorités existantes, les commandants en chef des armées anglaise et prussienne s'engageaient à les respecter et à les faire respecter par leurs subordonnés, *tant qu'elles existeraient*. Si ces conditions étaient inévitables, elles étaient loin d'être glorieuses, et la Chambre pouvait facilement prévoir le sort qui l'attendait. Et pourtant il s'y trouva un rhé-

---

[1] Hobhouse, *Lettre sur Napoléon.* — *Journal de l'Empire*, 3 juillet.

teur, l'apologiste de Moreau, pour déclarer, sans être contredit, qu'on ne pouvait rien obtenir de plus avantageux. Le général Solignac alla plus loin encore que Garat, et demanda que la Chambre votât des remerciments à l'armée, « dont l'attitude imposante avait permis d'obtenir des conditions aussi honorables. » Il est vrai que cette résolution, votée à l'unanimité par la Chambre, contenait un article qui mettait la cocarde, le drapeau et le pavillon aux trois couleurs sous la sauvegarde spéciale des armées, des gardes nationales et de tous les citoyens. Le même jour, le maréchal Masséna, en annonçant la capitulation, enjoignait à la garde nationale d'empêcher que, sur aucun point, on n'arborât d'autres couleurs que les couleurs nationales; et la Chambre des pairs, en s'associant, sur le rapport de Thibaudeau, à la délibération de la Chambre des représentants, prouvait que sur cette question du moins l'accord des pouvoirs était complet.

Fouché, dans une note qu'il avait transmise le 2 juillet aux généraux alliés, et dont la convention du 3 était la conséquence, avait demandé qu'on lui donnât trois jours pour amener les Chambres à reconnaître Louis XVIII. Ces trois jours, on les lui avait accordés; mais, pour en bien user, le concours de Louis XVIII était nécessaire, et ce concours lui manquait. A Cambrai, où il se trouvait encore le 1ᵉʳ juillet au matin, Louis XVIII s'était surtout occupé de concilier les ambitions rivales qui s'agitaient autour de lui, et de constituer un ministère qui satisfît tout le monde. La lettre du duc de Wellington, écrite le 29 à M. de Talleyrand, lui fit entrevoir plus de difficultés qu'il n'en supposait, et le détermina à partir pour Roye. Là, les conseils du duc de Wellington d'une part, et, de l'autre, l'action secrète de Fouché, aidée, comme à Gand, par les royalistes les plus exaltés, exercèrent sur son esprit une assez grande influence. D'une part, on vit venir le confident le plus intime de Fouché, M. Gaillard, et un général, beau-frère de M. Laborie, le général Lamothe, qui, à la grande surprise des courtisans, refusa de prendre une autre cocarde que la cocarde tricolore; d'autre part, on vit accourir plusieurs royalistes ardents qui s'efforcèrent de prouver que Fouché tenait les clefs de Paris, et que sans son assistance la restauration était impossible[1]. Ils ne persuadèrent pas Louis XVIII; mais ils achevèrent de persuader Monsieur, qui avait quitté Gand à demi convaincu. Monsieur devint donc, auprès du roi, l'avocat zélé de Fouché, et comme le roi « riait de la nouvelle passion de son frère et disait qu'elle ne lui était pas venue de l'inspiration divine[2], » Monsieur prit le parti de quitter Roye pendant la nuit et d'aller solliciter, en faveur de Fouché, l'assistance du duc de Wellington. Quand, deux jours après, le duc de Wellington demanda formellement au roi de prendre Fouché à son service, ce ne fut point à la prière de M. de Talleyrand, mais à la prière de Monsieur[3].

En ce qui le concernait personnellement, Fouché avait donc réussi; mais il eût été dérisoire d'offrir aux Chambres, pour toute garantie constitutionnelle, le ministère de Fouché, et pour gagner l'assentiment auquel il aspirait, il fallait qu'il obtînt quelques concessions d'un autre genre. Cela était d'autant plus nécessaire que la Chambre des représentants prenait fort au sérieux les espérances qu'il lui avait données, et s'occupait activement de rédiger l'acte constitutionnel; elle venait même, sur la proposition de Garat, d'y joindre une déclaration des droits qui, dans un style un peu abstrait, reproduisait à peu de chose près les idées et les garanties des déclarations précédentes. De plus, le lendemain de la capitulation, au moment où l'évacuation de Paris commençait, une certaine fermentation s'était manifestée dans les quartiers populeux, et

---

[1] *Mémoires de M. de la Maisonfort.* — *Mémoires de M. Beugnot.* — *Mémoires de M. de Chateaubriand.*

[2] *Mémoires de M. de Chateaubriand.*

[3] *Mémoires de M. de la Maisonfort.* — Lettre du duc de Wellington au général Dumouriez, septembre 1815, n° 998.

trois députés, le général Solignac, M. Durbach et M. Dupont (de l'Eure), avertis que le général Lamothe avait été envoyé par Fouché à Roye, s'étaient présentés chez lui, très-émus, très-indignés, et lui avaient demandé compte d'une telle démarche dans les termes les plus outrageants[1]. Si Louis XVIII eût accepté, à Roye, les conditions de Fouché, il eût pu tout dire aux représentants; mais il n'avait rien de bon à leur annoncer, et il essaya de les tromper encore en étalant lui-même à leurs yeux ses titres révolutionnaires à la haine des Bourbons. Bien que cela lui coûtât peu, il sentait que le jeu devenait difficile et dangereux, et qu'il était temps d'y mettre un terme.

Le 4 juillet, un de ses confidents se présenta donc, à Gonesse, au quartier général du duc de Wellington, et lui remit, en présence du prince de Talleyrand, de M. Pozzo di Borgo, de sir Charles Stuart, et de M. de Goltz, une lettre dans laquelle Fouché le priait positivement de dire ce qu'il demandait ou ce qu'il conseillait. A cette note, le duc répondit par un *memorandum* clair et explicite. « Les puissances alliées, disait ce *memorandum*, étant convenues qu'elles ne traiteraient point avec Napoléon Bonaparte ni avec son gouvernement, les Chambres élues sous le règne de Napoléon Bonaparte et la commission créée par les Chambres n'ont rien de mieux à faire que de se déclarer dissoutes, après avoir exprimé au roi, dans une adresse respectueuse, leurs sentiments et leurs vœux. » Le *memorandum* ajoutait que le roi était disposé à donner toutes les garanties désirables de la liberté constitutionnelle et de la liberté personnelle[2]. »

A ce *memorandum* le prince de Talleyrand ajouta une note qui énumérait les garanties et réformes auxquelles le roi consentait : l'ancienne Charte, y compris l'abolition de la confis-

---

[1] Thibaudeau, *Histoire de l'Empire*. — *Mémoires de Béranger*.
[2] Dépêches du duc de Wellington à lord Bathurst, n° 979.

cation, une nouvelle loi sur la presse, l'unité du ministère, l'initiative réciproque des lois, l'hérédité de la pairie ; voilà en quoi consistaient ces garanties et réformes, qui, bien qu'importantes, ne suffisaient certes pas pour vaincre les répugnances de la Chambre des représentants.

Le duc de Wellington, enfin, fit savoir à Fouché que le lendemain il serait à Neuilly, et qu'il l'y recevrait très-volontiers : c'était pour Fouché une entrevue assez compromettante ; mais il trouva le moyen, sous un prétexte quelconque, de s'y faire autoriser par ses collègues. Il se rendit donc à Neuilly, où, jusqu'à quatre heures du matin, il discuta avec le duc de Wellington, le prince de Talleyrand et M. Pozzo di Borgo, les conditions de la rentrée du roi. Fouché voulait que le roi accordât une amnistie générale et prît les couleurs nationales ; il se retira sans que rien fût décidé, mais en promettant de s'assurer, dans le courant de la journée, de ce qu'il était possible d'obtenir des Chambres [1]. — « Votre duc d'Otrante, dit en revenant de cette entrevue M. de Talleyrand à M. de Vitrolles, ne nous a rien dit du tout. — Que voulez-vous que je dise à des gens qui ne me parlent pas ? » dit quelques heures après Fouché au même M. de Vitrolles. Des deux parts on jouait serré.

Cependant, à Arnouville, où le roi s'était arrêté, l'émotion était grande. On savait que M. de Talleyrand et le duc de Wellington étaient en conférence avec Fouché, et le roi, à demi vaincu, cherchait à s'étourdir lui-même par quelques bons mots ; comme on lui conseillait de nommer Fouché pair plutôt que de le faire ministre : « J'aime mieux, répondit-il, avec une prévoyance peu loyale, nommer un ministre que je puis renvoyer que de créer un pair qui est inamovible [2]. » Sur la question de la cocarde, au contraire, le roi ne fléchissait pas. Quelques royalistes ardents, M. Hyde de Neuville entre

[1] Dépêches du duc de Wellington à lord Bathurst, n° 979.
[2] *Mémoires de M. de la Maisonfort.*

autres, conseillaient au roi d'accorder la cocarde aussi bien que le ministère de Fouché[1]; mais le roi pensait qu'une concession suffisait, et se refusait absolument à la seconde.

La journée du 5 se passa assez paisiblement à Paris. Les journaux royalistes, affranchis de toute contrainte depuis la capitulation, redemandaient hautement Louis XVIII. Le *Journal général*, dont le propriétaire, M. Feuillant, et deux rédacteurs avaient été récemment arrêtés, par ordre de la commission exécutive, se signalait particulièrement dans cette croisade : félicitant un jour M. Manuel d'avoir dit que, si la majorité de la France voulait Louis XVIII, il fallait le reconnaître ; établissant le lendemain les avantages de l'hérédité monarchique ; accusant Napoléon de tous les malheurs de la France, et annonçant avec enthousiasme l'arrivée prochaine du roi. La *Quotidienne* confondait dans le même éloge MM. de Malleville et Lanjuinais, Raynouard et Manuel, et exprimait l'espoir que le gouvernement ferait taire la poignée d'énergumènes qui paraissaient regarder comme indifférent que Paris fût pris de vive force et livré au pillage. Le *Journal de l'Empire* aussi, ou pour mieux dire le *Journal des Débats*, revenait sur l'écrit de M. de Malleville, et déclarait que la question de savoir qui devait régner sur la France était décidée par le bon sens et par la force des choses. Chacun, à vrai dire, sentait que le sort de la France était fixé, et chacun, comme c'est l'usage, se préparait à offrir à Louis XVIII son adhésion ou sa résignation. Néanmoins, parmi les bonapartistes, parmi les anciens républicains surtout, il se trouvait encore quelques hommes intrépides qui voulaient lutter jusqu'au bout, et, le gouvernement provisoire ayant, dans une dernière proclamation, annoncé qu'il s'était cru obligé « de défendre les intérêts du peuple et de l'armée, *également compromis dans une cause abandonnée par la fortune et par la volonté nationale,* »

---

[1] *Mémoires de M. de la Maisonfort.* — *Mémoires de M. de Chateaubriand.*

Thibaudeau s'en indigna et voulut encore protester à la Chambre des pairs ; mais l'ordre du jour adopté, par vingt-six voix contre vingt-cinq, lui prouva que tout était fini, et que la coalition des bonapartistes et des conventionnels n'avait plus qu'à accepter sa défaite.

Quant à la Chambre des représentants, elle répondit à la proclamation du gouvernement par une déclaration proposée par M. Dupont (de l'Eure), et rédigée dans une commission, composée de MM. Dupont (de l'Eure), Barrère, Tripier, Vimar et Romiguières. Cette déclaration qui, votée à l'unanimité et aux cris de *Vive la nation!* exprime clairement, noblement, fortement, tous les principes fondamentaux du gouvernement parlementaire, est devenue justement célèbre, et suffit pour honorer l'Assemblée de laquelle elle émane. C'était d'ailleurs, en même temps qu'une déclaration de principes, un acte politique important. En déclarant « qu'un monarque ne peut offrir des garanties réelles, s'il ne jure d'observer une constitution, délibérée par la représentation nationale et acceptée par le peuple, » la Chambre prenait position contre la restauration, telle que la voulaient les royalistes, et déposait dans le sol constitutionnel de la France un germe qui, tôt ou tard, devait se développer.

A ce moment suprême, on vit d'ailleurs se réunir les représentants de toutes les opinions, de toutes les nuances, ceux qui passaient pour favorables à une seconde Restauration, aussi bien que ceux qui la repoussaient de toute leur force. « Je demande, dit M. Dupin, que la résolution soit sur-le-champ envoyée à la Chambre des pairs. Il faut que l'on sache que la représentation nationale tout entière partage les nobles sentiments exprimés dans la déclaration ; il faut que tout ce qu'il y a d'honnêtes gens, d'hommes raisonnables, d'amis d'une liberté sage, sachent que leurs vœux ont trouvé ici des interprètes, et que la force elle-même ne pourrait nous empêcher de les émettre. »

Mais les illusions dont l'Assemblée se repaissait depuis quelques jours n'étaient point dissipées, et le retour des plénipotentiaires vint, au contraire, dans la journée du 5, leur donner un nouvel aliment. M. de la Fayette, le général Sébastiani, M. de Pontécoulant, sous l'influence du malentendu que nous avons signalé, persistaient, en effet, à affirmer « que les cours étrangères n'avaient point la prétention de se mêler de la forme du gouvernement français, » et, à l'appui de leur opinion, ils pouvaient citer deux proclamations récentes, l'une du prince Schwarzenberg, l'autre de M. Barclay de Tolly, qui, distinguant toujours Napoléon de la France, promettaient encore une fois de ne point empiéter sur les droits d'une grande nation. Au lieu de diriger ses efforts là où ils pouvaient produire quelque effet, l'Assemblée imagina donc de nommer une députation, composée de MM. Dupont (de l'Eure), la Fayette, la Rochefoucauld-Liancourt, Sorbier et Laffitte, pour aller porter sa déclaration aux souverains alliés. Le lendemain, un des membres de cette députation, M. Laffitte, venait confesser tristement à la Chambre que ses collègues et lui n'avaient pas pu quitter Paris, et cet aveu ne suffisait pas encore pour éclairer la Chambre !

Cependant Louis XVIII était à la veille de se transporter d'Arnouville à Saint-Denis ; l'armée anglo-prussienne devait, le 6, occuper les barrières de Paris, et le dénoûment approchait. Le 6, ainsi qu'ils en étaient convenus la veille, le duc de Wellington, M. de Talleyrand et Fouché se rencontrèrent de nouveau, et Fouché fit part au duc des difficultés que créait le retour des plénipotentiaires. D'après leur rapport, on pouvait penser que les souverains alliés ne désiraient pas voir Louis XVIII sur le trône, et qu'ils étaient indifférents, Napoléon écarté, au choix que la France voudrait faire. Pour détruire cette fausse idée, le duc de Wellington communiqua à Fouché diverses pièces et lettres desquelles il résultait que les plénipotentiaires s'étaient complètement mépris sur les intentions des puissances, et lord Castlereagh, tout récemment arrivé au quartier général, ainsi que M. Pozzo di Borgo, confirma sa déclaration. Il fut donc entendu que l'on passerait outre, et, tout ayant été réglé d'avance avec le roi, le duc de Wellington, M. de Talleyrand et Fouché partirent pour Arnouville [1].

Il est difficile d'imaginer une scène plus dramatique. Bien que les royalistes, qui sortaient en foule de Paris, affirmassent d'une voix presque unanime que hors Fouché il n'y avait point de salut; bien que Monsieur se fût fait son protecteur déclaré, et que le duc de Berry ne repoussât pas son alliance, la dignité royale se révoltait contre un tel choix, et le roi restait inquiet et triste. Enfin, à une heure avancée, le duc de Wellington et M. de Talleyrand revinrent de Neuilly, entrèrent chez le roi, et, après y être restés quelques minutes, firent rédiger par M. Beugnot une ordonnance qui rétablissait le ministère de la police, et nommait Fouché ministre. M. Beugnot était, avec M. de Chateaubriand, du très-petit nombre des royalistes qui avaient blâmé la nomination de Fouché, et la mission ne lui était pas agréable; il s'en acquitta, en plaçant cette ordonnance au milieu de plusieurs autres que le roi devait signer, et qu'il signa en effet avec gaieté; mais, quand son regard tomba sur le nom de Fouché, un changement soudain s'opéra dans sa physionomie; la plume lui tomba des mains; le sang lui monta au visage; il s'affaissa sur lui-même; des larmes roulèrent dans ses yeux [2]. Puis, après quelques moments de silence et d'hésitation : « Il le faut, dit-il, on le veut! » Et, reprenant la plume, il signa lentement, péniblement en prononçant le nom de son frère. M. Beugnot reprit l'ordonnance, salua le roi et sortit.

[1] Dépêches du duc de Wellington, 799.

[2] J'emprunte ces détails aux *Mémoires de M. Beugnot*, où cette scène est racontée très au long; mais j'avoue que je crois plus à la répugnance de Louis XVIII qu'à son émotion.

Une heure après, le même cabinet renfermait le frère et le juge de Louis XVI, l'un roi, l'autre ministre, et le second jurait fidélité au premier. C'était pour l'orgueil de Fouché un éclatant triomphe ; mais c'était une grande honte pour la royauté. M. de Chateaubriand raconte qu'avant de quitter Arnouville il fut reçu par le roi, et qu'il eut avec lui cette conversation :

« — Eh bien ! me dit Louis XVIII, ouvrant le dialogue par cette exclamation.

— Eh bien ! Sire, vous prenez le duc d'Otrante ?

— Il l'a bien fallu. Depuis mon frère jusqu'au bailli de Crussol (et celui-là n'est pas suspect !), tous disaient que nous ne pouvions pas faire autrement. Qu'en pensez-vous ?

— Sire, la chose est faite ; je demande à Votre Majesté la permission de me taire.

— Non, non ! dites. Vous savez comme j'ai résisté depuis Gand ?

— Sire, je ne fais qu'obéir à vos ordres ; pardonnez à ma fidélité : Je crois la monarchie finie.

— Eh bien, monsieur de Chateaubriand, je suis de votre avis. »

Que s'était-il passé dans l'entrevue si étrange qui venait d'avoir lieu entre le roi et Fouché ? Fouché l'a dit dans la lettre qu'il écrivit, le 1er février 1816, au duc de Wellington : il avait représenté au roi « que l'intérêt du trône était de tout confondre dans un système, exactement suivi, de clémence et d'oubli, » et Louis XVIII l'avait favorablement écouté. Fouché, ministre de Louis XVIII, n'en repartit pas moins pour Paris sans avoir obtenu une seule des garanties qu'il sollicitait.

A partir de ce moment, toute transaction, même transitoire, avec les Chambres devenait impossible, et Fouché, qui avait demandé vingt-quatre heures pour préparer au roi une réception convenable, ne dut plus songer qu'à les éconduire sans violence et sans bruit. A vrai dire, depuis que l'armée avait quitté Paris, la portion ardente des Chambres se trouvait sans appui et sans écho. S'il y avait quelque mouvement à craindre, c'était uniquement du côté des royalistes, qui, sachant le roi aux portes de Paris, et certains d'être soutenus, voulaient s'emparer la nuit de quelques postes de la garde nationale, arborer le drapeau blanc, chasser les Chambres et proclamer le roi avant l'entrée des troupes étrangères ; mais Fouché n'entendait pas que le roi rentrât ainsi, et le complot royaliste, dénoncé à la tribune par le colonel Bory Saint-Vincent, échoua devant l'opposition de Fouché et la résistance du maréchal Masséna.

Mais, bien évidemment, il ne restait plus à la Chambre des représentants qu'à mourir honorablement, et c'est ce qu'elle fit, en consacrant sa dernière journée à la discussion de la constitution. Dans cette discussion, comme dans celle de la déclaration des droits, de sages opinions furent émises, et de bons discours prononcés. Manuel, rapporteur, M. Jay, M. Flaugergues, M. Dumolard, M. Mourgues, Barrère lui-même, parlèrent avec talent, avec modération, et, dans le vote, les solutions les plus conservatrices furent, en général, celles qui prévalurent. Ainsi l'hérédité de la pairie, défendue par Manuel, par Regnault de Saint-Jean-d'Angély, par M. Roy, fut adoptée après une épreuve douteuse, et ce vote important fut le dernier.

C'est, en effet, dans la séance du 7, pendant un discours de Manuel en faveur de l'hérédité de la pairie, que la Chambre reçut le message qui lui annonçait la démission de la commission exécutive et l'entrée prochaine de Louis XVIII.

« Monsieur le président, disait ce message, jusqu'ici nous avions dû croire que les souverains alliés n'étaient point unanimes sur le choix du prince qui doit régner en France. Nos plénipotentiaires nous ont donné les mêmes assurances à leur retour. Cependant les ministres et les généraux des puissances alliées ont déclaré hier, dans les conférences qu'ils ont eues avec le président de la commission, que tous les souverains se sont engagés à replacer Louis XVIII sur le trône, et qu'il doit faire, ce soir ou demain, son entrée dans la capitale.

« Les troupes étrangères viennent d'occuper les Tuileries, où siége le gouvernement.

« Dans cet état de choses, nous ne pouvons plus que faire des vœux pour la patrie, et, nos délibérations n'étant plus libres, nous croyons devoir nous séparer. »

Le message avait été précédé d'une violente altercation entre Fouché, revenu d'Arnouville ministre de Louis XVIII, et Carnot, qui proposait au gouvernement provisoire de suivre l'armée et de se retirer sur la Loire. L'arrivée de quelques bataillons prussiens termina le débat, et les membres de la commission n'eurent plus qu'à signer en commun l'acte qui mettait un terme à son existence.

Fouché, en déclarant que le duc de Wellington lui avait annoncé que tous les souverains étrangers s'étaient engagés à replacer Louis XVIII sur le trône, disait-il un mensonge, ainsi que, dans sa dépêche du 8 juillet au comte Bathurst, le duc de Wellington l'en a formellement accusé? Oui, si on s'en tient à la lettre de la conversation entre Wellington et Fouché; non, si on en recherche l'esprit. Les souverains étrangers, il faut le répéter, n'imposaient point littéralement Louis XVIII à la France; mais ils disaient que, si la France choisissait un autre roi, ils seraient obligés de prendre quelques provinces, et, par cette raison même, plusieurs désiraient que Louis XVIII ne fût pas rappelé. Or, aux yeux d'un Français, c'était en réalité imposer Louis XVIII, et Fouché disait vrai. L'allégation contenue dans son message n'en était pas moins de nature à donner quelques embarras au duc de Wellington avec son gouvernement, qui toujours avait officiellement déclaré que la France était libre; et avec les souverains alliés, qui, au moment de se rendre à Paris, pouvaient trouver mauvais que la question politique eût été résolue sans qu'on daignât les attendre.

Quoi qu'il en soit, après la lecture du message, Manuel demanda que la délibération continuât, et répéta, sans beaucoup d'à-propos ni d'effet, les paroles célèbres de Mirabeau. Puis, à six heures du soir, malgré les vives réclamations de plusieurs membres, le président prononça l'ajournement de la Chambre. A la Chambre des pairs, pendant qu'on attendait l'arrivée du message, une troupe de Prussiens occupa le jardin et les cours du palais, et la Chambre se sépara en silence. Le lendemain, 8, le *Moniteur* annonçait la dissolution des Chambres, et les représentants, se rendant à l'heure indiquée au lieu ordinaire de leurs séances, trouvaient les portes du palais fermées et les avenues gardées par la force armée. En conséquence, ils se rendirent chez M. de la Fayette d'abord, puis chez le président Lanjuinais, où ils signèrent, au nombre de cinquante-trois, une courte protestation.

Ainsi finit cette Assemblée, à laquelle ne manquaient certainement ni le talent, ni le patriotisme, ni l'amour d'une sage liberté, mais qui, après avoir joui en France d'une courte popularité, s'est vu accuser par les uns d'avoir détrôné Napoléon, par les autres de n'avoir pas proclamé Louis XVIII, par presque tous, d'avoir paralysé la défense nationale et contribué à l'asservissement de la France. De ces reproches, le dernier serait grave, s'il était mérité ; mais nous croyons qu'il ne l'est pas [1]. Pour juger sainement la conduite de la Chambre des représentants, il est nécessaire de distinguer entre deux périodes de son existence : celle qui précède et celle qui suit Waterloo. Dans la première, la Chambre pouvait exprimer des vœux, manifester des intentions : elle ne pouvait

---

[1] Les *Souvenirs contemporains de M. Villemain*, qui contiennent tant de renseignements curieux et nouveaux sur les Cent-Jours, sont, à mon sens, le premier ouvrage historique où cette singulière époque ait été sainement jugée, et je suis heureux de me trouver d'accord avec lui sur presque tous les points.

exercer aucune action, aucune influence sur la conduite ni sur les résultats de la guerre, puisque, avant même qu'elle se réunît, le plan de la campagne était arrêté, l'armée organisée et rassemblée sur la frontière, l'ordre donné à tous les généraux de se tenir prêts à prendre l'offensive. Ainsi, jusqu'à la fatale journée du 18 juin, l'accusation portée contre la Chambre des représentants est non-seulement injuste, mais encore absurde.

C'est donc après Waterloo seulement que commencent l'action et, en même temps, la responsabilité de la Chambre des représentants. Or, après Waterloo, il y avait bien évidemment une question qui dominait toutes les autres. L'armée étant vaincue et dispersée, Napoléon fugitif, la France divisée et découragée, était-il encore possible de s'opposer au flot de l'invasion étrangère ? Tous les hommes compétents et engagés dans l'entreprise des Cent-Jours, Ney, Soult, Masséna, Grouchy, Vandamme, Davoust, Carnot lui-même, ont cru que cela n'était pas possible. Peut-on reprocher à la Chambre des représentants de l'avoir cru comme eux, avec eux ? et, du moment où elle le croyait, ne devait-elle pas, pour sauver l'intégrité territoriale de la France, aussi bien que sa liberté, empêcher Napoléon de saisir la dictature et le précipiter du trône, d'où ses partisans les plus éclairés eux-mêmes aspiraient à le voir descendre ? Jamais, selon nous, résolution ne fut plus sage, plus patriotique, plus nécessaire, et la preuve, c'est que dans une assemblée où le parti bonapartiste avait de nombreux adhérents, elle ne rencontra pas un contradicteur.

Jusqu'ici la Chambre des représentants, quoi qu'on en puisse dire, est irréprochable. L'abdication consommée, il faut reconnaître que l'initiative politique lui manqua, et qu'elle ne sut plus comment user du grand pouvoir qu'elle venait de prendre. Trompée par les fausses promesses de la coalition, elle ne comprit pas suffisamment qu'en 1815, comme en 1814, toute combinaison qui excluait Napoléon et Louis XVIII était une intrigue, et qu'au lieu d'attendre que le roi arrivât à la suite des armées étrangères, il fallait, dans l'intérêt de la liberté et de l'intégrité nationale de la France, lui ouvrir tout de suite les portes de Paris. Mais, sans compter la grande difficulté d'un tel changement, en présence des fédérés et des restes de l'armée, il ne faut pas oublier que la Chambre des représentants avait été nommée dans un esprit fortement hostile aux Bourbons, et qu'à ce moment les puissances étrangères n'avaient point encore démenti leurs déclarations précédentes. Or la persévérance, même intempestive, dans les opinions et dans la conduite; la fidélité, même aveugle, au mandat et au serment, ne sont pas des torts assez communs en France pour qu'on doive les frapper d'un blâme sévère. Est-il, d'ailleurs, dans l'histoire parlementaire, une autre assemblée qui ait traversé une crise aussi violente sans commettre un acte arbitraire, sans rendre une loi injuste, sans attenter une seule fois aux personnes ou aux propriétés? Un acte qui peut-être a sauvé la France de la ruine et du démembrement, et une déclaration de principes excellente : voilà, à la distance où nous sommes des Cent-Jours, ce qui reste et restera toujours de la Chambre des représentants : ce sont ses titres à l'estime nationale, et ces titres, la malveillance bonapartiste ou royaliste ne les lui enlèvera pas.

Fouché, ainsi que nous l'avons dit, avait quitté Louis XVIII sans rien obtenir, pas même l'adoption de la cocarde tricolore. Dans la soirée du 7, une dernière tentative fut faite par le maréchal Masséna, au nom des colonels de la garde nationale, et un des maréchaux qui, depuis plusieurs jours, travaillaient à préparer le retour de Louis XVIII, le maréchal Oudinot, appuya fortement cette tentative. « Sire, écrivait au roi le maréchal Oudinot, la cocarde nationale est aujourd'hui, pour Votre Majesté, ce qu'était la messe pour Henri IV[1]. »

---

[1] *Souvenirs de Mathieu Dumas.*

Mais Louis XVIII ne croyait pas que la cocarde tricolore fût pour lui, comme la messe pour Henri IV, une condition absolue, et, après avoir rejeté cette cocarde en 1814, quand elle eût été le signe glorieux de la réconciliation nationale, il lui paraissait peu honorable de l'accepter quand elle était devenue l'emblème de la révolte. Malgré l'appui de quelques royalistes, Masséna et Oudinot ne furent donc pas plus heureux que Fouché, et il fut irrévocablement décidé que les vieilles couleurs de la monarchie seraient maintenues.

Les troupes étrangères avaient occupé Paris le 7, et Louis XVIII y fit son entrée le 8, avec l'accompagnement ordinaire d'écharpes, de mouchoirs blancs, de bouquets et d'acclamations. Quelques serviteurs timides eussent voulu qu'il entrât mystérieusement par une voie détournée; il voulut entrer en plein jour, par les faubourgs et par les boulevards, et il eut raison. Quoique Louis XVIII eût vécu longtemps loin de la France, il la connaissait assez pour savoir qu'il s'y trouve toujours un fond suffisant de malédictions pour le vaincu, et d'enthousiasme pour le vainqueur. Fouché, d'ailleurs, l'habile Fouché, n'était-il pas là pour payer au roi sa nomination? Deux jours après, Monsieur, en présence de toute la cour, prenait la main de Fouché, la serrait affectueusement dans la sienne, et le remerciait d'avoir procuré au roi « une entrée admirable[1]! »

Dans le bon accueil que reçut Louis XVIII, il y avait pourtant quelque chose de plus. Le coup de main du 20 mars avait affligé et indigné non-seulement les royalistes, mais encore une foule d'hommes qui, sans être précisément royalistes, en prévoyaient les funestes conséquences. Quand ces conséquences apparurent plus terribles encore qu'on ne l'avait supposé, l'indignation de ces hommes contre Napoléon et ses complices redoubla. Au moment où Louis XVIII rentrait comme roi dans sa capitale, il y ramenait l'espoir d'un gou-

---

[1] *Mémoires de M. Beugnot.* (M. Beugnot était présent.)

vernement sage et régulier, rendant la paix à la France, maintenant l'intégrité du territoire, fermant les plaies de la patrie. On était donc porté à oublier la triste avant-garde qui l'avait précédé, pour songer uniquement aux maux auxquels il venait mettre un terme, aux bienfaits qu'il apportait. On savait, d'ailleurs, qu'un ministère constitutionnel était formé, sous la présidence de M. de Talleyrand ; on voyait aux côtés du roi d'illustres représentants du régime nouveau, les maréchaux Macdonald, Victor, Marmont, Gouvion-Saint-Cyr, Oudinot, Moncey, Lefebvre; les généraux Maison, Dessoles ; on pouvait, par conséquent, espérer que la liberté était sauve et qu'aucune réaction violente ne viendrait attrister le règne qui recommençait.

Une ordonnance rendue le 7 juillet avait nommé le général Dessoles commandant de la garde nationale de Paris, et décidé que les fonctionnaires de l'ordre administratif et judiciaire qui étaient en activité de service avant le 20 mars reprendraient à l'instant leurs fonctions. Le préfet de Paris, M. de Bondy, se trouvait ainsi remplacé par M. de Chabrol, dont le discours ne parut point démentir les espérances de la population parisienne. Dans ce discours, modéré et libéral, chacun crut voir un appel à l'oubli du passé et à l'union de tous les Français, sous un prince « qui, pour premier gage de son retour, réconciliait la France avec l'Europe et assurait le bonheur de ses peuples par de nouvelles garanties constitutionnelles. » Louis XVIII, à la vérité, fit une réponse insignifiante, mais courte, simple, et qui ne pouvait blesser ni effrayer personne. Aussi le lendemain le *Moniteur* avait-il soin de dire que, dans cette touchante cérémonie, rien n'avait pu donner l'idée du triomphe d'un parti, et que tout annonçait, au contraire, « la réunion de tous les partis dans un sentiment désormais inaltérable. » Et, avec cet oubli de toutes les convenances qui distingue en général les journaux officiels, il ajoutait : « Les étrangers, témoins de ce beau spectacle, en ont paru profondément émus. Ils ont reconnu le caractère français sous ses traits véritables. » L'émotion des étrangers, qui bivaquaient sur la place du Carrousel, sur les quais, sur les boulevards, dut s'accroître, le soir, quand ils virent Paris se couvrir de brillantes illuminations, parmi lesquelles celle de l'hôtel Cambacérès se faisait remarquer [1], et, surtout le lendemain, quand, en face de leurs canons braqués et de leurs mèches allumées, le jardin des Tuileries fut envahi par une foule de jeunes femmes, de jeunes vierges (comme disent les récits officiels), qui, la tête couronnée de lis, chantaient *Vive Henri IV !* et dansaient des rondes populaires ; mais il est peu probable que ce spectacle, quelque beau qu'il fût, relevât beaucoup aux yeux des étrangers le caractère national.

Est-il besoin de dire que, d'après les récits officiels, la joie des départements égala celle de Paris, et que, pour la troisième fois depuis un an, le palais des Tuileries vit défiler des députations et se succéder des adresses toujours pleines des mêmes protestations d'amour et de dévouement? On remarqua pourtant que ces adresses se divisaient en deux catégories : celles dont les signataires en avaient récemment signé d'autres en sens contraire, et celles dont les signataires étaient restés, pendant les Cent-Jours, purs de tout contact avec Napoléon ; ceux-ci portaient, avec raison, la tête haute, et se targuaient de leur inviolable fidélité ; ceux-là s'excusaient humblement sur la nécessité, où une autorité usurpatrice les avait placés, de comprimer leurs sentiments et de parler, d'écrire, d'agir contre leur opinion, « afin, disaient-ils, de ne pas laisser la France sans une bonne justice et sans une sage administration; mais l'oppression avait cessé, et rien ne les empêchait plus de professer publiquement leurs véritables principes [2]. »

Le jour même où Louis XVIII rentrait à Paris, Napoléon

[1] *Journal des Débats.*
[2] Adresse de la cour de cassation et d'une foule d'autres tribunaux et corps constitués.

s'embarquait à Rochefort; et, le 15 juillet, après de longues et tristes irrésolutions, il montait sur le *Bellérophon*, pour aller traîner, pendant six années encore, une vie oisive et maladive dans une île lointaine. Quitter l'île d'Elbe pour l'île de Sainte-Hélène, c'était, après tout, changer une prison pour une autre, et l'aventure des Cent-Jours n'avait pas sensiblement empiré sa condition; mais dans quel état laissait-il le malheureux pays sur lequel, quatre mois auparavant, il s'était soudainement abattu? En 1814, la France n'avait point été vaincue; elle avait été submergée après des efforts héroïques et prolongés pour arrêter le torrent qui l'envahissait de toutes parts. En 1815, elle venait de succomber du premier coup, presqu'à forces égales, dans une grande bataille, et une campagne de trois semaines avait décidé de son sort. En 1814, étonnés eux-mêmes de leur succès, les rois et les peuples l'avaient admirée, ménagée, et, quand ils s'étaient retirés, elle avait pu reprendre au milieu d'eux le rang qui lui appartenait. En 1815, les rois et les peuples étaient également âpres à la pressurer, à l'écraser, à la démembrer même, et elle était menacée du sort de la Pologne. En 1814, enfin, une ère nouvelle semblait s'ouvrir pour la France, revenue, après vingt-cinq ans de discordes et de guerres, à son point de départ, à la monarchie constitutionnelle; et, au sein de cette monarchie, tous ses enfants étaient appelés à se réconcilier. En 1815, de nouvelles et ardentes divisions étaient venues aggraver les divisions anciennes, et la fureur des partis ensanglantait déjà plusieurs provinces. Voilà ce que, en s'embarquant sur le *Bellérophon*, Napoléon léguait au peuple qui, si imprudemment, lui avait confié ses destinées, au peuple qu'il avait gouverné en maître, et dont la grandeur et le bonheur, disait-il, lui étaient si chers! Voilà ce que, pour secouer l'ennui qui le consumait à l'île d'Elbe, il avait apporté à la France!

Nier, comme on le faisait en 1814 et en 1815, le génie de Napoléon, serait insensé; mais le génie sans mesure, sans règle, sans moralité, est un fléau plutôt qu'un bienfait pour les peuples. A quoi, en définitive, le génie de Napoléon l'avait-il conduit? à épuiser, après l'avoir asservie, la nation qui s'était livrée à lui; à faire subir à la ville de Paris, deux fois en deux ans, un outrage dont la vieille monarchie et la République avaient su du moins la préserver; à précipiter enfin la France dans un abîme de malheurs, et à la laisser plus petite qu'il ne l'avait prise! Et pourtant tel est le prestige de la grandeur déchue, que Sainte-Hélène a bientôt fait oublier Paris, et que la pitié de la France s'est détournée de ses propres maux pour se porter sur ceux de l'homme qui l'avait perdue! Pour notre part, nous le disons avec l'auteur d'un livre remarquable sur la campagne de 1815[1] : cette pitié nous paraît mal placée, et nous la réservons pour des souffrances moins méritées. Mais, si l'idolâtrie dure encore, sincère sous le chaume, calculée dans des régions plus hautes, la vérité se fait jour, l'histoire succède à la légende, et bientôt, au Napoléon idéal qu'avait rêvé l'imagination populaire, succédera le vrai Napoléon. Il ne nous appartient à aucun titre de devancer ici le jugement de la postérité; mais nous croyons que le président Lanjuinais le devançait quand, dans la discussion de l'adresse, il prononçait ces excellentes paroles : « Appelez-le héros, si vous voulez; ne l'appelez pas grand homme. Le titre de grand homme suppose des qualités morales dont le titre de héros peut se passer[2]. »

---

[1] *Waterloo*, par le colonel Charras.

[2] Depuis que les deux premiers volumes de cette Histoire ont paru, un livre de la plus haute importance, les *Mémoires du comte Miot de Melito*, est venu éclairer d'une lumière toute nouvelle plusieurs des événements du Consulat et de l'Empire, et surtout le caractère et les desseins de Napoléon dans quelques circonstances critiques de sa vie. Qu'on lise dans le premier volume, à la page 183, la conversation du général Bonaparte avec M. Miot, à l'époque du traité de Léoben; à la page 178 et 195, l'exposé de ses vues avant et après le 18 fructidor; à la page 278, l'aveu sincère de la résolution

où il était, le lendemain même du 18 brumaire, d'écraser tous ceux qui lui résisteraient ; à la page 307, après Marengo, son opinion sur les tentatives de paix et sur la mission qu'il devait accomplir dans le monde. Qu'on lise dans le tome II, à la page 109 et à la page 165, l'explication du dissentiment qui éclata entre ses frères et lui quand il fut question de substituer au Consulat un empire héréditaire ; à la page 153 enfin, et à la page 226, l'exposition réfléchie des motifs qui le déterminèrent à faire enlever et à faire tuer le duc d'Enghien ; qu'on lise tout cela, et que l'on dise s'il est possible de soutenir encore qu'il y a eu deux Bonaparte, celui du Consulat et celui de l'Empire. Et ce qui rend le témoignage de Miot plus imposant, c'est que le témoin est un serviteur éclairé, mais fidèle de l'empereur Napoléon, un serviteur qui a tout perdu le jour où l'Empire est tombé, et qui a passé la fin de sa vie dans la retraite.

CHAPITRE XI

PREMIER MINISTÈRE

Constitution du ministère. — Convocation d'une Chambre nouvelle. — Articles de la Charte soumis à révision. — Chambre des pairs. — Difficultés extérieures et intérieures. — Conduite des armées étrangères à Paris et dans les départements. — Spoliation du Musée. — Projets de démembrement de la France. — Licenciement de l'armée. — Violente réaction royaliste. — Massacres et terreur dans le Midi. — Anarchie dans l'Ouest. — Ordonnance du 24 juillet. — Listes de proscription préparées par Fouché. — Proclamation du roi contre les assassins du Midi. — Déclin du ministère. — Brochures royalistes et journaux. — Rapports de Fouché. — Élections. — Triomphe des ultra-royalistes. — Adresses violentes des colléges électoraux. — Démission forcée de Fouché. — Ultimatum des puissances étrangères. — Démission de M. de Talleyrand acceptée par Louis XVIII. — Départ de Fouché. — Formation du nouveau ministère. — M. de Richelieu et M. Decazes. — Légères concessions faites au duc de Richelieu et signature du nouveau traité de paix. — Opinion de l'Angleterre sur ce traité.

Louis XVIII était monté sur le trône, non comme Fouché et Davoust le voulaient, par un vote des Chambres, en acceptant la cocarde tricolore, en signant un nouveau pacte avec la nation, mais purement et simplement, sans condition ostensible, par la force des armes étrangères ; néanmoins Louis XVIII avait pris ou on avait pris pour lui certains engagements dont il ne pouvait s'affranchir ; le premier de ces engagements était celui de constituer un véritable ministère.

Ce n'est pas du premier coup que, dans les pays mêmes où

le principe parlementaire a le plus de force et de vie, on est arrivé à l'idée d'un ministère homogène, solidaire, libre et responsable de ses actions. En Angleterre, jusqu'à la révolution de 1688, il n'y avait point, à proprement parler, de ministère; il y avait des ministres, professant souvent des opinions diverses, personnellement et politiquement divisés, agissant chacun pour son compte particulier ou pour le compte de son parti, moins occupés de servir l'État que de se desservir et de se supplanter réciproquement, s'accusant quelquefois les uns les autres de haute trahison, et n'ayant entre eux qu'un lien, la volonté du roi qui pouvait les élever ou les abaisser à son gré. Et cet état de choses ne changea pas tout de suite après la révolution de 1688. « Les hommes d'État, dit Macaulay, ne comprirent pas d'abord à quel point la relation du roi à son parlement et à son ministère avait été altérée par la révolution. On supposait généralement que le gouvernement serait, comme par le passé, dirigé par des fonctionnaires indépendants les uns des autres, et sur lesquels Guillaume conserverait une surintendance générale[1]. » En conséquence, dans le premier ministère constitué par Guillaume, les quatre ministres principaux, Danby, Halifax, Nottingham, Shrewsbury, représentaient quatre opinions différentes.

Ce fut seulement cinq années plus tard, en 1693, que l'impossibilité d'un tel ministère, en face d'un parlement libre, se trouva pleinement démontrée, et que Guillaume, non sans répugnance, se détermina à choisir ses ministres dans un seul parti, et à se départir ainsi, dans une certaine mesure, de la direction souveraine à laquelle il s'était accoutumé ; encore n'avança-t-il que pas à pas dans cette voie nouvelle, et parut-il plus d'une fois au moment de revenir à son point de départ. En 1696 pourtant, cette importante révolution était accomplie et le gouvernement parlementaire était définitivement muni de son maître ressort.

[1] Macaulay, *History of England*, t. III.

M. de Talleyrand, en demandant, d'accord avec le duc de Wellington, la formation d'un vrai ministère, et Louis XVIII en y consentant, avaient donc fait une chose considérable, et les publicistes les plus habiles du parti contre-révolutionnaire, M. Fiévée notamment, ne s'y trompaient pas. D'après eux, l'unité dans le gouvernement était sans doute nécessaire ; mais ce n'était ni par la formation d'un ministère solidairement responsable ni par la nomination d'un premier ministre qu'il convenait d'obtenir cette unité : c'était par l'établissement d'un cabinet du roi, auquel aboutiraient tous les ministres et ressortiraient toutes les affaires. On ne devait d'ailleurs point désirer, selon M. Fiévée, que les membres du cabinet du roi eussent une grande notoriété : « Moins ils auraient d'éclat personnel, plus ils aideraient à rendre de l'ascendant au pouvoir royal, puisque ce pouvoir resterait toujours en première ligne aux yeux du public, comme il l'est en effet dans l'ordre politique [1]. »

Le ministère avait été composé à Saint-Denis, le 7 juillet ; mais c'est seulement le 10 juillet que l'ordonnance parut dans le *Moniteur*, avec un considérant qui lui assignait nettement son caractère constitutionnel. Malheureusement l'homme éminent que son nom et sa position plaçaient sans conteste à la tête de ce ministère n'avait ni l'initiative, ni l'activité, ni l'application soutenue qui font réellement un premier ministre. Quand on lisait la liste des nouveaux ministres, il n'était pas d'ailleurs très-facile d'y apercevoir l'*unité* et la *solidarité* dont se vantait le considérant de l'ordonnance. A la vérité, en conservant deux de ses anciens collègues, le baron Louis et M. de Jaucourt, qui lui étaient restés fidèles à Mons, tandis qu'il écartait M. Beugnot, qui avait manifesté alors l'intention de suivre le roi, M. de Talleyrand semblait vouloir se préserver de toute dissidence personnelle ; mais, en même temps, dans l'espoir

---

[1] Fiévée, *Correspondance politique et administrative*.

de se concilier l'empereur de Russie, il nommait le duc de Richelieu ministre de la maison du roi, et, chose plus grave, il offrait le ministère de l'intérieur à M. Pozzo di Borgo, dont les antécédents, si ce n'est les opinions, le menaçaient d'une rivalité dangereuse. C'était d'ailleurs un choix singulier : Corse de naissance, et ancien membre de l'Assemblée législative, M. Pozzo di Borgo pouvait redevenir Français ; mais il ne l'était plus, et ce n'est pas sans surprise qu'on l'eût vu soudainement passer du service de la Russie au poste le plus éminent et le plus difficile de l'administration intérieure de la France.

En confiant le ministère de la justice à M. Pasquier, M. de Talleyrand agissait, au contraire, d'une manière conséquente et politique. On accusait, dès cette époque, M. Pasquier, préfet de police sous l'Empire, directeur général des ponts et chaussées sous la Restauration, d'appartenir un peu trop à cette classe d'hommes qui regardent, non-seulement comme permis, mais encore comme louable, de conserver des fonctions publiques sous tous les gouvernements, pourvu qu'ils les exercent avec habileté et modération. Néanmoins, dans les Cent-Jours, M. Pasquier n'avait voulu ni servir à Paris ni servir à Gand, et c'est dans une honorable retraite qu'il avait attendu les événements. Ses antécédents le rapprochaient donc de M. de Talleyrand, et sa place était naturellement marquée dans un ministère dont la mission ostensible était de placer le gouvernement du roi en dehors du parti de l'émigration, et de donner sécurité et satisfaction aux hommes de la Révolution sans effrayer les royalistes. Tout annonçait d'ailleurs que, par la modération de son caractère, par la finesse de son esprit, par la facilité de sa parole, M. Pasquier serait pour M. de Talleyrand, premier ministre parlementaire, un auxiliaire fort utile.

Si le choix du ministre de la justice était bon, celui du ministre de la guerre était excellent. Volontaire en 1792, et un des généraux les plus glorieux de l'armée du Rhin, le maréchal Gouvion-Saint-Cyr, sans manquer à ses devoirs envers l'Empereur, avait toujours su conserver son indépendance ; et, tout en lui reprochant un peu d'âpreté dans le caractère, l'armée entière et la France rendaient justice à son esprit net et sagace, à son instruction étendue et variée, à ses mœurs simples et austères. Fidèle à son nouveau serment, comme à l'ancien, il avait, après le 20 mars, obtenu du corps d'armée rassemblé sous ses ordres à Orléans, qu'il conservât la cocarde blanche pendant trois jours, et, plus tard, il n'avait voulu ni faire acte d'adhésion à l'Empereur ni accepter le commandement que Louis XVIII lui offrait dans la Vendée. Dans le conseil de guerre du 1er juillet, il avait enfin proposé de livrer bataille aux Prussiens, mais à condition que, le lendemain, l'armée, victorieuse et résignée, portât sa soumission à Louis XVIII [1] ; idée peu exécutable et que Davoust, Soult, Ney, Grouchy et Vandamme avaient combattue, non sans raison, mais qui, après la capitulation, lui donnait, entre l'armée et le roi, une très-bonne position.

En attendant que M. Pozzo di Borgo eût consulté l'empereur de Russie, l'intérim du ministère de l'intérieur restait confié à M. Pasquier, qui choisit pour secrétaires généraux M. de Barante à l'intérieur, et M. Guizot à la justice. La direction générale des postes fut offerte à M. Beugnot, qui, étonné et mécontent de se voir, en 1815 comme en 1814, forcé de descendre, hésita d'abord, puis céda à l'influence que les paroles caressantes de Louis XVIII avaient toujours sur son esprit. En revanche, ce ne fut pas sans quelque difficulté que Louis XVIII consentit à laisser la direction générale des ponts et chaussées entre les mains de M. Molé. Non-seulement Napoléon, le lendemain du 20 mars, avait rendu à M. Molé la direction générale des ponts et chaussées, mais il l'avait nommé pair, et celui-ci, au lieu de refuser, comme le maréchal Macdonald, s'était borné à

---

[1] Gay de Vernon, *Vie du maréchal Gouvion-Saint-Cyr.*

partir pour les eaux de Plombières, en écrivant à la Chambre que l'état de sa santé ne lui permettait pas de prendre séance. Il semblait donc qu'il dût être compris dans la réprobation qui frappait les pairs et les fonctionnaires impériaux. Mais M. Molé, avant Waterloo, avait fait porter au roi Louis XVIII l'assurance de ses sentiments dévoués, et, après Waterloo, il avait tenté, d'accord avec M. de Vitrolles et quelques royalistes influents, d'amener le conseil municipal de Paris, dont il faisait partie, à devancer le gouvernement provisoire et à faire une adresse aux Chambres pour leur demander de proclamer Louis XVIII. Il avait donc, aux yeux de M. de Talleyrand, le double avantage d'avoir donné au roi des preuves de dévouement récentes, mais positives, et d'être propre, par sa présence dans le gouvernement, à rassurer ceux qui craignaient une réaction.

A deux choix près, ceux de M. de Richelieu et de M. Pozzo di Borgo, la composition du ministère nouveau était habilement entendue et assurait à M. de Talleyrand l'autorité, la prépondérance à laquelle, comme président du conseil, il avait droit; mais, en acceptant, ou peut-être en désirant Fouché pour collègue, il avait déposé lui-même dans son ministère un germe de mort. Que Fouché, habitué à rendre aux hommes le mépris qu'il leur inspirait, eût oublié la différence qui sépare les gouvernements libres des gouvernement absolus, et se fût figuré qu'à force d'audace il continuerait à duper tout le monde, on peut, à la rigueur, le comprendre. Pour un homme aux yeux de qui il n'était qu'une vertu dans ce monde, l'habileté, et qui se croyait plus habile que personne, il y avait quelque chose d'enivrant à se dire que le régicide, le proscripteur de Nevers et de Lyon, le ministre de la police du 18 brumaire et du 20 mars, avait amené les frères de Louis XVI à mettre leur main dans la sienne et à le prendre pour ministre! Quand on avait triomphé d'une telle difficulté, rien ne devait plus paraître difficile, et Fouché, complimenté par Monsieur, après l'avoir été par le comité de salut public et par le premier consul, pouvait se regarder comme invincible. Ce qui est vraiment inconcevable, c'est que M. de Talleyrand, plus calme, plus froid, moins personnellement intéressé dans la question, ait supposé un seul instant que Fouché saurait rester ministre du roi en face d'une presse et d'une tribune libres ; c'est qu'il n'ait pas prévu que, si le régicide, le proscripteur, le ministre de la police du Consulat et de l'Empire arrivait jusqu'à la réunion des Chambres, quelles qu'elles fussent, la première interpellation royaliste le tuerait, et tuerait avec lui ceux qu'un tel contact avait souillés. « Il est, écrivait M. de Montlosier quelques mois après, pour les rois comme pour les nations, une pudeur publique qu'ils n'offensent pas impunément. » Malgré les services que venait de rendre Fouché, cette pudeur publique se révoltait contre sa nomination, et ceux-là mêmes qui l'avaient le plus souhaitée devaient bientôt en rougir et s'en défendre.

Mais, par une précaution fort usitée sous le régime impérial, en même temps que l'on nommait Fouché ministre de la police, on lui donnait, dans la personne du préfet de police, un surveillant, et on lui préparait un successeur. Le 7 juillet, à Saint-Denis, la préfecture de police venait d'être vainement offerte à M. Anglès et à M. Mounier, quand le baron Louis proposa d'appeler à cette fonction importante un jeune homme, personnellement inconnu du roi, des princes et même de M. de Talleyrand, mais qui, ancien secrétaire des commandements de Madame Mère, et conseiller à la cour royale de Paris en 1814, avait, pendant les Cent-Jours, refusé hautement le serment. « J'ignorais, avait-il dit à ceux de ses collègues qui s'extasiaient sur la rapidité du voyage de Napoléon entre Cannes et Paris, j'ignorais que la légitimité fût le prix de la course ; » et il avait payé ce bon mot hardi d'une destitution et d'un exil à Libourne. Ce jeune homme, M. Decazes, était revenu à Paris après la bataille de Waterloo, et se trouvait le

7 à Saint-Denis, où il donnait le conseil de disperser par la force la Chambre des représentants, et, si Fouché s'y opposait, de le faire arrêter, quand la préfecture de police lui fut offerte. Bien qu'un peu surpris de la proposition, M. Decazes accepta et fut, séance tenante, agréé par M. de Talleyrand, à qui la recommandation du baron Louis suffisait, et par Fouché, qui ne redoutait point son influence.

Enfin, par une anomalie singulière, M. de Vitrolles conserva ses fonctions de secrétaire du conseil des ministres. Nul doute qu'il ne dût son maintien au rôle qu'il avait joué dans ces derniers temps, et à la double faveur de Monsieur et de Fouché. Sa position n'en restait pas moins fort équivoque, et il était douteux que le nouveau ministère eût en lui un collaborateur bien dévoué.

Pour ne pas rompre tout à fait avec les traditions de l'ancienne monarchie, on annonça, d'ailleurs, qu'à côté du conseil des ministres il y aurait un conseil privé, dans lequel entreraient les princes, les ministres d'État, et les personnes qu'il plairait au roi d'y appeler. Mais l'organisation de ce conseil, qui ne devait se réunir que sur une convocation spéciale, fut ajournée à une autre époque.

Le gouvernement proprement dit était ainsi constitué; mais il restait à savoir ce que l'on ferait des deux Chambres. Pour la Chambre des députés, le roi et le ministère avaient à choisir entre deux partis : ils pouvaient rappeler l'ancienne Chambre, la Chambre de 1814, qui, le 20 mars au matin, avait été simplement prorogée; ou bien ils pouvaient la dissoudre et en convoquer une nouvelle. De ces deux partis, le premier semblait le plus simple; mais la Chambre de 1814 était bien vieille, bien usée, bien peu propre à exprimer, en face de l'étranger et des factions intérieures, la véritable opinion de la France. En la rappelant, d'ailleurs, il fallait rouvrir la porte du palais Bourbon à des hommes qu'on venait d'en chasser outrageusement, aux Dumolard, aux Durbach, aux Bedoch.

Enfin, le roi, à Gand, à Cambrai, à Arnouville, avait promis d'apporter à la Charte quelques perfectionnements désirés par l'opinion publique ; or le rappel de l'ancienne Chambre ajournait pour le moins ces perfectionnements. Le roi et le ministère se décidèrent donc à convoquer une nouvelle Chambre, en portant provisoirement le nombre des députés de deux cent soixante-deux à quatre cent deux; en abaissant l'âge nécessaire pour être éligible de quarante ans à vingt-cinq ans ; enfin, en soumettant à la révision des Chambres plusieurs articles de la Charte, notamment celui qui attribuait au roi seul l'initiative des lois, celui qui réglait l'âge auquel les pairs ont entrée dans la Chambre et voix délibérative, et tous ceux qui fixaient le mode de renouvellement de la Chambre élective, le nombre des députés, les conditions d'âge et de cens imposées soit aux élus, soit aux électeurs, la formation facultative de la Chambre en comité secret et son partage en bureaux, enfin la nécessité du consentement du roi pour qu'un amendement pût être fait à une loi. Les articles de la Charte ainsi soumis à révision étaient en effet ceux dont le *vœu bien connu de la nation* demandait la modification, et Louis XVIII, dans le préambule qui précédait l'ordonnance, avait raison de le dire. L'organe le plus sérieux et le plus respectable de l'opinion libérale, le *Censeur*, blâma pourtant ces modifications, non comme mauvaises en elles-mêmes, mais comme inconstitutionnelles. Au point de vue d'une légalité rigoureuse, le *Censeur* n'avait pas tort; mais quand, après la convulsion politique des Cent-Jours, Louis XVIII, remis sur son trône, modifiait ou proposait de modifier la Charte, non pour augmenter le pouvoir royal, mais pour le restreindre, non pour restreindre le pouvoir parlementaire, mais pour l'augmenter, était-il juste de lui opposer la lettre de la loi? Louis XVIII, par la force des choses, se trouvait, en juillet 1815, investi d'une sorte de dictature; s'il en usait modérément, à court terme, et dans l'intérêt des libertés publiques, il était irréprochable, et ceux qui, pour justifier un coup d'État odieux, ont voulu établir entre l'ordonnance du 24 juillet 1830 et l'ordonnance du 13 juillet 1815 une sorte de parité, ont fait preuve de peu d'intelligence ou de peu de bonne foi.

Il y a pourtant un reproche grave à faire à l'ordonnance du 13 juillet 1815 : non-seulement elle maintenait provisoirement, comme l'Acte additionnel, les colléges électoraux de l'Empire; mais, moins libérale que l'Acte additionnel, elle ne conférait pas à ces colléges la nomination directe des députés. Chaque collége d'arrondissement devait se borner à élire un nombre de candidats égal au nombre des députés du département, et les colléges de département étaient seulement obligés de choisir, parmi ces candidats, la moitié de leurs députés; le roi, d'ailleurs, se réservait la nomination des présidents, et les préfets conservaient le droit précieux d'ajouter aux colléges un certain nombre de membres de la Légion d'honneur, avec cette condition que les membres de la Légion d'honneur adjoints aux colléges de département payassent au moins trois cents francs d'impôt. Quelques jours plus tard, enfin, une nouvelle ordonnance autorisa les préfets à compléter les colléges électoraux devenus incomplets, c'est-à-dire tous les colléges électoraux, en ajoutant vingt membres aux colléges de département et dix aux colléges d'arrondissement. Par ces incroyables stipulations, les ministres s'imaginaient sans doute qu'ils assuraient au gouvernement, dans chaque collége, un renfort d'électeurs dévoués et complaisants; mais ils avaient compté sans leurs préfets, et, dans les mains qui s'en servirent, l'arme que M. de Talleyrand et ses collègues avaient fabriquée au profit de leur pouvoir se retourna bientôt contre eux, et contribua puissamment à leur défaite.

Vingt-neuf des pairs nommés par Louis XVIII en 1814 avaient siégé dans la Chambre des pairs impériale, et l'embarras à leur égard était grand : leur titre les faisait pairs à vie, et, si l'on voulait leur imputer à trahison l'acceptation des mêmes fonctions pendant les Cent-Jours, il fallait les faire juger par leurs pairs ; il fallait faire comparaître devant leurs collègues des hommes tels que M. Boissy-d'Anglas, M. de Pontécoulant, M. de Valence, M. de Latour-Maubourg, M. Dedelay-d'Agier, le maréchal Suchet, le maréchal Lefebvre, le maréchal Moncey, le maréchal Mortier et l'archevêque de Tours. Or il n'était pas besoin d'une grande sagacité politique pour comprendre qu'un tel procès était impossible. Ne voulant ni maintenir ni faire juger les pairs dont il s'agit, on imagina donc de déclarer qu'en acceptant la pairie des mains de Napoléon ils avaient abdiqué leurs fonctions et qu'ils étaient de fait démissionnaires. Puis, pour remplacer les vingt-neuf pairs ainsi destitués, on pensa que de nouveaux pairs devaient être nommés, et chacun des ministres apporta sa liste. Selon M. de Vitrolles, présent à cette opération toujours difficile, des considérations personnelles souvent futiles, le hasard même, déterminèrent un grand nombre de choix. Enfin, après quelques concessions réciproques, une liste fut arrêtée où, à côté de beaucoup de noms peu connus, figuraient quelques noms illustres de l'ancien et du nouveau régime, ceux notamment du maréchal Berthier et du maréchal Lannes, représentés par leurs fils encore mineurs. Cette liste plut fort peu d'abord à Louis XVIII, et lui inspira quelques plaisanteries ; néanmoins il la signa, en y portant si peu d'attention, que l'omission de deux noms, ceux de M. de Blacas et de M. de la Châtre, ne le frappèrent pas d'abord ; mais, dans la nuit, ces noms furent ajoutés à l'ordonnance, par ordre de M. de Talleyrand, et le lendemain le roi approuva l'addition [1].

Ce ne fut pas sans quelque surprise que l'on vit figurer, parmi les pairs nouveaux M. Boissy-d'Anglas, qui, peu de jours auparavant, avait été déclaré démissionnaire, et M. Molé, qui, ainsi que nous l'avons dit, avait siégé, ou du moins

Mémoires de M. de Vitrolles.

compté parmi les pairs impériaux ; mais la vieille réputation de M. Boissy-d'Anglas le protégeait, et, quand le président de la Chambre des représentants, M. Lanjuinais, venait reprendre sa place sur les bancs de la Chambre des pairs, il était difficile que M. Boissy-d'Anglas restât privé de la sienne. Quant à M. Molé, il avait décidément quitté les couleurs de l'Empire pour prendre celles de la monarchie légitime, et on pensait avec raison qu'un homme de son nom et de son talent était, pour la pairie reconstituée, une précieuse acquisition.

Les vingt-neuf pairs réputés démissionnaires se trouvaient ainsi remplacés par quatre-vingt-cinq pairs nouveaux. Maintenant, convenait-il de les faire tous héréditaires ou de rester dans les termes de la Charte, qui accordait au roi la faculté de leur conférer ou de leur refuser l'hérédité? Le parti libéral tout entier s'était vivement prononcé contre cette faculté, qui lui paraissait, avec raison, un moyen de corrompre ou d'asservir la Chambre, et l'hérédité pure et simple avait paru aux membres les plus éclairés de ce parti, dans la Chambre des représentants et dans la presse, une garantie d'indépendance et de moralité. En revanche, le parti royaliste et Louis XVIII lui-même répugnaient à investir d'une telle distinction d'anciens bourgeois, dont les noms obscurs prêtaient à rire, et qui allaient ainsi, par eux-mêmes et par leurs enfants, prendre le pas sur la vieille noblesse française ; mais l'hérédité de la pairie figurait alors dans le programme libéral de la diplomatie européenne, et Louis XVIII, tout en se moquant un peu de la cohue qu'on lui proposait d'ériger en aristocratie [1], signa l'ordonnance que M. de Talleyrand lui présentait. Ce fut enfin sans aucune difficulté que, dès le 20 juillet, il accorda à son ministère une ordonnance qui, sans rapporter la loi sur la presse, affranchissait de toute surveillance la publication des écrits de vingt feuilles d'impression et au-des-

---

[1] *Mémoires de M. Beugnot.* — *Mémoires de M. de Vitrolles.*

sous. Louis XVIII et ses ministres rendaient ainsi hommage à la liberté de la presse, et tenaient la promesse qu'ils avaient faite.

Assurément, si l'on excepte de ces actes les déplorables dispositions qui concernaient l'élection des députés, l'ensemble en était louable, et un esprit vraiment libéral s'y manifestait clairement. Mais, aux difficultés qui, en 1814, assiégeaient la monarchie restaurée, les trois derniers mois avaient ajouté des difficultés bien plus graves encore, des difficultés telles, que, pour les surmonter, la bonne volonté et l'habileté de quelques hommes pouvaient à peine suffire. La première et la plus pressante de ces difficultés était celle que créaient la présence et les prétentions des armées étrangères à Paris et par toute la France. Les souverains coalisés n'avaient point fait la guerre pour remettre Louis XVIII sur le trône. A l'exception de l'Angleterre, qui avait persisté à voir dans le rétablissement de la monarchie légitime la plus forte et peut-être la seule garantie d'ordre et de paix durables en Europe, les souverains avaient même incliné un moment vers d'autres combinaisons, et ne s'étaient ralliés à la monarchie légitime que pour éviter des dissidences entre eux et peut-être des déchirements. Il était donc souverainement injuste d'imputer à Louis XVIII le désastre de Waterloo et les maux de l'invasion ; mais il avait quitté Gand après Waterloo ; il était revenu en France par les conseils et à la suite du duc de Wellington ; enfin, les plus violents ennemis de la France, les Prussiens, étaient entrés à Paris vingt-quatre heures avant lui, comme pour lui servir d'avant-garde. Quand les ennemis des Bourbons les accusaient de s'être encore une fois frayé un chemin sanglant vers le trône, sur les cadavres des Français, et les montraient au peuple comme les auteurs de ses maux, il était donc difficile qu'ils n'obtinssent pas créance et qu'ils ne répandissent pas dans presque tous les cœurs les semences d'une patriotique indignation. Pour détruire ou pour affaiblir dans l'esprit du peuple l'impression fâcheuse que produisait une telle accusation, il existait un seul moyen, c'était que Louis XVIII, ainsi qu'il l'avait promis, et ainsi que l'avaient annoncé plusieurs actes diplomatiques, apparût comme une sorte de divinité bienfaisante, placée entre la France et les armées étrangères, maintenant l'intégrité du territoire, mettant un frein aux prétentions excessives, empêchant les pillages et les violences, convertissant enfin les ennemis en alliés, et replaçant toutes choses dans l'état où elles étaient avant le 20 mars ; à cette condition, la triste responsabilité des derniers désastres portait tout entière sur leurs véritables auteurs, sur Napoléon et ses complices, et ne frappait pas ceux à qui on ne pouvait reprocher que de n'avoir pas su les prévenir par une plus habile politique.

Malheureusement, ce n'est point avec ces sentiments que les soldats étrangers entraient en France et s'y établissaient en vainqueurs. Il y avait bien parmi eux des hommes justes et sensés, le duc de Wellington notamment, qui voulaient rester fidèles à la pensée primitive de la coalition, traiter les Français en alliés plutôt qu'en ennemis, et faire à Louis XVIII un mérite et une force des adoucissements qu'il apporterait aux maux inévitables d'une occupation étrangère. Mais, en Angleterre même, cette conduite du duc de Wellington était peu populaire, et son gouvernement l'écoutait à peine, quand, pour justifier les ménagements dont il usait, il affirmait avec une noble modestie que, si la France n'eût pas été si mal disposée pour Napoléon, il lui eût été impossible, malgré l'éclatant succès de Waterloo, d'arriver à Paris en quinze jours[1]. A côté des Anglais, qui du moins se renfermaient dans les limites d'une stricte discipline, il y avait d'ailleurs les Allemands, surtout les Prussiens, qui, encouragés par leur général, le vieux Blücher, semblaient se croire dans une ville prise d'assaut.

---

[1] Lettre du duc de Wellington à lord Castlereagh, 11 août.

Dès les premiers jours de leur entrée à Paris, les Prussiens, malgré les vives réclamations du duc de Wellington, avaient imposé à la ville de Paris une contribution de guerre de cent millions, menacé d'emprisonner le préfet de la Seine, s'il n'obtempérait pas à toutes leurs demandes, placé des garnisaires à l'Hôtel de Ville, enlevé violemment les cartes de Cassini de la bibliothèque de l'Arsenal, et commencé des travaux pour faire sauter le pont d'Iéna. C'était saluer étrangement l'entrée de Louis XVIII dans sa capitale, et celui-ci s'en émut. Il ne menaça point, comme on l'a dit, de se faire porter de sa personne sur le pont pour y attendre l'explosion[1]; mais il rendit une ordonnance qui changeait le nom du pont, et, tandis que M. de Talleyrand envoyait M. Beugnot porter cette ordonnance au maréchal Blücher, il sollicita l'intervention du duc de Wellington et de lord Castlereagh, qui eurent, à ce sujet, une longue conférence avec le vieux maréchal. Dans cette conférence, ils lui représentèrent qu'il s'agissait d'une mesure plus politique que militaire, que cette mesure, très-désagréable au roi et à la population parisienne, pouvait exciter des troubles, enfin, qu'elle était en contradiction formelle avec les promesses faites aux plénipotentiaires français au moment de la capitulation. Ils insistèrent donc, en leur nom propre et au nom de leur gouvernement, pour que, sur cette question comme sur

---

[1] Voici, d'après les *Mémoires* de M. Beugnot, ce qui a donné lieu à cette anecdote. Quand M. de Talleyrand l'envoya chez le maréchal Blücher, « Annoncez-vous, lui dit-il, de la part du roi de France, et dites les choses les plus fortes sur le chagrin qu'il éprouve. — Voulez-vous, lui répondit M. Beugnot, que je dise que le roi va se porter de sa personne sur le pont, pour sauter de compagnie, si le maréchal ne se rend pas? — Non, pas précisément : on ne nous croit pas faits pour un tel héroïsme; mais quelque chose de bon et de fort : vous entendez bien, quelque chose de fort. »

La crise passée, M. de Talleyrand se souvint de la phrase de M. Beugnot, et pensa qu'on en pouvait tirer parti. « Il y a là, dit-il, matière à un bon article de journal; arrangez cela. » L'article de journal fut fait, et Louis XVIII, bien qu'un peu surpris du trait d'héroïsme qu'on lui prêtait, en accepta, de bonne grâce, la renommée.

celle de la contribution de cent millions, rien ne se fit jusqu'à l'arrivée très-prochaine des souverains alliés ; mais la raison du duc de Wellington et de lord Castlereagh se brisa contre la passion de Blücher, qui, malgré leurs sages observations et les représentations du ministère français, fit mettre le feu à la mine. Heureusement, deux piles du pont seulement en furent ébranlées, et, deux jours après, l'empereur Alexandre, arrivé à Paris, obtint du roi de Prusse que défense fût faite à Blücher de renouveler la tentative. La contribution extraordinaire de cent millions fut en même temps réduite à dix millions par la même intervention.

Quand, à Paris même, au siège du gouvernement, sous les yeux du roi, en présence des généraux en chef, du corps diplomatique et des souverains alliés, de telles violences avaient lieu, on peut se figurer aisément ce qui se passait dans les départements, là où les soldats étrangers ne rencontraient, pour leur faire obstacle, que des populations effrayées et des fonctionnaires timides. Ce n'était pas assez d'écraser les habitants par des exactions multipliées, de frapper les villes et les villages de réquisitions de toute espèce, de contributions extraordinaires sans cesse renouvelées, la plupart des chefs militaires avaient encore la prétention de mettre la main sur les caisses publiques et de détourner à leur profit le produit des impôts ordinaires ; quand cette prétention rencontrait quelque résistance, ils forçaient les caisses et s'emparaient de ce qu'elles contenaient. Telle fut leur manière d'agir à Lyon, à Saint-Lô, à Senlis, à Auxerre, à Vendôme, à Épinal et dans beaucoup d'autres villes. Presque partout, d'ailleurs, les paysans, exposés à toutes les violences et à tous les outrages, étaient obligés de quitter leurs maisons et de se réfugier dans les bois avec leurs femmes et leurs enfants ; mais ils ne parvenaient pas toujours à se mettre en sûreté, et à quelques lieues de Paris, à Toury, les malheureux habitants, surpris par un détachement de cavalerie prussienne, se voyaient forcés, le sabre dans les reins et à grands coups de fouet, de porter eux-mêmes sur leurs épaules le fourrage qu'on leur prenait [1].

On peut juger de la cruelle position où se trouvaient les fonctionnaires de Louis XVIII, en présence de ces excès et de ces dilapidations, au milieu de populations réduites à la dernière misère et exaspérées. Il faut leur rendre cette justice, que, dans la mesure de leurs forces, la plupart résistaient, mais presque toujours sans succès, et à leurs risques et périls. Pour les punir de cette résistance, les Prussiens, les Bavarois, les Wurtembergeois, les Autrichiens même, bien que moins exigeants, voulaient bien d'ordinaire se borner à mettre les scellés sur leurs bureaux, à placer chez eux un nombre plus ou moins considérable de garnisaires, et à leur ôter tout moyen de communiquer avec leurs administrés; mais ils ne s'en tenaient pas toujours là, et ils trouvaient quelquefois plus commode de les faire garder à vue dans leur appartement, et même de les mettre en prison, sauf à leur rendre momentanément la liberté pour assister à un banquet ou à une fête, à côté de leurs geôliers. C'est ainsi qu'à Louviers, à propos d'un banquet offert aux étrangers par les principaux habitants, le commandant militaire permit que le sous-préfet sortît de prison pendant quelques heures, mais à condition qu'il y rentrerait aussitôt après la fête. C'est ainsi encore qu'à Moulins, le préfet, détenu par ordre des Wurtembergeois, fut néanmoins autorisé à donner, le 25 août, jour de la fête du roi, un grand dîner, auquel le prince Adam de Wurtemberg assistait.

Dans plusieurs départements on alla plus loin encore, et l'on vit des maires, des sous-préfets, des préfets, réduits à s'enfuir ou à se cacher, et, s'ils ne s'enfuyaient pas, arrêtés comme des malfaiteurs et envoyés à l'étranger. Tel fut, no-

[1] J'extrais ces détails et ceux qui suivent d'une volumineuse correspondance des préfets et sous-préfets de cette époque; ils peuvent donc être considérés comme authentiques.

tamment, le sort de M. Pasquier, préfet de la Sarthe, et de M. de Gasville, préfet de l'Eure ; le premier, frère du ministre de la justice, le second, gendre du chancelier Dambray. Et si le propre neveu du premier ministre, M. de Talleyrand, préfet du Loiret, ne subit pas le même traitement, c'est qu'averti, il eut le temps de quitter la préfecture et de se soustraire à tous les regards. Deux autres préfets, le préfet de la Mayenne et le préfet des Vosges, parvinrent, comme M. de Talleyrand, à se cacher, l'un dans une maison obscure, l'autre dans les bois, et à maintenir du fond de leur retraite quelques rapports avec leurs administrés.

Encore une fois, ce n'était point à Louis XVIII que toutes ces indignités pouvaient être justement imputées; mais il ne parvenait point à les empêcher, et dès lors il était impossible que les populations, ruinées, écrasées, affamées, reconnussent en lui le protecteur, le sauveur qu'on leur avait annoncé.

Au reste, ce n'est pas seulement par les Français que la conduite des troupes allemandes, et surtout prussiennes, était blâmée ; l'empereur Alexandre s'en plaignait hautement, et les deux hommes éminents à qui l'Angleterre avait confié le soin de ses affaires s'en montraient mécontents et inquiets. « La difficulté actuelle, écrivait lord Castlereagh à lord Liverpool, dès le 8 juillet, est de faire garder quelque mesure aux Prussiens et à Blücher. » « Il convient, écrivait-il le 14, que chaque cabinet exerce sur son armée un contrôle efficace. Ce contrôle est sans importance en ce qui concerne l'armée anglaise, qui est un modèle de bonne conduite en même temps que de bravoure; mais, ailleurs, il y a tout à empêcher. » « La bataille de Waterloo, écrivait le duc de Wellington au maréchal Beresford, le 7 août, a certainement été la plus rude qui ait été livrée depuis beaucoup d'années, et le gain de cette bataille a mis dans la main des alliés de très-importants résultats; mais ces résultats, nous les détruisons nous-mêmes par l'infâme conduite de quelques-uns d'entre nous.

Et le duc de Wellington reprochait au gouvernement anglais lui-même de se laisser conduire par les journaux, et d'imiter un peu trop les gens « qui, ayant pris un gâteau, veulent à la fois le manger et le garder [1]. »

Par cette piquante comparaison, le duc de Wellington caractérisait fort bien les intentions mêlées et la conduite peu conséquente du gouvernement anglais. Dans toutes ses dépêches, le chef de ce gouvernement, lord Liverpool, manifestait un vif désir d'affermir Louis XVIII sur le trône ; mais il déclarait cet affermissement fort difficile, et, au lieu d'en conclure qu'il convenait d'aider Louis XVIII à surmonter la difficulté, il en concluait qu'il fallait, autant que possible, affaiblir, humilier la France. C'est dans cet esprit que, dès le 15 juillet, quand à peine quelques réclamations avaient eu lieu, lord Liverpool écrivit à lord Castlereagh pour appeler particulièrement son attention, de la part du prince régent, sur les collections de statues et de tableaux rassemblées dans les musées de Paris. Que ces collections « volées par les Français en Italie, en Allemagne et dans les Pays-Bas, » fussent rendues aux pays qui les avaient possédées ou partagées entre les alliés, peu importait à lord Liverpool ; ce qui importait, c'était « de les enlever à la France, où elles entretenaient le souvenir des conquêtes passées, et où elles fomentaient l'esprit militaire et la vanité de la nation [2]. »

Quand l'Angleterre, à qui rien n'avait été pris, émettait un tel vœu, on ne pouvait espérer que le roi des Pays-Bas, le roi de Prusse, le grand-duc de Toscane, le pape, se montrassent plus bienveillants pour la France. Aux premières demandes, on en vit donc succéder de nouvelles, et ainsi se prépara celle des spoliations qui, à Paris du moins, remplit les cœurs des sentiments les plus amers et des plus ardentes rancunes. Cette

---

[1] Dépêches du duc de Wellington.
[2] Lord Liverpool à lord Castlereagh, 15 juillet.

spoliation était sans doute la conséquence de spoliations antérieures, et si, en 1814, chacune des puissances alliées eût repris ce qu'elle avait perdu, il eût été plus juste de s'en affliger que de s'en irriter. Mais le traité de Paris avait consacré l'existence des musées, et si, lors de la capitulation, le maréchal Blücher avait formellement refusé de les mettre, par un article formel, à l'abri de toute atteinte, le duc de Wellington, pour atténuer la portée de ce refus, avait engagé les commissaires *à s'en fier, comme précédemment, à la bienveillance des souverains alliés*[1]. Plusieurs des objets d'art réclamés avaient d'ailleurs été cédés à la France en vertu de traités antérieurs. Par ces motifs, l'empereur de Russie, d'une part, et, d'une autre part, le duc de Wellington et lord Castlereagh, n'étaient point d'avis de dépouiller les musées, et désiraient qu'un compromis pût avoir lieu. « Je n'ai point à me plaindre, au contraire, j'ai beaucoup à me louer, écrivait lord Castlereagh à lord Liverpool[2], de l'esprit de conciliation manifesté par l'empereur de Russie, mais je pense que vous ne devez pas vous attendre qu'il aille aussi loin que vous, particulièrement en ce qui touche les tableaux et les statues. En vérité, je doute que la mesure dont il s'agit soit goûtée, même par les Autrichiens; *et je doute encore plus que le roi puisse se maintenir en France, si, après s'être présenté à la nation comme un moyen d'apaiser les alliés, ils le désavouent à ce point.* Le duc de Wellington regarde la mesure comme peu prudente. »

Mais lord Liverpool, poussé, il faut le dire, par l'opinion publique, avait résolu de donner à la France ce qu'il appelait « une leçon de haute morale politique, » et, pour que la leçon fût complète, il répugnait à tout compromis. « On ne blessera pas plus les Français, écrivait-il, en prenant tout qu'en prenant une partie. Faire un choix, ce serait d'ailleurs reconnaître

---

[1] Dépêche de lord Castlereagh.
[2] Dépêche de lord Castlereagh, 22 juillet.

aux Français un certain droit, et leur donner un prétexte de redemander un jour ce qu'on leur aurait pris. En prenant tout, on s'appuie sur un principe[1]. » Malgré l'opinion si tranchée de lord Liverpool, on a beaucoup dit, et il est probable en effet que M. de Talleyrand eût obtenu un compromis, s'il avait consenti à s'y prêter. Mais ni M. de Talleyrand ni le roi ne voulaient prendre aux yeux de la France la responsabilité d'un acte qui eût nécessairement enlevé à la galerie du Louvre ses plus beaux ornements. « Ce n'est point une affaire, » répondait gravement M. de Talleyrand à ceux qui l'engageaient à transiger. « Laissez les Prussiens se déshonorer, » ajoutait-il d'un air et d'un ton qui donnaient à penser. Le roi et M. de Talleyrand, à qui, par des motifs divers, l'action et la responsabilité répugnaient également, jugèrent donc que le parti le plus sage était de laisser faire la force et de protester. Quant au duc de Wellington et à lord Castlereagh, ils durent obéir aux ordres de leur gouvernement et s'associer ostensiblement à une mesure qu'ils avaient combattue dans le secret de leurs dépêches; ils le firent avec la résolution qui distingue les hommes d'État anglais, et c'est sur eux, non sur lord Liverpool, que porte, aujourd'hui encore, le poids d'un acte dont la France se souvient plus que des autres désastres de l'invasion.

La question des musées n'était d'ailleurs qu'un épisode douloureux d'une question bien plus vaste, bien plus grave, celle de l'intégrité territoriale de la France, telle que le traité de Paris l'avait établie. Sur cette question, plus encore que sur celle des musées, le traité de Paris fournissait à M. de Talleyrand des arguments irrésistibles. Du premier jour au dernier, disait-il, les puissances coalisées ont déclaré qu'elles ne faisaient point la guerre à la France, mais à l'homme qui s'était emparé du trône par un coup de main, et, pour prouver que

---

[1] Dépêches de lord Liverpool à lord Castlereagh. — Passim.

telle était leur véritable pensée, elles ont, à Vienne, jugé à propos de faire participer le roi de France à leur pacte d'alliance. La guerre a donc été terminée et l'état de paix rétabli, par le seul fait du renversement de l'usurpateur et de la dispersion de ses adhérents. Il n'y a pas de nouveau traité à faire, en 1815; il y a le traité de 1814 à maintenir et à respecter.

Sans aller tout à fait aussi loin, le duc de Wellington et lord Castlereagh admettaient loyalement la force de ce raisonnement. Le duc de Wellington pensait que la Révolution française et le traité de Paris avaient laissé la France relativement trop forte; mais il pensait, en même temps, que les déclarations des alliés, les traités et l'accession bien qu'irrégulière de Louis XVIII au traité du 25 mars, faisaient obstacle à ce que l'on changeât matériellement l'état constitué par le traité de Paris. Si, d'ailleurs, les alliés n'en avaient pas le droit, ce n'était pas non plus leur intérêt. Quel était, en effet, l'intérêt des alliés? Celui d'établir, en Europe, un ordre et une paix durables. Or, imposer à la France une cession de territoire, tant soit peu considérable, c'était pousser le peuple français, et peut-être le roi lui-même, au désespoir, leur donner un juste sujet de rompre la paix à la première occasion; précipiter ainsi éventuellement l'Europe dans une nouvelle guerre, et, en attendant, forcer toutes les puissances européennes à maintenir des armements ruineux [1]. Mieux valait infiniment traiter les Français avec modération, et prouver ainsi qu'en séparant leur cause de celle de Napoléon, on ne les avait pas trompés.

Au même moment, ou peu de jours après, lord Castlereagh écrivait dans le même sens, et presque dans les mêmes termes.

Mais les prétentions, contenues d'abord par les chances et

---

[1] Dépêches du duc de Wellington à lord Liverpool.

les dangers de la guerre, débordaient maintenant de toutes parts avec une force presque irrésistible. A l'exception de l'empereur de Russie, moins ami de la France qu'en 1814, mais toujours modéré et conciliant, les souverains coalisés regardaient la France comme une proie, dont chacun voulait avoir sa part, sans s'inquiéter des traités ou des déclarations antérieures. Le représentant des Pays-Bas demandait que l'on détachât de la France plusieurs départements limitrophes de la Belgique, et qu'en les joignant au nouvel État, formé par le traité de Vienne, on lui donnât plus de force et d'étendue ; l'Autriche et la Prusse convoitaient la Lorraine, l'Alsace, Metz, et, dans les journaux d'outre-Rhin, les nouvelles de ces provinces avaient déjà passé de la rubrique *France* à la rubrique *Allemagne*. La Suisse, la Sardaigne, l'Espagne même voulaient qu'on ne les oubliât pas, et, pour en être plus certaines, pensaient à saisir ce qui était à leur portée. Dans le corps diplomatique, enfin, les plus conciliants insistaient pour que la France fût au moins privée de la première ligne de ses forteresses, ce qui, disaient-ils avec une modération hypocrite, devait rallier toutes les opinions et prouver au roi de France à quel point ses alliés tenaient à ménager sa position.

En France même, dans les départements et les villes que les alliés convoitaient, leurs intentions se manifestaient par des signes trop visibles pour qu'on pût s'y méprendre. Ainsi, à Bourg, le 17 juillet, les Autrichiens n'avaient pas encore souffert qu'on publiât les actes du roi. A Colmar, le 20 juillet, la municipalité n'avait pas obtenu la permission d'annoncer officiellement la rentrée de Louis XVIII dans Paris, et il avait été défendu à la cour royale d'enregistrer le premier numéro du *Bulletin des lois* [1]. Et, quand on demandait compte aux commandants militaires d'une si étrange conduite, ils ne prenaient pas la peine d'en dissimuler le véritable motif.

---

[1] Correspondance des préfets.

Quant à l'Angleterre, ainsi que nous l'avons dit, malgré les sages observations du duc de Wellington et de lord Castlereagh, le plaisir d'abaisser, d'humilier son ancienne rivale, l'emportait chez elle sur tout autre sentiment. « Je suis satisfait, écrivait lord Liverpool, dès le 7 juillet, que Paris ne se soit pas soumis au roi avant la capitulation. Nous sommes ainsi plus libres, relativement aux conditions de la paix, » et il ajoutait que le peuple anglais attendait justement que des garanties lui fussent données au moyen *d'une frontière améliorée*[1]. » — « Quoique la disposition générale des esprits soit en faveur du roi, écrivait-il, le 10 juillet, il n'a pas de parti pour le soutenir, et les hommes les plus actifs, les plus capables, sont contre lui. Ce sera une tâche herculéenne que de donner de la force à un tel gouvernement... La garantie dont la tranquillité de l'Europe a besoin doit donc, ajoutait-il, être cherchée dans une meilleure frontière et dans l'affaiblissement de la puissance de la France. Cette opinion fait ici des progrès rapides, et je suis convaincu que, même Bonaparte mort, on éprouverait un vif désappointement, *si la paix laissait la France telle que l'avait laissée le traité de Paris, ou même telle qu'elle était avant la Révolution*[2]. » — « L'idée dominante, en Angleterre, écrivait-il le 15 juillet, c'est que les alliés sont pleinement autorisés *à profiter de l'occasion* pour ôter à la France les principales conquêtes de Louis XIV[3]. » Et, répétant ce qu'il avait dit précédemment de la faiblesse du gouvernement du roi, il ajoutait : « On soutient avec beaucoup de force que la France ne pardonnera jamais l'humiliation qu'elle subit, et que dès lors il importe de l'affaiblir. » En conséquence, lord Liverpool enjoignait à lord Castlereagh de sonder les alliés sur cette question, et, s'ils ne voulaient pas aller jusqu'à une cession permanente de territoire, d'obtenir *au moins* que la

[1] Lord Liverpool à lord Castlereagh, 7 juillet.
[2] Lord Liverpool à lord Castlereagh, 10 juillet.
[3] Lord Liverpool à lord Castlereagh, 15 juillet.

plupart des forteresses du Nord et de l'Est, Lille comprise, restassent longtemps au pouvoir de la coalition. En tenant ce langage, altier, impérieux, lord Liverpool, il faut le reconnaître, restait encore fort en deçà des sentiments, des prétentions du peuple anglais. « Il faut, disaient à l'envi les journaux anglais, que la France subisse la punition de ses crimes, ou du moins qu'on lui fasse donner des garanties suffisantes de sa conduite future. » — « Laisser à la France la ligne de Vauban, et même l'Artois, ajoutaient-ils, serait le comble de l'imprévoyance. » Bien loin d'exiger le maintien du traité de Paris et de s'opposer au démembrement de la France, le peuple et le gouvernement anglais regardaient donc ce traité comme sans effet, et poussaient autant qu'il était en eux à ce démembrement.

Pour mettre un terme à tant d'excès, pour déjouer de si déplorables projets, quelle force Louis XVIII et ses ministres avaient-ils entre les mains? Aucune, malheureusement, si ce n'est la crainte qu'inspirait encore aux étrangers l'armée qui, conformément à la capitulation de Paris, s'était retirée en bon ordre derrière la Loire. Ce n'est pas que cette armée eût pu opposer une résistance efficace aux neuf cent mille soldats étrangers qui, vers la fin de juillet, occupaient déjà la France; mais elle pouvait, si le roi, poussé au désespoir, se jetait dans ses bras, renouveler la lutte et amener ainsi dans les relations des puissances entre elles de nouvelles complications. Déjà on avait fait circuler dans les corps de garde de la garde nationale de Paris une prétendue lettre de Louis XVIII qui annonçait cette intention. Déjà aussi quelques chefs vendéens avaient, par des ordres du jour ou des proclamations, appelé les royalistes à défendre le roi contre les prétentions étrangères, et le général en chef de l'armée de la Loire avait pu annoncer que, si les étrangers voulaient pousser la France à bout, les soldats de Waterloo et les soldats de la Vendée uniraient leurs drapeaux et leurs armes. Aussi toutes les puissances, la Russie elle-même, exigeaient-elles qu'avant toute négociation sérieuse l'armée de la Loire fût licenciée. Et, comme Louis XVIII paraissait hésiter, elles lui signifiaient que, s'il tardait, elles donneraient à une armée de trois cent mille hommes l'ordre de repasser immédiatement la Loire et de reprendre les hostilités.

A vrai dire, dans la situation que la capitulation avait faite à l'armée, il était à peu près impossible qu'elle subsistât. « Par ses sentiments, par ses traditions, dit le maréchal Davoust dans ses *Mémoires*, elle était l'armée du pays, et pourtant elle ne savait à qui obéir, au service de quelle cause mettre son dévouement. » Le maréchal ajoute que cette situation ne pouvait se prolonger sans entraîner des maux incalculables, et que c'était dans le dessein d'y mettre un terme qu'il avait chargé, dès le 6 juillet, les généraux Gérard, de Valence et Haxo de se rendre à Paris, afin d'y négocier le ralliement de l'armée au futur gouvernement de la France. Quand ils arrivèrent à Paris, la commission exécutive était dissoute, Louis XVIII sur le trône, et le maréchal Gouvion-Saint-Cyr ministre de la guerre. Ils virent celui-ci, dont l'accueil leur parut froid et réservé ; mais ils virent aussi Fouché, et c'est d'accord avec lui que, le 9 juillet, le maréchal Davoust, alors à Angerville, adressa aux commissaires de nouvelles instructions, signées par vingt-deux lieutenants généraux, par vingt-deux maréchaux de camp et par quarante-quatre colonels, dans lesquelles on remarquait la phrase suivante : « L'armée est disposée à jurer fidélité au roi et aux lois qui gouvernent la patrie ; elle ne demande que ce que l'honneur lui prescrit : que nul Français ne soit proscrit ni privé de son rang ou de son emploi civil ou militaire, et que l'armée elle-même soit conservée dans son état actuel tant que les étrangers seront en France [1]. »

En même temps, le maréchal Davoust publia une circulaire

---

[1] *Mémoires du maréchal Davoust.*

pour annoncer que le maréchal Gouvion-Saint-Cyr était ministre de la guerre, et le duc d'Otrante ministre de la police ; qu'aucune réaction n'était à craindre ; que l'armée serait traitée conformément à son honneur et qu'à ces conditions l'intérêt national devait réunir franchement l'armée au roi, afin d'empêcher le démembrement de la patrie.

Les motifs qui dictaient cette démarche au maréchal Davoust étaient sans doute excellents ; mais il n'avait pas compris suffisamment que le roi et ses ministres ne pouvaient pas traiter avec l'armée, et recevoir d'elle tout un système de gouvernement. Le maréchal Gouvion-Saint-Cyr le fit comprendre aux commissaires, qui n'hésitèrent pas à conseiller une soumission pure et simple, et, le 13, cette soumission fut envoyée à Louis XVIII, dans une adresse dont les sentiments et le langage, pleins d'élévation et de noblesse, ne laissaient rien à désirer. Mais, s'il était aisé de faire signer une adresse par les officiers, et de faire accepter par les soldats une soumission purement passive, il l'était beaucoup moins de les déterminer à quitter la cocarde de la Révolution et de l'Empire, pour prendre celle de la vieille monarchie et de l'émigration : il y avait là un outrage à subir, ou, pour mieux dire, un outrage à s'infliger à soi-même, qui blessait l'armée dans ses sentiments les plus intimes, qui la révoltait, qui la poussait au désordre. A dater de ce moment, de l'aveu même du maréchal Davoust, la désorganisation fit des progrès effrayants, les désertions se multiplièrent, et dans plusieurs départements, dans le département du Cher notamment, de tristes violences furent exercées contre les habitants. Chaque jour, d'ailleurs, les injures de la presse royaliste et le mauvais vouloir des préfets venaient attiser des passions déjà enflammées par le malheur, et au milieu de tous ces excès, toute discipline périssait [1].

---

[1] *Mémoires du maréchal Davoust.*

Quand tel était l'état de l'armée, pouvait-on résister aux pressantes réclamations des souverains étrangers, appuyés par un million de soldats? Sans croire qu'une longue résistance fût possible, le maréchal Gouvion-Saint-Cyr crut qu'en unissant les restes de l'armée de la Loire aux volontaires royalistes de la Vendée, en donnant ordre aux commandants des places fortes de prolonger leur défense, et en décidant Louis XVIII à faire appel aux Français de toutes les opinions, contre des exigences devenues intolérables, on pourrait ébranler l'empereur Alexandre, sauver l'armée et obtenir de meilleures conditions [1]. Mais ce plan noble et patriotique était d'une exécution très-difficile, et offrait de grands dangers pour la France, aussi bien que pour Louis XVIII. Il fut donc résolu que, pour cette fois encore, on céderait à la force, et que l'ordonnance de licenciement rendue à Lille, le 25 mars, serait officiellement promulguée. En même temps, le maréchal Gouvion-Saint-Cyr, pour remplacer l'armée ainsi dissoute, créa, en y appelant les militaires de chaque département, quatre-vingt-six légions d'infanterie départementale, douze régiments d'artillerie, et quarante-sept régiments de cavalerie. Il y avait là, sans doute, tous les éléments d'une nouvelle armée, forte et nationale ; mais il fallait du temps pour l'organiser, et pendant ce temps, la France se trouvait désarmée, et les puissances restaient maîtresses de ses destinées.

Si les difficultés extérieures étaient grandes, les difficultés intérieures ne l'étaient pas moins. Avant les Cent-Jours, quand le retour de la République et de l'Empire paraissait impossible, une foule d'hommes qui avaient servi la République et l'Empire s'étaient ralliés aux Bourbons, implorant en quelque sorte leur pardon et sollicitant leur bienveillance. Pendant les Cent-Jours, beaucoup de ces hommes, repoussés ou mécontents, s'étaient rejetés avec passion dans les bras de Napo-

---

[1] *Vie du maréchal Gouvion-Saint-Cyr*, par M. Gay de Vernon.

léon, et se regardaient comme gravement compromis par sa chute. De plus, l'alliance, à peine ébauchée en 1814, entre le parti bonapartiste et le parti libéral, avait été définitivement contractée en 1815. Le parti bonapartiste, on ne saurait le nier, s'était montré fort libéral dans les Cent-Jours. L'Acte additionnel, inspiré ou rédigé par lui, était la Charte perfectionnée : ce qui avait déplu dans cet acte était l'œuvre personnelle de Napoléon, non celle de ses partisans, et, dans la Chambre des représentants, ceux-ci n'avaient pas refusé de l'améliorer. Après Waterloo, enfin, ils avaient très-peu soutenu Napoléon, et c'est au nom et au cri de *Vive la liberté!* qu'ils avaient essayé de faire proclamer Napoléon II. Mais c'est surtout pendant les derniers jours que l'alliance avait été scellée par des efforts et des revers communs. C'est en commun que le parti bonapartiste et le parti libéral avaient rédigé la constitution et voté la déclaration de principes qui devenait, en quelque sorte, le testament politique de la Chambre ; c'est en commun qu'ils avaient été expulsés, par la force, de la salle des séances ; c'est en commun qu'ils avaient signé la protestation où le nom de Lanjuinais se trouvait à côté de celui de Regnault de Saint-Jean-d'Angély, le nom de la Fayette à côté de celui de Bory Saint-Vincent, le nom de Flaugergues à côté de celui du général Sorbier, le nom de Dupont (de l'Eure) à côté de celui de Félix Desportes ; c'est enfin en commun que, depuis ce jour, ils étaient dénoncés sans cesse par tous les journaux royalistes comme des factieux, comme des brouillons, comme des ennemis acharnés de la France et du roi. L'alliance factice et ridicule, en 1814, devenait ainsi sérieuse et naturelle en 1815.

A la vérité, comme on l'a justement remarqué, il y avait une compensation. Quelques hauts fonctionnaires civils et militaires de l'Empire étaient restés fidèles aux Bourbons pendant ces temps d'épreuve. Une portion de la bourgeoisie, qui s'écartait d'eux en 1814, avait été ramenée vers eux par le spectacle de la guerre et de l'invasion. Des publicistes, des hommes de lettres, avaient continué, en présence de Napoléon empereur, à défendre l'idée d'une conciliation entre les institutions nouvelles et la vieille dynastie. Il existait donc en France un parti royaliste non émigré, vraiment constitutionnel, et dont ne pouvaient se méfier ni le roi ni la Révolution. Il y avait là, sans doute, un germe fécond, un germe qui, développé par une politique habile, pouvait aider à séparer le parti libéral du parti bonapartiste, et à former le vrai parti de la monarchie constitutionnelle; mais, pour cela, une condition était indispensable : beaucoup de modération, non-seulement chez le roi, mais autour de lui et parmi tous les royalistes.

Or, malheureusement, l'événement du 20 mars avait porté au plus haut degré l'exaspération de la cour et du parti royaliste presque entier. Il ne faut pas en être surpris; l'événement du 20 mars avait été si déplorable en lui-même, et les conséquences en étaient si funestes pour la France, qu'il était bien permis de garder une profonde rancune à ceux qui y avaient participé. La cour et le parti royaliste, d'ailleurs, ne pouvaient pas se figurer que leurs fautes eussent été la cause principale du prompt succès de Napoléon, et, par amour-propre autant que par conviction, ils imputaient ce succès à une vaste conspiration. Ils éprouvaient aussi une vive et juste irritation contre les hommes qui, après avoir demandé pardon au roi d'avoir servi Napoléon, s'étaient excusés auprès de Napoléon d'avoir servi le roi, et se préparaient sans doute à recommencer le même jeu. Quelques défections flagrantes, comme celle du maréchal Ney, leur paraissaient enfin mériter un châtiment rigoureux.

Si, dans une telle situation, la cour et les royalistes se fussent bornés à demander, d'une part, que quelques hommes, notoirement coupables, eussent à répondre de leur conduite devant les tribunaux compétents ; d'autre part, que les fonctionnaires successivement traîtres à Napoléon et traîtres à

Louis XVIII ne fussent pas autorisés à accomplir une nouvelle trahison, ils n'eussent pas dépassé les bornes de la justice ; mais ce n'était point à la justice qu'ils aspiraient, c'était à la vengeance, et, sans qu'ils le voulussent, sans qu'ils s'en doutassent, on retrouvait en eux les passions sanguinaires qui, à une autre époque, avaient enflammé d'autres hommes et produit d'autres excès. Et, chose effrayante, ce n'était pas seulement dans les bas rangs de la société que ces passions éclataient, c'était dans les rangs élevés, au milieu d'hommes et de femmes que leur éducation, leurs habitudes, leurs mœurs eussent dû en préserver ! Le langage même des écrits constitutionnels et des journaux modérés se ressentait de cette déplorable ivresse. Quand ces journaux comparaient la physionomie rayonnante du roi au sombre visage « *de ce Corse au teint de plomb et à l'œil de tigre, dont la bouche n'a jamais souri qu'au carnage ;* » quand, maudissant « la triste fécondité de Lætitia, » ils la plaignaient d'avoir donné le jour « *à un tyran qui joignait à la cruauté de Néron la dissimulation de Tibère et la folie de Caligula ;* » quand, enfin, à propos de l'embarquement de Napoléon, ils le comparaient à un danseur de corde, et quand ils ajoutaient : « *Cet homme était fait pour tous les rôles ; le mélodrame lui convenait comme la farce ; il pleurait avec la même facilité qu'un crocodile,* » on pouvait s'étonner que des hommes lettrés et de bon goût se permissent de telles violences de langage ; mais ces violences n'avaient point d'importance. Les injures dont ils accablaient journellement les bonapartistes contribuaient au contraire à attiser un feu déjà trop ardent et à provoquer dans quelques parties de la France les scènes les plus tragiques. Ce n'était pas impunément que des hommes, déjà égarés par la colère, lisaient dans des feuilles ordinairement modérées « que les bonapartistes se réduisaient : à des espions réformés qui avaient besoin d'une tyrannie quelconque pour ressaisir leur dégoûtant ministère ; à des traîtres qui n'avaient de salut que dans le bouleverse ment de la société; à des misérables, couverts du sang de la France, et qui ne pouvaient faire disparaître les taches dont ils étaient couverts qu'en se plongeant dans un nouveau bain de sang; enfin, à des hommes dont le nom avait la célébrité de l'infamie et de la bassesse. » Et, si cette grossière rhétorique aboutissait toujours à cette conclusion, explicite ou implicite, que les bonapartistes étaient en dehors du droit commun, et que les frapper était œuvre morale et patriotique [1], fallait-il s'étonner que certains fanatiques la prissent au sérieux, et qu'ils se chargeassent d'exécuter ce que de beaux esprits paraissaient conseiller?

Encore une fois, après le mal que les bonapartistes venaient de faire à la France, on avait le droit de les maudire, non de les désigner ainsi à la haine et à la vengeance de leurs adversaires. Mais on eût dit qu'à cette époque un bonapartiste était, comme vingt ans plus tôt un royaliste, comme quarante ans plus tard un socialiste, un être à part, mis tout naturellement hors la loi, à qui ne s'appliquaient point les règles ordinaires de la justice et de l'humanité. Et à cet entraînement aveugle, en 1815 comme en 1794, comme en 1852, cédaient involontairement des hommes qui se croyaient justes, des femmes qui se croyaient humaines, et qui l'étaient en effet, quand la passion du moment ne venait pas les enivrer.

A Paris, cette haine ardente des bonapartistes n'aboutit qu'à quelques désordres sans gravité et faciles à réprimer. Ainsi, les royalistes envahirent le café Montansier et brisèrent les tables, les banquettes, les comptoirs, les glaces, les quinquets qui, pendant les Cent-Jours, avaient été témoins des orgies bonapartistes; ils sifflèrent quelques acteurs et actrices, mademoiselle Mars notamment, qui passaient pour favorables à l'Empire; ils arrachèrent de quelques boutonnières les œillets rouges, qui, disait-on, remplaçaient la violette, et devenaient

---

[1] *Journal des Débats.* — *Journal général.* — *Quotidienne.*

ainsi un signe d'opposition à la royauté légitime; mais, malgré les efforts que l'on faisait pour inspirer aux classes populaires des sentiments royalistes, on n'y réussissait guère, et les cris de *Vive l'Empereur!* et de *Vive la liberté!* répondaient quelquefois avec assez de force au cri de *Vive le roi!* Les soldats étrangers, fort ennemis des bonapartistes pour leur propre compte, se souciaient peu d'ailleurs de les tourmenter pour le compte des royalistes, et gardaient une stricte neutralité. Enfin, ni Fouché, ministre de la police, ni le général Dessoles, commandant de la garde nationale, ni M. Decazes, préfet de police, n'étaient favorables à la réaction royaliste, et tous leurs efforts tendaient à la modérer. Ainsi, dès le 11 juillet, M. Decazes adressait au ministre de la police un rapport sévère sur les désordres provoqués par la violence des mousquetaires et des gardes du corps, qui, disait-il, « insultaient, maltraitaient non-seulement les simples citoyens, mais encore les gendarmes chargés du maintien de l'ordre public, et contre qui l'exaspération du peuple était si grande que, si leur conduite restait impunie, on ne pouvait plus répondre de la tranquillité de Paris. »

Malheureusement, dans certains départements, dans les départements du Midi surtout, la réaction fut plus violente et ne rencontra pas la même résistance. Là, les royalistes étaient vraiment en majorité, et, loin que la conscience de leur nombre et de leur force eût pour effet de les calmer en les rassurant, c'était, pour la violente passion qui les animait, un nouvel aiguillon. A Marseille, l'explosion eut lieu dès le 25 juin, le jour même où l'on reçut la nouvelle de la bataille de Waterloo. Les troupes impériales ayant jugé à propos de quitter la ville, des bandes furieuses parcoururent les rues, pénétrèrent dans les maisons et célébrèrent dignement, par le pillage et par le massacre, la défaite de la France et la victoire de l'étranger. L'exemple ainsi donné, d'autres le suivirent, et une véritable terreur s'organisa à Avignon, à Toulouse et ailleurs. Mais c'est surtout à Nîmes et dans le département du Gard que cette terreur fut au comble et glaça tous les honnêtes gens d'épouvante. Dans ce pays où les caractères sont si fortement trempés, les imaginations si ardentes, les passions si fougueuses, la question politique se compliquait encore de la question religieuse, et, en 1814, le retour des Bourbons avait été tout naturellement mieux accueilli par les catholiques que par les protestants. Tout naturellement aussi Napoléon, dans les Cent-Jours, avait trouvé plus de partisans parmi les protestants que parmi les catholiques. Deux fois en un an, l'influence politique avait donc passé des uns aux autres, et, lors du dernier changement, la satisfaction des protestants s'était quelquefois manifestée par des injures, par des menaces même contre leurs vieux adversaires. Néanmoins, soit par l'influence salutaire des autorités civiles et militaires, soit par la crainte que les catholiques, plus nombreux, inspiraient à leurs adversaires, ces injures et ces menaces avaient rarement abouti à des actes de violence contre les personnes ou contre les propriétés. Dans une seule localité, à Arpaillargues, des volontaires royalistes, retournant dans leurs foyers après la capitulation de la Palud, avaient été lâchement dépouillés, maltraités, blessés par une population furibonde, et cinq ou six d'entre eux avaient succombé à leurs blessures.

Qu'après le second retour du roi les auteurs de ce crime, s'ils pouvaient être découverts et convaincus, fussent livrés à toute la rigueur des lois, rien de plus juste; mais, il faut le répéter, ce n'est point de justice qu'il s'agissait alors. A partir du 14 juillet, jour où le général Gilly quitta Nîmes, on vit surgir des hordes d'égorgeurs qui, à Nîmes d'abord, puis à Uzès et dans une foule d'autres communes, organisèrent systématiquement le meurtre et le pillage; et, ce qu'il y a de plus horrible, c'est que ce n'étaient point des crimes anonymes! Les chefs des assassins, connus de tous, et se parant de leur affreuse célébrité, se promenaient dans les rues, entourés de satellites nombreux, fêtés par une partie de la population, et préparaient ostensiblement chaque jour les assassinats du lendemain. Depuis 1793, on n'avait rien vu de semblable, et, aujourd'hui encore, les noms de Trestaillons, de Quatretaillons et de Truphémy rivalisent, dans la mémoire des peuples, avec le nom de Jourdan Coupe-Tête[1].

Pour réprimer le fanatisme religieux et politique qui produisait de tels crimes, ce n'eût pas été trop de toute

---

[1] Avant d'émettre cette opinion sur les événements de Nîmes, pendant et après les Cent-Jours, j'ai consulté un grand nombre d'écrits et de documents, dont voici les titres principaux : 1° *Exposé des crimes et attentats* commis par les assassins de la commune d'Arpaillargues contre les volontaires royaux; 2° *Causes et précis des troubles, des crimes et des désordres,* dans le département du Gard et autres départements du Midi, en 1815 et 1816, par M. Lauze de Peret; 3° *Histoire des Révolutions de Nîmes et d'Uzès,* par Adolphe de Pontécoulant; 4° *Précis de ce qui s'est passé en* 1815, dans les départements du Gard et de la Lozère, par le comte René de Bernis, commissaire extraordinaire du roi; 5° *Troubles et agitations* du département du Gard en 1815, par le marquis d'Arbaud-Jouques, préfet du Gard; 6° *Marseille, Nîmes et ses environs en* 1815, par Durand; 7° *l'Impartial, ou Réfutation de l'écrit intitulé : Marseille, Nîmes et ses environs.*
Ce dernier écrit, imprimé à Nîmes en 1818, et œuvre d'un royaliste ardent, est, par les aveux qu'il contient, un des plus instructifs. L'auteur s'y efforce de démontrer que les crimes royalistes de 1815 et 1816 ont été de simples représailles; et pourtant, dans sa longue et partiale énumération des désordres qui ont eu lieu à Nîmes pendant les Cent-Jours, à peine trouve-t-il à signaler autre chose que des injures et des menaces. « On a, dit-il, forcé tel ou tel royaliste à signer l'Acte additionnel, *en le menaçant de le tuer.* — On a été *sur le point* de jeter tel ou tel autre royaliste dans la fontaine. — *Peu s'en est fallu* qu'un troisième ne fût égorgé. » Certes, ce sont là des actes très-blâmables, mais qui ne peuvent se comparer à ceux que l'auteur traite, au contraire, avec une extrême indulgence. « On sait, dit-il, que les victimes, dont M. Durand se plaît à augmenter le nombre, avaient mérité leur sort, et que la vengeance de quelques royalistes du Gard, bien qu'illégale, n'a fait que remplacer et prévenir la justice. » — « Il est incroyable, dit-il ailleurs, que les protestants bonapartistes osent appeler des brigands et des monstres ceux qu'ils ont *forcés* à punir leurs forfaits. » Trestaillons lui-même, l'abominable Trestaillons, trouve grâce à ses yeux. La famille de Trestaillons avait, selon l'*Impartial*, été persécutée pendant la Révolution, et en 1814, il avait eu la générosité de ne pas se venger. Néanmoins, pendant les Cent-Jours, il avait

l'autorité du gouvernement, placée dans des mains fermes et sûres. Par malheur, cette autorité se trouvait alors dispersée et indécise. En vertu de la délégation que le roi lui avait confiée pendant son séjour à Gand, M. le duc d'Angoulême avait nommé des commissaires extraordinaires, choisis parmi des hommes honorables, mais ardents, et chargés de rétablir dans les départements du Midi l'autorité royale. Il y avait donc, en face les uns des autres, des fonctionnaires nommés ou maintenus par les ministres, disposant des forces régulières du gouvernement, et des commissaires extraordinaires investis de pouvoirs indéfinis, si ce n'est illimités, et traînant à leur suite une foule confuse et peu disciplinée de volontaires royalistes. De là, on le comprend facilement, des conflits dont profitaient les hommes de désordre. Non, certes, que ces hommes trouvassent dans les commissaires extraordinaires, plus que dans les fonctionnaires ordinaires, des complices ou des approbateurs ; mais quelques-uns de ces commissaires se montraient plus affligés qu'indignés des excès commis par les bandes royalistes, et, tout en les blâmant, ils en ménageaient trop les auteurs. « Votre zèle vous égare, leur disaient-ils; sans doute, les gens que vous frappez sont coupables, mais vous n'avez point le droit de vous faire justice vous-mêmes; laissez agir les autorités compétentes et les tribunaux, et comptez

été en butte à de nouvelles persécutions. Comment pouvait-on trouver extraordinaire « qu'il n'eût pas pardonné à ses derniers assassins et attendu une troisième fois pour les punir? »

Quand on voit une telle justification se produire, deux ans après les crimes auxquels elle s'applique, on peut juger des sentiments qui, au moment même de ces crimes, animaient non-seulement leurs auteurs, mais encore ceux qui en étaient les témoins impassibles. On peut juger aussi de la valeur des apologies que le désir de décharger leur parti d'une lourde responsabilité, a récemment inspirées à des écrivains royalistes. Ce désir est sans doute naturel et légitime; mais, pas plus pour la terreur de 1815 que pour celle de 1793, il ne doit entraîner d'honnêtes gens à défendre des monstres sanguinaires au risque d'affaiblir le sentiment moral qui flétrit le crime, quel qu'en soit l'auteur ou la cause.

sur le châtiment des factieux et des traîtres. » Et, si quelque crime par trop atroce rendait l'indulgence impossible, ils avaient soin de l'attribuer à des bandits inconnus, qui s'étaient furtivement glissés dans les rangs des royalistes. Quant aux vrais coupables, ils continuaient à marcher le front haut, impunis et presque respectés.

Ce n'est point ainsi que l'on pouvait arrêter la réaction, et M. le duc d'Angoulême, qui s'y employait de bonne foi, n'y réussit pas mieux que ses délégués. Pour secouer la torpeur dans laquelle les honnêtes gens étaient tombés, il ne fallut rien moins que l'assassinat d'un maréchal de France, le maréchal Brune, lâchement égorgé à Avignon, et le meurtre, à Toulouse, d'un général, le général Ramel, qui, au 18 fructidor, avait été proscrit comme royaliste, et envoyé à Sinnamari. Encore chercha-t-on à faire passer la mort du maréchal Brune pour le résultat d'un suicide, et se trouva-t-il des autorités assez lâches pour signer un procès-verbal où ce honteux mensonge était articulé ! Quant au général Ramel, qui n'avait point succombé tout d'abord à ses blessures, ce fut avec peine qu'on empêcha les assassins d'aller l'achever sur son lit de souffrance. « Le général Ramel, écrivait aux ministres un des hauts fonctionnaires de Toulouse, est à l'extrémité, et l'on est obligé de faire courir le bruit de sa mort pour empêcher une nouvelle émeute [1]. »

Les provinces de l'Ouest, aussi royalistes que celles du Midi, mais d'un royalisme moins violent, n'eurent point de semblables crimes à déplorer ; mais, pendant plus d'un mois, les fonctions du gouvernement y furent usurpées par des bandes irrégulières qui opéraient des arrestations arbitraires, qui ordonnaient des levées d'hommes, qui percevaient des contributions et vidaient les caisses publiques, qui rançonnaient les acquéreurs de biens nationaux, qui s'opposaient à ce que les

---

[1] Correspondance des préfets.

douaniers, les agents forestiers, les gendarmes même retournassent dans leurs résidences respectives et reprissent leur service. Les douaniers surtout étaient l'objet habituel de leur animadversion, et tandis qu'un chef royaliste, M. de Grisolles, les faisait désarmer, un autre chef en arrêtait quelques-uns de ses propres mains, les condamnait à recevoir cinquante coups de bâton, et exécutait lui-même son jugement [1]. Si, dans ces départements, l'anarchie était moins sanglante que dans les départements du Midi, elle y était aussi complète, et les ordres du gouvernement régulier ne s'y faisaient pas mieux obéir.

Plus d'un million de soldats étrangers, campant dans les départements du Nord et de l'Est, et s'y comportant en vainqueurs irrités, en maîtres absolus [2]; les départements du centre occupés par une armée à demi dissoute, mécontente, indisciplinée, plus disposée à combattre le gouvernement du roi qu'à le soutenir; les départements du Midi en proie à une réaction sanglante, et ravagés par des bandes d'égorgeurs; les départements de l'Ouest, tombés sous la domination irrégulière de quelques chefs et de quelques bandes royalistes : voilà le pays dont Louis XVIII était le roi, le pays où son gouvernement devait poursuivre à la fois la libération du territoire, la rentrée des impôts, l'apaisement et la conciliation des partis. Certes, la tâche était difficile, et d'autres y auraient échoué, comme M. de Talleyrand et ses collègues. Ils y faisaient pourtant de leur mieux. En attendant que la négociation sur la libération du territoire fût régulièrement ouverte, ils prenaient des mesures sages et modérées; ils formaient une liste de préfets dans laquelle, à côté de noms purement royalistes,

---

[1] Correspondance des préfets.
[2] Dans la discussion qui eut lieu, en février 1816, au parlement d'Angleterre, lord Castlereagh évalua le nombre des soldats étrangers établis en France après Waterloo à un million deux cent quarante mille hommes, sans compter deux cent cinquante mille hommes au delà du Rhin.

se trouvaient les noms d'hommes tels que M. de Bondy, M. de Rémusat, qui avaient servi sous les gouvernements précédents, et jusqu'au nom d'un régicide, M. Richard, à qui sa conduite honorable dans les Cent-Jours valait cette distinction inattendue ; ils faisaient publier, par le général Dessoles, un ordre du jour qui invitait la garde nationale à mettre la main également sur ceux qui arboreraient un signe séditieux et sur ceux qui, sans mission, useraient arbitrairement de violence pour faire quitter ce signe ; ils écrivaient des circulaires libérales, conciliantes, dans lesquelles, faisant appel à l'union de tous les Français, ils flétrissaient au nom du roi les réactions et les vengeances personnelles ; ils appelaient Monsieur, le duc d'Angoulême, le duc de Berry, à la présidence des colléges électoraux de Paris, Bordeaux et Lille, et en même temps, dans les autres colléges, ils adjoignaient aux royalistes des constitutionnels connus, M. Lanjuinais, M. Flaugergues, le maréchal Macdonald, le maréchal Marmont, M. de Lally-Tollendal, M. Beugnot, M. Savoye-Rollin, M. Barbé-Marbois, et jusqu'au général Foy, qui avait combattu à Waterloo ; ils infligeaient, par l'organe du *Moniteur*, une flétrissure énergique à un ordre du jour, daté de Foix, et signé Charles de Fitz-James, commandant d'armes, lequel ordre du jour portait que « tout individu chez qui on trouverait des armes ou des munitions de guerre serait arrêté et traduit devant une commission militaire *qui le jugerait d'après les intentions qu'il plairait de lui supposer ;* » enfin, ce qui était beaucoup plus important, ils mettaient un terme aux pouvoirs attribués, soit par les princes, soit par le roi lui-même, aux commissaires extraordinaires, ainsi qu'à toutes les nominations ou délégations faites par ces commissaires ; et, comme un d'entre eux, M. de Villeneuve, administrateur général du gouvernement du duc d'Angoulême, n'obéissait pas aux injonctions du ministre, ils le faisaient blâmer par le *Moniteur*, et ils le rappelaient à Paris pour y rendre compte de sa conduite.

Cette dernière mesure, dans laquelle Monsieur vit une insulte pour le duc d'Angoulême, n'aurait peut-être point été prise, si, pour cette fois, la justice n'avait trouvé dans le duc de Wellington et dans M. Pozzo di Borgo d'importants auxiliaires. Mais le cri des protestants du Midi avait douloureusement retenti en Angleterre, en Prusse, et il avait été résolu qu'on viendrait en aide à M. de Talleyrand. Un jour que le conseil était assemblé, le duc de Wellington s'y présenta avec M. Pozzo di Borgo, et dénonça aux ministres l'usurpation du duc d'Angoulême et des autorités instituées par lui. Comment les souverains alliés pouvaient-ils prendre confiance dans le gouvernement du royaume, quand le roi ne parvenait pas seulement à gouverner les princes de sa famille? Il était urgent de porter au mal un prompt remède, si l'on ne voulait pas que les alliés y pourvussent eux-mêmes [1].

A la suite de cette démarche, M. de Talleyrand se répandit en invectives contre les royalistes du Midi, et même contre le duc d'Angoulême, dont il proposa le rappel immédiat. Ce fut par une espèce de transaction qu'on se borna à rappeler M. de Villeneuve.

Mais si, dans la question des protestants du Midi, les souverains et les ministres étrangers étaient fortement contraires à la réaction royaliste, ils s'y associaient au contraire avec ardeur en ce qui concernait les fauteurs et complices du coup de main du 20 mars. Sur ce point, l'Angleterre était aussi exigeante, plus exigeante même que les puissances continentales. Le *Times*, le *Courrier*, le *Morning-Post*, presque tous les journaux, excepté le *Morning-Chronicle*, répétaient chaque matin que le roi de France devait se défendre d'une magnanimité mal entendue, et qu'il tardait trop à faire justice des traîtres. Le *Times* donnait même charitablement la liste des personnes que le roi aurait dû faire pendre en place de Grève,

---

[1] *Mémoires de M. de Vitrolles.*

comme de vils criminels, et dans cette liste figurait le nom de Benjamin Constant. Ce qu'il y a de plus grave, c'est que ces passions sanguinaires envahissaient jusqu'au gouvernement, et que, dans toutes ses dépêches, lord Liverpool insistait pour qu'un châtiment rapide et sévère fût infligé aux conspirateurs qui avaient ramené Bonaparte.

« Tant que justice ne sera pas faite, disait-il, il sera impossible de croire à la durée du gouvernement du roi. » Ainsi, assaillis au dedans et au dehors, les ministres pouvaient d'autant moins résister, que malheureusement la proclamation de Cambrai promettait la punition des coupables. Il en coûtait pourtant à M. de Talleyrand, au maréchal Gouvion-Saint-Cyr, au baron Louis, à M. Pasquier, de les désigner eux-mêmes, et Fouché, tout audacieux qu'il était, sentait qu'en signant l'acte de proscription de ses collègues, de ses amis du mois précédent, il encourrait la haine des proscrits et le mépris des proscripteurs. Le ministère avait donc le secret désir de tout ajourner, jusqu'à la réunion des Chambres; mais le flot montant de la réaction le poussa. A la cour, dans les salons, partout on s'écriait que la France était perdue si les coupables restaient impunis; enfin, quelques ministres étrangers déclarèrent que, si le roi ne faisait pas justice, ils la feraient eux-mêmes, en envoyant les coupables en Sibérie[1], et tout ajournement devint impossible. En conséquence, les ministres résolurent de prendre une mesure qui pût satisfaire et contenir à la fois les passions royalistes. C'est dans cet esprit, avec cette pensée, que fut rendue la célèbre et triste ordonnance du 24 juillet.

Comme ministre de la police, Fouché avait été chargé de la préparer, et, deux jours auparavant, il remit au préfet de police, M. Decazes, une liste de dix-neuf personnes qui devaient être arrêtées, et de cinquante-cinq personnes à qui il était

---

[1] *Mémoires de M. de Vitrolles.*

enjoint de quitter Paris. M. Decazes fit venir la plupart des exilés dans son cabinet, et leur communiqua la lettre du ministre. Quelques-uns en parurent fort surpris, M. Arnaud, notamment, qui venait de déjeuner familièrement avec Fouché, et qui alla aussitôt lui demander une explication nécessaire : « Que voulez-vous, lui dit Fouché, c'est une pluie d'orage; il faut vous mettre sous un gros arbre ; peut-être cela vous sera-t-il utile plus tard. » M. Decazes fit effacer de la liste quelques noms, celui de M. de Montalivet et celui de Benjamin Constant, notamment ; et d'autres furent rayés en conseil quand la liste y fut portée, ceux entre autres de M. de Caulaincourt, du général Grenier, du général Durosnel et de M. de Flahaut. En définitive, le conseil décida, conformément au projet de Fouché, qu'il serait formé deux catégories, la première comprenant les hommes qui seraient immédiatement traduits devant les tribunaux compétents, la seconde comprenant les hommes sur le sort desquels les Chambres auraient à statuer, et qui, provisoirement, seraient tenus de se retirer dans l'intérieur de la France, sous la surveillance du ministre de la police. Puis on inscrivit, dans la première catégorie, le maréchal Ney, Labédoyère, les deux frères Lallemand, Drouet-d'Erlon, Lefebvre-Desnouettes, Ameilh, Brayer, Gilly, Mouton-Duvernet, Grouchy, Clausel, Laborde, Debelle, Bertrand, Drouot, Cambronne, Lavalette, Rovigo ; et, dans la seconde, le maréchal Soult, Alix, Excelmans, Bassano, Marbot, Félix-Lepelletier, Boulay (de la Meurthe), Freissinet, Thibaudeau, Carnot, Vandamme, Lamarque, Lobau, Harel, Piré, Barrère, Arnault, Pommereuil, Regnault de Saint-Jean-d'Angély, Arrighi, Dejean fils, Garreau, Réal, Bouvier-Dumolard, Merlin (de Douai), Durbach, Dirat, Defermon, Bory Saint-Vincent, Félix Desportes, Garnier (de Saintes), Mellinet, Hullin, Cluys, Courtin, Forbin-Janson fils aîné, Lelorgne-Dideville. Le dernier article décidait « que les deux listes étaient définitivement closes et ne pourraient jamais être étendues à d'autres individus, pour quelque cas et sous quelque prétexte que ce fût, autrement que dans les formes et suivant les lois constitutionnelles. » Au moyen de cet article, le gouvernement espérait rassurer tous ceux dont le nom n'était point écrit dans le *Moniteur* et qui se sentaient menacés par les fureurs de la réaction.

Cette espérance ne fut pas complétement trompée, et l'ordonnance du 24 juillet, tout en frappant arbitrairement quelques hommes, eut sans doute l'avantage de rendre à beaucoup d'autres une sécurité momentanée. L'effet n'en fut pas moins fâcheux dans tous les partis. Ceux des royalistes à qui on commençait à donner le nom d'*ultras* la trouvèrent insuffisante, insignifiante, et remarquèrent avec amertume qu'en épargnant des hommes importants, elle frappait des hommes obscurs, presque inconnus, mais qui passaient pour les ennemis de Fouché. Parmi les bonapartistes et les libéraux, elle produisit une irritation générale, et l'on demanda de quel droit le gouvernement ou même les Chambres pouvaient statuer sur des individus? Mais nulle part cette irritation ne fut plus vive que dans l'armée, dont on venait d'obtenir la soumission, en lui disant qu'aucune réaction n'était à craindre, et qui se trouvait atteinte dans quelques-uns de ses chefs les plus illustres. A ce sujet, le général en chef de cette armée, le maréchal Davoust, écrivit au ministre de la guerre une lettre pleine de noblesse dans laquelle il lui rappelait les assurances données à l'armée, et mettait ces assurances en face de la liste de proscription. Le maréchal Davoust revendiquait aussi pour lui-même toute la responsabilité des actes des généraux Gilly, Grouchy, Laborde, Clausel, Lamarque, Alix et du colonel Marbot, qui n'avaient, disait-il, fait qu'obéir à ses ordres, et il demandait que son nom fût substitué aux leurs; il s'étonnait enfin de voir compris dans une telle liste le général Dejean fils, qui n'avait figuré dans aucun acte, et le général Drouot, dont le caractère et les vertus avaient obtenu l'estime générale. Il terminait en donnant sa démission et en sommant le ministre de mettre sa lettre sous les yeux du roi.

Le maréchal Gouvion-Saint-Cyr, plus affligé que blessé, obtempéra au désir du maréchal Davoust. Mais que pouvait Louis XVIII contre le parti royaliste presque entier, et contre l'unanimité des souverains étrangers ? L'ordonnance fut donc maintenue, et le maréchal Davoust remplacé par le maréchal Macdonald. Quant à Fouché, dont le rôle était cent fois plus odieux que celui de ses collègues, il chercha, dès lors, comme plus tard, à excuser sa participation à la liste de proscription en alléguant que, pour empêcher la réaction de déborder sur toute la France, il fallait lui faire un lit, et qu'en frappant quelques individus, il avait sauvé des milliers de victimes ; mais cette excuse banale de tous les proscripteurs ne fut point admise par l'opinion publique. Fouché eut donc beau adoucir autant qu'il était en lui l'exécution de l'ordonnance, et donner non-seulement des passe-ports, mais de l'argent à tous ceux qui voulaient s'éloigner, il ne trouva grâce devant aucun parti. Il est des sentiments si naturels qu'ils naissent à la fois dans toutes les consciences ; c'est un de ces sentiments qu'éveillait l'étrange spectacle de Fouché renvoyant devant les tribunaux militaires Ney, Grouchy, Cambronne, Drouot, Lavalette, et proscrivant Soult, Boulay (de la Meurthe), Regnault de Saint-Jean-d'Angély, Vandamme, Thibaudeau, surtout Carnot. On connaît la correspondance échangée à ce sujet entre Carnot et Fouché : « Où veux-tu que j'aille, traître ? » écrivit Carnot. — « Où tu voudras, imbécile, » répondit Fouché[1]. Et, bien qu'une des épithètes fût certainement mieux méritée que l'autre, l'opinion publique les ratifia toutes les deux.

En publiant l'ordonnance du 24 juillet, les ministres se

---

[1] Ce dialogue, entre Carnot et Fouché, me paraissait trop piquant pour être vrai ; mais je le trouve rapporté comme authentique dans une dépêche de lord Castlereagh à lord Liverpool, en date du 3 août. Je le crois donc acquis à l'histoire.

flattaient que la première catégorie de cette ordonnance resterait une lettre morte, et que tous ceux qui s'y trouvaient compris auraient le temps de quitter la France. Malheureusement il n'en fut pas ainsi, et, dès le 2 août, un des hommes les plus coupables et les plus intéressants parmi ceux qui figuraient sur la liste fatale, le général Labédoyère, poussé par le désir de voir sa famille, revint à Paris au lieu de fuir, et fut arrêté dans la maison où il était descendu. Du moment où Labédoyère paraissait devant ses juges, un acquittement était impossible ; mais une commutation de peine ne l'était pas, et Louis XVIII, en l'accordant, eût honoré son règne et fortifié sa dynastie. Malheureusement l'idée grande et belle de placer le respect de la vie humaine au-dessus de toutes les luttes politiques, cette idée mise en pratique par la monarchie de 1830, écrite dans la loi par la République de 1848, était encore étrangère à tous les esprits, et l'exécution du général Labédoyère, en même temps qu'elle inspirait aux uns une joie barbare, affligea les autres sans les étonner.

On eût pu du moins espérer que ce sanglant sacrifice calmerait la soif de vengeance dont une fraction trop nombreuse du parti royaliste était dévorée : cette soif s'en irrita, au contraire, et c'est surtout à partir de ce moment que l'on entendit retentir partout, à Paris même, des cris de haine et de mort. En même temps l'état du Midi s'aggravait à tel point que le préfet de Vaucluse, M. de Saint-Chamans, se voyait obligé de solliciter la protection des troupes autrichiennes contre « la poignée d'assassins qui couvraient leurs excès du nom de vengeance publique, se transportaient alternativement sur les points où ils croyaient trouver le moins de défense et le plus de butin, faisaient trembler tout le monde et assouvissaient impunément leur amour de pillage[1]. » A cette demande, le comte de Paar, commandant des troupes autrichiennes, répondit par

---

[1] Lettre du préfet de Vaucluse au sous-préfet d'Avignon.

une lettre dans laquelle il déclarait à son tour que « les puissances alliées, venues pour rendre l'ordre et la paix à la France, voyaient avec des yeux d'horreur les abominations dont certains Français se rendaient coupables. » En conséquence, il interdisait tout rassemblement et promettait de réprimer tout excès.

Quand les choses en étaient venues à ce point, il était difficile que le gouvernement restât muet. Il parla donc, et, dans le *Moniteur* du 5 septembre, on lut une proclamation signée *Louis*, contre-signée Pasquier, « contre les hommes de désordre qui, dans quelques départements du Midi, sous prétexte de se faire les ministres de la vengeance publique, versaient le sang des Français, perpétuaient la discorde, bouleversaient l'ordre social. » Mais, à côté de ces bonnes et sages paroles, la proclamation en contenait de bien sévères, de bien menaçantes pour les auteurs et complices du 20 mars : « De grands crimes, disait-elle, d'infâmes trahisons, ont été commis... Des persécutions atroces ont été exercées contre nos fidèles sujets; mais la punition de ces crimes doit être nationale, solennelle, régulière. Les coupables doivent tomber sous le glaive de la loi et non pas succomber sous le poids des vengeances particulières. » Peut-être, dans le débordement des passions qui grondaient autour d'eux, M. de Talleyrand et ses collègues croyaient-ils ce langage nécessaire; mais, en promettant aux ultra-royalistes, pour les désarmer, le châtiment des coupables par le glaive de la loi, ils faisaient exactement ce qu'avaient fait, six semaines auparavant, les commissaires du duc d'Angoulême, et le même succès les attendait. Ils s'engageaient d'ailleurs ainsi à ne point épargner ceux que frapperait la justice régulière, et à donner au général Labédoyère d'illustres compagnons. Et ce n'était point une vaine menace ! Un hasard à jamais regrettable avait déjà mis entre leurs mains un des plus glorieux coupables du 20 mars, le maréchal Ney ; et en punissant le maréchal Moncey pour avoir refusé de présider le conseil de guerre chargé de juger son frère d'armes, ils venaient de prouver qu'ils n'entendaient point suspendre le cours de la justice.

Depuis le moment où, à Mons, M. de Talleyrand sollicitait une amnistie générale, jusqu'au moment où il participait à la proclamation du 1er septembre et à la destitution du maréchal Moncey, un grand changement s'était donc opéré en lui ou autour de lui. C'est qu'en effet, depuis deux mois, l'étoile du ministère Talleyrand avait singulièrement pâli. Au commencement de juillet, on regardait M. de Talleyrand comme le seul capable de traiter avantageusement avec les souverains étrangers, et Fouché comme le seul capable de faire rentrer le roi à Paris, sans bruit et sans désordre. Or, en septembre, M. de Talleyrand était tenu en dehors des négociations, et les souverains alliés, l'empereur Alexandre notamment, n'avaient plus pour lui leur ancienne déférence. D'un autre côté, le roi était à Paris, protégé par les soldats étrangers, et salué chaque jour par les acclamations des royalistes. Ni M. de Talleyrand ni Fouché ne paraissaient donc plus nécessaires, et dès lors les royalistes commençaient à se rappeler que l'un était un prêtre marié, longtemps complice de la Révolution et de l'Empire, l'autre un jacobin forcené et un régicide. « Les royalistes, dit M. de Vitrolles, cherchaient à effacer par des invectives la tache de leurs éloges. » En outre, malgré les complaisances du ministère pour les royalistes purs, beaucoup de ses actes les avaient mécontentés et blessés. Ainsi, ils lui reprochaient la nomination ou le maintien, comme fonctionnaires publics ou comme présidents des colléges électoraux, d'un certain nombre d'hommes connus pour avoir servi la Révolution ou l'Empire; la révocation de quelques royalistes dont le zèle avait paru excessif; l'ordonnance et les arrêtés qui, soit dans le Midi, soit dans l'Ouest, supprimaient les commissaires extraordinaires et les pouvoirs irréguliers, enfin les ménagements dont on usait envers les fédérés et les bonapartistes. Ils avaient contre le maréchal Gouvion-Saint-Cyr un grief plus sérieux : ils savaient, par M. de Vitrolles, que le maréchal Gouvion-Saint-Cyr, dans sa réorganisation de l'armée, avait voulu supprimer tous les corps privilégiés, et que le roi n'avait pu obtenir de lui une garde royale de vingt-cinq mille hommes qu'en faisant intervenir en plein conseil le duc de Wellington et M. Pozzo di Borgo[1]. De plus, le maréchal avait réduit les gardes du corps, et supprimé, d'un trait de plume, les compagnies rouges, les gendarmes et chevau-légers de la garde, les gardes de la porte, ainsi que les gardes du corps de Monsieur ; et c'était là, aux yeux du parti de Monsieur, un tort inexcusable. Bien que le sous-secrétaire d'État de la guerre, M. Tabarié, appartînt à ce parti, et le favorisât secrètement, les choix faits par le maréchal Gouvion-Saint-Cyr ne paraissaient point non plus assez royalistes, et, pour qu'ils le fussent davantage, M. de Vitrolles imagina de rédiger, avec M. Tabarié, la liste des colonels que Monsieur voulait placer à la tête de la garde, de remettre cette liste au maréchal Gouvion-Saint-Cyr de la part du roi, puis de faire présenter par les colonels ainsi désignés les officiers supprimés des compagnies rouges et des gardes de Monsieur.

La combinaison prit d'abord le ministre de la guerre au dépourvu ; mais la vérité lui fut bientôt connue, et, dans le conseil suivant, comme M. de Talleyrand lui demandait s'il avait un rapport à faire, « Non, répondit-il d'une voix émue, je n'ai aucun rapport à présenter et n'en aurai plus, car je ne suis plus ministre de la guerre. » A ces mots, tous les membres du conseil, M. de Vitrolles excepté, manifestèrent un grand étonnement. « Ce n'est pas moi, ajouta le maréchal, qui suis ministre de la guerre, c'est le baron de Vitrolles ; car c'est lui qui est chargé de transmettre à l'armée les ordres du roi. » M. de Vitrolles essaya de s'excuser, mais sans suc-

[1] *Mémoires de M. de Vitrolles.*

cès, et M. de Talleyrand, ne pouvant l'inviter à sortir, proposa au conseil de se transporter dans une autre salle. La séance levée, l'agitation se calma, et, grâce à quelques paroles adressées par M. de Vitrolles au maréchal Gouvion-Saint-Cyr, l'affaire en resta là [1].

On peut juger, par cette anecdote, de la faute qu'avait commise M. de Talleyrand en introduisant dans le conseil M. de Vitrolles, même sans lui donner voix délibérative, et en confiant des fonctions importantes, bien que secondaires, à des hommes comme M. Tabarié. Mais cette faute n'était pas la seule, et, M. Pozzo di Borgo ayant, par le conseil de l'empereur Alexandre, refusé le ministère de l'intérieur, ce ministère, auquel devaient naturellement aboutir tous les fils de l'administration, se trouvait vacant, sans que M. de Talleyrand s'occupât d'y pourvoir. Ainsi d'ailleurs que nous l'avons dit, son insouciance habituelle l'empêchait d'être, de fait comme de nom, le chef du cabinet, et il laissait volontiers chacun des ministres agir pour son propre compte. Or le maréchal Gouvion-Saint-Cyr était absorbé par le licenciement de l'armée de la Loire et par l'organisation d'une armée nouvelle; le baron Louis, par la difficulté de faire rentrer les impôts et de subvenir à la fois aux dépenses nécessaires de l'État et aux exigences des armées étrangères; M. Pasquier, par le remaniement de tout le personnel judiciaire et administratif, par les instructions à donner aux magistrats et aux préfets, enfin par l'organisation d'un nouveau conseil d'État. Il restait donc Fouché, à qui la direction de l'opinion publique était abandonnée presque sans contrôle, et qui commençait à en être fort embarrassé. A la faveur de l'ordonnance qui, peu de jours après la rentrée du roi, avait affranchi la presse, les royalistes publiaient chaque jour des brochures dans lesquelles ils demandaient, non-seulement le châtiment des complices de l'u-

---

[1] *Mémoires de M. de Vitrolles.*

surpateur, mais la confiscation de leurs biens, sous forme d'indemnité de guerre[1]; ils établissaient que la France se partageait entre deux partis irréconciliables, les victimes et les bourreaux[2]; ils déclaraient qu'en dépit des absurdes promesses de la Charte et de la proclamation de Cambrai, la Révolution devait être écrasée, et qu'il était ridicule de parler de la légitimité du roi, tout en foulant aux pieds une légitimité bien plus ancienne et bien plus respectable, celle des propriétés[3]. Et dans ces brochures, ainsi qu'on peut aisément se le figurer, les ministres, Fouché particulièrement, n'étaient point ménagés. « En préférant à l'excellent duc de Feltre Fouché, ce monstre souillé de tous les crimes, et M. de Talleyrand, cet apostat étranger à toute religion, à toute morale, à toute vertu, à toute pudeur, Louis XVIII, disait M. de Massacré, a fait preuve d'un grand mépris pour le peuple qu'il gouverne. » Mais une nouvelle Chambre des députés allait venir, et on pouvait espérer que justice serait faite.

Bien que moins libres dans leurs allures, quelques journaux, même modérés, tenaient un langage presque analogue. Ainsi on lisait avec surprise dans le *Journal général* du 8 août un long manifeste établissant qu'il était absurde d'expulser les grands révolutionnaires en leur laissant la libre disposition de leurs biens, et que l'État devait s'en emparer. « Qu'importe, disait ce journal, que la confiscation soit abolie par la Charte? Le salut public passe avant tout, et l'État a le droit d'enlever aux conspirateurs l'or fatal dont ils se serviraient pour le perdre; s'ils étaient maîtres, ils n'auraient pas de ces vains scrupules. » Au surplus, pour les atteindre dans leurs fortunes, on pouvait se passer de la confiscation : il suffisait de faire peser sur les bonapartistes le fardeau des calamités dont ils étaient les auteurs.

---

[1] *Histoire de Quinze Semaines*, par Michaud.
[2] *Du Ministère actuel*, par M. de Saint-Victor.
[3] *Du Ministère*, par Léopold de Massacré.

Dès le 14 juillet, la *Quotidienne* avait ouvert un avis semblable, et, le 10 août, la *Gazette de France*, passant du principe général à l'application, proposait formellement de répartir les frais de la guerre entre ceux qui avaient signé l'Acte additionnel. Enfin, au *Nain jaune*, qui venait de mourir, succédaient une foule d'autres *Nains* : le *Nain vert*, le *Nain rose*, le *Nain blanc*, qui cherchaient à rendre aux bonapartistes et aux révolutionnaires les coups que les royalistes avaient reçus de leur prédécesseur.

Si toutes ces attaques n'eussent porté que sur les ministres, peut-être Fouché aurait-il eu quelque peine à s'en défendre ; mais elles portaient aussi sur la Charte, et dès lors il lui était plus facile de s'en trouver offensé. Il commença, dès le 8 août, par révoquer toutes les autorisations précédemment données aux journaux, par les astreindre à une autorisation nouvelle, et par créer une commission de censure à laquelle tous les écrits devaient être soumis ; puis il fit saisir les deux brochures de M. de Saint-Victor et de M. de Massacré ; mais, par une de ces compensations que les gouvernements faibles ne refusent presque jamais à leurs adversaires, il saisit en même temps le septième volume du *Censeur*, bien que ce journal, non périodique, ne fît que critiquer gravement les actes du gouvernement, et il supprima l'*Indépendant* pour un article favorable à Labédoyère, bien que ce journal, organe connu de Fouché lui-même, eût M. Jay pour rédacteur principal. Naturellement, l'*Indépendant* se tut et se contenta de reparaître sous un autre nom, sous le nom de l'*Écho* ; mais les rédacteurs du *Censeur*, moins dociles, s'étonnèrent qu'après les avoir poursuivis comme royalistes sous Napoléon, Fouché les poursuivît comme bonapartistes sous les Bourbons, et ils protestèrent hautement contre l'inconséquence d'une telle décision. Fouché, qui se croyait, à sa manière, aussi conséquent que MM. Comte et Dunoyer, ne s'émut point de la protestation et maintint la saisie, en laissant sans regret aux bonapartistes de 1815 le droit de dire qu'on était plus libre sous leur règne que sous celui des royalistes.

Mais, dans la position de Fouché, c'étaient là de faibles palliatifs, et, bien que récemment allié au faubourg Saint-Germain par son mariage avec mademoiselle de Castellane, il avait trop d'expérience pour ne pas comprendre qu'odieux aux royalistes et aux bonapartistes, personnellement désagréable au roi, abandonné par Monsieur, gênant même pour M. de Talleyrand, il aurait, s'il voulait rester ministre, de grands obstacles à vaincre. Pour en triompher, il comptait encore sur son habileté, sur sa fortune, et surtout sur la réputation d'homme nécessaire qu'il était parvenu à se faire, et qui l'avait fait successivement ministre sous Napoléon et sous Louis XVIII, sans que ni l'un ni l'autre eussent en lui la moindre confiance. Cette réputation, si bien établie qu'elle fût, devait pourtant fléchir, si elle n'était pas soutenue de temps en temps par quelque acte audacieux et éclatant. C'est sans doute à cette pensée qu'il convient d'attribuer les deux fameux rapports au roi, rapports que Fouché présenta modestement au conseil des ministres, en présence du roi, sans qu'ils donnassent lieu à la moindre observation[1] ; mais ce n'était point pour le conseil qu'ils avaient été faits, et Fouché, en même temps qu'il en désavouait la publication, eut soin qu'ils fussent publiés et répandus en Angleterre et en France. L'effet en fut et devait en être prompt et considérable. Le premier contenait un tableau sombre et vrai des malheurs de la France, livrée, contre toute justice, malgré les promesses les plus saintes, aux implacables vengeances des puissances étran-

---

[1] *Mémoires de M. de Vitrolles*. — M. de Vitrolles raconte qu'il obtint de Fouché l'adoucissement de quelques expressions qui lui parurent trop vives. Néanmoins il ne crut pas devoir faire insérer les rapports dans la partie officielle du *Moniteur*, « afin, dit-il, de n'en pas donner la responsabilité au gouvernement. » Il reste ainsi démontré, contrairement à l'opinion généralement reçue, que les rapports avaient été lus en conseil.

gères : « Les ravages de la France, disait-il, sont à leur comble. On ruine, on dévaste, on détruit, comme s'il n'y avait pour nous ni paix ni composition à espérer. Les habitants prennent la fuite devant des soldats indisciplinés ; les forêts se remplissent de malheureux qui vont y chercher un dernier asile ; les moissons périssent dans les champs ; bientôt le désespoir n'entendra plus la voix d'aucune autorité, et cette guerre, entreprise pour assurer le triomphe de la modération et de la justice, égalera la barbarie de ces déplorables et trop célèbres invasions dont l'histoire ne rappelle le souvenir qu'avec horreur. »

Fouché se demandait ensuite à quoi on devait attribuer tant de maux ? « L'une des vues des souverains, disait-il, semblait être d'affermir le gouvernement de Votre Majesté, et son autorité est sans cesse compromise par l'état d'impuissance où on la réduit ; son pouvoir est même rendu odieux par les maux dont elle semble être complice, parce qu'elle ne peut pas les empêcher. Votre Majesté a signé, comme alliée, le traité du 25 mars, et on lui fait la guerre la plus directe. »

Néanmoins, ajoutait Fouché, le roi a accordé tout ce que les alliés désiraient : Bonaparte est prisonnier ; les Chambres sont dissoutes ; on a épuré les administrations ; on a accordé, contre les bonapartistes, tout ce qui pouvait être réclamé pour l'exemple ; on a licencié l'armée. Veut-on donc punir la France d'avoir été victime d'une ambition effrénée ? ou veut-on la pousser à bout ? Mais, que l'on y prenne garde ! « On sait dans le Nord, on sait en Prusse ce que notre défaut de modération a produit d'énergie. Il n'y aurait donc plus de terme aux désordres de l'humanité, si les vengeances alternatives devenaient un droit de la guerre, *car les peuples ne meurent jamais.* »

Ces paroles étaient déjà fort significatives ; les dernières l'étaient plus encore, et nous craindrions, en les abrégeant, d'en diminuer la portée : « Votre Majesté, disait Fouché, me permettra-t-elle une dernière considération ? Tant que la France aura quelque chose à conserver, et qu'elle sera soutenue par l'espérance de se conserver en corps de nation, aucun sacrifice ne lui sera impossible, et tous les plans d'une équitable politique pourront encore s'exécuter; mais le jour où les habitants auront tout perdu, où leur ruine sera consommée, on verra commencer un nouvel ordre de choses, une nouvelle série d'événements, parce qu'il n'y aura plus ni gouvernement ni obéissance; une fureur aveugle succédera à la résignation, on ne prendra plus conseil que du désespoir; des deux côtés, on ravagera; le pillage fera la guerre au pillage; chaque pas des soldats étrangers sera ensanglanté; la France, alors, aura moins de honte à se détruire elle-même qu'à se laisser détruire par les hordes étrangères.....

« Le moment approche; déjà l'esprit national prend cette affreuse direction; une fusion se forme entre les partis les plus opposés; la Vendée elle-même rapproche ses drapeaux de ceux de l'armée. Dans cet excès, quel parti restera-t-il à Votre Majesté, que celui de s'éloigner? Les magistrats quitteront de même leurs fonctions, et les armées des souverains seront alors aux prises avec des individus affranchis de tous les liens sociaux. Un peuple de trente millions d'hommes pourra disparaître; mais, dans cette guerre d'homme à homme, plus d'un tombeau renfermera, à côté les uns des autres, les opprimés et les oppresseurs ! »

Après avoir, dans son premier rapport, exposé ainsi la situation de la France, relativement aux armées étrangères, Fouché, dans le second, abordait la question, non plus grave, mais plus délicate, de la position respective des partis et des passions qui agitaient et désunissaient toutes les classes de citoyens, et jusqu'aux membres de chaque famille : « On croirait, disait-il, que la France renferme deux nations aux prises l'une avec l'autre. Il ne faudrait qu'un degré de plus de fureur pour dissoudre le lien social. » Cependant il y avait des distinctions à faire entre les départements des diverses parties de la France, entre les citoyens et l'armée, entre les partis et les factions : les esprits étaient plus calmes dans le centre ; le Nord montrait de la modération et des sentiments constitutionnels ; l'Ouest, au contraire, offrait un spectacle effrayant : des hommes, dévoués au roi, s'y étaient accoutumés à confondre la cause de l'ancien régime avec la la cause royale, et la guerre civile y avait laissé de fâcheuses habitudes. Néanmoins, dans l'Ouest, l'opinion était loin d'être unanime, et les villes y étaient généralement opposées aux campagnes.

« Le royalisme, au Midi, ajoutait Fouché, s'exhale en attentats ; les bandes armées pénètrent dans les villes et parcourent les campagnes ; les assassinats, les pillages se multiplient ; la justice est partout muette ; l'administration partout inactive : il n'y a que les passions qui agissent, qui parlent et qui soient écoutées. »

Quant aux provinces de l'Est, l'Alsace, la Lorraine, les Ardennes, la Champagne, la Bourgogne, la Franche-Comté, le Dauphiné, elles offraient un autre genre de danger : une opposition morale au gouvernement de la dynastie royale y était presque générale.

De cet exposé Fouché concluait que, dans la supposition d'une guerre civile, les royalistes absolus domineraient dans dix départements ; que les partis se balanceraient dans quinze autres ; et que, dans tout le reste de la France, il se trouverait seulement quelques poignées de royalistes à opposer à la masse du peuple ; mais il établissait en même temps que la grande majorité était disposée à se soumettre sincèrement au roi, en sa qualité de chef de l'État, si la France était gouvernée sur des idées libérales, constitutionnelles et nationales.

Ces préliminaires établis, Fouché, après quelques mots sur l'armée, passait en revue les divers partis, et analysait, avec un peu de subtilité, les opinions et les sentiments des républicains et des constitutionnels, qu'il représentait, non comme systématiquement hostiles, mais comme inquiets, méfiants et disposés à préférer toute autre dynastie à la dynastie des anciens rois de la France. Or, si les républicains étaient peu nombreux, les constitutionnels comptaient beaucoup d'adhérents dans la bourgeoisie, parmi les petits propriétaires, et dans la masse des paysans, ennemis irréconciliables de la noblesse et du clergé. Là donc était la force, et contre cette force, les royalistes purs ne pouvaient point prévaloir.

La conclusion de Fouché était celle-ci : tant que la France sera occupée par les armées étrangères, la dynastie restaurée n'a rien à craindre d'un mouvement populaire ; elle sera certainement emportée, si, après le départ des étrangers, le parti de la cour parvient à faire adopter un plan de contre-révolution. On se trompe grossièrement, quand on croit qu'après avoir supporté la tyrannie de Bonaparte, les Français supporteront aussi facilement la tyrannie royale. Bonaparte avait fait prendre le change sur la liberté, en la remplaçant par la gloire; on n'avait rien à craindre, sous son règne, ni du clergé, ni de la noblesse, ni des émigrés; on aura tout à craindre sous le règne de la dynastie légitime. De là la nécessité d'adopter un plan de gouvernement qui rassure, non contre le roi dont la modération est connue, mais contre ses successeurs possibles. Il s'agit d'une nation sensible et fière, mais inquiète, vaine et jalouse ; d'une nation chez laquelle l'égalité et la liberté ont jeté de profondes racines. Cette nation, si on veut en rester maître, doit être gouvernée selon ses opinions et ses goûts. Or il y a deux régimes constitutionnels, bien différents l'un de l'autre : dans l'un, le roi accorde le moins qu'il peut; alors tout devient obstacle, parce que tout devient, de part et d'autre, un objet de dispute; dans l'autre, il y a un ministère homogène et responsable. Le monarque, qui est dépositaire de la puissance et de la majesté nationale, est comme placé, au moyen du ministère, dans une enceinte impénétrable, à l'abri de toutes les agitations politiques. De ces deux régimes, c'est le premier qui a prévalu en 1814 ; il faut que le second prévale en 1815, si l'on veut éviter les mêmes malheurs. Ces malheurs seraient inévitables, si la nouvelle Chambre qui va se former n'était pas constitutionnelle et si les opinions ultra-royalistes y dominaient.

Fouché terminait par quelques paroles justes et sensées sur le danger des réactions. « Il y a eu, disait-il, des ordonnances d'exil; Votre Majesté devait cet acte de répression à sa propre dignité, et *chacun sent que d'autres circonstances ont pu encore nécessiter cette punition*. Il est certain cependant que le parti constitutionnel a pu craindre de voir, dans ces premiers actes de l'autorité, la couleur de tout un règne..... Or, dès qu'une goutte de sang vient à couler dans une révolution politique, il n'y a plus aucune certitude qu'il n'en sera pas versé des torrents. »

En face d'un million de soldats étrangers répandus sur le territoire de la France, et en présence de la faction ultra-royaliste armée et triomphante, l'audace d'un tel langage était si grande, si invraisemblable, qu'au premier moment, à l'étranger comme en France, les rapports, le premier surtout, passèrent pour apocryphes. Ainsi, le 31 août, le chef de la police des alliés à Paris, M. Justus Gruner, en adressa un exemplaire à Fouché, en lui demandant de le désavouer publiquement. « Ce rapport, lui disait-il, aussi injuste que violent, remplit tous les cœurs d'animosité contre les alliés, et manifeste des principes incompatibles avec l'ordre européen. Il est impossible que le ministre de la police en soit l'auteur. » En Angleterre aussi, où Fouché l'avait secrètement envoyé, les ministres le firent dénoncer par leurs journaux comme la plus impudente des fabrications.

Mais Fouché n'avait point lancé son brûlot pour l'éteindre aussitôt; il se borna donc à répondre à M. Justus Gruner et à d'autres que, dans les exemplaires mis en circulation, il y avait des changements, des omissions, qui altéraient le sens de ses rapports, mais qu'en définitive, en signalant au roi les maux de la France, il avait rempli son devoir. Il fallut donc reconnaître que les rapports étaient authentiques, et l'émotion fut grande dans le corps diplomatique, à la cour et au sein même du ministère. « Je n'entre pas, écrivait, peu de jours après, lord Liverpool à lord Castlereagh, dans la question de savoir si Fouché a bien fait de faire ces rapports au roi ; mais c'est une indignité flagrante envers les alliés, que de les avoir fait circuler, et que de les avoir envoyés dans ce pays par ses agents, avant qu'ils vous eussent été communiqués, et dans des circonstances qui nous les ont fait signaler d'abord comme une invention scandaleuse[1]. » Quant au parti de la cour, l'allégation de ses fautes, de sa faiblesse numérique et des sentiments qu'il inspirait à la France, le firent bouillir d'indignation et de colère. Le roi, enfin, qui se souvenait à peine d'avoir entendu ou lu les rapports, et les ministres, qui n'y avaient attaché aucune importance, se montrèrent embarrassés et mécontents. Fouché, à qui, dans cette circonstance, Manuel avait, dit-on, prêté sa plume, avait sans doute prévu l'orage et s'y était préparé; mais, en montrant aux étrangers une insurrection nationale, et aux royalistes une insurrection libérale comme près d'éclater, il espérait intimider les étrangers et les royalistes, reconquérir la faveur des patriotes et des libéraux, et se faire encore une fois accepter par tous comme nécessaire. Malheureusement pour lui, au moment même où il publiait clandestinement ses rapports, un événement qu'il n'avait pas prévu, la nomination d'une Chambre vivement et purement royaliste, vint déranger ses calculs et clore la carrière de ses intrigues.

C'est le 14 août que les colléges d'arrondissement s'étaient réunis, et c'est le 22 que les colléges de département avaient commencé leurs opérations. Telle était, sur le résultat probable de l'élection, la confiance des ministres, que les pre-

---

[1] Dépêche de lord Liverpool à lord Castlereagh, 15 septembre.

miers choix, bien que fort significatifs, ne leur inspirèrent aucune inquiétude. En maintenant les colléges électoraux de l'Empire, et en autorisant les préfets à les compléter par d'habiles adjonctions, ils croyaient avoir mis toutes les chances de leur côté, et s'être assurés d'une majorité libérale et royaliste à la fois. Menacés et persécutés, les bonapartistes et les anciens républicains ne pouvaient pas, disait-on, opposer leur drapeau au drapeau du gouvernement, et n'avaient d'autre ressource que de se confondre avec les libéraux. Quant aux royalistes, à l'exception de quelques têtes ardentes, l'influence du roi devait être toute-puissante sur eux. Et, chose remarquable! cette confiance de M. de Talleyrand et de ses collègues s'était communiquée aux ministres étrangers qui craignaient une Chambre trop libérale, trop patriote, mais point du tout une Chambre ultra-royaliste. Enfin, les royalistes eux-mêmes partageaient, jusqu'à un certain point, l'erreur du ministère et doutaient beaucoup de leur succès.

Mais il est en France deux dispositions dont on ne tient jamais assez de compte dans les crises politiques, et qui viennent successivement étonner et déconcerter tous les partis : la disposition des vaincus à se décourager et à s'abstenir ; la disposition des indifférents, des indécis, à se jeter aveuglément dans le courant du jour quel que soit ce courant. Il n'est pas rare de voir ainsi les mêmes hommes se laisser emporter, à peu de mois d'intervalle, dans deux directions absolument opposées, presque sans qu'ils s'en aperçoivent, et tromper toutes les prévisions. C'est ce qui arriva le 22 août 1815.

A cette raison générale, il faut pourtant en ajouter de particulières. Dans la plupart des villes chefs-lieux de département, le parti ultra-royaliste était seul organisé et avait seul la parole. A la vérité, M. Pasquier et M. de Barante s'étaient efforcés d'écarter des préfectures les hommes notoirement dévoués à ce parti, et de choisir, surtout parmi les fonctionnaires de 1814, ceux dont le langage avait été constitutionnel et la conduite modérée. Mais, placés dans le milieu des passions royalistes, beaucoup de ceux sur qui l'on comptait s'étaient laissé gagner ou intimider, et c'est sous l'influence de ces passions qu'ils avaient usé du droit d'adjonction. Plusieurs même, non contents d'augmenter le nombre des électeurs hostiles au ministère, avaient dépassé le chiffre légal et surchargé les colléges. Ailleurs d'autres fraudes avaient été commises. Dans plusieurs départements du Midi, enfin, les élections n'avaient pas été plus libres que celles de la ville de Paris, après les massacres de septembre, et, à Nîmes notamment, le meurtre de treize protestants, la veille de l'élection, avait, par la terreur, écarté du scrutin leurs coréligionnaires[1]. Mais, il est juste de le répéter, là-même où ne se commettaient ni fraudes ni violences, l'entraînement était général et le parti royaliste dominait.

Deux des ministres, le baron Louis et M. Pasquier, furent pourtant nommés par le collége électoral de la Seine; mais le préfet de police, M. Decazes, qui était alors dans de bons termes avec Monsieur et avec son parti, et M. Bellart, récemment nommé procureur général, furent élus avant les ministres et à une plus forte majorité. Quant à Fouché, il obtint aussi à Paris la majorité relative; mais, nommé en même temps par Seine-et-Marne et par la Corrèze, il opta d'avance pour Seine-et-Marne, et ne fut point proclamé à Paris. La plupart des nouveaux élus paraissaient d'ailleurs répondre parfaitement au désir exprimé par les journaux royalistes qui avaient conseillé aux colléges électoraux de choisir des hommes nouveaux et d'éviter les *inévitables*. A peine, au milieu d'une foule de noms ignorés, quelques noms connus surnageaient-ils de temps en temps.

A la joie du parti de la cour, il fut bientôt aisé de juger à

[1] Discours de M. de Saint-Aulaire à la Chambre des députés, mars 1819.

quelle opinion ces hommes nouveaux appartenaient et ce qu'il fallait attendre d'eux. Le *Journal général*, qui, tout en se plaignant de la mollesse des poursuites contre les bonapartistes, professait sur les limites respectives de la prérogative royale et de la prérogative constitutionnelle d'excellentes doctrines parlementaires, ne tarda pas à manifester, sans l'avouer, son inquiétude sur l'esprit des nouveaux députés qui, peut-être, n'avaient pas fait « tous les sacrifices personnels que devaient leur commander l'exemple, la volonté, la sûreté du monarque ; » et le *Journal des Débats,* jusque-là si ardent royaliste, témoigna clairement, tout en affectant de défendre la Chambre, la crainte de la voir tomber dans de grandes exagérations : « Si l'on en croit certaines gens, dit-il dans son numéro du 8 septembre, la Chambre, proscrivant toute idée moderne, rejetant tout système nouveau, méconnaissant l'esprit du siècle et luttant contre le cours des choses, ne verra le salut de la France que dans le rétablissement des institutions les plus anciennes et qu'il est le moins possible de faire revivre aujourd'hui. Il n'est point de droits abolis et surannés qu'ils ne réclament, point de vieilleries livrées depuis longtemps à la risée qu'ils n'invoquent. » Mais, ajoutait le *Journal des Débats*, la Chambre trompera ces folles espérances et saura se frayer un chemin entre tous les excès. Presque au même moment, lord Castlereagh exprimait à peu près la même opinion. Selon lui, le roi pouvait se maintenir, s'il tenait les ultra-royalistes à l'écart, et s'il gouvernait avec fermeté à l'aide des hommes de la Révolution. » L'Assemblée nouvelle, ajoutait-il, sera animée d'un esprit très-loyal, et si cet esprit pouvait être contenu par la cour au lieu d'être aiguillonné par elle, on en tirerait un excellent parti ; mais il est à craindre que Monsieur et la duchesse d'Angoulême n'excitent les membres royalistes à se ruer d'abord sur Fouché, comme le plus odieux, et ensuite sur le gouvernement tout entier. » Lord Castlereagh croyait qu'en cela la cour serait aidée par les jacobins qui, dans leur désir de renverser les Bourbons, ne souhaitaient rien tant que de voir les ultra-royalistes au pouvoir, et il ajoutait que, par une telle conduite, les royalistes créeraient un parti d'Orléans, le duc de ce nom étant déjà regardé par beaucoup de personnes comme une ressource contre les vues connues ou supposées des autres membres de la famille.

Au surplus, l'esprit probable de la nouvelle Chambre ne tarda pas à se manifester par des signes certains, par les adresses que les colléges électoraux votèrent avant de se séparer, selon l'usage établi. M. de Chateaubriand, président du collége électoral du Loiret, avait donné le signal, le jour même de l'élection, par un discours, mélange assez curieux d'opinions libérales et de sentiments haineux et contre-révolutionnaires ; il le donna de nouveau dans l'adresse dont il fut le rédacteur, et qui devint le type de toutes les autres adresses : « Sire, disait-il au roi, vous avez deux fois sauvé la France ; vous allez achever votre ouvrage. Ce n'est pas sans une vive émotion que nous venons de voir *le commencement de vos justices !* Vous avez saisi *ce glaive* que le souverain du ciel a confié aux princes de la terre pour assurer le repos des peuples. »

Après cette cruelle allusion à l'exécution récente du général Labédoyère, M. de Chateaubriand faisait parler la France qui, envahie, déchirée, demandait *justice à genoux*. Cette justice, malheureusement nécessaire, le roi la devait à son peuple, et *sa sévérité paternelle* serait mise au premier rang de ses bienfaits.

A cette adresse, accueillie avec des cris d'enthousiasme par le parti ultra-royaliste, le roi répondit sur un ton très-modéré. « Je connais, dit-il, toute l'étendue de mes devoirs ; il en est de rigoureux, mais j'espère en remplir de plus doux, en faisant le bonheur de mon peuple, et je suis sûr d'y parvenir au moyen de l'union de la Chambre avec moi. » L'impulsion donnée n'en fut pas moins suivie, et, pendant plusieurs jours, on vit se succéder des adresses où le roi était humblement supplié de faire au salut de son peuple le sacrifice d'une de ses vertus, d'imposer silence à sa sensibilité, de frapper du glaive de la loi, ou d'arracher du sol de la patrie les monstres dénaturés qui en avaient déchiré les entrailles, d'indemniser l'État aux dépens des richesses criminelles qui avaient été le salaire de leur infamie, enfin, de ne rien négliger pour rassurer les bons et pour intimider les méchants[1]. »

Pour la première fois, depuis l'an VII, les élections avaient donné la majorité aux royalistes, et les colléges électoraux, dans leurs adresses, venaient d'exprimer avec ensemble, avec éclat, le vœu le plus ardent du parti de la cour. Labédoyère avait été fusillé ; Ney et Lavalette étaient arrêtés ; les frères Faucher allaient être jugés. Monsieur, qui d'abord avait voulu refuser la présidence du collége électoral de la Seine, la regardant comme au-dessous de sa dignité, avait été bien accueilli par les électeurs[2]. Le duc et la duchesse d'Angoulême avaient retrouvé, à Bordeaux, l'enthousiasme de 1814, et cet enthousiasme avait redoublé, quand on avait appris, par un discours de M. Lainé, que le duc partait pour la frontière, afin de s'opposer à l'invasion projetée d'une armée espagnole. A Lille, enfin, le préfet avait eu l'heureuse idée de faire représenter devant le duc de Berry une pièce intitulée les *Amours de Henri IV et de Gabrielle d'Estrées* ; et les hommes qui déjà se donnaient comme les défenseurs exclusifs de l'autel et du trône, avaient salué Henri IV, le duc de Berry et la belle Gabrielle des plus vives acclamations. Le vent enflait donc bien évidemment les voiles du parti royaliste pur, et ceux qui se règlent sur le vent prenaient leurs mesures en

---

[1] Adresses des colléges électoraux de la Moselle, de la Sarthe, de l'Allier, de la Nièvre, du Rhône, de la Gironde, de l'Ain, de l'Aude, de la Charente-Inférieure, de la Côte-d'Or, de la Haute-Saône, de Tarn-et-Garonne, de l'Ariége, de la Haute-Garonne, etc., etc.

[2] *Mémoires de M. de Vitrolles.*

conséquence. Dans cette situation, le maintien intégral du ministère paraissait impossible; mais, depuis quelque temps déjà, M. de Talleyrand nourrissait secrètement le dessein de sauver l'équipage en allégeant le vaisseau. Après avoir cru longtemps que Fouché le couvrait, il avait fini par croire qu'il le compromettait, et qu'en jetant son compagnon à la mer il pourrait faire tête à l'orage. Au lieu de combattre, comme par le passé, la malveillance persistante du roi à l'égard de Fouché, il la flattait, il l'encourageait, et il allait répétant à ses intimes « que, après tout, si le roi le voulait, il pouvait renvoyer Fouché[1]. » En même temps, toutes les fois qu'il en trouvait l'occasion, il gémissait en plein conseil sur les embarras, sur les ennuis, sur les humiliations qui attendaient les ministres réduits à disputer aux étrangers quelques faibles portions de la rançon de la France, tout en s'efforçant de plaire à une majorité incertaine. Et, comme Fouché ne paraissait pas s'émouvoir devant le tableau peint avec de si sombres couleurs par M. de Talleyrand, celui-ci alla un jour jusqu'à insinuer qu'il tenait à la disposition de qui le voudrait un poste superbe et bien préférable à celui de ministre, le poste de ministre plénipotentiaire aux États-Unis. Mais, bien que, pour faire valoir son offre, M. de Talleyrand s'étendît longuement sur la beauté des fleuves et des arbres de l'Amérique, Fouché resta muet[2].

Cependant, même au temps de sa faveur auprès de Monsieur, Fouché n'avait pas pu vaincre les répugnances si naturelles, si légitimes, de la duchesse d'Angoulême, et il était, parmi les ministres, le seul qui ne se fût pas présenté chez elle. Après les élections, les sentiments qu'elle avait com-

---

[1] *Mémoires de M. de Vitrolles.*

[2] On lira bientôt dans les *Mémoires de M. de Vitrolles* le piquant récit de cette scène singulière où M. de Talleyrand, d'ordinaire fort silencieux, et Fouché, d'ordinaire fort loquace, parurent changer de rôle.

primés jusque-là débordèrent, et, sans doute après s'être entendu avec elle, un des hommes les plus considérables de la Chambre nouvelle, M. Lainé, alla trouver M. Pasquier, et lui déclara, en son nom propre comme au nom de plusieurs de ses collègues, que Fouché ne pouvait pas se présenter devant la Chambre[1]. Fouché aurait dû le comprendre par lui-même, et, malgré son assurance habituelle, depuis la nomination des députés il se sentait ébranlé; mais le souvenir des vieux procédés révolutionnaires le rassurait un peu : « C'est une Chambre, disait-il à M. Decazes, qu'il faudra gouverner par les émeutes. » A la vérité, pour exécuter ce beau projet, l'appui de ses collègues lui était nécessaire, et, si cet appui lui manquait, sa retraite devenait inévitable. Il finit donc par entrer en négociation avec M. de Talleyrand, à qui, par une erreur singulière, il demanda Dresde au lieu des États-Unis. Le marché fut bientôt conclu, et M. de Talleyrand, convaincu qu'en sacrifiant Fouché il venait d'apaiser tous les ressentiments, s'en fit, auprès des princes, un sujet de triomphe, et envoya MM. Bourrienne et Roux-Laborie à la bibliothèque de la Chambre des députés, avec mission d'y annoncer la grande nouvelle.

Mais l'illusion dont se repaissait l'amour-propre de M. de Talleyrand fut de courte durée. C'était peu de jours avant l'époque fixée pour l'ouverture de la Chambre, et beaucoup de députés nouveaux venus se réunissaient à la bibliothèque pour y prendre langue : « Eh bien, leur dirent les ambassadeurs de M. de Talleyrand, vous savez... Fouché est renvoyé, et c'est à M. de Talleyrand qu'on le doit. — Ah! tant mieux ! Le roi a bien fait de renvoyer Fouché ; mais, quand renverra-t-il l'autre ? — Qui, l'autre ? — Eh ! M. de Talleyrand. Le roi ne peut pas garder pour ministre un tel révolutionnaire[2] ! »

Ce qu'il y avait de grave pour M. de Talleyrand, c'est que le

---

[1] *Mémoires de M. de Vitrolles.*
[2] *Mémoires de M. de Vitrolles.*

roi, par d'autres motifs, était de l'avis des députés ; il n'avait oublié ni la scène de Mons ni celle de Cambrai, et il se sentait blessé par la manière imperturbable de M. de Talleyrand, qui, à chaque observation du roi, avait l'habitude de répondre froidement : « Sire, cela est indispensable ; il faut que cela soit. » Il était donc résolu à ne point soutenir son premier ministre contre la cour et contre la Chambre ; mais il ne savait pas s'il devait s'en défaire tout de suite ou attendre que la Chambre se fût prononcée contre lui. Le premier parti était plus de son goût, le second plus conforme à la théorie constitutionnelle, et il hésitait encore, quand un grave incident le détermina.

Nous avons exposé, dans ce chapitre même, l'énormité des exigences pécuniaires et territoriales des puissances coalisées, et le dédain qu'elles témoignaient à leur allié, le roi de France, en traitant de son royaume, sans même l'admettre à débattre avec elles les conditions du traité. Secondé par une commission dont M. Corvetto était président, le baron Louis avait fini par régulariser les réquisitions pour solde et entretien des armées étrangères, au moyen d'une contribution extraordinaire de cent millions, répartie sur les divers départements, en proportion de leurs ressources, et provisoirement supportée par les principaux capitalistes, patentables et propriétaires ; mais il restait à décider quels sacrifices ultérieurs on imposerait à la France. Après quelques conférences préliminaires, chaque puissance avait formulé ses prétentions ; celles de l'Autriche et de la Prusse, exorbitantes, et impliquant, outre quelques autres démembrements, la cession permanente de toute la première ligne des forteresses françaises, au Nord et à l'Est [1] ; celles de la Russie, modérées et s'écartant fort peu

---

[1] A son retour du congrès d'Aix-la-Chapelle, le duc de Richelieu communiqua à M. d'Hauterive une carte de France, sur laquelle étaient marquées les portions de territoire que l'Autriche et la Prusse voulaient alors détacher de la France. D'après cette carte, dont M. d'Hauterive prit une copie, et dont

des stipulations du traité de Paris; quant au ministère anglais, il persistait à croire et à dire « que les alliés avaient droit aux acquisitions permanentes qu'ils jugeaient nécessaires à leur sécurité, et que, tout en ayant à cœur la consolidation du gouvernement légitime en France, l'Angleterre ne devait pas oublier que son succès en cela était fort incertain, et qu'il était plus facile de prendre des sûretés contre la France que de la rendre pacifique et tranquille[1]. » Le duc de Wellington et lord Castlereagh, d'un autre côté, persistaient à penser et à dire que c'était là une détestable politique, et, dans une longue dépêche concertée avec le duc de Wellington, lord Castlereagh avait fini par fixer les incertitudes du gouvernement anglais, et par lui faire accepter un projet, déplorable encore pour la France, mais bien préférable à ceux de l'Autriche et de la Prusse. Dans cette dépêche, admirable de bon sens et de bon esprit, lord Castlereagh ne se bornait pas à répéter, avec plus d'étendue et de force, « qu'enlever à la France quelques portions de territoire et une ligne de forteresses, c'était l'exaspérer sans l'affaiblir, dépopulariser le roi ou le forcer à se jeter dans les bras de son peuple, ôter à la paix qu'on voulait faire toute chance de durée, et inaugurer pour longtemps en Europe le système des armées permanentes; » il établissait, en outre, « que les intérêts de l'Angleterre et ceux des puissances allemandes étaient loin d'être identiques, et que celles-ci, pouvant payer, nourrir, habiller leurs troupes aux dépens de la France, en même temps qu'elles touchaient les subsides anglais, n'avaient nul désir d'arriver à une conclusion. » C'était par cette raison, selon lord Castlereagh, que

---

l'original est resté entre les mains des héritiers du duc de Richelieu, on enlevait à la France Lille, Metz, Strasbourg, avec deux lieues en deçà de ces lignes, depuis la Flandre jusqu'à l'Alsace. (*Vie et Travaux politiques du comte d'Hauterive*, par le chevalier Artaud.)

[1] Observations sur le *memorandum* russe. Londres, 3 août. — Dépêche de lord Liverpool à lord Castlereagh, 11 août.

la Prusse, l'Autriche, la Bavière, faisaient sans cesse arriver en France des renforts complétement inutiles, et qui portaient à plus de neuf cent mille hommes l'armée d'occupation. Il y avait là, pour la France, d'après les calculs de M. de Bulow, une dépense de deux millions sept cent mille francs par jour, sans compter la paye et l'habillement des troupes ; et, si l'on ajoutait à cette dépense une contribution de guerre qui ne monterait pas à moins de six cents millions, on pouvait craindre que la France ne succombât sous le fardeau, ou qu'elle n'essayât de le secouer par un effort désespéré.

Cependant lord Castlereagh reconnaissait la nécessité de donner quelque satisfaction aux puissances allemandes, et, en conséquence, il proposait de restreindre la France dans sa frontière de 1790, en attribuant les *enclaves* aux pays dans lesquels elles se trouvaient comprises. La France conserverait ainsi Avignon, et l'Allemagne acquerrait l'importante forteresse de Landau. Lord Castlereagh proposait en outre, conformément aux vues précédemment énoncées par le duc de Wellington, d'occuper temporairement quelques forteresses françaises, et d'employer à la construction de forteresses nouvelles dans les Pays-Bas une portion déterminée de la contribution de guerre. Si ces propositions étaient agréées par le cabinet anglais, il se croyait certain de les faire prévaloir auprès de l'empereur de Russie. Lord Castlereagh ne se dissimulait pas d'ailleurs qu'une telle paix ne serait populaire ni en Angleterre ni en Allemagne, et qu'en extorquant la cession permanente de deux ou trois forteresses de grand nom, on plairait mieux à la nation ; « mais, ajoutait-il, notre but est de faire rentrer le monde, si cela est possible, dans des habitudes pacifiques, et non pas de réunir des trophées [1]. »

Si une telle paix ne devait être populaire ni en Angleterre ni en Allemagne, elle devait l'être moins encore en France;

[1] Dépêche de lord Castlereagh à lord Liverpool, 17 août.

et pourtant ce fut avec un regret profond, et comme s'il eût fait à la France et au roi un grand sacrifice, que lord Liverpool y donna son assentiment! Encore enjoignit-il d'abord aux plénipotentiaires anglais de demander en outre le démantèlement de Lille et de Strasbourg. Pour le faire renoncer à cette incroyable prétention, il ne fallut rien moins qu'une vive réclamation de lord Castlereagh, portée à Londres par lord Stewart [1].

Par deux notes successives, l'une du 24 août, l'autre du 7 septembre, le comte de Nesselrode, au nom de la Russie, adhéra au projet de lord Castlereagh, et les puissances allemandes s'y résignèrent, en faisant pourtant ajouter aux territoires et places cédés par la France les cantons de Condé et de Givet, les forts de Joux et de l'Écluse ; elles obtinrent enfin que la forteresse de Huningue serait démolie. La contribution de guerre devait s'élever à huit cents millions, dont deux cents millions employés à la construction des forteresses nouvelles. Enfin, les forteresses françaises de l'Est et du Nord devaient être occupées militairement, pendant sept ans, par cent cinquante mille soldats, aux frais de la France. Les puissances se réservaient néanmoins la faculté de faire cesser cette occupation au bout de cinq ans, et de rendre les forteresses à Louis XVIII ou à ses héritiers légitimes, si elles reconnaissaient que la situation de la France offrait à cette époque des garanties suffisantes de paix et de sécurité à l'Europe.

Tel est, dans ses dispositions principales, l'*ultimatum* que les puissances coalisées proposèrent à l'acceptation du roi le 16 septembre 1815. Cet *ultimatum* ne prenait pas tout à fait le ministère au dépourvu; et, dans leurs conversations avec les plénipotentiaires étrangers, MM. Louis et de Dalberg, chargés de suivre la négociation, avaient pu en pressentir toute la rigueur; il produisit néanmoins l'impression la plus pénible sur

---

[1] Dépêches de lord Liverpool à lord Castlereagh, 23 et 28 août.

le roi et sur M. de Talleyrand, et celui-ci y répondit aussitôt (le 18) par une note dans laquelle il établissait très-fortement que les cessions territoriales ne pouvaient être fondées que sur la conquête; que la conquête procédait de l'état de guerre, et que l'état de guerre n'existait point quand le souverain du pays occupé par les armées étrangères en était excepté, et que les puissances belligérantes entretenaient avec lui les relations accoutumées. De là la conséquence qu'aucune cession territoriale ne pouvait être exigée de la France. Néanmoins M. de Talleyrand, au nom du roi, consentait au rétablissement des anciennes limites de la France, au payement d'une indemnité modérée et à une occupation provisoire d'une durée moindre de sept années.

Il faut reconnaître qu'entre les prémisses et la conclusion il y avait une contradiction marquée, et que la négociation se trouvait, dès ce moment, circonscrite dans des limites assez étroites. Il ne s'agissait plus, en effet, que de débattre la cession de deux ou trois places, la quotité de l'indemnité, la durée de l'occupation, et, sur ces divers points, il n'était point impossible de s'entendre ; mais quelques paroles de l'empereur Alexandre avaient fait croire à Louis XVIII que tout autre que M. de Talleyrand obtiendrait de meilleures conditions, et M. de Talleyrand, mal vu de la cour, faiblement soutenu par le roi, et menacé par la majorité de la Chambre nouvelle, sentait lui-même que son prestige était fort diminué et que, pour le rétablir, une marque éclatante de la faveur royale était nécessaire. Après avoir fait signer au roi une ordonnance qui complétait l'organisation politique de la France, en instituant un grand conseil privé auquel pouvaient être appelés les princes de la famille, les princes du sang, et dont faisaient partie les ministres secrétaires d'État et vingt-trois ministres d'État spécialement désignés, il exposa à ses collègues la situation critique où il se trouvait placé, et la nécessité d'en sortir avant la réunion des Chambres. Il fut donc arrêté en conseil qu'on se présenterait en corps chez le roi et qu'on lui déclarerait qu'en face des difficultés extérieures et intérieures, le ministère se sentait incapable de mener à bien les affaires de la France, à moins que le roi ne lui accordât, soit auprès des souverains étrangers, soit auprès de la Chambre, tout l'appui de l'autorité royale; et cette résolution fut communiquée au secrétaire du conseil, M. de Vitrolles, qui écrivit aussitôt au roi pour l'en avertir[1].

Le roi était donc prévenu, quand M. de Talleyrand, accompagné de MM. Louis et de Dalberg, se présenta dans son cabinet, et, après avoir exposé l'état critique des affaires, lui fit la demande convenue : « Cela, dit finement le roi, est peu constitutionnel : c'est à mes ministres à se tirer d'affaire. — En ce cas, dit M. de Talleyrand, nous serons obligés de nous retirer. — Eh bien, ajouta le roi, si mes ministres se retirent, je ferai comme en Angleterre, je chargerai quelqu'un de former un nouveau cabinet[2]. »

M. de Talleyrand, qui était fort loin de s'attendre à une telle réponse, salua respectueusement le roi et sortit si étonné, si troublé, qu'il ne songea pas même à avertir plusieurs de ses collègues qui attendaient dans une salle voisine ; mais il se remit bientôt, et il affecta la plus profonde indifférence. Quant au roi, il fut à la fois charmé d'avoir secoué le joug de M. de Talleyrand et embarrassé d'avoir un nouveau ministère à former : le sentiment qui dominait chez lui était pourtant celui d'une vive satisfaction, et ce sentiment fut pleinement partagé par Monsieur et par les princes. Bien que satisfait du renvoi de M. de Talleyrand, plus encore que du renvoi de Fouché, Monsieur triompha avec modération. « Quoi qu'ait fait M. de Talleyrand, disait-il quelques jours après, à M. de

---

[1] *Mémoires de M. de Vitrolles.*

[2] *Mémoires de M. de Vitrolles.* — *Mémoires de M. Beugnot.* — Note inédite, communiquée par M. le duc Decazes.

Vitrolles, il y a encore en lui du gentilhomme; mais, malgré tout son esprit, il me semble qu'il n'a pas pris la bonne voie. Il aurait dû, à notre arrivée, arranger ses affaires avec le pape; il serait rentré dans l'Église, et on l'aurait fait cardinal[1]. »

Ainsi périt, moins de trois mois après sa naissance, le premier ministère de la seconde Restauration. Quand on considère les difficultés inouïes au milieu desquelles il avait vécu, et qu'on examine ses actes principaux, il est impossible de s'associer à la réprobation dont il a été et dont il est encore l'objet. Ce ministère voulait sincèrement résister, d'une part, aux exigences de l'étranger, d'autre part, aux excès de la réaction royaliste, et plus d'une fois, dans sa courte carrière, il y réussit; il comprenait d'ailleurs quelques-uns des hommes les plus considérables et les plus habiles du parti constitutionnel, des hommes qui, plus tard, figurèrent avec honneur dans les conseils du roi et dans les assemblées. Malheureusement, de ses deux membres principaux, aucun n'était à sa place. Comme ambassadeur ou comme ministre des affaires étrangères, M. de Talleyrand avait des qualités éminentes; comme président du conseil, les défauts de son esprit et de son caractère paralysaient ses qualités. Quant à Fouché, son habileté ne pouvait pas faire oublier que, sous la Convention, il avait compté parmi les plus atroces proscripteurs, et que, sous le Consulat, sous l'Empire, sous la monarchie constitutionnelle, il ne s'était poussé ou maintenu au pouvoir qu'à force de trahir successivement ou simultanément tous les maîtres et tous les partis. Un jour devait donc venir où, abandonné de tous, il tomberait lourdement sous la haine et sous le mépris de tout le monde : le 21 septembre 1815, ce jour était venu, et l'homme qui, un mois auparavant, se flattait encore de gouverner la Chambre par les émeutes, se retirait de-

[1] *Mémoires de M. de Vitrolles.*

vant cette Chambre sans que personne parût le regretter ou le plaindre. Mais, fidèle à lui-même, il écrivit en partant une lettre à Louis XVIII, dans laquelle il lui dénonçait formellement les princes de sa famille comme aspirant à prendre sa place. La preuve, selon lui, c'était que, dans le Midi, le duc et la duchesse d'Angoulême avaient été salués du nom de roi et de reine, et que leurs couleurs avaient, en plus d'une ville, remplacé les couleurs blanches. De là aussi, disait-il, les longues discussions élevées, dans quelques journaux anglais, sur la nécessité d'abolir en France la loi salique. Ce dernier trait lancé, Fouché, non sans espoir de retour, quitta Paris presque furtivement, et prit la route de Dresde.

La destinée des deux membres principaux du ministère tombé fut d'ailleurs bien différente. M. de Talleyrand, nommé grand chambellan et ministre d'État, joua jusqu'à la fin de sa vie un rôle considérable. Fouché, après quelques mois passés à Dresde, d'abord comme ministre plénipotentiaire, puis comme simple particulier, fut frappé par la loi d'amnistie et forcé de quitter en exilé la ville où il était arrivé comme ambassadeur. On le vit alors se réfugier à Prague et à Lintz, solliciter du gouvernement anglais, sans pouvoir l'obtenir, un asile en Angleterre, puis aller mourir tristement à Trieste, où il passa la fin de sa vie à réunir les éléments de mémoires qui n'ont jamais paru, et à rédiger pour ses enfants de petits traités de morale. Pour une telle vie, ce n'était certes pas un trop rude châtiment, et pourtant, lorsqu'on songe à la main qui le lui infligea, on en est surpris et blessé. Quand une loi juste ou injuste, politique ou impolitique, condamnait à l'exil tous ceux qui avaient voté la mort du roi Louis XVI et servi Napoléon dans les Cent-Jours, il était naturel que cette loi s'appliquât à Fouché comme aux autres, à condition qu'on n'eût pas auparavant accepté sa protection. Mais, correspondre et traiter avec celui qu'on regarde comme l'assassin de son frère, profiter de son habileté, le remercier de ses services, toucher sa main, le faire ministre et ambassadeur, puis, le jour où l'on croit n'avoir plus besoin de lui, revenir sur le passé et le frapper, non pour un fait nouveau, mais pour un fait ancien, pour le fait même dont on semblait avoir perdu le souvenir; c'est, à notre sens, joindre à l'oubli de toute dignité le mépris de toute justice. Voilà pourtant quelle fut, à l'égard de Fouché, la conduite des frères de Louis XVI; et quand, dans sa lettre au duc de Wellington, il demandait « comment il se faisait qu'un vote émis depuis vingt-trois ans, et qui n'avait empêché ni Louis XVIII de le nommer son ministre ni les souverains de lui donner des marques de considération, eût pu devenir un sujet de proscription, » il n'y avait pas une bonne réponse à lui faire, et, pour la première fois peut-être de sa vie, il pouvait à bon droit faire appel à l'opinion publique et au sentiment des honnêtes gens.

M. le maréchal Gouvion-Saint-Cyr, M. de Jaucourt et M. Pasquier furent, comme M. de Talleyrand, nommés ministres d'État et membres du conseil privé.

Le successeur de M. de Talleyrand était désigné d'avance : c'était le duc de Richelieu, qui, pendant un long séjour en Russie, avait conquis l'estime et l'affection de l'empereur Alexandre. M. de Richelieu, soit qu'il lui répugnât d'être le collègue de Fouché, soit que les fonctions qui lui étaient proposées fussent peu de son goût, avait refusé d'être ministre de la maison du roi dans le ministère Talleyrand, et ce fut à lui que le roi confia le soin de former un nouveau cabinet; mais, dans le gouvernement même, il était un homme qui, en peu de jours, avait su prendre un grand ascendant sur l'esprit du roi, et en qui les personnes bien informées voyaient le collègue nécessaire de M. de Richelieu. Placé comme préfet de police à côté de Fouché, avec la mission expresse de le surveiller, M. Decazes ne devait d'abord avoir de rapports personnels qu'avec M. de Talleyrand, et M. de Vitrolles avait eu soin de l'en avertir; mais, à l'occasion d'un prétendu projet d'empoisonnement sur l'empereur Alexandre, il avait vu le roi, à qui sa conversation avait plu, et qui, sans que M. de Talleyrand s'en offensât, l'avait engagé à revenir. Depuis ce moment, sa faveur avait été croissant, et comme M. de Richelieu hésitait à accepter la présidence du conseil, M. Decazes fut une des deux personnes qui reçurent du roi la mission d'aller le trouver et de vaincre ses hésitations; l'autre était M. Jules de Polignac; de sorte que, par une singularité remarquable, les auteurs futurs de l'ordonnance du 5 septembre et des ordonnances de juillet 1830 se trouvèrent concourir à une œuvre commune.

Le ministère Talleyrand se retirait devant l'*ultimatum* des puissances étrangères et devant l'ardent royalisme de la Chambre nouvelle. Par le crédit du duc de Richelieu sur l'empereur Alexandre, on espérait obtenir une atténuation de l'*ultimatum*; mais il restait, par le choix des ministres, à satisfaire le royalisme de la Chambre. Le ministère de la police fut donné à M. Decazes, qui, à cette époque, était bien vu de Monsieur et de la duchesse d'Angoulême; le duc de Feltre, l'excellent duc de Feltre, comme disaient les royalistes purs, recouvra le ministère de la guerre; M. Corvetto, habile financier, qui venait de se faire beaucoup d'honneur comme président de la commission chargée de régulariser les réquisitions étrangères, remplaça le baron Louis. Pour la justice, on hésita entre un magistrat royaliste, M. de Grosbois et M. Barbé-Marbois; pour l'intérieur, entre M. de Vaublanc et M. d'Herbouville; M. Barbé-Marbois et M. de Vaublanc, plus connus que leurs concurrents, eurent la préférence. Enfin, on plaça à la marine M. Dubouchage, la médiocrité même, disent tous les contemporains, mais honnête homme et royaliste dévoué. A peine le ministère était-il formé, qu'on regretta la nomination de M. de Vaublanc : c'était, vint-on dire à M. de Richelieu, *une outre remplie de vent*. M. de Richelieu hésita donc un moment; mais M. de Vaublanc, alors préfet à Marseille, avait déjà été mandé par le télégraphe, et son concurrent, M. d'Herbouville, dut se contenter de la direction des postes, qui, pour lui faire place, fut ôtée à M. Beugnot. Enfin, M. Anglès devint préfet de police ; M. Bertin de Vaux, secrétaire général du ministère de la police, et M. le duc de Reggio, commandant en chef de la garde nationale de Paris.

M. de Vitrolles avait cru d'abord qu'il pourrait conserver, auprès du ministère nouveau, la position anormale que lui avait laissée, sous le ministère précédent, l'insouciance de M. de Talleyrand ; mais M. de Richelieu fut moins tolérant, et déclara brusquement, avec l'assentiment du roi, que la fonction de secrétaire du conseil devait être supprimée. M. de Vitrolles continua pourtant à voir le roi et Monsieur, mais sans autre caractère public que celui de ministre d'État et de député.

La Chambre des députés accueillit bien la formation du nouveau ministère, et l'empereur Alexandre s'en montra satisfait ; dans les autres cours elle excita de très-vives inquiétudes, dont lord Castlereagh fut l'organe : « Le duc de Richelieu, écrivait-il le 25 septembre, est un homme modéré dans ses vues, et qui cherche à former son ministère avec les mêmes matériaux que l'ancien ; mais il trouve de grandes difficultés. La différence, ajoutait-il, entre le nouveau et l'ancien gouvernement, est qu'avec celui-ci le roi pouvait rester à Paris, les alliés étant à la frontière, tandis qu'avec l'autre Sa Majesté ne serait pas une semaine sur le trône, si les alliés se retiraient. » Les rapports de M. de Richelieu avec l'empereur de Russie et l'immixtion de M. Pozzo di Borgo dans toute l'affaire ne laissaient pas d'ailleurs d'inquiéter lord Castlereagh. Néanmoins, avec sa droiture ordinaire, lord Castlereagh déclarait quelques jours plus tard « qu'aucune jalousie ne devait induire l'Angleterre à affaiblir le ministère du duc de Richelieu. Le grand objet, ajoutait-il, est de maintenir le roi sur son trône. Un système modéré est, je crois, le meilleur moyen d'y parvenir, et je ne pense pas que le duc donne dans une politique extravagante [1]. »

Quant à lord Liverpool, le manque de jugement du roi, en changeant son ministère dans un tel moment, lui paraissait déplorable : « Je n'ai pu, écrivait-il, m'empêcher de dire hier au prince-régent que, si son père avait été forcé de faire une paix humiliante, et qu'il eût en même temps voulu se débarrasser de ses ministres, il aurait eu soin de faire des ministres qu'il voulait renvoyer les instruments de la paix, et qu'il se serait bien gardé d'en rejeter l'inévitable impopularité et l'odieux sur ceux qui devaient leur succéder [2]. »

Ce fut par l'influence réunie de M. de Nesselrode et de lord Castlereagh que le duc de Richelieu parvint à obtenir quelques légers adoucissements à l'*ultimatum* du 16 septembre : la conservation de Condé, de Givet, de Charlemont, ainsi que des forts de Joux et de l'Écluse ; la réduction de la contribution de guerre de huit cents millions à sept cents millions ; la fixation de l'occupation militaire à cinq années au lieu de sept ; mais il ne put sauver ni Landau, ni Philippeville, ni Sarrelouis, ni Marienbourg, ni les fortifications d'Huningue ; et les districts de la Belgique, de la Savoie, de l'Allemagne, cédés à la France par le traité de Paris, en furent définitivement détachés. Deux conventions séparées réglèrent ensuite le mode de liquidation des réclamations particulières des puissances étrangères contre la France, réclamations qui devaient s'élever à des sommes énormes. Enfin, les puissances contractantes, par un article additionnel, s'engagèrent à réunir tous leurs efforts pour assurer l'abolition universelle et complète de la traite des nègres. Il faut en convenir, cet article, excellent en soi, eût été mieux placé ailleurs, et faisait tache dans un semblable traité.

---

[1] Dépêche de lord Castlereagh à lord Liverpool, 1ᵉʳ octobre.
[2] Dépêche de lord Liverpool à lord Castlereagh, 29 septembre.

On sait avec quel chagrin, après quels refus, le duc de Richelieu consentit à apposer sa signature à ce déplorable traité. Le jour même de la signature, un de ses collègues, M. Barbé-Marbois, et M. de Barante, l'attendaient dans son cabinet, incertains de sa résolution et pleins d'une anxiété bien naturelle. Tout à coup ils le voient rentrer la figure décomposée, des larmes dans les yeux, et se jeter dans un fauteuil; puis, prenant sa tête entre ses deux mains : « Je viens, dit-il d'une voix altérée, de signer un traité pour lequel je devrais porter ma tête sur l'échafaud[1]. » Le même jour, M. de Richelieu écrivait une lettre devenue historique. « Tout est consommé, disait-il, j'ai apposé, plus mort que vif, mon nom à ce fatal traité; j'avais juré de ne pas le faire, et je l'avais dit au roi : ce malheureux prince m'a conjuré, en fondant en larmes, de ne pas l'abandonner, et de ce moment je n'ai pas hésité. J'ai la confiance de croire que, sur ce point, personne n'aurait fait mieux que moi, et la France expirante sous le poids qui l'accable réclamait impérieusement une prompte délivrance. »

La France a été juste pour M. de Richelieu, et elle ne lui a point imputé un traité dont ses prédécesseurs, à la veille même de se retirer, avaient accepté les bases, et auquel la France, vaincue, désarmée, divisée, ne pouvait opposer aucune résistance. Jusqu'au dernier moment pourtant, les puissances avaient conservé la crainte que, sous l'impression de l'orgueil national blessé, Louis XVIII, au lieu de continuer les négociations, ne se décidât à communiquer aux Chambres les propositions des alliés, et qu'en réponse à cette communication les Chambres ne fissent une adresse qui rendît tout traité impossible[2]; mais la lutte eût été trop inégale, et on ne peut blâmer ni Louis XVIII ni le duc de Richelieu de ne l'avoir pas engagée.

---

[1] Je tiens cette anecdote, si honorable pour le duc de Richelieu, de M. de Barante lui-même.

[2] Lettre de M. Vansittart à lord Castlereagh, 4 octobre.

Quand lord Liverpool, lord Castlereagh et le duc de Wellington prévoyaient que le traité du 20 novembre 1815, si dur qu'il fût pour la France, paraîtrait encore trop doux en Allemagne et en Angleterre, ils ne se trompaient pas, et la discussion qui eut lieu sur ce traité, en février 1816, manifesta clairement les sentiments que la France, après les Cent-Jours, inspirait aux peuples comme aux souverains. Non-seulement l'opposition whig, naguère si favorable à la France, n'osa pas reprocher au traité d'avoir violé, à notre préjudice, des engagements formels, et d'avoir réduit un territoire qui devait être respecté ; mais, sous la direction de lord Grenville, dans la Chambre des lords, de lord Milton, dans la Chambre des communes, elle fit un crime aux ministres de n'avoir pas enlevé à la France les conquêtes de Louis XIV, ou du moins exigé, pour fortifier les États voisins, la cession définitive de quelques forteresses. Lord Nugent, dans un discours violent et injurieux, déplora que l'Alsace et la Lorraine eussent été laissées à la France ; M. Law déclara qu'il se fût tenu pour satisfait si l'on eût donné à l'Autriche l'Alsace, à l'Allemagne méridionale et à la Prusse les départements voisins de leurs territoires, aux Pays-Bas le département du Nord. Enfin, le sage sir James Mackintosh lui-même regretta que les principales places du département du Nord, Lille notamment, n'eussent pas été annexées au nouveau royaume des Pays-Bas [1]

---

[1] Pour concilier, autant que possible, les attaques qu'ils dirigeaient contre le traité avec leurs opinions antérieures, plusieurs whigs imaginèrent un singulier paradoxe. Selon eux, la cession permanente de quelques forteresses devait moins mécontenter la France que l'occupation temporaire de ces mêmes forteresses par des soldats étrangers. Deux whigs notables, sir Samuel Romilly et M. Horner, firent pourtant exception, en se prononçant avec énergie, le premier contre la spoliation des musées, le second contre toute espèce de réduction territoriale de la France. Dans la même discussion, l'opposition whig, avec beaucoup plus de convenance et de raison, reprocha au ministère d'avoir trompé la France, en promettant de ne lui imposer aucun gouvernement particulier, tandis que, dans une note jointe au traité, il engageait l'An-

Lord Liverpool et les tories se trouvèrent ainsi, par un singulier revirement, les défenseurs de l'intégrité territoriale de la France, de cette intégrité à laquelle leur traité venait de faire une brèche si fâcheuse.

Peu de jours avant la signature du protocole qui, au mépris du traité du 25 mars, prononçait contre la France une si rude condamnation, les trois souverains de la Russie, de l'Autriche et de la Prusse, *au nom de la très-sainte et indivisible Trinité*, signaient un traité mystique, où brillaient, à chaque ligne, les mots sacrés de religion, de justice, de droit, d'humanité, de fraternité des rois et des peuples ; puis les mêmes empereurs et l'Angleterre réunis signaient, en même temps que le second traité de Paris, une convention particulière qui renouvelait les stipulations du traité de Chaumont et du traité du 25 mars, spécialement dirigées contre la France, en ajoutant à ces stipulations l'engagement de se réunir, à des époques déterminées, afin d'assurer le repos des peuples et le maintien de la paix en Europe. Et, chose étrange ! cette convention, de laquelle devaient sortir tant de congrès hostiles à la liberté, fut communiquée à la France, par une note secrète dans laquelle les représentants des quatre puissances engageaient le roi à se préserver des conseils imprudents ou passionnés de ses serviteurs, et le félicitaient de son attachement aux lois constitutionnelles, et de sa volonté bien prononcée d'être le père de tous ses sujets, *sans distinction de classe ni de religion !* C'est qu'à cette époque les puissances alliées, avec une sagacité qui n'a pas persisté, croyaient la dynastie des Bourbons menacée par le développement des projets contre-révolutionnaires, bien plus que par l'explosion des passions révolutionnaires. « Si la nation, écrivait lord Liverpool à lord Castlereagh le 25 mars, peut être amenée à se soumettre, pour

---

gleterre à défendre, par la force des armes, la famille des Bourbons contre toute tentative révolutionnaire.

cinq ou même pour trois ans, à Louis XVIII, elle s'habituera à son gouvernement, et il est probable qu'il se maintiendra, *à moins que la folie du successeur de Louis XVIII ne le renverse.*» Écrite, à la fin de 1815, par le premier ministre de l'Angleterre, cette prédiction a une grande portée; mais comment celui qui la faisait n'avait-il pas compris que, si la folie des ultra-royalistes compromettait gravement l'avenir de la monarchie restaurée, la spoliation et le démembrement de la France, par la main des alliés de cette monarchie, la compromettaient plus gravement encore? Remettre les Bourbons sur le trône et les charger d'un tel fardeau était, de la part des puissances alliées, un acte non-seulement injuste, mais impolitique et contradictoire. C'était l'avis du duc de Wellington, de lord Castlereagh et de l'empereur de Russie, bien que ce dernier aimât peu les Bourbons; mais lord Liverpool ne sut pas mieux s'affranchir des vieilles haines nationales que Monsieur des vieux préjugés contre-révolutionnaires, et deux esprits honnêtes et étroits, en blessant l'un le sentiment national, l'autre l'opinion libérale, préparèrent la ruine du régime qu'ils avaient voulu fonder.

CHAPITRE XII

LA CHAMBRE INTROUVABLE

Ouverture de la session. — Discours du roi et adresses des deux Chambres. — Premières réunions parlementaires. — Loi de sûreté générale. — Loi des cris séditieux. — Discussion et adoption de ces deux lois. — Loi des cours prévôtales. — Proposition contre l'inamovibilité de la magistrature. — Discours de M. Royer-Collard. — État des esprits en France. — Procès du maréchal Ney. — Présentation de la loi d'amnistie. — Évasion de M. de Lavalette et colère du parti ultra-royaliste. — Rapport de M. Corbière et discussion de la loi d'amnistie. — Discours de MM. de la Bourdonnaie, Royer-Collard et de Serre. — Rejet des catégories et de la confiscation proposées par la commission. — Bannissement des régicides. — Condamnation de Travot. — Propositions individuelles. — Dotation du clergé. — Registres de l'état civil. — Université. — Constitution définitive de la majorité ultra-royaliste. — La cour et le ministère. — Loi des élections. — Rapport de M. de Villèle. — Question du renouvellement intégral. — Principe du gouvernement parlementaire, combattu par MM. Royer-Collard, de Serre et Decazes, défendu par MM. de la Bourdonnaie, de Villèle et Corbière. — Défaite du ministère. — Budget. — Question de l'arriéré. — Bois du clergé. — Capitulation du ministère. — Inquiétudes de la diplomatie étrangère et lettre du duc de Wellington au Roi. — Rejet de la loi d'élections par la Chambre des pairs — Nouveau projet de loi. — Rupture violente entre le ministère et la majorité. — Rapport de M. Garnier sur le budget. — Rapport de M. de Kergorlay sur la dotation du clergé. — Discours de M. de Serre. — Brusque clôture de la session — Caractère de la Chambre de 1815.

La Chambre élue en août 1815 ne ressemblait à aucune de celles qui l'avaient précédée. On y remarquait trente-trois membres de l'ancienne Chambre des députés, dix-sept membres de la Chambre des représentants, et quelques hommes, tels que M. Pasquier, M. Royer-Collard, M. de Bonald, M. de

Barante, M. Bourrienne, qui s'étaient distingués soit dans l'administration, soit dans le professorat, soit dans les lettres; elle se composait d'ailleurs d'anciens émigrés, peu habitués à représenter la France; de gentilshommes de province, consciencieux et ignorants, pleins d'honneur et de préjugés; de bourgeois qui, en 1814, avaient pris ou reçu du roi des titres auxquels ils tenaient d'autant plus qu'ils étaient plus récents, et qui se croyaient obligés de payer leur bienvenue, dans l'ordre de la noblesse, par un amour plus ardent pour l'ancien régime, par une haine plus vive des hommes et des choses de la Révolution; enfin, d'un grand nombre de magistrats, de négociants, de propriétaires qui, soit comme membres des conseils municipaux, soit comme officiers de la garde nationale, avaient donné des preuves, pendant les Cent-Jours, de leur dévouement à la cause royale. Certes, quatre mois auparavant, on n'aurait pas cru que les colléges électoraux de l'Empire pussent produire une telle Chambre, et Louis XVIII, qui devait la dissoudre dix mois plus tard, avait raison, dans la première effusion de sa joie, de la qualifier : CHAMBRE INTROUVABLE.

La plupart des députés nouveaux avaient un grand avantage sur leurs prédécesseurs : celui de n'avoir pas servi plusieurs pouvoirs, épousé plusieurs causes; celui de croire qu'en politique comme en toute chose il y a du bien et du mal, et que le gouvernement des États n'est pas un champ ouvert à toutes les évolutions de l'esprit de système et de l'intérêt personnel. Peu de jours, d'ailleurs, suffirent à montrer que, parmi ces hommes, inconnus à tout le monde, et qui ne se connaissaient pas eux-mêmes, il se trouvait des hommes d'un vrai mérite. Malheureusement pour la France et pour eux-mêmes, ils arrivaient à Paris avec une passion dans le cœur, avec une idée fixe dans l'esprit. Châtier sévèrement, cruellement l'attentat du 20 mars, et se venger ainsi des hommes de la Révolution, voilà quelle était leur passion; refaire, autant que possible, la société moderne sur le patron de la société ancienne, et rétablir, dans leurs parties principales, les institutions renversées en 1789, voilà quelle était leur idée fixe. A leurs yeux, en un mot, la Révolution était toujours une révolte, et l'ordre né de cette Révolution, le renversement de toutes les lois divines et humaines. En essayant de remettre chaque chose et chaque homme à sa place, on ne faisait pas seulement un acte salutaire, on accomplissait un rigoureux devoir, un devoir de conscience.

De tels projets devaient nécessairement rencontrer dans la Chambre même de grandes résistances. Au début, tous les sentiments parurent pourtant se confondre dans un sentiment unique, la satisfaction de voir enfin l'opinion royaliste maîtresse du gouvernement, et autorisée à parler, à agir officiellement au nom de la France. Ce fut donc avec une allégresse à peu près universelle que Louis XVIII fut accueilli, quand il vint, le 7 octobre, ouvrir la session, environné de tous les princes de sa famille et des hauts dignitaires de l'État. Le contraste entre cette séance et celle du 18 mars saisissait tous les esprits, touchait tous les cœurs, et quand le roi, d'un ton simple et digne, fit allusion aux maux affreux qu'une usurpation éphémère avait attirés sur la France, le cri de *Vive le roi!* retentit par toute la salle. Les paroles de haine et de vengeance qui, depuis deux mois, remplissaient toutes les adresses, tous les écrits des royalistes, n'obtinrent pas un mot de réponse; Louis XVIII, au contraire, appuya fortement sur le respect dû par tous les pouvoirs à la Charte constitutionnelle.

« Cette Charte, dit-il, que j'ai méditée avec soin avant de la donner, à laquelle la réflexion m'attache chaque jour davantage, que j'ai juré de maintenir, et à laquelle vous tous, à commencer par ma famille, allez jurer d'obéir, est sans doute, comme toutes les institutions humaines, susceptible de perfectionnement; mais aucun de nous ne doit oublier qu'auprès de l'avantage d'améliorer est le danger d'innover. » Par cette phrase, le roi indiquait clairement l'intention de revenir jusqu'à un certain point sur l'ordonnance du 13 juillet, et de ne pas soumettre à révision tous les articles de la Charte mentionnés dans cette ordonnance ; mais, comme s'il eût craint de refroidir ainsi l'enthousiasme d'une partie de ses auditeurs, il eut soin de leur présenter aussitôt un programme dans lequel il plaçait en première ligne le devoir de faire refleurir la religion et d'épurer les mœurs : « Je ne me flatte pas, ajouta-t-il en terminant, que tant de bien puisse être l'ouvrage d'une session ; mais si, à la fin de la législature, on s'aperçoit que nous en ayons approché, nous devons être satisfaits de nous, et, pour y parvenir, je compte sur votre coopération la plus active. »

C'était encourager dans la Chambre un espoir que nourrissaient déjà beaucoup de ses membres, l'espoir d'échapper au renouvellement partiel, et de garder le pouvoir pendant plusieurs années.

Une seule pensée douloureuse, celle de l'occupation de la France par l'étranger et de la convention qui venait d'être virtuellement conclue, se mêlait à la joie des députés ; mais ce point délicat fut touché par le roi avec beaucoup de tact, et quand il parla « de la profonde peine qu'il avait dû ressentir, » son émotion se communiqua à toute l'Assemblée.

Néanmoins, lors de la prestation du serment, un incident inattendu put faire pressentir les luttes qui devaient suivre. Après que les princes, Monsieur compris, eurent juré fidélité au roi, obéissance à la Charte constitutionnelle et aux lois du royaume, on fit, selon l'usage, l'appel des pairs et des députés. Or deux pairs, M. Jules de Polignac et M. de la Bourdonnaie, et un député, M. Domingon, ne voulurent prêter serment qu'avec de certaines réserves. « Je demande, dit M. Domingon, à mon seigneur et roi la parole pour... » Avant qu'il pût achever, M. de Richelieu l'interrompit, et, averti que, d'après les usages de l'ancienne monarchie, personne ne pouvait prendre la parole sans la permission expresse du roi, M. Domingon, après quelque hésitation, prêta le serment demandé; mais, à la Chambre des pairs, comme on le verra plus tard, l'incident eut de plus graves conséquences. L'appel nominal, un moment interrompu, ayant été repris, le ministre de l'intérieur, M. de Vaublanc, qui faisait l'appel des députés, prit sur lui d'omettre le nom de Fouché, ce qui était une grave irrégularité; « ce nom, a dit plus tard M. de Vaublanc, aurait produit une scène violente que je voulais éviter [1]. » Ainsi, tandis que Fouché, ambassadeur à Dresde, allait représenter le roi dans cette ville, un ministre du roi n'osait pas prononcer son nom dans la Chambre des députés !

Ni la vérification des pouvoirs, qui, selon l'usage alors établi, eut lieu en séance secrète, ni la formation du bureau, n'altérèrent l'harmonie qui paraissait régner dans la Chambre, et c'est à peine si quelques choix purent indiquer l'esprit qui devait l'animer. M. Lainé était le président généralement désigné, et en présentant avec lui le prince de la Trémoille, M. de Grosbois, M. Chilhaud de la Rigaudie, M. de Clermont Mont-Saint-Jean, la Chambre savait qu'elle accomplissait une simple formalité. Les quatre vice-présidents qu'elle choisit ensuite, M. de Grosbois, M. Bellart, M. de Bouville, M. Faget de Baure, n'appartenaient pas à la même nuance d'opinion, mais passaient pour également royalistes. La nomination des quatre secrétaires, M. de la Maisonfort, M. Hyde de Neuville, M. Cardonnel, M. Tabarié, était un peu plus significative, tandis que, soit par l'effet d'un accord tacite, soit par hasard, la nomination des deux questeurs, M. Maine de Biran et M. de Puyvert, tenait la balance égale entre les deux opinions qui bientôt devaient partager l'Assemblée. Comme chacun s'y attendait d'ailleurs, M. Lainé fut choisi par le roi, et prononça, en montant au fauteuil, un discours grave et triste, mais plein de sentiments

---

[1] *Mémoires de M. de Vaublanc.*

généreux, un discours qui, au nom des malheurs de la patrie, conviait les députés à se réunir tous sur le terrain de la Charte. Puis la Chambre décida qu'il serait fait une adresse au roi en réponse au discours de la couronne.

Quelques années plus tard, la rédaction de cette adresse eût pu donner aux divers partis qui existaient en germe dans la Chambre une occasion de se dégager, de se manifester, de se classer : mais, à cette époque, le discours de la couronne était encore regardé, non comme l'œuvre des ministres, mais comme l'œuvre personnelle du roi, et, par conséquent, la réponse à ce discours n'avait pas toute l'importance que depuis elle a acquise. En outre, c'était en comité secret que l'adresse était débattue. Rédigée par une commission, composée de MM. de Trinquelague, de Bouville, Bellart, de Blangy, Dandigné, Feuillant, de Bonald, de Serre et du prince de Broglie, cette adresse donna pourtant lieu à une assez longue discussion, et il fallut que, pour la défendre, le rapporteur, M. Bellart, prît plusieurs fois la parole. Mais le débat porta surtout sur la première phrase, celle qui exprimait la douleur des députés à la nouvelle des sacrifices imposés à la France, « douleur, disait l'adresse, d'autant plus cruelle qu'après tant de promesses elle était plus imprévue. » Quelques membres, tout en approuvant le sentiment qui avait dicté cette phrase, demandèrent qu'il fût plus fortement et plus clairement exprimé; d'autres soutinrent au contraire que, dans les circonstances où se trouvait la France, il était nécessaire de la supprimer ou au moins de la modifier[1]; en définitive, elle fut maintenue avec de légères modifications, et l'adresse, dans ses diverses parties, fut votée à peu près telle que la commission l'avait présentée. Bien que la majorité de la commission appartînt évidemment à l'opinion qui, bientôt après, devait mériter et recevoir le nom d'ultra-royaliste, le ton de cette

---

[1] Procès-verbaux des comités secrets de la Chambre des députés.

adresse était en général digne, calme, modéré. La question grave du moment, celle du traité avec les puissances étrangères, y était touchée avec mesure et fermeté ; le dogme de la légitimité, *créé dans l'intérêt des peuples plus encore que dans celui des rois*, y était loué sans superstition et sans bassesse; le serment de fidélité à la Charte y était renouvelé sans ambiguïté, bien qu'avec un peu de sécheresse, mais la passion dominante de la Chambre, jusque-là contenue, se faisait jour dans les derniers paragraphes.

« La Chambre, disait l'adresse, ne demande pas au roi de rétracter sa clémence, bien qu'elle ait été presque sans bornes. Les promesses des rois, nous le savons, doivent être sacrées ; mais nous vous supplions, au nom de ce peuple même, victime des malheurs dont le poids l'accable, de faire enfin que la justice marche là où la clémence s'est arrêtée. Que ceux qui, aujourd'hui encore, encouragés par l'impunité, ne craignent pas de faire parade de leur rébellion, soient livrés à la juste sévérité des tribunaux : la Chambre concourra avec zèle à la confection des lois nécessaires à l'accomplissement de ce vœu. »

La Chambre promettait enfin de mettre le même zèle à rendre à la religion une puissance plus forte que celle de la loi, et demandait que le roi ne confiât qu'à des mains pures les diverses branches de son autorité. Malgré ces menaces et ces promesses, les royalistes ne se tinrent pas tous pour satisfaits. L'adresse, selon plusieurs d'entre eux, parlait trop de la Charte et des garanties constitutionnelles. En outre, tout en demandant le châtiment des coupables, elle paraissait se restreindre à l'ordonnance du 24 juillet, ce qui n'était pas suffisant[1]. Les royalistes purs durent être encore moins contents de la réponse de Louis XVIII, qui se borna à promettre de maintenir avec fermeté « les droits qui devaient assurer la tranquillité publique. »

Par une circonstance assez remarquable, la lutte des deux

[1] Correspondances inédites.

opinions, encore latente à la Chambre des députés, éclata avec une certaine vivacité à la Chambre des pairs, et mit tout de suite en présence les deux princes qui, pendant quinze ans, devaient en quelque sorte personnifier ces opinions. Le roi, par une ordonnance du 9 octobre, avait autorisé les princes du sang à prendre place dans la Chambre des pairs, et Monsieur s'y trouvait assis à côté de M. le duc d'Orléans. Après Waterloo, ce dernier avait écrit au roi une lettre de félicitation, et avait obtenu la permission de venir, vers la fin de juillet, lui rendre ses hommages ; mais, plus suspect que jamais au parti de la cour, il était reparti pour l'Angleterre, après une conversation peu amicale avec le roi, et il n'en était revenu qu'au moment de l'ouverture de la session, sur une invitation expresse de Louis XVIII. Or la première question dont la Chambre eut à s'occuper fut celle de la restriction que deux de ses membres croyaient devoir mettre à leur serment. Ces deux pairs avaient prêté, l'année précédente, le serment alors exigé, qui ne comprenait pas la Charte constitutionnelle, et ils prétendaient, en droit, que les ministres ne pouvaient leur imposer un nouveau serment sans une délibération formelle de la Chambre ; en fait, que, la religion catholique n'occupant pas dans la Charte une place convenable, leur conscience se refusait à y donner une adhésion complète. La Chambre ne fut pas de cet avis, et délégua M. de Fontanes et le duc de Grammont pour recevoir le serment pur et simple des dissidents ; mais ceux-ci persistèrent, et la Chambre décida qu'il serait sursis à leur réception.

Deux jours plus tard, comme M. de Fitz-James et M. le duc de Lévis se plaignaient, d'une part, des calomnies répandues contre les dissidents dans les journaux, d'autre part, du silence que gardait le procès-verbal sur les explications données par eux aux commissaires de la Chambre, M. le duc d'Orléans, appuyé par M. Barbé-Marbois, demanda vivement l'ordre du jour pur et simple ; Monsieur, au contraire, fit valoir, en faveur de ses amis, les égards dus à des scrupules religieux, toujours respectables, et demanda, comme MM. de Fitz-James et de Lévis, que le procès-verbal mentionnât les explications de MM. de Polignac et de la Bourdonnaie. Mais le refus des deux pairs avait fait une impression fâcheuse au dehors; la diplomatie étrangère s'en était émue, et, malgré l'insistance du chancelier et de M. de Fontanes, l'avis de Monsieur ne prévalut point sur l'avis du duc d'Orléans, et la Chambre persista dans sa première résolution. MM. Jules de Polignac et de la Bourdonnaie, auxquels se joignirent le cardinal de Périgord, grand aumônier, le comte de Viomesnil et le duc de Rivière, rédigèrent alors en commun et adressèrent secrètement au roi un mémoire, dans lequel les articles V, VI et VII de la Charte étaient formellement dénoncés comme outrageants pour la foi chrétienne[1]. Les signataires de ce mémoire restèrent ainsi étrangers à la Chambre jusqu'à ce que, par l'intermédiaire du grand aumônier, ils eussent obtenu, en novembre 1816, l'introduction, dans le discours de la couronne, d'une phrase qui, selon eux, mettait le dogme à l'abri de toute atteinte, et assurait à la religion catholique une juste prééminence.

La discussion de l'adresse permit également aux diverses opinions ou, pour mieux dire, aux divers sentiments qui se partageaient la Chambre de se produire et de se heurter. La commission, composée du duc de la Vauguyon, de M. de Lally-Tolendal, de M. de Fontanes, de M. de Chateaubriand et du comte Garnier, avait choisi pour rapporteur M. de Lally-Tolendal, dont l'éloquence constitutionnelle saisissait volontiers toutes les occasions de s'épancher. A la suite d'une énumération sentimentale et déclamatoire de tous les biens que la monarchie légitime avait rapportés à la France et que le fatal génie des révolutions avait anéantis, l'adresse contenait quel-

---

[1] *Études historiques, morales et politiques,* par le prince de Polignac.

ques phrases dignes et fermes sur la Charte et sur les douloureuses communications que le roi avait annoncées. Mais un passage, dicté ou inspiré par M. de Chateaubriand, avait un tout autre caractère.

« Sans ravir au trône les bienfaits de la clémence, disait l'adresse, nous oserons lui recommander les droits de la justice ; nous oserons solliciter humblement de son équité la rétribution nécessaire des récompenses et des peines, l'exécution des lois existantes et la pureté des administrations publiques. » C'était très-clairement demander au roi des supplices et des destitutions, et l'agitation qui se manifesta dans la Chambre, à la lecture de ce paragraphe, prouva que personne ne s'y trompait.

Un des ministres, M. Barbé-Marbois, eut le premier l'honneur de combattre cette demande, et il le fit avec habileté, par des raisons tirées de la constitution même et des attributions de la Chambre des pairs. « La Chambre des pairs, dit-il, juge des crimes d'État, peut être appelée bientôt à remplir ses rigoureux devoirs : peut-il lui convenir de recommander au roi les droits de la justice et d'appeler ainsi de nouveaux châtiments ? » M. Lanjuinais, le duc de Broglie et quelques autres membres insistèrent aussi pour que le paragraphe fût modifié, et le signalèrent comme étant en contradiction, non-seulement avec l'ordonnance du 24 juillet, mais avec le discours du roi. M. Séguier et plusieurs pairs soutinrent, au contraire, que la Chambre des pairs, corps politique plutôt que judiciaire, avait, en cette qualité, le droit et le devoir d'exprimer son opinion sur tous les grands intérêts de l'État. Loin d'être trop sévères, les expressions contestées étaient trop douces, selon eux, et l'on interprétait mal l'ordonnance du 24 juillet, quand on la croyait faite pour entraver l'action de la justice. « Aussi, ajouta un de ces pairs, qu'est-il arrivé par suite de cette fausse interprétation ? Le peuple, qui a soif de justice, se l'est faite à lui-même, ou plutôt, à la justice qu'on lui refusait, il a substitué les fureurs de la vengeance. » Il fallait donc se hâter d'apprendre aux tribunaux que, sauf les exceptions formellement spécifiées dans l'ordonnance, rien n'enchaînait leur zèle.

A cette rhétorique, dont vingt années auparavant d'autres assemblées avaient offert plus d'un modèle, la Chambre répondit en atténuant, avec l'assentiment du rapporteur, la dureté du paragraphe proposé : « Nous sommes, dit-elle, dans la parfaite confiance que Votre Majesté saura toujours concilier avec les bienfaits de sa clémence les droits de la justice. » Parmi les pairs qui contribuèrent à cette atténuation, l'opinion publique remarqua encore M. le duc d'Orléans; mais l'opinion publique ne fut pas seule à le remarquer, et, quelques jours plus tard, il dut repartir pour Londres.

Après s'être constituée en nommant secrétaires M. de Pastoret, M. de Sèze, M. de Chateaubriand et le duc de Choiseul, la Chambre des pairs porta son attention sur deux questions constitutionnelles fort graves, celle de savoir si les résolutions ou projets de loi dont elle était saisie en 1814, avant la clôture de la session, pouvaient être repris sans présentation nouvelle, et celle de savoir quel était le sens véritable de l'article de la Charte portant « que toutes les délibérations de la Chambre sont secrètes. » La première, renvoyée à une commission, resta indécise ; la seconde aboutit à un débat sérieux et à un vote. D'un côté, on soutint que l'article de la Charte devait être interprété dans le sens le plus étroit, et que, par cet article, toute espèce de publicité était interdite; on prétendit, d'un autre côté, que l'article de la Charte n'avait qu'un but : dérober à l'affluence populaire les délibérations des premiers corps de l'État; mais que, la discussion terminée, la nécessité du secret cessait aussitôt. Sur un rapport de M. le comte Molé, il fut enfin décidé que les procès-verbaux, rédigés séance par séance, seraient distribués aux membres des deux Chambres et communiqués au *Moniteur*; mais en même temps il fut absolument défendu de nommer dans le procès-verbal aucun des opinants. Ainsi se créa, pour la Chambre des pairs, une publicité imparfaite dont, quelques jours après, le *Journal des Débats* signalait fort bien les inconvénients. Si l'on eût voulu priver la Chambre des pairs de toute influence, on n'eût pu mieux faire, en effet, que de la réduire à la publication, par ordre de numéro, de discours anonymes, froidement analysés, dépouillés de toute espèce de vie et de mouvement. En réclamant pour la Chambre dont il faisait partie une publicité plus large, M. de Choiseul et l'abbé Montesquiou étaient moins hardis que sensés ; mais le spectre des tribunes révolutionnaires apparaissait encore à tous les yeux, et on croyait se fortifier en se privant de ce qui donne la force : le grand air et le grand jour.

Cependant les membres de la Chambre des députés qui, peu habitués au mécanisme représentatif, avaient d'abord erré au hasard, commençaient à sentir le besoin de se classer, de se concerter et de suivre une direction commune. La première idée qui vint à plusieurs d'entre eux fut celle de se réunir, non par opinion, mais par province, et c'est ainsi que, pendant quelques semaines, on vit les députés de la province de Normandie dîner ensemble, à jour fixe, sous la présidence de M. de Bouville, ancien membre de l'Assemblée constituante ; mais de telles associations ne pouvaient se maintenir qu'à la condition d'être insignifiantes ; et les royalistes purs imaginèrent de se réunir un soir chez un des questeurs, M. de Puyvert, afin d'aviser à une organisation vraiment politique. Là, tant était grande l'inexpérience des royalistes, un député nouveau proposa d'élire des chefs au scrutin, et l'assemblée procédait gravement à cette opération, quand un des hommes les plus distingués de la réunion, M. de Villèle, fit remarquer que, dans un gouvernement représentatif, les chefs ne se faisaient pas au scrutin, mais à la tribune [1]. D'un autre côté, certaines

---

[1] Correspondances inédites.

ambitions s'étaient mises à l'œuvre, et sous leur influence on avait vu se former dix ou douze réunions auxquelles les députés étaient indistinctement convoqués et où les opinions les plus contradictoires trouvaient des défenseurs également convaincus. Néanmoins, si dans ces réunions il y avait, comme partout, des exagérés et des modérés, des sages et des fous, la haine de la Révolution y était généralement dominante, et l'on y différait sur la forme plus que sur le fond, sur l'application plus que sur le principe.

Tout naturellement, les salons des ministres étaient aussi des centres de réunion; mais vers quelle opinion penchaient les ministres? que voulaient-ils? voilà ce que personne, au début, ne savait exactement. Le parti de Monsieur comptait, avec raison, sur le duc de Feltre, qui venait d'instituer une commission pour examiner la conduite des officiers de l'armée et de créer quatorze catégories dans lesquelles ces officiers devaient être répartis, d'après la part plus ou moins active qu'ils avaient prise à la dernière rébellion et à la dernière guerre. M. Dubouchage appartenait évidemment au même parti que le duc de Feltre, et la marine, aussi bien que la guerre, se trouvait ainsi préservée de la contagion révolutionnaire ou bonapartiste. Le ministre des finances, M. Corvetto, ancien administrateur de l'Empire et collaborateur du baron Louis, ne pouvait être aussi pur, et inspirait quelques inquiétudes. Le parti de Monsieur avait, en revanche, une entière confiance dans M. de Vaublanc, qui, gonflé de son importance personnelle, se croyait appelé à dompter la Révolution, à régénérer la monarchie, à refaire la société, et adressait à ses préfets des circulaires aussi vides que pompeuses. Le garde des sceaux, M. Barbé-Marbois, enfin, avait fort déplu par son attitude dans la question du serment, et son secrétaire général M. Guizot, protestant et ami de M. Royer-Collard, ne paraissait pas fait pour relever son crédit auprès des royalistes purs, à qui, dès ce moment, dans quelques salons et dans quelques journaux étrangers, on donnait le nom d'*ultra-royalistes*. Restaient les deux ministres les plus importants, M. Decazes et le duc de Richelieu. A la cour et dans la Chambre on savait gré à M. Decazes de sa conduite loyale et ferme pendant les Cent-Jours, et on l'avait vu avec plaisir prendre la place de Fouché; mais, si, malgré ses anciennes relations avec la famille impériale, on ne doutait point de son dévouement à la cause de la monarchie restaurée, on ignorait encore vers quelle fraction du parti royaliste le porteraient ses opinions ou ses affections. On se demandait aussi de quel côté inclinerait M. de Richelieu, que l'on savait à la fois peu respectueux pour la vieille politique de l'émigration, et peu bienveillant pour les hommes et les choses de la Révolution. A vrai dire, ces deux sentiments se livraient, dans l'esprit de M. de Richelieu, un combat incessant, et peut-être le second eût-il prévalu, si, par la violence de leurs propos, les royalistes qui se pressaient dans son salon n'eussent pris soin de le détacher de leur cause. « Si c'est là l'esprit de la nouvelle Chambre, dit-il un jour à un des chefs du parti royaliste, qui tenait devant lui le langage ordinaire de son parti, il faudra la renvoyer; » mais, bien que six mois plus tard il ait réalisé cette menace, M. de Richelieu n'y songeait nullement alors, et, pour l'y décider, il fallut, comme on le verra, toutes les fautes du parti royaliste et tous les efforts du plus résolu de ses collègues.

Ainsi, dans le ministère comme dans la Chambre des députés, tout à ce moment était tâtonnement, confusion, incertitude. Mais, tandis que des associations éphémères se faisaient et se défaisaient chaque jour, il en existait une, d'origine déjà ancienne, qui se tenait fortement unie, et qui, par sa cohésion et par sa persévérance, devait absorber ou dominer les autres; cette association était celle qui s'était formée pendant les saturnales de l'impiété révolutionnaire, et qui, maintenue au temps du Consulat et de l'Empire, sous le nom de Congrégation, avait répandu la bulle d'excommunication contre Napoléon.

Plusieurs membres de la Chambre en faisaient partie, et attiraient tout naturellement à eux un grand nombre de leurs collègues, venus de toutes les parties de la France et embarrassés de leur isolement. A défaut d'une direction ostensible, il y eut donc, à partir de ce moment, pour une portion notable de la Chambre, une direction secrète qui voulut bien se charger de choisir les commissaires, de décider par avance l'adoption ou le rejet de telle ou telle loi, de telle ou telle proposition, et qui travailla obscurément, mais non sans succès, à envelopper la Chambre dans le réseau d'une hiérarchie mystérieuse [1]. Quelques années plus tard, cette hiérarchie, devenue toute-puissante, se montrait au grand jour, et l'on sait assez quels services elle rendit aux deux objets de son culte : la monarchie et la religion.

En revanche, sans concert préalable et sans plan arrêté, des hommes d'origine et d'opinions diverses, les uns vieux royalistes et même anciens émigrés, les autres magistrats ou administrateurs de l'Empire, se rapprochaient naturellement et se préparaient à lutter en commun contre des projets dont la folie et la violence leur apparaissaient chaque jour plus clairement; mais, dans ce pêle-mêle, personne ne savait encore bien quels seraient ses alliés ou ses adversaires.

Pendant que dans la Chambre et dans le ministère il s'opérait ainsi un travail dont le résultat ne pouvait pas être nettement aperçu, il y avait aux Tuileries une sorte de trêve entre Louis XVIII et les princes, entre le parti du roi et le parti de Monsieur. Louis XVIII, qui, selon une observation spirituelle de

---

[1] *Mémoires de M. de Vitrolles.* — Je ne pensais pas que la Congrégation eût, dès cette époque, exercé sur les affaires publiques de la France une véritable influence; mais les *Mémoires de M. de Vitrolles* contiennent à cet égard des détails qu'il serait fort difficile de révoquer en doute. « L'exclusion, dit en propres termes M. de Vitrolles, était donnée à tous ceux qui ne faisaient pas profession publique de dévotion ou qui n'en voulaient pas prendre le masque. »

M. de Vitrolles, « préférait les anecdotes aux raisonnements, et, parmi les anecdotes, celles qu'il racontait à celles qu'on lui racontait, » Louis XVIII jouissait paisiblement de cette trêve, et trouvait bon que l'on créât, sous la présidence et la direction de Monsieur, colonel général, un comité de trois membres, chargé de tout ce qui concernait l'administration et le gouvernement des gardes nationales du royaume ; il trouvait même bon que M. de Vaublanc plaçât dans ce comité, véritable ministère, les deux amis les plus dévoués de son frère, M. le comte de Bruges et M. Jules de Polignac. Le corps diplomatique seul et les généraux étrangers conservaient de grands doutes sur l'avenir, et regardaient d'un œil inquiet les délibérations des deux Chambres. Quant à la nation elle-même, elle restait, entre ceux qui demandaient des vengeances et ceux qui les redoutaient, triste, intimidée, silencieuse, et, pour manifester ses véritables sentiments, elle attendait un signal parti de la tribune.

Cependant le moment était venu où le gouvernement, par ses propositions, la Chambre par ses discussions et ses votes, devaient faire connaître leur pensée et mettre fin à toutes les incertitudes. Les premières propositions du gouvernement furent celles de deux lois, destinées, disait-on alors comme toujours, à rassurer les bons citoyens et à intimider les méchants. L'une de ces lois, présentée par M. Barbé-Marbois, garde des sceaux, et intitulée : « Loi sur la répression des cris séditieux et des provocations à la révolte, » se bornait, sans intervertir l'ordre des juridictions, sans modifier la procédure, à définir ou à qualifier d'une manière plus précise certains délits et à les frapper d'un emprisonnement qui, selon la gravité des faits, variait de trois à cinq ans ; l'autre loi, présentée par M. Decazes, ministre de la police, autorisait le gouvernement à détenir provisoirement, sans le traduire devant les tribunaux, tout individu prévenu de crimes ou de délits contre l'autorité du roi, contre les personnes de la famille royale ou contre la sûreté de l'État. La première de ces lois n'avait rien de contraire à la constitution, et méritait seulement d'être examinée dans ses dispositions diverses ; la seconde suspendait la liberté individuelle garantie par la Charte, et il semblait, à ce titre seul, qu'elle dût rencontrer une vive opposition.

Mais, à cette époque, le souvenir des vingt-cinq dernières années, et l'exemple mal compris de l'Angleterre, faisaient croire à presque tous les hommes politiques que les lois ordinaires sont faites pour les circonstances ordinaires, et qu'en temps de crise il est légitime aussi bien que nécessaire d'en suspendre l'exercice. C'est seulement quinze ans plus tard que la France devait donner l'exemple d'un gouvernement assailli par des ennemis acharnés, environné de complots de toute espèce, fréquemment menacé dans la personne de son chef, et pourtant assez hardi ou assez sage pour se passer de toute mesure exceptionnelle contre la liberté individuelle ou contre la liberté de la presse. En 1815, tout le monde eût regardé cela comme impossible.

Quand donc, après avoir fait un sombre tableau des dangers qui menaçaient la société, M. Decazes invoqua la loi suprême de la nécessité, et demanda à la Chambre si elle ferait passer l'intérêt de quelques factieux avant l'intérêt de l'État, et si elle refuserait au roi la force dont il avait besoin pour sauver la France, il rencontra une adhésion à peu près unanime. En revanche, quand M. Barbé-Marbois présenta la loi des cris séditieux, il y eut contre cette loi, de la part des royalistes, une explosion d'indignation à laquelle s'associèrent même les journaux modérés de ce parti. « Détourner, par l'effroi de la peine, ceux qui ne seraient pas arrêtés par l'horreur du délit, faire avorter des délits, plus réels qu'apparents; frapper le coupable avec rapidité : » voilà, selon le *Journal général*, quel était le but des lois d'exception ; or comment atteindre ce but, quand les peines étaient si légères et la procédure si lente? Selon le *Journal des Débats*, il était dérisoire d'appliquer de telles peines à de tels forfaits : « Partout, ajoutait-il, et, dans tous les siècles, on a puni de mort, excepté le cas de démence, quiconque, par des cris séditieux, a demandé la ruine de l'ordre établi. » Par ce langage des journaux royalistes modérés, on peut juger des sentiments qui animaient le parti tout entier. Ces sentiments étaient si vifs, que, six mois après, M. Fiévée citait encore ce projet de loi, comme celui qui avait rendu à peu près inévitable la rupture du ministère et de la majorité de la Chambre[1].

Trois jours plus tard, le rapport sur la loi de sûreté générale était présenté par M. Bellart, qui, pour prouver la nécessité de la mesure, se bornait à invoquer la notoriété publique ; il établissait d'ailleurs que, chez les deux peuples les plus libres de la terre, à Rome et en Angleterre, les lois ordinaires pouvaient être suspendues en cas de danger public et des pouvoirs exceptionnels confiés aux magistrats, bien que le pacte social de ces deux peuples n'admît pas cette mesure. En France, où la puissance de la loi était indéfinie, comment pouvait-on hésiter à voter une loi qui se bornait, en fait de crimes d'État, à étendre le délai préliminaire qui séparait l'arrestation du jugement? La commission prévoyait pourtant que certains hommes ne manqueraient pas de gémir hypocritement sur ce qu'ils appelleraient, avec emphase, une atteinte portée à la liberté individuelle. « Que répondre à ces déclamations? Rien : levez les yeux sur eux; on peut se tenir assuré à l'avance qu'on n'y trouvera jamais un ami véritable de la Charte et du pays. »

A cette argumentation étrange, un député inconnu, M. Tournemine, répondit en demandant si l'on croyait que le rétablissement de la loi des suspects fût le moyen de mettre fin aux tristes divisions de la patrie. « L'argument du salut public,

---

[1] Fiévée, *Histoire de la session de* 1815.

ajouta-t-il, est banal et a servi à toutes les tyrannies. Il n'y a, Platon le dit, d'autre salut public que la justice. » Comme M. Tournemine concluait au rejet de la loi, sa voix eut peu d'écho dans la Chambre; mais, après lui, se fit entendre une voix plus puissante, celle d'un homme qui devait illustrer la tribune française, la voix de M. Royer-Collard. Royaliste prononcé et membre de la commission, M. Royer-Collard ne combattit pas le principe de la loi. Toutes les nations libres, dit-il, ont usé du même remède dans des situations extraordinaires, et déposé dans la main d'un magistrat suprême l'autorité extraordinaire à laquelle elles ont eu recours pour leur propre salut. Mais la loi proposée fait plus, et, non contente d'investir les ministres, sous l'autorité du roi, du droit terrible de disposer, sans forme et sans jugement, de la liberté des personnes, elle étend ce droit à une foule de fonctionnaires inférieurs, mal choisis et mal déterminés. Or ici naît, entre la majorité et la minorité de la commission, une profonde dissidence. D'après la loi, la présomption de conspiration est indépendante de toute espèce de preuve, et réside tout entière dans la conviction personnelle du magistrat, lequel n'est pas responsable de son erreur. De là l'indispensable nécessité de ne confier une arme aussi redoutable qu'à des fonctionnaires du rang le plus élevé, en très-petit nombre et amovibles. Si ces fonctionnaires étaient à la fois irresponsables et inamovibles, la tyrannie serait constituée contre l'État aussi bien que contre les particuliers.

M. Royer-Collard accusait ensuite la loi de n'être ni claire ni franche. « Elle n'est pas claire, disait-il, car on varie singulièrement sur le nombre des fonctionnaires investis du droit d'arrestation; elle n'est pas franche, car elle affecte de présenter, comme une extension du pouvoir judiciaire, ce qui est une attribution toute nouvelle. » M. Royer-Collard proposait donc que les préfets eussent seuls le droit d'arrestation provisoire; que, dans les vingt-quatre heures, ils fussent tenus de rendre compte au ministre de l'intérieur, au ministre de la justice, au ministre de la police, et que, dans les deux mois au plus, le ministre de la justice fût tenu d'en référer au conseil.

La proposition de M. Royer-Collard eut pour défenseurs M. de Serre, dont c'était la première apparition à la tribune, M. Pasquier, M. Colomb, et même un royaliste ardent, M. Chifflet, qui, magistrat consciencieux, ne voulait pas que l'arbitraire et la justice se trouvassent confondus. Elle eut pour contradicteurs M. Hyde de Neuville et M. de Vaublanc, dont toute l'argumentation se borna à des élans royalistes. « On propose des amendements, dit M. Hyde de Neuville; on demande des garanties; on redoute la force et l'arbitraire, quand on ne devrait peut-être redouter que l'indulgence et la bonté. Ah! messieurs, à qui donc allez-vous remettre l'exercice de cette loi salutaire?... C'est au roi, au plus sage des rois! Et l'on parle de garanties! et l'on propose des amendements! » — « Quel est, dit M. de Vaublanc, l'état de la France? Il est aisé de le dire en deux mots : l'immense majorité des Français veut son roi. » A ces mots, prononcés avec chaleur, un enthousiasme singulier s'empara de la salle et des tribunes; des applaudissements répétés éclatèrent, les députés se levèrent en criant : *Vive le roi!* « Mais, ajouta M. de Vaublanc, fier de son triomphe, à côté de l'immense majorité qui veut son roi, il y a une minorité turbulente, factieuse, ennemie des lois, ennemie du repos, ennemie d'elle-même : c'est contre cette minorité qu'il faut protéger la majorité; c'est, pour mieux dire, la minorité qu'il faut protéger contre elle-même. » Et M. de Vaublanc se rassit au bruit des applaudissements, bien convaincu qu'il avait réfuté tous les arguments des adversaires de la loi.

Le ministre de la police, M. Decazes, le prit sur un ton moins élevé, et, sans oublier l'éloge du roi, s'efforça de prouver que, soit pour la rapidité de l'action administrative, soit pour la sécurité des prévenus, le système du gouvernement était préférable à celui des amendements. Un membre que le parti royaliste devait compter bientôt parmi ses chefs, M. Corbière, exprima quelques doutes sur la rédaction de la loi et demanda que la discussion fût continuée. Mais la Chambre passa outre et adopta la loi à la majorité de deux cent quatre-vingt-quatorze contre cinquante-six, après avoir rejeté tous les amendements. Cette minorité de cinquante-six voix était peu considérable ; mais elle comptait dans ses rangs des hommes éminents, et bientôt elle devait exercer sur les délibérations de la Chambre une grande influence.

Au milieu de ce débat, un incident était survenu qui, plus que les meilleurs discours, devait apprendre à la France quelle Chambre elle venait de nommer. M. Voyer d'Argenson combattait la loi comme contraire à la Charte, et demandait que, comme en Angleterre, une telle mesure fût précédée d'une enquête. A ce sujet, il fit une allusion bien réservée, bien timide à la terreur qui, depuis plusieurs mois, régnait dans les départements du Midi. « Si les uns, dit-il, parlent de clameurs séditieuses, les autres déchirent mon âme en annonçant que des protestants ont été massacrés à Nîmes. » Et comme il était violemment interrompu par les cris : *Cela est faux ! A l'ordre !* il se hâta d'ajouter qu'il n'affirmait rien et qu'il sollicitait une enquête précisément pour savoir ce qu'il y avait de vrai et de faux dans ces bruits divers. Malgré cette concession aux fureurs d'une majorité décidée à ne rien savoir, cette majorité, sans permettre à M. Voyer d'Argenson d'expliquer sa pensée, le rappela à l'ordre et le força de quitter la tribune. Ainsi, quand le sang français coulait dans dix départements, il était interdit, non-seulement de flétrir le crime, mais encore d'en parler ! On ne pouvait pas excuser de tels actes, et on ne voulait pas les punir ; on prenait donc le parti de les nier, sans songer que c'était encourager à en commettre de semblables.

A la Chambre des pairs, la loi de sûreté générale rencontra

les mêmes objections. Comme M. Royer-Collard et M. de Serre, plusieurs pairs, le comte de Castellane, M. Boissy-d'Anglas, le duc de la Vauguyon, le duc de Raguse, M. de Lally-Tolendal, soutinrent que, si l'on pouvait faire aux circonstances le douloureux sacrifice de la liberté individuelle, il fallait du moins limiter et déterminer d'une manière précise le nombre et les attributions des agents chargés de l'exécution de la loi. Or personne, tant la loi était obscure et vague, ne savait au juste à qui elle donnait le droit d'arrêter ni dans quel cas elle le donnait. Quelles que fussent les intentions des ministres, une telle loi devait conduire à l'assouvissement de toutes les vengeances, à la haine du gouvernement, au bouleversement de la France. Ils proposèrent, en conséquence, plusieurs séries d'amendements qui ne conféraient le droit d'arrestation qu'à un petit nombre de fonctionnaires supérieurs et qui obligeaient les ministres à confirmer ou à infirmer, dans un bref délai, les mandats ainsi délivrés. Mais le duc de Doudeauville, le duc de la Force, le duc de Brissac, le duc de Valentinois, M. Cornet, ancien sénateur, répondirent qu'on ne pouvait pas laisser impunis des hommes dont le gouvernement connaissait les trames, et qui étaient d'autant plus dangereux qu'ils avaient mis plus d'adresse à ne fournir contre eux aucune preuve positive. Ils ajoutèrent que le régime de la santé ne convenait pas à l'état de maladie, et que les Cent-Jours n'auraient pas eu lieu si l'on avait pu arrêter préventivement quelques centaines de conspirateurs. Le résultat de la loi n'était-il pas d'ailleurs d'épargner de plus grands maux à ceux qu'elle pouvait atteindre, en les préservant « de la honte de paraître sur les bancs des accusés et d'y subir un *jugement d'acquit* souvent aussi humiliant qu'une condamnation? » Pour rendre à chacun ce qui lui est dû, il convient de dire que ce dernier argument appartenait exclusivement au duc de Brissac.

La plupart des contradicteurs avaient, on le voit, accepté le principe de la loi ou s'y étaient résignés, et le duc de la Vauguyon seul avait exprimé le désir qu'aucune atteinte ne fût portée à l'article IV de la Charte, quand M. Lanjuinais vint s'étonner que, sous le gouvernement du roi Louis XVIII, on osât proposer une loi qui n'avait d'analogue que la loi des suspects de 1793. C'était aller trop loin, et peut-être M. Lanjuinais fût-il de lui-même revenu sur ses pas, si les cris qui l'interrompirent, produisant sur lui leur effet ordinaire, ne l'eussent pas poussé en avant; il maintint donc son dire avec une courageuse obstination, et il s'aventura jusqu'à soutenir que les suspects de 1793 avaient, pour se soustraire à la réclusion, plus de ressources que n'en auraient les suspects de 1815. « Quand les citoyens suspects, ajouta-t-il, seront ainsi entassés dans les prisons, par le fait de leurs débiteurs, de leurs domestiques ou des suborneurs de leurs femmes et de leurs filles, qui peut répondre qu'on ne verra pas un nouveau 2 septembre ? » Interrompu de nouveau, M. Lanjuinais rappela noblement que sa mère, sa sœur, son frère et sa fille avaient été suspects et avaient failli périr, parce que, alors comme aujourd'hui, il défendait la liberté et la justice contre la fureur des partis ; puis il descendit de la tribune en votant le rejet de la loi.

Toute loi qui substitue l'arbitraire à la justice et qui permet de détenir un citoyen sur de simples soupçons est, à vrai dire, une loi des suspects, et la loi de 1815 ne pouvait pas échapper à cette qualification. Néanmoins, dans la comparaison hasardée par M. Lanjuinais, il y avait quelque chose d'excessif; mais la loi de 1815 avait été pour M. Lanjuinais une occasion de manifester les sentiments que faisaient naître en son âme les massacres du Midi et les cris de vengeance et de mort qui, depuis trois mois, attristaient les salons de Paris. « Vous avez mal lu votre Machiavel, disait-il à M. Ferrand ; vous ne mettez point à profit ses leçons ; il recommande de tuer peu de monde et de tuer vite; vous voulez en tuer beaucoup et lentement[1]. » Quand donc, peu de jours après, M. le duc de Doudeauville dénonça M. Lanjuinais pour avoir fait imprimer et distribuer une opinion qui qualifiait de loi des suspects une loi votée par la Chambre, et qui calomniait les actes et les intentions du gouvernement, M. Lanjuinais répondit par un mémoire, également imprimé et distribué, qui aggravait l'injure, loin de l'atténuer. En usant de son droit avec cette persévérance, M. Lanjuinais servait la cause de la liberté, et obtenait, parmi ceux que menaçait la réaction royaliste, une juste popularité; mais quand, après avoir prononcé son discours et publié son mémoire, il revenait siéger paisiblement sur les bancs de la Chambre, il devait comprendre, en évoquant ses souvenirs personnels, que, malgré certaines violences déplorables, il existait une grande différence entre la terreur de 1793 et la terreur de 1815.

A la Chambre des pairs comme à la Chambre des députés, M. Decazes défendit les dispositions de la loi, et demanda le rejet des amendements; mais, en même temps, il protesta contre les intentions que l'on prêtait au gouvernement, et soutint que la loi, sainement interprétée, n'accordait qu'à un petit nombre de magistrats le droit de délivrer des mandats d'arrêt provisoires. En conséquence, quand la loi eut été adoptée sans amendements, à la majorité de cent douze voix contre cinquante-cinq, il publia une circulaire fort modérée, par laquelle il enjoignait aux préfets d'user des pouvoirs qui leur étaient confiés avec beaucoup de circonspection, et limitait, hors le cas de flagrant délit, aux juges d'instruction, aux préfets et au préfet de police de Paris le droit de lancer des mandats d'arrêt. « Cette mesure extraordinaire, disait-il, assurera la tranquillité de l'État, s'il en est fait une sage application; elle y apporterait le trouble, si les magistrats substituaient l'arbitraire à une juste sévérité, s'ils se rendaient les

---

[1] Rapports de police.

instruments involontaires des passions particulières ou des passions aveugles.

Certes, c'étaient là de bonnes paroles, des paroles qui, sans effacer les vices de la loi, devaient plaire à ceux qui en redoutaient les abus. Ces paroles furent pourtant la cause déterminante de la brouille qui éclata entre M. Decazes et le parti des royalistes purs. Quelques-uns s'imaginèrent qu'en s'appropriant plusieurs des amendements proposés et rejetés, M. Decazes avait voulu se rendre populaire aux dépens de la Chambre. La plupart se plaignirent de ce qu'en atténuant la sévérité de la loi, la circulaire engageait le gouvernement dans une voie d'indulgence funeste à la monarchie, et le plus modéré des princes, le duc d'Angoulême, qui était alors à Toulouse, exprima lui-même cette opinion dans une lettre à M. de Vaublanc [1].

Ainsi se préparait par degrés la scission qui devait avoir de si graves conséquences. Ce que la loi de sûreté générale avait commencé fut achevé par la loi des cris séditieux. Cette loi, ainsi qu'on l'a dit plus haut, avait été accueillie avec une extrême défaveur, et la mansuétude de ses dispositions principales avait été dénoncée, dans tous les bureaux, presque comme un acte de trahison. Si pourtant on transformait en crime ce qui d'après la loi était simple délit, les cours d'assises prenaient aussitôt la place des tribunaux de police correctionnelle, et les cours d'assises étaient suspectes. En même temps qu'on demandait des peines plus sévères, on exigeait donc que ces peines fussent appliquées, soit par les cours spéciales de l'Empire, soit par les cours prévôtales de la vieille monarchie, et, comme ces dernières se trouvaient nominativement désignées par la Charte, elles obtenaient assez naturellement la préférence.

C'est dans cette disposition que la Chambre nomma la

---

[1] *Mémoires de M. de Vaublanc.*

commission et que celle-ci refît la loi, d'accord avec le garde des sceaux, à qui elle fit prendre l'engagement formel de proposer incessamment une nouvelle organisation des cours prévôtales. Puis M. Pasquier, rapporteur, vint, dans un rapport fort développé, expliquer la supériorité des cours prévôtales sur les cours spéciales, et la nécessité d'ériger en crimes certains actes, tels que l'acte d'arborer un drapeau autre que le drapeau blanc, et l'acte d'exciter directement ou indirectement au renversement du gouvernement royal. Mais, avec une modération qui, à une autre époque, eût pu passer pour de la sévérité, la commission se bornait à appliquer à ces crimes la peine de la déportation. Aux peines corporelles, la commission, d'ailleurs, ajoutait, dans certains cas, des peines pécuniaires.

Il semblait que le projet nouveau, mieux rédigé et plus sévère que le projet ancien, dût satisfaire les royalistes; il n'en fut rien; et, pour la première fois, dans la discussion de ce projet, ils laissèrent éclater publiquement leurs impitoyables désirs. Dès le début de cette discussion, M. Humbert de Sesmaisons demanda que, dans le cas d'attentat à la majesté royale, la peine de mort fût substituée à la peine de la déportation; et M. Piet, après une déclamation contre-révolutionnaire si violente, que le président fut obligé de le rappeler à la question, soutint que le fait d'arborer le drapeau de la rébellion devait être frappé de la même peine. M. de Salaberry, tout en se rangeant à cet avis, ajouta que les instigateurs d'un complot, même non suivi d'effet, méritaient la mort tout aussi bien que les factieux qui arboraient le drapeau tricolore, et il proposa d'attribuer, en guise de prime, à ceux qui dénonceraient les grands coupables, une portion de l'amende à laquelle ceux-ci seraient condamnés. M. Blondel d'Aubers donna la préférence aux cours spéciales sur les cours prévôtales, parce que les cours spéciales n'admettaient point de recours en cassation, et que l'exécution avait lieu dans les vingt-quatre heures, avantage très-grand, selon lui. Il faut reconnaître que tous les membres du parti ultra-royaliste ne se livrèrent point à de tels emportements, et que M. Josse Beauvoir et M. Pardessus, notamment, voulurent bien se contenter de la déportation.

Pour l'honneur de la France et de l'humanité, ces doctrines, dignes d'une époque sinistre, trouvèrent des contradicteurs énergiques dans le garde des sceaux, dans le rapporteur, M. Pasquier, dans M. de Serre surtout, dont la dialectique éloquente produisit un grand effet sur la Chambre. Néanmoins, quand on vint à la discussion des articles, un royaliste ardent, M. de Castelbajac, insista de nouveau pour que la peine de mort fût appliquée à ceux qui arboreraient un drapeau autre que le drapeau blanc. « Eh quoi ! s'écria-t-il, celui qui attente à la vie d'un seul homme est puni de mort, et celui qui, en arborant un signe de rébellion, expose à la mort des milliers de citoyens, ne serait puni que de la déportation ! » Cet incroyable argument obtint assez de succès pour que la Chambre refusât d'écarter, par la question préalable, l'amendement de M. de Castelbajac. Alors M. de Serre, avec l'émotion d'un honnête homme indigné, vint, pour la seconde fois, au milieu des murmures, supplier la Chambre de ne pas faire des lois dictées par la passion, des lois que la conscience des juges et des jurés refuserait d'appliquer ; et le garde des sceaux, jadis déporté à la Guyane, fit, pour prouver que la loi était assez sévère, le tableau simple et touchant des rigueurs et des souffrances de la déportation. M. Barbé-Marbois ajouta que le roi, dont la pensée était bien connue de ses ministres, désirait, avant tout, que les discussions de la Chambre portassent l'empreinte de sa justice et de sa bonté.

Malgré cette invocation du nom du roi, M. de Sesmaisons, M. de Salaberry, M. de Castelbajac persistèrent ; mais quelques-uns de leurs amis, M. de Marcellus entre autres, se détachèrent, et, après une lutte qui avait agité la Chambre et les tribunes, la peine de mort finit par succomber. En revanche, le *maximum* des amendes, que la commission avait fixé à trois mille francs, fut élevé à vingt mille francs, et il fut résolu, malgré l'opposition de M. Bourdeau, de M. Try, de M. Benoist, de M. Bellart, qu'aux autres peines les tribunaux seraient forcés d'ajouter la privation de tout ou partie des pensions de retraite ou du traitement de non-activité.

Un des articles du projet portait des peines sévères contre ceux qui auraient invoqué le nom de l'*usurpateur*. A ces mots, l'*usurpateur*, MM. de la Bourdonnaie et Hyde de Neuville proposèrent de substituer les mots *un usurpateur*, et la Chambre, en ajoutant à la qualification primitive les mots *ou un autre chef de rébellion*, prouva qu'elle comprenait leur pensée et qu'elle s'y associait. A cette époque, en effet, la famille Bonaparte paraissait peu redoutable. Napoléon était prisonnier à Sainte-Hélène, et son fils à Vienne ; Joseph venait de s'établir aux États-Unis ; Lucien et Louis n'aspiraient qu'à vivre paisibles à Rome ; Jérôme avait trouvé un asile dans les États de son beau-père ; Murat, enfin, venait d'être fusillé en Calabre. Mais d'autres noms, le nom du duc d'Orléans surtout, commençaient à être prononcés, et l'opinion royaliste voyait là un danger nouveau contre lequel elle voulait se prémunir.

Plusieurs amendements, qui tous aggravaient le projet de loi, furent encore adoptés ; mais, parmi les articles proposés par le gouvernement et admis par la commission, il en est un auquel, par exception, les royalistes ardents adressèrent le reproche d'être trop sévère ; c'est celui qui déclarait coupables d'actes séditieux toutes personnes qui répandraient ou accréditeraient soit des alarmes touchant l'inviolabilité des propriétés dites nationales, soit des bruits d'un prétendu rétablissement des dîmes et des droits féodaux. Les hommes modérés du parti royaliste pouvaient avoir peu de goût pour cet article, et quelques-uns d'entre eux, M. de Villèle notamment, l'avaient combattu dans les bureaux ; mais, quand chaque jour encore il se publiait des écrits pour prouver « que les acquéreurs de biens nationaux ne devaient pas garder des biens indûment possédés par eux[1], » M. de Villèle et ses amis comprenaient qu'on ne pouvait attaquer l'amendement de la commission en séance publique, sans exciter les plus grandes inquiétudes; ils l'avaient donc accepté, et un d'eux, M. Chifflet, l'avait défendu à la tribune. Mais l'idée d'arriver par l'injure et par la menace à des transactions entre les anciens et les nouveaux propriétaires était entrée dans beaucoup d'esprits, et, à l'ouverture de la discussion, plusieurs députés de l'Ouest vinrent dire à leurs collègues que l'article en question pouvait atteindre leurs paysans, qui, chaque jour, traitaient de voleurs les acquéreurs de biens nationaux[2]; ils demandaient donc qu'on les aidât à faire rejeter cet article. On le tenta, en effet, et il s'ensuivit une scène violente, dont il fut interdit aux journaux de rendre compte, mais qui fut connue au dehors et qui augmenta l'alarme publique.

A ce sujet, d'ailleurs, un des hommes les plus honorables et les plus sincères de la nouvelle majorité, M. de Kergorlay, avait prononcé un discours modéré dans la forme, mais qui n'était pas au fond de nature à rassurer. Tout en approuvant que l'on punît ceux qui répandaient des alarmes sur l'exécution fidèle de la Charte et des lois établies ou confirmées par elle, il s'élevait contre la prétention ridicule et chimérique, selon lui, de rien fonder d'immuable et d'enchaîner l'avenir : « Dieu seul, dit-il, le pourrait; mais il ne le voudrait pas, parce qu'il ne pourrait le vouloir sans ôter aux hommes la liberté qu'il leur a donnée et qu'il leur conserve, bien qu'ils en abusent souvent, celle de faire et de défaire leurs lois. Il y avait, avant 1789, des lois réputées immuables : que sont-elles devenues? La Révolution les a détruites, et le roi légitime a

---

[1] *De la Bonté de la maison de Bourbon et de ses Effets*, par M. Montigny.
[2] Correspondances inédites.

confirmé ou consommé la destruction. Ce qu'il a fait contre d'autres lois, comment ne pourrait-on pas le faire contre les siennes? Un nouveau système a remplacé l'ancien, et, dans ce système, la puissance législative est illimitée, sous la seule condition du consentement des trois pouvoirs : voilà tout. »

L'argumentation était forte, bien qu'assez inattendue dans la bouche d'un royaliste pur; mais elle mettait la Charte en doute, et ouvrait la porte à toutes les craintes comme à toutes les espérances. C'est ce que le rapporteur, M. Pasquier, fit remarquer dans un discours où il s'efforça de rassurer l'opinion publique. Mais comment y parvenir quand les royalistes semblaient prendre à tâche de semer partout l'inquiétude et la désaffection; quand, par exemple, dans un discours répandu à profusion, un député de Dijon, M. Brenet, passait en revue les crimes de la Révolution, demandant si l'on n'était pas las d'employer contre les factieux des mesures inefficaces; quand le même M. Brenet accusait, sans la désigner plus clairement, la main astucieuse qui protégeait les chefs de la dernière conspiration, et qui suspendait la marche de la justice; quand, enfin, il suppliait la Chambre de faire en sorte que la morale de la crainte remplaçât, dans ses salutaires effets, la morale de la religion? De telles paroles, applaudies dans la Chambre, répétées et commentées au dehors, devaient nécessairement produire une douloureuse impression, surtout lorsque le garde des sceaux ne trouvait rien à y répondre, si ce n'est que le ministère, constitué depuis peu de temps, n'avait pu faire encore tout le bien qu'il méditait et avait quelques droits à l'indulgence de la Chambre.

En définitive, la loi fut adoptée par deux cent quatre-vingt-treize voix contre soixante-neuf; et, peu de jours après, le duc de Feltre, assisté de MM. Cuvier et Royer-Collard, présentait le projet de loi, exigé par la Chambre, et promis par le garde des sceaux, sur l'organisation des cours prévôtales. Comme ce projet se faisait attendre, le parti de Monsieur craignit un instant qu'il ne fût abandonné, et Louis XVIII, obsédé par ce parti, demanda au garde des sceaux quand la loi pourrait être présentée. « Sire, lui répondit M. Barbé-Marbois, je suis honteux de dire à Votre Majesté qu'elle est déjà prête[1]. » Aux yeux d'un magistrat austère et consciencieux comme M. Barbé-Marbois, une telle loi était, en effet, bien moins justifiable que la loi des cris séditieux et même que la loi de la sûreté générale. A la vérité, les cours prévôtales, instituées jadis uniquement pour maintenir l'ordre dans l'armée, mais employées bientôt contre les crimes publics, commis avec violence, avaient obtenu des rédacteurs de la Charte une mention peu réfléchie, et cette mention suffisait pour que leur rétablissement n'eût rien d'inconstitutionnel, surtout quand les complots et les crimes contre la sûreté de l'État, commis non publiquement et sans être accompagnés de violences, restaient attribués à la juridiction ordinaire. Il n'en était pas moins très-grave, sous un régime légal, d'enlever aux accusés la plupart des garanties que leur assuraient les juridictions ordinaires, et ce n'est pas sans regret que l'on voit les noms de M. Royer-Collard et de M. Cuvier accolés à un tel projet. Il est inutile de dire que, cette fois encore, on s'appuya sur la gravité des circonstances, sur la persévérance des factions, sur la nécessité « de faire briller le glaive de la justice avec plus d'éclat, afin de jeter l'épouvante dans le cœur des méchants. » Mais, soit que la crainte des acquittements troublât des esprits ordinairement plus droits et plus sains, soit que la présence de M. Royer-Collard et de M. Cuvier sur le banc des défenseurs de la loi ôtât au parti modéré tout espoir de la faire rejeter, ce parti ne protesta point; à peine même appuya-t-il M. Hyde de Neuville, qui, bien inspiré cette fois, demandait que, du moins, il fût sursis à l'exécution, jusqu'à ce que le roi eût pu statuer sur le recours en grâce.

[1] *Mémoires de M. Guizot.*

Un seul orateur, M. Voyer-d'Argenson, combattit la loi, au nom de la supériorité du jury sur toute autre juridiction, surtout sur une juridiction exceptionnelle, au nom de la Charte aussi, que la loi ne violait pas dans son texte formel, mais dont elle méconnaissait l'esprit. Mais c'est par la Chambre elle-même que le rétablissement des cours prévôtales avait été demandé, et M. Cuvier se borna à le rappeler. La commission avait pourtant modifié le projet en ce sens que les délits commis antérieurement à la promulgation de la loi n'étaient point atteints par elle. M. Corbière, M. Pardessus, avec toute la subtilité de légistes peu scrupuleux, dissertèrent longuement pour démontrer qu'en une telle matière la rétroactivité était non-seulement licite, mais nécessaire, et ce ne fut pas sans de grands efforts que M. Pasquier, au nom des principes reconnus du droit civil et du droit pénal, M. de Serre, au nom de la justice et du droit absolu, obtinrent que l'amendement de la commission fût maintenu. Il resta d'ailleurs établi, ainsi que l'avait proposé le gouvernement, qu'il y aurait une cour prévôtale par chaque chef-lieu de département, et que cette cour serait composée d'un président et de quatre juges, choisis parmi les membres du tribunal de première instance, et d'un prévôt, pris parmi les officiers de terre ou de mer, dont les fonctions consisteraient à rechercher et à poursuivre tous les crimes attribués à la juridiction de la cour. Pour donner à la loi un caractère plus monarchique, un des députés de la majorité nouvelle, M. Duplessis-Grenedan, proposa que, dans l'exécution des jugements prévôtaux, la guillotine fût remplacée par le gibet; mais, à ce mot de gibet, des murmures violents, des cris *A l'ordre! A bas!* éclatèrent de toutes parts, et M. Duplessis-Grenedan n'insista pas. Par une singulière anomalie, le même M. Duplessis-Grenedan fut l'auteur d'un amendement qui défendait de passer outre aux débats et au jugement avant qu'il eût été définitivement prononcé sur la question de compétence; et c'est après l'adoption de cet amendement à la presque unanimité que la loi fut votée, à la majorité considérable de deux cent quatre-vingt-dix voix contre dix.

Si nous nous arrêtons sur ces tristes aberrations de l'esprit de parti, ce n'est point dans une pensée de dénigrement contre une Chambre qui avait de rares qualités, et qui, somme toute, a rendu, comme on le verra plus tard, de véritables services à la cause des institutions parlementaires ; c'est pour montrer à quels excès, en temps de révolution ou de contre-révolution, peuvent se laisser entraîner des hommes honnêtes, consciencieux, généralement modérés ; c'est aussi pour marquer nettement le point précis où le départ se fit entre les opinions et où il se forma, dans la Chambre de 1815, une majorité et une minorité. La même cause, au reste, produisit les mêmes effets dans les deux Chambres, et la loi des cris séditieux fut, au palais du Luxembourg comme au Palais-Bourbon, la pierre de touche des partis. Mais, parmi les discours plus ou moins violents qui furent prononcés à huis clos, deux se firent surtout remarquer, un discours de M. de Sèze sur la peine de mort, un discours de M. de Chateaubriand sur la question des biens nationaux. « A quels crimes, dit l'illustre défenseur de Louis XVI, la peine de mort est-elle réservée, si on ne l'applique pas aux attentats qui ont pour objet la destruction du corps politique ? Les coupables seront, dit-on, déportés ! mais où le seront-ils ? Avons-nous des déserts pour y reléguer de pareils monstres ?... La déportation est une peine grave, sans doute, pour le citoyen qui chérit sa patrie, qui regrette sa famille ; elle n'est rien pour les monstres qui n'ont ni famille ni patrie ! » Et comme on avait appuyé sur la nécessité de graduer les peines selon la grandeur du crime, M. de Sèze proposait d'appliquer la mort simple à la tentative ou à la menace, en réservant pour le crime consommé la mort aggravée par les circonstances qui accompagnent le supplice des parricides. Ainsi, selon lui, la gradation des peines était maintenue, et toute difficulté devait s'évanouir!

M. de Chateaubriand, de son côté, s'éleva avec une passion souvent éloquente contre l'article qui, sans distinguer entre la menace et le regret, punissait quiconque répandrait des alarmes sur l'inviolabilité des propriétés nationales : c'était, selon lui, confondre le malheur et la malveillance, la vertu et le crime, et traîner devant les tribunaux l'infortuné qu'un acquéreur jaloux aurait surpris versant quelques larmes sur la tombe de son père : « Et tout cela, dit-il, pour étouffer le bruit inséparable d'une grande injustice! pour imposer un silence que rompraient, à défaut des hommes, les pierres mêmes qui servent de bornes aux héritages dont on veut rassurer les possesseurs! »

A ces discours si véhéments, si impolitiques, plusieurs pairs répondirent par les arguments qui avaient prévalu dans l'autre Chambre, mais d'un ton moins ferme, moins convaincu, et le garde des sceaux qui, jusque-là, avait gardé le silence, sentit la nécessité de protester contre des doctrines qui, produites par des ministres d'État, par des membres du conseil privé, par des hommes revêtus des plus hautes fonctions, acquéraient, dit-il, une importance particulière. M. le comte Molé, chargé par le roi de défendre le projet de loi concurremment avec le garde des sceaux, qualifia aussi avec une juste sévérité l'expédient qui consistait à frapper de la peine de mort la simple menace, et de la peine des parricides l'attentat ou le complot suivi d'effet. Quant à l'article des biens nationaux, « cet article, dit M. Molé, était utile ; la discussion l'a rendu nécessaire ; il tire sa plus grande importance des arguments employés à le combattre. »

Après ces déclarations formelles, le parti modéré qui, la veille, semblait vaincu, reprit courage, et, après d'assez longs débats, fit rejeter tous les amendements. En conséquence, la loi fut votée telle que la Chambre des députés l'avait faite, à la majorité de cent trente et une voix contre trente-cinq, et la loi des cours prévôtales, présentée quelques jours après, obtint une majorité plus forte encore, celle de cent vingt voix contre onze. A la Chambre des pairs, comme à la Chambre des députés, le principe funeste des juridictions exceptionnelles avait peu d'adversaires, et deux ou trois pairs seulement le combattirent sans aucun espoir de succès.

Bien que l'honnêteté du garde des sceaux manquât souvent de vigueur, il avait dans toutes ces discussions mécontenté le parti royaliste, et il le mécontentait plus encore en annonçant le projet d'accorder promptement aux cours et aux tribunaux du royaume l'investiture qui devait les rendre inamovibles. Déjà deux cours, celle de Paris et celle de Lyon, avaient reçu leur institution, et les éliminations n'avaient pas paru suffisantes. Il importait donc de renverser au plus tôt le garde des sceaux, ou de lui lier les mains. La première tentative fut faite à propos d'une loi sur la réorganisation de la cour des comptes, qui avait passé sans difficulté à la Chambre des pairs. A la Chambre des députés, chacun des articles de cette loi fut adopté par assis et levé; mais la Chambre en rejeta l'ensemble, au scrutin secret, par cent quarante-cinq voix contre cent trente-deux, dans le dessein, depuis avoué, de contraindre M. Barbé-Marbois à prendre sa retraite [1].

C'était là une simple espièglerie parlementaire; mais on n'en peut dire autant de la seconde tentative dont M. Hyde de Neuville prit l'initiative. Il ne s'agissait pour cette fois de rien moins que de réduire le nombre des tribunaux, et de suspendre pour une année l'institution de la magistrature. On comprend que la réduction du nombre des tribunaux importait assez peu à M. Hyde de Neuville, et servait seulement d'introduction et de prétexte à la proposition.

[1] M. de la Maisonfort, un des secrétaires de la Chambre, ne nie pas ce complot, et raconte qu'en distribuant les boules blanches et noires il avait soin de placer, autant que possible, la boule noire dans la main voisine de l'urne du scrutin.

Néanmoins la question générale était posée, et M. de Bonald, nommé rapporteur, saisit cette occasion de vanter l'ancienne organisation judiciaire de la France aux dépens de la nouvelle, et de demander qu'on s'en rapprochât le plus possible. Quant à l'inamovibilité de la magistrature, il ne s'agissait pas, dit-il astucieusement, de la supprimer, mais de la suspendre momentanément pour la rendre plus utile. Ce que M. Hyde de Neuville avait proposé comme mesure exceptionnelle et temporaire, la commission en faisait donc une règle commune et permanente; elle voulait qu'à l'avenir et indépendamment des circonstances, l'institution royale fût suspendue pour un an, à partir du jour de la nomination, et qu'ainsi se trouvât remplacé l'agrément des compagnies de magistrature requis jadis après enquête. On évitait ainsi d'entrer, pour justifier la mesure, dans des détails affligeants et d'incriminer les personnes.

M. Cardonnel, M. de Bouville, renchérirent encore sur ces sophismes, et firent de grands efforts pour prouver qu'en suspendant l'inamovibilité de la magistrature on ne violait pas la Charte, mais qu'on se bornait à l'expliquer. M. Royer-Collard monta alors à la tribune, et prononça un de ces discours dont le tissu serré et l'enchaînement rigoureux rendent en quelque sorte l'analyse impossible. Il établit d'abord clairement que le projet proposé enlevait aux magistrats, pendant une année, l'inamovibilité qui leur était conférée par la Charte, et que, par conséquent, il violait la Charte : « Mais, ajouta-t-il, on peut prouver avec une évidence irrésistible que l'innovation proposée par la commission n'est pas seulement subversive de la Charte, mais qu'elle ébranle la société jusque dans ses fondements. » Puis, dans le plus magnifique langage, M. Royer-Collard démontra que la société ne peut pas se passer de l'indépendance du juge, et que le juge ne peut pas être indépendant sans l'inamovibilité. Cette inamovibilité pouvait avoir de fâcheuses conséquences : qui en doutait ? « Quand on aura, dit M. Royer-Collard, triomphé de l'énumération de ces conséquences, il faudra bien en venir à examiner si l'amovibilité n'en a pas de plus terribles. Telle est la condition des sociétés, que les institutions les plus parfaites ne sont au fond que des calculs de probabilité, dont le résultat est de préférer un moindre mal au plus grand : voilà tout ce que peut faire la raison méditant sur l'expérience ; voilà toute la perfection promise aux sociétés humaines. Cependant ces inconvénients, auxquels une sagesse profonde se résigne comme à une rançon pour échapper à des maux intolérables, ils se montrent à tous les yeux, tandis que la raison seule découvre les maux rachetés à ce prix ; ils se reproduisent sans cesse pour être le scandale des esprits superficiels, le lieu commun des déclamateurs, la pâture éternelle des factions qui en nourrissent leurs fureurs. »

Les assemblées de la Révolution avaient produit de grands orateurs et légué aux assemblées qui devaient leur succéder de beaux modèles d'éloquence. L'éloquence de M. Royer-Collard ne ressemblait à celle d'aucun de ses devanciers, et c'était pour la tribune française une conquête toute nouvelle.

Après M. Royer-Collard vint M. de Barante, qui, très-spirituellement et sous forme d'hypothèse, leva tous les voiles et mit à nu la pensée véritable des auteurs de la proposition : « S'il existait, dit-il, dans cette assemblée, un parti essentiellement opposé aux ministres, et qui visât ouvertement à conduire les affaires de l'État, on comprendrait que ce parti se dît : Faisons différer d'un an l'institution des juges ; durant cette année nous triompherons, et, après le triomphe, nous ferons des choix meilleurs. » C'est en effet ce que voulaient les royalistes purs, et ils le prouvèrent clairement en rejetant la proposition générale de M. de Bonald, pour adopter la proposition spéciale de M. Hyde de Neuville. « Les juges qui seront nommés dans l'année, à dater de la promulgation de la présente loi, ne seront inamovibles qu'un an après leur installation. » Rien de plus simple et de plus clair.

Mais, à la Chambre des pairs, cette clarté même et cette simplicité nuisirent au projet de loi, et la Chambre, après une discussion longue et approfondie, qui ne dura pas moins de deux séances, le rejeta à la majorité de quatre-vingt-onze voix contre quarante-quatre, comme contraire à la Charte, et aussi parce qu'elle y vit un abus de l'initiative parlementaire et un empiétement sur la prérogative royale. Cette question de l'initiative, soulevée ici pour la première fois, devait l'être souvent pendant le cours de la session.

Quoi qu'il en soit, deux mois après l'ouverture de la session, la lutte était engagée, les partis étaient classés ; il y avait dans les Chambres une majorité et une minorité constituées. Or l'adoption dans une Chambre et le rejet dans l'autre de la loi qui suspendait l'inamovibilité de la magistrature annonçaient assez clairement qu'au palais Bourbon et au palais du Luxembourg la majorité et la minorité n'étaient pas du même côté. Vers la fin de novembre, d'ailleurs, une place de secrétaire étant devenue vacante au palais Bourbon, par la démission de M. Tabarié, secrétaire général du ministère de la guerre, la Chambre des députés manifesta sa tendance en donnant cent quatre-vingt-une voix à M. de Kergolay, tandis que M. de Serre en obtenait seulement cent cinquante et une. Les réunions ultra-royalistes, sans cesser d'être nombreuses, avaient fini par trouver un centre commun dans le salon de M. Piet, rue Thérèse ; et les royalistes modérés, dont M. Royer-Collard, M. de Serre, M. Pasquier, avaient été les organes principaux dans les dernières discussions, venaient de former de leur côté une association qui se rassemblait rue Saint-Honoré. Tout indiquait donc entre les deux fractions de la Chambre une lutte organisée, systématique, une de ces luttes où les opinions et les passions individuelles éprouvent le besoin de se discipliner et de se contenir.

A Paris et dans les provinces on avait vu, avec un vif intérêt et non sans surprise, ce réveil éclatant de la tribune : les deux sentiments qui dominaient étaient pourtant, chez les uns, la fureur, chez les autres, la consternation. Encouragées par les discours des députés, les dénonciations arrivaient de tous les côtés, et il n'était si mince ou si obscur employé qui ne fût menacé dans son existence. « En France, écrivait M. Fiévée quelques mois plus tard, tant qu'il y aura deux hommes vivants, il y en aura un qui sollicitera l'autre pour avoir une place. » M. Fiévée aurait pu aller plus loin et dire que, s'il y avait trois hommes vivants, il y en aurait un qui solliciterait le second pour avoir la place du troisième. Dans cette compétition universelle, ni l'aptitude particulière ni les antécédents n'étaient comptés pour rien. « Un homme bien pensant, dit le duc de Raguse, était propre à tout. Le même individu sollicitait à la fois ou le commandement d'un régiment, ou une sous-préfecture, ou une place de juge. » Et, si cet individu avait eu le bonheur d'obtenir l'apostille de Monsieur ou de Madame, on ne savait comment l'éconduire. D'un autre côté, on lisait dans le *Moniteur* un mandement de l'évêque de Troyes, qui voyait dans l'égale protection de tous les cultes « une effrayante concorde entre le vice et la vertu, » et qui, « pour revenir à cette unité de principes non moins conforme à celle de la vérité qu'à celle de la monarchie, » demandait formellement « qu'on rétablit et qu'on fortifiât ce contrat solennel entre le trône et l'autel qu'avaient brisé des mains sacriléges. » On lisait encore dans le même *Moniteur* le discours de rentrée du président Séguier, proclamant du haut de son siége que, « toute autorité venant de Dieu, il n'est pas permis aux peuples d'en disposer ; que nos ancêtres, plus sages, avaient reconnu que les rois règnent par la grâce de Dieu, et non par les constitutions ; enfin, que le monarque, image de la Divinité, ne représente pas plus ses sujets que le père ne représente ses enfants. » On apprenait que, dans le secret des comités et des bureaux, se préparaient des projets dits d'amnistie qui aggravaient, bien loin de les atténuer, les dispositions déjà si rigoureuses de l'ordonnance du 24 juillet, et qui menaçaient de mort, d'exil, de confiscation, des classes entières de citoyens. On savait enfin que ces projets étaient fortement approuvés, sinon par le roi, du moins par les princes de sa famille, et que deux ou trois ministres n'y étaient pas opposés. Une terreur bien naturelle régnait donc parmi tous ceux qui, à un degré quelconque, avaient participé ou adhéré à la dernière révolution, et les violences qui, malgré la présence et la bonne volonté du duc d'Angoulême, désolaient encore le midi de la France, n'étaient pas faites pour les rassurer.

Le bon sens du roi Louis XVIII et sa disposition naturelle portaient certainement du côté de la modération et de l'indulgence; mais il y était plus porté encore par l'attitude de son frère et par son affection croissante pour M. Decazes. C'est, en effet, autour de Monsieur que se pressaient les ultra-royalistes de la Chambre, et M. Decazes, qu'ils avaient accepté d'abord, leur était devenu suspect et odieux. Une autre circonstance contribuait à maintenir Louis XVIII dans cette voie : plus d'une fois, les ministres avaient opposé le nom et l'autorité du roi aux passions des royalistes, et ceux-ci, soudainement convertis aux pratiques du gouvernement anglais, n'avaient pas manqué d'invoquer la règle constitutionnelle, qui ne permet pas de se servir, dans les discussions parlementaires, du nom ni de l'autorité du roi ; mais cette règle, encore peu connue en France, ne plaisait point à Louis XVIII, qui laissait volontiers faire ses ministres, pourvu qu'ils lui attribuassent l'honneur de ce qui s'était fait.

C'était d'ailleurs le moment douloureux et solennel où le traité avec les puissances étrangères venait d'être ratifié, et où le duc de Richelieu, dans un discours empreint d'une noble tristesse, le présentait aux Chambres comme un *ultimatum* auquel il avait fallu souscrire, sous peine de rejeter la France dans une lutte désespérée contre l'Europe entière ; c'était le moment où, aux loyales adresses des Chambres, le roi répondait : « Roi d'un autre pays, j'aurais pu perdre l'espérance ; mais le roi de France ne désespère jamais avec des Français ! Qu'ils ne forment qu'un faisceau, et nos malheurs se répareront. » N'était-ce pas démentir ces généreuses paroles que de mettre une partie de la France en suspicion et que de rédiger, sous la protection des baïonnettes étrangères, des listes de proscription ?

Mais ces baïonnettes elles-mêmes, était-on bien sûr qu'elles protégeraient toutes ces violences ? Dans le Midi, les fonctionnaires royaux les avaient plus d'une fois appelées à leur aide contre les excès royalistes, et le jour même où ils signaient le traité du 20 novembre, les souverains alliés avaient signé un acte dont nous avons déjà parlé, un acte qui, tout en promettant à Louis XVIII de le soutenir contre les tentatives révolutionnaires, lui recommandait expressément l'observation fidèle de la Charte et l'égale protection de tous les citoyens. Il est bon d'ajouter que les étrangers présents à Paris, depuis le premier jusqu'au dernier, voyaient avec douleur, avec indignation, les progrès de la réaction royaliste dans la Chambre des députés, et manifestaient, si cette réaction n'était pas arrêtée, les plus vives craintes sur l'avenir de la monarchie. Tout concourait donc à retenir le roi sur la pente où la majorité de la Chambre voulait l'entraîner, et à le séparer encore une fois de sa famille.

Cependant la France subissait les funestes conséquences de l'ordonnance du 24 juillet, et un sang plus illustre que celui de Labédoyère allait couler. A Bordeaux, deux frères, les frères Faucher, avaient été jugés par un conseil de guerre, condamnés à mort et exécutés, comme coupables de quelques actes dont les plus graves étaient d'avoir fait mettre un prisonnier en liberté le 22 juillet, quand leurs pouvoirs avaient expiré le 21, et d'avoir conseillé à des volontaires qui passaient à la

Réole de faire un dernier effort pour obtenir le maintien du drapeau tricolore. Et telle était la terreur ou la lâcheté générale que, dans une ville où ils comptaient plus d'un ami dans le barreau, pas un avocat n'avait osé accepter leur défense, tandis que le commissaire du roi avait pu les accabler d'injures et leur reprocher « d'élever audacieusement leur tête hideuse d'un demi-siècle de crimes! » A Paris, M. de Lavalette, qui n'avait pas voulu quitter la France, dans la conviction qu'une peine correctionnelle tout au plus pouvait lui être appliquée, comparaissait devant la cour d'assises, et, contrairement à toutes les prévisions, était frappé d'une condamnation capitale. Mais le procès sur lequel se portaient tous les yeux, et qui mettait en jeu toutes les passions, était le procès du maréchal[1] Ney, dont la Chambre des pairs venait enfin d'être saisie.

Le roi avait regretté l'arrestation du maréchal Ney; mais, cette arrestation accomplie, la mise en jugement devenait inévitable, et dès le 21 août, deux jours après l'arrestation, un conseil de guerre spécial avait été constitué, sous la présidence du maréchal Moncey, doyen des maréchaux. Celui-ci ayant refusé de juger son ancien compagnon d'armes, le maréchal Gouvion-Saint-Cyr, alors ministre de la guerre, l'en punit, en contre-signant, le 29 août, une ordonnance qui le destituait et qui lui infligeait une peine de trois mois d'emprisonnement; mesure peut-être conforme aux prescriptions de la loi du 13 brumaire an V, mais bien sévère, et qui produisit un effet fâcheux sur l'opinion. Près de trois mois après, le 9 novembre, un nouveau conseil de guerre, composé du maréchal Jourdan, président, des maréchaux Masséna, Augereau, Mortier; des lieutenants généraux Gazan, Claparède et Villate, se réunissait dans la salle du Palais de Justice, et Michel Ney comparaissait devant ce conseil, assisté de ses défenseurs, MM. Berryer père, Berryer fils et Dupin.

L'opinion la plus accréditée est que le maréchal Ney eut tort de décliner la compétence du conseil, et qu'un tribunal où

Jourdan, Masséna, Mortier, Augereau, formaient la majorité, ne l'eût point envoyé à la mort. Si l'on en croit un des défenseurs du maréchal[1], le conseil était résolu à se déclarer d'office incompétent, et le maréchal Mortier avait déjà fait rédiger son acte de récusation. Quoi qu'il en soit, le maréchal Ney, par lui-même et par l'organe de ses avocats, réclama son renvoi devant la Chambre des pairs, et le conseil le lui accorda, à la majorité de cinq voix contre deux.

Il faut avoir vécu à cette époque pour se faire une juste idée de l'émotion, de l'indignation que cet arrêt suscita dans les salons royalistes : on eût dit qu'une vaste conspiration venait d'être découverte, et qu'une révolution nouvelle était à la veille d'éclater. Certaines femmes surtout, à la seule pensée que Ney pouvait échapper à la mort, tombaient dans des accès de colère ou de douleur qui faisaient frissonner. A la cour aussi et à la Chambre des députés, l'effroi était grand, si grand qu'il gagna le président, homme d'un caractère élevé et généreux, mais irritable, nerveux, et qui se laissait facilement envahir par l'émotion des autres. Sous la vive impression des paroles qu'il entendait, M. Lainé adressa donc, le 11 novembre, aux ministres, une note dans laquelle, pour éviter, disait-il, de grandes catastrophes, il conseillait d'agir avec hardiesse, avec énergie, et de placer la Chambre des pairs *dans la nécessité* de juger promptement. « Jamais, ajoutait-il, la Chambre des pairs n'osera repousser un jugement que tout lui défère ; si elle le faisait, elle serait responsable devant Dieu et devant les hommes des malheurs que causeraient de vaines évasions[2]. »

C'est dans cette situation que le duc de Richelieu, irrité et inquiet lui-même, vint, le 12 novembre, enjoindre à la Chambre des pairs de se constituer en cour de justice, à l'effet de

---

[1] *Mémoires de M. Dupin.*
[2] Note écrite de la main de M. Lainé.

juger le maréchal Ney, accusé de haute trahison et d'attentat contre la sûreté de l'État.

« Ce n'est pas seulement, messieurs, dit-il, au nom du roi que nous remplissons cet office, c'est au nom de la France, depuis longtemps indignée, et maintenant stupéfaite ; c'est même au nom de l'Europe que nous venons vous conjurer et vous requérir à la fois de juger le maréchal Ney... Nous osons dire que la Chambre des pairs doit au monde une éclatante réparation : elle doit être prompte, car il importe de retenir l'indignation qui, de toutes parts, se soulève. »

La Chambre des pairs, comme elle le prouva trop plus tard, n'éprouvait pour le glorieux accusé qu'on livrait à sa justice nul sentiment de commisération ; néanmoins elle ne put entendre un langage aussi contraire à toutes les convenances politiques et judiciaires sans en être surprise et blessée. Mais les plus surpris, les plus blessés, parmi les assistants, furent les collègues de M. de Richelieu, à qui le discours n'avait point été communiqué, et qui l'entendaient pour la première fois. Dès que M. de Richelieu eut quitté la tribune, ils l'interrogèrent et apprirent que le discours, écrit par une main étrangère, avait été remis à M. de Richelieu quelques instants avant la séance, et qu'il avait eu à peine le temps de le lire. Quelle était cette main étrangère? Les témoignages les plus authentiques attestent que c'était celle de M. Lainé, et ces témoignages trouvent une confirmation dans la note du 11 novembre[1]. Quoi qu'il en soit, M. de Richelieu, qui n'avait point fait le discours, et qui se l'est reproché toute sa vie, en devint responsable aux yeux du public, et en est encore responsable

---

[1] Quelques contemporains attribuent à M. d'Hauterive la rédaction du discours de M. de Richelieu. Une lettre de M. d'Hauterive à M. de Vitrolles, qui m'a été communiquée, prouve, en effet, qu'à cette époque M. d'Hauterive a écrit un discours pour M. de Richelieu; mais la lettre en question est du 28 novembre et s'applique évidemment au discours que M. de Richelieu prononça le 25 novembre, en annonçant à la Chambre le traité du 20 novembre.

devant l'histoire. « Avez-vous lu, disait-on partout, l'ukase de M. de Richelieu? » Et ce mot d'ukase, en rappelant que M. de Richelieu avait plus longtemps habité la Russie que la France, diminuait sa position sans atténuer sa faute.

Dans la séance suivante, la Chambre reçut communication d'une nouvelle ordonnance qui réglait les formes à suivre dans l'instruction et le jugement de l'accusation intentée contre le maréchal Ney; et, le même jour, M. Bellart, procureur général, lut un premier réquisitoire. Le 21 novembre, enfin, toutes les formalités préliminaires étant accomplies, l'accusé fut introduit devant la cour, et le débat commença.

Il serait trop long de mentionner ici les divers incidents de ce débat, qui se composa, en grande partie, de moyens préjudiciels et de déclinatoires; il ne devint véritablement intéressant que le 4 décembre, quand, après un délai de onze jours, l'interrogatoire du maréchal commença, et quand à la déposition de M. de Bourmont il opposa l'approbation que, selon lui, M. de Bourmont avait donnée, le 14 mars, à sa conduite et à sa proclamation. M. de Bourmont répondait par la défection du 16 juin; mais, aux yeux de bien des gens, la réponse confirmait plutôt qu'elle n'infirmait l'assertion du maréchal. Dans tous les cas, l'homme qui, à la veille d'une grande bataille, avait quitté les rangs de l'armée française pour passer dans les rangs de l'armée ennemie, n'était pas bien placé pour accuser le maréchal de trahison, et dans la Chambre même qui allait envoyer celui-ci à la mort, le sentiment général se détournait de son accusateur.

Ni légalement ni moralement le maréchal Ney ne pouvait être justifié; mais il pouvait trouver, dans la force des circonstances, dans la contagion de l'exemple, dans l'entraînement universel, une excuse suffisante. Si, au lieu de s'épuiser en vaines chicanes de compétence et de procédure, le maréchal eût opposé à l'erreur d'un moment la gloire d'une vie entière, s'il eût protesté noblement contre la triste sommation adressée à ses juges, par le duc de Richelieu, au nom de l'Europe; si, dans quelques paroles simples et dignes, il eût invoqué lui-même, sans en forcer le sens, l'article 12 de la capitulation de Paris, peut-être aurait-il eu quelque chance d'échapper au sort qui le menaçait. L'argument de la capitulation était d'une grande force, et il paraissait étrange de prétendre que les généraux alliés et les plénipotentiaires français, en signant cette capitulation, avaient voulu seulement empêcher les puissances étrangères de punir, pour leur propre compte, la conduite politique d'hommes que nulle loi ne plaçait sous leur juridiction. On pouvait donc soutenir, avec une grande apparence de raison, que l'article, quelles que fussent les obscurités de sa rédaction, avait eu en vue le retour prochain de Louis XVIII et les projets bien connus de ses serviteurs.

Mais le maréchal Ney, au lieu de faire entendre une voix que le président de la cour eût difficilement étouffée, aima mieux, sur la question de la capitulation comme sur les autres, laisser parler ses avocats, à qui il était plus aisé d'imposer silence. Ceux qui, par des raisons politiques ou personnelles, voulaient à tout prix la condamnation du maréchal, avaient d'ailleurs pris leurs précautions, et, la veille du jour où la capitulation de Paris devait être invoquée, la cour s'était réunie dans la chambre du conseil, à leur instigation, pour en délibérer par avance. Là, un pair, M. de Tascher, eut le triste courage de demander le premier qu'on interdît formellement aux avocats de faire valoir ce moyen. M. Lanjuinais, appuyé par M. Porcher de Richebourg, soutint avec énergie que l'exception était péremptoire et pouvait être invoquée à toutes les périodes de la procédure; mais il eut pour contradicteur M. le comte Molé, qui s'efforça de prouver que la convention était purement militaire, et qu'on ne pouvait admettre l'opinion contraire sans infirmer en quelque sorte l'ordonnance du 24 juillet et la condamnation de Labédoyère. En conséquence, il convenait, selon M. le comte Molé, d'interdire non-seulement la plaidoirie projetée, mais la simple lecture de l'article. Comme cet avis de M. de Tascher et de M. Molé avait été concerté d'avance avec le chancelier Dambray, la majorité lui était acquise, et un vote à jamais déplorable enleva au maréchal Ney le seul moyen de défense qui pût vraiment lui être utile.

Le 6 décembre, au moment où M. Berryer donnait lecture de l'article 12 de la capitulation, il fut donc interrompu par le chancelier, qui, en vertu de son pouvoir discrétionnaire et du vote préliminaire de la cour, lui ferma la bouche. M. Dupin imagina alors d'invoquer le traité du 20 novembre, qui séparait de la France le territoire de Sarrelouis, lieu de naissance du maréchal; mais il fut à son tour interrompu par le maréchal : « Non, s'écria celui-ci avec véhémence, je suis Français! je veux mourir Français! — Je remercie, ajouta-t-il, mes généreux défenseurs; mais je les prie de renoncer à ma défense plutôt que de la présenter incomplète : je suis accusé contre la foi des traités, et on ne veut pas que je les invoque! j'en appelle comme Moreau à l'Europe et à la postérité! »

On regrette d'apprendre, par M. Dupin lui-même, que ce mouvement était préparé, et qu'avant la séance l'avocat du maréchal lui avait remis sa protestation tout écrite.

L'instant du jugement était venu, et pour ceux qui voulaient la mort du maréchal Ney comme pour ceux qui désiraient le sauver, c'était un instant plein de trouble et d'anxiété. Quelques jours avant le débat, quatre pairs, le duc de Broglie, M. Lenoir-Laroche, M. Porcher de Richebourg, M. Lanjuinais, s'étaient réunis chez ce dernier pour examiner en commun ce qu'il y avait de mieux à faire dans l'intérêt de l'accusé. Là le duc de Broglie avait soutenu qu'il fallait tout d'abord voter contre la culpabilité, par ce motif qu'après une révolution à laquelle une partie considérable du pays a pris part, il n'est ni juste ni politique de choisir quelques hommes pour les sacrifier. « Ces hommes, ajoutait-il, appartiennent à la justice de l'histoire, non à celle des tribunaux. » M. Lanjuinais, M. Porcher de Richebourg, M. Lenoir-Laroche, craignant qu'un tel vote n'irritât les juges encore incertains, au lieu de les calmer, avaient pensé qu'il valait mieux porter tout l'effort sur l'argument emprunté à la capitulation de Paris et sur l'application de la peine; on s'était donc séparé, uni d'intention, mais en laissant chacun maître d'agir selon ses lumières et selon les circonstances. Sur la première question, celle de la culpabilité, M. de Broglie, qui venait d'atteindre l'âge nécessaire pour avoir voix délibérative, vota seul contre toute la Chambre. Mais cette question était résolue d'avance, et la question de la peine avait bien plus d'importance.

Il était onze heures du soir quand le premier tour de scrutin commença, et, quelque prévue que fût la sentence, ce ne fut pas sans un frémissement douloureux qu'on entendit le premier pair appelé, M. le comte Lynch, maire de Bordeaux, joindre au mot la *mort*, cet autre mot la *guillotine*. M. le comte Lynch, dans son ardent, bien que récent royalisme, ne voulait pas même accorder au héros de la Moskowa le triste avantage de mourir en soldat! A la vérité, il fut seul de son avis; et, si trop de voix s'unirent à la sienne pour prononcer la *mort*, aucune ne prononça la *guillotine*. Au second tour de scrutin, M. le comte Lynch lui-même voulut bien se contenter du principal et renoncer à l'accessoire.

Au premier tour, les voix se partagèrent ainsi : quatre abstentions; pour la mort, cent quarante, sur lesquelles six recommandaient le condamné à la clémence du roi; pour la déportation, treize. Au second tour, quatre de ceux qui avaient voté la mort, M. de Lally-Tolendal, M. Curial, M. le duc de Montmorency, M. de Fontanes, revinrent à la déportation ; les autres persistèrent, et, à deux heures du matin, la fatale sentence fut rendue. Puis la Chambre se sépara triste et silencieuse.

Quand on lit le compte rendu de ce funeste procès, il est

impossible de ne pas remarquer un contraste frappant entre deux hommes d'État qui, depuis le mois d'octobre 1815 jusqu'au mois de décembre 1851, n'ont pas cessé de siéger ensemble, tantôt comme alliés, tantôt comme adversaires, dans les Assemblées législatives, et qui successivement se sont vus placés à la tête du gouvernement de la France. L'un de ces hommes, M. le duc de Broglie, fils d'un père qui avait péri sur l'échafaud, en 1794, sans renier, même un instant, la cause de la liberté, élevé par son beau-père, M. Voyer-d'Argenson, dans la haine du despotisme, tout près de devenir le gendre de madame de Staël, était resté entièrement étranger au gouvernement des Cent-Jours; le jour même où son âge lui donnait voix délibérative, il se fit un devoir et un honneur de prendre siége parmi les juges du maréchal Ney et de travailler de tout son pouvoir à prévenir un sanglant sacrifice.

L'autre, M. le comte Molé, dont les parents étaient aussi morts sur l'échafaud, mais que l'Empereur avait distingué, et qu'il avait fait, tout jeune encore, conseiller d'État, directeur des ponts et chaussées, grand juge, avait pendant les Cent-Jours, accepté des mains de Napoléon de hautes fonctions administratives, et n'avait point refusé d'être, dans la Chambre des pairs, le collègue du maréchal Ney; non-seulement il vota la mort, mais il fut en chambre du conseil un des plus empressés à faire interdire aux défenseurs le seul moyen qui pût sauver le maréchal.

Sans doute, la différence des conduites s'explique surtout par la différence des caractères ; mais qui oserait dire que la différence des éducations politiques n'y fût pour rien ? Ce qui prouve le contraire, c'est que, parmi les hauts fonctionnaires de l'Empire et parmi les anciens compagnons d'armes du maréchal Ney, trois ou quatre tout au plus se rallièrent à l'avis de la déportation ; les autres votèrent la mort sans hésitation et probablement sans remords. De ces pairs prêts à tout faire pour la monarchie légitime, comme ils avaient tout fait pour l'Empire, aucun pourtant ne participait aux passions ardentes, aux rancunes impitoyables qui entraînaient les vieux royalistes, et c'est à un tout autre mobile qu'ils cédaient! Ils méritent d'être blâmés sans doute; mais le régime qui les avait ainsi façonnés mérite d'être profondément détesté.

Si la sentence, selon la rigueur des lois civiles et militaires, n'était point injuste, elle était d'une sévérité excessive, et il appartenait au roi de l'adoucir par une commutation de peine qui l'eût honoré, et qui en même temps eût montré à la France et à l'Europe que le temps des vengeances était passé. Des dix-huit individus mis en jugement par la fatale ordonnance du 24 juillet, le maréchal Ney était, sans contredit, le plus coupable; en épargnant sa tête, on s'interdisait la faculté de faire tomber celle d'aucun de ses compagnons, et l'infortuné Labédoyère restait la seule victime judiciaire de la réaction royaliste. Malheureusement, non-seulement chez les vrais royalistes, mais chez ceux qui croyaient l'être ou qui voulaient le paraître, il y avait encore contre la révolte du 20 mars une indignation telle, qu'un acte de clémence eût été presque considéré comme un acte de trahison. Benjamin Constant lui-même, dans une lettre qu'il écrivait, le 14 août, au ministre de la police, en faveur de Labédoyère, n'avait-il pas insinué trop clairement que, si l'on croyait la sévérité nécessaire, elle devait porter sur une tête plus élevée et plus illustre [1]? Il n'est donc point vrai, bien qu'on l'ait dit, que M. de Richelieu ait sollicité la grâce du maréchal Ney, et que Louis XVIII, par les

---

[1] Lettre de Benjamin Constant à M. Decazes, 14 août 1815.

Il est juste de dire qu'à peu près au même moment un des plus nobles frères d'armes du maréchal Ney, le maréchal Macdonald, tenait un langage fort différent et, dans une lettre au roi, pleine des sentiments les plus généreux, sollicitait ouvertement la grâce de son infortuné compagnon : « Que Votre Majesté, disait-il, daigne se souvenir qu'elle a promis que le roi de France serait juste, sévère, clément. Votre Majesté a été fidèle à ses promesses. Sire, vous avez été juste, sévère; c'est le tour de la clémence. » L'original de cette lettre se trouve dans les papiers de M. de Vitrolles.

conseils de la duchesse d'Angoulême, soit resté inflexible[1]. A l'exception de quelques étrangers, de M. de Humboldt notamment, personne ne sollicita formellement la grâce du maréchal, et, si quelques-uns des ministres la désirèrent, nul d'entre eux n'osa prendre l'initiative d'une telle demande. L'eussent-ils prise, il est peu probable que Louis XVIII eût cédé, tant sa famille, la cour et la majorité de la Chambre des députés avaient soif de vengeance, et tant il craignait alors de rompre le faisceau royaliste.

Un seul homme, le duc de Wellington, était maître de sauver Michel Ney, et n'avait pour cela qu'un mot à dire; ce mot, il ne le dit pas, malgré les instances de plusieurs de ses compatriotes, malgré l'appel touchant et réitéré de la maréchale Ney, malgré l'intérêt que l'illustre accusé inspirait au corps diplomatique tout entier, et ce reproche pèse encore sur sa mémoire. Mais, à lord Liverpool, mécontent que Paris eût obtenu de si bonnes conditions et inquiet du sens qu'on pouvait attribuer à l'article XII de la capitulation, le duc de Wellington s'était empressé de répondre, dès le 15 juillet, « que la convention et notamment l'article XII ne liait personne, excepté ceux qui y avaient participé[2]. » Ainsi engagé, le duc de Wellington n'osa pas ou ne voulut pas se donner un démenti à lui-même, et oublia que, du moment où un doute sérieux existait sur le sens de la convention, il était non-seulement généreux, mais juste de l'interpréter en faveur de l'humanité.

Le 7 décembre 1815, à huit heures du matin, par un temps gris et froid, dans l'avenue de l'Observatoire, en présence de quelques passants étonnés, un des plus glorieux soldats de la France tombait sous des balles françaises. En frappant cette tête illustre, la Restauration croyait faire preuve de force et consolider sa domination; elle effaçait, au contraire, d'un

---

[1] Vaulabelle, *Histoire des deux Restaurations*.
[2] Dépêche de lord Wellington à lord Bathurst.

seul coup, les torts réels du maréchal et versait un sang qui, pendant de longues années, devait crier contre elle. Dès le 7 décembre, à la nouvelle de l'exécution, bien des cœurs s'ouvrirent qui, la veille, paraissaient fermés, et chez plus d'un royaliste même la pitié étouffa la colère.

C'est à ce sentiment que M. de Richelieu et ses collègues firent appel quand, le lendemain de l'exécution du maréchal Ney, ils vinrent inopinément apporter à la Chambre des députés un projet d'amnistie.

Plusieurs propositions ainsi qualifiées avaient été faites, dès les premiers jours de novembre, et avaient donné lieu, en comité secret, à des débats animés. De ces propositions, une seule, celle de M. de Germiny, tendait véritablement à une amnistie. Les autres, dont M. Duplessis-Grenedan, M. de Bouville, M. Hyde de Neuville, M. de la Bourdonnaie, étaient les auteurs, avaient au contraire pour but d'étendre le cercle des personnes comprises dans l'ordonnance du 24 juillet et de hâter les poursuites contre ces personnes. Ainsi M. Duplessis-Grenedan proposait « de supplier Sa Majesté d'enjoindre aux procureurs généraux de poursuivre et faire juger, selon les lois, les auteurs, fauteurs, complices et *adhérents* de la rébellion du 20 mars, » et il développait sa proposition dans un discours si violent, que la Chambre en jugeait l'impression dangereuse. M. Hyde de Neuville demandait la formation d'une commission d'équité, composée de neuf pairs et de neuf députés, présidée par le chancelier, et chargée de former trois listes d'hommes dangereux, les premiers à mettre en jugement, les seconds à bannir, les troisièmes à exiler, et il désignait spécialement les régicides comme devant faire partie d'une des deux dernières listes. M. de la Bourdonnaie, enfin, exceptait de l'amnistie trois grandes catégories : 1° les titulaires des grandes charges administratives et militaires qui avaient constitué le gouvernement de l'usurpateur ; 2° les généraux, les commandants de corps et de place, les préfets qui avaient passé à l'usurpateur, fait arborer son drapeau, ou exécuté ses ordres, ou commis des actes de violence contre l'autorité légitime, jusqu'à l'époque qui serait fixée par les Chambres ; 3° les régicides qui avaient renoncé à l'amnistie, en acceptant des places de l'usurpateur ou en siégeant dans les deux Chambres ou en signant l'Acte additionnel. Le jugement de tous les individus ainsi désignés était déféré, selon leur qualité, aux conseils de guerre, aux cours d'assises et aux cours prévôtales, lorsqu'elles seraient constituées ; les peines variaient de la mort à la déportation, et les revenus des contumaces étaient mis sous le séquestre ; quant à la procédure, elle devait se borner à constater le fait et à reconnaître l'identité de celui qui l'avait commis, sans qu'on se donnât la peine, fort inutile, de rechercher l'intention.

On comprend l'effet que produisirent de tels projets, le dernier surtout, sur les hommes modérés de la Chambre ; mais ce qui ajouta encore à cet effet, ce fut le terrible discours de M. de la Bourdonnaie. Ce discours, dont la sombre éloquence rappelait celle des membres du comité de salut public aux époques les plus sinistres de la Révolution, établissait d'abord que la clémence n'avait point touché le *cœur de bronze* des factieux, et qu'il était temps, tout en amnistiant les agents secondaires, de frapper les grands coupables : « Le moment de la justice, disait-il, est arrivé ; ses effets doivent être prompts et terribles, pour que le calme et la tranquillité renaissent de toutes parts. » Les exemples, d'ailleurs, ne pouvaient être efficaces que s'ils étaient choisis surtout parmi les vétérans de la Révolution : « C'est en précipitant ces hommes superbes de la hauteur où leurs crimes les ont élevés que vous donnerez des leçons utiles de modération et de vertu. » Pourquoi d'ailleurs craindrait-on de les frapper ? Ces pères du peuple, arrivés en sabots au maniement des affaires publiques, aujourd'hui gorgés d'or et souillés de sang, n'avaient-ils pas fait assez de mal à la France ?

« Pour arrêter leurs trames criminelles, ajoutait M. de la Bourdonnaie, il faut des fers, des bourreaux, des supplices. La mort, la mort seule peut effrayer leurs complices et mettre fin à leurs complots. Et vous remarquerez, messieurs, dans l'histoire même de notre Révolution, que c'est sous les gouvernements les plus modérés que les rébellions ont été les plus fréquentes, tandis que, sous le règne de la Convention, sous le sceptre de fer du tyran, les efforts les plus dangereux contre la tyrannie n'ont pu réunir qu'un petit nombre de conspirateurs. »

La conséquence venait naturellement. « Ce ne sera qu'en jetant une salutaire terreur dans l'âme des rebelles que vous préviendrez leurs coupables projets. Ce ne sera qu'en faisant tomber la tête de leurs chefs que vous isolerez les factieux... Défenseurs de l'humanité, sachez répandre quelques gouttes de sang pour en épargner des torrents. »

Au plus fort de la Terreur, Saint-Just ne parlait pas autrement. Si c'est une excuse, il faut dire que, par une hallucination commune à tous les partis extrêmes, M. de la Bourdonnaie voyait partout des conspirations et des dangers imaginaires. Ainsi il niait que le 20 mars fût le résultat d'un mouvement militaire. Longtemps avant le 20 mars, il existait, selon lui, un immense complot dont le centre était à Paris, qui disposait de sommes énormes avancées par les conspirateurs, que dirigeaient les hauts fonctionnaires de l'Empire, et dans lequel s'étaient laissé engager une foule d'administrateurs et de magistrats. Voilà les hommes qu'il fallait atteindre et que n'atteignait pas l'ordonnance du 24 juillet, œuvre de légèreté ou de perfidie. Et à ce sujet, il adressait à cette ordonnance des reproches fondés, mais qui pouvaient être rétorqués avec bien plus de justice encore contre sa proposition.

Malgré les efforts persévérants d'une minorité courageuse, qui, invoquant la proclamation de Cambrai, supplia la Chambre, à plusieurs reprises, de ne pas jeter le désespoir dans une foule de familles, les propositions « *présentées,* disait-on, *avec la logique de la vertu* [1], » furent prises en considération, à l'exception de celle de M. Hyde de Neuville, et renvoyées à une seule et même commission. La Chambre n'avait point ordonné l'impression du discours de M. de la Bourdonnaie, et comme ce discours avait été prononcé en comité secret, il pouvait rester inconnu ; mais l'auteur le publia, et, ainsi que l'avaient prédit les modérés, l'effroi se répandit parmi tous ceux qui avaient servi le dernier Empire. Cet effroi augmenta quand on apprit que les catégories de M. de la Bourdonnaie, ces catégories si étendues, si élastiques, où l'on pouvait faire entrer tant de monde, avaient été chaudement accueillies par les bureaux, et que la commission se composait de MM. Berthier de Sauvigny, de Villèle, Corbière, Chifflet, Humbert de Sesmaisons, Feuillant, d'Aldeguier, Pardessus, Jollivet, c'est-à-dire, au dernier près, de membres appartenant tous à la majorité ultra-royaliste.

Le gouvernement aussi s'en émut et se mit en rapport avec la commission ; mais l'accord entre le gouvernement et la commission n'était pas possible. Le duc de Richelieu voulait qu'on se bornât à légaliser l'ordonnance du 24 juillet. La commission refusait, disaient ses membres les plus modérés, de frapper arbitrairement des hommes, inconnus pour la plupart, tout en laissant échapper les grands coupables, Davoust, Cambacérès, Masséna, Caulaincourt, Fouché [2]. La commission persista donc dans l'idée des catégories, et, le 2 décembre, elle remit son projet à M. de Richelieu, qui, deux jours après, se rendit dans son sein, accompagné du ministre de la police ; là il déclara que faire juger, pour des actes antérieurs à son ministère, un homme que le roi avait fait ministre, était un outrage au roi lui-même, et qu'il n'y consentirait jamais. Quant

---

[1] Procès-verbaux des comités secrets. Session de 1815.
[2] Correspondances inédites.

aux régicides, ils étaient couverts par le pardon royal qui ne pouvait pas être retiré. M. de Richelieu soutint d'ailleurs que, pour toute la partie de son pouvoir dont il ne s'était pas volontairement dessaisi par la Charte, le roi régnait comme avaient régné Henri IV, Louis XIV, Louis XVI, et qu'il avait pleinement le droit de proclamer seul une amnistie. S'il consentait à laisser prendre l'initiative à la Chambre, c'était pour que l'acte fût plus populaire et plus solennel.

Le droit de grâce semble en effet impliquer le droit d'amnistie, et la doctrine de M. de Richelieu sur cette question spéciale n'avait rien d'inconstitutionnel. Dans tous les cas, il n'appartenait guère aux royalistes de la combattre : ils la combattirent pourtant comme contraire à la Charte et à la prérogative parlementaire, et l'on se sépara sans avoir pu s'entendre.

Une nouvelle conférence avait été indiquée pour le 7 décembre, jour de l'exécution du maréchal Ney; mais les ministres y manquèrent; et, le lendemain, 8, au commencement de la séance, M. de Vaublanc vint, de la part de M. de Richelieu, avertir les membres de la commission que le gouvernement avait résolu de prendre l'initiative. Bientôt arriva M. de Richelieu lui-même, qui leur communiqua son projet, en les conjurant, au nom du roi, au nom de la paix publique, de n'y point faire obstacle. Sur huit membres, sept résistèrent. Quelques instants après, M. de Richelieu entrait solennellement dans la Chambre, accompagné de ses collègues, et montait à la tribune au milieu de l'attente et de l'anxiété générales.

« Messieurs, dit-il, un grand exemple vient d'être donné ; les tribunaux sont chargés de suivre le cours de la justice contre les prévenus désignés par l'article 1er de l'ordonnance du 24 juillet... Mais, à la suite de la commotion la plus violente qui ait ébranlé un État, le gouvernement a dû prendre d'autres mesures. »

Ces mesures, il importait de les régulariser et de fixer le sort des trente-huit individus compris dans le deuxième article de l'ordonnance du 24 juillet, en même temps qu'on rassurerait le reste de la nation. « Le droit d'amnistie, ajoutait M. de Richelieu, surtout après les révoltes et les grandes commotions politiques, est inhérent à la souveraineté; mais Sa Majesté, dans une circonstance aussi solennelle, se plaît à y faire concourir les grands corps de l'État, qui participent avec elle à l'exercice de la puissance législative. » Les lois récemment votées donnaient d'ailleurs au gouvernement une force suffisante, l'armée licenciée était rentrée dans ses foyers, et il était temps, comme le roi l'avait dit naguère, que les Français ne formassent plus qu'un faisceau. M. de Richelieu terminait en déclarant qu'on ne pouvait ni faire supporter aux auteurs des maux de la France une part extraordinaire dans leurs contributions, sans porter atteinte au droit de propriété, ni frapper les régicides sans violer la Charte : « Le testament de Louis XVI, disait-il, est toujours présent à la pensée du roi, et sa parole sacrée, en maintenant une des importantes dispositions de la Charte, rassure sur toutes les autres. »

En conséquence, le roi avait chargé ses ministres de présenter un projet de loi qui accordait amnistie pleine et entière à tous ceux qui, directement ou indirectement, avaient pris part à la rébellion et à l'usurpation de Napoléon Bonaparte, en exceptant seulement de cette amnistie les individus compris dans les deux articles de l'ordonnance du 24 juillet, les membres de la famille Bonaparte, et ceux contre qui des poursuites avaient été ou seraient dirigées avant la promulgation de la loi. « Cette amnistie, dit le duc de Richelieu, après avoir donné lecture du projet, n'est pas nouvelle dans nos annales; Henri IV, dont nous aimons tant à retracer la mémoire, en donna une à peu près semblable, en 1594, et la France fut sauvée. »

A ces paroles, prononcées avec une noble émotion, tous les

députés se levèrent spontanément, et, dans les diverses parties de la salle, le cri de *Vive le roi!* retentit à plusieurs reprises. Le lendemain, des journaux qui jusqu'à ce moment avaient paru peu enclins à l'indulgence, le *Journal des Débats* notamment, approuvaient le projet dans toutes ses parties, et se réjouissaient de l'unanimité apparente de la Chambre, comme d'un grand et heureux événement.

Mais, si le gouvernement crut à cette unanimité, son illusion ne dura pas longtemps. Dans les bureaux, en effet, le projet d'amnistie fut vivement attaqué, et, sur les neuf membres de la commission, ce projet obtint seulement trois voix favorables, celles de MM. de Germiny, Duvergier de Hauranne et de Cotton, tandis que les six autres, celles de MM. de Villèle, Pardessus, Cardonnel, Berthier de Sauvigny, Corbière, Chifflet, restaient fidèles aux catégories de M. de la Bourdonnaie. Les conférences entre la commission et les ministres recommencèrent donc, et se répétèrent plus d'une fois, mais sans succès. Comment eussent-elles réussi? Pour plusieurs membres de la commission, il ne s'agissait point d'établir les catégories d'une manière abstraite, en quelque sorte, et indépendamment des personnes qui pouvaient s'y trouver comprises. Chacun, au contraire, avait certaines personnes en vue et voulait établir les catégories de telle sorte que ces personnes fussent atteintes[1]. « Il faut, répétait-on sans cesse, frapper les grands coupables, » et ces grands coupables, c'étaient Davoust, Masséna, Caulaincourt; c'étaient surtout les régicides.

Après plusieurs entrevues inutiles, le duc de Richelieu et le ministre de la police vinrent solennellement déclarer que

---

[1] Je ne parle pas par simple conjecture ou sur de vagues ouï-dire. Mon père faisait partie de la commission, et chaque soir, je le voyais rentrer navré et indigné de ce qu'il avait entendu. Les détails que je donne ici, il me les a donnés alors, et ils m'ont trop frappé pour que je ne sois pas certain de les reproduire avec exactitude.

le roi était résolu à tenir sa promesse, et ils s'épuisèrent en efforts pour ramener la commission au projet ministériel. Ferme dans son déplorable dessein, la commission ne céda point, et les ministres se retirèrent, *le cœur navré*, dit M. de Richelieu. La commission alors acheva la rédaction de son projet et choisit son rapporteur.

Contre le projet de loi du gouvernement, de graves objections pouvaient sans doute être faites, et si, au lieu de substituer à l'arbitraire de trente-huit exils sans jugement l'arbitraire bien plus odieux des catégories, la commission eût rendu à la sécurité les hommes inconnus qu'elle affectait de plaindre, sans envoyer à la mort les hommes connus dont elle poursuivait le châtiment, elle eût rendu à la dynastie, qu'elle voulait soutenir, et à la majorité dont elle faisait partie, un véritable service. Mais ce n'était pas l'esprit du temps, et les hommes les plus modérés auraient craint, s'ils avaient fait une telle proposition, de passer pour bonapartistes.

Pendant que ce grave débat agitait Paris et la France, un incident étrange vint montrer quel esprit continuait à animer la Chambre, et combien peu l'exécution du maréchal Ney avait apaisé la soif de vengeance dont certains royalistes étaient dévorés. La condamnation de M. de Lavalette avait surpris et affligé tout le monde, excepté ceux qui voulaient absolument voir dans le 20 mars le résultat d'un vaste complot, plus civil que militaire, et à qui la condamnation de l'ancien directeur des postes paraissait être la confirmation éclatante de leur opinion. M. de Lavalette était d'ailleurs personnellement aimé et estimé, et pendant les trois semaines qui s'étaient écoulées entre le jugement de la cour d'assises et le rejet de son pourvoi, ses nombreux amis avaient fait, d'accord avec madame de Lavalette, de pressantes démarches pour obtenir sa grâce, ou du moins une commutation de peine. Le roi et les ministres étaient disposés à l'accorder; mais le roi craignait le mécontentement de sa famille, et surtout la colère de la majorité. Les ministres imaginèrent alors de faire intervenir madame la duchesse d'Angoulême, et le roi y consentit très-volontiers. En conséquence, le duc de Richelieu se rendit chez madame la duchesse d'Angoulême, et la conjura, au nom de l'humanité, au nom de son propre intérêt, d'appuyer la supplique que madame de Lavalette devait présenter au roi; il ne lui laissa pas ignorer que le roi approuvait cette démarche, et qu'un mot de sa nièce suffirait pour le déterminer; mais il ajouta que, si ce mot n'était pas dit, rien ne pouvait sauver M. de Lavalette. A ces paroles, madame la duchesse d'Angoulême se sentit émue, et promit de faire ce que M. de Richelieu désirait, mais sous la réserve expresse de consulter ses amis; elle les consulta, le soir même, et, plus impitoyable qu'elle, la coterie dont elle était entourée décida que la tête de M. de Lavalette devait tomber sur l'échafaud[1].

C'est alors que le duc de Raguse, avec une noble résolution, prit à son bras madame de Lavalette, infirme et souffrante, la fit entrer aux Tuileries, en forçant la consigne, et la plaça dans la salle des gardes, sur le passage de Louis XVIII, qui, en sortant de la messe, reçut poliment son placet sans lui donner aucun espoir. Repoussée par Louis XVIII, madame de Lavalette espéra que la duchesse d'Angoulême lui serait plus miséricordieuse, et se traîna vers elle en suppliante; mais, docile aux tristes conseils de ses amis, la fille de Louis XVI détourna la tête et passa. « Un symptôme de l'esprit passionné du temps, dit le duc de Raguse, c'est qu'après cette scène douloureuse les gardes du corps s'abandonnèrent à l'inconvenance de proférer des cris de *Vive le roi!* qui avaient quelque chose de féroce et sentaient le cannibale. »

Le lendemain, au moment même où l'échafaud se dressait, M. de Lavalette parvint à s'évader de sa prison, sous les habits de sa femme, et quelques jours après, avec l'assistance intel-

---

[1] Documents inédits. — *Mémoires du duc de Raguse.*

ligente et courageuse de trois Anglais, M. Bruce, M. Hutchinson, et sir Robert Wilson, il avait passé la frontière.

Un tel événement n'avait certes rien d'inquiétant pour la sûreté de l'État, et les royalistes les plus purs pouvaient sans scrupule applaudir au dévouement de madame de Lavalette, et se réjouir de voir un homme honorable échapper à l'échafaud ; rien pourtant ne peut donner une idée de la consternation dont la plupart d'entre eux, les femmes surtout, furent saisis, à la nouvelle de cette évasion, ni des fureurs auxquelles ils s'abandonnèrent. Et ce n'était pas seulement au fugitif que s'en prenait leur colère, c'était à sa femme, qu'ils voulaient faire juger comme coupable de haute trahison, à sa fille, qu'ils traitaient de *petite scélérate* [1], au duc de Raguse, dont la tentative honorablement infructueuse effaçait à leurs yeux tous les services. « Les petites femmes de la cour, dit celui-ci, ne parlaient de rien moins que de me fusiller. » Mais, si Louis XVIII n'avait pas été assez généreux pour braver, en faisant grâce, les reproches de sa famille, il n'était pas assez dur pour s'affliger ou pour s'indigner d'un acte qui lui épargnait à la fois les embarras de la clémence et l'odieux de la sévérité. Néanmoins les clameurs de la cour et de la majorité royaliste ne laissaient pas de le troubler : « Vous verrez, dit-il à M. Decazes, quand celui-ci vint lui annoncer l'événement ; vous verrez *qu'ils diront que c'est nous.* » Ils le dirent, en effet, et, à la Chambre des députés, M. Humbert de Sesmaisons, appuyé par MM. Feuillant, de Saint-Romain et de Bouville, vint, avec toute l'apparence d'une profonde douleur, demander une enquête, afin de savoir si le garde des sceaux et le ministre de la police n'avaient pas concouru à empêcher le coupable du 20 mars de recevoir le juste prix de ses attentats. « Les gens du métier, dit froidement M. de Bouville, assurent qu'en vingt jours tout devait être terminé ; et pourtant l'affaire a

---

[1] *Mémoires de M. Guizot.*

duré du 20 novembre au 21 décembre, c'est-à-dire onze jours de plus. » Et il fallut que M. Bellart, tout en avouant qu'un malheur était arrivé, prouvât que la loi avait été rigoureusement observée, que les délais avaient été ce qu'ils devaient être, et que la guillotine n'avait pas eu le droit de se dresser plus tôt !

Qu'auraient dit M. de Bouville, M. de Sesmaisons et leurs amis, s'ils avaient su qu'au moment où ils discutaient M. de Lavalette était caché dans l'hôtel même qu'habitait le duc de Richelieu, chez un employé supérieur de ce ministre, M. Bresson ? Jamais ils n'eussent voulu croire que l'amour seul de l'humanité et le désir de sauver un malheureux pussent déterminer M. Bresson à tromper son ministre et à compromettre son existence et celle de sa famille. Il en était pourtant ainsi, et, au milieu des lâchetés de ce temps, c'est un des traits qui soulagent et qui consolent.

La demande d'une enquête, combattue par les ministres et par M. Bourdeau, comme inconstitutionnelle, illégale, attentatoire à l'autorité royale, fut soutenue par M. de Kergorlay et par plusieurs autres députés, au nom des droits de la Chambre ; et, cette fois encore, le parti ultra-royaliste fut entraîné par la passion à défendre, contre le parti constitutionnel, les vrais principes du gouvernement parlementaire. La proposition fut donc prise en considération, et renvoyée à une commission, qui décida qu'une adresse serait présentée au roi pour lui dire « que le garde des sceaux et le ministre de la police avaient perdu la confiance de la nation. » Mais Louis XVIII, averti de cette décision, fit savoir à la commission quelle serait sa réponse : « Si l'adresse, dit-il, déclare que mes ministres ont perdu la confiance de la nation, je répondrai : *Eh bien ! je la consulterai.* » La réponse ainsi annoncée était constitutionnelle et péremptoire ; la commission s'en contenta et ne déposa pas son rapport [1].

[1] Documents inédits.

Ces émotions n'étaient point calmées quand, le 27 décembre, le rapporteur de la commission, M. Corbière, monta à la tribune. M. Corbière, avocat à Rennes, était un esprit mesuré, cultivé, qui ne s'associait point à tous les emportements de son parti, mais qui, généralement, partageait ses opinions. Au réquisitoire fougueux de M. de la Bourdonnaie, il fit donc succéder un rapport habile et calme, qui cachait des dispositions violentes sous les apparences de la modération. Dans ce rapport, il établissait d'abord que les déclarations de Cambrai et de Câteau-Cambrésis, ainsi que l'ordonnance du 24 juillet, laissaient la Chambre parfaitement libre, pour les actes antérieurs au 25 mars ou postérieurs au 28 juin ; puis il rappelait que Henri IV avait toujours allié à la bonté qui gagne les cœurs la fermeté qui sait punir, et que l'amnistie de 1594 avait été précédée par des billets d'exil et par des arrêts de condamnation. Cela dit, il examinait à deux points de vue l'ordonnance du 24 juillet. D'abord, la Chambre pouvait-elle, en connaissance de cause, prononcer l'exil des trente-huit personnes comprises dans la deuxième liste, et en avait-elle le droit ? La commission pensait que non, par cette raison décisive, qu'une Assemblée législative n'est point un tribunal ; mais, par une contradiction singulière, le rapporteur concluait de là, au nom de la commission, non au rejet de l'article, mais à l'autorisation accordée au roi de faire ce que la Chambre ne faisait pas elle-même. C'était exactement la même chose sous une autre forme, et les trente-huit proscrits n'y gagnaient rien.

Venait ensuite la question fondamentale du projet, celle de savoir si les deux listes du 24 juillet étaient complètes : la commission déclarait positivement qu'elles ne l'étaient pas, et que, si l'on était étonné d'y voir certains noms, on l'était bien davantage encore de n'y pas voir certains autres noms bien plus notoires ; elle proposait donc d'exclure de l'amnistie plusieurs catégories de coupables, en attribuant au roi le droit de les poursuivre ou de ne les pas poursuivre, selon les conseils de sa sagesse souveraine. Or ces catégories se composaient : 1° de ceux qui avaient été complices du retour de l'usurpateur en France, en correspondant avec lui ou avec ses agents, à l'île d'Elbe, pour lui en faciliter les moyens ; 2° des individus qui, avant le 23 mars, avaient accepté de l'usurpateur les fonctions de ministres ou de conseillers d'État ; 3° des préfets, nommés par le roi, qui avaient reconnu l'usurpateur avant le 20 mars ; 4° des maréchaux et généraux commandant une division ou sous-division militaire, qui s'étaient déclarés pour l'usurpateur avant son entrée à Paris ; 5° des généraux en chef qui avaient dirigé leurs forces contre les armées royales. A ces propositions déjà si graves, la commission en ajoutait une plus grave encore, celle de faire payer aux accusés, s'ils étaient reconnus coupables, l'indemnité du préjudice causé à l'État par les Cent-Jours ; elle proposait enfin d'exclure du territoire français les régicides qui avaient voté pour l'Acte additionnel ou accepté des fonctions ou emplois de l'usurpateur, en les privant de la faculté de jouir en France d'aucun droit civil et d'y posséder aucun bien.

Aucun artifice de langage ne pouvait dissimuler la portée d'un tel projet, et dès qu'il fut connu, toutes les opinions furent en proie à l'anxiété la plus vive. Chacun sentait en effet qu'une grande question était à la veille de se décider. Il ne s'agissait pas seulement du sort de quelques hommes, il s'agissait de savoir si le parti de Monsieur l'emporterait sur le parti du roi, si la portion modérée du ministère serait entraînée par la réaction, si la monarchie des Bourbons s'engagerait définitivement dans la voie des violences et des exécutions sanglantes. Sur cette question qui divisait la famille royale, les deux Chambres et les salons, il y avait, il faut le dire, unanimité parmi les étrangers de tout rang et de toute condition présents à Paris : sir Charles Stuart comme M. de Goltz, M. de Vincent comme M. Pozzo di Borgo, le général Woronzoff comme le duc de Wellington, déploraient la conduite de la majorité royaliste, et lord Castlereagh quittait Paris, bien convaincu que la monarchie des Bourbons était perdue, si rien ne l'arrêtait sur la pente où la poussait l'aveugle passion des royalistes. Aussi en Angleterre même le ton de la presse commençait à changer, et plus d'un journal demandait si les alliés prêteraient main-forte aux Bourbons pour verser des torrents de sang. Monsieur et ses amis se trouvaient donc avoir contre eux la force qui les avait ramenés en France et qui les y soutenait; mais la majorité de la Chambre et la portion de l'armée présente à Paris paraissaient leur être favorables, et ils voulaient profiter d'une occasion qui peut-être ne se retrouverait plus.

Telle était la situation des esprits quand, le 2 janvier, la discussion commença; elle dura jusqu'au 6; et, pendant ces quatre jours, une foule ardente et impatiente d'hommes et de femmes du grand monde encombra les tribunes de la Chambre. Parmi les nombreux orateurs qui prirent la parole en faveur de la commission, quelques-uns se montrèrent encore plus durs qu'elle; ainsi M. Dubotderu exprima tout simplement le regret que les Bourbons de France n'eussent pas pris exemple sur les Bourbons de Naples et d'Espagne, et M. de Salaberry demanda, comme d'autres le demandaient en 1793, « si l'on permettrait aux criminels de lèse-majesté, de lèse-nation, d'aller jouir insolemment, sur un sol étranger, de leurs richesses mises à couvert? » M. de Bouville, tout en reprochant aussi à la commission « d'avoir éprouvé en quelque sorte la contagion de cette mollesse dans les idées et dans les principes qui semblaient être l'apanage de l'époque, » parla avec plus d'habileté; à l'entendre, les amendements de la commission étaient un hommage platonique rendu aux principes de l'éternelle justice, une satisfaction sans conséquence au sentiment si généralement exprimé par la nation. On savait d'avance qu'aucune des personnes comprises dans les catégories ne serait poursuivie, que les indemnités ne produiraient rien, que les régicides eux-mêmes obtiendraient de la clémence royale le droit de rester en France; mais, du moins, la Chambre aurait fait justice de la confusion qu'on voulait établir entre les gouvernements de fait et les gouvernements de droit, flétri la trahison, témoigné son horreur pour le plus grand des forfaits. Sur un point, il faut le reconnaître, l'argumentation de M. de Bouville était victorieuse, et il prouvait fort bien que la Chambre n'avait pas le droit de se transformer en tribunal pour prononcer en masse, sans examen, sans discussion préalable, un jugement d'exil contre trente-huit individus qui lui étaient inconnus pour la plupart; mais il tomba dans la même contradiction que la commission, en admettant l'article par lequel la Chambre mettait ces trente-huit individus à la disposition du roi. Quant à ceux qui soutenaient qu'il ne s'agissait point de voter une loi, mais d'enregistrer un acte de pleine puissance, M. de Bouville avait peine à les comprendre, car de leurs paroles « il semblait résulter que la France dût se résigner à se voir conduite au gouvernement absolu, à l'aide de la Charte de liberté que le meilleur des rois lui avait donnée. » — « On nous entretient, s'écria-t-il enfin, de vagues théories et de froides considérations politiques. Quant à nous, nous parlons au nom de l'honneur... Nous parlons au nom de l'honneur, répéta-t-il malgré les vives réclamations que soulevaient ses paroles, et, en demandant la punition du crime et des criminels, nous sommes les organes des collèges électoraux et les vrais représentants de la France. »

L'idée que M. de Bouville indiquait ici légèrement fut reprise par l'auteur premier des catégories, par M. de la Bourdonnaie, qui en fit le sujet principal de son discours. Après avoir répété, presque dans les mêmes termes, les violentes accusations qu'il avait portées, en comité secret, contre les révolutionnaires de toute espèce, contre les conspirateurs du 20 mars, contre les régicides surtout, il s'attacha à répondre à ceux qui « voulaient étayer le projet de loi des sentiments personnels du roi, » et, à ce sujet il soutint que la volonté royale ne s'exprimait légalement qu'au moment où la sanction des deux Chambres avait donné le caractère de loi à leurs délibérations : « Combinaison admirable, « dit-il, sur laquelle est fondé tout le système du gouvernement « représentatif; combinaison qui permet, qui ordonne même « au sujet respectueux, au serviteur fidèle, devenu législateur, « de combattre les propositions du gouvernement, de les re- « jeter, d'accuser les ministres, d'être, en un mot, en opposi- « tion avec les sentiments personnels du monarque, pour le « maintien des prérogatives imprescriptibles du trône, pour « l'intérêt de la monarchie, pour éclairer la volonté royale « elle-même ; combinaison qu'avaient entrevue nos pères, et « qui constituait le droit des Parlements de refuser l'enregis- « trement et de faire de respectueuses remontrances. »

Et de développement en développement, M. de la Bourdonnaie arriva à demander si l'on voulait, « en dépouillant le « gouvernement représentatif de sa force réelle, réduire les « Chambres à un simulacre de représentation, et le roi à la « seule puissance de la force dénuée du prestige de l'opinion et « de la séduction de l'éloquence. »

Quelles que fussent les intentions de M. de la Bourdonnaie en prononçant ces paroles, et celles de la majorité royaliste en y applaudissant, ce n'en étaient pas moins des paroles excellentes et qui touchaient avec justesse à la question fondamentale du gouvernement représentatif. Comme, d'ailleurs, M. de la Bourdonnaie n'avait pas manqué d'y ajouter une attaque directe contre les ministres, qui, « sacrifiant à de vains scrupules le vœu du peuple, manifesté dans les colléges électoraux, semblaient avoir oublié que, pour rendre aux bons la sécurité, il faut sévir contre les méchants, » les ministres s'en émurent, et, après M. de Vaublanc, qui défendit chaudement le ministère et froidement le projet de loi, M. Decazes vint, à son tour, vers la fin de la discussion, exprimer les pensées et les vues du gouvernement :

« Messieurs, dit-il en commençant son discours, les minis-
« tres du roi aussi parlent au nom de l'honneur, car ils parlent
« au nom du roi ; ils parlent au nom de la nation, car ils par-
« lent au nom du roi ; ils parlent au nom de la raison et de
« la sagesse, car ils parlent au nom du roi. » Et à toutes les objections, M. Decazes opposa le même nom, la même autorité.

Certes, de telles paroles étaient peu constitutionnelles, et, s'il se fût agi seulement de fonder le gouvernement parlementaire, le parti modéré n'eût pu les laisser passer sans contradiction. Mais il est juste de reconnaître qu'il s'agissait, en ce moment, de tout autre chose : il s'agissait d'empêcher les vengeances qu'une faction inexorable voulait exercer sur tous ceux qui avaient participé aux Cent-Jours ; il s'agissait de sauver la société nouvelle, menacée dans ses principes, dans ses institutions, dans ses mœurs, et d'éviter ainsi une nouvelle lutte entre la révolution et la contre-révolution. Or, pour arriver à ce but, on n'avait malheureusement pas le choix des moyens. La majorité de la Chambre, chaque jour le prouvait davantage, appartenait au parti de la contre-révolution, et ce parti avait, dans le frère du roi, dans la duchesse d'Angoulême, dans les princes, des chefs ostensibles, et dans tout ce qui tenait à la cour, des adhérents chaleureux ; pour lui résister il restait le roi, modéré par nature, sage par calcul, mais amoureux de son repos, et que la lutte avec sa famille fatiguait. Or, en gouvernant conformément au vœu de la majorité de la Chambre, ainsi que c'était son devoir constitutionnel, le roi pouvait conquérir, d'un seul coup, la paix aux Tuileries, et la paix au palais Bourbon : deux sentiments luttaient surtout contre ce désir, la jalousie que lui inspirait le règne anticipé de son frère, et la crainte d'affaiblir la dignité royale en laissant la prérogative parlementaire se placer ostensiblement au-dessus de sa propre prérogative. C'est par ces deux sentiments que les ministres le retenaient, et dans la position critique où se trouvait la France, à une époque d'ailleurs où les droits respectifs du roi et du parlement n'étaient encore ni bien compris ni nettement définis, il était difficile qu'ils tinssent une autre conduite.

Quoi qu'il en soit, ce fut dans le débat sur l'amnistie qu'on vit, pour la première fois, le parti royaliste et le parti constitutionnel échanger, en quelque sorte, leurs principes et leurs armes. Si l'on veut bien comprendre cet échange, qui, on le verra plus tard, eut de graves conséquences, il ne faut pas oublier que la vieille noblesse de province, toujours plus indépendante que la noblesse de cour, tenait une place considérable dans le parti royaliste de la Chambre, tandis que plusieurs membres justement influents du parti constitutionnel, M. Pasquier et M. Siméon par exemple, avaient été appelés par l'empereur Napoléon à des fonctions importantes, et n'avaient pas eu, sous ce maître, beaucoup d'occasions d'étudier la théorie ni de se faire à la pratique du gouvernement représentatif. Pour prendre l'attitude que leur suggéraient les circonstances, ils n'avaient donc, ni les uns ni les autres, beaucoup d'efforts à faire.

Si, dans ce débat important, le parti modéré fléchit, quant à la rigueur des principes constitutionnels, il sut du moins défendre, avec courage et succès, les droits sacrés de la justice et de l'humanité. Ainsi M. Siméon, dans un excellent discours, établit que le droit d'amnistie découlait du droit de grâce, et que tous les raisonnements de la commission, pour prouver qu'il y avait une notable différence entre prononcer directement l'exil de trente-huit individus et déférer au roi la faculté de les exiler, étaient de pures subtilités; il démontra aussi que, si la Chambre acceptait les cinq catégories proposées, elle multiplierait, d'une manière affligeante, le nombre des poursuites ou des exceptions, et convertirait une mesure de clémence en une mesure de rigueur : « Nul, dit-il, n'a le droit de plaider, contre la miséricorde du roi, la cause des échafauds, et de revendiquer pour eux les victimes que sa bonté veut leur soustraire. » Enfin, il s'éleva, avec une noble indignation, contre l'abominable confiscation rétablie subrepticement par la commission sous le prétexte d'indemnité. M. Pasquier prit une à une les cinq catégories, et montra toutes les injustices, toutes les contradictions, toutes les impossibilités qu'elles renfermaient. Puis, faisant justice des arguties de M. de Bouville, il demanda si personne pouvait supposer que les auteurs des catégories les eussent inventées pour les laisser dormir ; si, au contraire, il n'était pas évident qu'ils en solliciteraient vivement l'exécution, et qu'ils placeraient ainsi le roi dans la plus fâcheuse alternative, celle de rétracter le pardon accordé par lui, ou de résister au vœu des Chambres. M. de Serre s'attacha surtout à prouver que l'ordonnance du 14 juillet avait entendu limiter le nombre des coupables, et rendre la sécurité au reste de la France, et que, dès lors, l'article IV de cette ordonnance ne pouvait pas contenir une réserve destructive de cette limitation et de cette sécurité. D'autres orateurs, M. de Germiny, au nom de la minorité de la commission, M. Colomb, M. Ganilh, M. Becquey, ancien correspondant de Louis XVIII sous le Directoire, parlèrent dans le même sens, montrant ainsi à ceux qui craignaient ou détestaient l'esprit de réaction que cet esprit, si puissant qu'il fût dans la Chambre, y rencontrerait une énergique résistance.

Mais le discours capital de la discussion fut celui de M. Royer-Collard : « Toutes les nations civilisées, dit-il en commençant, ont consacré cette maxime, que les lois se font pour l'avenir, non pour le passé. C'est pourquoi on écrit partout les lois et on les publie. A ce moment seulement, elles s'emparent des actions des hommes, et les innombrables événements des sociétés modernes s'écoulent devant elles définis, caractérisés, soumis à des règles qui seules leur sont applicables. S'il est de ces événements que le législateur n'ait pas prévus, les omissions sont irréparables. »

De ces prémisses, M. Royer-Collard déduisait cette conséquence, que la proposition ministérielle n'était point une loi véritable, mais une mesure de gouvernement soumise à la ratification de la Chambre, et que la commission, en voulant embrasser le passé pour le soumettre à des définitions, à des procédures, à des peines nouvelles, avait complétement méconnu sa mission. L'unique question était donc celle de savoir si la Chambre ratifierait ou déchirerait l'amnistie accordée par le roi, si, quand il avait, dans l'exercice de sa pleine puissance, limité à cinquante-sept le nombre des coupables, elle franchirait cette limite pour atteindre des classes entières : « Pour moi, dit M. Royer-Collard, je pense que, le jour même où l'amnistie a été proposée, et proposée par le roi, elle a été acquise aux coupables comme pardon, à la France comme le signal du repos qui lui était rendu. Mais, s'il est vrai que l'amnistie existe dans sa plénitude, une seule exception la viole manifestement et fait rétrograder la clémence du prince. Que d'autres, plus hardis, l'entreprennent ; pour moi, je le déclare, je ne me placerai point entre le roi et les coupables ; je n'intercepterai point le pardon royal ; je ne lui ferai point rebrousser chemin vers le trône dont il est descendu. »

Néanmoins M. Royer-Collard reconnaissait qu'entre les deux mesures contenues dans l'ordonnance du 24 juillet il y avait une notable différence. La première, qui était l'amnistie, n'était point proprement soumise à la Chambre ; la seconde, qui interdisait la France à trente-huit individus, sans jugement préalable, avait besoin, sans nul doute, du concours de la Chambre ; mais les scrupules de la commission sur cette mesure n'aboutissaient qu'à une ingénieuse fiction. En autorisant le roi à bannir ces trente-huit individus, la Chambre ne les jugeait ni plus ni moins que si elle les bannissait elle-même ; seulement elle agissait avec moins de courage et de franchise.

En ce qui concernait l'amendement de la commission, M. Royer-Collard disait vrai ; mais il eût été digne de lui de faire un pas de plus et de proposer le rejet d'un article que rien ne justifiait. En contestant cet article, M. Royer-Collard et ses amis craignaient sans doute d'ouvrir la porte aux catégories, et, comme on y est trop souvent conduit dans la vie politique, ils acceptaient un moindre mal par peur d'un mal pire.

La question principale ainsi vidée, il restait une question accessoire, celle de la prétendue indemnité de guerre à laquelle, avec grande raison, M. Royer-Collard attachait plus d'importance encore qu'à tout le reste.

« Le préjudice causé à l'État par la conspiration du 20 mars est, dit-il, tellement supérieur à toutes les fortunes particulières, qu'on voit d'abord que l'indemnité de ce préjudice ne diffère point de la confiscation des biens. C'est donc de la confiscation qu'il s'agit. Si l'on vous proposait, messieurs, de rétablir à l'avenir, pour les crimes d'État, la peine de la confiscation abolie par la Charte, la Chambre, je n'en doute point, entendrait cette proposition avec effroi. Les confiscations, nous ne l'avons pas oublié, sont l'âme et le nerf des révolutions ; après avoir confisqué, parce qu'on avait condamné, on condamne pour confisquer : la férocité se rassasie, la cupidité jamais. Les confiscations sont si odieuses, messieurs, que notre révolution en a rougi, elle qui n'a rougi de rien ; elle a lâché sa proie ; elle a rendu les biens des condamnés.

« Eh bien ! messieurs, que doit-on penser et que faut-il dire quand la confiscation est proposée, non pour l'avenir, mais pour le passé, contre la Charte qui abolit cette peine et qui défend de la rétablir ? Et quelle sera cette confiscation rétroactive ? Une loi d'amnistie ! Et dans quelle circonstance sera-t-elle publiée ? Après que plusieurs des grands coupables ont subi la peine capitale ! Sont-ils à l'abri de la confiscation ? la justice ne permet pas que d'autres en soient frappés. La confiscation doit-elle les atteindre ? qu'on les fasse donc sortir de leur tombeau, et qu'on les ramène devant leurs juges, afin qu'ils entendent de leur bouche cette condamnation qui ne leur a pas été prononcée ! »

La logique et l'éloquence réunies ont rarement créé rien d'aussi saisissant.

Cependant tous les arguments de part et d'autre étaient épuisés, et il ne restait plus qu'à savoir de quel côté se porterait une majorité devenue incertaine ; l'influence du gouvernement en avait détaché, en effet, quelques membres personnellement attachés au roi, et qui craignaient de se mettre en opposition avec lui, entre autres un des secrétaires, M. de la Maisonfort, dont le discours contre les catégories avait fort mécontenté ses amis. M. Corbière, dans son résumé, maintint tous les amendements de la commission, et insista surtout sur le but moral qu'elle s'était proposé ; elle avait voulu, non pas comme on l'en accusait, dresser des échafauds, mais rappeler des principes trop longtemps méconnus. Après le résumé de M. Corbière, les cris : *Aux voix !* retentirent, et la Chambre allait passer au vote quand le duc de Richelieu, visiblement ému, demanda que la séance fût suspendue, afin qu'il pût prendre les ordres du roi. Une heure et demie après, la séance était reprise, et le duc de Richelieu, revenant des Tuileries, annonçait que le roi consentait à rester seul maître du sort des trente-huit individus portés sur la deuxième liste du 24 juillet, mais qu'il se refusait absolument à tous les autres amendements. « Quand, d'un accord presque unanime, dit le duc de Richelieu, on a reconnu que le droit d'amnistie est un des attributs du pouvoir royal, il est impossible de faire abstraction des intentions personnelles du monarque. Or le roi, après avoir promulgué un traité de paix intérieure, ne veut pas qu'on l'annule par une multitude d'exceptions. Quant aux indemnités, ce sont, sous un autre nom, les confiscations. Depuis Tibère jusqu'à Bonaparte, les confiscations ont toujours passé sous le nom d'indemnités, et c'est être bien peu royaliste que de vouloir ôter aux Bourbons la gloire de les avoir abolies. » Venant enfin aux régicides, le duc de Richelieu répéta que le pardon de deux rois les couvrait, et qu'il fallait se prosterner devant une clémence au-dessus de toutes les considérations humaines.

Comme on devait s'y attendre, le résumé du président fut favorable au projet du gouvernement, et les premiers articles, qui étaient communs aux deux projets, passèrent sans difficulté. M. de Villèle eut pourtant l'honneur de faire ressortir ce qu'il y avait de vague dans l'article qui exceptait de l'amnistie les personnes contre lesquelles des poursuites avaient ou auraient été dirigées avant la promulgation de la loi, tandis qu'au contraire M. de Trinquelague, dans le triste désir de soustraire à la justice les égorgeurs du Midi, combattit l'article qui exceptait les crimes ou délits commis contre les particuliers [1]. Mais l'intérêt était ailleurs, et se portait uniquement sur l'article des catégories. Ce fut donc au milieu d'une anxiété visible et universelle que M. Duvergier de Hauranne, membre de la minorité de la commission, proposa la question préalable sur cet article. Le résultat de l'épreuve par assis et levé étant douteux, il fallut procéder au scrutin secret qui, sur trois cent soixante-neuf votants, donna cent quatre-vingt-quatre boules blanches et cent soixante-quinze boules noires. Les catégories de M. de la Bourdonnaie et de la commission étaient rejetées à une majorité de neuf voix.

Dès que cet important résultat fut proclamé, une longue agitation s'empara de l'Assemblée, dont une portion exprima

[1] On peut mettre à côté de cette proposition de M. de Trinquelague une proclamation, en date du 20 janvier, de M. le marquis d'Arbaud-Jouques, récemment nommé préfet du Gard, dans laquelle il félicitait les Nimois « d'avoir effacé *quelques erreurs* où des agitateurs perfides, abusant de leur royalisme, les avaient entraînés. » Si l'on en croit les *Mémoires de Miot*, le même M. d'Arbaud-Jouques, préfet destitué de la Charente-Inférieure, au moment du retour de Napoléon, se plaignait vivement de sa destitution et protestait avec la plus grande chaleur de son zèle pour le service de l'Empereur.

sa joie par des cris répétés de : *Vive le roi !* pendant que l'autre restait muette et consternée. Mais, pour que la victoire des uns et la défaite des autres fût complète, il fallait que l'article des indemnités fût rejeté comme celui des catégories. La question préalable, également demandée sur cet article, fut combattue par M. Clausel de Coussergues, qui établit en principe la parfaite légitimité des confiscations, et qui rappela, comme Napoléon l'avait fait quelques mois auparavant, que les peuples anciens et modernes, pour alléger leurs charges, avaient toujours adopté ce mode de réparation. Et comme M. Bellart s'écriait que personne n'avait le droit de parler pour la confiscation abolie par la Charte, M. Clausel de Coussergues répondit que la confiscation n'avait pas été primitivement abolie par le roi, mais par le sénat. Sans doute l'argument parut fort à quelques personnes, car la question préalable fut rejetée à une forte majorité.

La situation était critique, et le succès paraissait compromis, quand M. de Serre parut à la tribune, avec tous les signes d'une profonde douleur; d'une voix qui manifestait les émotions de son âme, il supplia la Chambre de ne pas se laisser entraîner, par un artifice digne tout au plus du théâtre, à un acte coupable et révolutionnaire. Les révolutionnaires, disait-on, en avaient fait ainsi et en feraient encore ainsi, s'ils ressaisissaient le pouvoir. « C'est précisément à cause de cela, dit admirablement M. de Serre, que vous ne devez pas imiter leur odieux exemple.... Messieurs, notre Trésor peut être pauvre ; mais qu'il soit pur ! C'est en entretenant au sein de la nation les sentiments nobles et généreux que vous l'enrichirez d'une manière digne de vous : méprisez de misérables dépouilles ; conservez à nos lois fondamentales le caractère de noblesse et de pureté dont elles sont revêtues, et laissez aux Bourbons la gloire d'une grande pensée morale et politique qui leur assure la reconnaissance de la nation et la vénération de la postérité ! »

A ces nobles paroles, un vif mouvement d'adhésion éclata

dans l'Assemblée. Néanmoins un député qui, à d'autres époques, a fait preuve de sentiments plus généreux, M. Hyde de Neuville plaida chaleureusement pour la prétendue indemnité, et ni une vive allocution de M. Bellart ni une vague supplication de M. de Vaublanc ne paraissaient avoir convaincu la Chambre, quand un député de la majorité royaliste, M. Benoist, vint présenter la question sous un nouveau jour. Selon lui la commission n'avait pas voulu rétablir la confiscation ; elle avait voulu appliquer aux dommages subis par l'État un principe de droit commun. En conséquence, c'était aux tribunaux, non à la Chambre, à juger des répétitions que le Trésor pouvait élever contre les condamnés. L'article était donc mal placé dans la loi.

Pour plusieurs députés de la majorité, qui se sentaient mal engagés, l'échappatoire ainsi indiquée était une bonne fortune ; ils la saisirent avec enthousiasme, et l'article des indemnités fut rejeté à une forte majorité.

Restait la question des régicides qui avaient accepté des places dans les Cent-Jours ou signé l'Acte additionnel. Voir dans ce fait insignifiant une récidive et les condamner comme relaps était absurde, et l'acte que la commission proposait violait bien évidemment la promesse royale et la Charte ; mais le sentiment de la Chambre était très-vif contre les régicides, et M. de Béthizy y fit habilement un appel chaleureux, en développant cette pensée que la Chambre, plus sévère que le roi, devait lui laisser le besoin de pardonner et se charger du poids de la justice.

« Et si l'inflexible honneur, ajouta-t-il, nous force à dépasser ses volontés ; si, mécontent de voir ses fidèles serviteurs contrarier sa royale et pieuse clémence, il détourne un moment de nous le regard de bonté, notre plus belle récompense, nous dirons, comme les habitants de l'Ouest, comme les nobles soldats du trône et de l'autel, dont rien ne peut altérer l'amour pour les Bourbons : *Vive le roi quand même !* »

Ces dernières paroles de M. de Béthizy, qui, à partir de ce jour, devinrent la devise du parti ultra-royaliste et un des griefs les plus amers du roi Louis XVIII contre ce parti, n'avaient certes rien de concluant ; mais, dans la disposition où se trouvait la Chambre, elles devaient produire une grande impression. L'impression fut si forte et si générale, en effet, que, malgré la déclaration toute récente du duc de Richelieu, trois membres seulement se levèrent contre l'article proposé ; l'ensemble de la loi fut ensuite adopté par trois cent trente-quatre voix contre vingt-deux, aux cris de *Vive le roi!*

Comme il arrive souvent, quand la majorité est considérable et le succès partagé, chaque parti se dit et peut-être se crut victorieux. Excepté l'exil des régicides, le parti ultra-royaliste n'avait pourtant rien gagné ; mais ce vote était grave et devait mettre le roi et les ministres dans un grand embarras. Quand le roi avait déclaré, à plusieurs reprises, et au moment même du vote, que l'exil des régicides était une violation formelle de la Charte et de sa promesse, pouvait-il, sans s'abaisser, y consentir soudainement? D'un autre côté, si, à un vote unanime de la Chambre, il opposait le *veto* royal, nul doute que la Chambre, sous une forme ou sous l'autre, ne renouvelât ce vote, et qu'il ne se vît contraint, soit à une soumission devenue plus humiliante, soit à une dissolution qu'il regardait alors comme inopportune et dangereuse. L'embarras des ministres était moindre, et ils pouvaient toujours en sortir en donnant leur démission. Le duc de Richelieu, qui tenait peu au pouvoir, eût été fort disposé à le faire ; mais il se demandait, dans son honnêteté, si, pour sauver quelques hommes peu intéressants par eux-mêmes, il lui était permis de remettre en question l'amnistie tout entière, et de livrer le pouvoir au parti violent et haineux qui venait de manifester de si déplorables intentions? De ces considérations diverses résulta la résolution d'accepter la loi d'amnistie, telle que la Chambre des députés l'avait votée. Le 9 janvier, le duc de Richelieu, en présentant cette loi à la Chambre des pairs, annonça donc que le roi, malgré sa répugnance à séparer la cause des régicides de celle d'autres Français, coupables et égarés, cédait au vœu énergique de la Chambre des députés, et retirait la main qu'il avait étendue sur les coupables. Aussitôt après cette déclaration, la Chambre, sur la proposition de M. de Lally-Tolendal, passa subitement au vote, et adopta la loi à la majorité de cent vingt voix contre vingt et une.

Cette minorité de vingt et une voix exprimait sans doute des opinions diverses, celle des pairs qui trouvaient la loi trop rigoureuse, et celle des pairs qui la jugeaient trop indulgente. Un des premiers, le duc de Broglie, avait préparé un discours pour combattre le projet de loi. Dans ce discours qu'il fit imprimer, le duc de Broglie, avec une logique ferme et sûre, embrassait dans la même condamnation l'ordonnance du 24 juillet, le projet du gouvernement et le projet de la commission. Tous les trois, en effet, étaient empreints du même vice, puisque dans tous les trois il s'agissait d'infliger rétroactivement une peine en se dispensant de la nécessité d'un jugement. « Or, disait M. de Broglie, les hautes conceptions de salut public m'effrayent; » et il concluait à une véritable amnistie, à une amnistie qui couvrît tous les crimes ou délits politiques commis du 1er mars au 8 juillet, à l'exception de ceux qui se rattacheraient à un complot antérieur au débarquement de Napoléon.

Malheureusement, dans l'effervescence des passions de cette époque, un avis aussi modéré n'avait aucune chance de prévaloir; et la loi d'amnistie, malgré l'iniquité de plusieurs de ses dispositions, fut considérée par le pays comme un bienfait. En vertu de cette loi, des hommes à qui l'on ne pouvait reprocher, comme le disait fort bien M. de Broglie, que des paroles indiscrètes, que des plaisanteries imprudentes, et quelques vieillards qui devaient se croire garantis par l'article XI de la Charte, furent forcés de quitter le sol de la patrie, pour aller errer tristement à l'étranger, et le général Chartran, le général Mouton-Duvernet, d'autres encore, subirent le sort de Labédoyère et de Ney. Obtint-on du moins, par tous ces sacrifices, l'apaisement auquel on aspirait? Pour être convaincu du contraire, il suffit de lire le débat qui eut lieu, dans la séance du 6 février, à propos d'une dénonciation furibonde, sanguinaire, des royalistes de Marseille, contre le maréchal Masséna, « ce traître, qui, disaient-ils, avait enchaîné leur courage, le 3 mars 1815, ce scélérat, dont le sang n'expierait pas suffisamment les forfaits. » Malgré M. Colomb et M. de Serre, qui, au nom de l'amnistie, demandaient l'ordre du jour sur la pétition, elle fut renvoyée au ministre de la guerre à une majorité considérable.

Mais un fait bien plus grave vint montrer jusqu'où le regret de voir échapper quelques victimes pouvait pousser certains royalistes. La Chambre avait laissé passer, sans y prêter beaucoup d'attention, l'article qui exceptait de l'amnistie ceux contre qui des poursuites auraient été dirigées avant la promulgation de la loi, et, pour les partisans de l'amnistie comme pour la plupart des ministres, cet article devait rester une lettre morte ; mais, en y regardant de près, le parti des vindicatifs vit tout de suite que cette seule exception pouvait lui rendre presque toutes les victimes que le rejet des catégories lui avait enlevées. En conséquence, dans l'intervalle qui sépara le vote de la promulgation de la loi, le duc de Feltre, ministre de la guerre, ne craignit pas d'expédier, par le télégraphe, l'ordre d'entamer des poursuites contre plusieurs individus, spécialement désignés, en recommandant que l'on fît, si cela était possible, entendre au moins un témoin[1].

---

[1] Un des plus ardents députés de la Chambre de 1815, M. Clausel de Coussergues, ne craint pas, dans son projet d'acte d'accusation contre M. Decazes (1820), de reprocher à ce ministre, presque comme un acte de trahison, une circulaire adressée par lui aux préfets, le jour même de la promulgation de la

C'est ainsi que fut arrêté un des meilleurs généraux de l'Empire, le général Travot, qui, après le second retour du roi, avait reçu du prédécesseur du duc de Feltre une lettre pleine d'éloges sur sa conduite dans la Vendée; qui n'était pas inscrit sur la liste du 24 juillet, et qui vivait paisible et honoré dans sa modeste maison. On n'eut pas même le temps de trouver le témoin désiré; mais on s'en passa, et Travot n'en comparut pas moins devant un conseil de guerre, qui, presque sans vouloir entendre ses défenseurs, le condamna à mort. Et ce qui rendit la procédure plus monstrueuse, c'est que le président de ce conseil n'était autre que le général Canuel, qui, après avoir, en 1794, fait la guerre aux Vendéens, sous le chef montagnard Rossignol, avait en 1815 combattu à la tête des Vendéens contre le général Travot, et à qui la mission de juger son ancien adversaire avait paru naturelle et presque glorieuse! Le conseil voulut d'ailleurs renouveler, à Rennes, le scandale de Bordeaux, où, comme on le sait, les frères Faucher n'avaient pu trouver un défenseur; mais les avocats de Rennes étaient d'un autre caractère, et ni l'exil dont un de ces avocats fut frappé par le gouverneur militaire du département, ni les menaces que le général Canuel adressa à trois d'entre eux, n'empêchèrent seize jurisconsultes, parmi lesquels quatre professeurs de la Faculté de droit, de signer une consultation chaleureuse en faveur de l'accusé. Et comme dans

loi d'amnistie, le 12 janvier, dans laquelle il leur rappelait « qu'ils pouvaient continuer ou prescrire, *avant la promulgation de la loi,* toutes les poursuites pour délits politiques qui pourraient être réclamées par la gravité des accusations. » Mais M. Clausel de Coussergues se garde bien de parler de la dépêche télégraphique du duc de Feltre. Or la circulaire de M. Decazes, accordée aux obsessions de certains députés, était tardive, et n'a produit aucun effet, tandis que la dépêche télégraphique du duc de Feltre a atteint au moins un illustre accusé, le général Travot. Au surplus les efforts du parti ultra-royaliste, quatre années après la réaction de 1815, pour intervertir les rôles, et pour rejeter sur les ministres la responsabilité de ses propres torts, prouvent qu'il avait fini par les sentir, et qu'il désirait s'en laver aux yeux de la France.

cette consultation il était fait allusion à l'extrême modération dont le général Travot avait fait preuve pendant la dernière guerre civile : « La modération, dit le rapporteur, ne fut pas une des armes les moins redoutables entre ses mains ; la clémence même fut pour lui un moyen de succès. »

Malgré cette circonstance aggravante, la peine du général Travot fut commuée par le roi en celle de vingt années de prison; mais d'autres n'obtinrent pas même cet adoucissement, et, le dernier jour de la session, comme, à propos d'une pétition présentée par un avocat de Draguignan, M. Colomb s'élevait, avec une honnête indignation, contre l'emploi abusif que le duc de Feltre avait fait du télégraphe, il fut interrompu par les plus violentes clameurs. « Notre collègue, s'écria M. Pardessus, avait une *diatribe* à réciter; il a été bien aise d'en trouver l'occasion; » et la Chambre interdit la parole à M. Colomb. Ce fut donc avec la pleine autorisation de la Chambre de 1815 que des poursuites frauduleusement entamées vinrent, pendant près de deux années encore, grossir le nombre des proscrits et altérer, comme le dit M. Guizot dans ses *Mémoires*, l'efficacité et presque l'honneur de l'amnistie.

Certes, il se trouvait dans la majorité royaliste des hommes qui n'approuvaient point ces excès; mais, quand ils les blâmaient, c'était à demi-voix et sans que la France pût les entendre. Ce n'est donc point injustement que cette majorité a porté devant les contemporains et porte devant la postérité le poids des actes et des paroles auxquels elle s'est associée, au moins par son silence. Pour notre part, nous comprenons mal de quel droit, à quel titre, on pourrait condamner les proscripteurs de 1793 si l'on absolvait les proscripteurs de 1815. La Terreur de 1793 a sans doute été bien plus longue, bien plus générale, bien plus meurtrière que celle de 1815; mais il faut reconnaître, d'un autre côté, que les circonstances étaient bien plus graves, le danger public bien plus pressant, la fermentation des esprits bien plus forte. Sachons donc, une fois pour toutes reconnaître le mal partout où il se trouve, et ne pas approuver ou excuser chez les uns ce que nous flétrissons chez les autres; ou, si nous croyons que, dans les temps de crise, la nature humaine est trop faible pour résister à certains entrainements, étendons à tous notre indulgence et ne distinguons point entre des hommes et des actes qui sont également coupables ou également innocents.

Ce n'était point d'ailleurs aux personnes seulement que s'en prenait la majorité de 1815, c'était aussi aux choses, et elle ne faisait pas plus grâce aux institutions nées de la Révolution qu'aux hommes qui l'avaient servie. Ainsi qu'on l'a vu, la résistance du roi à ses projets et la position où cette résistance la plaçait avaient fini par la réconcilier avec les institutions parlementaires. M. de Villèle qui, en 1814, avait protesté contre la Charte, s'y déclarait converti, et M. de Vitrolles écrivait une brochure remarquable[1], dans laquelle les fonctions respectives du roi, du parlement, du ministère étaient définies presque comme le parti libéral les définissait en 1830. Mais où ce changement s'était surtout fait apercevoir, c'est quand, au milieu de quelques modifications insignifiantes du règlement, M. Maine de Biran avait proposé, comme M. de Beaumets le proposait en 1814, d'une part, que le développement des propositions, quelles qu'elles fussent, eût lieu en comité secret, et, de l'autre, que la commission des pétitions restât

---

[1] *Du ministère dans le gouvernement représentatif.* — M. de Vitrolles, à l'occasion de cette brochure, reçut une lettre de M. le comte d'Hauterive, qui lui reprochait fort amèrement d'avoir déserté les principes français et fondamentaux de la monarchie. « Le roi, disait M. d'Hauterive, doit gouverner *seul*, choisir *seul* ses ministres, être *seul* législateur. » (*Vie et travaux politiques du comte d'Hauterive.*) Que l'ancien serviteur de l'Empire se montrât moins libéral que le royaliste, il n'y a rien là d'étonnant; ce qui doit surprendre, c'est qu'il se montrât aussi moins indulgent pour les hommes des Cent-Jours. Et pourtant cela résulte très-clairement d'une lettre écrite quelque temps auparavant par le même M. d'Hauterive au même M. de Vitrolles, à l'occasion de l'évasion de M. de Lavalette.

maîtresse de rendre compte en comité secret ou même de ne pas rendre compte des pétitions qui lui paraîtraient dangereuses ou frivoles. A cela M. de la Bourdonnaie, rapporteur, avait répondu fièrement que la publicité était l'âme des gouvernements libres, et que le droit de pétition était un droit trop sacré pour qu'on pût le mettre à la discrétion d'une commission de neuf membres. La Chambre, tout en accordant que le développement et la discussion des propositions de lois ou d'adresses devaient avoir lieu en comité secret, avait donc décidé, conformément aux conclusions de M. de la Bourdonnaie, que le développement et la discussion de toute autre proposition auraient lieu en séance publique, et elle avait maintenu, pour la commission des pétitions, l'obligation de faire un rapport, chaque semaine, en séance publique également.

Sur un seul point du nouveau régime politique, sur la centralisation, la majorité de 1815 se montrait intraitable, et ce n'était pas sans raison. Lors donc que M. Barthe-Labastide proposait d'étendre notablement les attributions des conseils généraux, et lorsque, dans deux excellents discours[1], M. de Villèle examinait la série des lois qui, depuis l'an X, avaient successivement dépouillé les départements et les communes de toute intervention réelle dans la gestion de leurs propres affaires, et affirmait « qu'on avait ainsi détruit l'esprit public, achevé de désunir et de démoraliser la nation, isolé les Français les uns des autres, brisé tous les liens entre les citoyens et le gouvernement, enfin préparé le retour inévitable de l'anarchie si le gouvernement était faible, du despotisme s'il était fort, » M. Barthe-Labastide et M. de Villèle, sans le savoir et sans le vouloir peut-être, se montraient amis plus éclairés des institutions parlementaires qu'un grand nombre de leurs adversaires.

[1] Discours sur les compagnies départementales. — Discours sur les douzièmes provisoires.

Mais, chacun le sait, si la France nouvelle a, dans tous les temps, souffert trop patiemment qu'on attaquât son organisation politique, elle n'a jamais pardonné à ceux qui attaquaient son organisation sociale et civile. Or c'est à l'organisation sociale et civile de la France que la majorité royaliste de 1815 avait déclaré une guerre acharnée. Sur certaines questions, celle par exemple de l'égalité des partages et celle des jurandes et maîtrises, elle ajournait ses projets tout en les manifestant; mais, en ce qui concernait le clergé, ses désirs étaient sans mesure et devaient être satisfaits sans retard. Nul ne contestait que le sort du clergé ne dût être amélioré, et le gouvernement, en proposant d'affecter à cet objet le produit des extinctions des rentes viagères et des pensions ecclésiastiques, avait, dès le début de la session, reconnu la nécessité de cette amélioration. Mais l'impatience de la majorité ne pouvait s'accommoder d'un projet aussi modéré, aussi réservé, et, pour le contenter, il eût fallu rendre au clergé son ancienne puissance aussi bien que son ancienne richesse. C'est ainsi que l'on vit apparaître, à peu de jours d'intervalle, une proposition de M. de Castelbajac, tendante à investir le clergé du droit de recevoir des donations; une proposition de M. de Blangy, tendante à améliorer le sort des ecclésiastiques et à supprimer toutes les pensions dont jouissaient les prêtres mariés; une proposition de M. Lachèze-Murel, tendante à rendre aux curés et desservants la tenue des registres de l'état civil; une proposition de M. Murard de Saint-Romain, tendante à abolir l'Université et à placer les collèges et pensions sous la surveillance immédiate des archevêques et évêques. Et ces propositions, telles que leurs auteurs les avaient formulées, ne manquaient jamais de paraître incomplètes, insuffisantes, et de susciter des propositions plus impopulaires encore. Ainsi, dans son rapport sur la proposition de M. de Castelbajac, M. Chifflet établissait que le clergé, pour bien accomplir sa sainte mission, doit être indépendant du gouvernement comme des individus, et que, pour être indépendant, il doit être propriétaire au lieu d'être salarié. En conséquence, la commission proposait d'autoriser collectivement le clergé de chaque diocèse, représenté par un bureau diocésain, à recevoir toutes donations et tous legs de biens immeubles en les appliquant à la destination voulue par le donateur, ou à toute autre destination pieuse, si le donateur n'avait exprimé aucune intention. Dans son rapport sur la proposition de M. de Blangy, M. Roux-Laborie demandait, au nom de la commission, que la dotation du clergé fût inscrite au budget à côté de la dette publique, avant la liste civile, et que cette dotation, augmentée de vingt millions en 1816, fût portée graduellement à soixante millions. A cette proposition déjà si grave, M. Cardonnel ajoutait celle d'assimiler aux donations les restitutions de biens recelés provenant du clergé, et M. Piet celle de traiter le clergé en 1816 comme on avait traité les émigrés en 1814, et de lui rendre ses biens non vendus. Mais ce qui était plus fâcheux encore que les propositions elles-mêmes, ce sont les motifs dont on les appuyait. Les uns après les autres les députés de la majorité venaient jeter l'anathème à toutes les institutions nées de la Révolution, gémir sur les iniquités de la France nouvelle, et implorer pour elle les eaux saintes d'un nouveau baptême. « Les malheurs qui ont accablé et qui accablent encore la France, disait M. Lachèze-Murel, sont l'effet inévitable de la dépravation des mœurs, » et il ajoutait que la principale cause de cette dépravation était la funeste division des deux pouvoirs civil et religieux pour les actes de naissance, de mariage et de décès. « Il faut, disait-il, *forcer* de recourir aux prêtres aux grandes époques de la vie... Soyez protestant si vous le voulez, soyez juif; mais soyez quelque chose. Si vous n'êtes rien, c'est-à-dire, si vous ne professez aucun culte, la société ne vous doit rien, puisque vous êtes hors de son sein. » Selon M. Murard-Saint-Romain, tous les établissements d'instruction publique créés par la Révolution étaient des repaires d'immoralité, d'athéisme, de sédition : « Il n'y a de salut, s'écriait-il, que dans l'anéantissement total de tout, absolument tout ce que la Révolution a engendré de contraire à la religion, et de ce que Napoléon a soutenu et propagé. » Mais de tous ces rapports si injustes, si blessants pour la France nouvelle, aucun n'atteignit à la hauteur du rapport et du résumé de M. Roux-Laborie, sur la proposition de M. de Blangy. Dans ces deux manifestes, tout parsemés d'interjections et de points d'exclamation, chefs-d'œuvre de mauvais goût et de mauvais esprit, M. Roux-Laborie, ancien secrétaire, ancien confident de M. de Talleyrand, se montrait plus hostile à la France nouvelle, plus injurieux pour la Révolution et pour l'Empire, qu'aucun des royalistes les plus purs de la Chambre. Et, chose singulière! l'Empire, aux yeux de M. Roux-Laborie, était plus coupable encore que la Révolution. A côté de l'Empire, l'Assemblée constituante, selon lui, avait été généreuse, la Convention humaine : « Les lois conventionnelles, disait-il, voilà, depuis la Révolution, l'âge d'or du clergé. » La législation de l'Empire, dictée par le génie infernal de l'impiété et de l'usurpation, n'avait au contraire semblé relever la religion que pour l'abattre plus sûrement, et jamais le clergé n'avait été plus maltraité, plus opprimé, plus pauvre que sous le *jongleur couronné.*

La première Restauration n'était pas, d'ailleurs, beaucoup plus innocente que la Révolution et l'Empire ; elle avait, selon M. Roux-Laborie, trahi tous ses devoirs envers la religion, et c'était pour cela que Bonaparte l'avait chassée si facilement des Tuileries : « L'armée, disait-il, a manqué à sa foi ! Com-
« ment vous en étonner? Où était le Dieu des armées ? Qu'é-
« taient devenus ces drapeaux qui sortaient de nos temples
« pour être portés dans nos camps, ces drapeaux jadis ornés
« par la main de nos reines, et bénits par la main de nos
« pontifes ! » ..... « Regards de saint Louis et du grand roi,
« ajoutait-il, quel spectacle vous offre notre France ! » Et, de

là, M. Roux-Laborie concluait que la destinée de la religion catholique et la destinée de la monarchie légitime étaient intimement liées, et qu'en conséquence il était, non pas seulement utile, mais absolument nécessaire de rendre au clergé son ancienne indépendance et son ancienne richesse, cette richesse « dont il ne pouvait être dépouillé sans larcin, sans vol, sans spoliation, sans brigandage. »

On savait que M. Roux-Laborie avait la prétention, et peut-être la promesse, d'être agent général du clergé, si le clergé redevenait propriétaire; mais il parlait au nom d'une commission; ses paroles étaient répétées, commentées, célébrées par les journaux royalistes, et le *Journal des Débats*, dans son enthousiasme, déclarait que, dans cet admirable morceau, « l'éloquence délibérative s'était élevée au comble du pathétique. » Il était donc difficile de considérer son rapport comme sans importance. Profitant d'ailleurs de la liberté du comité secret, plusieurs membres du parti royaliste avaient parlé plus clairement encore, et des discours, non imprimés, mais qui circulaient, ne pouvaient laisser aucun doute sur des projets, inspirés par un sentiment honnête, mais qui blessaient et inquiétaient profondément la France nouvelle. Ce n'est pas que, dans la Chambre même, ces projets ne rencontrassent une sérieuse opposition: M. Pasquier, M. Beugnot, M. Duvergier de Hauranne, M. Fabry, d'autres encore, luttaient énergiquement pour la société laïque contre la société ecclésiastique, pour le nouveau contre l'ancien régime, et quelquefois leurs efforts étaient couronnés de succès. Ainsi, ils obtinrent que, pour toutes les libéralités faites au clergé, par donation ou par testament, excepté quand elles ne dépasseraient pas la somme de mille francs, l'autorisation royale fût exigée; ils obtinrent aussi que la proposition de M. de Blangy, avec toutes ses annexes, fût renvoyée, d'une part, à la commission du budget, d'autre part, à la commission chargée d'examiner le projet des extinctions ecclésiastiques ; mais le parti de la Chambre des députés était pris, et la société laïque se fût difficilement défendue, sans le secours inattendu qui lui vint de la Chambre des pairs.

La Chambre des pairs, dans les intervalles que lui laissaient la discussion et le vote des lois présentées par le gouvernement, s'était occupée de plusieurs questions constitutionnelles et réglementaires, celle, par exemple, de savoir si le préambule des lois devait être mis en délibération, comme le texte, et celle, beaucoup plus grave, de savoir si, jusqu'au moment de la sanction royale, les projets de loi devaient être considérés comme l'œuvre du roi, ou comme l'œuvre des ministres. La Chambre avait pris aussi en considération, après un débat sérieux, une proposition du marquis de Bonnay, tendante à donner aux pairs le droit de voter par délégation ; et, sur la proposition de M. le comte Molé, elle avait nommé une commission de sept membres, chargée d'examiner les questions auxquelles pouvait donner lieu la formation de la Chambre en cour de justice. Le 10 février, enfin, la première résolution de la Chambre des députés, relative au clergé, celle qui en faisait un être collectif, apte à devenir propriétaire, fut apportée à la Chambre des pairs, et, dès le premier jour, même avant la formation de la commission, mit les deux opinions, ou, pour mieux dire, les deux sociétés en présence. D'un côté, on prétendit, comme à l'autre Chambre, que pour être indépendant, le clergé devait être propriétaire, et qu'on le dégradait en le salariant ; de l'autre, on dit que le clergé pouvait être très-honorablement placé dans la même condition que la magistrature et l'administration, et qu'il n'y avait pas lieu de rétablir, pour le satisfaire, les substitutions et les biens de mainmorte. Alors M. de Chateaubriand parut à la tribune, avec un discours longuement médité, et qui, déjà lu dans quelques salons, était signalé à l'avance comme le manifeste éloquent du parti royaliste : c'était un véritable manifeste, en effet, un manifeste qui devait produire et qui produisit une émotion considérable.

« Une idée aussi fausse qu'elle est étrange, disait M. de Chateaubriand, tomba dans la tête des législateurs, qui découvrirent tout d'un coup qu'après une existence de quatorze siècles la France n'avait pas de constitution. Ils imaginèrent de séparer entièrement l'ordre civil de l'ordre religieux, et cela fut considéré comme un trait de génie. Dieu, qui a fait l'homme, ne se trouva plus mêlé aux actions de l'homme, et la loi perdit ce fondement que tous les peuples ont placé dans le ciel. On fut libre de recevoir ou de ne pas recevoir le premier signe du chrétien, de prendre une épouse à l'autel de Dieu ou au bureau de la mairie, de choisir pour règles de conduite les préceptes de l'Évangile ou les ordonnances de police, d'expier ses fautes au pied du prêtre ou du bourreau, de mourir dans l'attente d'une autre vie ou dans l'attente du néant : tout cela fut réputé sagesse. »

Si ces paroles ont un sens, elles veulent dire que, de par la loi, chacun doit être forcé de se faire baptiser, forcé de recevoir le sacrement de mariage, forcé d'observer les préceptes de l'Évangile, forcé de se confesser, forcé de croire en une autre vie. Ce qu'il y a d'étrange, c'est qu'après avoir ainsi posé en principe l'anéantissement complet, systématique de la première des libertés, de la liberté de conscience, M. de Chateaubriand prenait la peine de démontrer, à grand renfort d'exemples historiques, que les peuples religieux ont seuls été et peuvent seuls être libres!

Ce n'est point, au reste, par la force du raisonnement, mais par l'éclat des images, que se distinguait ce discours de M. de Chateaubriand. Quand, pour prouver que l'Église devait être propriétaire, il rappelait que le clergé avait « défriché nos forêts, planté nos vignes, enrichi notre sol d'arbres étrangers, transporté le miel de l'Attique sur les coteaux de Narbonne, et le ver à soie de la Chine sur les mûriers de Marseille; » et quand il ajoutait : « Serons-nous donc, pour le prêtre, plus avare que la mort? elle lui donnera au moins quelques pieds de terre qu'elle ne lui reprendra jamais, » ses plus grands admirateurs ne pouvaient pas croire qu'il eût résolu la question ; mais, s'il ne ramenait personne à son opinion, il enflammait ceux qui la partageaient, il irritait ceux qui ne la partageaient pas, et tout rapprochement entre les uns et les autres devenait ainsi plus difficile.

Ce ne fut donc pas sans satisfaction qu'à la brillante et vaine déclamation de M. de Chateaubriand on vit succéder, dix jours plus tard, un rapport calme, simple, modéré, qui faisait à l'autorité religieuse une part considérable, mais sans méconnaître les droits de l'autorité civile; et, comme pour rendre le contraste plus frappant, ce rapport était l'œuvre d'un ecclésiastique, M. l'abbé de Montesquiou. Après un hommage légitime à l'ancien clergé français, l'abbé de Montesquiou rappelait que le 10 juin 1814 une ordonnance avait été rendue, laquelle autorisait les établissements ecclésiastiques légalement reconnus à accepter et à posséder, avec l'agrément du roi, les biens meubles et immeubles qui pouvaient leur être donnés par actes entre-vifs ou par actes de dernière volonté. Or la commission pensait qu'il suffisait de donner à cette ordonnance force de loi et que les autres résolutions des députés devaient être rejetées ; elle repoussait surtout la constitution des conseils diocésains, « de ce corps indépendant qui existerait par lui-même et en vertu de la loi, qui accepterait les donations, qui en déterminerait l'emploi, qui pourrait rechercher les biens et les administrer. » La commission voyait là un empiétement flagrant sur la prérogative du roi, seule autorité exécutive en matière religieuse comme en toute autre matière, et *évêque du dehors*, comme on disait jadis. Quant au mot *restitution*, plus d'une fois employé dans la loi, la commission le trouvait inapplicable et fâcheux. A qui restituerait-on ? Les établissements qui possédaient des biens avaient tous disparu et le clergé n'avait jamais possédé en commun. Un tel langage ne pouvait avoir qu'un effet, celui de rendre le clergé odieux sans l'enrichir.

A ces considérations excellentes, l'abbé de Montesquiou en joignait de beaucoup plus contestables : il exprimait, par exemple, la crainte que la création des bureaux diocésains ne conduisît, par voie de conséquence, à des municipalités indépendantes et élues, à des assemblées provinciales également élues, et qu'on ne transformât ainsi la monarchie française « en un misérable gouvernement fédératif, sans force au dehors, sans obéissance au dedans. » Si l'assimilation n'était pas exacte, elle était spécieuse, et les pairs, qui redoutaient surtout les envahissements du principe électif, devaient en être frappés.

Chacun vit, dans le rapport de M. de Montesquiou, une réponse aux projets et aux discours qui avaient cours au palais Bourbon, et la discussion fit encore mieux ressortir la divergence entre les vues et les idées des deux Chambres. Déjà, dans le débat préliminaire, M. de Bonnay avait fortement blâmé les hommes, d'ailleurs excellents, qui croyaient conquérir l'estime publique en se faisant gloire d'être plus royalistes que le roi, et qui, abusant de l'initiative, voulaient toujours devancer le gouvernement. A cette attaque souvent répétée contre le droit d'initiative, M. Mathieu de Montmorency répondit avec raison qu'interdire aux députés le droit de provoquer les lois désirées par le peuple, c'était les assimiler aux *muets* de l'Empire, et M. Desèze prouva que l'initiative parlementaire sagement réglée était à la fois salutaire et constitutionnelle ; mais les orateurs royalistes ne s'arrêtèrent pas là, et M. Desèze, en défendant la résolution, alla jusqu'à regretter quelques précautions prises dans l'intérêt des familles, entre autres la limitation des donations à la moitié de la quotité disponible. Au mot déjà fort significatif de restitution, un mot plus significatif encore, celui de *larcin*, fut ajouté par un autre pair, et la résolution des députés fut signalée comme un *commencement de retour* à la justice et à la religion. Deux ou trois pairs, en revanche, en demandèrent le rejet pur et simple ; mais, en définitive, le projet de la commission, défendu par le duc de la Vauguyon, par le duc de Doudeauville, par M. de Clermont-Tonnerre et par le rapporteur, passa à la majorité de quatre-vingt-cinq voix contre trente-quatre. Peu de jours après la Chambre adoptait, à la majorité de soixante et onze voix contre cinquante-six, la résolution des députés relative aux prêtres mariés, et à la majorité de cent treize voix contre neuf, l'abolition du divorce. On sait que cette dernière résolution, dont l'honorable initiative appartenait à M. de Bonald, auteur d'un beau livre sur l'indissolubilité du mariage, a pris définitivement place dans les Codes de la France, et qu'elle a survécu à deux révolutions, celle de 1830 et celle de 1848.

A côté des propositions en faveur du clergé, chaque jour en voyait naître d'autres, qui, non moins que les premières, révélaient l'intention formelle de raviver en toute chose les souvenirs les plus pénibles de la Révolution, et de placer ceux qui l'avaient combattue fort au-dessus de ceux qui l'avaient servie. Telles étaient la proposition de M. Sosthène de la Rochefoucauld sur le 21 janvier; la proposition de M. Michaud, tendante à décerner un témoignage de la reconnaissance publique aux Français fidèles pendant l'interrègne du 20 mars; la proposition de M. de Salaberry pour obtenir l'*épuration* de toutes les administrations publiques; enfin, la proposition du général Canuel, tendante à accorder spécialement des pensions aux soldats mutilés et aux veuves et orphelins des armées royales de l'Ouest. Et ici, comme dans les questions relatives au clergé, le commentaire aggravait le texte. Comment, par exemple, les hommes de la France nouvelle eussent-ils entendu, sans tristesse, sans colère, un des deux questeurs de la Chambre, M. de Puyvert, faire l'éloge du camp de Jalès, et regretter que l'*inconcevable bataille de Marengo* fût venue paralyser les conspirations royalistes du Midi? Aussi blessantes qu'inutiles, de telles paroles remuaient au fond des cœurs toutes les passions, et chaque discussion, chaque jour, élargissait ainsi l'intervalle qui séparait les deux partis ; chaque discussion, chaque jour, rendait aussi plus difficile et plus fausse la position de quelques hommes enrôlés, par conviction ou par ambition, dans les rangs des ultra-royalistes, mais qui avaient le malheur d'avoir, comme magistrats, comme administrateurs, comme militaires, servi la Révolution ou l'Empire. Quelques-uns d'entre eux se tiraient d'embarras en se faisant plus royalistes que le roi, plus catholiques que le pape, et en criant plus haut que les émigrés eux-mêmes contre la Révolution et contre les révolutionnaires ; d'autres, moins hardis, faisaient timidement la confession de leurs torts. « Semblables aux enfants d'Israël, disaient-ils, nous avons vécu longtemps dans le désert ; nous avons adoré le veau d'or ; nous y avons oublié le Dieu de nos pères : nous expirerons à la vue des montagnes de Sion ; mais ce n'est point à nous qu'il sera donné d'habiter la terre promise de la monarchie et de la légitimité. » Ni l'audace des uns ni la modestie des autres n'obtenaient grâce, et quiconque avait pactisé avec la Révolution ou avec l'Empire était aux yeux des royalistes purs un auxiliaire dont on pouvait se servir momentanément, mais sans l'estimer et surtout sans le regarder comme un véritable associé.

La majorité, un moment incertaine, s'était d'ailleurs fixée définitivement à droite. La réunion de la rue Saint-Honoré, à laquelle on devait surtout le succès de la loi d'amnistie, travaillée par des dissentiments intérieurs, s'était dissoute, et la minorité ministérielle ne recevait plus sa direction que des ministres eux-mêmes ou d'un petit comité où délibéraient secrètement M. Royer-Collard, M. Pasquier, M. de Serre, M. Becquey, M. Bourdeau, M. Beugnot et, plus tard, M. de Barante. La réunion de la rue Thérèse, au contraire, avait fini par rassembler toutes les fractions de la majorité ultra-royaliste, et deux hommes qui, plus tard, devaient jouer un rôle considérable, MM. de Villèle et Corbière, y exerçaient l'influence principale. Cette influence, à la vérité, n'était pas

subie patiemment par tout le monde, et un député qui se
résignait difficilement à rester sur le second plan, M. de Vitrolles, non content d'avoir exprimé dans une brochure son
opinion personnelle, imagina d'exprimer l'opinion collective
de ses collègues dans un manifeste qu'il intitula : « *Déclaration de principes de la majorité de la Chambre des députés.* »
Après une profession de foi en faveur de la monarchie et de la
Charte, cette déclaration reproduisait, sous forme d'articles,
la plupart des idées que le roi, les princes et les députés de la
majorité avaient émises, depuis le commencement de la session, sur la religion, sur le clergé, sur les fonctionnaires publics, et M. de Vitrolles la croyait si excellente, si irréprochable, que, ne soupçonnant pas même qu'elle pût être
contredite, il la fit imprimer et distribuer sans consulter personne[1]; mais les véritables chefs de la majorité trouvèrent le
procédé assez étrange, et M. de Villèle, fort irrité, menaça
M. de Vitrolles de protester à la tribune, tandis que M. Adrien
de Rougé, secrétaire du comité central de la Congrégation,
lui signifiait la désapprobation de ses amis. Malgré ces désaveux plus ou moins connus, la déclaration, transmise par
les ambassadeurs à leurs cours respectives, et publiée avec
bruit dans les journaux étrangers, passa longtemps et passe
encore, aux yeux de quelques historiens, pour un acte authentique où sont consignées, mieux que partout ailleurs, les
véritables vues de la Chambre de 1815.

Pendant que le classement des partis s'opérait ainsi dans la
Chambre, un travail analogue se faisait au dehors, et les positions, jusqu'alors indécises, se dessinaient plus nettement.
Sous l'influence de quelques conseillers intimes, de M. de
Bruges, de M. Jules de Polignac, de M. de Trogoff, Monsieur
devenait le chef véritable de la majorité royaliste, et Madame,
qui avait donné toute sa confiance à M. Matthieu de Montmo-

---

[1] *Mémoires de M. de Vitrolles.*

rency, était pour Monsieur une alliée ferme et sûre. Le comité des gardes nationales du royaume, véritable ministère placé sous la direction de MM. de Bruges et Jules de Polignac, avait d'ailleurs, par le choix des inspecteurs et des officiers, créé par toute la France une autorité rivale de celle du gouvernement, et fourni aux ultra-royalistes des départements un point de ralliement légal. Quant aux deux fils du comte d'Artois, l'un, le duc de Berry, était surtout occupé de ses plaisirs, l'autre, le duc d'Angoulême, étranger à toutes les intrigues, voyageait dans le Midi, et s'efforçait, sans beaucoup de succès, d'y calmer les passions religieuses et politiques. Une lutte directe était donc engagée entre le pavillon Marsan et les Tuileries, et le roi, peu disposé à voir, de son vivant, commencer le règne de son frère, s'attachait d'autant plus à ses ministres qu'ils étaient plus violemment attaqués. Néanmoins, ainsi que nous l'avons déjà dit, une rupture ouverte avec Monsieur, avec Madame surtout, lui répugnait, et son indécision faisait quelquefois douter de sa franchise : « Ce sont des fous, » disait-il à M. de Vitrolles en parlant de la majorité ; mais ces fous, il les croyait, avec raison, dévoués à sa maison, et il hésitait à les répudier tout à fait. De là l'idée qui vint tantôt aux ultras, tantôt aux modérés, de rappeler M. de Blacas, les uns pour l'opposer aux ministres, les autres pour l'opposer aux princes. Un moment même, M. de Talleyrand, qui ne pouvait pardonner sa chute ni à M. de Richelieu ni à M. Decazes, entra dans ce projet[1] ; mais M. de Richelieu se refusa, d'une manière absolue, au retour de M. de Blacas, et le roi, dont le cœur n'appartenait plus exclusivement à son ancien favori, se laissa facilement persuader par M. de Richelieu.

Malheureusement, jamais le ministère n'avait été plus divisé, et, par conséquent, plus incapable de prendre d'une main ferme la direction des affaires. Dans la question de l'am-

---

[1] Sir Charles Stuart à lord Castlereagh, 1ᵉʳ janvier 1816.

nistie, M. de Vaublanc, M. Dubouchage, le duc de Feltre ne s'étaient point séparés de leurs collègues; mais toutes leurs sympathies, toutes leurs relations les portaient vers le pavillon Marsan et vers la majorité de la Chambre. Ce n'est pas que dans cette majorité on eût de M. Dubouchage et de M. de Vaublanc une grande opinion. Dès le début, l'insuffisance de M. Dubouchage avait frappé tous les yeux. M. de Vaublanc, au contraire, avait d'abord fait illusion; mais bientôt on avait reconnu que, s'il avait d'excellentes intentions, sa capacité n'était pas au niveau de ses sentiments, et son dévouement *à perdre haleine*, comme le qualifiait Louis XVIII, paraissait souvent plus incommode qu'utile. Les chefs de la majorité n'en étaient pas moins fort satisfaits de posséder dans l'intérieur même du ministère trois amis qui disposaient en leur faveur de l'armée, de la marine, de l'administration, trois sentinelles prêtes à donner le signal d'alarme, le jour où l'on tenterait d'intervertir l'ordre de la succession à la couronne. Aucun d'eux n'accusait M. de Richelieu d'avoir une telle pensée; mais, à les en croire, M. de Richelieu était conduit par M. Decazes, lequel était conduit par M. de Talleyrand, lequel travaillait bien évidemment pour le duc d'Orléans[1]; et quand on leur objectait qu'entre M. de Talleyrand, d'une part, M. de Richelieu et M. Decazes de l'autre, il y avait plus que de la froideur, ils répondaient que c'était un jeu joué, au moins de la part de M. de Talleyrand, et que l'ancien évêque d'Autun était assez fin pour duper tout le monde.

Bien que leur liberté fût fort restreinte, on pouvait trouver dans les journaux sinon la représentation fidèle, au moins le reflet des opinions, des sentiments que les derniers mois avaient mis en présence. Ainsi, les ultra-royalistes avaient pour organe la *Quotidienne* qui, observant fidèlement la consigne nouvelle du parti, maintenait, envers et contre tous, les droits

---

[1] Correspondances inédites.

constitutionnels de la Chambre des députés, en même temps qu'elle ne cessait d'attaquer la Révolution et les révolutionnaires. La politique du gouvernement et de la minorité ministérielle était défendue par le *Journal de Paris* et par le *Journal général*, auxquels s'adjoignait ordinairement un journal nouveau, le *Constitutionnel,* qui avait remplacé l'*Indépendant* et l'*Écho,* et dont M. Tissot, M. Jay, M. Benaben étaient les rédacteurs principaux ; mais, malgré toute la prudence, toute la réserve de ce journal, il était facile d'apercevoir qu'il tendait à représenter une autre nuance d'opinion, et que le bonapartisme libéral des Cent-Jours avait au fond ses sympathies. Quant au plus important des journaux quotidiens, le *Journal des Débats,* on y trouvait, d'un numéro à l'autre, des inconséquences singulières et qui pouvaient seulement s'expliquer par certaines circonstances personnelles. En nommant M. Bertin de Vaux secrétaire général du ministère de la police, et en accordant à M. Bertin l'aîné le privilége d'être censeur de son propre journal, le gouvernement semblait s'être assuré la coopération ou du moins la bienveillance du *Journal des Débats;* mais, d'un autre côté, une part de la propriété de ce journal appartenait à M. Roux-Laborie, et MM. Bertin, liés à M. de Chateaubriand par une vieille et forte affection, ne voulaient pas se séparer de leur ami. De là des contradictions que le public remarquait sans les bien comprendre.

Mais c'est surtout sous forme de chansons et de pamphlets manuscrits que s'exhalait librement le sentiment public. Ainsi, on célébrait, en vers et en prose, « l'*homélie* que le révérend père Laborie avait prononcée dans le *séminaire* du palais Bourbon, » et, pendant quelques jours, tout Paris s'amusa d'une organisation de la chapelle de la Chambre des députés, dans laquelle M. de Bouville figurait comme serpent, et, quand il présidait, comme serpent à sonnette; M. Sosthène de la Rochefoucauld comme prédicateur du carême; M. de Vitrolles comme distributeur d'eau bénite ; M. le général Canuel comme quêteur, M. Roux-Laborie comme trésorier de la fabrique (avec caution), M. de la Bourdonnaie comme entrepreneur de pompes funèbres, M. Duplessis-Grenedan comme fossoyeur. Chose singulière! cette plaisanterie si vive et si mordante avait pour auteur, non un républicain, non un bonapartiste, mais un royaliste dévoué, membre de la Chambre des députés, et qui, ministre de Charles X, devait, quinze ans plus tard, prendre avec le vieux roi le chemin de l'exil.

Dans plusieurs des pamphlets dont il s'agit, le nom d'un des chefs de la majorité ultra-royaliste, M. Hyde de Neuville, servait à désigner, par un sobriquet collectif, les membres de cette majorité, que l'on appelait tour à tour les *hideux* ou les *idiots*, selon qu'on voulait caractériser leurs sentiments ou leurs opinions. Assurément de telles qualifications étaient injustes, et M. Hyde de Neuville ne méritait, sous aucun rapport, qu'on fît de son nom un tel usage ; mais ce n'est point en face de la persécution que l'impartialité est possible, et ceux que l'exil, la prison, la mort menaçaient chaque jour, n'étaient point tenus de distinguer l'honnêteté égarée par la passion, de la perversité féroce ou imbécile.

Comme il est d'ailleurs aisé de le supposer, les violences royalistes de la Chambre servaient de stimulant aux violences royalistes des départements. Ainsi, à Nîmes, le général Lagarde, coupable d'avoir fait arrêter Trestaillons et d'avoir, par ordre du duc d'Angoulême, permis la réouverture des temples protestants, était assassiné dans l'exercice de ses fonctions. A Carpentras, le préfet, M. de Saint-Chamans, pour faire mettre en liberté des détenus contre lesquels il n'existait aucune preuve, s'entourait de tout l'appareil de la force publique, et se croyait obligé d'injurier publiquement ceux qu'il déclarait innocents aux yeux de la loi! Et, ce qui est plus grave encore, il se trouvait des tribunaux toujours prêts à acquitter les assassins et les voleurs, à condamner ceux qui se plaignaient d'avoir été maltraités ou volés. Dans chaque département, il existait, à côté des autorités régulières, un comité composé, non des plus purs, mais des plus ardents royalistes, et sans cesse occupé à demander, à exiger la destitution des plus humbles employés, à dénoncer les fonctionnaires qui ne leur obéissaient pas assez vite. Sous la pression de ces comités, un grand nombre de préfets et de magistrats, malgré les conseils de modération qui leur étaient venus d'en haut, appliquaient scandaleusement la loi des cris séditieux et la loi de sûreté générale, intentant des poursuites pour les faits les plus futiles, pour les paroles les plus insignifiantes, emprisonnant, exilant, internant une foule de citoyens dont le crime unique était de ne pas aimer un gouvernement qui les persécutait. A toutes ces causes de trouble et de mécontentement se joignaient enfin, dans un grand nombre de départements, les sociétés secrètes royalistes, parmi lesquelles on signalait la Société des Francs-Régénérés, la société de l'Anneau, la Société des Bandouliers, l'Association royale du Midi, l'Association bretonne, les Vrais amis du roi, les Chevaliers du Tropique; toutes rivalisant de zèle, toutes élevant la prétention d'imprimer à la politique royale une direction vigoureuse. Une de ces sociétés, celle des Francs-Régénérés, avait pour président M. Agier qui, dans un discours prononcé à Paris, le 22 décembre, en indiqua nettement la pensée et le but : « La Société des Francs-Régénérés, dit-il, n'est point un club, puisque ses séances sont secrètes ; ce n'est point une secte d'illuminés, puisque son but est connu; mais elle doit prendre des illuminés cette discrétion absolue qui est l'âme des petites comme des grandes affaires… Ce qui a commencé la Révolution peut servir à la terminer : c'est avec le feu qu'on guérit les blessures faites avec le feu. »

En face de toutes ces organisations locales encouragées, non par le roi, mais par Monsieur, non par le gouvernement, mais par les députés, les conseils honnêtes et sincères du duc d'Angoulême étaient impuissants et devaient l'être. Quand il arrivait dans une ville, on lui dressait des arcs de triomphe, la population se portait au-devant du *héros du Midi*, et des jeunes filles, vêtues de blanc, lui répétaient sur tous les tons : « Nous vous aimons, monseigneur ! oui, monseigneur, nous vous aimons! » Mais, à peine était-il parti, que ses sages avis étaient oubliés. Quant au parti vaincu, privé de tout moyen de se protéger lui-même, il se mettait sous la protection du gouvernement ou conspirait aussi dans des sociétés secrètes, dans la Société du *Lion dormant* et dans les associations maçonniques.

Tel était l'état de la France dans les mois de janvier et de février 1816, au moment même où les armées étrangères se retiraient, laissant dans les places fortes du Nord et de l'Est une garnison de cent cinquante mille hommes. La session durait depuis quatre mois déjà, et, si la majorité royaliste avait pu mettre entre les mains du gouvernement des armes formidables et exercer sur les hommes des Cent-Jours de déplorables vengeances, il était bien évident que le temps lui manquerait pour mener à bien ses projets et pour refaire la société; or, malgré la confiance qu'elle affectait sans cesse dans les dispositions de la France, elle craignait que le renouvellement d'un cinquième de la Chambre n'altérât sa position et ne lui enlevât sa supériorité numérique. Mais, d'après l'ordonnance du 13 juillet, rendue peu de jours après la rentrée du roi en France, l'article du renouvellement par cinquième était sujet à révision. Si le parti ultra-royaliste pouvait obtenir que la Chambre se renouvelât intégralement tous les cinq ans et qu'elle ne fût point dissoute, il se regardait comme maître de la France.

Le motif qui rendait le parti ultra-royaliste si favorable au renouvellement intégral agissait dans un sens tout contraire sur le roi et sur les ministres; mais l'ordonnance du 13 juillet, en augmentant le nombre des députés, avait modifié un autre article de la Charte, et il était nécessaire de décider si cette modification serait ou non maintenue; de plus, les vieux collèges électoraux de l'Empire étaient usés, déconsidérés, et une nouvelle loi d'élection devenait indispensable. M. de Talleyrand, pendant son court ministère, avait invité quelques hommes éclairés, parmi lesquels M. Royer-Collard, M. Molé, M. Guizot, M. de Barante, à rédiger un projet, et, dans leurs conférences, deux principes, celui de l'élection directe et celui de l'appel, avec un droit égal, de tous les contribuables payant trois cents francs d'impôt direct, avaient facilement prévalu[1]; mais ce projet était naturellement tombé avec M. de Talleyrand, et M. de Richelieu, à qui ces sortes de questions étaient peu familières, avait chargé le ministre de l'intérieur, M. de Vaublanc, d'en préparer un nouveau. Pendant que celui-ci s'en occupait avec quelques conseillers d'État, la commission d'amnistie fut nommée, et M. de Richelieu, fort mécontent de cette nomination, crut qu'il importait de présenter au plus vite la loi des élections, « afin de partager l'attention de la Chambre[2]. » On se hâta donc, et, le 18 décembre, M. de Vaublanc présenta un projet de loi dont les dispositions principales étaient celles-ci :

Dans chaque canton il y avait un collège composé : 1° des soixante plus imposés; 2° des membres du conseil d'arrondissement domiciliés dans le canton; 3° des présidents des tribunaux de première instance et procureurs du roi; 4° des présidents des tribunaux et chambres de commerce, des présidents des chambres consultatives des arts et manufactures et des conseils de prud'hommes; 5° des juges de paix; 6° des maires des communes du canton; 7° des vicaires généraux; 8° des curés et desservants du canton; 9° des ministres des autres cultes chrétiens; 10° des recteurs et inspecteurs d'académie, des doyens des facultés et des proviseurs des collèges royaux;

---

[1] Guizot, *Du Gouvernement de la France.*
[2] Lettre inédite du duc de Richelieu.

11° des membres des conseils et des administrateurs des hôpitaux et hospices.

Ce collége, se réunissant au chef-lieu de canton, nommait les électeurs de département et présentait à la nomination du roi des candidats pour le conseil général du département et pour le conseil d'arrondissement.

Il y avait, dans chaque département, un collége de cent cinquante à deux cent cinquante électeurs, composé : 1° des archevêques et évêques ; 2° des soixante plus imposés dans les contributions directes du département, et des dix plus imposés parmi les négociants et manufacturiers ; 3° des membres du conseil général du département; 4° des présidents des consistoires généraux ; 5° des présidents des cours royales, des procureurs généraux et du premier avocat général ; 6° des électeurs nommés par les colléges de canton.

Contrairement à deux articles de la Charte, les députés pouvaient être élus à vingt-cinq ans, et leur nombre porté à quatre cents ; leurs fonctions étaient gratuites.

Nul comptable envers le Trésor public ne pouvait être élu député. Les préfets et commandants militaires ne pouvaient être élus dans les départements où ils exerçaient leurs fonctions.

La Chambre se renouvelait annuellement par cinquième.

Si M. de Vaublanc avait voulu préparer à l'opposition royaliste un triomphe assuré, il n'eût rien pu imaginer de mieux que ce monstrueux projet où les principes élémentaires du droit politique étaient foulés aux pieds. Dans un exposé confus et déclamatoire, il voulut bien d'ailleurs montrer à tous les yeux son véritable but : « Dans un gouvernement monarchique, dit-il, tous les pouvoirs doivent être subordonnés et dépendants... Or quel pouvoir plus important que le pouvoir électoral ? quel pouvoir dont l'abus pourrait devenir plus dangereux pour la couronne par la grande influence qu'il exerce sur la nation ?... Il faut donc que ce pouvoir soit subordonné et dépendant. »

M. de Vaublanc examinait ensuite plusieurs systèmes électoraux, et les rejetait, « comme n'étant pas assez sous l'influence du pouvoir suprême. » En adjoignant au contraire aux plus imposés plusieurs classes de fonctionnaires publics, ainsi que les curés et desservants, ce danger disparaissait : « Si vous pouviez former un vœu sur les choix, ajoutait-il, ce serait qu'ils portassent sur une collection d'hommes aussi recommandables. Pourquoi donc ne pas former ces choix tout de suite, tels qu'on désirerait qu'ils fussent formés? »

Ce n'était certes pas l'ancien membre de l'Assemblée législative qui tenait ce langage, c'était l'ancien préfet de l'Empire, et M. de Richelieu avait bien raison d'écrire quelques jours après : « J'ai été à la commission de la loi des élections. Ils nous ont bien arrangé notre loi ; mais le pis est qu'à mon avis ils ont raison de tout point : il faudra la retirer, car nous paraîtrions trop à notre désavantage : nous n'aurions pas quarante voix [1]. »

On voit, d'après cet honnête aveu, que si la commission, composée de MM. de Villèle, Piet, Baert, de Bouville, de Folleville, Dussumier-Fonbrune, Feuillant, Marandet, Clausel de Coussergues, eût voulu s'entendre avec M. de Richelieu, cela ne lui eût pas été difficile.

Mais, pour la commission comme pour le parti ultra-royaliste tout entier, la question de l'organisation électorale était une question secondaire. La question principale était celle de savoir si la Chambre élue en août 1815 se perpétuerait pendant cinq ans, ou si, en septembre ou octobre 1816, le cinquième de ses membres serait sujet à la réélection. Or sur cette question il n'y avait pas d'accord possible entre la commission et M. de Richelieu. Après plusieurs conférences où le débat porta surtout sur les deux modes de renouvellement, la commission arrêta son projet, et M. de Villèle, sans même présenter à la Cham-

[1] Lettre inédite du duc de Richelieu.

bre un rapport général, vint lui demander de voter préalablement sur les articles de la Charte, dont le gouvernement ou la commission proposait la modification; puis il annonça que la commission consentait à l'augmentation du nombre des députés, mais non à l'abaissement à vingt-cinq ans de l'âge nécessaire pour être élu. Quant au renouvellement par cinquième, la commission le repoussait à l'unanimité :

1° Parce que, en cas de dissolution, le renouvellement par cinquième empêchait les députés de siéger cinq ans, conformément à l'article de la Charte, et qu'il entravait ainsi le droit royal de dissolution ;

2° Parce qu'il établissait la permanence du corps qui représentait la démocratie dans le système de gouvernement mixte créé par la Charte ;

3° Parce qu'il ne donnait pas à l'opinion du pays le moyen de se manifester clairement et avec ensemble.

On voit que M. de Villèle argumentait encore timidement, et cherchait à maintenir son parti et à se maintenir lui-même sur un terrain purement monarchique ; mais la nécessité du débat en fit bientôt sortir ses amis ; et, dans cette discussion, une des plus considérables de la session et des sessions suivantes, apparut clairement le phénomène que nous avons déjà entrevu et signalé, celui des ultra-royalistes défendant énergiquement, contre les constitutionnels, le vrai principe du gouvernement parlementaire avec toutes ses conséquences. Ainsi, le débat fut ouvert par M. de Serre qui attaqua le projet de la commission, comme usurpant la prérogative royale d'initiative. « En Angleterre, dit-il, où les ministres sont, en quelque sorte, les fondés de pouvoirs des trois branches de la législature, l'initiative appartient naturellement à la Chambre des communes. Aussi, Montesquieu a-t-il défini l'Angleterre une République sous les formes de la monarchie. La France, au contraire, est une monarchie où le roi doit gouverner. Or, ajoutait-il, donner des lois, c'est gouverner. »

En parlant ainsi, M. de Serre portait le débat dans une sphère où M. de Villèle n'avait nul désir de le suivre, et celui-ci se borna à répondre qu'en proposant le renouvellement intégral, la commission n'avait entendu faire qu'un simple amendement. Mais un autre membre de la commission, M. Clausel de Coussergues, proclama résolûment ce principe que, dans le gouvernement représentatif, les ministres ne peuvent bien servir l'État qu'en se concertant avec la majorité de la Chambre élective, et que cette majorité doit elle-même représenter fidèlement l'opinion publique ; puis, de ce principe, il conclut au partage du droit d'initiative entre le roi et les Chambres et au renouvellement intégral.

« Le renouvellement partiel, dit-il, n'est bon que pour les tyrans... Les tyrans redoutent l'opinion publique, et tout leur art est d'en éviter l'expression simultanée. La sagesse d'un roi légitime consiste, au contraire, à laisser manifester l'opinion de ses peuples. » Vint ensuite M. de la Bourdonnaie qui, dans un discours lourdement dogmatique, présenta des considérations peu neuves et peu profondes sur l'organisation des pouvoirs, mais qui insista aussi sur la nécessité de donner au peuple le moyen de faire connaître son opinion avec ensemble et d'une manière évidente.

Le renouvellement intégral est certainement plus favorable que le renouvellement partiel au développement libre et complet du gouvernement parlementaire, et le parti constitutionnel, qui l'avait désiré six mois auparavant, devait, deux ans plus tard, y revenir presque tout entier. Si les circonstances politiques le déterminaient à préférer un autre mode de renouvellement, du moins eût-il pu se borner à défendre ce mode simplement, modestement, et en le mettant sous la protection de la Charte. Mais il y avait au premier rang du parti constitutionnel un homme éminent qui dédaignait ces tempéraments, et à qui, par une illusion qu'il communiquait à ses auditeurs, il arrivait quelquefois, comme on l'a si bien dit,

« non de dominer les circonstances des hauteurs de la théorie, mais d'élever à l'état de théorie l'inspiration même des circonstances [1]. » M. Royer-Collard prononça donc contre le renouvellement intégral un discours mémorable, un discours que l'on oppose sans cesse aux amis du gouvernement parlementaire, et dont, par cette raison même, les principaux passages doivent être ici reproduits.

M. Royer-Collard commença par établir que la loi n'était pas nécessaire et que la Charte avait décidé toutes les questions qu'on se proposait d'agiter. « Il n'est pas vrai, dit-il, qu'il y ait contradiction entre l'article XXXVII et l'article L. La Charte dit, non que les députés siégeront cinq ans, mais qu'ils sont élus pour cinq ans, c'est-à-dire aptes à siéger pendant cinq ans. Conformément à la Charte, le cinquième de la Chambre doit être, dès cette année même, soumis à la réélection. Ce que l'on propose, c'est de faire acquérir à chaque député, au lieu d'une très-faible chance, la certitude de siéger cinq ans dans cette enceinte. La Charte ne le veut pas, et le roi ne le propose pas. Cela doit suffire. »

Mais M. Royer-Collard ne se contenta pas de cette fin de non-recevoir, et il voulut examiner la question en elle-même. Or la question, selon lui, avait des rapports étendus et conduisait à examiner et ce qu'était la Chambre et ce qu'elle pouvait devenir. Le raisonnement principal des partisans du renouvellement intégral, c'était que le gouvernement, ayant une fois la majorité dans la Chambre existante, il l'avait pour cinq ans, et qu'il pouvait ainsi compter sur cinq années de repos et de tranquillité ; mais ce raisonnement, puisé dans l'exemple de l'Angleterre, supposait qu'ici, comme en Angleterre, les ministres devaient avoir une majorité constante et invariable. En était-il ainsi? M. Royer-Collard ne le pensait

---

[1] Albert de Broglie, Préface de *la Vie publique de M. Royer-Collard*, par Léon Vingtain.

pas. « Remarquons, dit-il, quelle est la différence des éléments constitutifs de chacun des gouvernements : En Angleterre, l'initiative qui est le principe de l'action, la haute administration, et une grande partie du gouvernement résident dans la Chambre des communes. En France, le gouvernement tout entier est dans la main du roi, et il n'a besoin du concours des Chambres que s'il reconnaît la nécessité d'une loi nouvelle et pour le budget. »

« J'irai plus loin, ajouta-t-il, et je dirai : Le jour où le gouvernement n'existera que par la majorité de la Chambre, le jour où il sera établi en fait que la Chambre peut repousser les ministres du roi, et lui en imposer d'autres qui seront ses propres ministres et non les ministres du roi, ce jour-là, c'en est fait, non-seulement de la Charte, mais de notre royauté; ce jour-là, nous sommes en république... Et qu'on ne dise pas que c'est la nature du gouvernement représentatif qui entraîne ces conséquences. Quelle est donc cette nature mystérieuse qui veut tant de choses? qui l'a définie? qui oserait la définir? qui est-ce qui a autorité pour nous imposer une autre définition que celle de la Charte? Si on dit que le type du gouvernement représentatif est chez les Anglais, ne serait-il pas plus convenable de dire : le gouvernement anglais, au lieu du gouvernement représentatif? On gagnerait ainsi, du moins avec plus de clarté dans l'expression, plus de précision dans les idées. »

Par des raisons analogues, M. Royer-Collard concluait contre l'augmentation du nombre des députés. Une Chambre plus nombreuse était plus forte, sans être plus sage, et, en augmentant la force de la Chambre, on rompait l'équilibre, établi par la Charte entre les pouvoirs.

« Le véritable rapport, dit-il en terminant, sous lequel j'envisage ce projet, est l'affermissement ou l'affaiblissement de l'autorité royale. Ce projet l'affaiblit. Or, si la France veut son roi, comme vous l'avez souvent répété avec enthousiasme, la France veut aussi que son roi le soit véritablement et qu'il ait tout le pouvoir nécessaire pour la gouverner. Si la France a besoin de conseils publics pour éclairer l'autorité et pour la retenir dans les limites tracées par les lois, elle n'a pas moins besoin que son roi soit assez puissant pour protéger son repos contre la turbulence et l'esprit d'innovation qui s'emparent si aisément des assemblées politiques. »

Des écrivains qui croient que la gravité préserve toujours de l'inconséquence ont fait de grands efforts pour découvrir un lien secret entre la doctrine énoncée dans ce discours et celle qui, douze ans après, inspirait les discours et la conduite de M. Royer-Collard ; mais ces efforts ont été vains. Pour notre part, il nous est impossible de ne pas voir dans les passages que nous avons cités la négation complète, absolue du gouvernement parlementaire tel que nous le comprenons, tel que le comprenait M. Royer-Collard en 1830, quand il présentait au roi Charles X la mémorable adresse de la Chambre des députés.

Au surplus, en 1816 même, la doctrine de M. Royer-Collard trouva des contradicteurs, non-seulement parmi ceux qui défendaient le renouvellement intégral, mais parmi ceux qui le combattaient. Ainsi, tandis que M. Pasquier, professant la même doctrine, niait qu'en France le ministère dût, comme en Angleterre, être dépendant des Chambres, deux amis politiques de M. Royer-Collard, M. Colomb et M. de Sainte-Aulaire, vinrent tour à tour protester avec regret, mais avec fermeté, contre des paroles qu'ils jugeaient imprudentes et fâcheuses. « Il me semble, dit M. Colomb, que M. Royer-Collard, sans le vouloir, a introduit dans le gouvernement représentatif les idées de la monarchie pure. Partout où le gouvernement représentatif existe, il est nécessaire qu'il y ait une majorité constituée, et que le ministère soit le mandataire tacite des trois pouvoirs, tout en n'étant le mandataire ostensible que du premier d'entre eux, le pouvoir royal. » — « Je ne comprends pas, dit M. de Sainte-Aulaire, comment il nous serait possible d'accepter le principe du gouvernement anglais et d'en répudier les conséquences... Louis XVIII ne s'est pas contenté de proclamer la liberté : il a créé des institutions conservatrices de cette liberté. La Chambre des députés, organe légal de l'opinion publique, est la principale de ces institutions, et son vœu ne doit pas être dédaigné. »

Le débat se prolongea plusieurs jours encore, mais sans produire aucun incident nouveau. A la différence de M. de la Bourdonnaie, M. de Bouville défendit le projet de la commission par des arguments plus monarchiques que parlementaires. « En France, dit-il, le vrai point de ralliement est le trône : tout vient de lui ; c'est à lui que tout doit se rapporter... Ce n'est point à l'opposition qu'il faut tendre, c'est à l'unanimité. » Néanmoins, un gouvernement fort et actif ne pouvait, selon M. de Bouville, exister qu'avec une Chambre indépendante, et une Chambre renouvelée en entier lui paraissait plus indépendante qu'une Chambre renouvelée par cinquième. M. Benoist, dans un discours plus habile et plus libéral, ajouta que le peuple, interrogé par le roi, devait avoir le moyen de manifester son opinion, et que ce moyen, le renouvellement intégral pouvait seul le fournir. Le renouvellement partiel avait en outre deux inconvénients graves, celui de provoquer chaque année une grande agitation dans le pays, celui de forcer l'Assemblée à recommencer sans cesse le travail difficile et dangereux du classement des opinions dans son sein. M. Hyde de Neuville, enfin, après quelques paroles de regret adressées à l'antique monarchie française, « ce monument glorieux de la sagesse de nos pères, auquel rien ne pouvait être comparé, » soutint que, sous l'empire de la Charte, le ministère, en France comme en Angleterre, avait impérieusement besoin de la confiance des deux Chambres, aussi bien que de celle du roi. Attaqué par M. Royer-Collard et par M. Pasquier, le principe du gouvernement parlementaire avait donc trouvé dans les deux camps des défenseurs plus ou moins convaincus, plus ou moins sincères, et devait en trouver d'autres encore. Mais là n'était pas la vraie question. La vraie question, un membre de la minorité ministérielle, M. Roy, eut le mérite de la poser nettement. Après avoir combattu le renouvellement intégral par les arguments ordinaires et s'être fait rappeler à l'ordre, pour avoir dit que vingt-cinq années de révolution avaient affaibli en France l'autorité royale et l'amour de la patrie, M. Roy déclara que, dans son opinion très-arrêtée, l'adoption du renouvellement intégral rendait la dissolution nécessaire, vu que les députés n'avaient pas le droit de renouveler leurs pouvoirs. A cette déclaration de M. Roy, fort approuvée par ses amis, la loyauté de M. Hyde de Neuville s'alarma, et voici en quels termes elle s'exprima : « On vous accusera, dit-il, on vous accuse de vouloir vous perpétuer! Mais, vaines clameurs! bruit impuissant! Faites comme le philosophe qui, pour prouver le mouvement, se mit en marche... Dieu, la Charte, les honnêtes gens, voilà notre devise. Que nos enfants soient élevés dans les principes, dans la religion des enfants de saint Louis! et que l'éducation des femmes les porte désormais à s'occuper du soin si doux de faire le bonheur de la famille et le charme de la société! »

En retranchant de ce morceau la religion des enfants de saint Louis et l'éducation des femmes, il en reste ceci : « Répondez, en vous perpétuant, à ceux qui vous accusent de vouloir vous perpétuer. » Certes, la réponse était claire, mais il est difficile de croire qu'à cette époque même personne l'ait jugée satisfaisante.

Dans un résumé sensé et modéré, où il évita systématiquement de toucher aux hautes questions soulevées par M. Royer-Collard, le rapporteur, M. de Villèle, s'efforça de défendre le projet de la commission, surtout contre le reproche d'avoir usurpé l'initiative royale et porté atteinte à la Charte. Selon lui, la question de l'âge des députés et celle de leur nombre était posée par le projet ministériel, et il fallait bien s'en occuper. Quant à la question du renouvellement intégral, elle était aussi posée explicitement par l'ordonnance du 13 juillet, implicitement par le projet. Or, sur cette question, la commission persistait à penser que le renouvellement intégral était plus conforme que le renouvellement partiel, sinon à la lettre, du moins à l'esprit de la Charte; qu'il conservait mieux au roi la libre disposition de sa prérogative de dissolution; enfin, qu'il assurait d'une manière plus sûre l'indépendance de la Chambre, tout en l'empêchant de devenir un corps permanent. La commission se croyait donc obligée de persister dans ses résolutions.

Le moment était venu pour la Chambre de se prononcer; mais ni d'un côté ni de l'autre on ne regardait le débat comme épuisé, le succès comme certain. Après une discussion confuse sur le mode de délibération, il fut donc convenu qu'avant tout vote le rapport entier serait fait, et que la délibération recommencerait ensuite selon les formes ordinaires.

« Tous vos bureaux, dit alors M. de Villèle, ont voté contre le système des électeurs de droit, présenté par les ministres; ils ont pensé que la réalité du régime représentatif et la jouissance des avantages qu'il présente dépendaient absolument de la libre élection des députés. »

Pour se conformer à ce vœu unanime des bureaux, la commission avait cherché, parmi les systèmes proposés, quel était celui qui pouvait le mieux assurer aux Français la réalité du gouvernement représentatif et la libre élection de leurs députés; or elle avait rejeté d'abord l'idée de faire nommer directement les députés par tous les citoyens payant trois cents francs d'impôt. Quelque séduisant que fût ce système par sa simplicité et par la facilité de son exécution, il avait paru à la commission injuste, entaché de privilège et ouvert à la vénalité.

Au lieu de cela, la commission proposait:

1° De créer des assemblées cantonales, composées de tous les citoyens âgés de vingt-cinq ans, et payant au moins cinquante francs de contributions directes, dont le président serait nommé par le roi, et qui choisiraient parmi les citoyens payant au moins trois cents francs de contributions directes, et âgés de vingt-cinq ans, cent cinquante à trois cents électeurs, selon le nombre des députés que le département aurait droit d'élire, en même temps qu'elles présenteraient au roi des candidats pour les conseils d'arrondissement ;

2° D'attribuer aux colléges électoraux ainsi formés, et dont le président serait nommé par le roi, le droit de nommer les députés à la Chambre, et de présenter au roi des candidats pour les colléges de département.

De telles assemblées, selon la commission, ne devaient périr ni par la violence ni par l'indifférence ; elles n'étaient pas assez nombreuses pour être violentes, et l'indifférence ne pouvait naître que le jour où il serait bien établi que l'on voulait annuler la liberté des élections, réduire la représentation nationale à un simulacre, et perpétuer, sous le roi, l'avilissement dans lequel le Corps législatif était tombé sous Bonaparte. La commission, d'ailleurs, proposait de fixer à quarante ans l'âge des députés, et leur nombre à trois cent quatre-vingt-quinze ; de renouveler la Chambre intégralement tous les cinq ans ; de maintenir les inéligibilités formulées dans le projet du gouvernement ; de fixer à la moitié plus un le *quorum*, c'est-à-dire le nombre des membres nécessaires pour délibérer valablement ; d'écarter définitivement le système des suppléants ; enfin, de décider que les fonctions de député pourraient être rémunérées par voie de traitement ou d'indemnité quand une Chambre nouvelle aurait été élue.

Ce système électoral n'était certes point irréprochable, et on pouvait en proposer le rejet ou la modification par de très-bonnes raisons ; il n'en était pas moins bien préférable au triste système que le gouvernement s'était laissé imposer par M. de Vaublanc, et la suppression seule des électeurs de droit marquait un véritable progrès. Mais quand une lutte s'engage entre les systèmes, entre les partis, on est malheureusement, enclin à tout approuver chez ses amis, à tout blâmer chez ses adversaires, et le parti constitutionnel ne sut pas se préserver de cette mauvaise habitude. On vit donc avec surprise la combinaison absurde des électeurs de droit acceptée, défendue par des hommes de qui l'on eût attendu un jugement tout contraire ; mais, cette fois, l'initiative de la hardiesse anti-libérale appartint à M. de Serre. Sans prendre parti pour le projet ministériel, dont les motifs et les dispositions lui paraissaient souvent contradictoires, M. de Serre loua la commission d'avoir été franche et conséquente. La commission pensait que la Chambre ne pouvait être trop forte, trop indépendante, trop populaire ; et, de cette doctrine, elle tirait de justes conséquences. Mais était-il vrai que la Chambre dût posséder cette indépendance politique qui n'admet ni direction ni surveillance de la couronne ? M. de Serre ne le croyait pas ; il croyait, au contraire, que le seul moyen de concilier l'existence de la liberté publique avec la force du gouvernement consiste dans l'influence avouée et régulière que le pouvoir monarchique exerce sur les assemblées qu'il a créées.

« La France, disait-il, monarchique par ses habitudes, par ses affections, par toute sa constitution physique et morale, attend de ses députés un concours filial aux desseins paternels de son roi, et non pas une indépendance qui le contrarierait.. Conseil nécessaire du monarque dans les cas déterminés, conjointement avec la Chambre des pairs, son objet est d'éclairer, de régulariser la marche du gouvernement, sans aspirer à le diriger... »

« C'est dans cette pensée, ajoutait-il, que la Charte restreint le droit d'élection, qu'elle a modéré le nombre des députés ; enfin, qu'elle a prescrit le renouvellement annuel, afin de laisser plus de prise et d'action à l'influence ministérielle. »

En 1816, M. de Serre, comme M. Royer-Collard, était donc

pour le gouvernement auquel, en 1830, on donnait le nom de gouvernement consultatif, par opposition au gouvernement représentatif véritable. M. de la Bourdonnaie, au contraire, était pour le gouvernement représentatif, et, dans un discours énergiquement constitutionnel, on l'entendit revendiquer, contre M. de Serre, les droits de la Chambre, et s'étonner que l'on s'obstinât à confondre l'indépendance et l'insubordination. « Par qui donc, demanda-t-il, veut-on que les députés soient nommés? Par l'intervention du souverain auquel ils doivent accorder les subsides, ou par le choix du peuple qui doit les payer? Par l'influence des ministres dont ils doivent contrôler la conduite, ou par le peuple dont ils doivent défendre les intérêts? Et si les députés ne sont pas nommés par la nation, comment pourra-t-on voir en eux les organes de l'opinion nationale? Il est temps de faire justice de ce système vraiment judaïque, qui tend à faire admettre que tout ce qui n'est pas mot à mot énoncé dans la Charte fait partie des pouvoirs que le roi s'est réservés ; comme si les attributions de la puissance royale n'étaient pas clairement énoncées dans la Charte, à côté de celles des deux Chambres! Comme si nos droits n'étaient qu'une exception au système d'une monarchie absolue, toujours subsistante en regard de la Charte! Où est, dans un tel système, le gouvernement représentatif? Ce gouvernement, comme tous les gouvernements, a son esprit, ses formes constitutives, ses principes reconnus dont on ne peut s'écarter sans l'anéantir. Nier la prérogative de la Chambre, c'est nier le gouvernement représentatif lui-même. »

Conformément à ces principes, M. de la Bourdonnaie repoussait l'idée de députés salariés, et voulait que, dans les assemblées de canton, le cens fût abaissé à trente francs.

Dans ce conflit entre des systèmes complets et des orateurs importants, le rôle des ministres, du ministre de l'intérieur surtout, était embarrassant, et M. de Vaublanc ne possédait rien de ce qui eût été nécessaire pour le relever et l'agrandir.

Il essaya donc d'expliquer, d'atténuer ses paroles, en soutenant que l'opinion publique était difficile à discerner, souvent dangereuse, et que la loi devait être combinée de manière qu'en France, comme en Angleterre, le gouvernement fût toujours certain de l'appui de la majorité. M. de Vaublanc oubliait d'ajouter que si, en Angleterre, le gouvernement est toujours sûr de l'appui de la majorité, c'est parce qu'il en sort, non parce qu'il la forme. Quoi qu'il en soit, la discussion resta sur ce terrain, et l'on remarqua un discours de M. de Sainte-Aulaire, qui, se séparant de ses amis, déclara nettement qu'il préférait le système de la commission au système du gouvernement ; un discours de M. d'Haussez, qui combattit les deux projets; un discours de M. Lainé, qui proposa de substituer aux assemblées de canton des assemblées d'arrondissement, auxquelles seraient appelés tous les contribuables payant trois cents francs ; enfin, un excellent discours de M. Beugnot, qui soutint, comme M. Lainé, que, d'après la Charte, nul ne pouvait être électeur du premier ou du deuxième degré, sans payer trois cents francs de contributions directes, et que, dès lors, le meilleur parti à prendre était de réunir, soit au chef-lieu du département, soit aux divers chefs-lieux d'arrondissement, tous les citoyens payant trois cents francs pour y nommer directement les députés. Il est aisé d'apercevoir en germe, dans ces deux derniers discours, la loi du 5 février 1817, cette loi si restrictive et si populaire à la fois.

Pendant le cours de ce débat, la théorie de M. Royer-Collard avait été plus d'une fois mise en cause, et l'illustre auteur de cette théorie n'était pas homme à reculer ; loin de là, la contradiction avait sur son esprit l'effet habituel de le pousser plus loin encore dans la voie où il s'était engagé, et de le conduire aux dernières conséquences du principe qu'il avait posé. Il reparut donc à la tribune avec un discours non moins célèbre que le précédent, et dans lequel il niait ouvertement, hardiment, péremptoirement, la doctrine même de la représentation.

« Entre plusieurs pouvoirs, dit-il, qui concourent, la force des choses et le besoin de l'unité font prédominer plus ou moins l'un de ces pouvoirs, qui acquiert sur les autres une influence ouverte ou cachée. Nul doute que, dans notre gouvernement, le pouvoir royal ne soit celui auquel doit appartenir cette influence de direction. »

De là cette conséquence que, s'il existait des vides dans la Charte, on devait, en les remplissant, avoir toujours soin de conserver au pouvoir royal son ascendant.

Cela posé, est-il vrai, demandait M. Royer-Collard, que la Chambre, comme l'affirme la commission, soit représentative, et que cette vertu lui soit conférée par l'élection de ses membres? S'il en était ainsi, la Chambre devrait être élue par la population tout entière, car là seulement est la source de la représentation. La vérité est qu'il n'en est pas ainsi. Il y a dans la Charte des droits qui la consacrent bien plus qu'ils ne sont consacrés par elle; parmi ces droits ne se trouve point celui d'élire des mandataires. L'élection appartient donc aux institutions; elle est un fait introduit dans le gouvernement et non l'exercice d'un droit qui le précède. Quant à la Chambre des députés, elle fait, comme la Chambre des pairs, et au même titre, partie du gouvernement du roi.

Après avoir développé ces diverses propositions en les liant les unes aux autres par un fil logique, quelquefois un peu menu, mais solide, M. Royer-Collard arrivait à cette conclusion que la représentation n'existait nulle part dans le gouvernement de la France, et que la Chambre, telle que la Charte l'avait conçue, était un pouvoir, non une représentation. Quand la commission ne voulait admettre que des électeurs élus et qu'elle faisait dépendre de là ce qu'il lui plaisait d'appeler la réalité du gouvernement représentatif, la commission changeait donc la nature du gouvernement et transformait la monarchie en république. « Et ici, ajoutait-il, nous ne sommes pas dépourvus des lumières de l'expérience; nous avons le triste avantage d'avoir appris ce que gagnent les nations à être fortement et pleinement représentées. La Révolution, telle qu'elle s'est opérée pour le malheur des siècles, n'est autre chose que la doctrine de la représentation en action...

« Je m'arrête, dit en terminant M. Royer-Collard. La question de la représentation étant la même que celle des électeurs de droit, tout ce que j'ai dit sur l'une s'applique à l'autre. Si donc une loi des élections était indispensable en ce moment, je n'hésiterais pas à demander la priorité pour la proposition du roi, par cela seul qu'en admettant des électeurs de droit, elle a l'avantage de s'écarter ouvertement des principes de la souveraineté populaire, et de corrompre par là la représentation démocratique à sa source. Mais ce projet est défectueux à d'autres égards, et, en quelques points, contraire à la Charte, qu'il ne me paraît pas nécessaire d'abandonner, sur la foi de la théorie, avant même de l'avoir essayée. Je préfère qu'on attende. »

M. Royer-Collard ne se bornait donc pas à préférer tel système électoral à tel autre; il niait l'idée même de la représentation; il voulait effacer du langage de la France la dénomination de gouvernement représentatif, fausse et trompeuse, selon lui. Dans une académie philosophique ou littéraire, ses définitions, ses déductions, eussent été dignes d'un sérieux examen, et peut-être, cet examen fait, se serait-on aperçu qu'au fond ses conclusions étaient moins absolues qu'elles ne paraissaient l'être au premier abord. Mais, dans une assemblée politique, où la langue usuelle est seule comprise, une logique aussi subtile ne pouvait convaincre personne. Aussi embarrassa-t-elle beaucoup les amis de M. Royer-Collard, tandis qu'elle fournissait à ses adversaires un facile triomphe. Un de ces derniers, philosophe aussi et ancien membre du conseil de l'instruction publique, M. de Bonald, saisit avec empressement cette occasion, non de contredire directement M. Royer-Collard, dont cette fois il ne désapprouvait pas le système, mais d'opposer très-spirituellement l'une à l'autre les doctrines professées sur le gouvernement représentatif, à quatre ou cinq mois d'intervalle. « Nous ne voulons être ni plus ni moins libres que les Anglais, disait-on à cette époque, et voici que l'on établit doctement que la constitution française diffère essentiellement de celle de l'Angleterre, et que l'une est aussi monarchique que l'autre est républicaine. Même contradiction sur le principe de la représentation, sur l'opinion publique, sur le rôle de la Chambre.

« Que sommes-nous donc? Nous ne sommes pas des représentants, encore moins des mandataires. Nous sommes des députés, il est vrai, mais envoyés plutôt pour conseiller le pouvoir que pour le partager... A la Chambre des pairs, on nous reproche d'être plus royalistes que le roi ; dans la nôtre, nous sommes accusés de démocratie et d'affecter l'indépendance. Ainsi, représentants qui ne représentent rien, mandataires sans mandat, plus que conseillers du roi, moins que législateurs, nous sommes des êtres politiques assez équivoques, et nos fonctions se bornent à faire des discours qu'on n'écoute pas et à signer des apostilles qu'on ne lit pas. »

A ces mots, la Chambre entière partit d'un éclat de rire ; mais M. de Bonald lui rendit bientôt son sérieux en proposant, à son tour, un projet plus bizarre que tous les précédents, un projet qui créait, au sein des corps électoraux, une aristocratie et une démocratie, l'aristocratie permanente et de droit, la démocratie mobile et sujette à élection.

Le discours de M. Royer-Collard eut d'ailleurs ce double privilège d'être le point de mire de tous ceux qui lui succédèrent, et de ne pas rencontrer un seul approbateur. Ainsi, sans compter M. de Bonald, il eut pour contradicteurs M. Benoist et M. Colomb, M. de Trinquelague et M. Boin, qui, les uns et les autres, signalèrent sa doctrine comme destructive de toute liberté politique, et comme tendante à convertir la Chambre des députés en un grand conseil d'État. Quand, à diverses époques, cette doctrine a été reproduite par les ennemis du gouvernement parlementaire, ils n'auraient pas dû oublier qu'au moment où elle se produisit pour la première fois elle fut presque unanimement désapprouvée, et que M. Royer-Collard lui-même ne tarda pas à s'en départir.

L'attention publique était vivement excitée, tant par l'importance du sujet que par celle des discours prononcés de part et d'autre. Mais, au dehors de la Chambre comme dans la Chambre elle-même, une question continuait à dominer toutes les autres, celle de savoir si la majorité parviendrait à se perpétuer. Dans les deux quartiers rivaux des Tuileries, dans les salons royalistes ou libéraux, dans le cabinet des diplomates, dans les boutiques et même dans quelques ateliers, cette question se débattait avec passion, et chacun se croyait perdu ou sauvé, selon la solution qui prévaudrait. Tel était l'état des esprits quand le rapporteur, M. de Villèle, vint résumer la discussion. Il mit beaucoup de soin à établir que la Charte avait pris le mot *électeurs* dans le sens où le prenaient les constitutions de l'Empire, et qu'en imposant aux *électeurs* un cens de trois cents francs, elle n'avait pas entendu l'imposer également aux membres des assemblées primaires; puis, opposant le projet de la commission au projet du gouvernement, il montra que le premier était plus large, plus libéral, plus populaire que le second; on pouvait d'ailleurs le rendre plus libéral et plus populaire encore en abaissant le cens à vingt-cinq francs. « Si l'on dit, ajouta le rapporteur, que c'est constituer une élection démocratique, la commission répond que la Chambre des députés est la partie démocratique de la constitution, et qu'elle doit être démocratiquement organisée. Si l'on veut des électeurs de droit, pourquoi pas aussi des députés de droit? l'un serait aussi soutenable que l'autre. » Néanmoins la commission consentait à adjoindre aux collèges électoraux un petit nombre de plus imposés; elle consentait aussi à abaisser à trente ans l'âge des députés et à renoncer à toute indemnité législative dans l'avenir comme dans le présent ; sur les autres points elle maintenait ses propositions.

La Chambre, consultée sur la première question posée par le rapporteur, celle de savoir si elle se renouvellerait intégralement ou par cinquième, décida, au milieu d'une grande agitation, qu'elle se renouvellerait intégralement ; elle décida ensuite que les députés pourraient être élus à trente ans, s'ils étaient mariés ou veufs, et à trente-cinq ans, s'ils étaient célibataires ; elle décida enfin que le nombre des députés attribués à chaque département resterait tel que l'avait fixé l'ordonnance du 13 juillet. De ces trois résolutions, la seconde fut prise, à la demande de M. Hyde de Neuville, par ce motif que « des enfants qu'on chérit, une femme qu'on aime et qu'on estime, sont la plus sacrée de toutes les propriétés. » Sur la question des deux degrés d'élection, le débat s'anima beaucoup, et l'idée d'un collège unique fut produite et soutenue à des points de vue différents. La Chambre, enfin, décida qu'il y aurait deux degrés d'élection, mais que le premier degré serait à l'arrondissement, non au canton. Cet amendement, qui paraissait bouleverser tout le système de la commission, jeta une grande confusion dans la Chambre ; en définitive, il aboutit seulement à une rédaction moins précise, la commission ayant maintenu toutes les combinaisons de son projet, avec cette seule différence que les mots d'arrondissement et de section d'arrondissement furent substitués aux mots de canton et de section cantonale.

Il restait à déterminer quel serait le cens nécessaire pour être électeur du premier et du deuxième degré. Pour le premier degré, M. Corbière, appuyé par M. de Villèle, proposa vingt-cinq francs, tandis que M. Sirieys de Marinhac proposait que la patente ne fût pas comprise dans l'impôt. Ni l'une ni l'autre proposition ne réussit. La Chambre préféra cinquante francs à vingt-cinq francs, et, sur l'observation de M. Duvergier de Hauranne, qu'exclure la patente ce serait exclure le commerce et restreindre le droit électoral d'une manière injuste et impolitique, elle rejeta l'amendement de M. Sirieys de Marinhac.

Jusque-là la commission n'avait rien abandonné de son plan primitif, et l'avait fait presque constamment prévaloir; au dernier moment elle vint, par une concession malhabile, démentir toutes ses paroles, affaiblir tous ses raisonnements, et donner en quelque sorte gain de cause à ses adversaires. Après avoir surabondamment démontré l'absurdité des électeurs de droit, elle finit par attribuer au roi le droit d'adjoindre aux colléges de département des électeurs de son choix, dans la proportion d'un sur dix. Malgré la vive opposition de plusieurs députés, de M. Jobez notamment, l'amendement plut à la Chambre, et, à la sollicitation de M. Clausel de Coussergues, de M. Humbert de Sesmaisons, de M. Sirieys de Marinhac, elle y ajouta cette clause que, dans chaque département, les plus imposés constitueraient de droit le tiers du collége. Ainsi, dans un collége de cent cinquante membres, il y avait soixante-cinq électeurs de droit, dont cinquante à titre de plus imposés, et quinze à titre d'élus du roi. C'est à cela qu'aboutissaient tant de belles phrases sur l'indépendance de la Chambre et sur la nécessité d'obtenir, par des élections libres et sincères, l'expression fidèle de l'opinion publique!

Il fut enfin résolu que les députés ne recevraient ni indemnité ni traitement. Puis, après avoir rejeté plusieurs propositions, la Chambre, dans la séance du 6 mars, adopta la loi au scrutin secret, à la majorité de cent quatre-vingts voix contre cent trente-deux.

En revenant aux électeurs de droit, qu'elle avait si longtemps combattus, la commission espérait sans doute regagner la faveur du roi, peut-être même celle du ministère; mais c'était une erreur étrange. Si aucun des ministres, un seul excepté, n'envisageait encore comme possible la dissolution de la Chambre, aucun d'eux, en revanche, ne voulait que cette

Chambre se perpétuât, et le roi, sans avoir un parti pris à cet égard, inclinait à leur avis. Une autre question d'ailleurs, la question de l'initiative, lui tenait au cœur d'autant plus fortement, qu'il s'agissait ici d'un article de la Charte, de cette Charte qu'il regardait comme son œuvre et comme son bien. Néanmoins le moment ne paraissait pas venu de faire usage du *veto* royal, et le gouvernement se borna à présenter les deux projets à la Chambre des pairs, dans une forme insolite, en les plaçant l'un en regard de l'autre, sur deux colonnes, sans un seul mot d'approbation ou de blâme. En réalité, c'était prier la Chambre des pairs de venir en aide à la couronne, et, ni dans l'une ni dans l'autre Chambre personne ne put s'y tromper.

Pendant que la loi d'élection mettait ainsi en présence les hommes, les partis, les systèmes, une autre question non moins grave, celle du budget, achevait de brouiller le ministère et la majorité, et de mécontenter profondément, non-seulement tous ceux qui, de près ou de loin, tenaient à la Révolution, mais encore toute la diplomatie étrangère. La Chambre, dès le 11 décembre, avait voté sans débat une loi qui autorisait le gouvernement à inscrire immédiatement au grand-livre de la dette publique une somme de seize millions de rentes, comme garantie de divers payements à faire aux puissances étrangères ; mais la régularité de ces payements n'en dépendait pas moins de l'équilibre que la Chambre établirait entre les recettes et les dépenses. L'attention inquiète de la diplomatie étrangère s'était donc portée tout naturellement sur le projet de budget présenté, dès le 22 décembre, par M. Corvetto. Comme on devait s'y attendre, toutes les prévisions de 1814 avaient été déçues par le 20 mars. L'arriéré, réduit à quatre cent soixante-deux millions, soit par l'effet d'évaluations plus exactes, soit par suite de payements effectués, était remonté à six cent quatre-vingt-quinze millions, et il fallait pourvoir à cet arriéré. Le sort des créanciers antérieurs à 1814 avait été réglé par la loi du 23 septembre 1814, et le gouvernement pensait qu'en bonne justice le sort des créanciers postérieurs devait être le même. Donc, aux seconds comme aux premiers, il réservait le droit de choisir entre la consolidation ou des obligations à 8 pour 100, remboursables en trois ans, sur le produit de la vente de trois cent mille hectares des bois de l'État ; mais, par divers motifs que le ministre énonçait, cette ressource étant devenue insuffisante, il proposait de vendre cent mille hectares de plus et d'accorder aux obligations, afin de les maintenir au taux d'émission, le privilège d'être admises pour les quatre cinquièmes en payement des bois et des biens communaux. Par ce moyen, la France, disait le ministre, ferait honneur à ses engagements et ne déshonorerait pas son malheur en le faisant servir de prétexte à un manque de foi. Quant au budget proprement dit, il ne se présentait pas sous un meilleur aspect : en réduisant les services à leur dernière limite, on ne pouvait dépenser moins de cinq cent vingt-cinq millions, auxquels il fallait ajouter cent quarante millions pour le payement du premier cinquième de la contribution de guerre, cent trente millions pour l'entretien de cent cinquante mille soldats étrangers, enfin cinq millions, pour dépenses éventuelles de guerre ; en tout huit cents millions. Or, pour obtenir cette somme, il paraissait nécessaire, non-seulement de maintenir tous les impôts existants, mais d'en remanier quelques-uns, ceux, par exemple, des douanes et des contributions indirectes ; il paraissait nécessaire aussi d'opérer sur les divers traitements une retenue considérable, et d'imposer aux comptables et aux officiers ministériels une augmentation de cautionnement. A l'aide de ces diverses mesures, le ministre des finances espérait parvenir à réaliser les recettes suivantes :

Contributions directes. 320,000,000
Enregistrement et domaines (y compris la coupe des bois). 156,000,000

A REPORTER. . . 476,000,000

Report...	476,000,000
Contributions indirectes et tabacs.....	147,000,000
Douanes et sels.............	75,000,000
Postes, loteries, salines de l'Est, etc. . .	29,000,000
Retenue provenant de la liste civile . . .	10,000,000
Retenue sur les traitements........	13,000,000
Supplément de cautionnements à fournir.	50,000,000
Total...	800,000,000

En outre, afin de pourvoir au remboursement de l'emprunt forcé de cent millions, autorisé par l'ordonnance du 16 août 1816, et des impositions locales levées dans certains départements, pendant la durée de l'occupation étrangère, le ministre proposait de percevoir, en 1816, en centimes additionnels, la moitié du montant total des contributions directes; il proposait enfin : 1° d'affecter à l'amélioration du sort du clergé le produit des extinctions des rentes viagères et des pensions ecclésiastiques; 2° de créer une nouvelle caisse d'amortissement, indépendante du gouvernement et surveillée par une commission dans laquelle figureraient deux pairs et deux députés; 3° d'autoriser, en échange de l'augmentation des cautionnements, les avocats à la cour de cassation, notaires, avoués, huissiers, agents de change, etc., et leurs veuves et leurs enfants à présenter leurs successeurs; 4° d'attribuer exclusivement à la caisse d'amortissement le revenu des postes jusqu'à concurrence de quatorze millions.

Tel était le budget du gouvernement, budget peu satisfaisant, mais honnête, sincère, courageux, qui regardait la difficulté en face et qui s'efforçait d'y pourvoir. Si la commission se fût placée au même point de vue, il lui eût été facile de s'entendre avec les ministres et d'arriver ainsi devant la Chambre avec un plan concerté; mais la commission, composée en majorité des hommes les plus ardents du parti royaliste, se plaçait à un point de vue tout différent, et avait de tout autres préoccupations. Sans doute l'équilibre des recettes et des dépenses la touchait; mais une chose la touchait plus encore, l'iniquité, selon elle, de vendre les bois du clergé et des communes pour payer intégralement les créanciers de la Révolution et des deux Empires. Dès ses premières séances, elle posa donc en principe que la loi du 23 septembre 1814 était une loi ordinaire qui, comme toute autre loi, pouvait être rapportée. En vain les ministres, dans plusieurs conférences, représentèrent que la loi du 23 septembre 1814, votée par la Chambre après une mûre délibération, reconnaissait une dette, créait des droits, et déterminait, une fois pour toutes, les conditions d'un véritable contrat entre l'État et ses créanciers, la commission resta sourde à toutes les observations, à toutes les prières, et décida que l'arriéré, ancien ou nouveau, serait remboursé en rentes 5 pour 100 au pair, c'est-à-dire en imposant aux créanciers une perte de 40 pour 100. C'était une banqueroute partielle, et ainsi se trouvait annulé, par une majorité royaliste, l'acte qui avait le plus honoré le gouvernement royal en 1814.

Quand cette résolution fut connue, elle produisit partout l'effet le plus fâcheux, et l'honnêteté du duc de Richelieu fit de grands efforts pour déterminer la commission à revenir sur ses pas ; il alla même jusqu'à déclarer que, dans aucun cas, le ministère ne consentirait à la consolidation de l'arriéré, et que, plutôt que de céder, il retirerait cette partie du projet de loi, pour exécuter purement et simplement la loi du 23 septembre. Mais le parti était pris, et la menace du duc de Richelieu n'eut pas plus d'effet que ses prières. En conséquence, dans la séance du 26 février, le ministre des finances vint lire à la tribune un projet de loi qui retirait le titre relatif à l'arriéré, et qui, tenant la question pour résolue par la loi du 23 septembre, quant aux anciennes créances, ajournait à la session suivante la question de savoir comment, en définitive, seraient liquidées et payées les créances nouvelles. A cette lecture, il y eut d'abord, sur les bancs ultra-royalistes, une grande agitation; mais la commission, instruite d'avance, avait son plan préparé. M. Corbière demanda donc qu'au lieu d'être transmise à la commission du budget, ainsi que le président le voulait, la proposition nouvelle du gouvernement fût renvoyée dans les bureaux, afin qu'ils pussent exprimer leur avis; et, malgré le ministre des finances, la Chambre adopta ce renvoi. Le résultat fut qu'à la majorité de huit voix contre une les bureaux enjoignirent à la commission de ne tenir aucun compte de l'ordonnance de retrait et de persévérer dans toutes ses conclusions.

Pour une Chambre où l'élément monarchique dominait, la résolution était vive, et il est douteux qu'en 1830 même, au plus fort de la grande lutte parlementaire qui aboutit aux ordonnances et à la Révolution, M. Royer-Collard et ses amis eussent traité une ordonnance du roi, légalement rendue, avec un tel dédain. Quoi qu'il en soit, peu de jours après, le 9 mars, la commission triomphante fit son rapport, par l'organe de M. Corbière. Sur le budget proprement dit, elle proposait quelques économies, compensées, par une allocation supplémentaire de cinq millions au chapitre du clergé catholique, et elle substituait aux impôts nouveaux proposés par le gouvernement quelques autres impôts; mais la question de l'arriéré absorbait toutes les pensées, et c'est à cette question surtout que le rapport s'attachait. Selon le rapporteur, la loi du 25 septembre 1814, mauvaise en soi, avait en quelque sorte été rapportée de fait, par la plus terrible des forces majeures, par les derniers événements, et était devenue inexécutable ; il était donc indispensable et urgent de la reviser, malgré la dernière proposition ministérielle. La commission s'efforçait alors d'établir que rembourser un capital de cent francs au moyen d'une valeur cotée soixante francs à la Bourse n'avait rien de déloyal, et que c'était une manière fort simple de se libérer; aussi proposait-elle d'appliquer ce mode de libération, non-seulement à l'arriéré ancien et nouveau, mais à l'emprunt forcé de cent millions.

La discussion sur cette grave question commença le 14 mars, et se termina le 25, alors seulement que tous les hommes éminents de la Chambre eurent exprimé leur opinion. M. Pasquier, M. Beugnot, M. Becquey, M. Ganilh, M. de Barante, M. Portal, M. de Saint-Cricq, M. Duvergier de Hauranne combattirent le projet de la commission, comme subversif des droits du roi, comme contraire à la foi publique, comme désastreux et ruineux en lui-même, et la démonstration fut si claire, si péremptoire, que la majorité s'y fût sans doute rendue, si deux passions, la haine des créanciers de la Révolution et de l'Empire, et le désir de rendre au clergé ses anciennes propriétés, ne l'eussent rendue inaccessible aux meilleurs raisonnements. La loi du 23 septembre 1814, qui a réglé les droits respectifs de l'État et de ses créanciers est, dirent-ils, une loi d'espèce particulière, et qui ne peut être subrepticement rapportée. Or le roi, à qui appartient l'initiative des lois, en propose-t-il le rappel? Loin de là ; le roi veut la maintenir, et, pour éviter d'en affaiblir la puissance, il a retiré le titre du projet de budget qui paraissait la remettre en discussion. La commission n'a donc point le droit de toucher à cette loi et de priver les créanciers des garanties de payement qu'elle leur a assurées ; elle a moins encore le droit de leur faire banqueroute des deux cinquièmes, peut-être même de moitié, en leur donnant, au taux de cent francs, des titres qui valent aujourd'hui soixante francs, et qui tomberont probablement à cinquante francs, le jour où la loi sera rendue. On dit que tout doit céder à la nécessité. La nécessité est l'excuse banale de ceux qui ne payent pas leurs dettes; cette excuse, jamais un État n'a le droit de l'employer. Le plan de la commission est d'ailleurs un plan ruineux en lui-même. La commission veut qu'au lieu d'aliéner des bois pour payer les dettes de l'État, on crée quarante et un millions de rentes, dont cinq pour l'emprunt des cent millions, et en même temps elle rejette les nouveaux impôts proposés! Par quel expédient balancera-t-elle les recettes et les dépenses, en 1817, quand certaines ressources éventuelles n'existeront plus et quand les dépenses se seront accrues? On se trouvera alors en face d'un nouveau déficit qui viendra aggraver les engagements si lourds pris avec l'Europe, et il faudra encore une fois recourir au crédit : le pourra-t-on, quand on en aura abusé déjà, non pour tenir ses engagements, mais pour y manquer? On croit pourvoir à tout par la création d'une nouvelle caisse d'amortissement ; mais on devrait savoir qu'une caisse d'amortissement véritable ne s'alimente que par l'excédant réel des recettes sur les dépenses. Quand cet excédant n'existe pas, la caisse d'amortissement est une fiction. Une question, au reste, domine toutes les autres, celle de l'engagement synallagmatique entre l'État et ses créanciers. Dans la pratique commerciale, on tient que, mal payer, c'est à la fois se déshonorer et se ruiner : croit-on qu'il n'en soit pas de même, quand il s'agit, non plus d'un particulier, mais d'une nation?

A ces raisonnements plusieurs fois produits M. de Serre ajouta une dissertation sur les droits respectifs de la Chambre et du roi, et établit que l'on ne pouvait ni remettre toute la législation en question par forme d'amendement, ni trouver dans le texte de la loi de 1814 un prétexte de la détruire. « Le roi, dit-il, veut réparer toutes les injustices réparables, mais sans commettre d'injustice nouvelle. Or, en incorporant une loi sur l'arriéré au vote de l'impôt, on place le roi dans cette alternative, ou de rejeter la loi de finances, sans laquelle le roi doit périr, ou d'accepter une loi frauduleuse, tyrannique, et qui n'a pas même la triste excuse de la nécessité. »

M. Royer-Collard, enfin, donna aux arguments de ses amis la forme qui lui était propre, et démontra rigoureusement que la conséquence du principe posé par la commission était de remettre chaque année en question toutes les parties de la dette publique. La commission avait donc outrepassé ses pouvoirs. « Pour soutenir le contraire, il faut, dit-il, ou bien dire, comme la commission, que la loi du 25 septembre est abrogée *dans le fait, par la nature des choses*, ce qui est la doctrine de la tyrannie, ou bien prétendre que toute loi dont l'exécution donne lieu à une dépense quelconque peut, à propos de cette dépense, être changée par voie d'amendement, ce qui est investir la Chambre de la toute-puissance. » La Chambre, selon M. Royer-Collard, n'avait donc pas même le droit de délibérer sur la proposition de la commission, et il s'étonnait que, dans la première session de la première Chambre formée en exécution de la Charte, les partisans les plus déclarés de la monarchie légitime voulussent porter à la prérogative du monarque une atteinte si profonde. Et pourquoi voulait-on usurper l'initiative? Afin de payer cent francs avec soixante. « Jamais, en effet, ajouta en terminant M. Royer-Collard, le roi ne ferait une telle proposition. Les rois ne dédaignent pas l'honneur d'une obéissance passive à leurs engagements; ils ont de plus hautes pensées et de plus nobles instincts que les nôtres ; et, quand on étale à leurs regards les avantages et les profits des résolutions vulgaires, ils savent répondre, comme Alexandre : Et moi aussi, si j'étais Parménion! comme le roi Jean : Si la justice et la bonne foi étaient bannies de la terre, on les retrouverait dans la bouche et dans le cœur des rois. »

Le croirait-on? devant la Chambre monarchique de 1815, la péroraison de M. Royer-Collard n'obtint pas grâce pour son discours, et ce n'est point une Chambre libérale, mais une Chambre ultra-royaliste qui en refusa l'impression !

Sans admettre la théorie de M. Royer-Collard et de M. de Serre sur le droit d'initiative et sur le droit d'amendement, il faut reconnaître qu'en fait ils avaient raison cette fois, et que nul gouvernement ne serait possible, si, par des amendements, violemment incorporés à la loi du budget, toutes les lois existantes pouvaient être changées chaque année. Mais, à l'époque où nous sommes arrivés, l'ardeur parlementaire des députés ultra-royalistes dépassait toutes les bornes, et M. de Bonald voulut bien se charger d'opposer à la théorie de M. Royer-Collard une théorie qui mit à l'aise toutes les consciences. Selon lui, pour résoudre la question de l'initiative, il fallait distinguer les lois bursales des lois politiques et morales. L'initiative du roi s'étendait à chaque article de ces dernières. En matière d'impôt, au contraire, la *quotité* était tout. Le roi fixait la somme que les besoins de l'État paraissaient exiger, et laissait aux Assemblées le choix des moyens d'asseoir cette somme et de la répartir : « Si cela est vrai, ajoutait-il, du budget *positif*, cela est plus vrai encore du budget *négatif* ou de la dette à payer. »

C'est par cette étrange subtilité que M. de Bonald s'efforçait de prouver que la loi de 1814 n'était rien, et que la Chambre restait maîtresse de payer comme il lui plairait les créanciers de l'État; mais il ne s'en tint pas là, et bientôt il rentra dans le vrai de ses opinions en soutenant que ni les biens des communes ni les biens du clergé n'appartenaient à l'État, et que, par conséquent, la Chambre de 1814 n'avait pas pu en disposer. A vrai dire, selon M. de Bonald, on ne se souciait guère des créanciers de l'État, mais on voulait faire boire la monarchie à la coupe empoisonnée de la Révolution : « On a déjà, dit-il, trop cédé à cette maligne influence quand, de peur de rentrer dans le système de la confiscation *pratiqué par les peuples les plus sages,* on a rejeté les indemnités qu'une justice rigoureuse prescrivait d'exiger sur les biens des coupables du 20 mars. »

M. de Bonald croyait donc le système des confiscations légitime et sage. De quel droit, à quel titre pouvait-il dès lors signaler comme illégitimes les confiscations de 1793 et 1794, celles surtout qui avaient frappé des corporations, non des individus? Mais l'esprit de parti n'y regarde pas de si près, et quand M. de Bonald, après s'être prononcé tout à la fois contre la vente des bois de l'État, contre l'emploi des moyens de crédit et contre les impôts proposés par le gouvernement, termina son discours par un grand éloge de la Chambre qui voulait « la destruction des doctrines révolutionnaires, le rétablissement de la religion, le bon ordre des familles, » un tel enthousiasme s'empara de ses collègues que, sans se demander si la conclusion du discours n'était pas la banqueroute, ils en votèrent l'impression à six exemplaires[1], afin que la France entière pût goûter par anticipation les douceurs du régime qui lui était promis.

Le ton du discours de M. de Bonald était d'ailleurs celui de la plupart des discours prononcés du même côté. « Je m'habitue difficilement, dit M. de Rougé, à cette idée que le roi paye de la même manière ceux qui ont fourni des moyens à Bonaparte et ceux qui ont fait de grands sacrifices pour maintenir la couronne sur la tête de nos rois légitimes. » — « Si on ne vend pas les bois, ajouta-t-il, l'État les rendra à leurs légitimes propriétaires, et l'on ne verra pas les dernières propriétés de l'Église devenir le gage des derniers fournisseurs de Bonaparte. » — « Les bois du clergé, dit M. Roux-Laborie, n'appartiennent pas à l'État, et des révolutionnaires peuvent seuls songer à dépouiller la religion sous les yeux du fils de saint Louis. Ces forêts sont d'ailleurs le plus beau présent que la nature et l'état sauvage aient fait à la civilisation : la Chambre les arrachera à la hache qui s'apprête, et les rendra à leurs légitimes possesseurs. » — « La loi de 1814, dit M. Josse-Beauvoir, est une loi révolutionnaire. Les bois dont cette loi a disposé appartiennent au clergé. Les anciens fournisseurs

---

[1] A cette époque où certains discours étaient imprimés par ordre de la Chambre, on en votait ordinairement l'impression à *un* exemplaire, ce qui voulait dire qu'un exemplaire était donné à chaque député, à chaque pair, à chaque conseiller d'État, à chacun des fonctionnaires qui avaient droit aux distributions de la Chambre. Le nombre d'exemplaires ainsi distribués était multiplié par six quand la Chambre décidait que tel ou tel discours serait imprimé à *six* exemplaires.

sont-ils donc plus intéressants que les Vendéens ? » — « Il est un moyen fort simple, dit M. Brenet, de relever le crédit public, c'est d'adopter un plan de gouvernement énergique et conséquent; c'est de renoncer à vouloir amalgamer la fidélité et la trahison, les révolutionnaires et les antirévolutionnaires; c'est d'entrer dans un système d'épuration franc et soutenu ; c'est de ne pas préparer un nouveau 20 mars, en laissant en place des fonctionnaires infidèles : la France ne veut plus des révolutionnaires. » — « Non, non ! » s'écria la droite tout d'une voix ; et M. Brenet se rassit au milieu des applaudissements.

Dans ce discours, M. Brenet, on le voit, proposait un moyen de crédit tout nouveau, celui des épurations politiques. « Quand vous parlez d'épurations, s'écria M. de Serre, oubliez-vous donc que, depuis six mois, toutes les administrations ont été épurées ? ou bien voulez-vous que l'on traite aujourd'hui les remplaçants comme on a traité les remplacés ? Prenez-y garde, tout se paralyse ; chacun hésite lorsque chaque démarche peut amener une dénonciation. Le caractère national s'altère. La délation, horrible fléau, commence à infecter la France ! » Et, à ces généreuses paroles, la gauche et une partie du centre donnèrent à leur tour une chaleureuse adhésion.

Le débat se prolongeait sans amener un argument nouveau et sans modifier une opinion. Deux orateurs de la majorité, éminents à des titres différents, sortirent pourtant de l'ornière : M. de Villèle qui, avec son habileté ordinaire, se fit fort de prouver que le système de la commission était plus avantageux que le système du gouvernement, même pour les créanciers de l'État, et M. de la Bourdonnaie qui, tout en répudiant pour les députés le titre de représentants du peuple, soutint que la seule proposition du budget de l'année les investissait du droit d'examiner et de réformer les budgets antérieurs. M. de la Bourdonnaie nia d'ailleurs que la loi de 1814 eût le caractère d'un contrat entre l'État et ses créanciers. Dans tous les cas, la première loi des sociétés était le salut de tous, et le salut de tous voulait que la loi de 1814 cessât d'exister. Puis, revenant à ses préoccupations habituelles, il s'étonna de l'intérêt que les ministres du roi portaient aux créanciers de l'usurpateur, par préférence à tant de Français fidèles, dévoués et bien plus malheureux : « Les créanciers de l'État, dit-il, se plaignent de n'être pas payés! Qu'ils en accusent les chefs rebelles de cette armée que vingt-cinq ans de succès ont enivrée d'orgueil et d'espérance; qui, ne voyant d'avancement que dans le carnage, de dotation que dans la conquête, avaient déclaré la guerre à la patrie plus encore qu'à l'Europe, et, pleins de regrets dans la chute d'un trône fondé sur le sang et les larmes des Français, sur les dépouilles du monde, ont trahi leurs serments et comblé nos malheurs! »

Quand M. de la Bourdonnaie prononçait ces imprudentes paroles, l'armée de Waterloo, licenciée et dispersée, n'était plus à craindre; mais les débris vivants de cette armée et des armées précédentes, répandus dans les campagnes, n'avaient, en quittant leur uniforme, ni perdu toute mémoire, ni abdiqué toute fierté. On peut juger de l'indignation qu'ils éprouvaient quand de telles injures parvenaient jusqu'à eux, et des sentiments qu'elles remuaient dans leurs cœurs.

La clôture de la discussion générale ayant été prononcée dans la séance du 20 mars, le rapporteur, M. Corbière, devait prendre la parole dès le lendemain; mais, le lendemain, on annonça qu'une indisposition subite l'en empêchait, et ce fut seulement le 23 mars qu'il monta à la tribune. Après des débats aussi vifs et qui avaient mis tant de passions en mouvement, on s'attendait généralement à un résumé incisif, et l'on fut assez surpris du ton modéré, conciliant que prit M. Corbière pour présenter l'analyse de la discussion et pour réfuter les objections que l'opposition ministérielle avait soulevées contre le plan de la commission. On fut plus surpris encore quand il insinua que l'on pourrait, conformément à quelques avis jusque-là peu écoutés, rendre la consolidation facultative, et laisser aux sessions prochaines le droit de statuer définitivement sur le sort de ceux qui n'auraient pas voulu s'y soumettre. Mais la surprise cessa quand, aussitôt après le résumé de M. Corbière, le ministre des finances vint déclarer que la *valeur morale* du gage, attribué par la loi de 1814 aux créanciers de l'État, était altérée par les discussions qui avaient eu lieu, et que dès lors il devenait difficile de répondre de l'exécution de la loi ; il proposait donc, *après de franches communications avec la commission*, de réunir les deux arriérés; de porter de trois à cinq ans le délai de payement; d'attribuer provisoirement aux créanciers qui préféreraient ne pas accepter la consolidation au pair, un intérêt de cinq pour cent, et de laisser aux Chambres le soin de statuer, en 1820, sur l'acquittement de la dette; puis il donna lecture du projet de loi dans lequel on remarquait l'article suivant :

« Les lois du 20 mars 1813 et du 23 septembre 1814 sont rapportées en ce qu'elles ont de contraire à la présente... » A peine le ministre avait-il prononcé ces mots que, sur presque tous les bancs des cris de *Vive le roi!* éclatèrent. « En conséquence, ajouta-t-il, en élevant la voix, la vente des biens de l'État cessera d'avoir lieu, et les biens des communes seront remis à leur disposition, comme ils l'étaient avant les présentes lois. » — « *Aux voix! aux voix!* cria-t-on alors de toutes parts ; et le troisième projet de loi de l'arriéré fut adopté, séance tenante, à l'unanimité moins une voix (celle de M. Colomb), après une courte allocution du président, qui eut le courage de signaler ce résultat comme le triomphe de l'initiative royale et le prix des efforts de ceux qui avaient combattu pour la foi publique!

Il faut en convenir, un tel subterfuge était peu digne de M. Lainé, et on ne pouvait plus maladroitement essayer de faire passer pour une victoire la plus éclatante des défaites. La capitulation était flagrante, en effet, et l'initiative royale, la foi publique, le crédit succombaient du même coup. Et pourtant, telle était l'ardeur de la lutte, telles étaient les espérances et les craintes qu'elle avait éveillées dans les deux camps, qu'il y eut du côté de la commission plus de mécontentement encore que du côté des ministres. C'étaient en effet les ministres qui, se regardant comme battus, avaient, par l'organe de M. Portal, pris l'initiative de la transaction! La commission, assez avisée pour comprendre que leur échec n'en était pas moins complet, avait accepté sans hésitation; mais, en même temps que la transaction humiliait les ministres, elle les sauvait: de là, dans les deux camps, un singulier mélange de satisfaction et de déplaisir. Pour calmer ceux des royalistes qui se croyaient à la veille de s'asseoir sur les bancs ministériels, il fallut que MM. de Villèle et Corbière leur expliquassent que la victoire remportée par la commission rendait désormais irrésistible la puissance de la Chambre sur la direction des affaires, et qu'en donnant aux ministres la satisfaction purement nominale qu'ils désiraient, on les avait frappés à mort[1]. MM. de Villèle et Corbière avaient raison, et, le lendemain même du vote, leurs amis mécontents purent s'en convaincre quand ils virent la majorité, pleine de confiance, se presser sur des bancs trop petits pour la contenir, tandis que les bancs ministériels se vidaient comme par enchantement.

Dans cette discussion d'ailleurs le ministère s'était montré d'une fâcheuse faiblesse. Ni M. de Richelieu, ni M. Decazes n'avaient pris la parole, et le ministre des finances, qui l'avait prise plusieurs fois, n'avait rien dit qui pût agir sur la Chambre. L'année précédente, c'est d'un tout autre ton, par de tout autres arguments que le baron Louis avait défendu et fait prévaloir la loi qui venait de succomber. Le baron Louis, membre de la Chambre, eût pu d'ailleurs, comme député, défendre encore la loi qu'il avait présentée comme ministre; s'il ne l'avait pas fait, c'était sans doute que, devant une Chambre aussi

---

[1] Correspondances inédites.

passionnée, le succès lui paraissait impossible, et que, par un calcul plus habile que patriotique, il aimait mieux se réserver pour de meilleurs temps.

Quoi qu'il en soit, succédant à peu de jours d'intervalle au vote sur la loi des élections, ce dernier vote de la Chambre acheva d'assurer aux ministres et à leur politique l'appui, alors très-important, de la diplomatie étrangère. Dès le début, ainsi que nous l'avons dit, la diplomatie étrangère s'était fort effrayée de l'attitude et des projets de la majorité royaliste. Quand elle vit cette majorité, pour mettre ses projets à exécution, opposer la prérogative parlementaire à la prérogative royale; s'emparer de l'initiative; braver le roi et tendre à constituer une sorte de démocratie contre-révolutionnaire, son effroi redoubla. Dans toutes leurs dépêches à leurs gouvernements respectifs, M. de Goltz, M. de Vincent, M. Pozzo di Borgo, sir Charles Stuart, M. de Fagel signalaient le danger que les folies et les violences de la majorité faisaient courir à l'ordre européen, et insistaient sur la nécessité d'y mettre un terme; dans toutes leurs dépêches, ils dénonçaient le comte d'Artois comme le rival avoué de son frère et l'auteur de tout le mal : « Tout porte à croire, écrivaient-ils, qu'une crise se prépare. — Les débats secrets et publics de la Chambre sont chaque jour plus orageux. — Le parti des exagérés a tout à fait levé le masque et domine entièrement l'Assemblée. — Ce parti est tout en acclamation; mais la partie saine, mâle et agissante de la nation est plus réservée et juge silencieusement : c'est elle qui prendra tôt ou tard le dessus, quand elle croira, plus encore qu'elle ne le croit aujourd'hui, ses intérêts menacés par une faible minorité. — Tout est en combustion; le ministère n'est plus, par ses propres forces, en état de faire passer une seule loi, et son existence dépend du caprice de ses adversaires. — Le comte d'Artois annonce positivement un nouveau cabinet où M. Mathieu de Montmorency sera ministre des affaires étrangères, M. de Bouville, ministre de la police,

M. de Chateaubriand, ministre de l'intérieur, M. de Bruges, ministre de la guerre. Une telle administration ne durera pas un mois; mais, en attendant qu'elle tombe, elle aura agité le pays, mis en danger la monarchie, et rendu impossible l'accomplissement des engagements pris par la France envers les puissances étrangères [1]. »

Quand les ambassadeurs tenaient un tel langage, on peut facilement deviner quel était celui des étrangers dont aucune responsabilité officielle n'entravait la liberté; celui de lord Kinnaird, de sir Robert Wilson, de M. de Humboldt, du prince Paul de Wurtemberg, et même du baron de Muffling : « L'opinion publique, écrivaient ces derniers, repousse la Chambre élue en 1815, cette Chambre ardente et inconsidérée, qui traine à sa suite toutes les passions, qui a fait manquer à la parole du roi dans la loi d'amnistie, qui viole chaque jour la Charte constitutionnelle; cette Chambre où l'on étouffe la voix du petit nombre des orateurs qui parlent le langage de la vérité; cette Chambre qui met le trône en péril et qui compromet jusqu'à l'existence de la nation. » M. de Muffling ajoutait que la Chambre devait fléchir, ou bien qu'il faudrait la dissoudre pour mettre un terme à son égarement.

Vers la fin de février, le lendemain même du jour où la Chambre venait de décider qu'elle ne tiendrait aucun compte de l'ordonnance royale portant retrait du titre de l'arriéré, la conférence jugea qu'elle ne pouvait plus s'en tenir à des dépêches sans résultat, et que le temps était venu d'intervenir efficacement dans la lutte. Sur la demande de M. Pozzo di Borgo, à qui des instructions positives de l'empereur Alexandre étaient récemment parvenues, et en présence du duc de Wellington, elle résolut de faire auprès du roi une démarche pour lui faire connaître la nécessité « de soutenir son ministère contre les violences d'une majorité factieuse et impopulaire à la fois, et de préparer, sans s'écarter de la constitution, l'é-

[1] Dépêches diplomatiques.

lection d'une représentation nationale plus conforme aux intérêts de la France. » Néanmoins, il paraissait assez difficile, sans offenser la dignité royale et sans heurter le sentiment national, de demander péremptoirement le maintien du ministère et le renvoi éventuel de la Chambre. La conférence cherchait donc une forme convenable, quand le duc de Wellington dit que le roi l'avait autorisé à lui faire connaître son sentiment sur les affaires publiques toutes les fois qu'il le croirait utile. En conséquence, avec l'assentiment de la conférence, il écrivit, séance tenante, une lettre dans laquelle, après avoir rappelé au roi les instructions que les souverains alliés lui avaient données en quittant Paris, et la responsabilité que ces instructions lui imposaient, il s'exprimait en ces termes :

« Sire, les scènes qui se passent dans la Chambre des députés sont connues de tout le monde. Votre ministère, quoique possédant et méritant la confiance de Votre Majesté et celle de toute l'Europe, n'y a point d'influence, et se trouve sur le point de revenir sur des transactions converties l'an dernier en loi et revêtues du nom sacré de Votre Majesté, ou d'abandonner le poste où l'a placé la confiance du roi. Je dois à la vérité et à mon attachement à Votre Majesté et à la tranquillité de l'Europe d'avertir Votre Majesté qu'il est notoire que la famille de Votre Majesté, que les personnes de sa cour et de celle des princes exercent dans la Chambre des députés une influence en opposition à celle de ses ministres... Le moment est venu pour Votre Majesté de se déclarer avec fermeté, et de prêter à son ministère l'appui de toutes les influences de cour et de palais qui, aujourd'hui, sont dirigées contre lui. Par ces moyens, qui sont non-seulement légitimes, mais nécessaires pour le maintien de l'autorité de Votre Majesté et de son action sur ses propres affaires, Votre Majesté mettra fin à la crise qui existe depuis trois mois, et qui s'aggrave chaque jour. »

Dès le lendemain, 29, la lettre était remise au roi par M. de Pradel, et trois jours après, le duc de Wellington, avec sa droiture ordinaire, croyait devoir instruire lui-même le comte d'Artois de la démarche qu'il avait faite, en même temps que M. Pozzo di Borgo lui communiquait le dernier rescrit de l'empereur de Russie. A ces communications inattendues et peu flatteuses pour lui, Monsieur répondit par de vagues récriminations contre les révolutions et les révolutionnaires, et par un refus formel de concourir à un rapprochement entre le ministère et la majorité, tant que le ministère suivrait la même ligne politique. Quelques jours après, le vote de la Chambre sur le renouvellement intégral et la capitulation du ministère sur la question de l'arriéré prouvaient suffisamment que ni la voix du duc de Wellington ni celle de M. Pozzo di Borgo n'avaient été écoutées, et que chacun restait sur son terrain.

La lettre du duc de Wellington, dont quelques copies manuscrites commençaient à circuler, avait manqué son effet sur le roi aussi bien que sur Monsieur. Les conseils contenus dans cette lettre ne contrariaient en rien les opinions, ou, pour mieux dire, la tendance du roi; mais, d'une part, ils lui paraissaient offensants pour la dignité royale; de l'autre, ils le poussaient à sortir de son repos et à prendre immédiatement une initiative qui lui était désagréable.

« J'ai vu le roi, écrivait peu de jours après le duc de Richelieu; il avait reçu la lettre du duc de Wellington, et il était excessivement affecté; il sent sa position, voit qu'on le précipite, lui et sa famille, et n'a pas la force de la faire taire, ce qui, au reste, serait peut-être un peu tardif. » Bien que la démarche de la conférence et du duc de Wellington fût parfaitement honorable pour le duc de Richelieu, sa fierté naturelle en était offusquée, et ce n'est pas sans un sentiment pénible qu'il se voyait en quelque sorte protégé par la diplomatie étrangère.

« Tout ce que je crains, écrivait-il à M. Decazes, c'est qu'on ne croie que ce sont les étrangers qui nous soutiennent, ce qui commence à se répandre. Bien sûrement, ce bruit seul me fera déguerpir, car rien ne me paraît plus odieux. » — « Le duc de Wellington, écrivait-il encore, a vu Monsieur et n'en a pas été content. C'est un parti pris ; mais, par-dessus tout, je ne veux pas de l'appui étranger. Plutôt mourir de la main des Français que d'exister par la protection étrangère ! » En revanche, il acceptait avec joie et reconnaissance l'appui du cardinal de Bausset et de trois autres évêques et archevêques qui, dans une lettre au roi, signalèrent les dangers que faisait courir à la monarchie et même à la religion la réaction ultra-royaliste[1]. Personne, plus que M. de Richelieu, ne croyait à ces dangers, et pourtant, tout en se plaignant vivement de la majorité, il ne pouvait se défendre de lui garder au fond du cœur une secrète sympathie : « Après tout, disait-il, ils sont royalistes : il faut gouverner pour eux et malgré eux, si cela est nécessaire. » — « Il faut les sauver malgré eux, » disait-il un autre jour[2].

Aussi le duc de Richelieu ne manquait-il pas une occasion de faire appel aux sentiments monarchiques de la Chambre et conservait-il obstinément l'espoir d'obtenir enfin de Monsieur et de son parti quelques concessions qui permissent de rétablir l'harmonie entre le gouvernement et la Chambre. C'est cet espoir qu'il laissa clairement éclater une première fois en février, quand M. Decazes, au milieu d'une émotion générale, vint lire à la tribune le testament de la reine Marie-Antoinette, trouvé dans les papiers du conventionnel Courtois ; une seconde fois en mars, au moment du mariage de M. le duc de Berry. En 1814, on le sait, le roi avait pu marier le duc de Berry à une sœur de l'empereur

[1] *Mémoires de M. de Vaublanc.*
[2] *Lettres inédites du duc de Richelieu.* — J'ai eu dans les mains les originaux de ces lettres, écrites rapidement et sans apprêt, selon l'inspiration de chaque jour. Je ne puis donc douter des sentiments qu'elles expriment.

Alexandre, et, comme la religion de la princesse paraissait un obstacle, M. Daunou, à la demande de M. Beugnot, avait écrit un mémoire pour prouver que l'Église grecque n'est point véritablement hérétique. Ce mémoire avait porté la conviction dans l'esprit du roi et même de Monsieur, mais non de Madame, dont l'impolitique obstination avait fait manquer ce mariage[1]. Après la seconde Restauration, le roi avait voulu renouer, mais l'empereur de Russie, blessé et mécontent, s'y était refusé, et, tout espoir étant perdu de ce côté, on avait songé à une princesse de Naples, dont personne alors ne pouvait prévoir l'aventureuse destinée. C'était pour la famille royale et pour le parti royaliste un grand événement auquel la Chambre tout entière s'associa chaleureusement, non-seulement par ses acclamations et par ses adresses, mais encore par ses votes, en augmentant les allocations demandées. Mais, le jour même où cette communication lui était faite, elle imposait au ministère la triste capitulation dont nous avons parlé, et le duc de Richelieu pouvait voir qu'entre lui et la majorité aucune réconciliation n'était possible. M. Decazes en était convaincu depuis longtemps, et le parti ultra-royaliste, qui le savait, l'honorait déjà d'une haine toute particulière; en revanche, son crédit auprès du roi allait s'affermissant chaque jour, et chacun sentait que dans ce jeune ministre, inconnu six mois auparavant, était l'espoir de la France nouvelle et l'obstacle véritable à la contre-révolution.

Cependant la session touchait à son terme. Après avoir cédé sur la question de l'arriéré, le gouvernement ne pouvait se montrer difficile sur les autres questions; il laissa donc appliquer à l'emprunt de cent millions, comme à l'arriéré, la consolidation facultative; il défendit faiblement, contre MM. de Villèle et Corbière, la centralisation des centimes départementaux et communaux, et ne put obtenir que ces centimes, mis

---

[1] *Notice sur M. Daunou*, par Taillandier.

à la disposition des autorités départementales et communales, fussent versés au trésor public ; il abandonna virtuellement la plupart des impôts nouveaux qu'il proposait, et qui consistaient principalement, d'une part, en un droit additionnel sur les mutations par décès en ligne directe, d'autre part, en six droits sur les fers, sur les papiers, sur les huiles, sur les tissus, sur les cuirs, sur le transport des marchandises, et il y laissa substituer, presque sans résistance, le doublement des patentes, l'augmentation de l'impôt des portes et fenêtres et de la contribution personnelle et mobilière, plusieurs droits enfin sur les mutations et transactions commerciales ; de plus, il entendit avec une patience exemplaire le rapporteur de la commission des contributions indirectes, M. Feuillant, proclamer que, pour mettre l'ordre dans les finances de la France, le rétablissement des jurandes et des maîtrises était indispensable. Si la loi des douanes fut moins maltraitée, c'est qu'en cette matière, il y avait accord à peu près parfait entre les idées du gouvernement et celles de la commission. Néanmoins, ici encore la commission l'emporta toutes les fois qu'il y eut dissidence ; ainsi, elle fit prévaloir, malgré MM. de Serre, Mousnier-Buisson et Pasquier, un article qui rendait certains faits de contrebande justifiables des cours prévôtales ; elle fit prévaloir aussi, mais avec l'assentiment du gouvernement, un titre qui autorisait des visites domiciliaires par tout le royaume, afin de saisir les produits étrangers, frappés de prohibition.

Il serait injuste de confondre dans une même réprobation tous les amendements de la commission. De ces amendements, quelques-uns étaient bons et justes, et ses vues sur la centralisation méritaient notamment d'être approuvées. Ce fut aussi avec toute raison que la commission condamna la confusion que le projet du gouvernement établissait entre la caisse d'amortissement et la caisse des dépôts et consignations, et voulut que les deux caisses restassent séparées. En soumettant les dépenses à un examen rigoureux, la commission faisait également son devoir, et parmi les économies qu'elle proposa et qu'elle fit adopter, quelques-unes étaient certainement bien entendues. Il est d'ailleurs curieux de voir jusqu'à quel point certains députés royalistes se montraient, en matière de dépenses, jaloux des prérogatives de la Chambre. Ainsi, M. Leroux-Duchatelet, appuyé par M. Cornet-d'Incourt, soutenait qu'il appartenait à la Chambre de fixer les traitements, et proposait en conséquence : 1° Qu'aucun traitement, excepté celui de ministre, d'ambassadeur et quelques autres, ne pût excéder trente mille francs ; 2° que le cumul fût absolument interdit ; 3° que chaque ministre fût tenu de présenter chaque année son budget imprimé, et que ce budget contînt les emplois, les noms des employés, leurs appointements, les gratifications touchées par eux, les noms des personnes à qui ces gratifications avaient été accordées. La proposition était complexe, et l'article relatif au cumul, vivement combattu, au nom des sciences et des lettres, entraîna le rejet de la proposition tout entière, malgré une piquante allocution de M. de Puymaurin : « Vous connaissez, dit-il, l'histoire de ce roi qui avait un poëte très-fécond ; il lui donna une abbaye. Dès ce moment, plus d'odes, plus de poésie. On demanda au roi la raison du silence que gardait le poëte. — Que voulez-vous, dit le monarque ? la poule est trop grasse ; elle ne pond plus. »

Mais M. Maine de Biran, M. Michaud plaidèrent la cause des sciences et des lettres, et la Chambre se rangea de leur avis. L'argumentation parlementaire de M. Leroux-Duchatelet et de M. Cornet-d'Incourt n'en resta pas moins sans réponse.

L'humilité des ministres, pendant cette discussion, n'avait point désarmé leurs adversaires, et, dans une des dernières séances, le 30 mars, M. de la Bourdonnaie chercha et trouva l'occasion de diriger contre eux une nouvelle attaque : il proposait de renvoyer à la commission du budget la question de savoir si l'impôt sur les jeux, sur les voitures, sur les maisons de prostitution, sur les journaux, impôt dont le ministre de la police disposait arbitrairement, serait ou non maintenu ; et, de toutes ces taxes, la taxe sur les journaux lui paraissait surtout révoltante. Le ministre n'en employait-il pas le produit, d'une part, à solder des censeurs qui, contrairement à la Charte, ôtaient toute liberté aux journaux indépendants; de l'autre, à soudoyer des feuilles uniquement occupées à calomnier les Chambres et à louer les ministres?

« C'est par ce moyen, dit-il, qu'on essaye de persuader qu'un ministre peut se soutenir sans avoir la majorité dans les deux Chambres, comme si le ministère était quelque chose quand il ne gouverne pas, comme si gouverner n'était pas diriger, comme si on dirigeait sans faire les lois, comme si on faisait les lois avec la minorité dans les deux Chambres. »

A cette fière allocution, un député de la minorité, M. Lizot, opposa des raisons qui, quinze ans plus tard, avaient cours d'un tout autre côté : « La Chambre, dit-il, a le droit d'accuser un ministre ; elle n'a pas le droit de le dénoncer... Les ministres sont les hommes du roi, et, à ce titre, je les respecte tous également. Pour ma part, je regarderais comme un déshonneur pour moi que le ministère ne pût demeurer en place s'il n'a la majorité. Ce principe admis, ce n'est pas le roi qui gouverne ; car il ne nomme plus ses ministres ; s'il faut qu'il nomme les ministres qui conviennent à la majorité de la Chambre, c'est la Chambre qui gouverne. »

En refusant l'impression du discours de M. de la Bourdonnaie, la Chambre prouva qu'elle ne voulait pas le suivre jusqu'à l'extrémité de sa théorie; mais, dans la pratique, elle lui donnait chaque jour gain de cause, et le moment approchait où, sous l'influence d'un vif mécontentement, elle allait s'affranchir de toute espèce de ménagements.

Cependant la Chambre des pairs, moins agitée que la Chambre des députés par les luttes de parti, avait consacré de nombreuses séances à discuter les questions de compétence, de procédure et de pénalité auxquelles pouvait donner lieu sa

formation en cour des pairs. Après un savant rapport de
M. Molé, le débat s'était surtout établi entre ceux qui voulaient viser confusément une trentaine d'articles du Code pénal et ceux qui demandaient que ces articles fussent examinés
un à un, afin d'en retrancher ou d'en modifier plusieurs. Ce
dernier avis avait surtout été soutenu par M. Boissy-d'Anglas,
par M. de Lally-Tolendal et par M. Desèze, qui avait signalé
le Code pénal comme « un effroyable monument de la tyrannie impériale. » M. de Lally-Tolendal, tout en parlant dans le
même sens, avait insisté pour qu'on ne confondit pas, dans le
Code Bonaparte, les lois civiles et les lois pénales. « Les tyrans de toute espèce, avait-il dit, usurpateurs ou autres, veulent eux mêmes de bonnes lois civiles pour régir en paix et en
harmonie le troupeau de leurs esclaves. » A ce sujet aussi la
question de l'initiative avait été fort débattue, et l'on s'était
divisé sur le point de savoir s'il était permis, sans porter
atteinte aux droits du roi, de rédiger la loi article par article,
ou si l'on devait se borner à en indiquer les dispositions principales. Dans ce débat sans cesse renaissant, les droits de la
Chambre avaient été défendus par M. de Talaru, par M. Lanjuinais, par M. Molé, et leur avis avait prévalu après une
épreuve douteuse. En définitive, la loi avait été votée, à peu
près conformément aux conclusions de la commission, peu de
jours avant la présentation de la loi électorale.

La commission chargée d'examiner cette loi eut bientôt terminé son travail, et, le 28 mars, M. Pastoret, rapporteur, conclut au rejet par ce double motif que le renouvellement intégral
violait la Charte, et que la Chambre des députés, en l'introduisant dans le projet du gouvernement à titre d'amendement, avait
empiété sur les prérogatives de la couronne. A ces conclusions,
M. de Talaru, M. de Sèze, M. Mathieu de Montmorency, M. de
Chateaubriand opposèrent, une revendication formelle, éclatante, victorieuse du droit d'initiative parlementaire et du
droit d'amendement dans toute son étendue. « Il n'y a, dit

M. de Lévis, dans la Charte, qu'une disposition fondamentale, et sur laquelle on ne peut revenir, c'est celle qui établit la division du pouvoir législatif en trois branches distinctes et indépendantes l'une de l'autre. Toutes les autres dispositions de la Charte sont des dispositions secondaires qui peuvent être modifiées par le consentement des trois pouvoirs. Le parlement français comme le parlement britannique est *omnipotent*, à la seule condition que chacune des branches de ce parlement conserve ses prérogatives particulières. Mais il n'est point vrai que le droit de proposer la loi appartienne exclusivement à la couronne; il appartient aussi aux deux Chambres, et il n'en pourrait être autrement. On ne comprend même pas ce que la couronne peut gagner à ce que ses propositions soient soumises aux Chambres pour y être discutées et peut-être rejetées. Mieux vaut l'expédient dont les Anglais se trouvent bien, et qui consiste à faire proposer par les ministres, comme membres du parlement, les projets de loi qu'ils veulent faire passer. » — « Comment soutenir, dit M. de Chateaubriand, que, dans un projet de loi, il y a tel article qui peut être amendé et tel article qui ne le peut pas? Établira-t-on en principe que quiconque propose un amendement sans en avoir reçu l'ordre prend traîtreusement l'initiative? Alors il faut prier le gouvernement d'avoir l'extrême bonté de mettre à la marge de nos projets une marque qui nous enseigne notre devoir et nous apprenne ce qui nous est permis et ce qui nous est défendu : cela lui épargnerait beaucoup de soins et à nous beaucoup de discours. »

M. de Levis, M. de Chateaubriand, M. Desèze, M. de Brissac, M. de Montmorency, se prononçaient d'ailleurs pour le renouvellement intégral, comme bien plus conforme que le renouvellement partiel au principe fondamental du gouvernement représentatif, comme bien plus propre à faire pénétrer dans le gouvernement l'opinion du peuple. Puis, relevant ce que l'on avait dit de l'*Europe attentive*, M. de Chateaubriand repoussait avec indignation toute intervention étrangère dans les affaires intérieures de la France. « Si l'Europe civilisée, ajoutait-il en terminant, voulait m'imposer la Charte, j'irais vivre à Constantinople. »

Noble résolution sans doute, mais dont M. de Chateaubriand eût pu s'aviser un an plus tôt quand l'Europe civilisée voulait imposer à la France, non une constitution, mais une dynastie!

Parmi les pairs qui soutinrent les conclusions de la commission, plusieurs reconnurent franchement que le projet de loi des députés était préférable au projet de loi du gouvernement, et le renouvellement intégral au renouvellement partiel; mais, les amendements de la Chambre des députés n'ayant point été consentis par le roi, ces amendements n'existaient même pas, et le ministre avait eu le tort de les présenter à la Chambre des pairs. Par respect pour la Charte et pour la prérogative royale, la Chambre devait donc s'abstenir. Tel fut notamment le langage du duc de la Rochefoucauld, du marquis de Bonnay, du duc de la Vauguyon, du marquis de Clermont-Tonnerre. « Nous ne sommes pas législateurs, dit ce dernier, nous sommes les conseillers que le législateur souverain daigne associer à son noble travail. Le roi tient son droit de sa naissance; aujourd'hui comme autrefois, c'est lui qui fait la loi et qui la donne. » — « En donnant la Charte à son peuple, dit un autre pair, le roi n'a pas songé à établir un système représentatif dans le sens qu'on attache ordinairement à ce mot; il a voulu remplir l'obligation imposée au monarque de donner à son peuple de bonnes lois, et, dans ce but, il s'est entouré de sages conseillers. » Le duc de Raguse produisit, à l'appui de l'avis de la commission, des arguments plus constitutionnels, et exprima le désir qu'à l'avenir le roi, en France comme en Angleterre, n'intervînt dans la confection de la loi qu'au moment de la sanction. M. de Lally-Tolendal, enfin, tout en regrettant que la commission eût tranché la question par un rejet, au lieu de présenter un projet nouveau, sortit du cercle où la

Chambre tournait depuis deux jours, et aborda la vraie question, la question politique. « En théorie, dit-il, le renouvellement intégral vaut certainement mieux que le renouvellement partiel ; mais il y a une question de circonstance qui domine tous les esprits. Chacun sait que, dans la Chambre des députés, une lutte s'est engagée entre deux partis qui se balancent presque et qui envisagent d'une manière fort différente la situation de la France et le gouvernement qui lui convient. Faut-il maintenir cet état de lutte, ou convient-il, en renouvelant un cinquième de la Chambre, de donner au pays une occasion de se prononcer pour les uns ou pour les autres ?

« Convaincu, quant à moi, ajoutait M. de Lally, que la minorité de la Chambre des députés exprime mieux que la majorité le vrai sentiment national, je regarde cette épreuve comme désirable et nécessaire, et c'est pourquoi je vote avec la commission. »

Par l'ordonnance de présentation du projet de loi, le roi s'était réservé de *statuer ultérieurement sur les amendements et additions faits par la Chambre des députés*, et, si le roi l'y eût autorisé, M. de Richelieu n'eût sans doute pas manqué de le faire en son nom. Mais le roi n'aimait pas les résolutions nettes et hardies. Le rejet prononcé par la Chambre, sans qu'il intervînt personnellement, lui paraissait donc la meilleure des solutions, et M. de Richelieu dut se borner à prononcer quelques paroles au dernier moment et à user de toute son influence pour que cette solution prévalût ; elle prévalut en effet, dans la séance du 3 avril, à la majorité, plus forte qu'on ne l'espérait, de quatre-vingt-neuf voix contre cinquante-cinq.

Ce vote était attendu avec une inquiète impatience par le roi, par les princes, par les ministres, par la diplomatie étrangère, et surtout par les députés de toute nuance. Partout, en effet, on voyait dans le renouvellement intégral la permanence de la Chambre des députés, et le maintien, pendant cinq ans, de la majorité ultra-royaliste. En fait, c'était une erreur, puisque le droit de dissolution était réservé par tout le monde, et que le droit de dissolution pouvait tout aussi bien s'exercer sous la loi du renouvellement intégral que sous celle du renouvellement partiel. A y regarder de près, on pouvait même dire qu'en plaçant le roi entre le maintien total et le renouvellement total de la Chambre, la majorité royaliste s'exposait à un danger bien plus grand que si elle eût accepté de bonne grâce le renouvellement par cinquième.

Mais, à cette époque, comme on le verra dans le chapitre suivant, l'idée de la dissolution n'était nulle part, si ce n'est dans quelques cours étrangères, et dans l'esprit d'un ministre qui se gardait bien de la laisser paraître. Le vote de la Chambre des pairs, accueilli avec la joie la plus vive par le roi, par les ambassadeurs et ministres étrangers, par la minorité de la Chambre des députés, et par tous ceux à qui le système dominant était antipathique, suscita donc les colères les plus furieuses au pavillon Marsan, dans les rangs de la majorité ultra-royaliste et chez ses amis du dehors. La position ne laissait pas d'ailleurs d'être assez compliquée. Du côté du gouvernement on avait constamment soutenu, à la Chambre des pairs comme à la Chambre des députés, que l'ancienne loi d'élection subsistait jusqu'à ce qu'une loi nouvelle l'eût remplacée, et que, par conséquent, il n'y avait point péril en la demeure. Du côté ultra-royaliste, on avait prétendu, au contraire, qu'en promettant une nouvelle loi électorale l'ordonnance du 13 juillet avait frappé l'ancienne à mort, et que, par conséquent, jusqu'à la loi nouvelle, la Chambre ne pouvait être renouvelée partiellement ni dissoute.

Si les ultra-royalistes avaient été bien convaincus qu'il en fût ainsi, ils auraient pris facilement leur parti du rejet de la loi d'élection, puisque ce rejet leur eût assuré l'avantage d'une seconde session ; mais ils savaient qu'une telle interprétation de l'ordonnance du 13 juillet ne serait admise par personne, et ils résolurent d'agir promptement et avec énergie [1]. Dès le 4 avril, M. de Villèle monta donc à la tribune, en comité secret, et proposa de faire une adresse au roi pour fixer son attention sur les dangers dont la patrie était menacée par la résolution de la Chambre des pairs, et pour demander qu'il fût pourvu législativement à la lacune constitutionnelle qui, selon lui, résultait du dernier vote de la Chambre des pairs. Le développement de cette proposition, favorablement accueillie, fut remis au lendemain, et le roi, instruit de ce qui venait de se passer, déclara que, si une telle adresse était votée par la Chambre des députés, il ne la recevrait pas, à moins qu'elle n'eût été votée également par la Chambre des pairs. Néanmoins, pour éviter une rupture ouverte, le gouvernement jugea utile d'entrer en composition avec les chefs de la majorité, et, le lendemain, 5, au matin, au moment où M. de Villèle préparait son discours, il reçut un billet de M. Decazes qui l'invitait à se rendre chez lui; il s'y rendit, en effet, et M. Decazes, après lui avoir communiqué un projet qui donnait force de loi aux ordonnances du 13 et du 21 juillet, en tout ce qui était relatif à la composition des collèges électoraux, au mode et à la forme des élections, au nombre et à l'âge des députés, lui demanda si, dans le cas où les ministres porteraient ce projet à la Chambre, il consentirait à se désister de sa proposition. M. de Villèle fit observer que le projet ne réglait rien, quant au renouvellement de la Chambre, mais sans beaucoup insister; il demanda d'ailleurs quelques modifications par-

[1] J'ai écrit ce récit d'après des documents inédits dont je crois l'authenticité incontestable. Ces documents, qui proviennent de personnes appartenant à des opinions diverses, s'accordent généralement, hormis en un point important, celui de savoir si MM. de Villèle et Corbière avaient, en effet, accepté le projet qu'ils ont combattu ensuite. Je dois dire que, sur ce point, les chefs du parti royaliste ont contre eux un témoignage fort grave, celui de M. de Vaublanc, dans ses *Mémoires* imprimés. Ce qui me paraît probable, c'est que, comme il arrive souvent dans ces sortes d'arrangements, on ne se sera pas expliqué d'une manière suffisante.

tielles qui, portées par M. Decazes au conseil du roi, y furent agréées sans difficulté. A ce moment, on croyait si bien la paix conclue, que le roi dit à MM. de Vaublanc et Decazes, lorsqu'ils quittaient les Tuileries pour se rendre à la séance : « *Allez porter le rameau d'olivier!* » De son côté, M. de Villèle avait fait part à ses collègues de la transaction proposée, et, sans se prononcer nettement sur cette transaction en elle-même, ils avaient jugé qu'il convenait de laisser prendre l'initiative au gouvernement.

A trois heures et demie, MM. Decazes et de Vaublanc arrivaient à la Chambre. Pour éviter tout malentendu, ils engagèrent, avant d'entrer, MM. de Villèle et Corbière à venir conférer avec eux ; ils leur montrèrent la rédaction définitivement convenue, et ils y firent, à leur demande, une correction peu importante. Ce fut alors seulement que M. de Vaublanc monta à la tribune, et donna lecture du projet de loi nouveau.

A peine cette lecture était-elle achevée, qu'un vif mécontentement éclata dans les rangs de la majorité royaliste. De toutes parts on se précipita vers MM. de Villèle et Corbière ; on leur demanda avec aigreur comment ils avaient pu souscrire à un projet qui ne maintenait pas dans son intégrité l'ordonnance du 13 juillet, à un projet qui laissait indécise la question capitale du renouvellement de la Chambre jusqu'à la prochaine session. MM. de Villèle et Corbière se défendirent de leur mieux ; mais il fut dès lors évident que l'espèce de traité signé par eux ne serait pas ratifié par leurs amis.

Le lendemain, en effet, la majorité, réunie dans ses bureaux, nommait une commission décidément hostile au projet de loi, et enjoignait à cette commission d'y introduire, au moins à titre temporaire, les dispositions mêmes qui avaient déterminé le rejet de la loi précédente. En trois jours, le travail de la commission était terminé, et M. de Villèle, nommé rapporteur, demandait à présenter, séance tenante, son rapport à la Chambre.

Alors eut lieu une scène scandaleuse et qui montra jusqu'où le parti royaliste poussait la colère et l'imprudence. La Chambre, on le sait, était présidée par M. Lainé, qui, au début de la session, avait réuni l'unanimité des suffrages, et dont les sentiments royalistes ne pouvaient pas être mis en doute. Mais, bien que Madame conservât sur son esprit une grande influence, M. Lainé appartenait, par ses opinions, à la minorité modérée, et blâmait les emportements de la majorité. Néanmoins, jusqu'à ce moment, cette majorité, en considération de ses services passés, avait conservé pour lui quelques égards ; mais, si elle consentait à n'être pas servie par lui, elle n'entendait pas qu'il la contrariât. Quand donc M. Lainé refusa de laisser parler M. de Villèle, qui, dit-il, ne l'avait pas prévenu vingt-quatre heures d'avance, conformément aux prescriptions du règlement, il y eut sur les bancs royalistes une explosion furibonde, et un député de Vaucluse, M. Forbin des Issarts, donna un démenti au président. Quelques explications tumultueuses suivirent, auxquelles M. de Villèle prit une part équivoque, et qui mirent de nouveau en présence l'assertion de M. Lainé et le démenti de M. Forbin des Issarts ; après quoi, la Chambre, consultée, décida que le rapport serait fait, séance tenante, donnant ainsi raison à MM. Forbin des Issarts et de Villèle contre son président. Celui-ci, profondément blessé, quitta aussitôt le fauteuil, envoya sa démission, et ne consentit à la reprendre le lendemain que sur l'ordre du roi. Certes, M. Lainé était trop honnête homme pour qu'une injure personnelle pût changer son opinion : il est pourtant clair qu'à partir de ce moment il ne vit plus avec la même bienveillance la Chambre qu'il présidait, et que le jour où, dans un ministère dont il faisait partie, l'existence de cette Chambre fut mise en question, le souvenir de la séance du 8 avril dut peser sur sa résolution.

Pour comprendre l'importance que l'on attachait, de part et d'autre, à ce que la loi se discutât quelques jours plus tôt ou plus tard, il faut savoir ce qui se passait alors dans le sein du parti ultra-royaliste. Dans une réunion de ce parti, il avait été formellement proposé de suspendre le vote du budget, jusqu'à ce qu'une loi électorale, conforme aux vœux de la majorité, eût été votée par les deux Chambres et promulguée par le roi. De la part d'hommes qui, quinze ans plus tard, devaient dénoncer, comme une atteinte flagrante à la prérogative royale, une simple adresse exprimant un refus éventuel de concours, c'était une proposition bien extraordinaire. Il ne s'agissait de rien moins, en effet, que d'employer le dernier moyen que la Constitution mette à la disposition de la Chambre élective, pour arracher à la Chambre des pairs et au roi un consentement forcé. Mais, si le budget était voté avant la loi des élections, ce moyen disparaissait. De là, l'insistance des ultra-royalistes et la résistance de M. Lainé.

Quoi qu'il en soit, M. de Villèle lut son rapport, véritable manifeste du parti, habilement rédigé et plein d'une aigreur contenue qui produisit beaucoup d'effet. Après avoir présenté l'historique de la question, et avoir analysé l'ordonnance du 13 juillet, qui soumettait à la révision de la Chambre plusieurs articles de la Charte, il établit que la loi des élections devait décider si le gouvernement, institué par la Charte, serait une réalité ou une apparence, et il prouva qu'en essayant de créer un pouvoir électoral *dépendant* et *subordonné*, le ministre de l'intérieur tendait à annuler la Chambre des députés et à anéantir la Charte. Néanmoins, pendant la discussion à laquelle cet étrange projet avait donné lieu, les ministres avaient gardé le silence, et il avait, dès lors, été facile de prévoir que la subordination et la dépendance de ce qu'on appelait le corps électoral était une condition sans laquelle une loi des élections n'obtiendrait jamais l'assentiment des ministres. De là, le projet présenté à la Chambre des pairs, sans que les amendements de la Chambre des députés fussent consentis par le roi; de là, le rejet en masse de ce projet et le vote contraire du ministre chargé de le défendre.

La loi ayant été rejetée, il devenait urgent d'y suppléer, et c'est dans ce dessein qu'un projet nouveau avait été présenté. Ce projet, la commission l'admettait, mais avec deux amendements importants : le premier, qui maintenait provisoirement toutes les dispositions de l'ordonnance du 13 juillet, au lieu d'établir entre elles une distinction arbitraire ; le second, qui interdisait aux colléges électoraux, provisoirement conservés, la faculté de concourir à aucune autre élection qu'à une élection générale, nécessitée par la dissolution de la Chambre. Et, allant au-devant des objections qu'il prévoyait, M. de Villèle ajouta que ce dernier article imposait aux députés un *grand sacrifice*, un sacrifice qu'ils répudieraient, s'ils étaient moins dévoués au roi et à la patrie. C'était donc, selon M. de Villèle, par dévouement au roi et à la patrie que les députés se résignaient à prolonger leurs pouvoirs, et des malveillants seuls pouvaient leur attribuer un autre sentiment.

Le jour de la discussion fut fixé au surlendemain, malgré les efforts de MM. de Serre, Pasquier et Duvergier de Hauranne, qui demandaient qu'elle fût renvoyée après le budget; elle commença donc le 10, au milieu d'une affluence extraordinaire de royalistes qui encombraient les tribunes et les couloirs. Dans ce débat, dont le résultat était trop prévu d'avance, deux discours seulement furent remarquables : un discours de M. Leroux-Duchâtelet, qui déclara nettement et franchement que la Chambre actuelle, sauf le cas de dissolution, ne devait pas quitter la place avant d'avoir purgé la législation et les administrations de tous les restes de la Révolution et de l'Empire ; un discours de M. de Vaublanc, qui, après avoir expliqué, tant bien que mal, l'application au pouvoir électoral des mots *subordonné* et *dépendant*, vint, à la surprise universelle, déclarer que son opinion personnelle était favorable au renouvellement intégral, et qu'en soutenant le renouvellement partiel il avait cédé à l'avis de ses collègues. Après cette étrange déclaration, M. Corbière, en l'absence de M. de Villèle, malade, fit le résumé de la discussion, et la Chambre, à la majorité de deux cent cinq voix contre cent seize, adopta le projet de la commission. On voit que, depuis les concessions du ministère, la majorité avait notablement augmenté, et qu'elle ne pouvait plus être déplacée par ce renouvellement partiel dont elle paraissait si fort effrayée, et qu'elle venait de condamner pour la seconde fois.

On s'attendait généralement à ce que le projet de loi, ainsi amendé, fût porté à la Chambre des pairs et rejeté par elle. Mais le second amendement enlevait au roi un droit que la Charte lui conférait, celui de faire procéder au renouvellement d'un cinquième de la Chambre, et le roi, jaloux de sa prérogative, résolut, d'accord avec les ministres, de laisser tomber la loi. Si les royalistes voulaient employer contre lui l'arme redoutable que le budget non encore voté mettait entre leurs mains, le moment en était venu ; mais ils hésitèrent, Monsieur intervint, et le budget fut voté en définitive. Il ne le fut pourtant pas sans un nouvel effort de M. de la Bourdonnaie contre les ministres, à qui la commission proposait d'ouvrir un crédit de six millions de rente, destiné à pourvoir, selon les circonstances, aux charges extraordinaires de l'État. D'après M. de la Bourdonnaie, c'était là un acte de confiance tout à fait irrégulier ; mais, au moment où il se préparait à développer son opinion, plusieurs membres, pour éviter le scandale, demandèrent le comité secret, et, en comité secret, la loyauté de M. de Richelieu imposa facilement silence à la violence de M. de la Bourdonnaie.

Tel qu'il était sorti des délibérations de la Chambre des députés, le budget n'était plus celui du gouvernement, et les ministres n'eussent pas mieux demandé que de le faire réformer par la Chambre des pairs ; mais les besoins publics étaient pressants ; les souverains étrangers demandaient instamment que la France tînt, à leur égard, les engagements qu'elle avait pris, et les ministres durent supplier la Chambre des pairs de céder comme eux à la nécessité. Peu de jours après, le comte Garnier vint donc, au nom de la commission, conclure à l'adoption pure et simple du budget ; mais, en même temps, il présenta un rapport étendu dans lequel, à côté d'excellentes observations sur l'arriéré, sur la sainteté des contrats, sur la foi publique, sur le crédit, sur les impôts, se trouvaient des théories plus que hasardées sur les droits respectifs du roi et de la Chambre, en matière de budget.

« Une question fort importante, dit M. Garnier, se présente pour la première fois devant la Chambre des pairs, celle de savoir quelle est, dans une monarchie, la compétence des Assemblées législatives, quant à la disposition des deniers publics. En d'autres termes, de ce que l'impôt doit être consenti par les Chambres, s'ensuit-il qu'elles aient le droit d'examiner, de contrôler, de régler l'emploi des deniers publics ? » Or, au nom de la commission, le comte Garnier déclarait que les Chambres n'avaient pas ce droit, et que, par conséquent, la Chambre des députés avait outre-passé ses pouvoirs en discutant, en contestant plusieurs des parties du service des différents ministères, en indiquant et en quelque sorte en prescrivant un grand nombre d'économies.

« Dans les républiques, ajoutait-il, les administrateurs doivent compte des deniers publics à une Assemblée qui représente le corps du peuple ; dans les monarchies, ils n'en doivent compte qu'au roi, qui doit en disposer aussi librement qu'il dispose de ses armées et de sa marine. Le monarque qui compterait des deniers publics cesserait d'être monarque. »

En vain, d'ailleurs, voulait-on séparer le roi de ses ministres. Les ministres, disait M. Garnier, sont les organes, les instruments du roi ; c'est en son nom qu'ils parlent et qu'ils agissent ; ils sont inséparables de la personne du roi dans les actes de leur ministère, et c'est à lui seul qu'ils sont comptables, même des erreurs qu'ils auraient pu commettre.

« Si les ministres étaient comptables envers les Chambres législatives d'une partie de leur administration, ils ne seraient plus les ministres du roi ; ils seraient les ministres des Chambres, et ce serait véritablement dans les Chambres que résiderait le pouvoir souverain. La prétention, souvent manifestée dans les Chambres électives, d'exercer une sorte d'autorité sur les ministres du roi ne peut être regardée que comme l'un des rameaux de la funeste doctrine de la souveraineté du peuple.... Il est donc démontré, ajoutait encore M. Garnier, que toute discussion législative sur l'emploi des deniers publics serait une infraction aux principes essentiels de la monarchie, maintenus et confirmés par la Charte. »

De plusieurs côtés, ces doctrines, véritablement impériales, rencontrèrent une vive opposition, et quelques pairs demandèrent qu'elles fussent supprimées du rapport ; mais le président fit observer que l'impression des rapports était de droit, et qu'en les faisant imprimer la Chambre n'en adoptait pas toutes les idées. L'impression fut donc votée, et le budget adopté par cent trente et une voix sur cent trente-quatre.

Cependant la majorité de la Chambre des députés voulait mettre à profit les derniers jours de la session. A la fin de mars, un de ses membres les plus honnêtes et les plus ardents, M. de Kergorlay, avait, en comité secret, développé une proposition sur la responsabilité des ministres, et dirigé à cette occasion une attaque violente contre M. Decazes et contre M. Barbé-Marbois, contre M. Decazes surtout, qu'il signalait à la fois comme le commis de Fouché et comme l'agent de la reine Hortense et de l'ex-reine d'Espagne. Le 19 avril, le même M. de Kergorlay parut à la tribune, comme rapporteur de la commission à laquelle avaient été renvoyées plusieurs propositions tendantes à améliorer le sort du clergé, et il proposa :

1° De convertir en rentes perpétuelles, au profit du clergé, la somme de treize millions quatre cent cinquante-sept mille francs qui lui était attribuée par le budget ;

2° De convertir aussi en rentes perpétuelles, au profit du même clergé, mais seulement au fur et à mesure des extinctions, le montant des pensions viagères et des pensions ecclésiastiques, s'élevant ensemble à 28,164,000 francs;

3° D'affecter, dès ce moment, à titre de propriété incommutable aux établissements ecclésiastiques, les bois et autres biens du clergé, non vendus.

Néanmoins, à cause de l'état du Trésor, la commission consentait à ce que le roi restât maître de déterminer l'entrée en jouissance.

M. de Kergorlay ajouta que le rapport avait été communiqué à la commission du budget et approuvé par elle.

Il y avait, dans les rangs de la minorité modérée, un député qui avait servi jadis dans l'armée de Condé; qui, rentré en France sous le Consulat, avait suivi avec honneur la carrière du barreau d'abord, puis de la magistrature; qui enfin, premier président à Colmar, au 20 mars 1815, avait alors quitté la France pour accompagner le roi dans l'exil. Ce député, M. de Serre, d'une honnêteté un peu ombrageuse, d'un caractère froid en apparence, passionné en réalité, d'un esprit élevé, d'un talent mûri par la méditation, fortifié par l'étude et incessamment échauffé par le feu intérieur d'une ardente conviction, avait passé, pendant tout le cours de la session, de la tristesse à l'indignation et avait blâmé les violences de la majorité, en même temps qu'il déplorait les concessions du ministère. La théorie développée par M. Royer-Collard sur les attributions respectives du roi et des Chambres l'avait d'ailleurs pleinement satisfait, et, très-sincèrement, il voyait dans les ultra-royalistes, non-seulement des ambitieux ou des fous, mais des factieux; le projet de la commission ecclésiastique lui parut donc, avant tout, destructif de la prérogative royale, et c'est à ce titre qu'il vint le combattre. D'une simple assignation de fonds, dit-il, le projet amendé tire une constitution nouvelle du clergé catholique; de ce clergé, il fait,

pour la première fois, en France, un corps moral, apte à devenir propriétaire : il lui restitue ses biens non vendus. Et l'on appelle cela un amendement! « Quant à nous, s'écria M. de Serre, qui avons jusqu'ici défendu la prérogative royale... »
A ces mots, une violente agitation s'empara de l'assemblée, et les cris : A l'ordre! éclatèrent sur les banc royalistes. — « Messieurs, ajouta M. de Serre, vous devez m'écouter : je réclame la liberté de discussion, cette liberté qui a été si souvent violée dans cette enceinte. » — A l'ordre! à l'ordre! cria-t-on de nouveau avec un redoublement de colère. Pour appuyer le rappel à l'ordre, un député, M. Forbin des Issarts, alla même jusqu'à s'élancer à la tribune, en uniforme de garde du corps. Le rappel à l'ordre fut enfin prononcé, au milieu du tumulte, après quelques fermes paroles de M. de Serre, qui maintint tout ce qu'il avait dit; puis la Chambre lui permit de continuer.

M. de Serre renouvela alors, mais dans des termes plus vifs et plus précis, l'attaque qu'il avait antérieurement dirigée contre la nouvelle théorie du droit d'amendement, théorie dangereuse, selon lui, et destructive de l'autorité royale. Quant aux précédents dont on s'appuyait, il les signala comme de douloureuses concessions arrachées à la détresse de l'État et à la faiblesse du ministère. « Proposer la loi, répéta-t-il, c'est régner. Si le roi perd la proposition de la loi, du rang d'autorité première et souveraine, il descend au rang d'autorité subordonnée... En Angleterre, il est vrai, l'initiative appartient à la Chambre des communes; mais la France n'est point l'Angleterre, et l'Angleterre n'est point une monarchie... En France, la royauté ne doit point être inerte, immobile, mais agissante.

« Il est plus que temps, messieurs, ajouta-t-il, que la Chambre ramène ses commissions, qu'elle revienne elle-même à la Charte, aux règlements, à l'ordre, aux principes conservateurs de la liberté, de l'essence même de ses délibérations, conservateurs surtout de la royauté! S'il en était autrement, si l'initiative continuait ainsi à être livrée sans défense par les premiers dépositaires du pouvoir, plutôt que de suivre servilement cette marche inconstitutionnelle, antimonarchique, il nous faudrait reconnaître l'impossibilité de prendre une part ultérieure aux délibérations de la Chambre. »

M. de Serre examinait pourtant sommairement le système de la commission et signalait l'esprit d'inexpérience, d'irréflexion et d'erreur qui en avait posé les bases. D'après les canons de l'Église, comme d'après les lois de l'État, la faculté de posséder ne pouvait appartenir qu'à des établissements individuels. On violait donc les canons de l'Église non moins que les lois de l'État, quand on voulait faire de l'Église catholique, en France, un corps moral, un être collectif, apte à posséder, et capable d'exercer des droits civils. Quant au mot *restitution*, appliqué aux biens non vendus du clergé, M. de Serre démontrait que c'était mettre en question, sans nécessité, une propriété légitime de l'État, une propriété dont l'État avait hérité tout naturellement, quand les établissements ecclésiastiques auxquels elle appartenait avaient été supprimés. Il était d'ailleurs absurde de comparer les biens du clergé à ceux des émigrés. « Le public, meilleur juge, ajoutait M. de Serre, en fait la différence en distinguant parfaitement entre la confiscation des biens privés et la succession de l'État aux établissements supprimés. »

« Lorsqu'à la suite de tant de guerres étrangères et civiles, dit M. de Serre en terminant, les peuples sont écrasés sous le faix des impôts; lorsque presque tous les services sont plus ou moins en souffrance; lorsque la dette exigible est sans gage, la dette perpétuelle croissante; lorsque la guerre, chargée de la dette sacrée des retraites et des traitements provisoires, ne suffit pas avec 180,000,000 à l'entretien de quarante mille hommes effectifs; lorsqu'en rapport des autres puissances, nous sommes sans armée, sans marine, sans commerce ; lorsque les clefs de la France, son territoire, sont engagés à l'étranger, qu'il faut payer sa rançon, et que, pour sauver l'État, les domaines de l'État sont évidemment notre unique ressource... non, messieurs, non ; ce n'est point le clergé qui a fait de pareilles demandes. Le clergé de France a des sentiments plus nobles, plus désintéressés, et surtout plus français et plus patriotiques ; sa voix s'est fait entendre par ses plus nobles organes, par ses plus vertueux prélats ; il attend tout du roi, du temps et de la prospérité de la France ; comme nous, il acceptera avec reconnaissance la proposition royale ; il rejettera la proposition intempestive, exorbitante, mais surtout inconstitutionnelle et dangereuse, au fond comme dans la forme, de votre commission. »

Nous avons cité cette péroraison, parce que nulle part nous n'avons trouvé un tableau aussi vrai, aussi frappant de l'état de la France, au moment où la Chambre introuvable terminait sa session.

Mais, pour M. de Kergorlay et pour ses amis, ce n'étaient point là des considérations prépondérantes. M. de Kergorlay et ses amis étaient consciencieusement convaincus que, si la France subissait de grands maux, c'était en expiation de ses crimes ou de ses fautes, pendant vingt-cinq années de délire révolutionnaire ; et, pour racheter les uns et les autres, des dons abondants au clergé leur paraissaient le moyen le plus simple et le meilleur ; ils croyaient, en outre, que l'union intime de l'autel et du trône formait la base la plus ferme de l'ordre social, et qu'en refaisant du clergé, autant que possible, un ordre politique, ils consolideraient la monarchie. Ce fût donc sans surprise que l'on entendit successivement M. Piet s'appuyer du testament de Louis XVI, et demander qu'en forçant le fils aîné de l'Église à consommer l'expropriation abjurée par son auguste frère, on ne le conduisît pas aussi à l'échafaud ; M. de Marcellus exprimer clairement l'opinion que l'Église est au-dessus de l'État et doit le dominer ; M. de Puymaurin combattre la substitution du mot *affectation* au mot *restitution*, par cette raison, que le mot restitution était le mot propre, et qu'il fallait restituer quand on avait volé ; MM. Cardonnel, de Castelbajac, Pardessus, de Kergorlay, répéter les déclamations les plus banales contre l'impiété révolutionnaire et contre la législation spoliatrice, fille de cette impiété. En vain, à ces déclamations, M. Colomb, M. Beugnot, M. Roy, opposèrent des arguments péremptoires et démontrèrent que l'ancien clergé français, en supposant que la vie lui fût rendue, ne pouvait ni posséder ni administrer collectivement 40 à 50 millions de rentes, la majorité passa outre. M. Duvergier de Hauranne obtint néanmoins, à une faible majorité, qu'on exceptât de la restitution les bâtiments concédés aux communes ou affectés à un service public ; mais, si faible et si justifiée qu'elle fût, cette exception souleva, sur les bancs de la droite, des murmures nombreux et donna à plusieurs députés l'occasion de s'écrier avec désespoir « que le principe de la restitution était violé. » On procéda enfin au scrutin, et, la minorité modérée s'étant retirée presque entière avant le vote, il se trouva dans l'urne cent cinquante-deux boules blanches contre dix-sept boules noires. La majorité nécessaire pour que la délibération fût valable était de cent quatre-vingt-cinq membres. Le scrutin était donc nul et le projet avait échoué.

Si la Chambre avait encore été au complet, cet incident eût été sans importance ; mais beaucoup de députés avaient déjà quitté Paris, et la droite comprit la nécessité d'ajourner une partie de ses prétentions ; elle se borna donc, pour le moment, à voter le projet du gouvernement, en y ajoutant la restitution des biens non vendus. Elle savait que le roi, en 1815 comme en 1814, inclinait fort à cette restitution, et elle espérait le gagner ; mais la question de l'initiative royale tenait plus au cœur du roi que la question des biens du clergé ; et, deux jours après le vote, il fit annoncer à la Chambre, par le ministre de l'intérieur, qu'il refusait de recevoir, comme amendement à la loi sur les extinctions ecclésiastiques, le projet adopté par la Chambre, et que ce projet pouvait seulement être envoyé à la Chambre des pairs, à titre de résolution. Quelques minutes après, le ministre de la marine, M. Dubouchage, montait à la tribune, et déclarait la session close.

Ainsi se sépara, pour ne plus se réunir, la Chambre de 1815, cette Chambre qui, élue à une funeste époque, quand l'union de tous les Français était plus que jamais nécessaire, ne sut qu'ajouter des divisions nouvelles aux divisions anciennes, menacer les intérêts et les existences, appeler sur des hommes souvent plus égarés que coupables les châtiments et les vengeances, raviver enfin la lutte qui commençait à s'éteindre entre la France de la vieille monarchie et la France de la Révolution. La Chambre de 1815, il est impossible de le méconnaître, a laissé, dans l'histoire de notre temps, une trace sanglante, et le souvenir de la terreur blanche se rattache à son nom comme le souvenir de la terreur rouge au nom de la Convention. Nous avons déjà dit et nous tenons à répéter que l'esprit de parti seul a pu assimiler l'une à l'autre. Mais nous tenons à répéter aussi que, si elles diffèrent, c'est plus par les actes que par les sentiments. Grâce à Dieu! les actes trouvèrent un obstacle et un frein dans la sagesse du roi, dans la fermeté de deux ministres, dans la modération d'une portion notable de la Chambre. Quant aux sentiments, quelques discours, prononcés dans la discussion de la loi d'amnistie, en sont l'expression véritable, et l'on est en droit de se demander ce qui serait arrivé si, en 1815, le roi se fût nommé Charles X au lieu de se nommer Louis XVIII; si le premier ministre se fût nommé la Bourdonnaie au lieu de se nommer Richelieu.

Pour juger sainement la Chambre de 1815, il ne faut pas oublier d'où elle venait, ce qu'elle était, au milieu de quelles circonstances et sous l'empire de quelles passions elle avait pris naissance. C'était au lendemain d'une révolution déplorable qui, après avoir renversé en vingt jours la monarchie, venait en trois mois de livrer la France vaincue à un million de soldats ennemis, et d'attirer à la fois sur elle tous les maux de la guerre civile et de la guerre étrangère. Dans un tel moment, la France, intimidée ou irritée, avait choisi en majorité, pour la représenter, de vieux royalistes, habitués à voir, dans la Révolution, la révolte de l'enfer contre le ciel, et aussi surpris que ravis de se trouver, pour la première fois depuis vingt-cinq ans, maîtres de dicter des lois à leur pays. Faut-il s'étonner que les rancunes et les haines, longtemps accumulées dans leur cœur, fissent enfin explosion, et qu'ils voulussent user du pouvoir, d'une part, pour se venger, d'autre part, pour faire rentrer la France dans la voie qu'ils regardaient comme la seule voie du salut?

Les membres royalistes de la Chambre de 1815 avaient, sans qu'ils s'en doutassent, beaucoup des qualités et des défauts des assemblées révolutionnaires, de ces assemblées dont le nom seul les faisait frissonner. C'était, chez les uns comme chez les autres, une foi ardente, une passion indomptable, et, par-dessus tout, la conviction profonde que la société était à refaire, et que, pour arriver à un but aussi excellent, tous les moyens étaient bons. Et les mêmes causes produisaient naturellement les mêmes effets : une haine implacable pour les opinions contraires; nul respect pour la liberté, pour la propriété, pour la vie de ceux qui professaient ces opinions; une grande colère enfin contre les hommes modérés qui cherchaient à intervenir comme médiateurs. D'imprudents apologistes de la Chambre de 1815 ont, plus d'une fois, prétendu qu'un ministère plus uni, plus fort, plus habile, eût pu, en ménageant ses sentiments et ses susceptibilités, s'emparer d'elle, la modérer, la conduire, et constituer ainsi une majorité à la fois royaliste, nationale et parlementaire. Nous ne le croyons pas; et c'est précisément l'honnêteté de la Chambre de 1815 qui nous empêche de le croire. « Les royalistes de 1815, comme le dit si bien M. Guizot[1], avaient, sur toutes les questions politiques et sociales, des vues systématiques à réaliser, des retours historiques à poursuivre, des besoins d'esprit à satisfaire; » et jamais ils n'eussent consenti à se laisser conduire par des ministres hostiles ou simplement étrangers à leurs idées, à leurs désirs, à leurs passions. Pour les diriger, nous le disons à l'éloge, non de leurs opinions, mais de leur caractère, il fallait être ce qu'ils étaient eux-mêmes, ouvertement et complétement contre-révolutionnaire.

Mais, au milieu de ses erreurs, de ses fautes, de ses violences, il reste à la majorité de 1815 un grand honneur, celui d'avoir rompu avec les traditions de la servilité impériale, et d'avoir ainsi, sans le vouloir et sans le savoir peut-être, notablement contribué à l'affermissement, au développement du système parlementaire. Qu'elle en ait quelquefois faussé les ressorts, exagéré les principes, on ne saurait le nier; mais il n'en est pas moins vrai que, par ses discours et par ses actes, elle leur donna une grande force. Quand on vit de vieux et fidèles royalistes placer hardiment la prérogative du parlement en face de la prérogative du roi; revendiquer le droit d'initiative, le droit d'amendement, le droit de déterminer, de régler, de contrôler les dépenses publiques; déclarer que les élections devaient être l'expression libre et vraie de l'opinion nationale, et que la Chambre, sortie des élections, devait exercer une action prépondérante, non-seulement sur la direction des affaires, mais encore sur le choix des ministres; quand, en un mot, des doctrines qui, jusqu'à ce moment, avaient passé pour révolutionnaires, reçurent le sceau du royalisme, alors un grand pas fut fait vers la réalisation complète de ces idées, de ces doctrines, et tout ce que les royalistes firent plus tard contre elles ne put effacer ce qu'ils avaient fait pour elles. Mais le peuple, qui tient plus de compte du fond que de

---

[1] *Mémoires de M. Guizot.*

la forme, du but que des moyens, du présent que de l'avenir, le peuple, en 1815, préféra ceux qui niaient ses droits pour lui être utiles à ceux qui les proclamaient pour lui nuire. Malgré son honnêteté, malgré son indépendance, malgré les services qu'elle a rendus à la cause de la liberté politique, la Chambre de 1815 est donc restée la plus impopulaire des Chambres, tandis que le ministre qui l'a dissoute devenait, pour quelque temps du moins, le plus populaire des ministres.

CHAPITRE XII

L'ORDONNANCE DU 5 SEPTEMBRE

État des partis. — Nouveaux procès politiques. — *Nain jaune réfugié.* — Le duc d'Orléans et le prince d'Orange. — Crise ministérielle. — M. de Vaublanc remplacé par M. Lainé. — Insurrection de Grenoble. — Répression impitoyable. — Procès des patriotes de 1816. — Condamnation et exécution de Chartran et de Mouton-Duvernet. — Missions et processions. — Espérances et menées des ultra-royalistes à Paris et dans les départements. — Préliminaires de l'ordonnance du 5 septembre. — M. Decazes et M. de Richelieu. — Intervention des puissances étrangères. — Hésitation du roi. — Notes de MM. Decazes, Pasquier et Guizot en faveur de la dissolution. — La dissolution arrêtée en principe. — Difficultés secondaires. — Plan de M. Lainé. — Aveuglement du parti de Monsieur. — Première note secrète. — Nouvelles hésitations du roi et nouveaux efforts de M. Decazes. — Ordonnance du 5 septembre. — Stupéfaction et colère des ultra-royalistes. — Joie publique. — *Monarchie selon la Charte*, par M. de Chateaubriand. — Saisie du livre et destitution de l'auteur. — Jugement des gouvernements et des peuples étrangers sur la dissolution. — Lutte électorale. — Embarras des fonctionnaires publics. — Intervention personnelle du roi. — Résultat des élections. — Situation du ministère. — Discours de M. Séguier. — Écrits politiques. — M. de la Luzerne. — M. de Saint-Roman. — M. de Lourdoueix. — M. Guizot. — M. Villemain. — MM. de Sesmaisons et de Montlosier.

L'influence de M. Decazes et celle du duc de Richelieu réunies avaient obtenu l'ordonnance inattendue qui mettait fin subitement à la session législative de 1815 ; mais, pour atténuer, dans l'esprit de son frère, l'effet de cette ordonnance, le roi lui avait à peu près promis que la Chambre se réunirait au 1er octobre, sans avoir été renouvelée même partiellement. C'est donc de très-bonne foi que M. le comte d'Artois communiqua cette promesse aux chefs de son parti, à M. de Villèle, à M. Corbière, à M. de Bonald, dans l'audience de congé qu'il leur accorda, et c'est de bonne foi également que ceux-ci en firent part à leurs collègues.

Mais ni d'un côté ni de l'autre on ne s'était bien rendu compte de l'état de l'opinion publique et des incompatibilités, des animosités nouvelles que les six derniers mois venaient de créer. Encouragé par l'attitude de la Chambre, le parti ultra-royaliste était plus violent, plus fier, plus arrogant que jamais, surtout dans les départements du Midi, et ne prenait plus la peine de dissimuler ses desseins. En revanche, tous ceux qui n'appartenaient pas à ce parti étaient pleins d'inquiétude et de colère; la Chambre, en effet, semblait avoir pris à tâche d'alarmer et de blesser à la fois les opinions, les intérêts, les sentiments de toutes les classes de la société, ceux de la noblesse et du clergé seuls exceptés. Chaque discours, chaque proposition, avaient ainsi amené quelques nouvelles recrues à l'opposition, et l'alliance des libéraux et des bonapartistes était chaque jour devenue plus étroite. Injuriés et persécutés indistinctement, il était naturel qu'ils oubliassent, en présence de l'ennemi commun, les anciennes inimitiés, et qu'ils s'unissent pour défendre ensemble leur liberté et leurs propriétés menacées. En déclamant d'ailleurs à tout propos contre l'abolition des prérogatives nobiliaires, contre l'égalité des partages, contre l'affranchissement de l'industrie, contre la liberté de conscience, contre la séparation des choses civiles et des choses religieuses, la Chambre de 1815 s'était précisément attaquée à la portion la plus solide des principes et des institutions de 1789, à celle dont les libéraux et les bonapartistes étaient également épris et que l'Empire même avait à peu près respectée. Pour résister ensemble à de telles tentatives, les libéraux et les bonapartistes n'avaient nul effort, nul sacrifice à faire; et leurs adversaires étaient eux-mêmes les auteurs du pacte qu'ils leur reprochaient.

Par un hasard singulier, cette alliance du bonapartisme et du libéralisme, si funeste à la Restauration, avait rencontré à point nommé son représentant et son poëte. Plus démocrate que libéral, et plus patriote que démocrate, Béranger, à la fin de l'Empire, pouvait compter parmi les mécontents, et sa chanson du *Roi d'Yvetot* avait passé, aux yeux de bien des gens, pour un acte hostile et hardi; mais, à la vue de nos armées vaincues, de la France envahie, et d'une poignée de héros luttant, avec le courage du désespoir, contre les hordes étrangères, une vive et sainte douleur s'était emparée de son âme, et, sans rechercher à qui les désastres de la patrie devaient être imputés, il s'était pris d'une tendre admiration pour l'homme qui défendait l'indépendance nationale, après l'avoir compromise. En 1814 et 1815, Béranger aimait donc l'Empereur sans aimer l'Empire, et détestait le despotisme sans détester le despote. Si l'on considère qu'à cela il joignait la fibre vraiment populaire et cette pointe d'impiété libertine qui, depuis les temps les plus reculés, plaît à la France, on reconnaîtra que, le talent aidant, Béranger semblait fait tout exprès pour prêter une voix tantôt éloquente, tantôt moqueuse, aux sentiments divers qui s'agitaient confusément dans le cœur du peuple, au regret de la grandeur perdue, à la haine de l'ancien régime, à la crainte de la domination ecclésiastique.

L'esprit d'opposition qui, pendant quinze années, devait trouver dans les chansons de Béranger son expression la plus vive et la plus populaire, était d'ailleurs, à cette époque, journellement stimulé par le zèle intempéré de certains fonctionnaires, plus royalistes que le roi. Nous avons dit plus haut comment ces fonctionnaires, contrairement aux intentions du gouvernement, exécutaient la loi des cris séditieux et la loi de la liberté individuelle[1]; ils ne s'en tenaient pas là, et dans

---

[1] M. Vaulabelle, dans son *Histoire des deux Restaurations*, cite une circulaire de M. Decazes, en date du 28 mars 1816, dans laquelle se trouverait la phrase suivante : « Vous pouvez reconnaître l'ennemi de l'État dans tout

leurs actes le ridicule se joignait souvent à l'odieux. Ainsi le préfet du Rhône enjoignait aux cabaretiers de dénoncer les individus qui propageaient, tout en buvant bouteille, des nouvelles absurdes. Le préfet de l'Eure promettait une prime en argent aux gendarmes et aux gardes champêtres qui, de leur propre mouvement, arrêteraient tout individu tenant de mauvais propos. Le préfet de la Côte-d'Or ordonnait que, le 21 janvier, à l'issue de la grand'messe, on abattît tous les arbres de la liberté. Le préfet du Loiret faisait brûler publiquement et en grande cérémonie les emblèmes de l'époque impériale. Les prévôts, choisis par le duc de Feltre parmi les royalistes les plus exaltés, rivalisaient aussi d'ardeur, et à Paris même on voyait le grand prévôt parcourir les quais et les rues, entrer dans les cafés, interpeller les passants, enjoindre à celui-ci d'ajouter le ruban blanc à son ruban rouge, à celui-là de s'éloigner, et faire arrêter ou arrêter de sa main ceux qu'il lui plaisait de tenir pour *suspects* [1].

A ces vexations, sans cesse et partout répétées, se joignait le triste spectacle des procès politiques, qui, se succédant à de courts intervalles, remplissaient les cœurs d'indignation et de pitié. Après Labédoyère, après les frères Faucher, après Ney, étaient venus les généraux Travot, Boyer, Debelle, condamnés à mort par des conseils de guerre dont l'impartialité était au moins fort douteuse, et, bien que leur peine eût été commuée en dix ou vingt ans de détention, l'opinion publique ne com-

---

homme qui se réjouit des embarras du gouvernement et de l'administration, qui, par ses discours ou des insinuations perfides, tend à dissuader les jeunes gens de s'enrôler; dans celui enfin qui, par ses propos, ses gestes ou son attitude, décèle sa haine ou son mépris pour les habitants paisibles et subordonnés dont la conduite prouve leur dévouement au roi et leur soumission aux lois. » Une telle circulaire eût certainement autorisé les préfets à agir comme ils le faisaient; mais je n'ai pu la découvrir nulle part. Dans tous les cas, la phrase relative aux enrôlements semble indiquer que, si elle a existé, elle émanait du ministère de la guerre plutôt que du ministère de la police.

[1] Rapports de police.

prenait plus ces expiations tardives. Aussi accueillit-elle avec une vive satisfaction, comme l'indice d'une politique nouvelle, le double acquittement des généraux Drouot et Cambronne. Ni la conduite héroïque ni le noble caractère de ces deux généraux n'avaient pu apaiser les fureurs de la réaction, et, bien que le premier, général de la garde impériale, eût aidé le maréchal Macdonald à obtenir la soumission de l'armée de la Loire; bien que le second, grièvement blessé à Waterloo et prisonnier des Anglais, fût revenu volontairement de Londres pour subir son jugement, l'accusation demandait leurs têtes. Heureusement ils se trouvaient dans une position toute particulière. Le traité de Fontainebleau, disaient-ils, a conféré à Napoléon la souveraineté de l'île d'Elbe, et a permis à un certain nombre de Français de l'accompagner en restant ses sujets. Nous étions donc les sujets de Napoléon quand nous l'avons suivi en France, et, en lui obéissant, nous n'avons trahi ni le roi ni la patrie. A cette défense un peu subtile, mais spécieuse, le maréchal Macdonald vint joindre son honorable témoignage, et l'acquittement de Drouot, à la minorité de faveur de trois voix contre quatre, entraîna nécessairement l'acquittement de Cambronne.

Si le parti ultra-royaliste eût été sage, il se fût réjoui de ce résultat et il en eût profité. Au lieu de s'en réjouir, il s'en irrita et s'en indigna; il déclara la société en danger dans ses journaux comme dans ses conversations. Avec une louable indépendance, le rapporteur, M. Delon, avait conclu à l'acquittement du général Drouot : on lui en fit un crime, et, pour s'en justifier, il dut, quelques jours après, en concluant également pour le général Cambronne, rappeler aux royalistes « que les conseils de guerre permanents ne sont pas des tribunaux d'exception, et que le rapporteur, quand il croit reconnaître l'innocence d'un accusé, a le devoir de la proclamer. » Peu s'en fallut même qu'un homme dont l'incomparable talent devait honorer et servir la cause royaliste, M. Berryer, défenseur du général Cambronne, ne se vit arrêter, au début de sa carrière, par ceux dont il a été, pendant le cours d'une longue vie, l'organe le plus éloquent. Traduit par le procureur général, M. Bellart, devant la chambre de discipline de l'ordre des avocats, pour avoir, dans la défense, « professé des doctrines dangereuses et propres à blesser le principe de la légitimité, » il fut renvoyé de la plainte uniquement à cause des nobles sentiments dont il avait fait preuve dans d'autres occasions; mais les principes professés par lui furent en même temps déclarés « condamnables et subversifs de toute autorité légitime. » Et il est bon d'ajouter que cette décision du conseil de discipline parut à certains royalistes un acte scandaleux d'indulgence, et que le garde des sceaux fut sollicité d'intervenir et d'interdire non-seulement à M. Berryer fils, mais à son père, coupable aussi d'avoir défendu des généraux accusés, la faculté de plaider devant aucun tribunal du royaume!

Ainsi il resta bien constaté que, si Drouot et Cambronne échappaient à la justice royale, c'était contre le vœu des royalistes, qui se consolaient difficilement de ne leur avoir pas fait partager le sort de Ney ou au moins celui de Travot.

Celle de toutes ces affaires qui eut le plus de retentissement fut le procès des trois Anglais à qui M. de Lavalette devait son salut. Aux yeux de la loi, sir Robert Wilson, M. Bruce, M. Hutchinson étaient coupables; mais, excepté dans une coterie fanatique, il n'existait pas en France un homme de cœur qui n'eût voulu être coupable comme eux. Aussi le ministère public, embarrassé d'une accusation si difficile à soutenir, avait-il essayé d'en faire naître une plus grave, au moyen de lettres interceptées dans lesquelles sir Robert Wilson donnait libre carrière à sa haine pour les Bourbons, et exprimait l'espoir de leur chute prochaine. L'évasion de Lavalette cessait ainsi d'être le fait principal et devenait un des incidents du grand complot ourdi par sir Robert Wilson et par ses complices contre l'ordre européen. Mais sir Robert Wilson et ses complices étaient citoyens d'un pays où, entre les actes et les sentiments, si violemment exprimés qu'ils soient, on a toujours su faire une grande différence, et lord Castlereagh, bien que fort irrité contre sir Robert Wilson, avait dû lui-même, par l'intermédiaire de sir Charles Stuart, intervenir pour calmer l'ardeur du ministère public. En conséquence, la cour royale avait écarté le chef d'accusation le plus grave, et, malgré quelques efforts malheureux du ministère public pour y ramener le débat[1], le procès se réduisit, pour l'accusation, à prouver que Lavalette devait la vie aux accusés; pour les accusés, à se glorifier, aux applaudissements de la France et de l'Europe, de l'acte qu'on leur reprochait. Ces applaudissements n'étaient certes point payés trop cher au prix de trois mois de prison, et, la condamnation prononcée, ce ne fut pas sans raison que les condamnés reçurent les félicitations non-seulement de leurs amis, mais de l'auditoire presque entier.

L'opinion publique, pendant quelque temps engourdie ou intimidée, tendait donc à se ranimer, et la lutte, un moment suspendue, paraissait près de recommencer. Néanmoins le découragement était si grand et la compression si forte, que, hormis dans quelques sociétés secrètes, où, sous l'œil et la main de la police, quelques hommes, inconnus et grossiers, nourrissaient des desseins et formaient des complots d'une exécution impossible, tous les mécontentements, toutes les colères, s'évaporaient en chansons, en épigrammes, en allusions dans les théâtres, en querelles dans les cafés. On colportait une caricature qui représentait le roi ridiculement

---

[1] Le duc de Richelieu n'approuvait nullement cette conduite du ministère public : « Je ne suis pas du tout content, écrivait-il, de l'interrogatoire de Wilson. Pourquoi s'engager dans une discussion politique avec cet homme, et vouloir lui faire dire ce qu'il n'a pas dit? Cela fera un mauvais effet en Angleterre, où l'on a plus de respect pour les accusés. Mais nous ne sommes guère avancés dans les formes vraiment libérales, quoiqu'on parle, depuis vingt-cinq ans, de libéralité. » (Lettre inédite du duc de Richelieu.)

habillé et tenant à la main un large parapluie sur la plaque duquel étaient écrits ces mots : « La Charte. » A la première représentation de la *Comédienne*, on applaudissait à quatre reprises une tirade contre la noblesse. On prenait parti pour les acteurs et les actrices patriotes contre les acteurs et les actrices royalistes ; et, comme la maison du roi en faisait autant dans un sens contraire, c'était en applaudissant ou en sifflant mademoiselle Mars et mademoiselle Bourgoin que l'on manifestait son opinion. On répandait enfin un faux rapport de M. Pozzo di Borgo et de fausses proclamations de Marie-Louise et du prince Eugène, auxquels, dans le silence universel, la crédulité publique ajoutait foi. Aux prophéties royalistes on opposait aussi d'autres prophéties ; mais on s'en tenait là, et nul mouvement perceptible, nulle conspiration sérieuse, ne venaient rappeler au parti victorieux qu'il y avait en France un parti vaincu qui souffrait et qui s'indignait.

Dans une ville que sa position géographique et l'esprit de ses habitants ont toujours rendue particulièrement accessible aux émotions politiques, à Lyon, une association dite de l'*Indépendance nationale*, avait pourtant, vers la fin du mois de janvier, donné quelques inquiétudes, et, par une tactique vulgaire, on avait cherché à rattacher les sourdes menées de cette association à des personnages considérables, à Fouché, à Carnot, à M. de Talleyrand lui-même ; mais l'instruction n'avait point justifié ces soupçons, et quelques condamnations obscures avaient mis fin à cette affaire. Néanmoins, à Lyon, plus qu'ailleurs, les partis étaient en présence, et un grand nombre de citoyens du Midi, chassés de leurs foyers par la réaction royaliste, venaient y apporter leurs griefs et y exhaler leurs ressentiments[1]. Mais, tout en sollicitant l'envoi de troupes suisses pour étouffer ces ferments de révolte, le préfet, M. de Chabrol, avait, dès le mois de septembre 1815, demandé des

[1] Rapport de M. de Chabrol, préfet du Rhône.

mesures politiques propres à calmer les esprits, à rapprocher les opinions ; et, parmi ces mesures, il avait indiqué, comme essentielle, une déclaration solennelle faite par les deux Chambres, avec l'assentiment du roi, en faveur des principes constitutionnels et de la Charte.

Au lieu de dissiper les alarmes de la France nouvelle, la Chambre des députés, on le sait, les avait augmentées par ses discours comme par ses actes. L'agitation dont se plaignait M. de Chabrol n'avait donc fait que s'accroître, et en face des cafés royalistes où s'assemblaient certains énergumènes de cette opinion, parlant à haute voix d'exterminer tous les bonapartistes et tous les républicains, il se trouvait d'autres cafés où l'on exprimait, sans trop de réserve, l'espoir d'une révolte prochaine. Mais, à Lyon comme ailleurs, c'était au théâtre que les grands combats avaient lieu. De temps à autre, des officiers, le ruban blanc à la boutonnière, faisaient chanter des cantates royalistes et exigeaient, sous peine de provocation, que tous les assistants se tinssent debout. De là des résistances et des rixes qui se prolongeaient quelquefois jusque dans les rues, mais dont les journaux se gardaient bien de dire un mot.

Les journaux, en effet, pouvaient, dans une certaine mesure, louer ou blâmer les actes de la Chambre et débattre entre eux certaines théories constitutionnelles. La *Quotidienne*, organe de la majorité parlementaire, pouvait de temps en temps dénoncer les prétendus libéraux qui, disait-elle, « s'armaient de toute la métaphysique du despotisme pour attaquer les droits de la représentation nationale, et se faisaient ainsi les plagiaires de Bonaparte, en renouvelant les dogmes serviles du *Moniteur* de 1813 ; » le *Constitutionnel* pouvait disserter vaguement sur la constitution anglaise et sur la Charte, louer le *Manuel politique* de Jefferson, attaquer les jésuites et signaler Napoléon, « l'ennemi commun, » comme le destructeur de l'indépendance et de la liberté des peuples ; le *Journal des*

Débats pouvait rendre compte des brochures politiques et financières qui paraissaient chaque jour, et diriger de vives et piquantes attaques contre les jacobins et les bonapartistes qui, devenus libéraux, « injuriaient Napoléon depuis que l'arbre impérial était séché et ne donnait plus de fruits; » le *Journal de Paris* et le *Journal général* pouvaient enfin, tout en plaidant pour les idées libérales, s'efforcer de montrer qu'en France le roi doit régner et gouverner; mais à aucun de ces journaux il n'était permis de dénoncer à l'indignation publique les violences et les illégalités dont le parti victorieux, triste émule de ses devanciers, déshonorait sa cause. A les voir rivaliser d'amour pour la royauté légitime et d'enthousiasme pour les institutions nouvelles, on eût pu croire qu'à l'exception de quelques insensés ou de quelques brigands, justement livrés à la rigueur des lois, la plus touchante unanimité régnait en France, et que l'on se querellait seulement pour savoir qui des royalistes ou des libéraux étaient le plus dévoués au roi et à la Charte.

Si l'on voulait connaître les sentiments des partis vaincus, ce n'était donc point dans les journaux français, c'était dans les journaux étrangers et surtout dans un journal, récemment créé à Bruxelles, sous un nom bien connu, dans le *Nain jaune réfugié*, qu'il fallait aller les étudier. Le *Nain jaune* avait pour rédacteurs des Français qui, les uns par force, les autres volontairement, avaient quitté la France et s'étaient établis à Bruxelles, M. Cauchois-Lemaire, notamment. De ce journal, comme d'une forteresse, ces réfugiés lançaient, tous les cinq jours, par delà la frontière française, une grêle meurtrière d'articles longs ou courts, sérieux ou plaisants, contre la fausseté du roi, contre la violence sanguinaire de la Chambre, contre la faiblesse des ministres; et, en même temps, ils s'épuisaient en éloges sur la haute raison, sur la loyauté, sur la fermeté du roi des Pays-Bas et de son fils, le prince d'Orange. Leur thème principal, au milieu d'une foule d'anecdotes et d'épigrammes, était celui-ci : L'Europe ne peut être en repos que si la France est tranquille, et la France ne peut être tranquille sous une dynastie incompatible avec ses opinions, avec ses mœurs, sous une dynastie deux fois chassée par elle et deux fois ramenée par la force étrangère. L'Europe, en soutenant les Bourbons, fait donc une faute grave et va contre son but. Elle n'a plus rien à craindre de Bonaparte; elle a tout à craindre des Bourbons. Si elle veut assurer son repos, elle n'a qu'un parti à prendre, c'est de laisser la France expulser définitivement les Bourbons et appeler au trône un prince sage, constitutionnel, pacifique, un prince semblable à celui qui, le 5 novembre 1688, s'embarqua près d'Amsterdam et fit voile pour l'Angleterre. Puis le *Nain jaune* insinuait que, par une analogie heureuse, ce prince existait en 1816 comme en 1688, et qu'il ne fallait pas aller bien loin pour le trouver.

Que ces publications et ces menées dussent inquiéter et mécontenter la cour des Tuileries et le ministère, rien de plus simple. Mais les ministres, le duc de Richelieu notamment, s'en montraient, en outre, fort surpris et prétendaient trouver, dans la conduite et le langage des réfugiés français, la preuve qu'on avait bien fait de les bannir. C'est la conséquence toute contraire qu'il eût été raisonnable d'en tirer. Quand, au lendemain d'une guerre civile, il est permis aux vaincus de rester dans leur pays, d'y goûter les joies de la famille, d'y exercer leurs droits de citoyen, le temps, lors même qu'il n'altère en rien leurs opinions, produit en eux son apaisement ordinaire; le temps produit en eux un effet absolument opposé si les portes de la patrie leur sont fermées. Tout événement, toute combinaison qui peuvent mettre un terme à leur exil sont alors les bienvenus, et l'idée du retour à tout prix devient une idée fixe. Parmi les royalistes qui avaient suivi le roi à Gand, la plupart l'avaient suivi volontairement, et cependant, à Gand, presque tous faisaient des vœux ardents pour que la défaite de l'armée française leur rouvrît les portes de la France. Ce que désiraient les bonapartistes et les républicains, arbitrairement expulsés du sol natal, était certes moins funeste, et on ne pouvait raisonnablement leur demander de respecter un ordre légal institué contre eux et qui les proscrivait.

Ce qui, à plus juste titre, pouvait surprendre et irriter le duc de Richelieu, c'est la protection, ou, pour mieux dire, la faveur dont le roi des Pays-Bas couvrait toutes ces attaques. D'après les conventions des puissances alliées, consignées dans plusieurs protocoles, le lieu de résidence des exilés était fixé, et le royaume des Pays-Bas, comme trop voisin de la France, leur était formellement interdit; mais, d'une part, ces conventions s'appliquaient seulement aux Français compris dans les catégories de la loi d'amnistie, et, par conséquent, ne concernaient en rien les personnes bannies par simple mesure de police, ou librement réfugiées en Belgique; d'autre part, elles paraissaient en contradiction avec un article de la loi fondamentale des Pays-Bas, qui assurait à tout étranger, sur le sol du royaume, la même protection qu'aux nationaux. Fort de cet article, le roi des Pays-Bas résistait aux menaces de la France et aux instances réitérées de la conférence, appuyées par son propre ministre des affaires étrangères, M. de Fagel. Si quelquefois il paraissait faire une concession, elle était plus apparente que réelle, et, à Liége comme à Bruxelles, les réfugiés savaient que l'approbation secrète du roi venait généralement contredire son blâme officiel.

Cette attitude du roi des Pays-Bas, fort étrange en effet, et qui devait préoccuper la France, tenait à un ensemble de circonstances et de projets plus ou moins vagues dont il est nécessaire de dire ici quelques mots.

Le rapide succès de Napoléon, au 20 mars, avait, on s'en souvient, inspiré aux puissances alliées de grands doutes sur la durée d'un pacte nouveau entre la France et la famille des Bourbons, et ces doutes étaient presque devenus une certitude, quand elles avaient vu la Chambre de 1815 à l'œuvre, avec le concours de Monsieur. A partir de ce moment, toutes les correspondances en font foi, les hommes les plus intelligents de tous les pays avaient cru que, si la monarchie restaurée durait autant que Louis XVIII, ce qui leur paraissait fort incertain, elle ne lui survivrait pas, et que, par conséquent, à une époque peu éloignée, la France se donnerait ou recevrait un nouveau gouvernement. Quel serait ce gouvernement? Ici les conjectures, comme les vœux, se partageaient. En France, le nom le plus répandu, le plus populaire, était sans contredit celui de Napoléon II, ou, à son défaut, celui du prince Eugène, et les puissances du midi de l'Allemagne, l'Autriche surtout, tout en désirant, sans y croire, le maintien de la dynastie régnante, pensaient que, cette dynastie tombée, celle dont le chef était petit-fils de l'empereur François en valait bien une autre. De là certains propos tenus par des généraux et par des diplomates autrichiens, dont les autres cours, celle d'Angleterre notamment, ne laissaient pas de se préoccuper. Mais, en face du nom de Napoléon II, il y en avait un autre, celui du duc d'Orléans, qui, moins accrédité dans les classes populaires, l'était davantage dans les classes moyennes, et semblait rallier, non-seulement en France, mais en Europe, une élite d'hommes politiques. Dès le mois d'octobre 1815, M. de Humboldt disait et répétait que la dynastie des Bourbons ne pouvait pas se maintenir, et que le duc d'Orléans arriverait un jour au trône, le drapeau tricolore à la main. Vers la même époque, un agent supérieur de la police prussienne tenait à Paris le même langage, et lord Grey écrivait à sir Robert Wilson « que les Bourbons occupant le trône ne pouvaient manquer d'en être précipités et que la place attendait *le cousin*[1]. » Dans le salon même de sir Charles Stuart, des Anglais notables, lord Hardwicke entre autres, faisaient l'éloge du duc d'Orléans, en qui ils paraissaient voir l'homme le plus propre à terminer la

---

[1] Correspondances saisies.

révolution et à rendre la France heureuse. Enfin, parmi les Russes, des personnes considérables semblaient prévoir, sans s'en s'effrayer, l'avènement prochain du prince qui, pendant les Cent-Jours, avait paru, un moment, accepté par leur empereur.

Si ce mouvement d'opinion se faisait sentir à Paris assez fortement pour inquiéter le gouvernement et la Chambre, on comprend qu'il dût se manifester d'une manière plus apparente dans les pays où rien n'y faisait obstacle, en Angleterre notamment. Ainsi, sans parler des journaux quotidiens, où la candidature possible du duc d'Orléans était librement débattue, on put lire dans la grande revue whig, dans la *Revue d'Édimbourg* du mois d'octobre 1815, un article qui était en quelque sorte le manifeste des orléanistes. Après avoir énuméré les difficultés que les Bourbons avaient rencontrées en 1814 et les fautes qu'ils avaient commises, l'auteur de cet article établissait que depuis les Cent-Jours ces difficultés avaient augmenté, et que ces fautes s'étaient renouvelées en s'aggravant. De là le pressentiment presque général d'une catastrophe plus ou moins prochaine, mais à peu près inévitable. Or il y avait tout lieu de penser que, le lendemain de cette catastrophe, la majorité des Français appellerait le duc d'Orléans. Cela dit, la Revue exposait tous les avantages de cette combinaison pour la cause de la liberté et de la Révolution. Elle était loin de dire que le duc d'Orléans conspirât ou intriguât contre son parent ; on savait, au contraire, qu'il avait soigneusement évité tout ce qui pouvait donner lieu à de semblables imputations ; on savait qu'en le supposant même disposé à accepter la couronne, si la couronne lui était offerte, il ne ferait rien pour la conquérir, et qu'une adhésion scrupuleuse aux principes de la Charte serait le seul moyen qu'il emploierait pour accroître sa popularité.

« Nous sommes ici, continuait la Revue, de simples narrateurs. Dans notre opinion, en effet, ce que la France aurait de mieux à faire, ce serait de ne point se jeter dans les hasards d'une nouvelle révolution, et de se borner à peser sur sa dynastie et sur son gouvernement pour leur imposer des mesures libérales. Mais si la France, comme cela est probable, n'est pas de cet avis, et si elle renverse le roi Louis XVIII pour mettre sur le trône le duc d'Orléans ou tout autre, l'Angleterre doit garder une stricte neutralité. Le duc d'Orléans, après tout, vaudrait mieux que Louis XVIII, et donnerait à la paix générale de l'Europe plus de garanties. »

C'en est assez pour faire comprendre l'inquiétude qu'inspirait le duc d'Orléans, le soin avec lequel on le tenait éloigné de la France, la surveillance quotidienne dont il était l'objet, et le pressentiment qui, lors de la discussion de la loi des cris séditieux, avait porté un député royaliste à insister pour que, dans les prévisions pénales de la loi, le terme général *un usurpateur* fût substitué au terme particulier *l'usurpateur*.

Mais, pour que cette candidature pût réussir, deux conditions étaient nécessaires : que le duc d'Orléans s'y prêtât, et que le gouvernement anglais n'y fût pas opposé. Or, de ces deux conditions pas une ne se réalisait. Le duc d'Orléans, par son immobilité, par son silence, décourageait ses partisans qui, sans tenir compte de ses honorables scrupules, lui reprochaient son incurable timidité et ses ménagements impolitiques pour une maison hostile à la sienne. Quant à l'Angleterre, ses représentants officiels avaient quelquefois échangé avec les représentants de l'Autriche quelques paroles comminatoires. Si l'Autriche, disait l'Angleterre, pousse le roi de Rome, nous pousserons le duc d'Orléans. — Si l'Angleterre, répondait l'Autriche, prétend mettre le duc d'Orléans sur le trône, nous y mettrons Napoléon II. Mais l'homme essentiel du gouvernement anglais, le duc de Wellington, et le premier ministre, lord Liverpool, l'un par loyauté, l'autre par préjugé tory et par respect pour ses propres précédents, restaient obstinément fidèles à la dynastie légitime. Si le langage de quelques whigs et même de quelques torys avait pu un instant faire illusion aux orléanistes, cette illusion n'avait pas duré, et il restait évident que, de la part du gouvernement anglais, il n'y avait rien à espérer.

Tel était l'état des choses, quand, au mois de février, les réfugiés français trouvèrent asile à Bruxelles et créèrent le *Nain-Jaune*. Bonapartistes pour la plupart, ou républicains alliés aux bonapartistes, leur inclination les portait naturellement vers Napoléon II ou vers le prince Eugène; mais ils avaient assez d'intelligence pour comprendre l'obstacle que les traités de Vienne et de Paris opposeraient à la reconstruction, même sous un nouveau nom, du vieil édifice impérial. C'est alors qu'ils imaginèrent d'opérer en France une nouvelle révolution de 1688 par les mains d'un nouveau prince d'Orange. Le prince dont ils disposaient ainsi, non contre son gré, venait de se rendre à Saint-Pétersbourg pour y épouser une sœur de l'empereur de Russie; on pouvait donc se flatter qu'un tel choix ne serait point désagréable à Alexandre. D'un autre côté, si le prince d'Orange était appelé à régner sur la France, il devait lui apporter en dot la Belgique, cette Belgique que la France regrettait amèrement, et il y avait dans une telle dot de quoi lever bien des scrupules.

Que non-seulement le prince d'Orange, mais encore le roi des Pays-Bas lui-même, se fût laissé tenter par l'offre des réfugiés, c'est ce qui ne saurait être mis en doute. Le duc de Wellington s'en plaignit avec amertume dans plusieurs de ses dépêches. L'Autriche s'en préoccupa sérieusement, et, à son retour de la Haye, en avril 1816, M. de Fagel, ministre du roi des Pays-Bas, exprima lui-même le regret qu'il éprouvait de voir son maître accueillir les projets les plus fous, et vouloir échanger son royaume de quatre millions d'habitants contre un royaume de vingt-huit millions. Ainsi encouragés dans leurs projets, les réfugiés se croyaient dispensés d'en faire mystère, et c'était presque au grand jour et à haute voix qu'ils préparaient leur 1688.

On voit qu'à l'extérieur comme à l'intérieur les difficultés ne manquaient pas. Le ministère d'ailleurs, plus divisé que jamais, ne pouvait subsister dans son intégrité. Le duc de Richelieu et M. Decazes, avec l'assentiment tacite de Louis XVIII, continuaient à lutter contre la réaction ultra-royaliste, tout en lui faisant quelques concessions fâcheuses et dont on ne leur tenait aucun compte. Le duc de Feltre, M. de Vaublanc, M. Dubouchage, avec l'approbation ouverte de Monsieur et de Madame, continuaient à favoriser la réaction par leurs actes et par leurs paroles. Ainsi, le duc de Richelieu et M. Decazes avaient consenti, au mois de mars, à la *réforme* de l'Institut, c'est-à-dire à l'élimination, par voie d'ordonnance, de dix-sept membres de ce corps illustre [1], et à la nomination, par voie d'ordonnance également, de plusieurs personnages plus politiques que littéraires, entre autres de M. de Lally-Tolendal, de M. Lainé, de l'abbé de Montesquiou, de M. Ferrand et du duc de Richelieu lui-même. Au mois d'avril, les mêmes ministres avaient consenti au licenciement de l'École polytechnique, que le parti de Monsieur sollicitait depuis longtemps avec ardeur. Malgré cela, le duc de Richelieu et M. Decazes ne cessaient pas d'être odieux ou suspects au parti de Monsieur, tandis que pour le *bon* duc de Feltre et pour l'*excellent* M. de Vaublanc, ce parti n'avait pas assez d'éloges.

Jusqu'au 31 mars 1814, le duc de Feltre avait été pourtant un des serviteurs les plus complaisants de l'Empire, et M. de Vaublanc, préfet à Metz en 1804, avait alors poussé le dévouement à l'Empereur jusqu'au point de lui signaler comme suspects ceux de ses administrés qui ne manifestaient pas leurs sentiments avec une chaleur égale à la sienne [2]. Mais le parti

---

[1] En voici la liste complète : Monge, Carnot, Garat, Cambacérès, Merlin (de Douai), Sieyès, Rœderer, Arnault, duc de Bassano, Regnault-Saint-Jean-d'Angély, cardinal Maury, Étienne, Lucien Bonaparte, Grégoire, Lakanal, Joseph Bonaparte, David.

[2] *Mémoires de Miot*, tome II, page 227.

de Monsieur oubliait, en considération des services présents, les injures passées, et les deux ministres qui lui étaient chers ne négligeaient rien pour mettre leur conversion hors de doute. C'est ainsi que le duc de Feltre frappait d'une réprobation systématique les officiers de l'ancienne armée, et que M. de Vaublanc allait jusqu'à destituer de la place de garde général des archives le respectable M. Daunou de qui, dix-huit ans auparavant, il avait sollicité et obtenu la protection.

Le duc de Richelieu était quelquefois faible; mais il était honnête et fier, et, à ses yeux, M. de Vaublanc avait donné sa démission le jour où, dans la discussion de la dernière loi électorale, il s'était publiquement séparé de ses collègues. Pour éviter toute complication inutile, M. de Richelieu avait consenti à retarder jusqu'à la fin de la session le moment de la rupture; mais le jour était venu où l'un ou l'autre devait quitter le ministère. Le ridicule commençait d'ailleurs à s'attacher aux actes de M. de Vaublanc, et, dans le corps diplomatique même, on riait beaucoup d'une circulaire qu'il venait d'adresser aux préfets, à propos de la formation de la garde royale : « Dans cette opération, leur disait-il, il n'y a pas de milieu : il faut réussir ou être blâmable. *Le succès est un devoir sacré;* le non-succès n'a pas d'excuse. » Enfin, il semblait impossible de laisser plus longtemps M. de Vaublanc maître de conserver ou de révoquer les préfets, au gré d'un parti qui faisait une guerre ardente au ministère. C'était, chacun le savait, chez Monsieur, bien plus que chez le roi, qu'il allait chercher ses instructions, et les actes ministériels se préparaient dans le comité intime du pavillon Marsan, bien plus que dans le conseil des ministres. Ainsi, le lendemain de la clôture de la session, ses collègues furent fort surpris d'apprendre, par le *Moniteur*, la destitution du préfet des Côtes-du-Nord, M. Pepin de Bellisle, dont il n'avait point été question en conseil, et son remplacement par M. de Saint-Luc, un des protégés du pavillon Marsan.

Ce dernier trait détermina la destitution de M. de Vaublanc[1]. Jusque-là en effet le roi Louis XVIII, toujours préoccupé des reproches que pouvait lui attirer, de la part de son frère et de sa nièce, tout acte contraire à leur désir, hésitait à frapper M. de Vaublanc, bien qu'il n'eût pour lui aucun goût; mais, pour cette fois, le duc de Richelieu avait bien résolu de quitter le ministère si M. de Vaublanc y restait, et, entre le duc de Richelieu et M. de Vaublanc, Louis XVIII ne pouvait pas balancer.

Le choix de M. Lainé pour remplacer M. de Vaublanc était un choix excellent et qui devait plaire à la fois aux royalistes et aux constitutionnels. Il était impossible en effet de soupçonner de bonapartisme le rapporteur de l'adresse de 1813, le président de la Chambre de 1814, l'homme qui à Bordeaux avait si noblement protesté contre l'usurpation des Cent-Jours. Il était impossible de soupçonner de desseins contraires à la Charte le président de la Chambre de 1815, l'homme à qui les ultra-royalistes avaient fait récemment un outrage profondément ressenti. Mais, en même temps que, par la nomination de M. Lainé, on rompait avec la politique de Monsieur, on crut devoir, par le renvoi de M. Barbé-Marbois, accorder à cette politique une compensation peu heureuse et peu intelligible. La retraite de M. Barbé-Marbois, ministre faible, sans influence dans le conseil et d'une mauvaise santé, n'avait en soi rien que de naturel, et, s'il eût été remplacé par M. Pasquier ou par M. Molé, qui, tous les deux, aspiraient à la succession, la mesure n'eût pu être taxée d'inconséquence. Mais le duc de Richelieu, sans doute pour éviter un choix difficile, voulut rendre les sceaux au chancelier de France, M. Dambray, qui passait pour peu constitutionnel. « Cygne de l'ancien barreau de France, disait-on plaisamment, M. Dambray lui rend le plus noble hommage en s'interdisant de lire une seule des lois

---

[1] Correspondances diplomatiques.

qui n'ont pu, depuis vingt-cinq ans, être vérifiées ni enregistrées en parlement[1]. » Mais ce n'était pas là précisément un titre pour devenir ministre de la justice. Comme pour rendre cette nomination plus significative, au secrétaire général, M. Guizot, protestant et ami des membres les plus éminents de la minorité constitutionnelle, on donna pour successeur M. de Trinquelague, catholique intolérant et un des membres les plus fougueux de la majorité ultra-royaliste. En même temps, deux autres membres du même parti, M. Tabarié et M. de la Bouillerie étaient nommés sous-secrétaires d'État, l'un au ministère de la guerre, l'autre au ministère des finances. A ce dernier M. Corvetto et M. Decazes eussent préféré M. Portal, dont la nomination avait même été signée par le roi ; mais M. de Richelieu et M. Lainé craignaient d'augmenter par ce choix le mécontentement de Monsieur, et, à leur demande, l'ordonnance fut révoquée.

Il faut pourtant en convenir, si, numériquement, la force respective des partis restait la même dans le ministère, moralement le parti constitutionnel avait l'avantage, et le remplacement de M. Barbé-Marbois par M. Dambray était loin d'équivaloir au remplacement de M. de Vaublanc par M. Lainé. Il y avait donc lieu d'espérer que le ministère reconstitué allait faire entrer la France dans une ère nouvelle de clémence et de pacification, quand un événement imprévu et déplorable, l'insurrection de Grenoble, vint, le jour même de sa formation, le jeter hors de ses voies.

Quelques jours avant la fin de la session, les auteurs, imprimeurs et distributeurs d'un pamphlet clandestin intitulé le *Nain-Tricolore*, avaient été renvoyés devant la cour prévôtale d'abord, puis devant la cour d'assises, la cour prévôtale s'étant déclarée incompétente, et l'instruction avait mis sur la trace de certaines manœuvres révolutionnaires. De plus, la police venait de découvrir, sans beaucoup de peine, un com-

[1] *Nain-Jaune* réfugié.

plot auquel plusieurs de ses agents étaient affiliés, le complot des patriotes de 1816, et l'on ne parlait de rien moins que d'une machine inventée pour faire sauter le château des Tuileries. Néanmoins le duc de Richelieu, interrogé par les ambassadeurs sur la portée de ce complot, leur déclarait franchement qu'il y attachait peu d'importance. Il est donc probable que les hommes obscurs et impuissants qui s'y trouvaient mêlés eussent été traités avec indulgence; mais, le 6 mai au soir, au moment même où le nouveau ministre de l'intérieur prêtait serment entre les mains du roi, on reçut de Grenoble, par voie télégraphique, quelques extraits d'une dépêche adressée au ministre de la guerre par le général Donnadieu, et dont voici les passages principaux :

« *Vive le roi!* monseigneur. Les cadavres de ses ennemis couvrent tous les chemins à une lieue alentour de Grenoble. Je n'ai que le temps de dire à Votre Excellence que les troupes de Sa Majesté se sont couvertes de gloire. A minuit, les montagnes étaient éclairées par les feux de la rébellion dans toute la province... La ville a été attaquée sur tous les points à la fois. Des prisonniers arrivent à chaque instant. Déjà plus de soixante sont en notre pouvoir. Un bien plus grand nombre est attendu. La cour prévôtale va en faire une prompte et sévère justice... Toutes les autorités civiles et militaires ont fait leur devoir. On évalue le nombre des brigands qui ont attaqué la ville à quatre mille. »

A la lecture de cette dépêche si précise et si effrayante, le conseil des ministres, assemblé à la hâte, répondit, séance tenante, par l'autorisation de mettre en état de siége le département de l'Isère, et par l'ordre aux préfets des départements voisins de déployer, dès le principe, la plus grande vigueur si le mouvement insurrectionnel venait à se propager. Il était entendu que, dans le cas de la mise en état de siége, les autorités civiles et militaires seraient investies de pouvoirs discrétionnaires.

Le lendemain et jours suivants, de nouvelles dépêches et des lettres plus détaillées arrivèrent à Paris, toutes dans le même sens, toutes animées du même esprit, toutes donnant l'idée d'un mouvement étendu et redoutable. « Des intelligences préparées, écrivait encore le général Donnadieu, donnaient aux conjurés le moyen de mettre dans cette ville quinze mille hommes sous les armes pour marcher sur Lyon. — Des dépôts d'armes ont été découverts. — A l'instant, ajoutait-il, on me donne avis qu'il se forme des projets dans la campagne de venir enlever les prisonniers et mettre le feu à la ville ; je prends toutes mes mesures pour que ces complots soient déjoués. »

Bien que des doutes commençassent à s'élever sur la parfaite exactitude des récits du général Donnadieu, le roi et ses ministres étaient encore sous l'impression de ces sinistres nouvelles, quand, le 11, ils furent informés que la cour prévôtale avait prononcé, le 7 mai, trois condamnations capitales ; que la commission militaire, instituée le 9 par le général Donnadieu, après la proclamation de l'état de siège, en avait prononcé, séance tenante, vingt et une ; que seize des condamnés avaient été exécutés ; que, par suite de révélations nouvelles, il avait été sursis à l'exécution de deux de ces malheureux, et que, pour les six autres, une demande en grâce était présentée par la cour prévôtale elle-même et par le conseil de guerre. Il ne semblait pas que, sous un tel patronage, une telle demande pût être refusée ; mais, depuis la dépêche du 6, le parti de Monsieur et Monsieur lui-même avaient trouvé l'occasion favorable pour ramener le roi à leur politique, et on allait répétant partout que l'insurrection de Grenoble était le résultat nécessaire du système de clémence si follement adopté ; le roi, ajoutait-on, devait enfin comprendre où ce système le conduisait et laisser agir les lois. « L'insurrection de Grenoble, écrivait un ministre étranger, porte un coup mortel à la politique modérée. » Il est juste d'ajouter que les ministres modérés se sentaient eux-mêmes ébranlés, et qu'ils se demandaient avec anxiété si, pour prévenir de nouvelles tentatives, un grand exemple n'était pas nécessaire. M. Lainé surtout, qui n'avait accepté le ministère qu'avec une extrême répugnance, M. Lainé était en proie à une agitation nerveuse qui fermait à la pitié son cœur ordinairement généreux. « Les feux annoncés par le télégraphe, écrivait-il à son collègue M. Decazes, m'empêchent de dormir [1]. » Et M. Decazes, si souvent accusé par les ultra-royalistes de protéger les factieux, ne se sentait plus la force de braver l'accusation.

C'est ainsi que le 12 mai, à quatre heures, fut expédiée, sous la double signature du garde des sceaux et du ministre de la police, la dépêche fatale et inattendue qui porta la consternation dans Grenoble, et qui, depuis, n'a cessé d'être l'objet d'une juste réprobation. D'après cette dépêche, tous les condamnés devaient être exécutés, même ceux dont un supplément d'instruction avait à peu près démontré l'innocence, même un jeune homme de seize ans! Cette dernière circonstance était ignorée des ministres; mais ils l'auraient connue, s'ils avaient consenti à différer leur réponse d'un seul jour. Malheureusement, à ceux qui déjà les accusaient de faiblesse, ils voulurent répondre en prouvant promptement qu'ils étaient forts, et ils oublièrent, pour cette fois, que le premier devoir de l'homme d'État est de ne jamais subordonner à des convenances politiques ou personnelles les droits sacrés de la justice et de l'humanité.

Cependant, grâce aux divisions qui éclatèrent entre les hauts fonctionnaires de l'Isère, la lumière ne tarda pas à se faire, et les quatre mille brigands du général Donnadieu se réduisirent bientôt, d'après les rapports du préfet et du commissaire général de police, à trois ou quatre cents, dont la moitié sans armes. Il fut encore constaté que l'instigateur et le chef du

[1] Lettre inédite de M. Lainé.

mouvement, Didier, avait pris la fuite, et que les *monceaux de cadavres*, entassés sur les routes par la dépêche du général Donnadieu, se composaient des cadavres de six insurgés[1]. On savait enfin que, depuis la soirée du 5 mai, il n'y avait plus à Grenoble ni dans les environs trace d'agitation.

Le ministre de la guerre, malgré sa prédilection pour le général Donnadieu, dut donc, tout en louant son zèle, lui reprocher l'exagération de ses récits, et ce fut dans une disposition toute nouvelle que le conseil des ministres prit connaissance de deux arrêtés du général et d'un arrêté du préfet, en date du 8 et du 9 mai. Par un de ces arrêtés, signé Donnadieu, il était dit que les habitants de toute maison où serait trouvé Didier seraient livrés à une commission militaire, pour être passés par les armes, et qu'une gratification de trois mille francs serait accordée à celui qui le livrerait mort ou vif. Les deux autres arrêtés, signés Donnadieu et Montlivault, étaient plus graves encore et plus irréguliers.

« Tout habitant, disait l'article 1er, dans la maison duquel il sera trouvé un individu ayant fait partie des bandes séditieuses, et qui, l'ayant recélé sciemment, ne l'aura pas dénoncé sur-le-champ à l'autorité, sera arrêté, livré à la commission militaire et condamné à la peine de mort; sa maison sera rasée. »

« Tout habitant, disait l'article 2, qui, dans les vingt-quatre heures, n'aura pas obéi à l'arrêté du préfet (sur le désarmement), et chez qui on aura trouvé des armes de guerre, ou qui aurait chez lui des armes de chasse, pistolets, épées, etc., dont il n'aurait pas fait la déclaration, sera livré à la commission militaire et sa maison sera rasée. »

---

[1] Rapport du commissaire général de police. — En 1831, le général Vautré mis en non-activité à cause de la part qu'il avait prise à l'affaire de Grenoble, adressa au maréchal Soult un mémoire justificatif, duquel il résulte qu'il y eut *sept* morts parmi les insurgés, et une *douzaine* de blessés du côté des troupes royales.

Dans un conseil où siégeaient le duc de Richelieu, M. Lainé, M. Decazes, M. Corvetto, de si abominables mesures ne pouvaient pas trouver grâce, et les ministres de la guerre et de l'intérieur furent chargés par leurs collègues de faire comprendre aux hauts fonctionnaires de l'Isère qu'en leur accordant un pouvoir discrétionnaire, on n'avait pas entendu les investir du droit de violer les lois et de fouler aux pieds toutes les prescriptions de la justice et de l'humanité. Dans l'opinion du gouvernement, ils avaient d'abord eu tort de substituer les commissions militaires aux cours prévôtales, légalement instituées. « L'état de siége, écrivait M. Lainé le 13 mai, confond et déplace les pouvoirs, mais ne les met pas au-dessus des lois, et les pouvoirs, lors même qu'ils sont discrétionnaires, sont loin d'être illimités. Je n'ai pu vous donner que ceux que j'ai moi-même. » « On a bien fait, écrivait-il encore, d'intimider les factieux ; mais on ne peut substituer à l'action régulière de la loi l'action administrative, et prononcer contre les complices de la rébellion des condamnations dont un tribunal seul peut frapper les rebelles eux-mêmes. Je n'ai pas d'ailleurs besoin de vous rappeler quelles idées réveillerait et à quelle époque paraîtrait se rapporter l'ordre qui prescrit de raser la maison des coupables. Toute rigueur inutile va contre son but. Tout gouvernement légitime répugne à des actes irréguliers et ne saurait punir révolutionnairement un délit révolutionnaire. »

« La proclamation du 9 mai, écrivait le ministre de la guerre, contient des mesures législatives exorbitantes qu'il est impossible d'approuver ; il y est question de commissions militaires que la Charte réprouve. La mise en état de siége d'un département ne peut autoriser les principaux fonctionnaires, qui y sont employés, à établir la peine de mort, à ordonner que certaines maisons seront rasées, etc., etc. Le cours ordinaire des lois ne se trouve pas par là suspendu.

« Votre ordre du jour du 8, ajoutait-il, contient des irrégularités de même nature. Les ministres de Sa Majesté se sont plu à considérer ces diverses dispositions plutôt comme comminatoires que comme devant être suivies d'exécution. Ils ne peuvent néanmoins les approuver, et vous devez vous empresser de vous replacer sous l'autorité des lois. »

C'était là un excellent langage et qui, tenu quelques jours plus tôt, aurait pu épargner à la Restauration un de ses plus sanglants sacrifices. Il fut d'ailleurs bientôt confirmé par la levée de l'état de siège que le général Donnadieu, sans se concerter avec le préfet, avait cru devoir infliger au département tout entier. Mais le général Donnadieu, fier de son triomphe et du titre de vicomte qui venait de lui être accordé, refusa d'abord d'obéir, sous prétexte qu'un ministre seul, le ministre de la guerre, pouvait lui donner des ordres. Pendant plusieurs jours, il disposa ainsi de tous les pouvoirs, tandis que le préfet, silencieusement renfermé dans son hôtel, en était réduit à transmettre par écrit au ministre de l'intérieur ses griefs et ses doléances. Il fallut pourtant qu'en définitive, le général vicomte Donnadieu déposât la dictature qui lui était si chère; mais il ne la déposa pas sans exprimer, dans une lettre au ministre de la guerre[1], son opinion tout entière sur le moyen de déraciner les opinions révolutionnaires et de vaincre la conspiration bonapartiste. On n'y pouvait parvenir, selon lui, qu'à la condition de confier à des hommes dévoués le soin de « purger enfin l'État de trois à quatre mille factieux sur lesquels la clémence et les bienfaits du monarque ne pouvaient rien, et d'envoyer ces hommes, éternels artisans de révolution, dans des colonies lointaines, où ils auraient la faculté de républicaniser à leur manière. Quelques hommes de mauvaise foi crieraient à l'injustice, quelques âmes timides seraient étonnées ; mais, au bout de quelque temps, chacun reconnaîtrait que c'était le seul chemin du salut. — Il me semble

---

[1] Le général Donnadieu au ministre de la guerre, 28 mai 1816.

impossible, ajoutait-il, de sortir de ce dilemme : ou sauver la France inconstitutionnellement, ou périr constitutionnellement. » Et, pour approprier le moyen au but, il proposait de s'appuyer sur l'armée seule, de désarmer la population tout entière et de remettre partout aux commandants militaires la direction absolue de la haute police.

Quelques jours plus tard, le général Donnadieu, achevant d'expliquer sa pensée, exprimait le regret « que la douceur des lois ne permit pas d'employer les seuls moyens avec lesquels on pourrait obtenir des grands coupables des aveux si utiles à l'intérêt de l'État. » Chacun comprend de quels moyens il s'agissait dans l'esprit du général Donnadieu, et l'on voit ce qu'il faut penser des nombreux écrits dans lesquels, à diverses époques, ce général s'est donné pour la victime de ses sentiments humains et de ses opinions constitutionnelles.

Ainsi se termina cette étrange échauffourée que ni le général Donnadieu, ni le préfet, ni le commissaire général de police n'avaient prévue; qui fit périr six insurgés par les balles du colonel Vautré et vingt-cinq sur l'échafaud; qui ranima dans une foule d'esprits un feu près de s'éteindre, et dont, aujourd'hui encore, le but véritable est ignoré. Constitutionnel ardent en 1789, et membre actif de la fameuse assemblée de Vizille; royaliste et émigré sous la Convention et sous le Directoire; bonapartiste et professeur de droit sous le Consulat et sous l'Empire; royaliste de nouveau et maître des requêtes, en 1814; orléaniste en 1815, Didier, pour grossir les rangs de l'insurrection, avait parlé aux uns de Napoléon II, aux autres du duc d'Orléans ou d'un gouvernement provisoire, et personne ne savait son secret. Il est probable qu'il ne le savait pas bien lui-même, et qu'une fois l'insurrection maîtresse de Grenoble, il se réservait de conclure selon l'inspiration et les besoins du moment. Quoi qu'il en soit, dénoncé par deux de ses complices, et exécuté, le 10 juin, il releva, par le courage de sa mort, les inconséquences de sa vie et la folie de son entreprise. On a prétendu qu'en mourant il avait chargé le général Donnadieu d'avertir Louis XVIII que ses deux ennemis les plus dangereux étaient le duc d'Orléans et M. de Talleyrand ; mais ce sont là de ces inventions puériles de l'esprit de parti auxquelles ne croient pas ceux qui les propagent, et qu'on s'étonne de voir consignées sérieusement dans une histoire sérieuse.

Quant à la querelle si vive et si prolongée du général avec le préfet et avec le commissaire général de police, il est inutile de s'y arrêter. De ces trois hauts fonctionnaires, le général Donnadieu est sans doute le moins excusable, et ce n'est point à tort que, pendant tout le cours de sa vie, l'opinion publique a fait peser sur lui la responsabilité principale d'une répression impitoyable; mais ni le préfet ni le commissaire général de police n'y furent étrangers. Quant aux ministres, on regrette de dire que, même en tenant compte de toutes les circonstances, il est impossible de les absoudre entièrement. Que, le 6 mai au soir, sous l'impression de la première dépêche, ils aient mis Grenoble en état de siége et accordé aux autorités civiles et militaires des pouvoirs extraordinaires, sans en bien marquer les limites, on ne peut leur en faire un crime; mais il est difficile de comprendre que, le 12, après réflexion, quand le danger paraissait passé, ils aient refusé les grâces demandées par la cour prévôtale et par la commission militaire elle-même, avec l'assentiment, au moins tacite, du général Donnadieu. Le refus leur coûta, sans doute, et ils l'ont depuis amèrement regretté ; il n'en reste pas moins vrai que, ce jour-là, leur sévérité dépassa celle du conseil de guerre, et qu'ils eurent le malheur d'écrire leurs noms sur une des pages les plus douloureuses de l'histoire de la Restauration.

Malheureusement les rigueurs ne se renfermèrent pas dans les murs de Grenoble, et l'on put se demander un moment, si la France, au lieu de marcher, sous la direction du nouveau ministère, vers la pacification des esprits, n'allait pas rétrograder jusqu'à l'époque sinistre où le sang coulait dans le Midi, et où Labédoyère, les frères Faucher, Ney, payaient de leur vie l'entrainement des Cent-Jours. Quelque absurde que fût la conspiration des patriotes de 1816, cette conspiration était réelle, et l'accusation avait bien établi qu'un corroyeur, un maître d'écriture, un ciseleur et un imprimeur, s'étaient associés avec des hommes plus obscurs encore, dans la pensée de renverser le gouvernement royal ; mais, à l'exception d'une proclamation, rédigée par Pleignier, Carbonneau et Tolleron, imprimée par Charles et propagée par des agents secondaires, il n'y avait point eu commencement d'exécution. Quant au dessein de faire sauter la famille royale au moyen d'une mine pratiquée sous les Tuileries, ce dessein était si ridicule qu'on y devait voir le rêve d'un forcené ou le piège d'un agent de police. Et c'est, en effet, sur la proposition d'un agent de police, affilié au complot, que le projet, après boire, avait obtenu, au dire de l'acte d'accusation, l'assentiment général. Ce n'est donc point sans raison que le duc de Richelieu avait déclaré qu'il n'attachait à ce complot aucune importance, et que le *Moniteur*, au nom du ministère, en avait signalé les auteurs comme des insensés, constamment surveillés par la police, convaincus eux-mêmes de leur nullité, et qui n'avaient jamais donné la moindre alarme au gouvernement. Aussi les hommes sages, même parmi les royalistes, ne purent-ils se défendre d'un saisissement douloureux, quand ils apprirent qu'à la suite d'un débat insignifiant trois accusés, Pleignier, Carbonneau, Tolleron, avaient été condamnés à la peine des parricides, et dix-sept autres à des peines qui variaient depuis la déportation jusqu'au simple emprisonnement. Et l'émotion fut plus grande encore quand, trois semaines après, l'arrêt fut exécuté dans toute sa rigueur, et que, sur la place de Grève, le bourreau abattit le poing des trois condamnés principaux avant de faire tomber leur tête ! Pleignier, Carbonneau, Tolleron, étaient sans doute coupables, et l'arrêt avait été rendu contre eux à la suite d'un verdict régulier du jury; mais, pensait-on, par de tels actes, affermir la Restauration? et *cette boucherie de têtes et de poings coupés*, comme la qualifiait, quelques mois plus tard, un vieux royaliste, M. Michaud, était-elle de nature à ramener les dissidents? Ni le roi ni les ministres n'étaient assez aveugles pour le croire, et ici encore ils cédaient à des obsessions ou à des craintes dont ils auraient dû s'affranchir.

A peu près à la même époque, les auteurs, imprimeurs et distributeurs du *Nain tricolore*, Bouquet, Babeuf, Laurent Beaupré, Dufey, Zenowitz, étaient condamnés à la déportation, et cette peine, si sévère qu'elle fût pour un simple délit de presse, ne satisfaisait point certains royalistes. « Le furieux qui, par haine ou par vengeance, met le feu à la maison de son voisin, écrivait dans la *Quotidienne* M. Martainville [1], et ne fait pourtant à un particulier qu'un mal réparable, est placé, avec raison, au rang des plus grands coupables, et sa mort est à peine considérée, par la société, comme une réparation suffisante de son crime. Quel supplice devrait être réservé au scélérat dénaturé qui, de sang-froid, porte la flamme dans l'édifice social, allume un incendie qui peut dévorer tous ses concitoyens, et qui, surpris, saisi la torche à la main... Je m'arrête; je crains d'oublier que je suis le simple narrateur d'un procès. » L'*Ami du Peuple* ou le *Journal de la Montagne* n'auraient pas dit mieux en 1793.

On peut attribuer à cette triste recrudescence de la terreur blanche le funeste dénoûment de quelques procès politiques, entamés depuis longtemps, et qui, par une fatalité déplorable, furent jugés peu de jours après l'insurrection de Grenoble. Le général Chartran n'était point compris dans l'ordonnance du 24 juillet, et se trouvait couvert par l'amnistie; mais, contre lui, comme contre le général Travot, on s'était hâté, avant la

---

[1] *Quotidienne*, 11 juin.

promulgation de la loi, de commencer une instruction judiciaire, et, le 10 mai, il fut condamné à mort par un conseil de guerre, qui voulut bien néanmoins le recommander à la clémence du roi. Cette clémence lui fit défaut, et, le 22 mai, il tombait, à Lille, sous les balles françaises. Quelques jours plus tard, le général Bonnaire, condamné à la déportation, subissait, sur la place Vendôme, l'outrage public de la dégradation, tandis que son aide de camp Mietton était fusillé dans la plaine de Grenelle. A Lyon, enfin, le général Mouton-Duvernet, qui, las de se cacher, s'était volontairement constitué prisonnier, était frappé, à son tour, d'une condamnation capitale, et marchait au supplice. Sa femme, qui se trouvait alors à Paris, n'avait pourtant rien négligé pour attendrir le cœur de Louis XVIII ; mais, le lendemain de l'insurrection de Grenoble, Louis XVIII avait promis au parti des impitoyables de fermer son cœur à la clémence, et il tenait parole.

C'est à peine si, après ces sanglantes exécutions, il est permis de mentionner les condamnations par contumace du général Bertrand, du général Lefebvre-Desnouettes, du général Rigaud, du général Gilly et de tant d'autres.

Quand nous pensons aux grands services qu'avaient rendus et qu'allaient rendre à la France les hommes qui composaient alors le ministère, il nous en coûte de qualifier sévèrement quelques-uns de leurs actes et de les montrer dominés un instant par la politique qu'ils avaient combattue jusqu'alors et à laquelle ils devaient bientôt porter le dernier coup. Mais l'histoire, si elle cessait d'être impartiale, perdrait tout droit d'éloge ou de blâme et se confondrait avec les pamphlets éphémères que l'esprit de parti enfante chaque jour. Après un intervalle de plus de quarante années, marqué par trois révolutions, il n'est plus en France un ami sincère de la monarchie représentative et du gouvernement parlementaire qui ne rende pleine justice aux intentions du duc de Richelieu, de M. Decazes, de M. Lainé, de M. Corvetto, et qui ne les remercie du

mal qu'ils ont empêché encore plus que du bien qu'ils ont fait ;
mais ils n'étaient pas infaillibles, et plus leurs noms sont honorables et honorés, plus il importe de signaler des fautes et des
torts que leur ont si souvent reprochés depuis ceux-là mêmes
qui les leur avaient inspirés.

Ce n'est point, au reste, dans les mesures de rigueur seulement que l'influence du parti de Monsieur se fit sentir à cette
époque. Le clergé, fort excité par les démonstrations de la
Chambre et de la cour, venait de commencer la campagne
fameuse qui, plus que toute autre cause, devait, quatorze ans
plus tard, amener la chute de la Restauration. D'une part, un
journal spécial, le *Mémorial religieux*, attaquait avec une
grande amertume l'Université, l'École polytechnique et toutes
les institutions laïques qui donnent l'enseignement ; d'autre
part, dans leurs sermons, dans leurs instructions, dans leurs
conférences, la plupart des membres du clergé faisaient une
guerre systématique aux idées nouvelles, et les libéraux de
toute nuance étaient signalés par eux comme des révolutionnaires secrets, comme des hérétiques déguisés[1]. Enfin, le
5 mai, une grande plantation de croix avait eu lieu à Nantes,
sous les auspices de l'abbé de Rauzan, missionnaire, et l'on
avait eu le spectacle, si souvent renouvelé depuis, de ces processions officielles auxquelles assistaient, par ordre, la garde
nationale, la troupe de ligne, la gendarmerie et les autorités
civiles et militaires. L'idée de suppléer par des missionnaires
à l'insuffisance du clergé régulier n'était point une idée nouvelle, et, dès l'année 1806, l'abbé de Rauzan, prêtre vertueux
et éloquent, avait été choisi par le cardinal Fesch pour la direction de cette œuvre louable en elle-même et digne de respect. Mais, à peine l'œuvre, interrompue par la querelle de
Napoléon et du pape, avait-elle été reprise sous Louis XVIII,
qu'une alliance, également funeste à la religion et à la monarchie, l'alliance de l'esprit religieux et de l'esprit de parti, en

---

[1] Rapports de police.

avait dénaturé la pensée primitive. Établie au mont Valérien, sous le patronage de la grande aumônerie, la Société des missionnaires de France en était donc venue à viser moins à la conversion des individus qu'à la réforme des lois et des institutions. La prédication dans les églises ne suffisait plus à son ardeur, et elle allait chercher dans les rues, sur les places publiques, autour des villes, un théâtre plus élevé, plus retentissant, où elle pût se produire avec plus d'éclat, d'où elle pût se faire entendre plus loin. Et, comme cela était inévitable, partout où les missionnaires paraissaient, les populations se divisaient en deux fractions : l'une qui sympathisait bruyamment avec eux, l'autre qui les prenait en haine et qui, tantôt par la moquerie, tantôt par la violence, les troublait dans leurs pieuses représentations, au lieu de se tenir à l'écart et de les laisser passer en silence.

A cette invasion de prétentions cléricales le nouveau ministre de l'intérieur, M. Lainé, aurait voulu opposer une digue, et il avait été résolu qu'à Paris, où il existait plusieurs cultes légalement autorisés, la procession de la Fête-Dieu aurait lieu dans l'intérieur des églises, conformément au Concordat et aux prescriptions de la loi. Mais, en prenant cette résolution, M. Lainé n'avait tenu compte ni de la volonté passionnée du clergé, ni de la piété inquiète de Monsieur et de Madame, ni de la faiblesse du roi. Cédant aux instances de son frère et de sa nièce, le roi résista donc à M. Lainé, et s'efforça de le convaincre que cette résistance était dans son intérêt. « Il ne faut pas, écrivait-il, que l'on puisse croire et dire que le changement de ministère est l'époque du triomphe de la fausse et très-fausse philosophie moderne. » Non-seulement donc la procession put se déployer librement dans les rues ; mais une ordonnance de police enjoignit à tous les habitants, catholiques ou non catholiques, de faire tendre le devant de leurs maisons sur le passage des processions, ce qui n'était pas moins contraire à la Charte qu'au Concordat.

En même temps, les deux compagnies des gardes du corps de Monsieur, qui, supprimées en septembre 1815 par le maréchal Gouvion-Saint-Cyr, avaient été provisoirement rétablies par le duc de Feltre le 25 décembre 1815, furent définitivement constituées en nombre plus considérable et avec un accroissement de prérogatives.

Le ministère, du moins, avait-il obtenu, au prix de tant de concessions, la faveur ou la tolérance du parti de la cour? Loin de là. Ce parti, un moment abattu par la clôture de la session et par le renvoi de M. de Vaublanc, relevait la tête et reprenait ses espérances. Une idée extravagante qui, pendant le cours de la session, avait pris naissance dans quelques salons royalistes, l'idée de l'abdication du roi, reparaissait et prenait assez de consistance pour que les ambassadeurs se crussent obligés d'en avertir leurs cours. Monsieur et Madame insistaient vivement auprès du roi, d'une part, pour qu'il brisât la majorité jacobine de la Chambre des pairs par la création d'une vingtaine de pairs de leur parti; d'autre part, pour que, à cause des événements de Grenoble, il réunît les Chambres le 1er juillet. Bien qu'en destituant le préfet, le procureur général et le commandant militaire du département de la Somme, pour s'être affiliés à une société secrète royaliste, le ministère eût manifesté sa ferme intention de mettre fin à ces sortes d'associations, elles devenaient plus actives que jamais et elles embrassaient un grand nombre de fonctionnaires de toute nature et de tout rang. A Paris, les polices se multipliaient à l'infini, et leurs fils, qui, pour la plupart, aboutissaient au pavillon Marsan, se croisaient souvent entre eux, tout en contrariant l'action de la police régulière et légale. En outre, des réunions de Vendéens avaient lieu fréquemment, notamment chez le prince de la Trémoille, et il s'était formé, sous la protection de Monsieur, un comité de quinze députés chargés de correspondre avec les départements. Monsieur lui-même tenait, trois fois par semaine, une véritable cour, où il comblait de caresses les députés de la majorité, tandis que les députés de la minorité ministérielle étaient froidement reçus ou poliment éconduits. Dans beaucoup de départements, avec l'aide des préfets et des autres autorités locales, des réceptions triomphales étaient faites aux députés notables du parti de la cour, et, dans l'enthousiasme de ces réceptions, des paroles imprudemment significatives étaient prononcées. En même temps, beaucoup de conseils généraux, s'arrogeant fort indûment le droit de parler au nom de populations qui ne les avaient point élus, s'associaient aux votes les plus impopulaires de la Chambre, et l'on voyait des conseils municipaux, choisis, comme les conseils généraux, par les préfets ou par le ministre de l'intérieur, blâmer le ministère, décerner des récompenses nationales aux prétendus sauveurs de la patrie, et s'envoyer réciproquement des adresses pour se féliciter d'avoir échappé à de nouvelles catastrophes. Enfin, dans les départements portés à la superstition, des femmes inspirées allaient colporter à travers les campagnes des prophéties annonçant qu'un *Charles* pouvait seul terminer la révolution.

Ce qui encourageait le parti de la cour, c'est qu'à cette époque il croyait remarquer, chez Louis XVIII, un peu d'hésitation. Tant que la majorité de la Chambre avait annoncé la prétention de lui faire subir ses volontés, Louis XVIII avait soutenu, sans beaucoup d'énergie, mais avec persévérance, ceux qui tenaient pour sa prérogative. Depuis que la Chambre s'était séparée, ce stimulant lui manquait, et, comme au fond il n'avait, ni dans un sens ni dans l'autre, une opinion prononcée, il semblait incliner à la politique qui assurait son repos dans l'intérieur des Tuileries. Vers le milieu du mois de juillet, on en eut, à propos des gardes nationales, une preuve bien évidente. Les gardes nationales de France, on ne l'a pas oublié, avaient été placées sous la direction du comte d'Artois et d'un comité composé exclusivement de ses amis les plus intimes. Avec l'assentiment empressé de M. de Vaublanc, le comte d'Artois et son comité avaient profité du pouvoir qui leur était confié pour épurer partout la garde nationale, pour lui donner des officiers dévoués à leur parti, et même pour l'organiser en vue d'une guerre civile possible. Ainsi, dans l'Ouest, à Nantes particulièrement, la classe commerçante, presque entière, était exclue de la garde nationale, et l'inspection générale, dont faisait partie M. Duplessis Grénedan, trouvait bon que le chevalier de Maynard, nommé, le 20 mars 1816, commandant de la garde nationale des Sables, reconstituât, sous une nouvelle forme, les anciennes compagnies des paroisses, les exerçât, chaque dimanche, au maniement des armes, leur donnât des canons, et les tînt prêtes à reformer, au premier signal, la grande armée vendéenne[1]. Ce qu'il y a de plus étrange encore, c'est qu'au même moment, sans consulter le duc de Richelieu, Monsieur faisait parvenir aux inspecteurs du Nord et du Pas-de-Calais des instructions qui, dans la prévision d'une rupture avec les alliés, enjoignaient irrégulièrement certaines dispositions éventuelles. Les affaires étrangères et la guerre, comme l'intérieur, échappaient donc aux ministres pour passer dans les mains de Monsieur, et l'on pouvait dire, avec plus de vérité même qu'au temps du ministère de l'entre-sol, que deux gouvernements se trouvaient aux Tuileries en face l'un de l'autre.

Dès les premiers jours de son entrée au ministère, M. Lainé avait compris qu'il ne pouvait, sans abdiquer, laisser subsister une telle usurpation, et qu'il se devait à lui-même de faire rentrer la direction des gardes nationales dans les attributions du ministre. Appuyé par ses collègues et par la diplomatie étrangère, notamment par le duc de Wellington et par lord Castlereagh, à qui l'anomalie d'une force armée administrée par d'autres que par les conseillers responsables de la couronne paraissait quelque chose de monstrueux[2], M. Lainé

---

[1] *Notice sur M. le chevalier de Maynard*, publiée par sa famille.

[2] Dépêche de lord Castlereagh, 16 juillet.

avait obtenu du roi Louis XVIII l'autorisation de lui proposer une nouvelle organisation plus raisonnable et plus constitutionnelle; mais, pendant que cette organisation se préparait, Monsieur et Madame intervinrent auprès du roi, et le roi, cette fois encore, se laissa ébranler par leurs instances. La nouvelle organisation, si pompeusement annoncée, se borna donc à une ordonnance qui plaçait les inspecteurs départementaux sous l'autorité des préfets, tout en respectant les autres attributions de Monsieur. Encore Monsieur et ses intimes se montrèrent-ils fort mécontents du roi et surtout de M. Lainé, à qui les qualifications les plus injurieuses furent appliquées dans les salons et dans les antichambres du parti de la cour.

Si Louis XVIII ne voulait rien faire contre les familiers du pavillon Marsan, il ne voulait, d'un autre côté, rien faire pour eux, et cette bienveillance négative était loin de leur suffire. Pour arriver à leurs fins, ils regardaient donc comme indispensable de faire naître dans son esprit quelques doutes sur la fidélité de deux ou trois de ses ministres, de M. Decazes surtout, et pendant les mois de juin et de juillet ils s'y employèrent activement. M. le duc d'Escars, M. Jules de Polignac, allaient répétant partout que M. Decazes perdait la France, et le grand prévôt, M. le marquis de Messey, déclarait à qui voulait l'entendre qu'il y avait à Paris un traître, M. Decazes ou lui-même. Le commandant de la division militaire, M. Despinois, tenait à peu près le même langage. On alla jusqu'à insinuer que le ministre de la police n'était point étranger aux derniers complots; que la reine Hortense se trouvait à Paris avec son autorisation et que le roi Louis Bonaparte avait été rencontré, près des fossés de la Bastille, vêtu comme un prêtre et accompagné d'un chien blanc[1]; on le rendit enfin responsable des applau-

---

[1] Déclaration d'un nommé Viberate, reçue par le duc d'Escars, et communiquée par lui-même à M. Decazes.

dissements donnés à une phrase d'une comédie nouvelle, le *chevalier de Canolle*, qui, disait-on, renfermait une allusion offensante pour Madame[1]. Et telle était, dans cette croisade contre le jeune ministre de la police, l'ardeur du parti de la cour, qu'il ne craignait pas de s'associer un homme qu'il détestait profondément, M. de Talleyrand. Mécontent de tout le monde et las de son oisiveté, M. de Talleyrand se promenait de Paris à Valençay et de Valençay à Paris, sans autre but que de tromper son ennui et de nuire à ceux qui l'avaient remplacé, plus encore qu'à ceux qui l'avaient renvoyé du ministère. Il parlait donc du parvenu, devenu ministre de la police, avec un dédain de grand seigneur, et ses épigrammes, soigneusement recueillies, trouvaient une approbation bruyante dans les salons du parti de la cour.

Mais, bien qu'il fléchit quelquefois dans sa politique, le roi ne fléchissait pas dans son affection pour M. Decazes, à qui, dès cette époque, il commençait à donner le nom de *mon fils*. Parmi les moyens employés pour perdre son favori nouveau, il en était d'indignes et qui, une fois dévoilés, devaient mettre en garde contre les autres. Ainsi, au mois de juillet, des lettres saisies et livrées à la justice mirent sur la trace d'une intrigue odieuse et coupable. Un certain colonel Bernard, demeurant à Paris, avait à Aix-la-Chapelle un correspondant prussien auquel il envoyait la minute de lettres qui devaient être copiées littéralement et renvoyées à leur auteur avec la signature du correspondant. Or, dans ces lettres, destinées à être communiquées à Louis XVIII, le colonel Bernard se faisait dénoncer les ministres, M. Decazes notamment, comme complices de l'évasion de Lavalette, comme membres de la société secrète du *Lion dormant*, comme affiliés à tous les complots des réfugiés contre

---

[1] « Qui sait, écrivait à cette occasion Louis XVIII, on en viendra peut-être à dire que le *Souper de Henri IV* est une pièce révolutionnaire, parce que Concini y joue le rôle d'un coquin, et Michaud celui d'un honnête homme. » (Lettre communiquée de Louis XVIII.)

la dynastie légitime; et, pour qu'on n'en doutât pas, il se faisait dire par son correspondant que celui-ci le tenait de la bouche même de Lavalette, d'Excelmans, du maréchal Soult et d'autres réfugiés. Et comme quelquefois le correspondant croyait pouvoir ajouter quelques phrases à celles qui lui étaient dictées : « *Ne faites que copier littéralement,* » lui disait le colonel. Quelques mois plus tard, l'affaire se dénoua devant les tribunaux, qui condamnèrent Bernard à trois mois de prison; mais chacun comprit que, derrière Bernard, il y avait des personnes plus considérables et qui devaient savoir gré au gouvernement de n'avoir pas cherché trop avant ni trop haut.

Une seule fois Louis XVIII s'était senti un peu ébranlé. En mars 1816, le bruit s'était répandu à la cour qu'un nommé Martin, cultivateur du département d'Eure-et-Loir, avait vu apparaître, pendant qu'il cultivait son champ, l'ange Gabriel, qui, à plusieurs reprises, lui avait ordonné d'aller trouver le roi pour l'informer des dangers de la monarchie, pour lui dire, entre autres choses, avec quelle assistance un grand coupable, Lavalette, s'était évadé. Bien qu'en 1816 la foi aux miracles fût moins répandue qu'aujourd'hui, la vision de Martin produisit assez d'effet pour qu'on crût devoir l'interroger, et pour que, après son interrogatoire, on le mit à Charenton. Mais, comme il insistait, le roi désira le voir, et il fut introduit secrètement dans son cabinet, où, pour accréditer sa mission, Martin révéla des particularités qui, lui dit Louis XVIII, « ne peuvent être connues que de Dieu, de vous et de moi. » Puis on le reconduisit à Charenton, où, après un examen des docteurs Pinel et Royer-Collard, on jugea bientôt à propos de lui rendre la liberté[1]. Cet incident singulier n'en avait pas moins fait sur Louis XVIII une assez forte impression, et ce n'est pas tout de suite qu'il en avait compris la portée et le but. Ces détails, nous le sentons, sont peu dignes de l'histoire;

---

[1] Rapports des docteurs Pinel et Royer-Collard sur le nommé Martin.

mais il nous a semblé qu'ils pouvaient aider à faire comprendre l'ardeur avec laquelle le parti de la cour poursuivait la chute des ministres, les machines qu'il faisait jouer pour y parvenir et l'état d'esprit de Louis XVIII.

Cependant, au milieu de toutes ces intrigues, la princesse Caroline de Naples était arrivée à Paris et le mariage du duc de Berry avait eu lieu avec l'accompagnement ordinaire d'enthousiasme officiel, d'adresses des corps constitués, de compliments en prose et en vers, de chants et de danses dans les théâtres et sur les places publiques. Mais cet événement heureux, pour la famille royale, ne changeait rien à la position respective des deux partis qui se disputaient le pouvoir, et il restait toujours à savoir lequel des deux prévaudrait. Or chaque jour qui s'écoulait enlevait au ministère une de ses chances et en donnait une nouvelle au parti de la cour. Ce parti en avait le sentiment, et, les yeux fixés sur le 1er octobre, il annonçait tout haut le retour triomphant de la majorité et la chute du ministère. A la vérité, l'influence d'un homme loyal et éclairé, M. de la Ferronnays, avait rapproché le duc de Berry du ministère, et le duc d'Angoulême, par le langage conciliant et constitutionnel qu'il tenait à Lyon, à Grenoble, à Clermont-Ferrand, à Mâcon, méritait que les fanatiques de la cour l'accusassent de se faire aussi jacobin et protestant ; mais Monsieur et Madame restaient fermes dans leur attitude comme dans leurs conversations, et le parti ultra-royaliste, rallié autour d'eux, se regardait comme certain de la victoire. M. Fiévée faisait imprimer et lisait à quelques amis une *Histoire de la Session de* 1815, qui, disait-on, prouvait la supériorité incontestable de l'assemblée royaliste sur toutes les assemblées révolutionnaires et qui mettait les orateurs de cette assemblée bien au-dessus des orateurs de la Constituante ou de la Convention. M. de Chateaubriand préparait un écrit qui devait réduire en poussière la politique ministérielle et les ministres. Et, par une tactique peu loyale, mais fort commune, on faisait un crime à ces ministres des actes mêmes qu'on leur avait imposés. Ils avaient, disait-on, abusé des lois de salut qui leur étaient confiées pour couvrir la France d'échafauds et de bastilles. Il était temps d'en finir et de rendre enfin aux citoyens la liberté individuelle, la liberté de la presse, toutes les libertés qu'on leur avait ravies. Il est vrai qu'en même temps on annonçait l'intention de reprendre les grands projets de la Chambre sur le clergé, sur l'instruction publique, sur l'état civil et d'arracher la dernière racine de l'arbre révolutionnaire. Si, d'ailleurs, le roi Louis XVIII tenait plus à M. Decazes qu'il n'avait tenu à M. de Blacas, on lui permettrait de le faire ministre de la maison du roi. Quant à M. Lainé, il ne s'était montré royaliste que par occasion, et ses tendances républicaines avaient, disait-on, complétement repris le dessus.

Quand tel était, à Paris même, le langage des ultra-royalistes, on peut juger de celui qu'ils tenaient dans les provinces, là surtout où les fonctionnaires publics, intimidés et pressentant la défaite du ministère, cherchaient d'avance à gagner les bonnes grâces du vainqueur présumé. Là, leur exaltation, leurs prétentions, leur confiance, dépassaient toutes les bornes, et les hommes modérés de toute nuance en étaient à la fois attristés et effrayés. « Vous me demandez, écrivait un des royalistes les plus purs de la Chambre, M. Maine de Biran, si nous reviendrons plus sages que nous ne sommes partis. Je vous réponds, sans hésiter, que nous reviendrons plus exaltés et plus fous. Je vois ici des membres de notre majorité ; ils sont les héros du jour. Vous ne vous faites aucune idée de leurs prétentions, de leur ton de supériorité, des assurances qu'ils donnent aux belles dames pour la session prochaine. Ces messieurs sont *honteux*, disent-ils, de l'accueil honorable qu'ils reçoivent *partout où ils se montrent*. Ils n'ont encore *rien fait* pour mériter ces témoignages *de l'estime publique*. Mais combien ne sont-ils pas plus encouragés à s'en rendre dignes à la prochaine session ! Il est temps de purger la France, de

« faire disparaître toutes les traces de la Révolution. La Chambre des députés est appelée à cette grande destination; elle la remplira. Et malheur à tous ceux qui tenteraient de contrarier ou d'arrêter sa marche[1] ! »

M. Maine de Biran concluait en avertissant le ministère de ne pas se faire illusion et de se préparer, si la Chambre revenait telle quelle, à une lutte désespérée. Les députés de la majorité, disait-il, avaient été exaltés outre mesure par leurs salons de province, où ils allaient exclusivement consulter ce qu'ils appelaient l'*opinion publique*; et ils ne s'apercevaient pas que la véritable opinion publique les réprouvait et que, s'ils parvenaient à faire croire au peuple que Louis XVIII était le roi des anciens privilégiés, la monarchie serait perdue.

Ce qu'écrivait M. Maine de Biran à M. Decazes, les ambassadeurs l'écrivaient à leurs cours respectives, et tous, sans exception, annonçaient que le jour de la réunion de la Chambre serait un jour critique pour la monarchie.

Mais, à ce moment même, il se préparait secrètement dans le cabinet du roi un grand acte qui devait retarder de quatre ans l'avénement des ultra-royalistes; mettre pour le même temps le pouvoir dans les mains des royalistes modérés; hâter la libération du territoire; doter la France des lois les plus propres à y faire fleurir la liberté politique; donner enfin le moyen de tenter, avec de grandes chances de succès, la conciliation, toujours si difficile, d'une vieille dynastie et d'institutions nouvelles. Cet événement a tant d'importance en lui-même, et a exercé sur les destinées de notre pays une influence

---

[1] Lettre inédite de M. Maine de Biran à M. Decazes. — Saint-Sauveur, juillet, 1816.

Je voudrais pouvoir transcrire en entier cette lettre, pleine de bon sens et de sentiments élevés, et qui, écrite par un homme dont, certes, la probité politique ne peut être contestée, répond suffisamment à ceux qui prétendent que les desseins des ultra-royalistes, avant l'ordonnance du 5 septembre, n'étaient pas tels qu'on l'a supposé.

si considérable, qu'il nous paraît indispensable de revenir sur
nos pas, afin d'en bien indiquer l'origine, les causes et les
péripéties diverses.

Il est un nom que la reconnaissance des uns, la haine des autres, ne manquent jamais d'associer à la date du 5 septembre, le nom de M. Decazes ; et c'est pleine justice. Tandis que, pour Louis XVIII, la Chambre de 1815 était encore la *Chambre introuvable*, et que le duc de Richelieu se flattait de la ramener à la modération, M. Decazes, la jugeant mieux, concevait l'idée hardie de la traduire devant le tribunal souverain de l'opinion publique et de fonder sur l'exclusion de tous les partis extrêmes la vraie politique de la Restauration. Mais, pour mener à bien un tel dessein contre un parti puissant et influent, contre la cour tout entière, contre le frère, la nièce et les neveux du roi, contre la faiblesse même de Louis XVIII et la timidité du président du conseil, il fallait joindre beaucoup de prudence à beaucoup de fermeté, beaucoup d'habileté à beaucoup de persévérance. Heureusement pour la France nouvelle, aucune de ces qualités ne manquait au jeune ministre qui la représentait plus particulièrement dans le conseil. Sans laisser soupçonner le but où il tendait, il se borna d'abord à communiquer au roi et à ses collègues les rapports et les correspondances politiques de Paris et des départements, et à les rendre ainsi témoins, en quelque sorte, du mécontentement, de l'effroi que répandaient par toute la France les discours et les propositions de la majorité. Puis, sans paraître croire qu'il fût impossible de faire accepter par cette majorité la politique du roi, il eut soin d'établir que cette politique sage et conciliante pouvait seule préserver la monarchie d'un nouveau 10 août, d'un nouveau 20 mars, et assurer l'alliance définitive de la dynastie légitime et de la France. Mais, tout en profitant des progrès qu'il faisait chaque jour sur l'esprit du roi, il ne risqua point d'en compromettre l'effet en voulant le hâter. Ainsi, au mois de décembre 1815, quand, à propos de l'évasion de Lavalette, le roi annonça, comme nous l'avons raconté, que, « si la Chambre déclarait que ses ministres avaient perdu la confiance de la nation, il la consulterait, » M. Decazes ne releva point cette parole qui, dans la bouche du roi, n'était en effet qu'une menace sans portée ; mais l'idée était née, le mot avait été prononcé, et, pour le moment, cela devait suffire.

Quelques mois plus tard, le 10 avril, le jour où la seconde loi des élections fut votée avec un amendement qui rendait impossible, pendant l'intervalle des deux sessions, le renouvellement partiel de la Chambre, une parole plus vive encore échappa à Louis XVIII. En faisant présenter la loi, d'accord avec son frère, il lui avait à peu près promis de ne pas user de son droit ; mais il n'entendait pas que la Chambre lui en interdît l'usage, et, quand M. Decazes lui annonça ce résultat inattendu, son orgueil de roi se souleva. « De combien de voix est la majorité ? demanda-t-il. — Sire, de deux cent cinq voix contre cent seize. — Eh bien ! répliqua vivement le roi, *je la briserai*[1]. » Cette fois encore, M. Decazes qui connaissait bien Louis XVIII, eut la sagesse de cacher sa joie et d'exprimer l'espoir que cette mesure ne serait pas nécessaire. Puis il rendit compte de sa conversation à M. de Richelieu qui, à ce mot, *Je la briserai*, interrompit brusquement M. Decazes : « *Dieu garde !* s'écria-t-il ; *je n'y consentirai jamais ;* » et il remercia M. Decazes de n'avoir pas encouragé le roi dans un projet qui lui paraissait plein de périls.

A cette époque, pourtant, M. de Richelieu ne croyait pas que la Chambre pût revenir tout entière au mois d'octobre ; mais il pensait que, pour en changer l'esprit, il suffisait d'en renouveler un cinquième, conformément à l'article XXXVII de la Charte. Il lui semblait, d'ailleurs, que cette mesure était la conséquence nécessaire du refus de sanction opposé par le

---

[1] Note inédite sur l'ordonnance du 5 septembre.

roi à la dernière loi d'élection. Louis XVIII qui, dans ses moments de mauvaise humeur, ne parlait de rien moins que de briser la majorité, reculait, au contraire, quand sa mauvaise humeur était passée, devant une résolution beaucoup moins grave, mais qui devait le brouiller également avec son frère et avec sa nièce. Il s'épuisait donc en raisonnements subtils pour démontrer qu'il n'y aurait, de sa part, nulle inconséquence à exécuter volontairement la loi dont il avait refusé de sanctionner les dispositions impératives, et qu'ajourner la Chambre, au lieu de clore la session, n'avait rien de contraire à l'article L de la Charte. En relisant un discours récent de M. de Kergorlay, le roi y avait d'ailleurs remarqué la citation d'une phrase, prononcée par lui, le jour de l'ouverture de la session, et qui semblait annoncer que la Chambre serait maintenue ou renouvelée en entier. Il voyait là une sorte d'engagement auquel il lui répugnait de manquer, surtout pour une mesure qui, disait-il, lui avait toujours paru avoir beaucoup plus d'inconvénients que d'avantages [1].

Sur la question du renouvellement partiel, M. Decazes pensait comme le roi, mais non sur l'ajournement, qu'il regardait comme inconstitutionnel et impraticable. L'idée d'ajourner la Chambre au 1er octobre et de lui faire voter deux budgets dans la même session ne prévalut donc point, bien qu'elle sourit à Louis XVIII, et la session fut close, purement et simplement, selon la forme ordinaire.

Peu de jours après, le remplacement de M. de Vaublanc par M. Lainé faisait faire un pas à la grande question dont le roi et ses ministres commençaient à être sérieusement préoccupés. Ce n'est pas que M. Lainé fût d'abord favorable à la dissolution. Il était disposé à reconnaître l'impossibilité de ramener la majorité récemment dispersée à des idées plus saines ; mais un profond respect pour Monsieur, une défé-

---

[1] Lettre inédite de Louis XVIII à M. Decazes. — 20 avril.

rence presque tendre pour Madame, et une crainte instinctive des menées bonapartistes ou révolutionnaires l'empêchaient, bien qu'il vît le mal, d'en envisager le remède. Entre M. Lainé et M. de Vaublanc il y avait pourtant cette grande différence, que le premier n'avait point d'engagements avec la cour ni avec la majorité, et que, pour le déterminer, il suffisait de le convaincre.

C'est à quoi, pendant les mois de juin et de juillet, travailla M. Decazes, fort aidé dans son travail par les événements et par les fautes de ses adversaires. Si, en effet, le parti de la cour s'était contenté des concessions que le ministère lui avait faites, il est probable que, malgré les efforts de M. Decazes, ni M. de Richelieu, ni M. Lainé n'eussent consenti à rompre là trêve. Ainsi, le 4 août, dans une lettre qu'il écrivait à M. Corvetto, alors à Bourbonne-les-Bains, M. de Richelieu, tout en s'effrayant de la rentrée prochaine des Chambres, qui, disait-il, « est comme la tête de Méduse qui glace d'effroi les plus hardis, » se bornait encore à exprimer l'avis que l'ouverture de la session fût retardée d'un mois ou de trois semaines ; mais chaque concession semblait devenir, pour le parti de la cour, le point de départ d'une concession nouvelle, et ni le duc de Richelieu ni M. Lainé ne purent conserver longtemps l'espoir de le satisfaire.

Si importante que fût la question intérieure, elle n'était pourtant point, aux yeux du duc de Richelieu, la question principale, et ce fut par une autre voie que l'idée de la dissolution finit par entrer dans son esprit. D'après le traité de Paris, cent cinquante mille étrangers devaient occuper la France pendant cinq ans, et c'est au bout de trois ans seulement que les souverains alliés s'étaient réservé d'examiner si les motifs qui avaient rendu cette mesure nécessaire avaient ou non cessé d'exister. Mais le duc de Richelieu avait toujours entretenu l'espoir patriotique d'obtenir, sinon la libération anticipée du territoire, du moins la réduction de l'armée d'occupation, et, plusieurs fois, il s'était efforcé d'amener les cours étrangères à cet important résultat; mais, à ses instances réitérées, les cours et leurs représentants opposaient toujours la même réponse : « Pour que l'armée d'occupation soit diminuée, deux conditions préalables sont nécessaires : l'une, que la durée du gouvernement français paraisse assurée, l'autre, que le budget soit établi de telle sorte que la France puisse faire face à ses engagements. Dans l'état actuel de la cour, du ministère et de la Chambre, ces deux conditions manquent également. » Or était-il possible de les réaliser tant que la Chambre de 1815 subsisterait? Les puissances étrangères ne paraissaient pas le croire, et, avant même qu'il pût être question de réduire l'armée d'occupation, l'idée de mettre un terme à cette situation, au moyen du droit constitutionnel de dissolution, avait, on le sait, commencé à obtenir crédit dans quelques cours. De là les instructions adressées par l'empereur de Russie à M. Pozzo di Borgo, vers le milieu de février, et dont la conclusion implicite était la dissolution de la Chambre. De là aussi, vers la fin de mars, un rescrit de M. de Hardenberg à M. de Goltz, insistant plus fortement encore sur la nécessité de dissoudre une assemblée non moins contraire à la politique du roi qu'aux intérêts de la nation, factieuse et impopulaire à la fois [1].

En temps ordinaire, cette intervention des puissances étrangères dans les affaires intérieures de la France eût dû paraître fort étrange; mais, ni la France ni surtout la dynastie régnante ne pouvaient oublier que, l'année précédente, l'une avait été vaincue et envahie, l'autre replacée sur le trône par les armées européennes, et que les souverains étrangers, tout en rendant à Louis XVIII sa couronne, lui avaient en même temps, par une note officielle, indiqué la ligne politique qu'il devait suivre pour éviter une nouvelle révolution et une troi-

---

[1] Correspondances diplomatiques.

sième invasion. Ils se considéraient donc, non sans quelque raison, comme responsables des actes d'un gouvernement qui, sans le secours de leurs armes, n'eût pu ni s'établir ni se maintenir. De plus, ils avaient, comme créanciers de la France, un intérêt direct à ce qu'une bonne administration lui permît de s'acquitter aux échéances convenues; et ils voyaient là encore un motif d'exercer sur les actes du gouvernement et de la Chambre un certain droit de surveillance et de contrôle.

On se souvient qu'en mars, à la suite des instructions de l'empereur de Russie, la question avait été posée, dans la conférence, par M. Pozzo di Borgo, et qu'elle avait abouti à la fameuse lettre du duc de Wellington au roi. En avril, après le rescrit de M. de Hardenberg, elle y fut posée de nouveau par M. de Goltz, ministre de Prusse, et, cette fois encore, le duc de Wellington s'opposa à toute démarche collective et officielle. Selon lui, la dissolution était impraticable pour le moment : 1° parce que le roi ne voulait pas dissoudre une Chambre d'un royalisme non douteux pour courir la chance de la voir remplacer par une Chambre d'opinions révolutionnaires; 2° parce que M. de Richelieu, contrarié par M. de Vaublanc et par plusieurs de ses collègues, n'avait pas la main assez forte pour exercer sur les nouvelles élections une influence suffisante; 3° parce que le budget n'était pas encore voté [1].

Dans une conversation particulière avec M. de Goltz, M. de Richelieu s'associa pleinement à l'opinion du duc de Wellington, et tout se borna, de la part de la conférence, à quelques observations auxquelles le roi répondit vaguement. Mais il n'en restait pas moins établi que deux des quatre grandes puissances, la Russie et la Prusse, se prononçaient formellement pour la dissolution de la Chambre, et que les deux autres n'y faisaient que des objections dilatoires.

Telle était, en ce qui concerne les gouvernements étran-

---

[1] Correspondances diplomatiques.

gers, l'état des choses quand, vers le commencement de juin, un nouveau mémoire russe, intitulé *Rapprochement entre les vues des alliés à l'égard de la restauration de la royauté française et la marche du gouvernement*, fut communiqué par M. Pozzo di Borgo, au roi d'abord, puis à Monsieur et au duc de Richelieu[1]. Dans ce mémoire, long et explicite, l'empereur Alexandre rappelait au roi les sages conseils qui lui avaient été donnés au moment même de la signature du traité, et énumérait, non sans amertume, les actes qui lui paraissaient en contradiction avec ces conseils, notamment l'exil des régicides, au mépris de la Charte et des promesses royales. Puis il insistait surtout sur les inconvénients du double gouvernement qui semblait constitué aux Tuileries, l'un sous la direction du roi, l'autre sous celle de Monsieur.

A ce mémoire, bienveillant dans les termes, mais qui contenait au fond un blâme sévère, Louis XVIII répondit, comme à son ordinaire, par de vagues promesses, et Monsieur, par l'assurance que, premier sujet du roi, il donnerait toujours l'exemple de l'obéissance et du dévouement; mais M. de Richelieu en parut à la fois frappé et affligé. « Dans un pays, dit-il, où il suffit d'un ukase pour marquer le but, il n'est pas difficile de marcher vers ce but en ligne droite et sans s'écarter en rien de la direction prescrite; il n'en est pas de même dans un État représentatif où, pour éviter de plus grands dangers, il faut quelquefois faire certaines concessions. » Le duc de Richelieu n'hésita pas d'ailleurs à reconnaître qu'un des plus grands obstacles à la marche régulière du gouvernement se trouverait toujours dans les prétentions et dans la position de Monsieur : « mais, ajouta-t-il, si le prince change quelquefois

---

[1] Protocole de la conférence du 7 juillet 1816. — Correspondances diplomatiques. — La plupart des historiens affirment que ce rescrit et les instructions qui l'ont précédé, avaient été sollicités de l'empereur Alexandre par le duc de Richelieu. Rien n'est plus faux. Les instructions sont de la fin de février; le rescrit est de la fin de mai, et, à cette seconde époque, comme à la première, M. de Richelieu était encore tout à fait contraire à la dissolution.

d'opinion, il ne change jamais de conduite : c'est un mal sans remède[1]. »

L'empereur de Russie, malgré son affection personnelle pour M. de Richelieu, ne paraissait donc nullement disposé à le seconder dans son noble dessein. Quant aux autres puissances, deux d'entre elles, l'Autriche et l'Angleterre, avaient été d'abord un peu effarouchées de la démarche isolée de M. Pozzo di Borgo, et elles avaient exprimé la crainte que la Russie ne voulût s'arroger, aux yeux du gouvernement français, une sorte d'autorité directoriale sur les résolutions de la conférence ; mais, au fond, leurs alarmes étaient les mêmes, et le ministre d'Autriche avait été formellement autorisé par sa cour à se réunir à ses collègues toutes les fois que ceux-ci jugeraient utile d'éclairer le roi et d'augmenter la force morale du ministère[2]. D'un autre côté, lord Castlereagh, après quelques jours d'hésitation, approuvait pleinement les observations contenues dans le rescrit de l'empereur de Russie, et trouvait bon que l'on demandât au roi de donner force à ses conseillers constitutionnels, en évitant toute réaction et tout acte contraire à la Charte. « Peut-être, ajoutait-il, M. Pozzo di Borgo, dans ses rapports, a-t-il représenté l'état de la France sous de trop sombres couleurs ; néanmoins le rescrit ne peut faire aucun mal, bien au contraire, s'il rend Monsieur un peu plus réservé qu'il ne l'a été jusqu'ici[3]. »

Enfin, le duc de Wellington, en prenant congé du roi, vers la fin de juin, saisit cette occasion de revenir sur sa lettre, et d'insister de nouveau sur la nécessité d'écarter, pour l'époque de la session prochaine, tout ce qui pouvait briser l'unité de l'action du gouvernement, inspirer des doutes sur la sincérité des intentions royales, et donner aux ultra-royalistes et à leur

---

[1] Correspondances diplomatiques.
[2] Protocole de la conférence, 24 avril.
[3] Dépêche de lord Castlereagh à sir Charles Stuart, 16 juillet.

chef une influence démesurée¹. Il est inutile d'ajouter que M. de Goltz, conformément aux instructions de M. de Hardenberg, tenait un langage analogue et continuait à signaler la prochaine réunion des Chambres comme menaçante, non-seulement pour l'existence du ministère, mais pour le système politique qui seul pouvait, selon lui et selon ses collègues, empêcher de nouvelles crises. « Si je pouvais être sûr de l'union de la Chambre et du ministère, écrivait encore le 4 août M. de Richelieu, dès à présent on diminuerait de trente mille hommes l'armée d'occupation; mais on veut attendre le résultat des premières séances. Bien sûrement tout est là, et il s'agit d'être ou de ne pas être. *Cela devrait amener à faire bien des réflexions*². »

De toutes ces dépêches et de toutes ces conversations il résultait clairement qu'aux yeux des cours étrangères le retour de la Chambre de 1815 était incompatible avec le repos de la France, et devait, par une conséquence forcée, empêcher la libération partielle du territoire. Du moment où cette triste vérité apparut à M. de Richelieu, son opposition fléchit, et quand, dans les premiers jours d'août, la question fut enfin posée dans le conseil des ministres, il était à demi vaincu. Quelques jours après, son opinion était arrêtée et il s'unissait cordialement à M. Decazes, bien que M. Lainé hésitât encore, pour arracher au roi un consentement que celui-ci persistait à refuser. « J'ai parlé au roi, écrivait-il, avec la plus grande force du renvoi de la Chambre... Ceci n'est plus tenable, et il faut la renvoyer coûte que coûte³. »

Nous avons dit quel était le sentiment intime de M. Lainé; mais, s'il avait résisté à M. Decazes, il ne résista pas longtemps au duc de Richelieu. Quant aux autres ministres, leurs dispositions étaient diverses : M. Corvetto, un peu mollement, mais

---

[1] Correspondances diplomatiques.
[2] Lettre de M. de Richelieu à M. Corvetto.
[3] Lettre du duc de Richelieu à M. Decazes.

avec une persévérance loyale, adhérait au projet de dissolution; MM. Dambray, Dubouchage, de Feltre le repoussaient. Cependant le duc de Feltre, qui venait d'être fait maréchal de France, avec MM. de Viomesnil, de Beurnonville et de Coigny, et qui avait obtenu la faveur insigne de prêter et de faire prêter serment à ses collègues, anciens ou nouveaux, selon l'antique formule monarchique, était fort satisfait du duc de Richelieu et peu disposé à se séparer de lui. On eut d'ailleurs soin de lui rappeler sa phrase de l'année précédente, dans la Chambre des pairs : *Si veut le roi, si veut la loi*, et on lui démontra facilement que la Chambre de 1815, toute royaliste qu'elle était, avait fait défaut à ce grand principe. Le duc de Feltre se rendit donc, non sans quelques retours, et la majorité fut dès lors acquise au projet de M. Decazes. Néanmoins une indiscrétion dans le salon de Monsieur ou de Madame eût suffi pour tout compromettre; mais les ministres s'étaient mutuellement promis le secret, et il faut dire, à l'honneur de tous, qu'il fut religieusement gardé, et que, ni le pavillon Marsan ni la conférence n'eurent le plus léger soupçon du grand acte qui se préparait.

Rien pourtant n'était fait tant que le roi n'avait point cédé, et, bien que fortement ébranlé, il opposait chaque jour aux instances de ses ministres de nouveaux scrupules et de nouvelles difficultés. C'est pour surmonter ces scrupules et pour écarter ces difficultés que M. Decazes crut devoir appeler à son aide quelques personnes dont la discrétion lui était connue. Trois notes furent ainsi présentées à Louis XVIII; la première, rédigée par M. Decazes lui-même; la seconde, par M. Pasquier; la troisième, par M. Guizot[1]. De ces trois notes, celle de M. Decazes était, au point de vue des idées et du sentiment du roi, la plus habile et la plus décisive. C'était au nom

[1] Ces trois notes manuscrites m'ont été confiées par la bienveillance de M. Decazes; l'analyse sommaire que j'en présente est donc d'une exactitude rigoureuse.

de la prérogative royale, méconnue par la Chambre, que M. Decazes en demandait la dissolution. Après le 20 mars, on avait voulu battre les révolutionnaires avec leurs propres armes, et, dans ce dessein, on avait, par l'ordonnance du 13 juillet, développé les éléments démocratiques de la Charte. C'était une erreur qui avait amené tous les empiétements de la Chambre. Divers motifs avaient engagé d'abord les ministres à ne point arrêter ce mouvement d'usurpation, et ils avaient fait au besoin de l'union de grands sacrifices ; puis ils avaient voulu résister, mais trop tard, quand les amours-propres étaient engagés, les esprits faibles subjugués, les engagements de parti contractés. Or l'attitude des députés, depuis leur rentrée dans les provinces, prouvait que l'autorité royale n'était plus rien pour eux, et qu'ils avaient le projet bien arrêté de contraindre la volonté du roi, en lui imposant un autre ministère, un ministère qui exercerait le pouvoir en leur nom au lieu de l'exercer au nom du roi.

Le roi avait donc à choisir entre sa volonté propre et la volonté de la majorité, entre son ministère et celui de la Chambre. Pour faire prévaloir sa volonté propre et son ministère, il n'avait besoin que d'user d'un de ses droits constitutionnels, du droit de dissolution, et de montrer ainsi que, dans l'esprit de la Charte, la Chambre n'était point un corps souverain, mais un corps intermédiaire renfermé dans des attributions fixes et réglées.

M. Decazes ajoutait, avec moins de vérité, que par là était écartée l'idée funeste de la souveraineté du peuple et ses dangereuses conséquences. On eût pu dire, au contraire, qu'appeler le pays, dans les assemblées électorales, à choisir entre la volonté royale et la volonté parlementaire, c'était reconnaître implicitement sa souveraineté ; mais il s'agissait, en ce moment, de politique plutôt que de logique, et l'argumentation ne pouvait manquer de produire son effet. M. Decazes établissait d'ailleurs fort bien que, si la dissolution devait avoir lieu, il était désirable qu'elle précédât la réunion de la Chambre au lieu de la suivre, et il citait à ce sujet l'exemple de l'Angleterre ; enfin, il prouvait que l'état des finances exigeait impérieusement la dissolution. Point de budget, disait-il, sans le crédit public, et point de crédit public en face d'une Chambre violente et contre-révolutionnaire. Beaucoup des anciens députés reviendraient, sans doute, mais déliés des engagements de parti et ramenés au sentiment de leur position. Il n'était point vrai que la France ne connût aucun milieu entre les opinions extrêmes, et si le gouvernement savait prendre son équilibre, nul doute qu'il n'y fût soutenu. « Il ne faut pas s'y tromper, ajoutait M. Decazes en terminant, les opinions révolutionnaires sont dangereuses; les intérêts révolutionnaires ne le sont pas : ils tendent à la sécurité, à la conservation, et ne demandent qu'à vivre paisibles sous l'égide du gouvernement. »

La note rédigée par M. Pasquier, plus technique et moins personnelle, débutait par une vive attaque à cette Chambre « qui, lorsque la France avait besoin de se montrer aux étrangers unie dans toutes ses parties, n'avait su que répandre, par les motions les plus folles, l'agitation dans tous les esprits, l'inquiétude dans tous les intérêts. » Il n'y avait que trois partis à prendre : rappeler la Chambre, en renouveler un cinquième, la dissoudre. Le premier parti, disait la note, ne serait admissible que si l'on pouvait croire la majorité éclairée par l'expérience; or ce qui se passe dans les départements prouve exactement le contraire. Les députés de la majorité sont entourés, encouragés, fêtés par les hommes de leur opinion, et ceux-là mêmes qui voudraient être modérés ne le peuvent pas. C'est ainsi que MM. de Villèle et Corbière ont été, dans les conseils généraux, les plus ardents promoteurs des avis les plus contraires aux principes d'un gouvernement monarchique. Si l'on rappelait la Chambre, il faudrait la dissoudre bientôt avec éclat, après une lutte violente à la tribune. En Angleterre même, on redoute ces extrémités.

Le second parti, ajoutait la note, en supposant les élections excellentes, ne remédierait pas au mal. Il est clair, d'ailleurs, que les quatre cinquièmes conservés imposeraient aux esprits, et auraient sur les élections la plus fâcheuse influence. Le troisième parti est donc le seul bon.

La note s'attachait ensuite à démontrer que les élections nouvelles n'auraient lieu ni dans l'esprit des élections précédentes ni dans un esprit révolutionnaire. On obtiendrait donc, sans aucune espèce de danger, l'avantage de rentrer dans la Charte et de consacrer par un acte éclatant son inviolabilité.

Ce qui distinguait la note, rédigée par M. Guizot, des notes précédentes, c'est qu'elle s'appuyait surtout d'exemples empruntés à l'histoire d'Angleterre. Ainsi, elle rappelait les violentes attaques dont les plus fidèles amis du roi Charles Ier avaient été l'objet, de 1640 à 1642, sous le Long Parlement; elle citait l'opinion de lord Clarendon, blâmant le roi d'avoir consenti à prendre pour conseillers des hommes qui n'avaient cessé de placer l'autorité parlementaire au-dessus de l'autorité royale; elle montrait Pitt dissolvant la Chambre des communes, en 1782, et arrêtant ainsi les envahissements dont la prérogative de la couronne était menacée ; puis elle établissait que la Chambre du 20 mars était la Chambre du parti révolutionnaire, la Chambre du mois de septembre la Chambre du parti contre-révolutionnaire, et que cette dernière Chambre, comme la première, avait voulu faire, non les affaires de la France ou du roi, mais celles du parti qui l'avait nommée. On avait donc vu des députés soi-disant monarchiques se récrier contre ceux qui, dans les discussions, osaient prononcer le nom du roi, séparer le roi de ses ministres, distinguer entre la volonté déclarée du roi et sa volonté secrète, attirer enfin le gouvernement dans la Chambre, et faire de ce qu'ils appelaient la représentation nationale le principal corps de l'État et le véritable dépositaire du pouvoir souverain. Depuis la séparation de la Chambre, mêmes discours et même conduite : partout les autorités locales envahies ; partout le système des administrations provinciales et municipales devenu l'objet des démarches et des prétentions du parti. « Peu leur importe, ajoutait la note, d'énerver et de démembrer ainsi l'autorité royale ; peu leur importe de lui enlever l'inappréciable avantage d'une administration uniforme qui assure partout la prompte et forte exécution de ses ordres. » Dans cet état de choses, il n'existait, selon M. Guizot, qu'un moyen de combattre le parti avec succès : le dissoudre en dissolvant la Chambre. Ainsi, mais ainsi seulement pouvaient être assurés à la fois le repos du peuple, la stabilité du trône et les prérogatives de la couronne, qui, par le retour de la Chambre, se trouveraient également compromis.

Dans toutes ces notes, on le voit, reparaissait l'anomalie que nous avons plus d'une fois signalée dans les chapitres précédents, et c'est par des arguments fort illibéraux qu'une mesure essentiellement libérale était défendue ; mais, pendant quelque temps encore, cette anomalie devait plus d'une fois se reproduire, et, peut-être, ni les modérés, en plaidant la cause de la Révolution, au nom du principe de la monarchie absolue, ni les ultra-royalistes, en invoquant le principe du gouvernement parlementaire, pour faire triompher la cause de la contre-révolution, ne s'apercevaient de leur inconséquence ?

Quoi qu'il en soit, chacune de ces notes passa sous les yeux du roi, dans le courant d'août, et M. Decazes y joignit un résumé clair, vigoureux, méthodique de toutes les raisons politiques et financières qui, selon lui, rendaient la dissolution nécessaire ; mais, cette fois encore, M. Decazes eut soin d'appuyer sur l'argument qui, plus que tout autre, allait au cœur de Louis XVIII : Le roi voulait-il être le dépositaire auguste et respecté, ou seulement le prête-nom du pouvoir souverain ?

Telle était la question que, dans sa sagesse, il allait décider.

Chose étrange! Tandis que M. Decazes, par lui-même et par ses amis, s'efforçait ainsi de démontrer au roi la nécessité d'une dissolution, les écrivains royalistes, dans leur aveuglement, semblaient se faire ses complices involontaires. Chaque jour, en effet, ils s'évertuaient à prouver qu'un ministère et une majorité hostiles l'un à l'autre ne peuvent subsister ensemble, et que le ministère, quand la majorité ne le soutient pas, n'a que le choix entre la retraite ou la dissolution de la Chambre. « Pour défendre la royauté contre l'influence du pouvoir démocratique, disait M. Fiévée dans sa correspondance politique et administrative, la constitution a donné au roi la faculté de dissoudre la Chambre des députés, ce qui est conforme à la raison et à la nature des choses : c'est un appel direct, fait par le roi, aux intérêts représentés contre l'erreur ou les passions de ceux qui représentent pour ces intérêts ; » et il ajoutait que, « si les mêmes députés étaient réélus, toute résistance de la part des agents du pouvoir royal devenait impossible et ne pourrait être tentée qu'en renversant les lois fondamentales de l'État. » Ainsi M. Fiévée, au nom du parti royaliste, avait soin d'avertir le roi que, s'il voulait faire prévaloir sa politique sur celle de la Chambre, il n'avait qu'un moyen, la dissolution. Assurément ni M. Fiévée, en écrivant ces lignes, ni son parti, en y adhérant, ne soupçonnaient que le roi les prendrait au mot, et, s'ils l'avaient soupçonné, ils auraient parlé tout autrement.

Quelle que fût la répugnance toute royale de Louis XVIII pour le système qui subordonnait sa politique à celle de la Chambre, il n'est pas certain que cette répugnance eût suffi pour l'entraîner à un acte qui flattait son orgueil et que son bon sens approuvait, mais par lequel il se séparait définitivement d'un grand nombre de ses vieux serviteurs et de toute sa famille, si le parti de la cour, par l'imprudence toujours croissante de ses discours, ne fût parvenu à irriter contre lui l'homme aussi bien que le roi. Non-seulement le langage de ce parti était offensant ; mais, dans les départements comme à Paris, dans les correspondances comme dans les conversations, des cris de joie lui échappaient chaque fois que la vie de Louis XVIII paraissait compromise. « Il faut, disait-on couramment, *qu'il ouvre les yeux ou qu'il les ferme.* » Si on se fût borné à le dire, Louis XVIII eût pu l'ignorer ; mais on l'écrivait, sans songer que Louis XVIII avait conservé la vieille et triste habitude de se faire remettre, par l'intermédiaire du directeur général des postes, les lettres suspectes et de les lire. Chaque jour, il pouvait donc juger par ses propres yeux des vœux que formaient les plus ardents des ultra-royalistes, et de l'amour qu'ils portaient à sa personne. Il ne put pas ignorer non plus à quelle cause ils attribuaient son affection pour M. Decazes. Le testament de la reine Marie-Antoinette, disaient-ils, saisi chez le conventionnel Courtois, contenait un paragraphe dans lequel la reine accusait formellement Louis XVIII d'être l'auteur principal des malheurs de la maison royale ; mais, M. Decazes, avant de communiquer ce testament à la Chambre, en avait rayé le paragraphe accusateur : de là, entre Louis XVIII et lui, un lien que la mort seule pouvait rompre.

Ce n'était donc plus seulement à la politique du roi que les ultra-royalistes en voulaient, c'était encore à sa personne. En les frappant par un acte légal et constitutionnel, le roi vengeait sa personne aussi bien que sa politique. Le roi pouvait-il, d'ailleurs, souffrir qu'à côté de lui, dans son palais même, il existât un foyer d'intrigue d'où partaient chaque jour pour les départements, des instructions et des ordres contraires à ses ordres et à ses instructions ? Ainsi, le roi, dans l'exercice de sa prérogative, avait jugé à propos de former, sous la présidence du duc de Lévis, une commission consultative chargée de préparer le budget de 1817, et composée de M. Portal, du duc de Gaëte, de M. Laffitte, de M. Morgan-Dubelloy, de

M. Ternaux, de M. Olivier, de M. Duvergier de Hauranne, du comte Garnier et de M. de Villèle. Or, le jour même où l'ordonnance était publiée, on avait annoncé, au pavillon Marsan, que M. de Villèle ne viendrait pas, et M. de Villèle, en effet, n'était pas venu. Un tel partage du pouvoir royal était-il tolérable, et le roi devait-il, pour désarmer ceux qui attendaient sa mort avec tant d'impatience, cesser de régner avant de cesser de vivre ?

Il arrive souvent, dans le gouvernement des choses humaines, que les grandes résolutions sont déterminées par de petites considérations. Il y a lieu de croire qu'il en fut ainsi au 5 septembre, et que les propos inconsidérés du pavillon Marsan et de ses habitués pesèrent plus sur l'esprit du roi que les graves motifs, si bien développés par M. Decazes, par M. Pasquier, par M. Guizot, et, en dernier lieu par le duc de Richelieu. Quoi qu'il en soit, vers le milieu d'août, dans un conseil, après de longs débats, l'impossibilité de convoquer, pour le 1er octobre, la Chambre existante fut généralement reconnue, et généralement aussi on convint de rentrer purement et simplement dans les prescriptions de la Charte. La composition de la Chambre étant, sous le rapport de l'âge et du nombre, en contradiction avec la Charte, il semblait que la dissolution fût la conséquence nécessaire de cette résolution ; mais M. Lainé, retombé dans ses craintes et dans ses indécisions, à mesure que le moment d'agir approchait, imagina de proposer au roi et à ses collègues une combinaison intermédiaire. D'après son projet, tel qu'il l'expliqua lui-même dans une note remise à Louis XVIII[1], tous les députés qui n'avaient pas atteint l'âge de quarante ans étaient d'abord exclus de la Chambre ; puis, cette première exclusion opérée, chaque députation était ramenée au chiffre constitutionnel par l'élimi-

---

[1] Cette note a été publiée *in extenso* par M. Guizot, dans les pièces justificatives de ses *Mémoires*.

nation des députés qui avaient été nommés les derniers. De cette façon, disait M. Lainé, on revenait à la Charte sans dissolution.

Quelque bizarre que fût cette combinaison, l'autorité du ministre qui la présentait la soutint un moment; mais il fut aisé de prouver qu'aucun article de la constitution ne justifiait une telle mesure, qu'elle semblait attaquer indirectement la validité de tous les actes de la dernière Chambre, enfin qu'elle n'était point de nature à modifier suffisamment l'esprit de la majorité. Le projet de M. Lainé fut donc écarté, ainsi qu'une proposition subsidiaire encore moins admissible. « Pour éviter les résistances et les luttes, disait M. Lainé, serait-il possible de recourir au moyen suivant? Quand les projets de loi, de règlement, d'ordonnance, seront préparés, serait-il à propos que le roi tînt un conseil extraordinaire dans lequel il appellerait les princes de sa maison, monseigneur l'archevêque de Reims, etc.? que là, tous les projets fussent arrêtés et que les princes, les principaux évêques déclarassent que les projets arrêtés ont l'assentiment de tous? Si, après ce conseil, *tous les grands influents* que Sa Majesté y aurait appelés répondaient que c'est la volonté commune du roi et de la famille royale, la France serait peut-être sauvée. »

Ainsi M. Lainé voulait qu'on assemblât les princes et les évêques pour leur demander s'il leur plaisait qu'on brisât une Chambre accusée d'être trop favorable à leurs intérêts et à leurs prétentions. Certes, il fallait que la loyauté de M. Lainé fût bien connue de ses collègues pour que, dans une telle proposition, ils ne vissent pas une raillerie ou une défection.

Ce n'était ni une défection ni une raillerie, et M. Lainé, une fois la dissolution résolue, s'y associa franchement et n'hésita plus à en prendre la responsabilité. Mais bientôt surgirent des difficultés et des dissidences qui faillirent encore tout compromettre. Sur les trois premiers articles, portant qu'aucun des articles de la Charte ne serait revisé, que la Chambre des députés était dissoute et que le nombre des députés était ramené au nombre fixé par la Charte, aucune contestation ne s'éleva; mais il restait à déterminer comment et par qui seraient nommés les députés. Or voici dans quelle situation embarrassante on se trouvait placé : la loi électorale, prévue par la Charte, n'était pas encore faite, et, le 13 juillet 1815, le roi avait dû y suppléer par voie d'ordonnance. Au moment où, pour rentrer dans la Charte, on abolissait l'ordonnance du 13 juillet, pouvait-on maintenir l'organisation des colléges électoraux, telle qu'elle l'avait établie? et si on prenait ce parti, ne devait-on pas du moins modifier cette ordonnance en tout ce qu'elle avait de contraire à la Charte? Or la Charte, en même temps qu'elle fixait l'âge et le nombre des députés, déterminait les conditions requises pour être électeur. Fallait-il exclure d'office des colléges électoraux tous les électeurs qui ne remplissaient pas ces conditions?

M. Guizot, consulté sur cette question, remit une seconde note qui établissait fort bien que, tout en rentrant strictement dans la Charte, à l'égard de l'organisation de la Chambre, on ne pouvait, à l'égard de l'organisation des colléges électoraux, suppléer à son silence, et que, par conséquent, on devait considérer comme l'état légal de ces colléges celui que l'ordonnance du 13 juillet avait créé provisoirement. Il pensait seulement que l'intervention des colléges d'arrondissement était inutile et qu'il valait mieux faire procéder directement à l'élection par les colléges de département, dont les membres, choisis par les six cents plus imposés, payaient, très-probablement, au moins trois cents francs de contribution directe. Mais, tout en adoptant, dans sa généralité, l'avis de M. Guizot, le conseil pensa avec raison que cette dérogation à l'ordonnance du 13 juillet avait plus d'inconvénients que d'avantages, et il fut convenu que les colléges électoraux de 1815 seraient encore ceux de 1816.

Si cette question n'amena parmi les ministres aucun dissentiment sérieux, il n'en fut pas de même d'une autre question, secondaire en apparence, mais qui avait, en réalité, une très-grande importance. Une ordonnance, postérieure à celle du 13 juillet, avait, on s'en souvient, autorisé les préfets à adjoindre vingt personnes notables aux colléges de département, dix aux colléges d'arrondissement, et, poussés par le vent qui soufflait alors, les préfets avaient généralement choisi ces personnes parmi les royalistes les plus ardents; plusieurs même, sous prétexte que les colléges étaient incomplets, avaient dépassé le nombre prescrit par l'ordonnance. Or maintenir, en 1816, ces prétendus électeurs, c'était bien évidemment violer le principe fondamental de toute élection libre et accomplir cette violation au profit du parti même contre lequel la dissolution était prononcée. Ainsi pensait M. Decazes qui proposait de déclarer nulles et de nul effet toutes les adjonctions provisoires, à moins qu'elles ne fussent expressément confirmées par le roi. Il faut reconnaître qu'en voulant conserver au roi la faculté de maintenir les adjonctions, M. Decazes tombait, à son tour, dans l'erreur qu'il reprochait à ses prédécesseurs. Quoi qu'il en soit, si la mesure cessait ainsi d'être logique et rigoureusement constitutionnelle, elle ne cessait pas d'être politique; mais le parti contre lequel se faisait la dissolution avait, dans le conseil même, des représentants qui, sans s'inquiéter de la légalité ni de la politique, déclarèrent que jamais ils ne consentiraient à laisser chasser des colléges les excellents royalistes que les préfets de 1815 y avaient introduits; et, comme M. de Richelieu et M. Lainé paraissaient se ranger à leur avis, M. Decazes dut céder avec beaucoup de regret. Il est bon de remarquer que, dans plusieurs colléges, le parti de l'ancienne majorité dut à cette disposition exceptionnelle un succès qui lui eût échappé, si, comme cela était juste, les électeurs adjoints eussent été écartés.

Le choix des présidents donna aussi lieu à quelques dissidences, et il fut impossible d'empêcher M. Dambray et M. Dubouchage de nommer plusieurs membres de l'ancienne majorité. Comme à cette époque la liste des présidents choisis par le roi passait, aux yeux de la France, pour une liste de candidats officiels, un tel mélange pouvait avoir l'inconvénient de jeter dans les esprits une certaine incertitude; mais c'était beaucoup que d'obtenir l'adhésion ou du moins le silence de de MM. Dambray et Dubouchage, et il fallut encore transiger. La majorité du conseil pensait d'ailleurs, avec raison, que le dispositif même de l'ordonnance et le préambule, rédigé par M. Lainé et modifié par M. Pasquier, devaient suffire pour imprimer à l'acte royal son véritable caractère et pour empêcher toute espèce de malentendu.

Pendant que ce grave débat absorbait l'attention du roi et des ministres, il restait complétement ignoré non-seulement du public, mais encore de la cour et de la diplomatie étrangère. La cour avait connu vaguement le projet de M. Lainé et s'en était effrayée un moment; mais il n'était plus question de ce projet, et personne, même parmi les intimes de Monsieur, ne supposait que le roi pût avoir la pensée impie de dissoudre la Chambre qu'il avait si glorieusement qualifiée. Leur confiance allait donc croissant chaque jour, et chaque jour aussi leur langage devenait plus menaçant pour les hommes et les choses de la Révolution. Un seul obstacle, selon eux, s'opposait encore à l'accomplissement de leurs vœux : le mauvais vouloir des souverains étrangers qui était notoire. Il importait donc d'écarter cet obstacle, et, dans ce dessein, le parti de la cour faisait rédiger par M. de Vitrolles une première note secrète, dont la pensée dominante était que le ministère du duc de Richelieu, en combattant les royalistes, assurait le triomphe de la Révolution. Dans cette note, comme dans la brochure qu'il avait précédemment publiée, M. de Vitrolles commençait par établir que le ministère manquait à tous ses devoirs envers le roi et envers la constitution en cherchant sa force dans la minorité plutôt que dans la majorité de la Chambre. Que pouvait-on, d'ailleurs, reprocher à cette majorité? Dans son adresse, comme dans sa déclaration du 11 janvier, elle avait protesté de son dévouement à la Charte; elle ne voulait donc point détruire la Charte, mais elle voulait que la Chambre des pairs devînt la source d'une noblesse indépendante; que le clergé fût propriétaire et non salarié; que des assemblées provinciales réglassent les intérêts locaux ; que les arts et métiers fussent réinstitués en corporations. Qu'y avait-il dans de tels vœux qui pût lui attirer l'animadversion des cours étrangères? Il ne saurait exister en France, ajoutait la note, que deux partis : celui qui veut consolider la monarchie et celui qui veut consolider la Révolution. On ne comprend pas que les signataires des traités de Vienne et de la Sainte-Alliance se montrent plus favorables au second de ces partis qu'au premier. Ignorent-ils donc que le parti de la Révolution les déteste, tandis que le parti royaliste leur est profondément reconnaissant d'avoir délivré la France du joug des hommes de la Révolution et de Bonaparte[1]?

Ces arguments, habilement présentés, auraient pu toucher, sinon l'empereur Alexandre qui se considérait toujours comme le représentant et le défenseur des idées libérales en Europe, du moins l'empereur d'Autriche, à qui le seul mot de liberté faisait peur, le roi de Prusse, qui se hâtait peu de donner à ses peuples la constitution qu'il leur avait promise, enfin le ministère tory, qui se maintenait péniblement en Angleterre contre les attaques, chaque jour plus violentes, de l'opposition populaire; mais, bien que la note affirmât que la France presque entière était en parfaite sympathie avec la majorité de la Chambre, les représentants des souverains étrangers savaient à quoi s'en tenir à cet égard, et voyaient plus que jamais dans le triomphe de cette majorité le signal d'une catastrophe

---

[1] Première note secrète, 15 août 1816.
Cette note inédite se trouve dans les papiers de M. de Vitrolles et m'a été communiquée par M. Forgues.

nouvelle. La note les toucha donc peu, et dans leurs dépêches comme dans leurs conversations ils continuèrent à gémir sur l'obstination de Monsieur et sur la faiblesse du roi et de ses ministres.

Cependant les journaux, auxquels la surveillance de la police imposait une grande réserve, s'amusaient à débattre gravement quelques questions de doctrine constitutionnelle, et la question plus grave, selon eux, de savoir ce qu'il fallait penser des ultra-royalistes. « Les ultra-royalistes, disait le *Constitutionnel*, sont dévoués à la royauté comme les ligueurs fanatiques du seizième siècle étaient dévoués à la religion. » — « Pour que le mot ultra-royaliste, répondait la *Quotidienne*, eût un sens, il faudrait admettre qu'on peut trop aimer le roi. Parle-t-on d'ultra-vérité, d'ultra-vertu? Non. Donc il n'est pas permis de parler d'ultra-royalisme. » Le *Journal des Débats* alors intervenait, et déclarait, d'un ton légèrement ironique, qu'en effet l'amour du roi ne pouvait être trop grand; « mais, ajoutait-il, il peut être peu éclairé; il peut manquer de lumières dans son ardeur et de mesure dans son impétuosité. » On voit qu'à cette époque, malgré la liaison intime des propriétaires du *Journal des Débats* avec M. de Chateaubriand, ils inclinaient vers la politique ministérielle et vers la modération.

Le parti modéré, à bien peu d'exceptions près, ignorait d'ailleurs, tout aussi bien que le parti contraire, le grand acte qui allait modifier profondément la situation de la France, et deux de ses chefs les plus illustres, M. Royer-Collard et M. de Serre, l'un comme président du conseil de l'instruction publique, l'autre comme premier président de la cour royale de Colmar, prononçaient des discours graves et tristes, dans lesquels le pressentiment d'une lutte prochaine et acharnée se laissait apercevoir plutôt que l'espoir du triomphe. Tout semblait annoncer en effet qu'entre Louis XVIII et sa famille la bonne intelligence était revenue. Ainsi, par une ordonnance du 18 août, le roi rétablissait, en faveur de *son bien-aimé frère*, colonel général des Suisses, toutes les anciennes prérogatives de cette charge qui étaient compatibles avec la constitution nouvelle des armées, et, par une ordonnance rendue quelques jours plus tard, il réorganisait l'École polytechnique, en la plaçant sous la protection du duc d'Angoulême. Il était certainement assez difficile de découvrir dans de tels actes rien qui fît soupçonner l'orage intérieur qui allait éclater.

On touchait à la fin d'août, et le moment de frapper le grand coup était arrivé ; mais, à mesure que ce moment approchait, M. de Richelieu et M. Decazes voyaient avec inquiétude et douleur la résolution du roi fléchir et ses hésitations recommencer. « J'ai parlé hier au roi pendant trois quarts d'heure, écrivait M. de Richelieu à M. Decazes ; il me semble qu'il est d'accord de tout, et pourtant il n'a pas voulu signer encore, disant que le terme n'était pas expiré. Il semble qu'il s'agisse de la capitulation d'une place. » D'accord avec M. de Richelieu, M. Decazes adressa alors au roi un long rapport où se trouvaient reproduites, sous une forme vive, animée et quelquefois éloquente, les observations des notes précédentes[1]. « Il est, disait-il, nécessaire de dissoudre la Chambre ; car elle entrave le gouvernement du roi, elle affaiblit son autorité, elle usurpe son pouvoir, elle tend à l'avilir et à l'annihiler... Il est nécessaire de la dissoudre ; car il est de la nature de tous les pouvoirs de ne jamais reculer volontairement ; car il est impossible de croire que des hommes enivrés de leurs succès, circonvenus par leurs coteries, liés par des engagements et par un faux point d'honneur, se désistent de leurs prétentions... Il est nécessaire de la dissoudre ; car, avec elle, il n'y a pas de crédit, pas de budget, pas d'espoir de stabilité, pas de possibilité de ramener la confiance au dedans ni d'affranchir la France du joug de l'étranger. » Et, pour justifier son assertion, M. Decazes énumérait tous les actes par lesquels la

---

[1] Ce rapport, trop long pour trouver place ici, est inséré presque textuellement dans l'*Histoire de la Restauration*, par M. Capefigue.

Chambre de 1815 était parvenue à froisser, à irriter toutes les opinions et tous les intérêts. « On veut, ajoutait-il, que le roi attende que la Chambre se soit encore plus mise dans son tort. Où est la nécessité de tenter cette nouvelle épreuve? Ne sait-on pas assez ce que veut la majorité de la Chambre et ce qu'elle tentera, si elle revient?... La France et l'Europe entière ne voient-elles pas, dans les députés de la majorité, des nobles qui veulent recouvrer leurs priviléges, des émigrés qui veulent rentrer dans leurs biens?... Qu'on se hâte donc et qu'on évite un combat à outrance dont le résultat serait nécessairement ou bien cette dissolution devant laquelle on hésite aujourd'hui, ou bien l'abdication du roi au profit de la Chambre[1]. » Et, comme le roi, pour refuser ou du moins pour ajourner sa signature, revenait sans cesse sur l'espèce d'engagement qu'il avait pris avec Monsieur à la fin de la session, M. Decazes, dans une nouvelle lettre, en date du 28 août, lui demanda s'il avait pu, s'il avait dû aliéner sa prérogative et se retirer la faculté de sauver son peuple. A cette époque, d'ailleurs, Monsieur, en échange de la promesse du roi, garantissait la sagesse de la Chambre et l'adoption de certaines lois. Or la Chambre avait été plus folle que jamais, et les lois promises avaient été rejetées. Le roi était donc libre, et rien ne l'obligeait de subordonner sa haute raison aux passions aveugles d'une faction implacable, d'une faction qui, après lui avoir imposé des ministres, voudrait lui imposer des lois.

En publiant ces longs extraits de pièces, dont plusieurs sont inédites, nous avons voulu mettre en lumière la part du roi et celle de chacun de ses ministres dans l'ordonnance fameuse qui, aujourd'hui encore, a l'étrange privilége de ranimer au sein des vieux partis toutes les vieilles passions. Or il est aisé de voir qu'en s'accordant pour attribuer à M. Decazes presque seul le mérite ou le tort de l'ordonnance du 5 septembre, le

---

[1] Rapport de M. Decazes au roi. — Lacelle-Bruère, 20 août.

parti ultra-royaliste et le parti modéré ne se trompaient pas, et que rarement, dans un événement de cette importance, l'action personnelle d'un homme a été aussi nettement marquée. Pour notre part, nous le déclarons sans hésitation, c'est à cause de cet acte que M. Decazes est, à nos yeux, le premier des ministres de la Restauration, celui à qui la France est le plus redevable. D'autres ont été plus éloquents ou plus diserts, à la tribune ou la plume à la main; aucun n'a signalé son passage aux affaires par un aussi grand service. Il est puéril de décliner la reconnaissance due à un tel acte, sous prétexte qu'il fut inspiré par l'ambition ; d'abord, parce que, dans la vie publique, l'ambition n'est point interdite, ensuite parce que, si M. Decazes eût voulu épouser les passions de la Chambre de 1815 et servir ses intérêts, il ne lui eût pas été fort difficile de se faire accepter par elle et de conserver, d'agrandir même ainsi sa situation personnelle; mais, alors même que la Chambre et Monsieur étaient encore bienveillants pour lui, il jugea que leur politique était mauvaise, et seul, pendant plusieurs mois, il travailla à y mettre un terme : c'est une gloire qui lui reste acquise et dont ne sauraient le priver la haine d'un parti ni l'ingratitude de l'autre.

Le 5 septembre, au matin, un des ministres étrangers adressait à sa cour une dépêche dans laquelle il racontait une conversation qu'il avait eue, la veille au soir, avec M. Decazes. M. Decazes lui avait annoncé que la convocation de la Chambre serait retardée, mais que l'on voulait voir, avant de prendre aucun parti, quelle serait la marche des députés dans cette session. Et comme le ministre étranger, s'étonnant d'une telle résolution, prédisait que la Chambre reviendrait plus violente qu'elle n'était partie, M. Decazes lui avait répondu que très-probablement, au contraire, elle reviendrait plus sage, et que, pour la contenir, il suffisait qu'elle sût qu'on la dissoudrait à la première faute [1].

[1] Correspondances diplomatiques.

Comme tel était partout le langage de tous les ministres, le retour de la Chambre paraissait certain, quand, dans la journée du 6, le bruit se répandit qu'elle était dissoute. Le 7, au matin, à la grande joie des uns, à la grande colère des autres, à l'étonnement de tous, le *Moniteur* annonça cette importante nouvelle[1].

C'est dans l'après-midi du jeudi 5 septembre que l'ordonnance avait enfin été signée par le roi, et on l'avait fait immédiatement imprimer et expédier aux préfets par estafettes. Mais, pendant que ces choses se passaient au pavillon de Flore, le pavillon Marsan calculait tranquillement le nombre des jours qui le séparaient du jour de son triomphe et s'occupait de distribuer les emplois publics entre ses plus fidèles serviteurs. Vers onze heures et demie du soir, comme le roi venait de se coucher, M. le duc de Richelieu, par son ordre, se fit annoncer chez Monsieur et lui demanda audience. Monsieur le reçut sans soupçonner le motif de sa visite, et apprit de sa bouche que la Chambre de 1815 avait cessé d'exister. A cette nouvelle inattendue, Monsieur se sentit frappé comme d'un coup de foudre et parut douter d'abord que la nouvelle fût vraie. Comment croire, en effet, que le roi eût pris une telle mesure à l'insu de toute sa famille? Comment croire que cette mesure eût été adoptée secrètement dans un ministère où Monsieur comptait trois partisans dévoués? Dans sa stupé-

---

[1] Quelques écrivains royalistes ont un tel besoin de justifier ou au moins d'excuser le coup d'État de 1830, qu'ils ont imaginé de découvrir un précédent à ce coup d'État dans l'ordonnance du 5 septembre, qui, disent-ils, a aussi réglé le mode d'élection, sans le concours de la loi. Ceux à qui cette ingénieuse assimilation est due oublient une seule chose, c'est que l'ordonnance du 5 septembre, comme on vient de le voir, a maintenu purement et simplement les colléges électoraux existants, et que, par un scrupule excessif, les auteurs de cette ordonnance n'ont même pas voulu qu'on rayât des listes électorales les électeurs adjoints, bien que le maintien de ces électeurs, ultra-royalistes pour la plupart, pût compromettre le résultat de l'élection. Quel rapport y a-t-il, entre une telle ordonnance et l'ordonnance de juillet 1830?

faction, à la fois douloureuse et indignée, il voulait aller trouver immédiatement son frère, et ce fut à grand'peine que le duc de Richelieu parvint à lui faire comprendre que le sommeil du roi devait être respecté et que, d'ailleurs, des ordres formels avaient été donnés pour que personne ne pût pénétrer auprès de lui. Il fallut donc que Monsieur rentrât tristement dans le cercle joyeux et confiant qu'il venait de quitter, et qu'il annonçât lui-même à ses intimes le coup imprévu qui venait d'anéantir toutes leurs espérances. Il n'est pas besoin de dire que là ses sentiments ne manquèrent pas d'échos, et que le nom du roi fut plus d'une fois prononcé dans cette partie des Tuileries avec un accent qui n'était pas celui de l'amour et du respect.

Le lendemain, la porte du roi dut s'ouvrir, et sa famille fut admise à lui présenter ses doléances ; mais la chose était faite, et l'on savait que Louis XVIII, faible devant les prières des siens, était ferme devant leurs reproches, et que le sentiment de la dignité royale se révolterait en lui, si l'on prétendait nier ouvertement en sa présence la sagesse ou l'opportunité d'un de ses actes. Ce fut donc seulement par la tristesse de leur contenance et par leur silence affecté que *Monsieur* et *Madame* manifestèrent leur improbation. Quant aux neveux du roi, accoutumés à respecter sa volonté, ils parurent hésiter entre le blâme et l'éloge, et l'on put, pendant quelques jours, au moins, se demander quelle était leur opinion véritable.

Au dehors, les sentiments éclatèrent avec plus de franchise et d'énergie. Le parti de l'ancienne majorité, stupéfait et atterré, poussa d'abord des cris de rage contre le roi aussi bien que contre le ministère. Selon les plus ardents, l'ordonnance du 5 septembre n'était autre chose qu'un décret impérial, signé *Louis*, et quelques-uns allaient jusqu'à ajouter que l'auteur véritable de ce décret était la reine Hortense, qui l'avait inspiré à M. Decazes avant que M. Decazes lui-même l'eût inspiré à Louis XVIII. Mais les habiles du parti ne tardèrent pas à comprendre qu'attaquer à la fois le roi et le ministère, c'était sacrifier leurs intérêts à leurs ressentiments et assurer leur propre défaite. En conséquence, ils adoptèrent une tactique différente, celle de présenter le roi comme obsédé, comme entraîné par ses ministres, mais comme favorable, au fond du cœur, à l'ancienne majorité, et comme désirant secrètement que les électeurs la lui renvoyassent. Malheureusement, pendant que, par cette ruse un peu vulgaire, le parti de la cour cherchait à relever le courage abattu de ses partisans, la joie publique se manifestait, presque dans tous les départements, trop vivement et trop clairement pour qu'on pût la méconnaître ou la nier [1]. En déclarant que la Charte ne serait pas revisée, le roi désavouait implicitement les projets contre-révolutionnaires qui, depuis un an, agitaient et effrayaient la France; en dissolvant la Chambre de 1815, il mettait un terme à la politique de réaction et de vengeance que cette Chambre avait constamment recommandée, et qui, dernièrement encore, venait d'aboutir à des exécutions sanglantes. En présence de ces deux grands résultats, la forme passait inaperçue, et l'on s'inquiétait peu de savoir si les arguments que M. Decazes et ses collègues avaient employés pour déterminer le roi étaient ou non strictement constitutionnels. Toutes les classes, toutes les opinions, tous les intérêts que la Chambre de 1815 avait froissés passaient donc subitement de l'inquiétude à la sécurité, et les partisans mêmes du dernier gouvernement espéraient et se ralliaient. « Les royalistes, disait un d'entre eux à Lyon, menacent d'abandonner le roi : ils sont maîtres de le faire; mais, pour un que le roi perdra dans ce

---

[1] « Aussitôt que l'ordonnance parut, dit M. de Montlosier, toute cette exaspération éclata. Tout ce qui, depuis longtemps, avait l'habitude de crier : *Vive le roi!* garda le silence. Tout ce qui gardait le silence, se mit à crier : *Vive le roi!* c'était le spectacle le plus singulier de voir, dans les rues, d'effrénés jacobins poursuivant les royalistes du cri de *vive le roi!* » — Montlosier, *Monarchie française*.

parti, il en gagnera mille dans le nôtre. » Dans quelques villes, l'émotion fut si vive que l'on s'embrassait au milieu des rues en se racontant la bonne nouvelle. Les ardents révolutionnaires, ceux qui voulaient à tout prix le renversement de la monarchie légitime, sympathisaient seuls avec les ultra-royalistes, et, par d'autres motifs, déploraient comme eux un acte qui leur enlevait leurs meilleures chances; mais ils étaient peu nombreux, et le mécontentement des deux partis extrêmes se perdait dans la satisfaction générale.

« Je voulais, écrivait M. de Lally-Tolendal à M. Decazes, vous féliciter de la grande, nécessaire et salutaire mesure qu'a prise le gouvernement. La France respire, la Charte triomphe, et le roi règne. » Et pendant que M. de Lally exprimait ainsi, avec un peu d'emphase, mais avec vérité, le sentiment presque unanime de la France, un homme peu enclin à l'enthousiasme, M. Royer-Collard, s'écriait qu'on devrait élever des statues au ministre qui venait de délivrer la France des folies de la contre-révolution[1].

Si les journaux avaient été libres, nul doute que ces sentiments divers ne s'y fussent bruyamment exprimés; mais les journaux se sentaient placés sous la main de la police, et à peine, quelle que fût leur opinion, osèrent-ils en communiquer à leurs lecteurs l'expression terne et effacée. Néanmoins l'approbation du *Constitutionnel* et du *Journal de Paris* parut complète; celle du *Journal général* et du *Journal des Débats* mêlée de certaines réserves. Quant à la *Quotidienne*, soit par ordre, soit volontairement, elle se tut jusqu'au 14 septembre, et le jour où elle crut pouvoir prendre la parole, elle se borna à exposer que, par l'ordonnance qu'il venait de rendre, le roi avait proclamé l'inviolabilité de la Charte, mais sans qu'il en résultât aucun blâme contre les députés de la dernière Chambre. A ce moment, au reste, le propriétaire principal de la

---

[1] *Royer-Collard,* par A. Philippe.

Quotidienne, M. Michaud, venait d'être l'objet d'une mesure fort rigoureuse. Par ordonnance du 4 septembre, il avait été privé de son brevet d'imprimeur, pour avoir imprimé un écrit de l'abbé Vinson, dans lequel la Charte était insultée, la vente des domaines nationaux qualifiée de vol sacrilége, l'Église concordataire dénoncée comme schismatique. Au grief politique se joignait donc, pour la *Quotidienne*, un grief personnel, et le silence qu'elle gardait sur l'un comme sur l'autre indiquait clairement la triste condition que, d'un commun accord, le ministère et la Chambre avaient faite aux journaux.

Mais ce que la presse périodique ne pouvait pas dire, la presse non périodique le disait, et rarement elle fit plus de bruit et jeta plus d'éclat. Presque à la veille de l'ordonnance du 5 septembre, M. Fiévée avait publié son *Histoire de la Session de* 1815, véritable pamphlet de près de cinq cents pages, dont beaucoup d'esprit et une foule d'observations justes et fines ne pouvaient dissimuler le vice radical. Dans cette prétendue *Histoire de la Session de* 1815, à peine, en effet, pouvait-on soupçonner que des députés, nommés Royer-Collard, de Serre, Beugnot, Pasquier eussent parlé de temps en temps, non sans quelque talent, et défendu la politique du roi et des ministres? On y lisait, au contraire, tout au long, au milieu des formules de l'admiration la plus chaleureuse, les discours, non-seulement de MM. de Villèle et Corbière, mais encore de M. Humbert de Sesmaisons, de M. de Saint-Géry, de M. Michaud. Quant aux idées générales, elles étaient à peu de chose près celles que M. Fiévée avait déjà répandues, soit dans sa *Correspondance politique et administrative*, soit dans les articles du *Journal des Débats*, où il rendait compte des livres des autres et quelquefois des siens propres. Un mélange singulier de sentiments libéraux et d'opinions absolutistes, une affectation marquée à se séparer de la foule, tantôt en refusant aux mots leur acception commune, tantôt en prenant le contre-pied des opinions reçues, des efforts généralement impuissants, mais quelquefois ingénieux pour concilier la théorie de la prépondérance du roi dans le gouvernement avec les protestations et la conduite de la Chambre, voilà quel était le caractère dominant de ce livre, si longtemps et si impatiemment attendu.

Mais, si réel que fût le talent de M. Fiévée, trop de subtilité s'y mêlait pour que ses livres pussent jamais devenir populaires, même dans les classes élevées de la société. Pour ébranler les esprits, pour remuer les cœurs, il fallait une voix plus éclatante, un accent plus ferme et plus passionné, un tour plus vif et plus net. Or toutes ces qualités se rencontraient au plus haut degré dans l'écrit célèbre que M. de Chateaubriand achevait d'imprimer, au moment même où parut l'ordonnance du 5 septembre, et qui, plus que tout autre, devait contribuer à l'éducation parlementaire de la France. Ce n'est pas que, dans la *Monarchie selon la Charte*, M. de Chateaubriand ait été, comme il s'en est vanté depuis, le premier à découvrir et à exposer les vrais principes du gouvernement parlementaire ; avant lui, ces principes avaient été déjà plus d'une fois mis en lumière, notamment par Benjamin Constant à qui il empruntait jusqu'à l'idée de séparer le pouvoir ministériel du pouvoir royal, et d'en faire un quatrième pouvoir dans l'État. Mais, si les principes de la *Monarchie selon la Charte* n'étaient point nouveaux pour les hommes qui avaient étudié la science politique, ils l'étaient pour la plupart des lecteurs de M. de Chateaubriand, pour les royalistes surtout, et jamais ils n'avaient été exposés avec autant de hardiesse et de verve. De ce que la Charte déclarait le roi inviolable et les ministres responsables, M. de Chateaubriand concluait que rien ne procédait directement du roi dans les actes du gouvernement, et qu'au lieu d'être de simples exécuteurs de la volonté royale, les ministres devaient rester libres dans leurs jugements et maîtres de leurs actions. De ce que les ministres ne pouvaient rien faire d'important sans l'assentiment de la Chambre des députés, il concluait qu'ils devaient sortir de la majorité, se concerter avec elle, et lui rendre compte de leurs actes; et, ces prémisses une fois posées, il en déduisait fortement toutes les conséquences : l'initiative abandonnée aux Chambres, ou du moins partagée avec elles, le droit d'amendement sans limites, la publicité des séances, même pour la Chambre des pairs, l'unité et la solidarité du ministère, la liberté de la presse surtout, sans laquelle le gouvernement représentatif n'existe pas. Et il fallait voir de quels sanglants sarcasmes il accablait ceux qui accordaient le principe sans se soumettre aux conséquences, ceux qui résistaient à la nature du gouvernement établi, au lieu d'en suivre le cours, ceux, par exemple, qui prétendaient ne voir dans les Chambres qu'un grand conseil dont le roi pouvait, à son gré, suivre ou repousser les avis! C'était là, selon lui, méconnaître follement les conditions essentielles de la monarchie représentative et la puissance irrésistible de l'opinion publique dans cette monarchie.

On voit que M. de Chateaubriand, en 1816, comprenait les droits de la Chambre et les devoirs de la royauté exactement comme les ont compris quatorze ans plus tard les libéraux de 1830. Est-il vrai maintenant, comme il s'efforçait de le prouver, que, sous cette forme de gouvernement, le roi fût « plus absolu que ses ancêtres ne l'avaient jamais été, plus puissant que le sultan à Constantinople, plus maître que Louis XIV à Versailles? » Non, certes, et Louis XVIII, à qui sans doute M. de Chateaubriand adressait ces passages de son écrit, était trop fin pour s'y tromper; mais si M. de Chateaubriand ne parvenait pas ainsi à séduire le roi, du moins réussissait-il à calmer les scrupules de quelques vieux royalistes qui ne se voyaient pas, sans une certaine surprise, amenés sur le terrain où jusqu'ici le parti de la Révolution avait seul combattu.

Peut-être, au reste, malgré les réminiscences de la dernière session, la logique hardie de M. de Chateaubriand eût-elle effrayé les royalistes, s'il s'était borné à la partie historique de son livre ; mais, à côté de ces chapitres, il y en avait d'autres qui parlaient, non plus à la raison, mais aux passions des royalistes, et qui devaient exciter au plus haut point leur enthousiasme. C'était d'abord une attaque véhémente contre le ministère de la police, dont les royalistes se croyaient ou se disaient les victimes; c'était ensuite une critique amère des doctrines et des actes des trois ministères de la Restauration, accusés, par M. de Chateaubriand, d'avoir ménagé les hommes et les choses de la Révolution, et méconnu, au point de vue du nombre comme au point de vue de la capacité, l'incontestable supériorité des royalistes sur les serviteurs de la Révolution et de l'Empire ; c'était, enfin, la déclaration d'une guerre à mort à ce que M. de Chateaubriand appelait les *intérêts moraux révolutionnaires*. Ainsi, dans la pensée de M. de Chateaubriand, on pouvait, de peur de troubler les intérêts nouveaux, souffrir que les acquéreurs de biens nationaux en restassent nantis, mais à condition de saisir toutes les occasions de les injurier et de les flétrir. On pouvait se dispenser de punir ceux qui avaient servi la République et l'Empire, mais à condition de les destituer, s'ils étaient encore en place, et de les remplacer par de francs royalistes. Il était d'ailleurs nécessaire et urgent de constituer une Église propriétaire au lieu d'une Église salariée, de rétablir les anciennes jurisdictions ecclésiastiques, de rendre au clergé la tenue des registres de l'état civil et la direction de l'instruction publique. Il fallait, en un mot, gouverner dans le sens de la monarchie au lieu de gouverner dans le sens de la Révolution, et rien n'était plus facile. Il suffisait, pour cela, de confier les premières places de l'État aux amis de la monarchie légitime.

« Vous en faut-il un si grand nombre pour sauver la France ? ajoutait M. de Chateaubriand ; je n'en demande que sept par département : un évêque, un commandant, un préfet, un procureur du roi, un président de la cour prévôtale, un commandant de gendarmerie et un commandant de garde nationale. »

« En demandant seulement sept hommes par département, disait quelque temps après M. Dunoyer dans le *Censeur européen*, M. de Chateaubriand s'est trompé d'un : il a oublié le bourreau. »

On comprend l'effet que de telles propositions, développées avec autant de vigueur que d'éclat, devaient produire sur un parti qui, longtemps vaincu, avait ressaisi la majorité dans la Chambre, et comptait bientôt s'emparer des hautes fonctions publiques. Mais cet effet pouvait être détruit ou amorti par l'ordonnance du 5 septembre, si les royalistes voyaient clairement, dans cette ordonnance, l'expression de la volonté royale. C'est pour parer à ce danger que M. de Chateaubriand, conformément à la tactique récemment adoptée, ajouta à son écrit un *post-scriptum* qui, tout en appelant les royalistes au secours de la monarchie, menacée « de voir sortir des colléges électoraux *une fille sanglante de la Convention*, » jetait du doute sur la volonté du roi, et lui prêtait l'étrange dessein de prouver à ses ministres, au moyen de la dissolution, la popularité de la Chambre dissoute. Puis l'ordre fut donné de poursuivre avec activité, dans les ateliers de M. Lenormand, l'impression du livre si bruyamment annoncé.

Bien que ce livre ne fût pas encore connu, on en connaissait l'esprit ; et, dans les salons ultra-royalistes, on répétait hautement que ce serait la *tête de Méduse*. Le roi Louis XVIII se préoccupa donc de cette publication, et chercha les moyens de la prévenir. Un de ses ministres, consulté par lui, lui avait conseillé d'employer l'entremise du duc d'Angoulême ; mais Louis XVIII s'y était refusé. « Ce serait, avait-il écrit, une négociation ; ce qui me semblerait au-dessous de ma dignité et de la qualité du négociateur[1]. » Il avait donc préféré faire dire

---

[1] Lettre inédite de Louis XVIII, 14 septembre.

à M. de Chateaubriand, par le chancelier Dambray, que la publication de la *Monarchie selon la Charte* lui serait personnellement désagréable, et que, s'il passait outre, il encourrait son mécontentement. En conséquence, plusieurs amis de M. de Chateaubriand, M. Bertin entre autres, l'engagèrent à s'abstenir; mais le parti auquel appartenait M. de Chateaubriand, et M. de Chateaubriand lui-même, pensèrent non sans raison qu'une telle condescendance était indigne d'un pays libre, et qu'au moment d'une élection générale chaque opinion avait non-seulement le droit, mais encore le devoir de se produire. Les imprimeurs continuèrent donc leur travail, et, le 17, plusieurs milliers d'exemplaires étaient tout prêts à être mis en vente.

Mais, dans la crainte sans doute d'une saisie préventive, l'imprimeur, M. Lenormand, n'avait point accompli régulièrement les formalités exigées par la loi du 21 octobre 1814. D'une part, il avait fait une déclaration inexacte; de l'autre, avant de déposer les exemplaires dont le dépôt était légalement obligatoire, il en avait expédié un grand nombre dans les départements, et mis plusieurs en vente, à Paris même. Instruit de cette double contravention, le ministre de la police donna l'ordre d'opérer la saisie du livre, et, dans la matinée du 18, cette saisie s'opéra selon les formes ordinaires. Tout étant terminé, le commissaire de police allait se retirer, quand des cris tumultueux annoncèrent l'arrivée de M. de Chateaubriand. C'était, en effet, M. de Chateaubriand qui venait défendre son livre et exciter les ouvriers imprimeurs à le défendre avec lui. A sa voix, ceux-ci accoururent en foule, et M. de Chateaubriand, assis sur un des ballots saisis, leur adressa, au nom de la Charte, au nom de la liberté de la presse, au nom des priviléges de la pairie, une harangue qui fut suivie d'acclamations enthousiastes. Et, comme le commissaire de police demandait à M. de Chateaubriand s'il apportait l'ordre de suspendre l'opération commencée, M. de Chateaubriand répondit avec emportement qu'un ordre du ministre n'était rien pour lui, qu'il était pair de France, et que personne ne pouvait l'empêcher de publier son opinion ; il était donc bien résolu à maintenir son droit de pair, son droit de citoyen, et à ne céder qu'à la force.

A ces mots, l'agitation redoubla, et les ouvriers, aux cris mille fois répétés de : *Vive Chateaubriand ! vive la liberté de la presse !* arrachèrent les exemplaires saisis des mains des inspecteurs de police, et brisèrent les scellés qui venaient d'être apposés sur les formes. Pour mettre fin à ce désordre et contraindre M. de Chateaubriand à la retraite, il ne fallut rien moins que l'arrivée de la gendarmerie[1].

La résistance de M. de Chateaubriand eût été louable si la saisie de son livre avait été contraire à la loi ; mais elle était parfaitement légale, et c'est ce qui fit la force des ministres et la faiblesse de l'écrivain dans la correspondance échangée à ce sujet entre M. de Chateaubriand d'une part, et, d'autre part, MM. Decazes et Dambray. A M. de Chateaubriand, se plaignant orgueilleusement de l'atteinte portée à sa dignité de pair de France, MM. Decazes et Dambray répondaient, avec beaucoup de raison, qu'un pair de France n'était point dispensé d'obéir aux lois, et qu'en excitant les ouvriers à se révolter contre un ordre signé d'un ministre, en vertu d'une loi, il avait manqué à tous ses devoirs. « J'ai cru, disait M. Decazes en terminant sa réponse, devoir à votre caractère ces explications qui vous prouveront peut-être que, si la dignité de pair a été compromise dans cette circonstance, ce n'est point par moi. » — « Je vous suis trop attaché, monsieur, disait M. Dambray, pour n'être pas profondément affligé de la scène scandaleuse qui paraît avoir eu lieu à ce sujet, et je regrette bien vivement que vous ayez encore ajouté des torts de formes au tort

[1] Procès-verbal de saisie, 18 septembre 1816.

réel d'une publication que vous saviez être si désagréable à Sa Majesté[1]. »

Au point de vue légal, la saisie du livre de M. de Chateaubriand était donc irréprochable ; mais elle était loin de l'être au point de vue de la justice et de la politique. Il n'était point juste, quand on appelait les colléges électoraux à choisir entre la majorité et la minorité de la Chambre, d'enlever à la majorité la faculté d'exposer ses idées, ses sentiments, ses desseins, par la plume de son plus brillant écrivain ; il n'était point politique d'ajouter, par l'éclat d'une saisie, à l'effet d'un livre dont les admirateurs étaient beaucoup trop nombreux pour qu'on pût en arrêter la propagation. C'était l'avis de M. de Richelieu et de Louis XVIII, qui tous les deux regrettèrent la mesure ordonnée par M. Decazes. Le duc de Richelieu, dans sa loyauté, n'avait aucun goût pour cette polémique où l'on parle toujours tout seul ; « et, supprimer la contradiction lui paraissait peu conforme à la dignité du ministère[2]. » En outre, dans la circonstance particulière, il ne croyait pas qu'on réussît, et il aimait mieux, comme il le disait à Louis XVIII, « que le livre se vendît *deux francs qu'un louis.* » Quant à Louis XVIII, l'écrit de M. de Chateaubriand le blessait profondément, surtout le *post-scriptum,* dans lequel il voyait une atteinte grave à la dignité royale et à son honneur personnel. En résistant à l'avertissement que le roi lui avait fait transmettre, M. de Chateaubriand s'était d'ailleurs rendu coupable d'un de ces torts que les rois pardonnent rarement. Louis XVIII avait donc résolu spontanément de frapper d'une réprobation publique et éclatante l'auteur et son écrit. « Puisque telle est la conduite de M. de Chateaubriand, s'était-il écrié en plein conseil, je le rayerai de la liste des ministres d'État, comme j'en ai rayé Fouché ; nous verrons s'il sera flatté de la comparaison ; » et,

---

[1] Les lettres, aussi bien que le procès-verbal de saisie, ont été publiées *in extenso* par M. Guizot, dans le premier volume de ses *Mémoires.*

[2] Lettre inédite de M. de Richelieu.

deux jours après la saisie, le 20 septembre, M. de Chateaubriand avait été rayé de la liste des ministres d'État[1].

Enfin, quelques jours plus tard, un des neveux du roi, le duc de Berry, ayant dit que le livre de la *Monarchie selon la Charte* « devrait être écrit en lettres d'or, » Louis XVIII s'en était tenu pour personnellement offensé, et avait demandé à Dieu « la force nécessaire pour pardonner à l'enfant égaré qui venait de proférer ces cruelles paroles[2]. »

Mais, si Louis XVIII ne pardonnait point une offense faite à l'orgueil du roi ou à l'amour-propre de l'homme, il était prudent, calculateur, et il n'aimait pas à tenter l'impossible. Or il lui paraissait impossible d'arrêter entièrement la publication du livre de M. de Chateaubriand, et, selon lui, M. Decazes se flattait à tort d'y parvenir. « La saisie, sans doute, était légale ; mais, dans le monde, on ne la jugerait pas ainsi, et la faute de l'imprimeur paraîtrait un prétexte, pris à la volée, pour tomber sur l'ouvrage. Le poison renfermé dans cet ouvrage n'en germerait que davantage, grâce à la faveur que donne toujours un vernis de persécution. Était-ce au moins montrer de la force ? Tout au contraire. Un gouvernement fort l'est par son aplomb, par son assiette, *mole sua stat*. Il n'a pas l'air, en prévenant les attaques qu'on veut lui faire, de les redouter, il les attend de pied ferme, et laisse aux tribunaux le soin de l'en venger. » — « Je ne nie pas, ajoutait Louis XVIII, le mal que le livre peut faire ; je regrette le temps où l'administration pouvait, d'un mot, faire disparaître ce qu'elle croyait dangereux ; mais partons du point où nous sommes[3]. »

---

[1] « Le roi m'a paru très-irrité contre M. de Chateaubriand. Il me paraît très-décidé à lui ôter sa place de ministre d'État et les vingt-quatre mille francs de traitement. J'ai conseillé au roi de lui laisser les quinze mille francs de pair, pour qu'il ne soit pas à l'aumône. » —(Billet du duc de Richelieu à M. Decazes.) — On voit combien on se trompe, quand on attribue aux ministres, plutôt qu'à Louis XVIII, la destitution de M. de Chateaubriand.

[2] Lettre inédite de Louis XVIII.

[3] Je donne ici, non le texte, mais le résumé de deux lettres très-intéres-

C'est surtout dans cette dernière phrase qu'il convient de chercher la vraie pensée de Louis XVIII. S'il eût pu choisir, Louis XVIII, comme presque tous les rois ou empereurs, eût préféré le gouvernement absolu au gouvernement représentatif; mais il avait assez de bon sens pour comprendre son temps et son pays, assez d'esprit pour ne pas vouloir appliquer à un régime les maximes et les pratiques d'un autre régime. « Quand j'ai dit à M. Canning (écrivait-il quelques mois plus tard) : *J'avais la jambe belle; elle a été cassée, on me l'a remise tellement quellement; mais enfin je marche, et j'aime mieux boiter que subir une opération dont le résultat le plus probable serait de me rendre cul-de-jatte,* je crois avoir eu raison ; mais qu'on ne me soutienne pas que c'est un avantage pour moi d'avoir eu la jambe cassée ! » Dans l'opinion de Louis XVIII, la perte d'un pouvoir sans limites déterminées et sans contrôle efficace était un malheur; mais il valait mieux se résigner à ce malheur que d'en subir un plus grand ; en d'autres termes, il valait mieux régner constitutionnellement que de ne pas régner du tout.

Quoi qu'il en soit, l'événement prouva que Louis XVIII et M. de Richelieu avaient raison. M. de Chateaubriand, à la fois saisi et destitué, devint le héros, le martyr du parti ultraroyaliste, et un mot de lui, transmis par la poste ou par les conversations particulières, suffit, dans toutes les parties de la France, pour mettre fin aux dissidences, pour réunir ou soumettre les volontés. Quant à son livre, une nouvelle édition en fut promptement faite, et, comme cette fois toutes les formalités légales avaient été accomplies, il fallut, pour en empêcher la circulation, le traduire devant les tribunaux, qui bientôt prononcèrent une ordonnance de *non lieu*. Même avant cette ordonnance, il se distribuait, il se lisait partout, et le *post-*

santes de Louis XVIII, qui m'ont été communiquées, et qui me paraissent faire beaucoup d'honneur à son jugement.

scriptum, imprimé à part, pénétrait, par ruse ou par la connivence des autorités, dans les plus petites villes. Ainsi, à Privas, on en reçut un grand nomble d'exemplaires dans des boîtes fermées et intitulées : « *Drogues et médicaments.* » Et ici, il faut le répéter, les ultra-royalistes usaient de leur droit et se plaignaient justement que, pour les vaincre plus aisément, le ministère voulût d'abord les désarmer.

Cependant l'ordonnance du 5 septembre n'avait pas été moins approuvée à l'étranger qu'en France même, ou, pour mieux dire, elle l'avait été encore davantage. Ainsi que l'on a pu en juger par la conversation citée plus haut, de M. Decazes avec un membre du corps diplomatique, les cours et les légations étrangères avaient été non moins surprises que Monsieur, et c'est le 6 seulement que les ambassadeurs présents à Paris avaient su le grand événement. Aussitôt, tous, sans exception, s'étaient hâtés d'en témoigner leur satisfaction, d'une part, au roi et à ses ministres, d'autre part, à leurs cours respectives. « La dissolution de la Chambre, écrivaient-ils, est un acte de vigueur qui fait le plus grand bien et qui produit sur l'opinion publique l'impression la plus favorable. Reste à savoir quel sera le résultat des élections; mais tout annonce qu'il sera bon. Dans tous les cas, les ultra-royalistes sont en ce moment plus à craindre que les révolutionnaires. » Et, pour qu'aucun doute ne pût s'élever sur leurs sentiments, les ministres des quatre puissances eurent soin d'en consigner l'expression dans un de leurs protocoles. Enfin on apprit bientôt que les principaux ministres des deux seules puissances qui n'eussent pas formellement conseillé la dissolution, M. de Metternich et lord Castlereagh, s'étaient empressés d'adresser leurs félicitations à M. de Richelieu, le premier par une lettre particulière, le second par l'intermédiaire de M. d'Osmond, ambassadeur en Angleterre. De son côté, le duc de Wellington, à Strasbourg et ailleurs, exprimait l'espoir que les élections tourneraient au gré du ministère et affranchiraient le roi du joug que sa famille et les ultra-royalistes essayaient de lui imposer.

Quand les gouvernements étrangers donnaient à la dissolution de la Chambre une adhésion si complète, celle des populations ne pouvait manquer, et, en effet, partout, en Allemagne surtout, où les opinions libérales faisaient chaque jour des progrès, la satisfaction fut générale. En Angleterre seulement l'approbation ne fut pas unanime. L'Angleterre était, dès cette époque, fort jalouse de la Russie, et, comme la dissolution passait pour être surtout l'œuvre de la Russie, l'Angleterre craignait qu'il n'en résultât pour cette puissance un surcroît d'influence. D'un autre côté, à défaut de libres journaux en France, les partis français, celui de la cour aussi bien que celui du ministère, avaient organisé, dans les journaux anglais, des correspondances privées où ils s'attaquaient réciproquement et où ils exhalaient leurs ressentiments. Or la correspondance d'un de ces journaux, le *Times*, était faite au pavillon Marsan, sous la direction de Monsieur et de ses amis. Enfin, M. de Bruges, qui se trouvait à Londres à l'époque de la dissolution, avait habilement profité de son séjour en Angleterre pour nouer des relations nouvelles avec quelques journaux, jusqu'alors favorables au duc de Richelieu, et pour répandre dans les salons et dans les clubs de vagues alarmes. Malgré cela, parmi les tories aussi bien que parmi les whigs, tous les hommes considérables se réjouissaient de l'acte qui venait d'arracher la France aux dangers d'une crise imminente, et qui donnait l'espoir d'un meilleur avenir.

Dans les Pays-Bas, l'impression produite par l'ordonnance soit sur le gouvernement et sur la population, soit sur les réfugiés français, fut un peu différente. Après l'insurrection de Grenoble et le complot des patriotes de 1816, le roi des Pays-Bas, malgré sa répugnance à frapper les réfugiés, avait été forcé d'en renvoyer deux ou trois et de promettre l'expulsion de plusieurs autres; mais il ne s'était pas hâté de tenir sa promesse, et M. de Richelieu, mécontent, avait menacé d'interrompre toutes relations diplomatiques avec la cour de la Haye. Cependant les attaques de la presse réfugiée, du *Mercure-Surveillant* à Liége, du *Nain-Jaune* à Bruxelles, devenaient chaque jour plus acerbes, plus violentes, et le *Mercure-Surveillant*, traduit devant les tribunaux, à la demande de la France, était condamné à une peine si légère, qu'on pouvait la considérer comme dérisoire. Enfin, comme pour aggraver une situation déjà si difficile, l'Autriche avait chargé son ministre à Paris de communiquer à la conférence, avant de la remettre au roi des Pays-Bas, une note très-sévère, d'une part contre la présence des réfugiés français en Belgique, d'autre part contre la licence de la presse, et, à ce sujet, la conférence avait pris, le 29 août, une délibération importante. Après de longs considérants sur les inconvénients résultant de l'asile accordé aux réfugiés par le roi des Pays-Bas, la conférence arrêtait que, dans son opinion, il était urgent :

1° De faire en commun des démarches directes et efficaces pour exiger du roi des Pays-Bas le renvoi de tous les individus compris dans la première et dans la deuxième listes annexées à l'ordonnance du 24 juillet 1815 ;

2° De déclarer que les régicides, exceptés de la loi d'amnistie, devaient être placés dans la même situation, et qu'il convenait de prendre à leur égard des mesures analogues ;

3° De signifier au roi des Pays-Bas que les abus et la licence effrénée de la presse dans ses États étaient incompatibles, non-seulement avec la bonne amitié qu'il était de l'intérêt de l'Europe de lui voir conserver avec le roi de France, mais encore avec tout autre gouvernement régulier ; en conséquence, de l'inviter à mettre un terme à ce désordre public et à punir ceux qui voudraient y persister.

Quant aux individus français non compris dans les catégories légales, mais réfugiés en Belgique avec passe-port, la conférence prenait acte de l'engagement pris par le roi des Pays-

Bas, de les renvoyer de ses États dès que les passe-ports leur auraient été retirés [1].

En même temps, le duc de Wellington, revenu de la Haye, rendait compte à la conférence et à son gouvernement des mesures fort incomplètes, selon lui, que le roi des Pays-Bas avait prises contre les réfugiés. « Une telle protection, ajoutait le duc de Wellington, peut autoriser à croire qu'elle cache d'autres projets. » Enfin lord Castlereagh, tout en regardant la dépêche de M. de Metternich comme inopportune, paraissait partager l'avis du duc de Wellington : « Soyez sûr, lui écrivait-il, que je ne négligerai aucun moyen d'éveiller le roi des Pays-Bas sur le danger ou plutôt sur la ruine qui le menace s'il ne cesse pas, à temps, de faire de sa presse et de son territoire l'instrument d'un mal général [2]. »

Si l'on considère qu'à ce moment l'intrigue des réfugiés avec le prince d'Orange était en pleine activité et qu'il était lui-même à Saint-Pétersbourg, chez l'empereur son beau-frère, on comprendra que ni le roi des Pays-Bas ni les réfugiés ne dussent beaucoup désirer que le roi de France entrât dans une voie plus régulière, plus constitutionnelle, plus propre à diminuer le nombre des mécontents.

Néanmoins ni le roi des Pays-Bas ni les réfugiés ne pouvaient blâmer la dissolution d'une Chambre dont la violence était, depuis près d'un an, le thème habituel de tous les journaux belges. Le *Mercure-Surveillant*, le *Nain-Jaune* et autres feuilles de la même couleur accordèrent donc, d'un ton assez ironique, quelques éloges obligés à l'ordonnance du 5 septembre, mais en demandant qu'on en comprît et qu'on en tirât toutes les conséquences. Le roi Louis XVIII, dirent ces journaux, ce roi si loyal, si honnête, ce roi qui, chacun le sait, n'a jamais donné sa parole en vain, reconnaît aujourd'hui que

---

[1] Protocoles de la Conférence, 29 et 30 août.
[2] Dépêche de lord Castlereagh au duc de Wellington, 6 septembre.

l'ordonnance du 13 juillet a violé la Charte, et que la Chambre élue en vertu de cette ordonnance était inconstitutionnelle. Donc toutes les lois que cette Chambre a votées sont nulles et de nul effet. La liberté individuelle, la liberté de la presse, doivent être immédiatement rétablies et les cours prévôtales supprimées; les exilés doivent être rappelés et les prisonniers qui gémissent dans les cachots rendus à leurs familles. A la vérité, on ne peut pas rendre la vie aux malheureux qu'on a condamnés et exécutés illégalement, c'est-à-dire assassinés, mais on leur doit une réparation, et ce sera sans doute l'objet de la première loi proposée à la nouvelle Chambre. Puis ils insinuaient que, si la plupart de ces mesures ne précédaient pas les élections, il en serait de la seconde promesse du roi comme de la première, et que la réaction, un moment suspendue, reprendrait son cours avec plus de force.

Cependant l'ordonnance de dissolution avait placé beaucoup de fonctionnaires publics, et notamment de préfets, dans une situation fort difficile. Nommés par M. de Vaublanc, ils s'étaient faits les agents dociles et quelquefois passionnés de la réaction ultra-royaliste, et c'est aux députés de la majorité que leurs opinions ou leurs intérêts les avaient associés jusqu'à ce jour. Quand ces députés étaient revenus de Paris, ils avaient concouru à préparer les arcs de triomphe, les sérénades, les acclamations qui devaient prouver à la France et à l'Europe jusqu'à quel point le peuple les portait dans son cœur. Or voici que subitement on demandait à ces préfets de parler, d'agir contre ces mêmes députés et de célébrer comme un acte de la sagesse royale l'acte qui les frappait! Quelque disposés qu'ils pussent être à se retourner à propos, l'évolution n'était pas facile, et l'on comprend que les plus fiers et les plus honnêtes s'y refusassent. Néanmoins, dans la lutte qui s'engageait, il était à peu près impossible qu'on leur permît de rester fidèles à leurs précédents, ou même de s'abstenir tout à fait. Ce n'était point, en effet, la lutte ordinaire d'un ministère qui veut se maintenir et d'une opposition qui aspire à le remplacer; c'était la lutte décisive, finale des deux gouvernements qui, ouvertement ou sourdement, n'avaient cessé, depuis le mois de mai 1814, d'être en hostilité l'un contre l'autre. Le chef d'un de ces deux gouvernements, Monsieur, comme il ne manquait jamais de le faire dans ses jours de mauvaise humeur, était allé chasser à Compiègne; mais ses amis, M. de Chateaubriand, M. de Polignac, M. de Bruges, M. de Trogoff, restaient à Paris, d'où chaque jour, par l'intermédiaire de la direction des gardes nationales et des sociétés secrètes, ils faisaient parvenir dans les départements des ordres et des instructions à leurs partisans, fonctionnaires et non fonctionnaires. C'est ainsi que les préfets reçurent une lettre, signée des membres du comité royaliste, dans laquelle il était dit « que le roi avait accordé l'ordonnance du 5 septembre aux sollicitations des puissances étrangères ; mais que le roi et la famille royale tout entière désiraient ardemment la réélection de l'ancienne majorité. » C'est ainsi encore que des hommes connus pour leurs relations avec Monsieur, M. Roux-Laborie entre autres, parcouraient les départements répétant partout que le coup d'État de septembre était contraire à la volonté du roi et qu'ils étaient autorisés à l'affirmer. « Au premier moment, dit à ce sujet M. de Montlosier[1], l'obéissance hésita; on s'était tellement habitué à regarder l'Assemblée comme souveraine, qu'on douta si ce n'était pas le ministère lui-même qui était en révolte. »

Le ministre de l'intérieur, M. Lainé, s'était d'ailleurs obstiné, contre l'avis de M. Decazes, à laisser aux préfets le choix des présidents des colléges d'arrondissement, et beaucoup d'entre eux s'étaient hâtés de conférer cette distinction significative à des députés de l'ancienne majorité. De là plus de confusion encore et plus d'incertitude sur les véritables intentions du roi et de quelques-uns de ses ministres.

[1] *Monarchie française.*

Pour que cette incertitude cessât, un moyen aussi simple que légal se présentait: la révocation motivée d'un certain nombre de préfets; mais M. Lainé y répugnait et le temps manquait. Deux préfets seulement furent destitués, dont l'un, le baron Trouvé, préfet de l'Aude, avait distribué lui-même le livre de M. de Chateaubriand, et invité les maires à voter pour les candidats ultra-royalistes, qui, disait-il, étaient les candidats des princes. Puis, à défaut du ministre de l'intérieur, qui préférait se taire, le ministre de la police adressa aux préfets, par l'intermédiaire des commissaires spéciaux, des instructions, approuvées par le roi, et qui avaient un double but. *Sous le rapport de la convocation des colléges électoraux*, il était enjoint aux préfets « d'assurer la liberté entière des élections, de s'abstenir de toute application arbitraire des lois de haute police pour écarter du scrutin ceux qui, légalement, étaient appelés à voter, enfin de ne rien ajouter aux adjonctions prescrites par l'ordonnance du 21 juillet 1815. » *Sous le rapport des élections*, la circulaire établissait « que les mandataires du roi devaient vouloir ce que le roi voulait lui-même, et que, par conséquent, les députés contraires à la politique du roi ne pouvaient pas être désignés par l'autorité locale ni se prévaloir de son influence. » Les préfets devaient donc faire tous leurs efforts pour éloigner de la Chambre, non-seulement les ennemis du trône, mais encore les amis insensés qui l'ébranleraient en voulant dicter des lois à la sagesse du roi. « Le roi, disait en terminant la circulaire, ne veut aucune exagération; il attend des choix des colléges électoraux des députés qui apportent à la nouvelle Chambre les principes de modération qui sont la règle de son gouvernement et de sa politique, qui n'appartiennent à aucun parti, à aucune société secrète, qui n'aient aucune arrière-pensée et qui respectent la Charte avec franchise, comme ils aiment le roi avec amour. »

Dans d'autres temps, les sages injonctions, contenues dans

la première partie de la circulaire, eussent paru superflues ; elles ne l'étaient pas, en 1816, adressées à des préfets dont la plupart avaient précisément fait, en 1815, ce que le ministre leur interdisait de faire en 1816. Quant aux instructions plus particulièrement relatives au choix des députés, on pouvait y reprendre justement l'emploi, toujours peu constitutionnel, du nom du roi. Mais, pour faire avec équité la part de chacun, il ne faut pas oublier que ce nom était invoqué d'un côté comme de l'autre, et qu'entre les circulaires des ministres et celles du pavillon Marsan il y avait du moins cette différence que les premières rétablissaient les véritables intentions du roi, sciemment dénaturées par les secondes.

En réalité, le grief sérieux du parti de la cour n'était point dans cette irrégularité constitutionnelle ; il était dans le silence imposé à ses journaux, tandis que les journaux du gouvernement pouvaient parler en toute liberté. A la vérité, ces derniers journaux, volontairement ou par ordre, usaient de leur liberté avec une grande réserve, et les questions personnelles étaient presque toujours écartées de leurs colonnes ; mais quand, chaque jour, le *Moniteur*, le *Journal des Maires*, le *Journal de Paris*, le *Journal général*, le *Constitutionnel*, engageaient les électeurs à répondre à l'appel du roi et à nommer des députés modérés dans leurs vues, prudents dans leurs discours et calmes dans leurs délibérations ; quand ces journaux, directement ou indirectement, attaquaient ainsi les députés de l'ancienne majorité, il n'était pas équitable d'interdire la réplique à la *Quotidienne* et à la *Gazette de France*. Quant au *Journal des Débats*, il avait d'abord hésité ; mais, après quelques jours de réflexion, il s'était déterminé à prendre parti contre la Chambre dissoute, et il avait reproduit un article remarquable du *Moniteur*, qui engageait surtout les électeurs à se tenir en garde contre ceux qui, pour les tromper, s'efforçaient de répandre des doutes sur les véritables intentions du roi. « Jamais, disait cet article, monarque s'est-il expliqué d'une manière plus haute, plus claire, plus positive ?.... Que pourraient contre ces déclarations, contre ces actes qui parlent d'eux-mêmes, des insinuations ambiguës, de prétendues confidences et les assurances mensongères de ces partis qui n'agissent si mystérieusement que parce qu'ils n'oseraient se montrer au grand jour ? »

Dans ce langage du *Journal des Débats* et du *Journal général*, et dans le langage presque analogue du *Constitutionnel*, il y avait l'indice d'une situation toute nouvelle, d'une situation qui pouvait devenir féconde en résultats heureux pour la Restauration. Pour la première fois, depuis Waterloo, des royalistes éprouvés et d'anciens partisans de la République ou de l'Empire paraissaient prêts à se donner la main. La crainte que M. de Richelieu et M. Lainé avaient éprouvée avant et après le 5 septembre, d'un mouvement électoral révolutionnaire, s'était ainsi promptement évanouie, et l'on savait que, partout les libéraux de toute origine, à bien peu d'exceptions près, se proposaient de témoigner leur joie et leur reconnaissance en votant pour les candidats du ministère. Il n'y avait donc, en définitive, que deux partis en présence : le parti du roi et le parti de Monsieur, le parti du nouveau régime et le parti de l'ancien, le parti de la minorité et le parti de la majorité de la dernière Chambre. Lequel des deux l'emporterait ? Voilà la question qui, pendant les derniers jours de septembre et les premiers jours d'octobre, préoccupait tous les esprits.

Au premier coup d'œil, il semblait que les forces fussent tout à fait inégales, et que le parti de l'ancien régime dût être vaincu sans combat. Mais ce parti avait si bien profité de sa domination passagère pour intimider ses adversaires, pour accroître le nombre de ses partisans, pour s'organiser en sociétés secrètes, pour s'assimiler la plupart des grands et des petits fonctionnaires, qu'il conservait, malgré son dernier échec, de très-grandes espérances. Outre la plupart des fonctionnaires publics, il avait en sa faveur le clergé tout entier, la garde nationale, soigneusement triée, par les soins d'inspecteurs bien choisis, la portion la plus jeune et la plus active de l'armée, et partout, presque sans exception, la gendarmerie ; enfin, Monsieur et Madame lui donnaient ouvertement leur appui, et, comme la santé de Louis XVIII, toujours chancelante, laissait entrevoir un prochain changement de règne, bien des ambitions se tournaient vers le roi futur plutôt que vers le roi présent. Il y avait donc doute, et, des deux parts, on ne négligeait rien pour s'assurer le succès.

Ainsi, aux commissaires extraordinaires que le ministère envoyait dans les départements, le parti de Monsieur opposait d'autres commissaires qui avaient une mission toute contraire. Il n'était donc pas rare que, dans la même journée, le même préfet reçût deux visites : l'une, au nom du roi et de ses ministres ; l'autre, au nom de Monsieur et de ses intimes, faisant également appel à ses sentiments royalistes, tout en lui recommandant des candidatures différentes. Quelquefois même, les commissaires du pavillon Marsan formaient ostensiblement un comité en opposition avec le gouvernement ; et à Lyon, notamment, M. Rubichon, à la grande satisfaction du parti ultra-royaliste, tenait école de droit public. Le mot d'ordre du pavillon Marsan était d'ailleurs de faire scission, et d'empêcher ainsi l'élection partout où le succès paraîtrait impossible.

L'ordonnance du 5 septembre avait fixé au 25 du même mois la réunion des colléges d'arrondissement, et, dès cette première épreuve, la lutte s'engagea vivement. On eut alors, dans la plupart des départements, le singulier spectacle des *sept hommes* de M. de Chateaubriand, divisés entre eux, agissant les uns contre les autres, et s'accusant mutuellement de méconnaître les intentions soit du roi, soit de Monsieur. C'est ainsi qu'à Chartres, à Strasbourg, à Mâcon, à Dijon, à Privas, à Montpellier, à Tarbes, à Foix, à Saint-Brieuc, à Niort, à Poitiers et dans plusieurs autres chefs-lieux de département les préfets travaillaient, plus ou moins ouvertement, à la réélection des anciens députés, tandis que d'autres fonctionnaires, civils ou militaires, travaillaient en sens contraire. En revanche, dans quelques départements où les préfets restaient fidèles aux instructions ministérielles, à Nevers, par exemple, certains fonctionnaires, des commandants de gendarmerie surtout, mettaient toute leur influence au service des candidats ultra-royalistes. A Périgueux, ce fut mieux encore : là les principaux fonctionnaires, le préfet et le général en tête, laissèrent circuler librement un pamphlet intitulé : *Têtes à couper*, qui vouait à la proscription plusieurs ministres, et s'unirent à la coalition formée contre M. Maine de Biran, coalition dont la devise était : *Il faut sauver le roi malgré lui !* Personne d'ailleurs ne restait neutre et, pas plus d'un côté que de l'autre, on ne s'arrêtait à la limite légale et constitutionnelle. Tandis qu'au nom de Monsieur les petits fonctionnaires étaient menacés de perdre bientôt leur emploi, s'ils prêtaient leur concours aux candidats du roi, au nom du roi, les mêmes fonctionnaires étaient sommés d'agir contre les candidats de Monsieur. Dans une circulaire aux électeurs, le préfet du Pas-de-Calais, M. Malouet, se prétendait autorisé « à dire, à répéter, à écrire que le roi verrait avec mécontentement siéger dans la nouvelle Chambre les députés qui, dans la dernière session, s'étaient signalés par un attachement prononcé à la majorité opposée au gouvernement. » En même temps, M. de Saint-Chamans, préfet de Vaucluse, faisait lire publiquement, par son secrétaire, une lettre dans laquelle il demandait aux électeurs d'éloigner M. Forbin des Issarts ; et, M. Lezay-Marnesia, préfet du Lot, mandait chez lui le grand vicaire, chargé de l'administration du diocèse, pour lui reprocher l'appui qu'il semblait donner aux anciens députés du département !

Ces circulaires et ces démarches, bientôt connues, devaient naturellement susciter, parmi les ultra-royalistes des plaintes vives et légitimes ; mais, par une contradiction dont ils ne se souciaient guère ou dont ils ne s'apercevaient pas, au moment même où ils reprochaient aux préfets de porter atteinte à la liberté électorale, en désignant nominativement certains députés royalistes comme indignes de la confiance des électeurs, on les entendait reprocher aux mêmes préfets de ne pas donner une exclusion formelle à d'autres candidats qu'il leur plaisait de qualifier de bonapartistes ou de jacobins. Bien plus, ils s'étonnaient et s'indignaient que, conformément aux instructions du ministre de la police, on permît à des électeurs, connus par leur attachement à un des régimes déchus, de venir déposer paisiblement leur vote dans l'urne du scrutin. Dans quelques colléges, ils tentèrent même d'exclure ces électeurs par la violence, et il fallut, pour qu'ils pussent accomplir leur devoir de citoyen, que la force armée les protégeât.

Cependant, mécontent de l'opposition qu'il trouvait dans sa famille, et profondément blessé d'entendre dire que ses ministres le tenaient comme en tutelle, le roi Louis XVIII avait fini par croire que, dans la lutte dont les colléges électoraux étaient le théâtre, il y allait non-seulement de sa politique et de l'existence du ministère, mais encore de son honneur et presque de sa vie. En conséquence, dans les audiences qu'il avait accordées à la plupart des présidents des colléges de département, il les avait autorisés à invoquer publiquement auprès des électeurs l'autorité de son nom et à répéter ses propres paroles, s'ils le jugeaient convenable. Plusieurs d'entre eux usèrent de l'autorisation, et l'on entendit M. Ravez, à Bordeaux, M. Bastard de l'Étang, à Toulouse, M. Faget de Baure, à Pau, M. de Saint-Cricq, à Melun, M. d'Aragon, à Alby, annoncer, le jour même de l'élection, qu'ils étaient les organes du roi, et demander, en son nom, des députés attachés à la légitimité et à la Charte, mais surtout prudents et modérés, des députés également éloignés de tous les extrêmes et ne prétendant pas être royalistes plus ou autrement que le roi. Tous les présidents, à bien peu d'exceptions près, s'accordèrent d'ailleurs à louer l'ordonnance du 5 septembre, et à célébrer, comme un grand jour pour la France, le jour qui proclamait et consacrait l'immutabilité de la Charte et la modération dans le gouvernement; tous supplièrent les électeurs de se confier à la direction du roi, et de l'aider, par la sagesse de leurs choix, à rendre le repos à la France. Tel fut particulièrement le langage de M. Beugnot, de M. Becquey, de M. Maine de Biran, de M. Royer-Collard : « Dans la situation présente de la France, dit ce dernier, aucun acte de la puissance royale ne pouvait manifester avec plus d'éclat la volonté personnelle du monarque et sa persévérance dans les principes qui dirigent son gouvernement, puisque la dissolution de la Chambre, considérée en elle-même, et selon la nature de nos institutions, n'est autre chose que l'appel du souverain contredit à l'opinion de ses peuples. » Puis, après avoir montré que l'ordonnance du 5 septembre donnait aux libertés, aux droits, aux intérêts stipulés ou consacrés par la Charte, une nouvelle et irrévocable sanction qui faisait cesser l'incertitude et même l'examen, M. Royer-Collard rappelait aux électeurs que le roi attendait d'eux des députés recommandables par leur amour pour la légitimité et par leur modération.

« La modération, ajoutait-il, attribut naturel de la légitimité, forme le caractère distinctif des véritables amis du roi et de la France. C'est pourquoi la voix du prince légitime vous avertit que vous les reconnaîtrez à cette marque. »

A Toulouse, où dominait le parti ultra-royaliste, M. Bastard de l'Étang allait plus loin, et réclamait en termes fort clairs l'exclusion des anciens députés, ce qui n'empêchait pas M. de Villèle et ses collègues d'être réélus, et les bustes de M. Decazes et de M. Lainé d'être traînés dans le ruisseau par la même populace qui avait assassiné ou laissé assassiner le général Ramel.

M. Bellart, enfin, conseillait aux électeurs parisiens de venir au secours du roi, « ce second Numa, pur comme le premier, des humaines faiblesses, et, comme le premier, en commerce avec le ciel, » et de l'aider à rendre le repos à la France, en écartant les *brouillons de toute espèce*.

Encore une fois, l'intervention personnelle du roi dans la lutte électorale était en soi un fait irrégulier, plein d'inconvénients et de dangers. Les plaintes du parti royaliste étaient donc aussi légitimes en 1816, que le furent celles du parti libéral en 1827 et en 1830. Néanmoins il est juste de reconnaître que cette intervention était plus excusable en 1816 qu'en 1827 et en 1830. En 1816, le gouvernement représentatif était encore bien jeune en France, et l'on ne pouvait pas oublier tout à fait que, trois fois en deux ans, par la force des choses plus que par sa volonté propre, la royauté avait été entraînée à sortir de la haute sphère où la place la théorie constitutionnelle : une première fois, en 1814, pour donner la Charte ; une seconde fois, en 1815, pour en ordonner la révision ; une troisième fois enfin, en 1816, pour décider que la Charte ne serait pas modifiée. L'indulgence du parti libéral pour une conduite autorisée, en quelque sorte, par les précédents, n'a donc rien qui puisse surprendre. Ce qui peut paraître plus étrange, c'est que ce parti, après avoir applaudi aux concessions contenues dans l'ordonnance du 13 juillet 1815, applaudit également au retrait de ces concessions ; mais, quelque raisonnables qu'elles fussent en elles-mêmes, le parti ultraroyaliste avait voulu s'en servir pour perpétuer son pouvoir et pour ébranler l'autorité de la Charte tout entière. Or le parti libéral tenait plus à la Charte elle-même qu'à la modification, même raisonnable, de quatre ou cinq de ses articles. Si la Charte était sauvée, ces modifications se feraient en temps utile ; si la Charte périssait, elles périraient avec tout le reste. En sacrifiant l'accessoire au principal, le parti libéral faisait preuve d'intelligence et de sagesse; si l'on a un reproche à lui faire, ce n'est point d'avoir tenu cette conduite, en 1816, c'est de n'y avoir pas toujours persévéré.

Quoi qu'il en soit, au milieu d'une grande agitation et de péripéties diverses, les élections eurent lieu régulièrement par toute la France, excepté dans quatre départements : les Basses-Alpes, la Côte-d'Or, la Manche, la Mayenne, où les ultra-royalistes, en se retirant, parvinrent à rendre le scrutin nul ; et, dans quatre autres départements : l'Ain, l'Eure, le Lot, l'Oise, où la même manœuvre produisit des députations incomplètes. En somme, le parti du roi l'emporta dans les départements du Nord et de l'Est, le parti de Monsieur dans les départements du Midi, tandis que, dans les départements du Centre et de l'Ouest, les succès se partageaient. Les anciennes proportions se trouvèrent ainsi interverties, et, sur deux cent trente-huit députés nommés, le gouvernement put en revendiquer près de cent cinquante. Excepté, d'ailleurs, MM. Maine de Biran, de Catelan et Flaugergues, non réélus, et MM. Decazes, de Barante et de Sainte-Aulaire, qui n'avaient pas atteint l'âge constitutionnel de quarante ans, l'ancienne minorité ne perdit pas un homme important, tandis que l'ancienne majorité perdait, sans compter M. Hyde de Neuville, envoyé comme ministre aux États-Unis : MM. Michaud, Forbin des Issarts, Murard de Saint-Romain, de Vitrolles, de Grosbois, Brenet, Chifflet, de Blangy, Duplessis-Grenedan, Pardessus, Lachèze-Murel, Feuillant, de Béthizy, de Kergorlay, Leroux-Duchâtelet, de Bouville, Laborie, Bourrienne, qui, tous, pendant la dernière session, s'étaient signalés par la véhémence de leurs opinions ou par l'intempérance de leurs propositions. Quant aux députés nouvellement nommés, la mauvaise foi la plus insigne n'eût pas pu en désigner un seul dont le nom justifiât la sinistre prédiction de M. de Chateaubriand. C'est tout au plus si, dans cette chambre, *fille sanglante de la Convention*, l'Assemblée constituante comptait deux ou trois héritiers.

Si la victoire du gouvernement était moins grande qu'il ne

l'avait espéré, avant de connaître les élections du Midi, elle était suffisante pour qu'il pût attendre avec confiance le jour de l'ouverture de la session. Néanmoins il ne se dissimulait pas que de grandes difficultés se préparaient. Bien que vaincus, les ultra-royalistes avaient combattu, dans plusieurs départements, avec avantage, dans tous, avec énergie, et, toujours soutenus par Monsieur et Madame, ils étaient loin de se sentir découragés. Il se tenait, sous le patronage des princes, des réunions où l'on cherchait à s'entendre sur la meilleure ligne de conduite à suivre pour arracher, disait-on, le roi à la tyrannie de ses ministres. Dans ces réunions, quelques-uns insinuaient timidement qu'il n'était peut-être pas impossible de se réconcilier avec M. Decazes; d'autres songeaient à séparer de lui M. Lainé, par l'intermédiaire de Madame; la plupart restaient fermes dans le dessein de renverser le ministère tout entier, et, pour y parvenir, d'accepter, s'il le fallait, le concours des révolutionnaires. Ils multipliaient donc les brochures clandestines, et faisaient entre autres jeter sous les portes et répandre dans les cafés un pamphlet intitulé : « *Conséquences immédiates de la conduite du ministère,* » dont les derniers mots étaient ceux-ci : « L'époque est arrivée où ce sont les peuples qui sauvent les rois. Les Espagnols ont reconquis le leur. Les Prussiens ont contraint Frédéric-Guillaume à marcher indépendant du joug étranger, et ils ont sauvé la Prusse. Les Français sauveront le roi de ses ministres! »

Cette exaltation du parti ultra-royaliste était partagée par la maison du roi presque entière et par beaucoup d'officiers de la nouvelle garde royale. Forts d'un tel appui, quelques salons allaient jusqu'à parler d'une guerre civile, comme inévitable, et même comme désirable. « Plaisante révolution, disait ironiquement le maréchal Macdonald, qui commencerait à huit heures et qui finirait à midi[1]. » Mais les ultra-royalistes

[1] Correspondances diplomatiques.

n'en poursuivaient pas moins leur but en aveugles, sans se mettre en peine des conséquences. Les ministres, au contraire, gênés par les ménagements qu'ils croyaient devoir garder envers des hommes qui avaient souffert pour la cause royale, n'osaient pas se servir de tous leurs avantages, et porter à la connaissance du public les projets insensés ou coupables qui journellement leur étaient révélés.

D'un autre côté, les ministres ne pouvaient se dissimuler que, selon toute apparence, leur majorité dans la nouvelle Chambre ne devait être ni bien ferme ni bien homogène. Dans la dernière session, le besoin de résister à une majorité compacte et systématiquement hostile avait atténué ou momentanément suspendu les dissidences ; mais ces dissidences ne pouvaient manquer de se reproduire, et, à côté des partis déjà existants, un parti nouveau venait d'apparaître sous le nom d'*indépendants*. Ainsi que nous l'avons dit, la plupart des vaincus de 1815, républicains, patriotes ou bonapartistes, avaient saisi avec empressement l'espoir d'un meilleur avenir, et voté loyalement et habilement pour les candidats du ministère, sans mettre en avant des noms qui, si honorables qu'ils fussent, auraient pu effrayer les royalistes. Ni M. de la Fayette, dont M. de Richelieu craignait particulièrement la nomination, ni Manuel, ni Benjamin Constant ne s'étaient mis sur les rangs ; et, si M. Laffitte avait réussi à Paris, c'était comme financier et comme régent de la Banque, plus que comme membre de la Chambre des représentants. Mais, bien qu'ils se montrassent plus favorables au ministère qu'aux ultra-royalistes, on ne pouvait pas espérer que les vaincus de 1815 se feraient ses constants défenseurs et le soutiendraient même contre les ultra-royalistes, quand ceux-ci, comme ils en annonçaient déjà le projet, demanderaient l'abolition des lois d'exception. Déjà le *Constitutionnel*, organe de cette fraction, commençait à établir qu'en France la Chambre ne devait pas, comme en Angleterre, se diviser en deux partis permanents et systématiquement opposés l'un à l'autre; mais qu'il fallait tendre à ce qu'entre les ministériels purs et l'opposition il y eût un groupe d'hommes indépendants, gardiens jaloux des libertés publiques et toujours prêts à devenir les adversaires de quiconque y voudrait porter atteinte. En même temps, Benjamin Constant déclarait bien haut que le ministère était posé sur la pointe d'une aiguille, et que le concours des constitutionnels lui ferait défaut s'il ne se décidait pas à rapporter la loi des suspects et la loi contre la presse. Enfin madame de Staël, de retour à Paris avec le duc de Broglie, son gendre, venait de rouvrir son salon, où déjà elle prêtait au parti naissant des indépendants l'appui de ses brillantes improvisations.

La question intérieure n'était donc point encore résolue, et malheureusement la question extérieure paraissait loin de l'être. La Russie, la Prusse, l'Autriche même se montraient toujours bienveillantes et disposées à seconder la politique du duc de Richelieu; mais l'Angleterre, chaque jour plus préoccupée des progrès de l'influence russe, avait passé de la bienveillance à la froideur, et presque à la malveillance. Quand, à la fin de septembre, le duc de Richelieu crut pouvoir demander de nouveau la réduction de l'armée d'occupation, la réponse de l'Angleterre fut évasive, dilatoire, et, quelques jours plus tard, le duc de Wellington, consulté, s'y montra peu favorable. A la vérité, M. Pozzo di Borgo, au nom de la Russie, plaida chaleureusement la cause de la France, et déclara que son gouvernement l'autorisait à donner, dès à présent, son assentiment à la mesure proposée; mais l'assentiment, si facilement et si vite obtenu de la Russie, ne fit qu'ajouter aux ombrages de l'Angleterre, et le duc de Richelieu fit de vains efforts pour ramener à de meilleurs sentiments sir Charles Stuart, le duc de Wellington et un des ministres anglais, lord Harrowby, alors à Paris. Dans ces conversations, on lui fit entendre très-clairement qu'il avait mal fait de ne pas s'adresser, de prime abord, au cabinet anglais, et que l'Angleterre n'entendait pas que la conférence fût menée par la Russie[1].

Bien que l'Autriche et la Prusse inclinassent à la réduction, l'opposition de l'Angleterre suffisait pour tout entraver. Le duc de Richelieu ne pouvait donc plus se flatter d'annoncer aux Chambres, comme il l'avait espéré un moment, la libération partielle du territoire.

De plus, cette attitude nouvelle de l'Angleterre comblait de joie et d'espérance le parti ultra-royaliste. Un des hommes d'État les plus éminents de ce pays, M. Canning, était venu à Paris quelques mois auparavant, et le parti de Monsieur, alors dans toute sa puissance, s'était étudié à l'entourer, à le flatter, à le séduire; il y revint, au commencement d'octobre, et, plus que jamais, les intimes de Monsieur, M. de Chateaubriand notamment, se précipitèrent dans son salon; Monsieur lui-même lui fit des avances auxquelles il se montra sensible, bien qu'il n'en ignorât pas le motif. « Je suis, disait-il à cette époque à M. de Humboldt, honteux des flagorneries qu'on me fait; » mais ces flagorneries ne l'en amenaient pas moins à penser que le parti de Monsieur était très-fort et pourrait fort bien l'emporter. Le duc de Richelieu, accusé si souvent par les ultra-royalistes de rechercher l'appui des étrangers, ne manquait pas cette occasion de prendre sa revanche, surtout contre M. de Chateaubriand. « Voyez, disait-il à un des ministres de la conférence, cet homme qui assure qu'il aimerait mieux vivre à Constantinople que de jouir d'une liberté due à l'influence étrangère, et qui va mendier pour lui et pour son parti l'appui d'un ministre étranger ! » Avec combien plus de sévérité M. de Richelieu n'eût-il pas qualifié d'autres ultra-royalistes qui, craignant sans doute de ne pouvoir obtenir gratuitement l'assistance des cours étrangères, paraissaient disposés à l'acheter par de nouvelles cessions de territoire[2]? Pour l'honneur de ces ultra-royalistes, on voudrait croire que

---

[1] Correspondances diplomatiques.

[2] Correspondances diplomatiques.

le ministre qui, dans une dépêche à sa cour, portait contre eux cette accusation, ne les avait pas bien compris ou avait exagéré le sens de quelques paroles plus légères que coupables.

Toutes ces circonstances inspiraient d'assez vives inquiétudes à M. de Richelieu, qui se préoccupait surtout de l'alliance possible des ultra-royalistes avec les indépendants. M. Decazes, au contraire, avait confiance, et comptait sur cinquante à soixante voix de majorité. Quant au roi, il était bien résolu à soutenir son ministère, et le corps diplomatique avait fort remarqué qu'à son dernier lever il avait reçu froidement les princes, tandis qu'il complimentait M. Pasquier, nommé député de Paris[1]. Chez Monsieur, d'un autre côté, on disait beaucoup que le ministère, placé sur un terrain étroit et glissant, entre deux précipices, était perdu, bien que vainqueur, et que bientôt le roi serait condamné à choisir entre le royalisme pur et la Révolution ; et, pour hâter ce résultat désiré, on paraissait disposé à se rapprocher plus que jamais de M. de Talleyrand, dont le mécontentement continuait à s'exhaler en propos blessants pour le roi et pour les ministres. Enfin, dans quelques salons du grand monde, le nom de M. Decazes ne pouvait être prononcé sans que les épithètes les plus injurieuses y fussent jointes ; et, quand les épithètes étaient épuisées, on y ajoutait les anecdotes. Ainsi on racontait une prétendue conversation qui avait eu lieu entre M. Decazes et une grande dame de la cour. « Mais, madame, lui avait-il dit, savez-vous de quel parti je suis, et de quel parti vous êtes ? — Certainement, je suis du parti que l'on guillotine, et vous êtes du parti que l'on pend[2]. » Et cette anecdote faisait la joie de ceux qui l'avaient inventée comme de ceux qui la répétaient.

---

[1] Correspondances diplomatiques.
[2] Rapports de police.

Cependant les députés, convoqués pour le 4 novembre, arrivaient à Paris; et, pour apprécier exactement la force relative des partis, on attendait avec impatience les premiers scrutins qui auraient lieu et les premières paroles qui seraient dites à la tribune. A ce moment même, un discours prononcé, non par un député, mais par un pair de France, magistrat, frappa vivement l'attention publique et donna en quelque sorte un avant-goût des débats qui se préparaient. Dans son discours de rentrée, M. Séguier, premier président de la cour royale, dirigea contre les institutions et les lois nées de la Révolution une attaque si violente et si grotesque à la fois, que les journaux les plus contre-révolutionnaires osèrent à peine la publier. Après avoir signalé le *typhus moral*, dont l'égalité politique avait, selon lui, infecté la France, il accusait les lois d'être venues au secours des mauvaises mœurs et le législateur d'avoir mis le poison dans le remède.

« Nous étions, disait-il, avides du bien d'autrui, la spoliation a eu son code. L'avarice nous dévorait, l'usure a été consacrée, la prodigalité a été permise, l'interdiction entravée. Le mariage a été converti en un *contrat de louage,* et l'on a crié à l'intolérance lorsque des hommes sages ont voulu resserrer le premier lien des humains. Enfin, l'adoption est là pour relâcher les liens de famille, et légitimer le plus souvent les fruits de l'adultère et de l'inceste... L'enfant est à celui-ci, le mariage le donne à celui-là, et l'adoption le transmet à un troisième. »

Dans cette étrange mercuriale, les femmes et les savants avaient une grande part, et M. Séguier exprimait le vœu qu'il fût interdit aux unes de s'envelopper *des laines de l'Orient,* aux autres de vendre des manuels de physiologie ou de géologie en contradiction avec la Genèse.

Les idées de M. Séguier n'appartenaient qu'à lui-même et variaient souvent; mais on le connaissait moins, en 1826, qu'on ne l'a connu depuis, et quand on voyait le pair de

France s'élever contre l'égalité politique et proscrire la science, le magistrat flétrir la plupart des lois qu'il devait appliquer sur son siège, on se demandait naturellement si un langage aussi inconvenant et aussi audacieux ne se rattachait pas à quelque complot du parti de la cour, et si ce parti, vaincu dans les élections, n'allait pas chercher à reprendre, par d'autres moyens, l'avantage qui lui avait échappé?

En définitive, et quelles que fussent les espérances ou les chances diverses des partis, le coup d'État légal du 5 septembre avait gravement changé leur situation respective. Avant ce coup d'État, la contre-révolution, fortement établie dans les départements et maîtresse de la majorité de la Chambre élective, n'avait plus qu'une résistance à vaincre, celle du roi Louis XVIII, pour assurer régulièrement sa domination et pour placer la France dans l'alternative de subir son joug ou de le secouer par un effort violent. Depuis la dissolution de la Chambre et les élections nouvelles, la contre-révolution était affaiblie dans les départements, en minorité dans le deux Chambres, et devait ou reconquérir péniblement le terrain qu'elle avait perdu, ou se jeter, à ses risques et périls, dans les hasards d'une guerre civile. Les royalistes constitutionnels, au contraire, bien vus du roi et en majorité dans les deux Chambres, disposaient, au moins pour le moment, de toutes les forces légales, et jouissaient, au dehors comme à l'intérieur, de la faveur publique. Les vaincus de 1815, enfin, bonapartistes, républicains ou patriotes, respiraient et bénissaient le 5 septembre, comme les royalistes et les républicains modérés avaient jadis béni le 9 thermidor.

Néanmoins rien n'était fait tant qu'une bonne loi d'élection n'avait pas placé le pouvoir politique dans des mains fermes et pures, et donné pour gardienne aux institutions nouvelles la partie de la nation qui les aimait et qui voulait les maintenir. La loi d'élection, complément nécessaire de l'ordonnance du 5 septembre, devait donc être, avec le budget, l'œuvre principale de la Chambre de 1816, et, des deux parts, on comprenait parfaitement que là était l'avenir de la France.

Mais, à cette époque, les esprits, délivrés d'une longue compression, avaient repris leur ressort et ne se contentaient point d'envisager les questions au point de vue de l'utilité présente. Avant de régler la pratique du gouvernement représentatif, ils s'efforçaient donc d'en déterminer la théorie et de se rendre un compte exact des droits et des devoirs que le régime nouveau créait, soit pour chacun des pouvoirs de l'État, soit pour les simples citoyens. De là, même avant l'ordonnance du 5 septembre et le livre de M. de Chateaubriand, de nombreuses brochures, où les questions les plus délicates étaient librement discutées. M. de Vitrolles, ainsi que nous l'avons dit, avait ouvert le débat en établissant nettement et hardiment que, « dans les gouvernements représentatifs, l'opinion publique est souveraine et que le ministère, sorte de corps intermédiaire entre le roi et les Chambres, doit être nécessairement pris parmi les hommes que les Chambres désigneraient si elles étaient appelées à le choisir directement. » Or cette thèse, habilement défendue par M. de Vitrolles, avait eu la rare bonne fortune d'obtenir l'approbation commune du *Journal des Débats*, du *Constitutionnel* et de la *Quotidienne*; mais, en dehors des journaux, les contradicteurs ne lui avaient pas manqué. De ces contradicteurs le plus éminent était incontestablement le cardinal de la Luzerne qui, dans deux brochures intitulées, l'une : *Sur la différence de la Constitution anglaise et de la Constitution française*, l'autre : *De la Responsabilité des ministres*, avait établi une doctrine toute contraire. Selon le cardinal de la Luzerne, la constitution anglaise, excellente pour l'Angleterre, était détestable pour la France où le gouvernement n'était représentatif que pour la législation. En France, la loi constitutionnelle attribuait au roi seul la totalité de l'administration, et il n'appartenait ni à une Chambre ni à l'autre de la soumettre à son examen. Non-seulement les Chambres ne devaient point contrôler les actes émanés de l'autorité royale, mais il leur était interdit d'y applaudir aussi bien que de les critiquer. « On s'arme, disait-il, d'un faux respect envers la majorité du roi pour tuer l'autorité du roi ; on le fait disparaître de son gouvernement pour se donner le droit de le juger ; on le cache derrière ses ministres pour attaquer plus librement les actes d'administration qu'il fait exercer, ou plutôt que lui-même exerce par ses ministres. »

Selon M. de la Luzerne, les ministres n'étaient donc et ne pouvaient être que les hommes du roi. Dans leurs départements respectifs, ils exécutaient ce que le roi avait ordonné ; ils agissaient comme le roi voulait qu'ils agissent. En conséquence, les ministres n'étaient responsables de leurs actes qu'envers le roi, sauf les cas, soigneusement définis, de concussion et de haute trahison. A plus forte raison, le roi devait-il rester seul maître de les nommer ou de les destituer à son gré, et sans que personne pût y trouver à redire.

Il est bon de remarquer que la *Quotidienne* s'élevait fortement contre cette doctrine, destructive, disait-elle, du gouvernement représentatif, et soutenait que la Chambre des députés, en France, avait les mêmes droits que la Chambre des communes en Angleterre. La *Quotidienne* établissait en outre que les ministres étaient sujets à trois sortes de responsabilité distinctes : la responsabilité administrative envers le roi seul, la responsabilité judiciaire envers les tribunaux, la responsabilité politique envers les trois pouvoirs, notamment envers la Chambre des députés qui, par voie d'adresse ou par toute autre voie analogue, pouvait avertir le roi de toute faute, générale ou particulière, commise par son ministère.

Un autre pair, M. de Saint-Roman, avait été bien plus loin que M. de la Luzerne ; dans les développements d'une opinion, lue à la Chambre des pairs, il s'était fortement élevé *contre cette doctrine anarchique*, que la loi est l'expression de la volonté générale. Accueillir une telle doctrine, c'était, selon M. de Saint-Roman, supposer que le peuple doit avoir quelque participation à l'autorité, ce qui est radicalement faux. Le peuple, disait-il, n'a qu'un droit, celui d'exprimer ses doléances et ses vœux, lorsque le monarque veut bien le consulter, et la Chambre élective elle-même ne peut être envisagée que comme un conseil.

Entre cette théorie et celle de M. de Vitrolles, la différence était grande, et les libéraux par conviction, les royalistes par position, s'étaient unis pour désapprouver l'écrit de M. de Saint-Roman, comme ils s'étaient unis pour approuver celui de son adversaire; mais l'auteur avait confiance dans ses propres forces, et, quelques mois après, au moment même où l'ordonnance du 5 septembre et le livre de M. de Chateaubriand venaient de paraître, il publiait un lourd factum de trois cents pages, sous le titre modeste de *Réfutation de la doctrine de Montesquieu sur la balance des pouvoirs*. Ce n'est pas que, dans ce factum, il n'y eût quelques observations justes et sensées. Ainsi M. de Saint-Roman disait, non sans raison, que, lorsque le gouvernement est confié à plusieurs pouvoirs, indépendants l'un de l'autre, il est impossible qu'un d'eux n'ait pas la prépondérance, et il constatait qu'en Angleterre, malgré des apparences contraires, cette prépondérance appartient à la Chambre des communes; mais c'était par là, selon lui, que l'Angleterre devait périr, si elle ne se hâtait pas d'abjurer ses erreurs et de rendre au roi ce qu'il appelait la *transcendance*.

En somme, Montesquieu, d'après M. de Saint-Roman, s'était trompé, quand il avait voulu établir que, par une pente naturelle, le pouvoir, non limité, non contrôlé, se porte aux excès et à l'oppression : C'est, disait-il, précisément le contraire, et cela n'arrive que lorsqu'on contrarie le pouvoir; de là cette conséquence, qu'il est sage de lui donner des appuis et des conseils, non des entraves. M. de Saint-Roman voulait bien reconnaître, d'ailleurs, que Montesquieu n'était pas le premier coupable, et que les funestes principes développés par lui existaient avant lui. Ainsi il reprochait à Rollin « de pencher, dans son *Histoire ancienne*, vers les institutions qui entravent la puissance des rois ; » à Massillon, « d'avoir prêché devant le roi que le choix de la nation avait mis le sceptre entre les mains de ses ancêtres, et que, la première source de leur autorité *venant de nous*, les rois ne devaient *en faire usage que pour nous;* » à Fénelon, « d'avoir montré dans tous ses ouvrages une grande prédilection pour toutes les barrières que les institutions des différents peuples opposent au pouvoir royal. » Ni Rollin, ni Massillon, ni Fénelon, n'avaient compris que la monarchie est d'ordre divin, et qu'elle n'existe réellement qu'à la condition d'être non arbitraire, mais absolue. Au monarque donc, au monarque seul, quand les institutions d'un pays ont vieilli, appartient le droit de les rajeunir par un coup d'État. Ceux à qui ce coup d'État déplaît ont la faculté de se retirer dans un autre pays avec leurs familles. S'ils résistent ou se plaignent, ils sont des rebelles, et perdent à ce titre, eux et leurs enfants, tout droit à la protection de la loi et à leurs propriétés. « Je sais, disait M. de Saint-Roman, que nos jeunes publicistes, qui ont sucé le lait de l'indépendance et de l'anarchie, seront fort étonnés d'apprendre que s'ils ne se rangent, dans la sincérité de leurs cœurs, sous les lois de nos augustes et légitimes maîtres, ils n'ont, en justice rigoureuse, rien à demander des biens de leurs parents. »

Le nom même de *gouvernement représentatif* paraissait si odieux et si dangereux à M. de Saint-Roman, qu'il voulait l'abolir, et qu'il proposait d'y substituer le nom bizarre de *gouvernement missivo-législatif*.

A côté de cet écrit de M. de Saint-Roman, on peut en placer un du marquis Ducrest, qui parut, quelques mois plus tard, sous le titre significatif de *Traité de la monarchie absolue*, et dont tous les journaux s'occupèrent. Dans cet écrit, M. Ducrest établissait sans réserve et sans déguisement que l'homme est né pour la servitude, et qu'il doit y rester. En vain les sophistes parlaient de droits naturels. Il n'y avait qu'un droit naturel, le droit du plus fort, et ce n'était point en exaltant les peuples par des idées morales qu'on pouvait les rendre heureux, mais en satisfaisant leurs besoins physiques. Or, de tous les pouvoirs, le pouvoir d'un seul, pourvu qu'il ne fût ni limité ni contrôlé, paraissait à M. Ducrest le plus propre à remplir cet objet. « Le gouvernement, disait-il, doit à ceux qui vivent sous sa loi du bon pain, de la viande fraîche, des bas, des souliers, une chemise, un habit, une retraite contre l'intempérie des saisons ; il ne leur doit rien de plus, et le reste est illusion pure. » Il fallait donc espérer que la Chambre nouvelle suivrait l'exemple donné par le Danemark cent soixante ans auparavant, et que, « dans l'intérêt de la félicité publique, elle abolirait les institutions représentatives, auxquelles la France devait tous ses malheurs. »

La conclusion était hardie, et l'argumentation, plus hardie encore, pouvait, en 1816, faire douter du bon sens de l'auteur. Qu'on veuille bien pourtant y regarder de près, et l'on verra qu'à plus d'une époque plus d'un écrivain de plus d'un parti a réduit à peu près aux mêmes termes les droits du peuple et les devoirs du gouvernement.

Au même moment, un homme bien plus important dans le parti royaliste, M. Rubichon, réimprimait un livre sur l'Angleterre, en le faisant précéder d'une préface où on lisait la phrase suivante : « Je fis et publiai cet ouvrage à Londres en 1811. Si les Français, à cette époque, opprimaient les nations étrangères par leurs meurtres, leurs pillages et leurs incendies, les Anglais y répandaient un fléau bien plus terrible, celui d'un gouvernement représentatif. » On comprend quelle force de telles publications donnaient à l'opinion de ceux qui refusaient de croire à la sincérité de la conversion des royalistes, et qui répétaient ce mot prêté à M. de Bouville : « Nous sommes à cheval sur la Charte, et nous la mènerons si vite et si loin que nous la crèverons. »

Pendant que divers membres du parti ultra-royaliste soutenaient ainsi des doctrines fort en désaccord, du moins en apparence, avec la conduite de leurs amis dans la Chambre, le parti libéral et le parti ministériel se taisaient, ou publiaient des écrits timides et insignifiants. Mais, après l'ordonnance du 5 septembre, le parti libéral, le parti ministériel surtout, reprirent la parole, et une multitude de réponses à M. de Chateaubriand et à M. Fiévée parurent à la fois et ranimèrent la polémique[1]. De ces brochures quelques-unes se réduisaient à de sottes personnalités contre MM. Fiévée et de Chateaubriand, que l'on qualifiait tout à la fois de républicains et de contre-révolutionnaires, de fanatiques et d'intrigants, et même d'*hérésiarques*, d'*ariens* et d'*iconoclastes politiques*. « Si vous avez compris toutes les conséquences de vos doctrines, disait une de ces brochures à M. de Chateaubriand, vous êtes un factieux ; si vous ne les avez pas comprises, vous êtes un fou. » D'autres distinguaient sagement entre la première et la seconde partie du livre de M. de Chateaubriand, entre les principes posés par lui et les conséquences qu'il en tirait, les principes excellents, les conséquences fausses. Ce que veut M. de Chateaubriand, disait-on, c'est qu'on en finisse avec les intérêts révolutionnaires, c'est-à-dire avec les hommes et les choses de la Révolution, et qu'on remette la France sous le joug qu'elle a secoué en 1789, de la noblesse et du clergé. M. de Chateaubriand aime à citer l'exemple de la maison de Stuart. Qu'il dise com-

---

[1] *Observations adressées à M. de Chateaubriand*, par Lefèvre.—*Lettre d'un vrai royaliste à M. de Chateaubriand.*—*Examen des doctrines de M. Fiévée et de M. de Chateaubriand.* — *Réfutation des erreurs de M. de Chateaubriand*, par Marmet. — *Considérations sur quelques doctrines politiques de M. Fiévée.* — *De la Monarchie avec la Charte*, par M. de Saint-Marcel. — *Examen des quarante premiers chapitres de la Monarchie selon la Charte*, par M. ***, etc., etc.

ment, pourquoi cette maison, rétablie sur le trône, est tombée une seconde fois. Croit-il que ce soit pour avoir trop peu recherché les exclusions et les vengeances? Deux intérêts se combattent au pied du trône : les anciens et les nouveaux ; les premiers sont aux seconds dans le rapport de 1 à 1,000. Néanmoins il ne s'agit de proscrire ni les uns ni les autres, il s'agit de les concilier, et c'est en médiateur que le roi se présente. N'est-il pas étrange que les nouveaux intérêts acceptent cette médiation et que les anciens la refusent? Les forts composent avec les faibles. Les faibles seuls regardent la composition comme une injustice, la conciliation comme un outrage!

Plusieurs de ces brochures, enfin, beaucoup plus ministérielles que libérales, s'en prenaient aux principes même établis par M. de Chateaubriand, et lui faisaient un crime d'avoir prétendu que le gouvernement français, d'après la Charte, était représentatif, et d'avoir dit que les ministres devaient sortir de la Chambre élective. Selon les auteurs de ces brochures, le roi seul était le représentant de la nation ; les Chambres n'étaient que des conseils, nommés par le peuple, avec la permission du roi, pour lui donner leur avis sur les intérêts de chaque localité, mais à qui la conduite des affaires et la composition du ministère devaient rester complétement étrangères. C'était, on le voit, la théorie complète de ce que l'on a nommé plus tard le *gouvernement consultatif*.

Il serait injuste de comprendre parmi ces dernières brochures celles d'un publiciste distingué qui, aujourd'hui encore, dirige avec talent une feuille publique importante[1]. Néanmoins, tout en reconnaissant que dans un gouvernement bien ordonné il faut des bornes fixes pour maintenir l'équilibre entre le roi et les peuples, l'auteur de ces écrits, M. de Lourdoueix, restreignait aux faits de haute trahison et de concussion la responsabilité des ministres, et déclarait que, « dans

---

[1] *Réfutation de l'histoire de la session de* 1815, par H. de Lourdoueix. — *De la France après la Révolution*, par le même, octobre 1816.

tout autre cas, ils n'étaient que les agents du roi, et ne devaient compte qu'à lui de leur mission. » M. de Lourdoueix établissait, d'ailleurs, qu'avant la Révolution, la résistance n'étant ni prévue ni réglée, la monarchie, dénuée de remparts comme de bornes, était dans un état continuel de trouble et d'agitation. Puis, passant en revue les diverses parties de la vieille constitution française, les parlements, les états généraux, les priviléges nobiliaires, les institutions locales et administratives, il montrait que cette prétendue constitution n'était qu'un assemblage incohérent de pièces disparates, et que s'il avait pu être sage de respecter, malgré ses imperfections, l'édifice encore debout, il était insensé de vouloir, lorsque ses débris couvraient le sol, le reconstruire sur le même plan. Et, allant plus loin encore, il vantait, comme une œuvre presque parfaite, le nouveau système administratif de la France. « Autant, disait-il, l'ancienne France, considérée sous ce point de vue, était incohérente et difforme, autant la France actuelle est régulière et uniforme... Tout tend à centraliser les intérêts et à les réunir dans un seul et même cercle, la patrie : la loi est une, la jurisprudence est une, la police est une; tout arrive de centre en centre jusqu'au centre commun, qui est le trône ; tout arrive de ce trône jusqu'aux dernières extrémités du corps politique. »

Il n'est pas besoin d'ajouter que l'idée favorite de M. Fiévée, celle de reconstituer une aristocratie et de rendre ou de donner aux provinces et aux communes l'indépendance, lui paraissait une idée folle. A vrai dire, cette opinion de M. de Lourdoueix sur la centralisation était alors celle du parti libéral presque entier, et, en voyant qui parlait pour les libertés locales, on était trop enclin à faire rejaillir sur la cause la méfiance que ses avocats inspiraient.

Mais de plus redoutables adversaires se préparaient à combattre MM. de Vitrolles, Fiévée et de Chateaubriand ; et, presque le même jour, au moment où la Chambre nouvelle se rassemblait, on vit paraître dans la lice deux des premiers écrivains de l'époque actuelle, M. Guizot et M. Villemain, qui préludaient ainsi aux grandes luttes où, depuis tant d'années, ils ont joué un rôle si considérable.

M. Guizot, par la nature de son esprit aussi bien que par ses antécédents, appartenait à une fraction de la Chambre qui, tout en soutenant le ministère, s'était plus d'une fois distinguée de lui, et dont le chef reconnu, M. Royer-Collard, recevait déjà du *Nain jaune réfugié* un nom devenu célèbre depuis, le nom de *doctrinaire*[1]. Or, dans sa lutte contre l'opposition ultra-royaliste, ce parti n'avait jamais cessé de placer l'autorité royale fort au-dessus de l'autorité parlementaire, et c'est surtout contre les discours de M. Royer-Collard et de M. de Serre que semblaient dirigés les écrits de M. de Vitrolles et de M. de Chateaubriand. M. Guizot se trouvait donc naturellement indiqué pour défendre la doctrine politique de ses amis; mais il la défendit avec des explications et des restrictions qui la modifiaient sensiblement. Dès le mois de juin, en publiant la traduction d'un écrit de M. Ancillon[2], M. Guizot y avait joint des notes dans lesquelles, sans refuser, comme M. Royer-Collard, à la Chambre élective, le caractère représentatif, il se bornait à définir ce caractère de manière que les députés, simples fonctionnaires élus pour un certain but, dans des limites et des conditions déterminées, ne pussent se considérer comme les représentants du peuple, investis, à ce titre, d'un mandat illimité. Quant aux questions si souvent débattues, pendant le cours de la session, du droit d'initiative, du droit d'amendement et de la centralisation, M. Guizot les présentait comme des questions de circonstances plutôt que comme des questions de principes, et laissait entrevoir le mo-

---

[1] *Nain jaune réfugié*, avril 1816, page 324. — Dans un des numéros suivants, M. Royer-Collard est ainsi qualifié : « Le père Royer-Collard, de la Doctrine chrétienne. »

[2] *De la souveraineté et des formes du gouvernement*, par Ancillon.

ment où, par la fusion des pouvoirs et par le progrès des mœurs publiques, elles pourraient être résolues sans inconvénients, selon les vœux manifestés par l'opposition.

Dans son nouvel écrit, qu'il intitula : *Du gouvernement représentatif et de l'état actuel de la France*, M. Guizot développait et expliquait clairement sa pensée. Pour mieux faire comprendre l'importance du rôle du ministère dans le gouvernement représentatif, MM. de Vitrolles et de Chateaubriand, après Benjamin Constant, en avaient fait, en quelque sorte, un quatrième pouvoir dans l'État. Profitant habilement de cette exagération de langage, M. Guizot leur demandait dans quel article de la Charte ils avaient trouvé l'origine, les titres, les attributions de ce pouvoir nouveau. « Les institutions représentatives ont, disait-il, pour objet de contenir le pouvoir royal dans des bornes légales et de lui ôter la puissance de mal faire; mais, après avoir ainsi assigné à l'autorité souveraine des conditions et des limites, elle la place entre les mains du roi, et du roi seul, dans toute sa liberté, dans toute sa plénitude. »

M. Guizot ne voyait, d'ailleurs, ni dans le principe de la responsabilité ministérielle, ni dans celui de l'inviolabilité royale, aucune raison de considérer le roi comme étranger aux actes du ministère, et les actes du ministère comme étrangers à la volonté du roi. « C'est, disait-il, le roi qui veut et qui agit, qui seul a le droit de vouloir et le pouvoir d'agir. Les ministres sont chargés d'éclairer sa volonté; c'est pour eux, non-seulement un devoir, comme dans tous les gouvernements possibles, mais une nécessité qui leur est imposée par leur situation. Sans sa volonté, ils ne sont rien, ne peuvent rien, et quiconque prétend distinguer les ministres du roi ne travaille en fait qu'à les désunir. »

« Un ministère, gouvernant au nom du roi, et subordonné à la majorité des Chambres, qui gouvernent au nom de l'opinion, telle est, disait ailleurs M. Guizot, la plus simple expression de la théorie du gouvernement représentatif, ainsi que la conçoivent et l'expliquent nos adversaires ; » et il partait de là pour établir que cette doctrine se rattachait étroitement à celle de la souveraineté du peuple. Comment donc les ennemis de la souveraineté du peuple s'en étaient-ils faits les défenseurs ? Par une raison fort simple. « Des trois pouvoirs qui concourent à notre gouvernement, deux n'appartenaient pas au parti, et même s'opposaient à ses progrès. Dans la Chambre des députés seule, le parti se croyait le maître : *Sa situation a dicté sa théorie.* » Cela était vrai, mais ne l'était pas seulement pour le parti ultra-royaliste.

Jusqu'ici, comme on le voit, pas la moindre différence entre la théorie de MM. Royer-Collard et de Serre et celle de M. Guizot. Mais M. Guizot ne s'arrêtait pas là, et il cherchait, à son tour, dans le raisonnement et dans l'histoire, les principes fondamentaux du gouvernement représentatif. Et d'abord il repoussait comme vaine et dangereuse la vieille théorie de la division absolue et de l'équilibre rigoureux des pouvoirs, et il prouvait « que cet équilibre prétendu devait nécessairement finir ou par la destruction du plus faible des éléments opposés, ou par la fusion et l'union réelle de ces pouvoirs destinés en apparence à se balancer. » Or c'était précisément cette union, cette fusion, que le gouvernement représentatif avait pour but de réaliser, et le moyen de parvenir à ce but, c'était, comme cela se fait en Angleterre, de gouverner dans les Chambres et par les Chambres. « Il n'y avait pas unité dans le gouvernement d'Angleterre avant 1688, disait M. Guizot, puisque l'état des choses était tel que le pouvoir royal et le pouvoir des deux Chambres, n'ayant entre eux que des rapports d'opposition, conspiraient leur ruine mutuelle.... La maison de Brunswick a consenti à la fusion intime de l'autorité royale avec celle des deux Chambres; dès lors, toute rivalité a disparu, toute lutte dangereuse a cessé, l'unité a été rétablie, et le gouvernement est devenu fort en même temps que la nation devenait libre. »

M. Guizot voulait donc que le roi, la Chambre des députés et la Chambre des pairs formassent une seule et même puissance, et il ajoutait qu'il en était ainsi en Angleterre : « L'autorité royale n'y a point été envahie et remplacée par celle des Chambres : ce ne sont point les Chambres qui gouvernent ; ce ne sont point les Chambres qui font et défont les ministères : *seulement*, le gouvernement, éclairé par l'expérience, s'est *fort sagement* décidé à prendre son siége dans les Chambres mêmes, à établir là le centre de son action, à gouverner enfin au milieu d'elles et par elles. »

Entre cette théorie et celle de MM. de Vitrolles et de Chateaubriand, la différence est plus dans la forme qu'au fond, dans les mots que dans les choses. Du moment où l'autorité royale doit placer dans les Chambres son centre d'action, il est bien clair, en effet, qu'elle doit le placer non dans la minorité, mais dans la majorité. Cette conséquence de sa doctrine ne pouvait pas échapper à M. Guizot : « Si la majorité dans les deux Chambres, disait-il, était une quantité invariable, constamment opposée au système du gouvernement, nul doute qu'il faudrait ou que les institutions représentatives fussent abolies, ou que cette majorité immuable fût mise en possession du pouvoir. » Mais M. Guizot se hâtait d'ajouter qu'il n'en était pas ainsi, et que, *plus habituellement*, la majorité était une force vacillante que se disputaient ces divers partis. Dans tous les cas, contre une majorité animée de vues particulières et comprenant mal les véritables intérêts du pays, il restait au roi une dernière ressource, la dissolution et l'influence naturelle que le gouvernement exerce dans les élections. « Si, ajoutait-il, le parti qui acquiert la majorité dans la Chambre devait, par ce seul fait, être mis en possession du pouvoir, toute dissolution serait à jamais inutile. Les partis gouverneraient tour à tour, selon qu'ils auraient acquis ou perdu la majorité. C'est précisément contre cette puissance d'une majorité momentanée qu'a été établi le droit de dissolution. »

M. Guizot ne disait pas en termes exprès ce qui arriverait si, par le résultat des élections nouvelles, la majorité momentanée devenait une majorité permanente; mais, d'après le passage que nous avons cité plus haut, il est aisé de deviner quelle était sur ce point son opinion.

Cet écrit important de M. Guizot, comme celui de M. de Chateaubriand, se divisait en deux parties, l'une purement théorique, l'autre toute politique, et il n'était point difficile de voir qu'aux yeux de M. Guizot, comme aux yeux de M. de Chateaubriand, la première était subordonnée à la seconde. Dès les premières lignes, M. Guizot, en effet, avait averti ses lecteurs qu'en réalité il s'agissait, non d'une simple discussion sur la nature du gouvernement représentatif, mais d'une lutte redoutable de la monarchie constitutionnelle contre l'aristocratie privilégiée, et il avait montré le parti ultra-royaliste décriant la nation auprès du roi, le roi auprès de la nation, présentant au roi le fantôme de la Révolution, à la nation le fantôme du despotisme, et fondant ainsi sur un double mensonge, sur une double calomnie, l'espoir d'une funeste domination. Dans une telle situation, il était absurde de vouloir interdire au parti constitutionnel l'usage du nom et de l'autorité personnelle du roi. « Nous savons, disait M. Guizot, que ce nom et cette autorité sont ce que redoute le plus le parti dont nous avons à nous défendre, et c'est précisément à cause de cela que nous désirons que le roi parle, ordonne, propose. » Il terminait enfin en réfutant, comme captieuse et chimérique, la distinction de M. de Chateaubriand entre les intérêts moraux et les intérêts matériels révolutionnaires. La Charte garantissait les uns comme les autres, et les vrais révolutionnaires étaient ceux qui voulaient priver les uns ou les autres de cette précieuse garantie.

Nous nous sommes arrêté à cette brochure de M. Guizot, parce que, selon nous, elle est le lien entre la première et la seconde théorie du parti doctrinaire sur le gouvernement parlementaire. A cette époque, ce parti, reconnaissant de l'ordonnance du 5 septembre, et comptant sur le secours de l'autorité royale pour achever la défaite de l'ancien régime, accordait encore à cette autorité la prépondérance nominale, et voulait qu'on se servît souvent du nom du roi. Mais, à travers le nuage d'encens dont un respect intéressé enveloppait la majesté royale, il était aisé d'apercevoir déjà la puissance parlementaire, toute prête à réclamer sa part, et à se la faire elle-même si on la lui refusait.

M. Villemain, à qui, bien jeune encore, d'éclatants succès universitaires et académiques avaient gagné la protection affectueuse de M. de Fontanes, n'avait pas la même origine que M. Guizot, et ne se classait pas comme lui dans le groupe doctrinaire. A cette époque, d'ailleurs, il était directeur de l'imprimerie et de la librairie, ce qui, naturellement, le liait plus étroitement au ministère. Dans sa brochure, plus courte et plus vive, il s'attacha donc moins au côté théorique qu'au côté pratique de la question, et c'est surtout de la prépondérance des classes moyennes qu'il se fit l'éloquent défenseur. Il était certes fort beau, fort consolant, de voir ceux-là mêmes qui avaient été toute leur vie les ennemis déclarés des institutions représentatives s'y convertir soudainement et les adopter avec passion, avec exagération. « Les publicistes les plus opposés par leurs sentiments et leurs vœux, disait-il, se rencontrent dans ce point commun : M. de Chateaubriand consacre son talent à reproduire, ou, si l'on veut, à réhabiliter les théories si bien exposées par M. Benjamin Constant, et *Jérusalem parle comme Samarie*; » mais il restait à savoir si cette conversion était bien sincère, ou si les nouveaux convertis ne voyaient pas dans ces institutions un instrument passager d'agression plutôt qu'une sauvegarde durable et permanente. Une fois sur ce terrain, M. Villemain dirigeait contre ses adversaires une attaque formidable. Tantôt avec l'arme du raisonnement, tantôt avec celle de l'ironie, il prouvait que le parti de l'ancien régime n'accédait à la forme extérieure de la Charte que pour en détruire le fond, et qu'après s'être servi du gouvernement parlementaire pour anéantir les intérêts moraux révolutionnaires il ne tarderait pas à se retourner contre le pouvoir parlementaire lui-même. Ce que M. de Chateaubriand appelait les intérêts moraux révolutionnaires, ce n'était rien moins que la liberté de conscience, l'égalité devant la loi, l'admission de toutes les classes à tous les emplois. Or la nation tenait à la Charte, surtout parce que la Charte lui garantissait la possession de tous ces biens. Quand, au moyen des pouvoirs créés par la Charte, on l'en aurait dépouillée, la Charte aurait bien moins de prix pour elle, et, l'œuvre accomplie, peut-être verrait-elle briser l'instrument sans beaucoup de regret. La contre-révolution alors serait faite.

Sur les questions constitutionnelles du pouvoir parlementaire, de l'initiative royale, de la liberté de l'action ministérielle, M. Villemain était moins libéral que M. de Chateaubriand, et restait fidèle aux idées que ses amis politiques et le gouvernement avaient défendues. Mais, comme M. Guizot, c'était surtout sur les circonstances qu'il fondait son opposition à la véritable doctrine parlementaire. Le roi avait donné la Charte, et il était naturel et légitime qu'il en surveillât le développement. On ne pouvait, d'ailleurs, admettre un parlement omnipotent en l'absence des autres libertés publiques, notamment, de la liberté de la presse ; il fallait enfin laisser quelque chose à faire au temps et à la force des institutions.

Au surplus, on cherchait en vain, selon M. Villemain, à détourner l'attention publique par toutes ces vaines discussions. La vraie question était celle de savoir si le parti de l'ancien régime remettrait la main sur la France. Le royalisme avait été dominant dans la Chambre de 1815 ; mais, dès le début, on avait pu y découvrir deux nuances diverses et les éléments de deux partis : d'une part, une force tempérée par la modération ; de l'autre, une ardeur mêlée de violence. Pendant les deux premiers mois, la première nuance avait dominé. De là le maintien de l'inamovibilité de la magistrature, le rejet des funestes catégories, la résistance au projet scandaleux de rétablir la confiscation. Mais la tendance naturelle des hommes à suivre le parti le plus ardent et à transporter la force du côté de la violence avait déplacé bientôt la majorité. Toutes les institutions alors, toutes les existences, avaient été menacées. « Pour réparer des malheurs, on voulut entasser des ruines. » Heureusement, dans la Chambre des pairs d'abord, puis dans la sagesse du roi, ces plans insensés avaient trouvé un point d'arrêt. Enfin, la dissolution avait eu lieu, et, au lieu de cette *fille sanglante de la Convention*, prédite par M. de Chateaubriand, la France voyait se réunir une Chambre royaliste et constitutionnelle.

« Cette Chambre, ajoutait M. Villemain, dont l'heureuse composition justifie si bien la sagesse royale et contredit tant d'effrayantes prédictions, rencontrera sans doute de grandes difficultés ; elles tiennent aux choses et au temps ; mais rien, certes, ne pouvait être plus propre à les vaincre que la concorde, les lumières, et cette modération à laquelle il aurait fallu toujours revenir, tôt ou tard, et qui est le caractère d'un gouvernement établi. »

Modérée, honnête, éclairée, telle était, en effet, la Chambre qui se réunissait au moment où M. Villemain écrivait ces dernières lignes ; et, dans une brochure intitulée *La Révolution doit avoir un terme*, un royaliste pur, proche parent du chancelier Dambray, le comte Donatien de Sesmaisons, voulait bien lui rendre lui-même cet hommage ; mais cette brochure, écrite avec mesure et dans un louable esprit de conciliation, prouvait clairement que, loin de pouvoir s'accorder, la France ancienne et la France nouvelle, à cette époque, ne parvenaient même pas à se comprendre. Que proposait en effet M. de Sesmaisons pour faire cesser toutes les divisions et pour que désormais les Français ne formassent plus qu'une famille? Il proposait d'abord de donner au clergé une dotation territoriale, puis d'inscrire confusément dans un livre, « qui serait le livre d'or de la nation, » les nobles anciens, les nobles nouveaux et les nobles qu'il plairait au roi de créer chaque année. « Il est d'ailleurs bien évident, disait M. de Sesmaisons, qu'une noblesse ne peut se passer de priviléges. En conséquence, il demandait : 1° qu'il fût créé dans chaque famille noble un majorat avec substitution ; 2° que les enfants des nobles dont la fortune réclamerait cette faveur fussent admis dans des écoles aux frais de l'État, et que des places leur fussent réservées dans les diverses branches des services publics ; 3° que le roi fût tenu de prendre exclusivement dans la noblesse ceux de ses sujets qu'il élèverait à la pairie ; 4° enfin que l'on conférât aux nobles le droit d'être jugés par un jury de leurs pairs.

C'étaient là, selon M. de Sesmaisons, des priviléges si simples, si inoffensifs, qu'il n'avait pas besoin de les justifier. « Je mets en fait, disait-il avec une confiance naïve, qu'une telle loi sur la noblesse ne choquerait personne et satisferait tout le monde, parce que ce serait une carrière ouverte à tous... Alors renaîtra cette harmonie qui doit exister entre les nobles d'une nation franchement unis d'intérêts et participant aux mêmes avantages. Notre amour pour la patrie sera le même ; nos intérêts seront confondus, nos familles se confondront aussi avec le temps, et nos fils rendront à l'État les mêmes services que lui ont rendus leurs pères.

« Quand toutes ces choses seront réglées, ajoutait l'auteur en terminant, que nous aurons au dedans le bonheur, que nous jouirons au dehors de l'admiration de nos voisins, nous ne nous occuperons plus que de bénir la sagesse de nos princes, nos institutions seront régénérées, et nous serons parvenus au dernier point que puisse atteindre la civilisation. »

Voilà le moyen infaillible qu'un homme honnête et considéré avait inventé « pour terminer la révolution dans les es-

prits comme dans les faits, » et pour concilier tous les partis !
Voilà dans quelle région imaginaire vivaient certains royalistes
à la veille du jour où la vieille et la nouvelle société allaient se
rencontrer dans une lutte suprême ! A la vérité, tous n'étaient
pas aussi confiants, et M. Fiévée, notamment, se permettait
d'exprimer, dans le *Journal des Débats*, quelques doutes sur
l'efficacité du remède proposé ; mais M. Fiévée n'appartenait
ni par son origine ni par ses antécédents au parti de l'ancienne France ; et, malgré les services qu'il rendait à ce parti,
on l'y considérait presque comme un intrus. M. de Sesmaisons n'était pas d'ailleurs le seul à tenir un tel langage, et un
homme qui lui était bien supérieur, M. de Montlosier, dans
son dernier écrit[1], proposait un remède presque semblable.
Selon lui, la société et l'État devaient, sous peine de mort, rentrer dans les anciennes voies et se reconstituer sur les bases
anciennes, sur les bases de la vieille monarchie française avant
Louis XIV. Ainsi un roi, un sénat composé des véritables
grands du royaume, une noblesse composée des petits grands,
une bourgeoisie composée des petits nobles, tels étaient, dans
le plan de M. de Montlosier, les éléments nécessaires de la
hiérarchie à l'abri de laquelle toutes les libertés devaient trouver place et fleurir.

Quand de pareilles idées, sincèrement exprimées, trouvaient
jusqu'à côté du trône de chauds approbateurs, il était évident
que le temps de la réconciliation n'était pas encore venu.
Malheureusement ce n'était pas d'un côté seulement que les
souvenirs, les préventions, les méfiances, y faisaient obstacle,
et, malgré la sagesse de Louis XVIII, la Restauration ne devait
échapper à un danger que pour tomber dans un autre. Il n'en
faut pas moins honorer les hommes qui, fidèles à leur double
serment, s'efforçaient laborieusement de suivre une ligne
moyenne entre tous les excès, et de fonder sur l'oubli du

---

[1] *Des désordres actuels de la France et des moyens d'y remédier.*

passé l'union de la vieille monarchie et des idées nouvelles. Peut-être, comme quelques-uns l'ont cru, cette union était-elle impossible; mais il est honorable de l'avoir tentée, et quand on songe aux épreuves que depuis la France a subies, il est permis de regretter qu'elle n'ait pas réussi.

FIN DU TOME TROISIÈME.

TABLE DES MATIÈRES

IX

La Chambre des Représentants. — 1815.

Composition et organisation de la Chambre des représentants. — M. Lanjuinais président. — Débat sur le serment. — Chambre des pairs. — Séance impériale et discours de Napoléon. — Adresse des deux Chambres. — Départ de Napoléon. —Rapports des ministres de l'intérieur, des affaires étrangères et de la police. — Proposition Leguevel. — Motion de MM. Dupin et Mourgues. — Nomination d'une commission chargée de reviser les constitutions de l'Empire. — Retour précipité de Napoléon après la bataille de Waterloo. — Consternation générale et vœu pour l'abdication. — Motion de M. de la Fayette unanimement adoptée par les deux Chambres. — Napoléon à l'Élysée. — Ses espérances et ses incertitudes. — Conseil des ministres interrompu par le message de la Chambre des représentants. — Communication aux deux Chambres. — Comité secret. — Discours de Lucien Bonaparte, de M. Jay et de M. de la Fayette. — Nomination d'une commission par les deux Chambres. — Hésitations de Napoléon.— Attitude de la population. — Résolution de la Commission et rapport du général Grenier. — Demande formelle d'abdication et dernière sommation à Napoléon. — Acte d'abdication. — Napoléon II et Louis XVIII. — Formation d'une commission de gouvernement. — Discours du maréchal Ney et protestation du général Labédoyère. — Lucien Bonaparte à la Chambre des pairs. — Violente allocution de Labédoyère. — Tentative en faveur de Napoléon II à la Chambre des représentants. — Discours de Manuel et résolution évasive. — Actes de la Commission de gouvernement. — Suspension de la liberté individuelle. — Départ de Napoléon pour la Malmaison. — Vues probables de Fouché. 1

X

Seconde Restauration. — 1815.

État des esprits à Gand. — Mons et Cambrai. — Le comte d'Artois et M. de Talleyrand. — Proclamation de Cambrai. — Les plénipotentiaires français à Laon et à Haguenau. — Fâcheux malentendu. — Wellington et Blucher. — Intrigues de Fouché. — M. de Vitrolles et le maréchal Davoust. — Grand conseil de gouvernement. — Proposition de rappeler Louis XVIII. — Ajournement. — Napoléon à la Malmaison.— Négociation secrète de Fouché avec le duc de Wellington. — Fausses espérances de la Chambre des représentants. — Acte constitutionnel. — Adresse à l'armée. — Lettre du maréchal Davoust. — Napoléon offre de se mettre à la tête de l'armée. — Refus. — Départ de Napoléon pour Rochefort. — Mission de M. de Vitrolles au quartier général du maréchal Davoust. — Scène violente. — Fouché imperturbable. — Inquiétude et méfiance de la Chambre des représentants. — Brochure de M. de Malleville. — Adresse aux Français.— Exaspération de l'armée.— Indifférence de la population. — Entrevue des commissaires français avec le duc de Wellington.— Grand conseil de guerre. — Capitulation de Paris.— Louis XVIII à Roye et à Saint-Denis.— Entrevue de Fouché avec le duc de Wellington. — Fouché ministre de Louis XVIII. — Déclaration de principes de la Chambre des représentants. — Démission de la Commission exécutive. — Entrée des alliés à Paris. — Dissolution des deux Chambres. — Entrée de Louis XVIII à Paris. — Embarquement de Napoléon à Rochefort.   94

XI

Premier Ministère. — 1815.

Constitution du ministère. — Convocation d'une Chambre nouvelle. — Articles de la Charte soumis à révision. — Chambre des pairs. — Difficultés extérieures et intérieures. — Conduite des armées étrangères à Paris et dans les départements. — Spoliation du Musée. — Projets de démembrement de la France. — Licenciement de l'armée. — Violente réaction royaliste. — Massacres et terreur dans le Midi. — Anarchie dans l'Ouest. — Ordonnance du 24 juillet. — Listes de proscription préparées par Fouché. — Proclamation du roi contre les assassins du Midi. — Déclin du ministère. — Brochures royalistes et journaux. — Rapports de Fouché. — Élections. — Triomphe des ultra-royalistes. — Adresses violentes des colléges électoraux. — Démission forcée de Fouché. — Ultimatum des puissances étrangères. — Démission de M. de Talleyrand acceptée par Louis XVIII. — Départ de Fouché. — Formation du nouveau ministère. — M. de Richelieu et M. Decazes. — Légères concessions faites au duc de Richelieu et signature du nouveau traité de paix.— Opinion de l'Angleterre sur ce traité.   175

XII

La Chambre introuvable. — 1815.

Ouverture de la session. — Discours du roi et adresses des deux Chambres. — Premières réunions parlementaires. — Loi de sûreté générale. — Loi des cris séditieux. — Discussion et adoption de ces deux lois. — Loi des cours prévôtales. — Proposition contre l'inamovibilité de la magistrature. — Discours de M. Royer-Collard. — État des esprits en France. — Procès du maréchal Ney. — Présentation de la loi d'amnistie. — Évasion de M. de Lavalette et colère du parti ultra-royaliste. — Rapport de M. Corbière et discussion de la loi d'amnistie.— Discours de MM. de la Bourdonnaie, Royer-Collard et de Serre. — Rejet des catégories et

TABLE DES MATIÈRES

de la confiscation proposées par la commission. — Bannissement des régicides. — Condamnation de Travot. — Propositions individuelles. — Dotation du clergé. — Registres de l'état civil. — Université. — Constitution définitive de la majorité ultra-royaliste. — La cour et le ministère. — Loi des élections. — Rapport de M. de Villèle. — Question du renouvellement intégral. — Principe du gouvernement parlementaire, combattu par MM. Royer-Collard, de Serre et Decazes, défendu par MM. de la Bourdonnaie, de Villèle et Corbière. — Défaite du ministère. — Budget. — Question de l'arriéré. — Bois du clergé. — Capitulation du ministère. — Inquiétudes de la diplomatie étrangère et lettre du duc de Wellington au roi. — Rejet de la loi d'élections par la Chambre des pairs. — Nouveau projet de loi. — Rupture violente entre le ministère et la majorité. — Rapport de M. Garnier sur le budget. — Rapport de M. de Kergorlay sur la dotation du clergé. — Discours de M. de Serre. — Brusque clôture de la session. — Caractère de la Chambre de 1815. 256

XIII

L'Ordonnance du 5 Septembre. — 1816.

État des partis. — Nouveaux procès politiques. — *Nain jaune réfugié.* — Le duc d'Orléans et le prince d'Orange. — Crise ministérielle. — M. de Vaublanc remplacé par M. Lainé. — Insurrection de Grenoble. — Répression impitoyable. — Procès des patriotes de 1816. — Condamnation et exécution de Chartran et de Mouton-Duvernet. — Missions et processions. — Espérances et menées des ultra-royalistes à Paris et dans les départements. — Préliminaires de l'ordonnance du 5 septembre. — M. Decazes et M. de Richelieu. — Intervention des puissances étrangères. — Hésitation du roi. — Notes de MM. Decazes, Pasquier et Guizot en faveur de la dissolution. — La dissolution arrêtée en principe. — Difficultés secondaires. — Plan de M. Lainé. — Aveuglement du parti de Monsieur. — Première note secrète. — Nouvelles hésitations du roi et nouveaux efforts de M. Decazes. — Ordonnance du 5 septembre. — Stupéfaction et colère des ultra-royalistes. — Joie publique. — *Monarchie selon la Charte*, par M. de Chateaubriand. — Saisie du livre et destitution de l'auteur. — Jugement des gouvernements et des peuples étrangers sur la dissolution. — Lutte électorale. — Embarras des fonctionnaires publics. — Intervention personnelle du roi. — Résultat des élections. — Situation du ministère. — Discours de M. Séguier. — Écrits politiques. — M. de la Luzerne. — M. de Saint-Roman. — M. de Lourdoueix. — M. Guizot. — M. Villemain. — MM. de Sesmaisons et de Montlosier 422

FIN DE LA TABLE DES MATIÈRES.

www.ingramcontent.com/pod-product-compliance
Lightning Source LLC
Chambersburg PA
CBHW070834230426
43667CB00011B/1794